अज्ञेय के सामाजिक-सांस्कृतिक सरोकार

अज्ञेय के सामाजिक-सांस्कृतिक सरोकार

कृष्णदत्त पालीवाल

प्रभात प्रकाशन, दिल्ली
ISO 9001:2008 प्रकाशक

प्रकाशक • **प्रभात प्रकाशन**
4/19 आसफ अली रोड,
नई दिल्ली–110002

संस्करण • प्रथम, 2017
मूल्य • छह सौ रुपए
मुद्रक • आर–टेक ऑफसेट प्रिंटर्स, दिल्ली

AJNEYA KE SAMAJIK-SANSKRITIK SAROKAR
by Dr. Krishna Dutt Paliwal ₹ 600.00
Published by Prabhat Prakashan, 4/19 Asaf Ali Road, New Delhi-2
e-mail: prabhatbooks@gmail.com ISBN 978-93-5266-395-8

इस पुस्तक के विषय में

इस पुस्तक की हस्तलिखित पांडुलिपि कृष्णदत्तजी ने तैयार करके अपने बैग में रखी थी और संभवतया जल्दी ही प्रकाशन के लिए देने वाले थे, कहाँ देने वाले थे, पता नहीं। किंतु 8 फरवरी, 2015 रविवार को सुबह-सुबह अचानक वे महायात्रा पर निकल पड़े, कुछ दिनों तक सबकुछ यथावत् पड़ा रहा। धीरे-धीरे उनकी चीजें व्यवस्थित करने का प्रयास करने लगी तो कागजों को उलटते-पलटते हुए यह मेरे हाथ आई।

यह पुस्तक अज्ञेय के कथेतर गद्य पर लिखे गए आलोचनात्मक लेखों का संग्रह है। अज्ञेय द्वारा लगभग पाँच दशकों में लिखे गए निबंधों, स्मरण-लेखों, संपादित ग्रंथों की भूमिकाओं, यात्रा-वृत्तांतों, अनुवादों के अतिरिक्त उनके द्वारा आयोजित यात्रा-शिविरों, व्याख्यानमालाओं को केंद्र में रखते हुए यहाँ हिंदी साहित्य, साहित्यालोचन, भाषा, संस्कृति और समाज को अज्ञेय के अवदान को खँगाला-तलाशा और उद्घाटित किया गया है। आधुनिक हिंदी साहित्य में अज्ञेय सर्वाधिक धिक्कारे गए किंतु अपरिहार्य रचनाकार रहे हैं। *शेखर : एक जीवनी, तारसप्तक,* 'प्रतीक' का प्रकाशन साहित्य-जगत् में तरह-तरह के विवादों को जन्म देता रहा, जिसके परिणामस्वरूप अज्ञेय को विविध प्रकार से आक्षेप और शाब्दिक प्रहार निरंतर झेलने पड़े। अज्ञेय उन से आहत तो बहुत हुए किंतु विचलित नहीं हुए। हारिल पंछी की तरह दृढता से तिनका थामे अपनी राह पर बढ़ते रहे, अपने लेखन के माध्यम से साहित्य और साहित्य-विमर्श को, सांस्कृतिक बोध को दिशा और दृष्टि प्रदान करते रहे। किंतु उनके इस साहित्य-संस्कृतिपरक लेखन और आयोजन से लाभान्वित होना तो दूर, हिंदी आलोचना में इस पर विस्तार से चर्चा ही नहीं हुई। रामस्वरूप चतुर्वेदी अथवा रमेशचंद्र शाह के सिवाय बहुत कम लोगों ने इस क्षेत्र में गहन अध्ययन-मनन-विवेचन किया है।

प्रस्तुत पुस्तक में अज्ञेय के रचनाकर्म को लेकर हुई तमाम साहित्यिक, गैर-साहित्यिक बहसों और साहित्य की राजनीति का हवाला देते हुए, उन पर यथापेक्षित सवाल उठाते हुए अज्ञेय के रचना-कर्म के लगभग अनछुए पहलुओं का गहराई से

विवेचन–विश्लेषण किया गया है। ध्यान दिलाया गया है कि किस तरह अज्ञेय साहित्य और साहित्यालोचन से जुड़े प्रश्नों और समस्याओं पर तात्त्विक चिंतन, विमर्श और बहस करते हुए भारतीय रचना–जगत् से संबद्ध लगभग सभी समस्याओं, प्रश्नाकुलताओं से पाठक का साक्षात्कार कराते रहे; समस्याओं पर नए सिरे से विचार करते रहे, पुराने की नई व्याख्या करते रहे और इस प्रक्रिया में उन्होंने साहित्य एवं कला के स्वभाव और उद्देश्य को जानने–समझने की कौन सी नई और समाजोन्मुख किंतु व्यक्तित्व केंद्रित दृष्टि दी। अज्ञेय के साहित्य–चिंतन को आचार्य रामचंद्र शुक्ल और हजारीप्रसाद द्विवेदी की परंपरा में रखते हुए अज्ञेय के चिंतन के इस वैशिष्ट्य की ओर इशारा किया गया है कि वे रचना और रचनाकार के मानस की आंतरिक और बाह्य छानबीन बड़े ही सूक्ष्म–सजग ढंग से करते हैं। उन्होंने सृजन–प्रक्रिया, सर्जक की स्थिति, सामाजिक संप्रेषणीयता, शब्द, मौन, अस्तित्व, अस्मिता, कला–सौंदर्य आदि के संबंध पर विचार किया है। रचनाकार व्यक्तित्व, व्यक्ति और समाज, सर्जक की चेतना और समाज के साथ उसके द्वंद्व से वे लगातार जूझते रहे हैं। वे मानते हैं कि कविता का सौंदर्य उसके वस्तु और शिल्प की गतिशीलता में रहता है, एकांगी विश्लेषण से रचना का रूप खंडित हो जाता है। नई रचना अपने साथ नए प्रतिमान लाती है, जिन पर ध्यान दिया जाना चाहिए, नई कविता तक आते–आते पुराने प्रतिमान अपर्याप्त हो जाते हैं। पुराने प्रतिमानों से नई रचना के साथ न्याय नहीं हो सकता।

बहुश्रुत, बहुपठित यायावर अज्ञेय की मानसिक बनावट में पश्चिम को अपनी शर्तों पर देखने–समझने और प्रभाव ग्रहण करने की स्थितियों का लेखा–जोखा प्रस्तुत करते हुए इन निबंधों में तार्किक प्रमाणों के आधार पर दिखाया किया गया है कि किस प्रकार अज्ञेय में भारतीय साहित्य–चिंतन–परंपरा और पश्चिमी प्रभाव मिलकर नया रसायन उत्पन्न करते हैं। भारतीय काव्यशास्त्र में काव्य का प्रधान हेतु मानी जाने वाली 'प्रतिभा' को 'काव्यांग' मानकर उन्होंने रचना–प्रक्रिया के संदर्भ में तनाव 'आभ्यंतर तनाव की स्थिति' को स्वीकार किया है। एलियट और एलेन टेट ने इसे ही 'टेंशन' का नाम दिया है। अज्ञेय ने एलियट के सुप्रसिद्ध निबंध 'ट्रेडीशन एंड इंडिविजुअल टेलेंट' का अनुवाद 'रूढ़ि और मौलिकता' शीर्षक से किया और कहा कि रूढ़ि के मायने हैं परंपरा। अज्ञेय पर एलियट के चिंतन की धमक तो है लेकिन वे एलियटीय परंपरा से आक्रांत नहीं हैं। देशी–विदेशी चिंतन के संयोग से वे नई सर्जनात्मक दृष्टि पैदा करते हैं।

अज्ञेय द्वारा लिखी गई भूमिकाओं के ऐतिहासिक महत्त्व को स्थापित करते हुए इस पुस्तक में दिखाया गया है कि किस तरह इन भूमिकाओं ने हिंदी आलोचना में नए रूप बोधों को रेखांकित किया— *तारसप्तक* के प्रकाशन से हिंदी आलोचना में बहुत कुछ ऐसा आया कि आधुनिक, नया, परिवेशजन्य, संस्कृति–संवेदना से परिपूर्ण और

प्रयोगशील इतिहास-भूगोल का नक्शा बन गया। *तारसप्तक* की भूमिका के माध्यम से अज्ञेय ने हिंदी के मौलिक समीक्षा शास्त्र की ओर कदम उठाया तो हिंदी आलोचना में मानो भूचाल आ गया। लेकिन वाद-विवाद, पाठ-कुपाठ के बाद अंततोगत्वा महसूस किया गया कि सभी नई अवधारणाओं के बीज इस भूमिका में मौजूद हैं। प्राचीन शास्त्रीय अवधारणाओं की व्याख्या-पुनर्व्याख्या के प्रति सचेत अज्ञेय रस-सिद्धांत, रस-विकास, रसवाद से कभी आश्वस्त नहीं रहे और उनके साथ नयी कविता के सभी कवियों ने रस के प्रतिमान को अस्वीकार किया। *दूसरा सप्तक* की भूमिका में अज्ञेय ने रागात्मक संबंधों के बदलाव की बात उठाई थी और शमशेर की काव्यानुभूति की बनावट की बात करते हुए विजय देव नारायण साही ने कहा कि काव्यानुभूति में ही बदलाव आया है। तभी से कविता के प्रतिमानों पर नए सिरे से विचार किया जाने लगा और हिंदी आलोचना में मानो भीषण संग्राम शुरू हो गया। अनुभूतियों के परिवर्तित संदर्भों की खोज शुरू हुई तो अज्ञेय फिर चर्चा के केंद्र में आए। *दूसरासप्तक* की भूमिका में अज्ञेय ने अपने रचनानुभव से संवाद करते हुए साधारणीकरण के पुराने सिद्धांत को नया अर्थ-संदर्भ दे दिया। वे मानते हैं कि कविकर्म न निरा वैचित्र्य है, न नएपन की खोज—वह निरंतर नए अर्थ संदर्भ की रागात्मक प्रतिपत्ति है—"जब चामत्कारिक अर्थ मर जाता है और अभिधेय बन जाता है, तब उस शब्द की रागोत्तेजक शक्ति भी क्षीण हो जाती है। उस अर्थ से रागात्मक संबंध स्थापित नहीं होता, तब कवि उस अर्थ की प्रतिपत्ति करता है, जिससे पुनः राग का संचार हो, पुनः रागात्मक संबंध स्थापित हो।" एक नई रचना-स्थिति का तर्क अज्ञेय ने यहाँ दिया है।

हिंदी में नई आलोचना-संस्कृति लाने में अज्ञेय द्वारा बहुत महत्त्वपूर्ण काम यह हुआ कि रोला बार्थ की तरह न जाने कितनी नई बहसों को उन्होंने उठाया। कठिन बौद्धिक अवधारणाओं का—चाहे टी.एस. एलियट का निर्वैयक्तिकता का सिद्धांत हो या भोगने वाले प्राणी और रचने वाले प्राणी की दूरी वाला सिद्धांत या ऑब्जेक्टिव कोरिलेटिव या परंपरा और वैयक्तिक प्रतिभा से जुड़ा चिंतन, उन्होंने भारतीय संदर्भों में उसका सुलझा हुआ भाष्य प्रस्तुत किया। *त्रिशंकु* हो या कोई अन्य निबंध-संग्रह, अज्ञेय के निबंधों का उद्देश्य है पाठकों को नए के प्रति जाग्रत् करना, उनकी रुचि का परिष्कार करना, ताकि वह नए कविकर्म की जटिल संवेदना को ग्रहण करने में समर्थ हो सके। आधुनिक संवेदना से संपन्न बौद्धिक मुक्तावस्था की सर्जनात्मक आलोचना की शुरुआत अज्ञेय से हुई। रामचंद्र शुक्ल और छायावादी कवि-आलोचकों से मिले नवजागरणवादी काव्य शास्त्र की मदद से एक नया युग हिंदी आलोचना में अज्ञेय लाए। हिंदी में नई आलोचना संस्कृति लाने में उनके द्वारा यह बहुत बड़ा कार्य हुआ। उन्होंने लगातार समकालीन कृतित्व का पर्यवेक्षण किया, पूर्ववर्ती साहित्य के संदर्भ में रख

कर उसका भाष्य करते हुए साहित्य-संवेदना और साहित्यिक परंपरा का अध्ययन-मूल्यांकन किया।

प्रगतिवादियों ने अज्ञेय को व्यक्तिवादी और मुक्तिबोध को समाज-मंगलकारी सिद्ध किया है यह भूलकर कि दोनों भिन्न दृष्टि के रचनाकार हैं। एक-दूसरे के विरोधी नहीं, पूरक हैं, इस तथ्य को यहाँ अज्ञेय की लोक-चिंता—समाज, संस्कृति और भाषा की चिंता—को उजागर करते हुए स्थापित किया गया है। हजारीप्रसाद द्विवेदी के निबंधों में मौजूद 'भारतीय लोक-चिंता का स्वाभाविक विकास' की तरह अज्ञेय के निबंधों में भारतीय आधुनिकता का संस्कार मौजूद है। औपनिवेशिक मानसिकता के कुचक्र से वे निरंतर पाठक को आगाह करते चलते हैं और औपनिवेशिक विरासत से मिली सोच और शब्दावली की सीमाएँ तथा सच्चाई उघाड़ते जाते हैं। अज्ञेय के लिए स्वतंत्रता सबसे बड़ा मूल्य है, राजनीतिक ही नहीं, मानसिक-बौद्धिक स्वतंत्रता भी चाहिए। उनका क्रांतिकारी व्यक्तित्व जीवन में ही नहीं, चिंतन में भी उनके साथ रहा। वे उस विश्वासघात से बहुत आहत हैं, जो औपनिवेशिक आधुनिकता ने स्वतंत्र भारत की नई पीढ़ी के साथ किया है और हमारी अपनी परंपरा, ज्ञान-संपदा और इतिहास की औपनिवेशिक व्याख्याओं द्वारा हमारी पीढ़ियों को दिग्भ्रमित कर दिया है। अज्ञेय ध्यान दिलाते हैं कि किस तरह आजादी के बाद यह बात भुला दी गई कि "सांस्कृतिक एकता का आधार एक अस्मिता-बोध होता है और अस्मिता-बोध का भाषा के साथ गहरा संबंध है।" उन्होंने हिंदी निबंध को सांस्कृतिक चेतना और संवेदना के संप्रेषण का माध्यम बनाया और प्रमाणित किया कि अहं का विसर्जन कविता की तरह निबंध का भी आवश्यक मौलिक गुण है।

निबंधों में अज्ञेय की बुनियादी चिंता यह तलाशने की रही है कि योरोप के संपर्क में आने के बाद हमने क्या खोया क्या पाया? किस तरह हम परंपरा से कटे और भटक गए? किन प्रयासों से हमने संस्कृति को बचाने का यत्न किया? इस तरह के तमाम प्रश्नों को *त्रिशंकु* से लेकर *कहाँ है द्वारका* तक अपने आत्मपरक निबंधों में उठाने और सुलझाने का उद्यम वे करते रहे हैं। व्यक्तित्व-व्यंजक निबंधों में अज्ञेय ने लोक-मन, लोक-संवेदना और लोक-स्मृति का सर्जनात्मक उपयोग किया है, मानवीय संवेदना के बहु आयामी पक्षों को उनकी गहराई के साथ उभारा है। अज्ञेय का निबंधेतर गद्य—स्मरण लेख, यात्रा-वृत्तांत, अनुवाद आदि भी साहित्यिक-सांस्कृतिक चेतना के विविध रूपों और स्रोतों के अवगाहन, विस्तार और संप्रेषण का प्रयास है। मौजूदा समय और समाज को परंपरा, इतिहास और लोकजीवन के परिप्रेक्ष्य में देखते-परखते हुए, उसकी निजता की पहचान बनाए रखते हुए वैश्विक संदर्भों से जोड़ा गया है।

अज्ञेय द्वारा आयोजित रायकृष्णदास स्मृति व्याखानमाला और वत्सलनिधि

व्याख्यानमाला अथवा यात्रा शिविरों का उद्देश्य भी साहित्य, कला, संगीत, दर्शन, इतिहास, समाजशास्त्र मर्मज्ञों की संगति और उनसे चर्चा-परिचर्चा के माध्यम से भारतीय साहित्य और कलाओं के स्वरूप और संवेदना तथा लोकमानस में उनकी पैठ की नए सिरे से तलाश करते हुए नए परिवेश और परिस्थितियों में उन्हें पुनर्व्याख्यायित करना रहा है।

कुल मिलाकर यह पुस्तक अज्ञेय के साहित्यिक-सांस्कृतिक-सामाजिक प्रदेय का विश्लेषण-मूल्यांकन करते हुए हिंदी समाज को अज्ञेय के योगदान से अवगत कराती है; साथ ही अज्ञेय के विषय में फैली विभिन्न प्रकार की भ्रांतियों का भरसक निवारण करती है। यहाँ संकलित निबंध अलग-अलग समय पर लिखे जाने के कारण इनमें कई जगह पुनरावृत्ति मिलेगी। कृष्णदत्तजी के सामने प्रकाशित हो पाने की स्थिति में पुस्तक निश्चय ही काफी निखरे रूप में सामने आई होती, लेकिन ऐसा हो न सका। अपने वर्तमान रूप में इसमें जो भी खामियाँ रहीं हैं, वे मेरी हैं। आशा है, पाठक मुझे क्षमा करेंगे।

इस पुस्तक को सँवारने में कृष्णदत्तजी के सहपाठी सखा, हमारे पारिवारिक मित्र कविवर सौमित्र मोहन का योगदान रहा है। उनका स्नेह हमारी अमूल्य निधि है। प्रभात प्रकाशन के व्यवस्थापक-संचालक श्री श्याम सुंदरजी और श्री प्रभातजी धन्यवाद के अधिकारी हैं, जिनके सहयोग से पुस्तक पाठकों के हाथ में पहुँची है।

—रीतारानी पालीवाल

अनुक्रम

साहित्य और साहित्यालोचन

किसी भी चिंतन-परंपरा में ऐसे निबंधकार-रचनाकार विरले ही होते हैं, जिनका कृतित्व पीढ़ियों को प्रेरणा देता है। अज्ञेय ऐसे ही दुर्लभ निबंधकार हैं, जो बीसवीं शताब्दी में लगभग पाँच दशकों तक अपने समय-समाज-संस्कृति के समग्र सृजन-संसार को निरंतर प्रभावित करते रहे। अपने सर्जन और चिंतन से अज्ञेय ने ऐसी छाप छोड़ी कि हमारी सर्जन-परंपरा में वे अमिट हिस्सा होते गए। वे भारतीय रचना-कर्म से जुड़ी लगभग सभी समस्याओं, प्रश्नाकुलताओं से हमारा साक्षात्कार कराते रहे हैं। अज्ञेय के निबंधों की अंतर्यात्रा का अर्थ है—परिवेश के प्रति जागरूक होना, नवीन महत्त्वपूर्ण बहसों से परिचित होना और आज भी उन बहसों से वैचारिक प्रेरणा पाना। इस दृष्टि से अज्ञेय के निबंधों की उपयोगिता केवल अज्ञेय के रचना-कर्म को जानने-समझने तक ही सीमित नहीं है, बल्कि वह अपनी साहित्यिक-सांस्कृतिक परंपरा की समझ और पहचान के लिए भी आवश्यक है।

अज्ञेय 'तीसरी दुनिया' के साहित्य-चिंतन का प्रतिनिधित्व करते हैं। भारतीय लेखक की रचना-स्थिति का संकट और चुनौतियाँ कई तरह के खतरों को सामने लाती हैं। ये वे ही संकट हैं, जिनका सामना सभी संक्रमणशील समाजों की सर्जनात्मक प्रतिभाओं को किसी-न-किसी स्तर पर करना ही होता है। अपने समय में चौकन्ने अज्ञेय औपनिवेशिक मानसिकता के संकटों से जूझते रहे हैं। इन संकटों से जूझकर ही उन्होंने पाठकों के लिए सर्जना के संदर्भों से निकला जागरण का काव्यशास्त्र या उत्तर औपनिवेशिक काव्यशास्त्र रचने-गढ़ने का हौसला दिखाया है। इसीलिए *सर्जना और संदर्भ* शीर्षक से अज्ञेय ने साहित्य और साहित्यालोचन से जुड़े छह अलग-अलग संकलनों के निबंधों को एक स्थान पर एकत्र कर दिया है। इन निबंध संकलनों के नाम हैं—*(1) त्रिशंकु (1945) (2) हिंदी-साहित्य : एक आधुनिक परिदृश्य (1967) (3) आलवाल (1971) (4) अद्यतन (1977) (5) जोगलिखी (1977) तथा (6) धार और किनारे (1982)*। ये निबंध लगभग सैंतालीस वर्षों की अवधि में लिखे गए हैं। इसलिए इनमें विचारों की

भिन्नता स्वाभाविक है। फिर भी इन निबंधों में एक चिंतन-क्रम है, जो अज्ञेय के चिंतन-विकास का एक समग्र बिंब सामने लाता है। आजादी पूर्व और आजादी के बाद का पूरा परिदृश्य यहाँ अनेक रूपों, छवियों में मौजूद है।

आज इन निबंधों की मौलिकता पर कुछ कहने से पहले अज्ञेयजी के कथन को सामने रखना चाहता हूँ, जो उन्होंने *सर्जना और संदर्भ* की 'भूमिका' में प्रस्तुत किया है। उन्होंने कहा है कि इन निबंधों में प्रस्तुत किए गए विचारों के साथ मौलिकता का दावा नहीं है। लेखक उस मत का है, जो मानता है कि विचारों का एक अपना स्वायत्त जगत् होता है—"विभिन्न युगों और क्षेत्रों के चिंतक/लेखक उन्हें अंशत: अथवा पूर्णत: अपनाते हुए नए संदर्भों में रखकर उनसे नए अर्थ पाते रहते हैं। उन्हें नई प्रासंगिकता देते रहते हैं—उनमें से नई चुनौतियाँ उभारते और दूसरों के समक्ष उजागर करते चलते हैं।" ध्यान देने की बात यह है कि नई चुनौतियों को स्वीकार करने की चुनौती छोटी बात नहीं है, रचनाकारों का पूरा तप-स्वाध्याय उसमें खप जाता है। यह सोचनेवाले अज्ञेय ने विनम्रता से कहा है कि "सर्वथा मौलिक" विचार कोई विरला ही लाता है—"जब लाता है तो उस विचार को भी इस स्वायत्त-जगत् को सौंप देता है, जो सबकी समान निधि हो जाता है। इन निबंधों का लेखक भी अपने पूर्ववर्ती असंख्य देशी-विदेशी लेखकों और चिंतकों का ऋणी है—पूर्ववर्ती ही क्यों, अपने समकालीनों से भी वह विचार-सामग्री पाता रहा है, जो कुछ उसने लिया उसे धीरे-धीरे पचाया है। अपने अनुभव की कसौटी पर अपने 'आत्म' को भी परखा है—इसके बाद ही उसने दूसरों के समक्ष रखने का उपक्रम किया है। उसका विश्वास है कि मौलिकता के दावे के बिना भी यह प्रस्तुतियाँ हिंदी पाठक, लेखक और समालोचक को सोचने के लिए उकसाती रही हैं अथवा कम-से-कम अपनी मान्यताओं को और पूर्वाग्रहों को एक बार फिर जाँच लेने को प्रेरित करती रही हैं। यह विश्वास निराधार नहीं है, क्योंकि पिछले चालीस वर्षों में इस लेखक के विचार लगातार विमर्श और चर्चा के आधार बनते जा रहे हैं—बहुधा उनकी बड़ी कटु आलोचना भी हुई है, कभी-कभी लेखक का उल्लेख भी करने से भरसक बचते हुए उसे वाग्वाणों की मार का लक्ष्य बनाया गया है।" ऐसा इसलिए हुआ कि हमारा समाज स्वाधीन नहीं है। एक स्वाधीन समाज ही स्वाधीन व्यक्ति और स्वाधीन चिंतक को आदर दे सकता है। गुटों, दलों, मतों, प्रतिबद्धताओं में विभाजित हमारा समाज अज्ञेय को ठीक से समझ नहीं सका। इसलिए उन पर मनमाने प्रहार होते रहे। प्रहार इसलिए भी होते रहे हैं, क्योंकि उनका विद्रोही चिंतन विचारधाराओं की गुलामी को स्वीकार नहीं करता है। इस चिंतन में अस्वीकार का साहस है।

अज्ञेय ने निबंध साहित्य की समस्याओं को सुलझाने के लिए उतने नहीं लिखे हैं, जितने कि समस्याओं पर नए सिरे से विचार करने की दृष्टि से। निबंधों में विषय

के छुए-अनछुए पक्षों पर गहरे-से-गहरे उतरकर तात्त्विक चिंतन और विमर्श अज्ञेय के निबंधकार का स्वभाव है। हृदय के साथ बुद्धि की यात्रा में बौद्धिकता की ठोस भूमि पर स्थित होकर वे सत्य का अन्वेषण करते हैं। इस दृष्टि से उनके निबंध हृदय की मुक्तावस्था से ज्यादा बुद्धि की मुक्तावस्था हैं। बौद्धिक मुक्तावस्था के कारण जब वे "कला का स्वभाव और उद्‌देश्य" जैसा निबंध लिखते हैं तो विचार और धारणाओं को अर्द्धचेतन, चेतन धरातल पर कई कोणों से जाँचते हैं। इस भावना के साथ कि यह एक प्रयोगात्मक स्थापना है, संपूर्ण सत्य इसमें नहीं होगा, लेकिन इसकी अवधारणा सत्य के अन्वेषण और पर्यवेक्षण पर हुई है, अतः इसकी असंपूर्णता भी वैज्ञानिक है। पहले सूत्र फिर व्याख्या—यह भारत की विश्वसनीय शास्त्रीय प्रणाली है। सूत्र से स्थापना और स्थापना से परिभाषा की ओर बढ़ना व्याख्या का लक्ष्य रहा है। कहना होगा कि अज्ञेय अपने ढंग के आधुनिक बौद्धिक और तार्किक व्याख्याकार हैं, जिन्हें हिंदी के नए साहित्य और साहित्यालोचन का आधुनिक अभिनवगुप्त कहा जा सकता है। उनकी भारती सब के लिए 'अभिनव भारती' है, जिसमें पुराने की नई व्याख्या का बौद्धिक साहस मौजूद है। 'कला क्या है?' प्रश्न के उत्तर में कहेंगे, "कला सामाजिक अनुपयोगिता की अनुभूति के विरुद्ध अपने को प्रमाणित करने का प्रयत्न—अपर्याप्तता के विरुद्ध विद्रोह है।" इस विचार को स्पष्ट करने के लिए पहली पहल कलात्मक चेष्टा हुई, जिसमें कला का जन्म हुआ। उन्हें वाल्मीकि का शोक श्लोक—क्रौंच-वध याद आया, जिससे कविता का निर्झर फूट पड़ा अर्थात् कविता मानव आत्मा की चीत्कार का सार्थक रूप है। काव्य-कला की एक मानव केंद्रित संस्कृति वाल्मीकि ने विकसित की। वाल्मीकि के आखेटक काल के बाद व्यक्ति का समाज के प्रति दायित्व बढ़ा। अपर्याप्तता का बोध भी बढ़ा। प्रश्न उठता है कि 'समाज' और 'अपर्याप्तता' से क्या अभिप्राय? कला किस लिए? कला एक अपर्याप्तता के विरुद्ध व्यक्ति का विद्रोह है। अर्थात् कला संपूर्णता की ओर जाने का प्रयास है। सच्ची कलावस्तु एक नैतिक मूल्य रखती है—वह एक प्रकार का आत्मदान है। एक तरह का आत्मबोध।

अज्ञेयजी के निबंधों में सबसे ज्यादा चर्चित है—"रूढ़ि और मौलिकता" शीर्षक लेख। हालाँकि यह लेख टी.एस. एलियट के निबंध "ट्रेडीशन एंड इंडिविजुअल टेलेंट" का छायानुवाद है। लेकिन यह छायानुवाद इतना सर्जनात्मक है कि सर्जनात्मक अनुवाद का प्रतिमान बन चुका है। इस निबंध का आरंभ टी.एस. एलियट के इस कथन से होता है कि "कलाकार जितना ही संपूर्ण होगा, उतना ही उसके भीतर भोगनेवाले प्राणी और रचनेवाली मनीषा का पृथकत्व स्पष्ट होगा।" आरंभ में यह संकेत भी दिया कि आजकल 'रूढ़ि' को 'प्रगति' की चर्चा में कोसा जाता है। साहित्य में विशेषकर आलोचना में यह फैशन सा हो गया कि रूढ़ि का तिरस्कार किया जाए। आज हम किसी आधुनिक रचनाकार

की 'समकालीनता' अथवा 'आधुनिकता' का मूल्यांकन इसी कसौटी पर करते हैं कि वह किस हद तक रूढ़ियों को मानता अथवा तोड़ता है। लोग प्रायः कहते हैं। हरिऔध रूढ़िवादी तथा पंत, निराला आधुनिक और विद्रोही। हिंदी की वर्तमान आलोचना का फैशन रचनाकार की 'भिन्नता' के लिए ही आदर पाता है। 'मौलिकता' 'भिन्नता' का ही पर्याय बन गया है। कवि को हम उसके पूर्ववर्तियों से उच्छिन्न करके देख सकें, तभी हमें संतोष होता है। अज्ञेय ने भरे हृदय के भारीपन के साथ आलोचकों पर दुःख व्यक्ति करते हुए लिखा है—"आलोचकों के आगे यह कहना अपने को हास्यास्पद बना देना होगा कि कभी-कभी साहित्यकार का गौरव, उसकी रचना का महत्त्व इस बात में भी हो सकता है कि उसमें साहित्यकार के पूर्ववर्तियों की लंबी परंपरा, उसके साहित्य की रूढ़ि पुनः जी रही और मुखर हो रही है।" इसलिए वे हास्यास्पद बनने का खतरा उठाकर भी रूढ़ि-परंपरा के विषय में अपनी धारणाओं को दोबारा जाँच करना अनिवार्य समझते हैं कि क्या हमारी धारणा ठीक है? क्या रूढ़ि की परिभाषा 'पुराने साहित्य की अग्राह्य और खंडनीय परिपाटियाँ' ही हैं? क्या परंपरा को निबाहना गई हुई पीढ़ियों और रीतियों और सफलताओं के अंधानुकरण का ही नाम है? रूढ़ि क्या है? परंपरा का साहित्य में क्या स्थान है और साहित्यकार के लिए क्या मोल?" इस तरह के अनेक प्रश्नों को उठाकर कहा—"रूढ़ि की रूढ़िग्रस्त परिभाषा हमें छोड़नी होगी, हमें उदार दृष्टिकोण से उसका नया और विशालतर अर्थ लेना होगा।"

नया और विशालतर परंपरा का अर्थ कैसे ग्रहण किया जा सकता है? अज्ञेयजी का उत्तर है—"हमें सबसे पहले यह समझना होगा कि रूढ़ि अथवा परंपरा कोई बनी बनाई चीज नहीं है, जिसे साहित्यकार ज्यों-का-त्यों पा या छोड़ सकता है। मिट्टी के लोंदे की तरह अपना या फेंक सकता है। हमें यह किंचित् विस्मितकारी तथ्य स्वीकार करना होगा कि परंपरा स्वयं लेखक पर हावी नहीं होती, बल्कि लेखक चाहे तो परिश्रम से उसे प्राप्त कर सकता है। लेखक की साधना से ही रूढ़ि बनती और मिलती है। और हम यह भी सिद्ध करेंगे कि रूढ़ि की साधना साहित्यकार के लिए वांछनीय ही नहीं, साहित्यिक प्रौढ़ता प्राप्त करने के लिए अनिवार्य भी है।" प्रश्न उठता है और उठना चाहिए कि रूढ़ि की साधना परंपरा के प्रति जागरूकता कैसे प्राप्त कर सकती है और किस प्रकार रचनाकार मानस को, उसके कार्य को, मूल्य को प्रभावित करती है? इस जागरूकता का प्रधान उपकरण है—एक ऐतिहासिक चेतना अर्थात् जो अतीत है, उसके व्यतीत की ही नहीं, उसकी वर्तमानता की भी तीखी और चिर जागृत अनुभूति। रचनाकार के लिए 'आसीत' और 'चिर' का ज्ञान आवश्यक है। लेखक में यह चेतना होगी तो उसकी रचना में न केवल अपना युग, अपनी पीढ़ी से उसका संबंध बोल रहा होगा, बल्कि उससे पहले की अनगिनत पीढ़ियों का संबंध बोल रहा होगा और उसके

साथ अपनी पीढ़ी की संलग्नता, एकसूत्रता की भी तीव्र अनुभूति स्पंदित होगी। 'अतीत' उसी का नाम है जो पहले से वर्तमान है, जबकि 'आज' वह है जो वर्तमान होना आरंभ हुआ है। अतीत और वर्तमान इस दोहरे अस्तित्व की, उनकी पृथक् वर्तमानता और उनकी एकसूत्रता की निरंतर अनुभूति ही ऐतिहासिक चेतना है और इस चेतना का अनवरत स्पंदनशील विकास ही परंपरा का ज्ञान। काल की प्रवहमानता के ऐसे ज्ञान के बिना रचनाकार इस प्रवाह में अपना स्थान नहीं बना सकता। काल के प्रांगण में कहीं भी अपनी जड़ें नहीं जमा सकता। यहाँ अज्ञेयजी ने आधुनिक हिंदी कविता के सर्वाधिक विद्रोही कवि सूर्यकांत त्रिपाठी 'निराला' का उदाहरण देकर अपना मत व्यक्त किया है कि क्या उनकी भिन्नता को देखने के लिए उन्हें पूर्ववर्तियों के बीच नहीं रखेंगे, उनसे तुलना नहीं करेंगे? क्या हम पूर्ववर्तियों से उनके संबंध की पड़ताल नहीं करेंगे? इस प्रकार का 'अन्वेषण' केवल 'ऐतिहासिक' विवेचन के लिए ही नहीं, कलात्मक विवेचन के लिए भी अनिवार्य होगा। कोई भी कलावस्तु, वह चाहे कितनी ही नई क्यों न हो, अपने-आप घटित नहीं हो जाती अपनी पूर्ववर्ती तमाम परंपराओं के साथ घटित होती है। इस दृष्टि से परंपरा के साथ उसके संबंध का अन्वेषण करना आवश्यक हो जाता है। क्योंकि जो पहले से वर्तमान है, उसकी तो एक बनी-बनाई परंपरा थी, उसमें प्रवहमान स्थिरता का एक सामंजस्य था, जो कि एक नई वस्तु के आविर्भाव से डाँवाडोल हो गया है। इस तारतम्यता के लिए समूची परंपरा को पुन: जगाना होगा। नई रचना के आते ही पूर्ववर्ती परंपरा से उसके संबंध की समस्या उठती है। फिर पुरातन और नूतन, रूढ़ और मौलिक, परंपरा और प्रतिभा में एक नया तारतम्य स्थापित हो जाता है। लेकिन इसका अर्थ अतीत को वर्तमान द्वारा आँकना नहीं है, न यह कि हम वर्तमान को अतीत के मानदंडों से आँक रहे हैं।

परंपरा का ज्ञान आधुनिक रचनाकार के दायित्व को बढ़ा देता है। उसे याद रखना पड़ता है कि अतीत का अंधानुकरण घातक होगा। कला-परंपरा की रक्षा नूतनता के चमत्कार के बिना नहीं हो सकती। नूतन रचना में परंपरा की प्रवहमानता स्पंदित हो। यदि ऐसा नहीं होता तो नई रचना के साथ कला की रूढ़ि का कोई संबंध नहीं बनता। उसका संबंध या महत्त्व रचना में गतियुक्त वर्धमान परंपरा की प्रवहमानता में है, जो इससे व्यंजित होती है। इस बात को इस तरह से भी कहा जा सकता है कि अतीत को रचनाकार सत्तू के गोले की तरह निगल नहीं सकता है। कलाकार को कला की निरंतर प्रवहमान परंपरा से गहराई के साथ परिचित होना पड़ेगा। उसे परंपरा के प्रति ऐतिहासिक जागरूकता पानी या कमानी होगी, उसे वाल्मीकि के लिए वेदों से, कालिदास के लिए वाल्मीकि से, तुलसीदास के लिए कालिदास से और मैथिलीशरण गुप्त के लिए तुलसीदास से संवाद स्थापित करना पड़ेगा। क्योंकि अतीत कुछ नहीं होता, 'पहले से वर्तमान' की

परंपरा बढ़ती चलती है, जिसमें नया आया हुआ वर्तमान स्थान बनाएगा। रचनाकार के लिए अज्ञेय के शब्दों में, 'रूढ़ि अथवा परंपरा का यही शापमय वरदान है।'

रचनाकार को समझना होगा कि युग की नब्ज क्या कह रही है। साथ ही यह भी जानना होगा कि सामूहिक मन युग-चेतना के दबाव से निरंतर बदल रहा है। इससे कला की सामग्री निरंतर बदलती रहती है, कला शायद नहीं बदलती। दूसरे पाठक को अतीत के ज्ञान की बात अतिरिक्त भी लग सकती है। वह कह सकता है कि इसके लिए बहुत पढ़ाई, बहुत पांडित्य की आवश्यकता होगी। 'कलाकार पंडित नहीं होते, न पंडित कलाकार।' फिर परंपरा के सजीव स्पंदन के लिए पांडित्य आवश्यक नहीं है। प्रसाद में सांस्कृतिक चेतना गहन अध्ययन से आई है, लेकिन प्रेमचंद में वह पांडित्य के सहारे नहीं आई। रचनाकार निजी व्यक्तित्व को एक विशालतर व्यक्तित्व बनाने के लिए मिटता रहता है। छोटे व्यक्तित्व से बड़े व्यक्तित्व की ओर बढ़ते जाना ही रचनाकार की प्रगति है और ऐतिहासिक चेतना के स्पंदन की अनुभूति इस उन्नति का मार्ग या साधन है। इसी अर्थ में कविता भावों का उन्मोचन नहीं है, बल्कि भावों से मुक्ति है, वह व्यक्तित्व की अभिव्यक्ति नहीं है, व्यक्तित्व से मोक्ष है। इस तरह आलोचना का विषय साहित्य है साहित्यकार नहीं, कविता है, कवि नहीं। ध्यान रखना होगा कि 'भोगने वाला मन' और 'रचना करनेवाला मन' दोनों अलग-अलग हैं। इसीलिए किसी साहित्यिक कृति का मूल्यांकन करने के लिए हमें अन्य साहित्यिक कृतियों के साथ उसके संबंध की ओर ध्यान देना होगा। साथ ही यह भी जाँचना होगा कि रचना का रचनाकार के मन से क्या रिश्ता है। अज्ञेय ने कहा है कि अंग्रेजी कवि, आलोचक टी.एस. एलियट ने इस क्रिया की तुलना एक रासायनिक क्रिया से की है। सल्फर डाई ऑक्साइड और ऑक्सीजन से भरे हुए पात्र में यदि प्लेटिनम का टुकड़ा या चूर्ण प्रविष्ट किया जाए तो वे दोनों गैसें मिलकर सल्फूरस एसिड में परिवर्तित हो जाती हैं। यह क्रिया प्लेटिनम की उपस्थिति के बिना नहीं होती, तथापि बनने वाले अम्ल में प्लेटिनम का कोई अंश नहीं होता, न प्लेटिनम में किसी प्रकार का कोई परिवर्तन ही दीखता है, वह ज्यों का त्यों पड़ा रह जाता है। एलियट कवि मानस की तुलना इस प्लेटिनम के चूर्ण से करते हैं। इस तरह कवि मानस ही चमत्कार उत्पन्न करता है। कलावस्तु का निर्माण निजी अनुभूतियों से नहीं होता। कलाकृति बनती है उन अनुभूतियों से जिनसे कवि स्वयं तटस्थ है। कलाकार जितना बड़ा होगा, उतना ही उसके व्यक्ति जीवन और रचनाशील मन का अलगाव होगा। यहाँ मूल विचार यह है कि अज्ञेयजी को टी.एस. एलियट के निर्वैयक्तिकता-सिद्धांत में आस्था रही है।

अज्ञेय मानते हैं कि कलाकार का मन एक भंडार है, जिसमें अनेक प्रकार की अनुभूतियाँ, शब्द, विचार, चित्र इकट्ठे होते रहते हैं—उस क्षण की प्रतीक्षा में, जब कवि-

प्रतिभा के ताप से एक नया रसायन, एक चमत्कारिक योग तैयार हो जाएगा। रचयिता का महत्त्व रचना करने की क्रिया की तीव्रता में है। वास्तव में काव्य में कवि का व्यक्तित्व नहीं, वह माध्यम प्रकाशित होता है, जिसमें विभिन्न अनुभूतियाँ और भावनाएँ चमत्कारिक योग में युक्त होती हैं। काव्य एक व्यक्तित्व की नहीं, एक माध्यम की अभिव्यक्ति है। कवि का काम नूतन अनुभव खोजना नहीं है, प्रत्युत पुराने और परिचित भावों के उपकरण से ही नूतन अनुभूतियों की सृष्टि करना, जो उन भावों से पहले प्राप्त नहीं की जा चुकी हैं। छोटे और बड़े कवि में फर्क क्या है ? छोटा कवि जहाँ परिश्रम आवश्यक है, वहाँ प्रतिभा पर निर्भर करता है और जहाँ प्रतिभा का क्षेत्र है, वहाँ सायास तीव्रता लाता है। कला के भाव निर्वैयक्तिक होते हैं। इस तरह कला महत्तर के प्रति समर्पण है। कवि का जीवन निज़ी आज में सीमित नहीं है, वह त्रिकालजीवी है। इन स्थापनाओं को आलोचना का फैशन कहकर ठुकराने की जरूरत नहीं है, क्योंकि आधुनिकता केवल परंपरा का उपहास मात्र नहीं है—उसका महत्त्व परंपरा में ही निहित है। फिर आपत्ति चाहे परंपरा के नाम पर हो चाहे प्राप्ति के। क्योंकि यह स्थापनाएँ ऐसी नई नहीं हैं, हमारे ही शास्त्र का विकास हैं। कुप्पी नई है, लेकिन आसव पुराना है। भारतीय आचार्यों ने माना है कि काव्यानुभूति की नूतनता इस योग की नूतनता है। काव्य का 'रस' कवि में या कवि के जीवन में या वर्ण्य-विषय अथवा अनुभूति में या किसी शब्द-विशेष में नहीं है, वह काव्य-रचना की चमत्कारिक तीव्रता में है। परंपरा अंधानुकरण नहीं है, बल्कि उसे विकसित करने की आवश्यकता है। अतीत के प्रति नई दृष्टि ही विवेक वयस्कता है। इस तरह परंपरा वर्तमान के साथ अतीत की संबद्धता और तारतम्यता का नाम है।

अज्ञेय के निबंधों में व्याप्त चिंतन का वैशिष्ट्य यह है कि वह रचना और रचनाकार मानस की आंतरिक-बाह्य छानबीन बड़े ही सूक्ष्म सजग से भाव करते हैं। पूरी विचार-पद्धति में पक्ष-विपक्ष का तर्क सक्रिय रहता है और रचना के सभी पक्षों को वे आलोकित करते चलते हैं। चिंतन के स्तर पर अज्ञेय और टी.एस. एलियट में अनेक समानताएँ हैं, लेकिन दोनों दो भिन्न संस्कृतियों-परंपराओं की उपज हैं। दोनों ने 'परंपरा' पर काफी दूर तक एक-सा चिंतन किया है, लेकिन दोनों आगे चलकर अलग हो जाते हैं। एलियट यूरोप की ओर से बोलते हैं और अज्ञेय भारतीय परंपरा की ओर से। अज्ञेय के साहित्य-चिंतन के पुष्ट और विकसित होने का कारण है—वे साहित्य-चिंतन के साथ साहित्य व्यवस्थापक भी हैं। वे समकालीन साहित्यिक गतिविधि की दिशा-दृष्टि तय करते हैं—संपादन के द्वारा, पत्र-पत्रिकाओं के द्वारा, गोष्ठियों-सेमिनारों-यात्रा वृत्तांतों के द्वारा और अपने गतिशील व्यक्तित्व के द्वारा। आधुनिक हिंदी-साहित्य में भारतेंदु हरिश्चंद्र और महावीर प्रसाद द्विवेदी दो युगों का नेतृत्व करते हैं, लेकिन दोनों कृतिकार से ज्यादा व्यवस्थापक हैं। इस बात को गहराई से समझते हुए नयी कविता के प्रखर आलोचक

डॉ. रामस्वरूप चतुर्वेदी ने *अज्ञेय और आधुनिक रचना की समस्या* पुस्तक में लिखा है—''हिंदी-साहित्य में पहली बार अज्ञेय का व्यक्तित्व ऐसा मिलता है, जो रचनाकार भी वैसा ही उत्कृष्ट है, जैसा कि व्यवस्थापक। प्राय: समूचे नए साहित्य की व्यवस्था में केंद्रीय व्यक्तित्व बने रहने पर भी अज्ञेय की रचनाशीलता में कहीं कोई कमी नहीं आई है। यह एक विलक्षण स्थिति है, जहाँ व्यक्तित्व के दोनों पक्षों ने एक-दूसरे को प्रखरतर और समृद्धतर बनाया है।'' (पृ. 139)

अज्ञेय के निबंध-चिंतन की दूसरी विशेषता जो सजग-पाठक को आकृष्ट करती है—वह है रचना-केंद्रित दृष्टि। वे रचना को उसकी समग्रता में परखते हैं। परंपरा और आधुनिकता, मौलिकता और भिन्नता पर दृष्टि डालते हैं। जैसे तितली का सौंदर्य उसके रंग-बिरंगे पंखों की उड़ान में है वैसे कविता का सौंदर्य उसके वस्तु और रूप के गठन की गतिशीलता में रहता है। एकांगी विश्लेषण से रचना का रूप खंडित हो जाता है। इस दृष्टि से रचना का विश्लेषण और मूल्यांकन फॉर्मूलाबद्ध आलोचना के प्रतिमानों से नहीं हो सकता। नई रचनात्मकता अपने साथ अपना नया काव्यशास्त्र भी लाती है। जिस पर ध्यान देना चाहिए। नयी कविता के पाठक पाते हैं कि नयी कविता तक आते-आते कविता के पुराने प्रतिमान अपर्याप्त हो जाते हैं। उन पुराने प्रतिमानों से नई सर्जनात्मकता के साथ न्याय नहीं किया जा सकता। नयी कविता के सिद्धांतकार कवि आलोचक विजयदेव नारायण साही ने 'शमशेर की काव्यानुभूति की बनावट' शीर्षक लेख में कहा है कि ''नयी कविता की बहसों में यह मान्यता अंतर्भुक्त रही है कि न सिर्फ कविता का ऊपरी कलेवर बदला है या नए प्रतीकों या बिंबों या शब्दावली की तलाश हुई है, बल्कि गहरे स्तर पर काव्यानुभूति की बनावट में ही परिवर्तन आ गया है।'' नतीजा यह हुआ कि काव्यानुभूति और काव्येतर अनुभूतियों में जो रिश्ता दिखता था, वह रिश्ता ही बदल गया। ''समूची नयी कविता को ठीक-ठीक देखने के लिए नयी कविता के प्रतिमान की जरूरत नहीं है, बल्कि कविता के नए प्रतिमान की जरूरत है।'' कहना होगा कि कविता के नए प्रतिमानों की जरूरत पर अज्ञेय का ध्यान बार-बार गया है। इस जरूरत के कारण ही अज्ञेय ने 'परिस्थिति और साहित्यकार', 'संक्रांतिकाल की कुछ साहित्यिक समस्याएँ', 'साहित्य प्रवृत्तियों की सामयिक पृष्ठभूमि', 'सौंदर्य बोध और शिवत्व बोध', 'साहित्य बोध : आधुनिकता के तत्त्व' जैसे तमाम निबंध लिखे हैं। वे समकालीन संदर्भ में 'साहित्य-बोध' की अपेक्षा 'संवेदना बोध' को अधिक सारमय संज्ञा समझते हैं। आज जैसे-जैसे जीवन-दृष्टि बदलती है, वैसे ही संवेदना भी बदलती है। यह ध्यान में रखना अपेक्षित है कि संवेदना का संबंध जैविक स्थिति से न होकर सांस्कृतिक परिस्थिति से है। चिंतन का केंद्र ईश्वर न रहकर स्वयं मानव हो गया है। ऐसी स्थिति पैदा हुई कि कोई मूल्य आत्यंतिक मूल्य नहीं रहा। जीवन की प्रक्रिया का बढ़ता हुआ ज्ञान, जीवन यंत्र

की यांत्रिक गति का बढ़ता परिचय अपने-आप में एक समस्या है। जितना ही अधिक जीवन सतह पर आता जाता है, बाहरी सतह बढ़ती जाती है—भीतरी सतह छोटी होती जाती है। गति ही गति और संवेदना द्विभाजित। आधुनिक संवेदना का प्रश्न लेखक, पाठक और आलोचक तीनों को बेचैन करता है। आधुनिकता भी मूल्य नहीं है प्रक्रिया है निरंतर संस्कारवान् होने की प्रक्रिया। अत: कलाकृति की अद्वितीयता का प्रश्न जड़ सैद्धांतिकता से सुलझनेवाला प्रश्न नहीं है।

दरअसल, प्रत्येक कलाकृति की समीक्षा का ढंग अलग होगा और नए प्रतिमान निर्मित करने होंगे। यह प्रश्न ही बेकार हो जाएगा कि कला का सृजन स्वांत: सुखाय या बहुजन हिताय समाज के लिए। कला का स्वभाव है कि वह हमें संपूर्ण की ओर ले जाती है। इस तरह रचना का नैतिक मूल्यांकन बराबर होता रहता है। हम पाते हैं कि स्वतंत्रता या मुक्ति ही कला का सबसे बड़ा मूल्य है यह माननेवाले अज्ञेय को छोटा सिद्ध करने के लिए कुछ प्रगतिवादियों ने मुक्तिबोध को खड़ा किया। अज्ञेय को व्यक्तिवादी और मुक्तिबोध को समाज-मंगलकारी सिद्ध किया और यह भूलकर सिद्ध किया कि दोनों एक-दूसरे के विरोधी नहीं है—पूरक हैं। लघुमानव सिद्धांत की आड़ लेकर अज्ञेय को समाज-विरोधी मानना बुद्धि का छोटापन है। दो बड़े और भिन्न दृष्टि के रचनाकारों में तुच्छ राजनीति करना है। अज्ञेय ने दृष्टि की समग्रता से 'हिंदी-साहित्य : चौथाई', 'केशव की कविताई' जैसे निबंध लिखकर यह सिद्ध किया है कि तुलसी की सुधारक दृष्टि कबीर से भिन्न थी कबीर पुराने संस्कारों को तहस-नहस करते चलते हैं और तुलसी के राम शबरी में एकता बिठाने का राग रचते हैं। इसी तरह केशव को लेकर भी अज्ञेय की राय 'प्रेजुडिस्ड' नहीं हैं और यहाँ अज्ञेय को एलियट का परंपरा-चिंतन याद आता रहा है। "बिहारी को एक ट्रेडीशन बना-बनाया मिला, केशव ने स्वयं ट्रेडीशन बनाया।"

अज्ञेय ने 'आधुनिक उपन्यास की पृष्ठभूमि' में अंग्रेजी की उपन्यास परंपरा तक अपने को सीमित रखकर विचार किया। उन्होंने माना कि जहाँ तक हिंदी उपन्यास का प्रश्न है—उसकी गति-विधि बहुत कुछ अंग्रेजी उपन्यास के समानांतर ही रही और रूसी फ्रांसीसी उपन्यासों का प्रभाव उसने अंग्रेजी के माध्यम से ही ग्रहण किया। आधुनिक उपन्यासों को विक्टोरियन उपन्यासों से पृथक् करने के लिए उन्होंने 'ऐतिहासिक प्रत्यावलोकन' किया। आधुनिक उपन्यास वास्तव में युद्धोत्तर उपन्यास हैं। विश्वयुद्ध ने बुर्जुआ- संस्कृति के प्रतिमानों को झकझोरकर ध्वस्त कर दिया। वर्जीनिया वुल्फ, डी.एच. लॉरेंस, जेम्स ज्वाइस आदि ने नए प्रतिमानों की प्रतिष्ठा की तथा संवेदना का नया संस्कार किया। 'आधुनिक उपन्यास और दृष्टिकोण' में उन्होंने कहा कि समकालीन साहित्य विधाओं में उपन्यास सबसे विशिष्ट और महत्त्वपूर्ण है। उसमें उत्तरोतर मानव-दृष्टि का विकास होता गया। आधुनिक उपन्यास के नायक धीर उदात्त न होकर 'व्यक्ति'

को केंद्र में लाए तथा माना कि व्यक्ति का एक विशेष और अद्वितीय चरित्र होता है। मानव–चरित्र के स्थान पर व्यक्ति–चरित्र को केंद्र में लाया गया—उसकी तमाम मानसिक जटिलताओं के साथ। आज व्यक्ति मानस तनाव की स्थिति में रहता है और वह तनाव ही संघर्ष है। यहाँ व्यक्ति मानस स्वयं ही एक परिस्थिति हो गया। 'प्रेमचंद और परवर्ती उपन्यास' निबंध में अज्ञेय ने पहला वाक्य जोड़ा है कि आज का विदेशी साहित्य पढ़नेवाला भारतीय पाठक आसानी से कह सकता है कि प्रेमचंद महान् उपन्यासकार नहीं है और पुष्टि में विदेशी उपन्यासकारों को गिना सकता है। जबकि प्रेमचंद हिंदी के पहले आधुनिक आख्यान लेखक हैं—आधुनिक इस अर्थ में कि उन्हें आधुनिकता का, समवर्ती समाज की अंत: शक्तियों का जीवित बोध है। प्रेमचंद परवर्ती उपन्यासकारों में यशपाल, अज्ञेय, जैनेंद्र, रेणु, भगवतीचरण वर्मा आदि आते हैं। इनमें तकनीक की विजय है और व्यक्ति का मानसिक संघर्ष जीवन–यथार्थ के कई स्तर सामने लाता है। इस तरह अज्ञेय ने काव्य–दृष्टि के साथ उपन्यास–दृष्टि पर अपने निबंधों में गहन चिंतन किया है तथा विशिष्ट कोटि के आलोचनात्मक निबंधों का सृजन किया है।

अज्ञेय ने अपनी साहित्यिक परंपरा को आधुनिक संदर्भ में देखने के लिए 'भारतीय साहित्य-परंपरा : संघर्ष का उपयोग' जैसा निबंध लिखा है। इसलिए लिखा है कि रचना के मूल्यांकन के लिए यह जानना आवश्यक है कि कृतिकार का अपने पाठक या गृहीता समाज के साथ कैसा संबंध है। क्योंकि जैसा यह संबंध होगा या इस संबंध की जैसी अवधारणा कृतिकार करेगा, अनुकूल संप्रेषण की परिपाटी वह (कृतिकार) अपनाएगा, वैसी ही 'रचना' वह करेगा। पहले सहृदयता का अर्थ था—प्रतिभा संपन्न होना, संस्कारी होना, किंतु आज रचना अनुभूतियों का रेचन (कैथार्सिस) मात्र नहीं है, वह सामूहिक अवचेतन की परिकल्पना से जुड़ी हुई है। वह आनंद से ज्यादा भीतरी कसक है। मानववाद की व्यापक प्रतिज्ञा है और जीवन यथार्थ का निचोड़। व्यक्ति के स्वातंत्र्य–वरण की खोज है। यंत्र–सभ्यता की चुनौतियों से लड़ाई है। यह बात 'रचना और प्रक्रिया' निबंध उठाता है कि आजकल रचना पर कम प्रक्रिया की ओर अधिक ध्यान दिया जाता है। 'मैं क्यों लिखता हूँ', 'मैं कैसे लिखता हूँ' के प्रश्न प्रबल हो गए हैं। 'मैं और मेरी रचना' पर लिखने की होड़ लगी हुई है। जबकि रचना–प्रक्रिया का विश्लेषण जोखिम से भरा हुआ है और सभी कलाओं को यह विश्लेषण घाव दे चुका है। मानवतावाद के साथ मनोविश्लेषण के नए सिद्धांत आ गए हैं। यांत्रिक चिंतन में मानव यंत्र बन गया, टेलीविजन–सिनेमा के नए माध्यम आ गए। इससे प्रतिभा को अनुभव की अद्वितीयता और अर्थ की साधारणता में बाँध दिया गया। अब जिस प्रक्रिया से यह योग सधता है, वही रचना–प्रक्रिया है।

रचना और रचना–प्रक्रिया के मर्म को उद्‌घाटित करने के लिए अज्ञेय ने गैर रोमैंटिक

काव्य-दृष्टि को अपनाया। साथ ही वे रचना को अहं के विलयन का साधन मानते रहे हैं। आज का कवि कविता को अहं की प्रखर अभिव्यक्ति नाम देता है। यह भी कहता है कि प्राचीन कवि की महत्ता का असल रहस्य यही है कि वे अहं को विलीन करके ही लिखते थे। लेकिन नया कवि अहं की अभिव्यक्ति में ही मुक्ति पाता है। समकालीन कवियों का अहं-बोध बढ़ा है और परिवेश के प्रति, रचना स्थिति के प्रति चौकन्नापन भी। छायावादी-संस्कारों की पीढ़ी पर व्यंग्य और आक्रोश के साथ अज्ञेय ने एक अद्‌भुत व्यंग्यपरक निबंध 'नयी कविता' शीर्षक से लिखा है संवादात्मक शैली में। लिखे गए इस निबंध में अध्येता एक छायावादी प्रोफेसर से कहता है कि नयी कविता अधिकाधिक पढ़ी जाती है, पढ़ने के लिए ही लिखी जाती है। यहाँ केवल कान नहीं, आँखें भी उपकरण हो गई हैं। प्रगतिवादी, प्रयोगवादी बिल्ले नयी कविता के सामने ओछे पड़ते हैं। प्रगतिवाद एक राजनीतिक बिल्ला है और प्रयोगवाद एक गाली। नयी कविता में कविता पर जाना चाहिए, कवि की वक्तव्यबाजी पर नहीं। हमें भूलना न चाहिए कि कविता के मानदंड कृतियों से ही उद्‌भूत होते हैं। फिर नयी कविता नई मन:स्थिति का प्रतिबिंब है—एक नए मूड को, एक नए राग-संबंध का। भाषा को बोलचाली गद्य के निकट लाने का आग्रह रहा "जिस तरह हम बोलते हैं, उस तरह तू लिख।" यह कविता प्रोफेसरों को चिढ़ाती है। वे अज्ञेय की प्रयोगशीलता से चिढ़ते हैं। 'बहकी हवाओं पर' कविता अज्ञेय ने लिखी है, तो प्रयोगशील और यदि रामविलास लिखते तो, प्रगतिशील कहलाती। भवानीप्रसाद मिश्र, रघुवीर सहाय, शमशेर सबकी कविताओं के उदाहरण देकर प्रोफेसरों के बौड़मपन को कोसा गया है।

अज्ञेय के निबंध साहित्य-चिंतन परंपरा में एक नए सोच के दस्तावेज हैं। पुराना भारतीय काव्य-चिंतन उनमें नई चुनौतियों के साथ नया हुआ है। वे उन चिंताओं-प्रश्नाकुलताओं से पाठक का साक्षात्कार कराते हैं, जो समकालीन भारतीय रचना-कर्म के सामने उपस्थित हैं। अज्ञेय के इन निबंधों ने अपने जन्म काल से ही पाठकों को जगाया है और शास्त्र जड़ रूढ़ियों को तोड़ा है। इसलिए इनकी विचार भूमि काफी सर्जनात्मक है। इस सर्जनात्मक वैचारिकता का प्रतिमान है—उनका निबंध 'शब्द, मौन, अस्तित्व'। अज्ञेय अपने से प्रश्न पूछते हैं—'मैं क्यों लिखता हूँ ?' शायद इसलिए कि लेखक में एक खास तरह का पागलपन होता है। प्लेटो इसे 'दिव्य पागलपन' कहते थे। इस पागलपन में से लेखक 'मौलिकता का आविष्कार' करता है। कला के क्षेत्र में सच बात यह है कि नया कुछ नहीं होता। वह नए रूप में तब तक प्रतिष्ठित नहीं होता, जब तक हम उससे 'अर्थवान् संबंध' स्थापित न कर लें। अज्ञेय को 'तनाव' लिखने की प्रेरणा देता है। कला मात्र में जो शक्ति सृजन की प्रेरणा बनती है—वह यही 'तनाव' है—जाने हुए उत्तर और दिए जा सकनेवाले उत्तर के बीच का तनाव। नया संवेदन, नया अनुभव, नया

तनाव पैदा करता है। पश्चिम में 'न्यू क्रिटिसिज्म' वाले तनाव-सिद्धांत की वकालत करते रहे हैं। हो सकता है अज्ञेय को तनाव के सूत्र वहाँ से मिले हों, क्योंकि अज्ञेय जैसे बहुश्रुत, बहुपठित, यायावर निबंधकार कम ही होते हैं। उन्होंने दुनिया को अपनी यायावरी-वृत्ति से जाना-पहचाना और माना है कि लेखक या कलाकार—चिर यात्री का प्रतीक होता है। वह सहज ज्ञान से दूसरों तक की दूरी तय कर देता है—समालाप करने में समर्थ हो जाता है कि संपर्क की एक भाषा अवश्य है, अगर सही शब्द मिल जाए। सही शब्द की तलाश ही लेखक की सच्ची तलाश है। अज्ञेय ने लगातार अनुभव किया है कि यही समस्या की जड़ है। वे कहते रहे हैं—"मेरी खोज भाषा की खोज नहीं है, केवल शब्दों की खोज है। भाषा का उपयोग मैं करता हूँ, निस्संदेह, लेकिन कवि के नाते जो मैं कहता हूँ वह भाषा के द्वारा नहीं केवल शब्दों के द्वारा। मेरे लिए यह भेद गहरा महत्त्व रखता है।" इस तरह एक लेखक, एक कवि के नाते वे कला-सृजन के माध्यमों में सबसे अधिक वेध्य माध्यम का उपयोग करते हैं। ऐसा माध्यम, जिसे निरंतर दूषित और संस्कारच्युत किया जाता रहता है। "अथच उसका उपयोग मैं ऐसे ढंग से करना चाहता हूँ कि वह नए प्राणों से दीप्त हो उठे। ऐसा मैं कैसे करता हूँ, या कर सकता हूँ? अपना ध्यान शब्द पर—हमेशा शब्द पर—केंद्रित करके ही।" निस्संदेह दूसरी कलाएँ भी वेध्य हैं। इन सभी को व्यापारिक, लौकिक, पॉपूलर बनाया जा सकता है और निरंतर बनाया जाता है। लेकिन चित्रकारी किए बिना, गाए बिना, पत्थर या लकड़ी उकेरे बिना भी सामाजिक हुआ जा सकता है; बोले बिना सामाजिक नहीं हुआ जा सकता। भाषा को ही यह चिंत्य विशिष्टता प्राप्त है कि उसे निरंतर और अनिवार्य हीनतर संस्कार का शिकार बनना पड़ता है। किसी माध्यम का जितनी उसकी क्षमता है—उससे कम कहने के लिए उपयोग करना उसे घटिया संस्कार देना है—उसका वल्गराइजेशन है। समर्थ कवि शब्दों का ही अर्थगर्भ उपयोग नहीं करता, अर्थगर्भ मौन का भी उपयोग करता है। कवि शब्दों में उन अर्थों का भी उपयोग कर लेता है, जो 'शब्दों के बीच के शब्दहीन अंतराल' में भरे जा सकते हैं। अज्ञेय का विचार है कि "कविता भाषा में नहीं होती, वह शब्दों में भी नहीं होती; कविता शब्दों के बीच की नीरवताओं में होती है।" कवि जानता है कि मौन के द्वारा भी संप्रेषण हो सकता है। एक समय था अज्ञेय क्रांतिकारी संगठन के सदस्य थे और ब्रितानी साम्राज्यवाद के विरुद्ध लड़े थे। उस युद्ध में उन्होंने सभी साधनों का उपयोग किया शब्दों का भी। फिर वे भारतीय सेना में भी रहे राजनैतिक समाचार साप्ताहिक 'दिनमान' का संपादन भी किया। इस सभी से काव्य का विरोध नहीं है। अज्ञेय को वाल्टर ह्विटमैन याद आते हैं, जो कहते थे—'मैं विराट् हूँ, मुझमें विविध समूह समा जाते हैं।' इसी भाव से भरे अज्ञेय ने स्वतंत्रता के लिए, सामाजिक न्याय के लिए और मानव व्यक्तित्व की प्रतिष्ठा के लिए निरंतर संघर्ष किया। कला-

माध्यमों की संस्कारिता के लिए प्रयत्न किया। अनुभूति की प्रामाणिकता, सोचने, जानने, अभिव्यक्त करने, वरण करने और होने अर्थात् अस्तित्व रखने की व्यक्ति की स्वतंत्रता और संपृक्तता का प्रयत्न जारी रखा। लेखक की संपृक्ति दोहरी होती है—वह निरंतर दो मोर्चों पर लड़ता है।

अज्ञेय का चिंतन कोरा पश्चिमी अस्तित्ववादी चिंतन नहीं है—उस पर प्रभाव जरूर पश्चिमी अस्तित्ववाद का है लेकिन उस पर भारतीय चिंतन की गहरी और दूर तक धमक है। उनमें आधुनिक व्यक्ति की आस्था और संशय दोनों हैं। वे ठोस आधारों पर मूल्यों की रचना करते हैं। मानव : अंगार-सा भगवान-सा अकेला होने पर भी उनके चिंतन के केंद्र में रहा है। सन् 1966 में बेओग्राद (बैलग्रेड) रेडियो से यह वक्तव्य के रूप में प्रसारित निबंध अज्ञेय के चिंतन के कई मूलाधारों को सामने लाता है।

निबंधकार अज्ञेय 'लेखक और परिवेश' पर विचार करते हैं और परिवेश की समस्या को कई रूपों में देखते हैं। एक लेखक के रूप में वे पाते हैं कि परिवेश बदलता है तो मूल्य बदलते हैं। उनका काम परिवेश को 'देश-काल' मानने से नहीं चलता, क्योंकि परिवेश उनके लिए देशकाल का सतत परिवर्तनशील संबंध है। आज के लेखक को परिवेश की चिंता ज्यादा है, वह परिवेश ही लिखता है। आज का रचनाकार परिवेश से दबा है, इसलिए मूल्य भी परिवेश हो जाते हैं। लेखक देशकाल का संदर्भ है, उस संदर्भ का जलता हुआ सूर्य।

प्रश्न उठता है कि आज के समय समाज में 'लेखक की स्थिति' क्या है, क्यों है? कवि को 'कविर्मनीषी', 'स्वयंभू' माननेवाली भारतीय परंपरा अब संकट का सामना क्यों कर रही है? कवि का विश्वास कालिदास में शक्ति बनता है, वह सृष्ट का गौरव पाता है। आज का रचनाकार नहीं जानता उसका पाठक क्या पढ़ रहा है। आज वह भारतीय लेखक का नहीं, विदेशी लेखक का पाठक है। 'लोकप्रिय' साहित्य का पाठक है। गंभीर लेखक सहृदय से अज्ञ है। देशी भाषा के लेखक की स्थिति विषम है—वह भारत में हीन और अपदस्थ है। हिंदी-लेखक की विकट समस्या है। हिंदी राष्ट्रभाषा है, पर उसका लेखक अपमान में जीता है। आजादी के बाद उसकी स्थिति और बिगड़ी है, जबकि हिंदी में लिखना जुझारू होकर लिखना है। पश्चिम का लेखक बौद्धिक वर्ग में माना जाता है, हिंदी में वह नदारत है। जब कि परंपरा के मूल्यांकन के साथ उसे बौद्धिक होना ही है और निर्भय होकर परंपरा-इतिहास का मूल्यांकन करना है। पश्चिमी लेखक इतिहासजीवी है, इतिहास-बोध में बँधा है। भारतीय लेकिन पुराणजीवी है और उसकी पुकार अलग है। 'साहित्य की भारतीय कसौटी' निबंध में आजादी मिलने के बाद का चिंतन है। चीनी आक्रमण के बाद राष्ट्रीय चेतना उद्‌बुद्ध हुई और भारत आत्म-शोध में लग गया। भारतीय भाषाओं के साहित्य में इस प्रेरणा से व्यापक दृष्टिकोण का जन्म

हुआ। जन सामान्य चिंतन के केंद्र में आया है और जन समस्याओं पर विचार को ही साहित्य की कसौटी बनाया गया है।

प्रश्न उठाया जाता है कि 'उपन्यास की भारतीय विधा' का क्या अर्थ? भारतीय साहित्य भारतीय संवेदना का वाहक रहा है, उसके मूल में भारत की सांस्कृतिक उपलब्धियाँ रही हैं। भारतीय उपन्यासों का विश्लेषण कुछ सामान्य प्रवृत्तियाँ सामने लाता है और उसका 'भारतीय उपन्यास' नाम अपनी सार्थकता सिद्ध करता है, उसकी विशेष भारतीय रूप संघटना है। उसकी शैलियाँ, पद्धतियाँ, शिल्पतंत्र रूपाकार को रूपायित करते हैं। मूलत: उपन्यास कालबद्ध रचना है—काल में घटित का ही रूपयुक्त वृत्तांत। पश्चिमी काल-बोध भारतीय उपन्यासों के काल-बोध से कोई रिश्ता नहीं है। भारत को आवर्तीकाल-बोध राष्ट्रीय सीमाओं का अतिक्रमण करता है।

अज्ञेय 'समकालीन कविता के संकट' में प्रश्नोत्तरी से संवादरत हैं। आज का कवि संकट के बीच से गुजर रहा है और अभिव्यक्ति की असमर्थता उसकी है। कवि जो अनुभव कर रहा है, उसे अभिव्यक्ति नहीं दे पा रहा है। वह अपने अनुभव के बदले दूसरों के अनुभव के अनुवाद से काम चलाना चाहता है और अपने भीतर हीनता का अनुभव करता है। वह भूल रहा है कि कविता कविता में से ही जन्म लेती है। कवि-कर्म में बंधनों से मुक्ति की छटपटाहट है। बिंबवादी कविता छोटी सघन कविता है। जीवन-यथार्थ उसमें जज्ब है। इसलिए वह झूठी अवसरवादिता की कविता नहीं है। वह अपने देश और काल का प्रामाणिक लेखक है, इसी दम पर वह अंतरर्राष्ट्रीय प्रतिष्ठा पा सकता है। 'नयी कविता के गीत : एक प्रश्नोत्तर' में अज्ञेय मानते हैं कि नवगीत आज छायावादी प्रगतिवादी गीतों से भिन्न है—कथ्य और रूप दोनों स्तरों पर। ताल लय उसमें है—वह मुक्त नहीं है। उसमें प्राचीन संगीत परंपरा, काव्य परंपरा नहीं है, लेकिन आल्हा-गीत की परंपरा का विकास है। आज का नया कवि गीत लिखता है, तब वह गीतितत्त्व को प्रधानता देता है। उसका गीत गेय भी हो सकता है, पर कसौटी गेयता की नहीं है, गीतात्मकता की ही है। जीवन की जटिलता को गीतकार भी झेल रहा है। अत: गीत में नया भाव-बोध मौजूद रहता है।

'कविता : श्रव्य से पठ्य तक' ऐसा अज्ञेय का निबंध है, जो काव्य-विधाओं पर कई कोणों से चिंतन करता है। भारतीय परंपरा में वाक् का कलाओं से अभिन्न रिश्ता रहा है। पश्चिम की परिभाषा 'सही शब्दों का सही क्रम' से आगे भारतीय परंपरा उस शब्द-क्रम के सम्यक् वाचन पर बल देती है। वेदों की तेजोमयी वाक् की अपेक्षा रामायण की हृदयहारिणी कल्याणी वाक् की—यह साधना संस्कृत में ही नहीं, प्राकृतों-अपभ्रंशों में से होती हुई आधुनिक भारतीय भाषाओं के साहित्य में चली आती है। अज्ञेय ने कल्याणी वाक् में माना है कि संस्कृत का कवि-कर्म वाग्वैदग्ध से पाठक को अभिभूत करता है।

रससिद्ध कवीश्वर और वाक् सिद्ध महाकवि दोनों में कल्याणी वाक् मुग्ध करती रही है। अभिजन शृंगार-साधना में लगा रहा, वह कला विलासी था। लेकिन सलाह क्षेमेंद्र जैसे आचार्य यही देते रहे कि कवि को तर्कवादी और वैयाकरण से बचते हुए नए अर्थ की खोज में लोक साहित्य और जनभाषा पर कान लगाए रहना चाहिए। सौभाग्य कहिए या दुर्भाग्य मध्यकाल में भाषाओं के जनकाव्य की प्रेरणा-प्रवृत्ति धार्मिक हो गई। सहृदयों को रीतिकाल वाक् और मितकथन से चमत्कृत करने लगा। पठित समाज में वाचिक परंपरा के काव्य मुक्तक-काव्य का विकास हुआ। कविता कूट-व्यंजना और वाग्वैदग्ध से सरस होती गई। कवि गोष्ठी, काव्य-पाठ की धूम मची और पेशेवर वाचक सामने आते रहे।

भारत में जब मुद्रण-यंत्र का आविष्कार हुआ—उस यंत्र को मसीही प्रचारक धर्म-ग्रंथि के प्रचार के लिए लाए। छपाई के आविष्कार से कविता, आख्यान, कवित्त-सवैए धड़ाधड़ छापे जाने लगे। फिर भी यह साहित्य वाचिक परंपरा का साहित्य ही था। काव्य रूप श्रवण ग्राह्य थे—सस्वर पढ़े जाते रहे। लेकिन कुछ समय बाद मुद्रण से अभिव्यक्ति और आस्वादन ही नहीं, बोध की प्रणालियों में भी आमूल परिवर्तन आया। वाचिक-परंपरा नष्ट होने लगी। श्रुत भाषा से पठित भाषा में संक्रमण हुआ। काव्य सभी कलाओं में सर्वाधिक वेध्य है, उसका प्राण शब्द है—शब्द का सर्जनात्मक प्रयोग कठिन होता है। अब कविता 'वस्तु' हो गई। कवि को आभ्यंतर श्रोता का उद्भावन करना पड़ा। कवि कर्म की भूमि ही बदल गई। कवि नई भाषा के साथ नए देश में आ गया। कविता कान से सुनकर आँख से पढ़ी जाने लगी। इंद्रियगत बदलाव क्या आया संप्रेषण और चिंतन की प्रणालियाँ बदल गईं। अब कविता रस और रेचन से आगे बढ़ गई। कविता का 'स्वभाव' बदल गया। कवि नए वाक् या वागर्थ प्रतिपत्तये की प्रार्थना करने लगा। स्वयं अज्ञेय ने *तारसप्तक* की भूमिका में, दूसरा सप्तक में ऐसी ही प्रार्थना की है। इस तरह इस निबंध में अज्ञेय का अपना काव्य-अनुभव पूरी सामर्थ्य से व्यंजित है।

अज्ञेय ने नए कवि कर्म की जटिलता पर प्रकाश डालते हुए 'आज के भारतीय समाज में लेखक' की स्थिति पर नई स्थापनाएँ की हैं। उनके विचार से आज जो लेखक पैगंबरी का सपना देखता है, वह करुणा का पात्र है। आज प्रश्न उठता है कि 'समाज' से क्या तात्पर्य? समाज का अंग होने से 'सोसाइटी' से 'बिलांग' करने का क्या अर्थ? संसार भर के समाज में 'बौद्धिक' का सम्मान गिर गया। 'समाज' छूटता गया और कलाकार व्यक्ति के रूप में उत्कर्ष पाता गया। कवि की 'मनीषी' स्थिति गिरती गई। "समाज का अर्थ भी अपकर्ष में गिरता गया। कवि *रामायण-महाभारत* को *मेघनाद-वध, 'राम की शक्ति पूजा'* में नया संदर्भ देता गया। लेकिन कवि की समाज सत्ता का आसन हिल गया। संसार भर का लेखक पराएपन की भावना से त्रस्त हो उठा। इस तरह समाज में लेखक की स्थिति विषम होती गई है। कंप्यूटर-युग ने कवि कर्म का अर्थ ही खो दिया है।"

अज्ञेय का बहुचर्चित निबंध 'काल का डमरू नाद' अपनी सघन वैचारिकता के कारण इधर के समकालीन निबंधों में अद्वितीय कहा जा सकता है। रचनाकार प्रतीकों का उपयोग करता है और यह उपयोग कला को देवों के निकट ले जाता है। अनिवार्यतः प्रतीक अनेकार्थसूचक होते हैं, किंतु प्रतीक रूपक नहीं होते। ''मिथक की भाँति प्रतीकों में भी सायुज्य, सारूप्य और सादृश्य की एक स्वायत्त स्वयंसिद्ध, स्वयंप्रकाश व्यवस्था होनी चाहिए : प्रतीक अपने आपमें एक स्वतः प्रमाण दुनिया होता है।'' हिंदी में काल-चिंतन पर पहली बार विचार करनेवाले इस निबंधकार ने ठीक कहा है कि आवर्तीकाल की भारतीय परिकल्पना पश्चिम के लिए कठिन रही है। प्राचीन संस्कृतियों में आवर्तन के मिथक पाए जाते हैं। उदाहरण देकर अज्ञेयजी ने कहा कि विवाह में जड़ाऊ छल्ला 'इटर्निटी रिंग' में काल की अनंतता उसके आवर्तन में है। नैरंतर्य अथवा अमरत्व का प्रतीक अपनी पूँछ को निगलता सर्प है। यहाँ हर अंत नया आरंभ है। काल-चक्र ही अमरत्व का चक्र है। इस तरह नित्यता, नैरंतर्य, अमरत्व सभी का आधार वृत्त है। काल की चक्रगति सांत आयामों से परे वृत्ताकार ही हो सकती है। सनातन इसके बिना नित्य हो ही नहीं सकता। अतः अनंत व्यास के वृत्त का खंड है। बालू-घड़ी भी काल का प्रत्यावर्तन है। मदारी के हाथ में डमरू का गहरा प्रतीकार्थ है। नटराज के हाथ में डमरू काल का प्रतीक है। डमरू नाद का नाद ब्रह्म का प्रतीक है—सृष्टि का प्रतीक है—अग्नि विलय का प्रतीक है। काल-प्रतीक के रूप में डमरू की कटि वर्तमान है और दोनों त्रिकोण भूत और भविष्य। कालजीवी हम सदैव वर्तमान के बिंदु पर स्थित रहते हैं। जब-जब डमरू की जीभ ताँत पर—अतीत-भविष्य पर आघात करती है—हमें काल का 'स्रोत' के रूप में बोध होता है। यह कालगति स्मृति भी है और प्रतीक्षा भी है। प्राचीन काल-गणना में चतुर्युग की आवृत्ति होती है। विष्णु के पास भी काल का चक्र है—काल के चिह्न हैं। शून्य के वृत्त से सनातन काल का आवर्तन का सिद्धांत उद्भूत है। जीरो टाइम काल डमरू का कटि-बिंदु है। आवर्ती-कथा ही विश्व के आख्यान-साहित्य को भारत की विशिष्ट देन है। सभी विश्व की आवर्ती कथाओं के प्राच्य या उत्स भारत में मिलते हैं। *कथा-सरित्सागर* अथवा *पंचतंत्र* कथाओं की कालगति में आवर्तन का सिद्धांत विद्यमान है। कथाओं में कालगति का द्विविध-बोध है—एक आवर्ती काल का बोध, दूसरा ऐतिहासिकता का बोध।

'सर्जनात्मक अनवधान' क्या है ? फिर से बल-प्राप्ति की ओर बढ़ना। रोग-मुक्ति से स्वास्थ्य लाभ के बीच की अवस्था। जीवन के रस का स्वाद-सौंदर्य। देह की शिरा-शिरा में प्राण का संचार। जीवन में निर्माण और संचार का रहस्य। स्मृति और कल्पना का योग। यह योग 'उन्मेषशालिनी प्रतिभा' के वरदान से पैदा होता है। लेखक प्रेरणा कहाँ से पाता है ? प्रेरणा का अर्थ लेखक के लिए अलग है और वार्ताकार-पत्रकार के लिए

अलग। पत्रकार के लिए काव्य में दस प्रतिशत सूझ होती है नब्बे प्रतिशत पसीना। प्रेरणा से प्रतिभा में अंकुरण होता है—यह अंकुरण रचनाकार को बदलता है, जगाता है—नए को बुलाता है। इसलिए प्रतिभा केवल पश्चिमी 'इंस्पिरेशन' नहीं है। वह एक अर्थ में समाधि है, असाधारण स्थिति की सहज समाधि। प्रतिभा के देवता का आवाह्न अज्ञेय बराबर करते हैं, अविष्ट रहते हैं, सृजन का यक्ष उन्हें प्रश्नाकुल करता है। अंतरालोक के क्षण प्रेरणा के क्षण होते हैं। 'पूर्णस्य पूर्णमादाय' वाली बात का सच्चापन यही है—एकाग्र लगन और तन्मयता। समग्रता में डूबने का अनुभव। तभी प्रतिभा के खेत में नए बीज का अंकुरण होता है। इस तरह के निबंध इस सच को उजागर करते हैं कि अज्ञेय अनुभवों-संवेदनों से रचते अवश्य हैं, किंतु वे प्रश्नाकुल निबंधकार हैं। नचिकेता मन के निबंधकार।

इन निबंधों की बनावट में जिज्ञासा वृत्ति का दूर तक हाथ है। ऐसा न होता तो 'सावन किस रुत आएगा' जैसा मार्मिक निबंध अज्ञेय लिख ही न पाते। अज्ञेय की स्मृति में कालिदास-व्यास कौंधते रहते हैं। वे पूरी भारतीय परंपरा का नया भाष्य या नया पाठ उठाने को आतुर रहते हैं। अनवरत सोचने की प्रक्रिया के कारण साहित्य के प्राचीनकाल को, स्मृति-काल को वे वर्तमान बनाते चलते हैं। उनकी पहचान पश्चिम की 'हिस्ट्री' से अलग लोक साहित्य के इतिहास अर्थात् इति+ह+आस—'ऐसा ही होता आया है'—से है यह आवर्तीकाल का आयाम है सतत वर्तमान है एवं यह निरंतर अपना नवीकरण करता चलता है। ऋतुओं के काव्य का लोक साहित्य में महत्त्व है—यह आवर्तीकाल जीवन की निरंतरता का नवीकरण है। हमारा पूरा जीवन यहाँ उत्सव है। भारतीय किसान का पूरा जीवन ऋतुकाव्य है। 'पहला दौंगरा' यही सूचित करता है। कवि गाता है—'बरसो ज्योतिर्मय जीवन' मेघ स्मृति जगाते हैं, मेघदूत बन जाते हैं। ऋतु-चक्र पर रवींद्रनाथ ने, निराला ने, अज्ञेय ने, भवानी भाई ने न जाने कितने गीत रचे हैं। हमारी वाचिक परंपरा में सदाबहार ऋतु-गीतों का मेला रहा है। लोक-संस्कृति उन गीतों को जीती रही। लेकिन इधर का नागर साहित्य उस परंपरा से हट गया है। उसका प्रेम उलझ गया है, नर-नारी सिकुड़ गए हैं—आधुनिकता ने उनमें दरार डाल दी है। इस तरह 'सावन किस रुत आएगा' लोक जीवन, लोक संवेदना, लोक संस्कृति की महिमा का निबंध है, जिसमें हमारी परंपरा के पुरखों का मन सुरक्षित है।

सर्जना और संदर्भ से जुड़ा निबंध है—'एक आदमी : एक युवा लेखक'। उस एक आदमी का नाम बताना जरूरी नहीं है—उस युवा लेखक से परिचय जरूरी है, जिसके मन में लेखक बनने की साध थी। जो लिखता बहुत था, लेकिन अपने को लेखक न मानता था। ईमानदारी के कारण वह कभी अपने को लेखक नहीं मान पाया। वह अज्ञेय का विद्यार्थी रहा और अपनी राम कहानी उन्हें सुनाता रहा। लेखक बनना चाहता है, यह निष्ठा का प्रश्न है। उसके पास सत्याग्रह युग के अनुभव हैं। वह जानना चाहता है—मैं

कौन हूँ और कहाँ हूँ ? अज्ञेय भी ठहरे सत्याग्रही। उनका युवा-लेखक भी उसमें समाता गया है। उन्हें पता है सच्चाई लिखे हुए को लिखने वाले से अलग करके एक स्वतंत्र अस्तित्व दे देती है, उसी का नाम तो लेखन है। यही अविस्मरणीय लेखन की पहचान है।

अज्ञेय का कहानीकार मन 'हिंदी कहानी के परिवेश' पर विचार करने पर पाता है कि आंदोलन और प्रचार के युग में सभी विधाओं में आंदोलन हुए हैं—काव्य, उपन्यास और नाटक में भी, कहानी में भी। इन आंदोलनों की प्रेरणा में रचयिता और गृहीता के बीच नया संबंध स्थापित करने से होता है। परिवेशगत दबाव लेखक की अंतश्चेतना को बदलता है, क्योंकि रचयिता का परिवेश एक बड़ा संदर्भ रखता है। इधर हिंदी कहानी का जो विकास हुआ है, उसमें ऐसा कुछ भी नहीं, जो अन्य देशों में न हुआ हो। परिवेश ऐसा है कि विश्वविद्यालय साहित्य पढ़ाकर न अच्छे पाठक पैदा कर रहा है, न अच्छे आलोचक। उधर सत्ता-लोलुप राजनीति नाश कर रही है। सभी दिशा भ्रष्ट हैं। सर्जना में तनाव के मॉडल पर अंधे प्रहार हो रहे हैं। मानसिक परिवेश में क्रांति न होने से सामाजिक क्रांति अधूरी है। इसीलिए कहानी की आलोचना-दृष्टि में 'धूल-धुआँ भरा हुआ है।'

व्यक्ति-व्यंजक निबंधकार के रूप में अज्ञेय की एक अलग पहचान है। उनका निबंध 'ललित, व्यक्ति-व्यंजक, व्यक्तित्व-रंजित' ललित निबंध को परिभाषित करने का प्रयत्न करता है। अज्ञेय को 'व्यक्ति-व्यंजक' की अपेक्षा व्यक्तित्व-व्यंजक और उससे भी ज्यादा 'व्यक्तित्व-रंजित' कहना ज्यादा पसंद है। इसमें संदेह नहीं है कि निबंध व्यक्तित्व की ही व्यंजना है—इस व्यंजना में व्यक्तित्व-विचित्रता का तत्त्व भी निहित रहता है। व्यक्तित्व-रंजित निबंध में लेखक की रुचि, उसकी दृष्टि, उसके संस्कार, उसके व्यसन आदि सब आ जाते हैं। व्यक्तित्व-व्यंजक निबंधों की एक कोटि ललित-निबंध है, क्योंकि निबंध में मनोदशा के आधार पर व्यक्तित्व की व्यंजना अनेक प्रकार से हो सकती है। राग-रंजित दृष्टि की लीला तो ललित निबंध का ही लालित्य है। काव्य व्यक्तित्व निरपेक्ष कला है—निबंध व्यक्तित्व सापेक्ष्य। आलोचनात्मक निबंध हो या तत्त्वपरक, चिंतनपरक, अन्वेषणपरक उसमें व्यक्तित्व, व्यंजकता रहती है। यथार्थ का संप्रेषण हर साहित्य विधा की शर्त है और यह शर्त सर्जनात्मक निबंधों के साथ भी जुड़ी है। निबंधकार का 'मैं' समय के यथार्थ की व्याख्या करता चलता है। रचनाकार विधा नहीं चुनता, वस्तु ही विधा को चुनती है। 'भाषागत क्रीड़ाभाव और वाग्विलास अथवा वैदग्ध के लिए भी व्यक्तित्व रंजित निबंध श्रेष्ठ माध्यम है। इसलिए यह कहना कठिन है कि कौन सी विधा अभिव्यक्ति का श्रेष्ठ साधन है। इसलिए 'असहमत लेखक' निबंध में वे अमेरिका, रूस, भारत की बात करने के बाद कहते हैं कि लेखक का काम अर्थों की खोज है—विधा चाहे कोई भी हो। घिसे अर्थ का नवीकरण, नष्ट अर्थ की

जगह नए अर्थ की उपलब्धि और स्थापना। लेखक के लिए यदि सब कुछ अर्थहीन है, तो उसे लेखन-कार्य नहीं करना चाहिए।

आजाद भारत में 'बोली, भाषा, राष्ट्रभाषा' पर बार-बार बहस और विवाद हुए हैं। लेकिन यहाँ इस परिसंवाद में अथवा प्रश्नोत्तर में एक भारतीय लेखक और चार फिलिपीनी लेखक-पत्रकारों ने भाग लिया है। अज्ञेय ने माना है कि राष्ट्रीयता और राष्ट्रभाषा दोनों अलग होने पर भी दोनों में एक संबंध है। यह बात भारतीय लेखकों का अनुभव सिद्ध करता है। भारत के अंग्रेजी लेखक भारतीय भाषाओं में लिखने लगे। आज किसी भी भारतीय भाषा में लिखा साहित्य भारतीय साहित्य है। भारतीय साहित्य भारतीयों की भावनाओं का प्रतिबिंब है। आज का भारतीय पाठक अपनी भारतीय भाषाओं में ज्यादा रस लेता है। विदेशी भाषाओं से अंग्रेजी अनुवाद पढ़ने में असंगत लगता है, लेकिन इसका यह अर्थ नहीं है कि अनुवाद कार्य होना नहीं चाहिए। लेकिन यह सच है कि अपनी भाषा में लिखी गई रचना ही लेखक के व्यक्तित्व की सच्ची अभिव्यक्ति है। उस साहित्यकार का पश्चिमी मानदंडों से मूल्यांकन गलत है। मगर हम भारतीय मानदंडों से पश्चिम के साहित्य का भी मूल्यांकन कर सकते हैं। इधर हम पर पश्चिमी विचारधाराओं का प्रभाव पड़ा है। अंग्रेजी पढ़ने पर भी अज्ञेय ने गांधी के नेतृत्व में राष्ट्रीयता आंदोलन के जोर पकड़ने पर हिंदी को अपनाया। इसी भाषा हिंदी में पहला उपन्यास लिखा। उन्होंने अपने अनुभव से यह सत्य पाया कि साहित्यिक अभिव्यक्ति के लिए हर लेखक को अपनी मातृभाषा में ही लिखना चाहिए।

'भाषा और अस्मिता' निबंध की स्थापना है कि भाषा ही हमारी अस्मिता है, पहचान है। जापानी भाषा से बात शुरू करते हुए अज्ञेयजी इस कथन पर आए कि सभी ओरिएंटल अबूझ होते हैं। भारत की तरह जापान में भी ऋतु का बड़ा आदर है। हम जो भाषा बोलते हैं, उसके निमित्त से हम उस जीवन-व्यवस्था (ऋत) के द्वारा चुन लिए जाते हैं, जिसके हम अंग हैं। भाषा संस्कृति का सर्वाधिक शक्तिशाली और समृद्ध उपकरण है, क्योंकि वह बोध का वाहक है। यह बोध अस्मिता से जुड़ा हुआ है। "भाषा का उपयोग जितना ही व्यापक और गहरा होता है, उतनी ही भाषा समृद्धतर होती है और अपने व्यवहर्ता को समृद्धतर बनाती है।" एक रचनाकार के नाते अज्ञेय ने भाषा के रचनात्मक उपयोग पर जीवन भर विचार किया है। उन्होंने ही घोषणा की थी कि पंत-निराला से जो भाषा मिली थी, वह नई संवेदना को व्यक्त करने के लिए अपर्याप्त थी—"लीक जो हमको मिली थी। अंधी गली थी।" इसलिए अज्ञेय ने नई रचनात्मक भाषा की खोज की और तद्भवता की ओर मुड़े। नई पीढ़ी अर्थात् पचासोत्तरी पीढ़ी में दबाव के कारण अजनबीपन से, खंडित अस्मिता को स्थान मिला। एक समूची पीढ़ी अनुवादों में जीने लगी जिसके मूल तक उसकी पहुँच नहीं है जबकि इधर भाषा के सर्जनेतर प्रयोजन बहुत बढ़े। आज

का लेखक भाषा के माध्यम से रोज नया सीख रहा है। उसके सामने 'रचनात्मक भाषा और संप्रेषण की समस्याएँ' प्रमुख हो उठी हैं। इसलिए इस विषय पर अज्ञेय ने एक निबंध लिखकर विचार किया है। सर्जक कवि का सरोकार अज्ञेयजी भाषा से नहीं, शब्द से मानते हैं। साथ ही यह कहना भी नहीं भूलते कि रंचनात्मक भाषा कभी भी इकहरी नहीं होती। "हाँ, उसकी रचनात्मक समस्याएँ—उपन्यास-नाटक की दृष्टि से अलग होती है। नाटक में शब्दों के बीच विराम का, शब्द मौन का प्रयोग अधिक होता है। अनेकार्थता का आदर यहाँ भी कम नहीं रहता है। नयी रचना में जटिल भाव-बोध को संप्रेषित करने की समस्या है और दिनोदिन यह समस्या यांत्रिक जीवन की गति के कारण कठिन होती जा रही है। शब्दों की अर्थ-व्यंजकता में छिपी चुनौती बढ़ रही है। आज हम शब्दों को विक्षत करके भाषा के प्रदूषण को बढ़ाते हैं और विचार-शक्ति को पंगु बनाते हैं।"

अज्ञेय ने सर्जनात्मक भाषा और संप्रेषण की समस्याओं से जूझते हुए एक निबंध लिखा—'यथार्थ संप्रेषण : कथा भाषा की समस्याएँ' कथा-भाषा अर्थात् आख्यान भाषा की चर्चा में प्रमुख बात "मूल में संप्रेषण की इच्छा है।" यह समस्या काव्य-भाषा के साथ भी जुड़ी हुई है। वर्णन या वृत्तांत का लक्ष्य घटना को उस 'दूसरे' तक पहुँचाना ही है। घटना काल्पनिक भी हो सकती है और वास्तविक भी। सवाल है—वर्णन उसे कैसे यथार्थवत प्रस्तुत कर सकता है। कथा-भाषा की समस्या इसी अर्थ में यथार्थ के संप्रेषण की समस्याओं से जुड़ी समस्या है। इसमें आवर्तीकाल बोध की चर्चा भी करनी पड़ती है। हम संप्रेषण में मिथक, फंतासी, दिवा-स्वप्न, मुक्त आसंग की उपयोगिता भी कम नहीं मानते हैं। समस्या यह है कि "एक साथ ही अनुक्रम और क्रमहीन सहवर्तिता को कैसे संप्रेषित किया जा सकता है? भाषा की कौन-सी युक्तियाँ हमें अनुभव के और उसके संप्रेषण के बीच की इस खाई के पार ले जा सकती है?" यहाँ यह कहना अपेक्षित है कि भाषा-संप्रेषण से जुड़े अज्ञेय के इन चिंतन-प्रधान निबंधों ने हिंदी निबंध को विचार की ऊँचाई दी है।

साठोत्तरी पीढ़ी में तुलनात्मक साहित्य की चर्चा ने जोर पकड़ा है। इसी विवशता में अज्ञेय ने निबंध लिखा 'भारतीय साहित्य : तुलनात्मक दृष्टि'। इधर यह भी कहा गया कि तुलना के बिना आलोचना नहीं हो सकती। अज्ञेय के मन में कसक रही कि भारतीयों ने आजाद भारत में भी अपने को 'पश्चिम के अनुकूल' ढाला—अपने अनुकूल पश्चिम को ढालने का प्रयत्न नहीं किया। जबकि पश्चिम न तो कोई भाषायी इकाई है, न कोई भौगोलिक इकाई। वह एक 'शिथिल बंधन में बँधा सांस्कृतिक समूह है।' जिसके भीतर बड़े तीखे विभाजन और तनाव हैं। लेकिन दुर्भाग्यवश भारतीय 'पूर्व' की चर्चा करता है, जो उसी 'ओरिएंट' की चर्चा करता है, जिसका जिक्र उन्नीसवीं शताब्दी का पश्चिम करता था। यह भूल जाते हैं कि जैसे एक यूनानी, हेलेनिक, यूरोपीय जीवन दृष्टि है—वैसे

ही एक भारतीय जीवन दृष्टि है—जैसे यूनान के प्रदेशों में भाषाएँ, संस्कृतियाँ, जीवन-दृष्टियाँ, साहित्यिक प्रवृत्तियाँ रही हैं, वैसी भारत में भी। साहित्य अकादमी का नारा है कि 'भारतीय साहित्य एक है, यद्यपि कई भाषाओं में लिखा जाता है।' लेकिन कहाँ है वह भारतीय साहित्य, जो साहित्यों को एक समग्र मंच प्रदान कर सके। हम हर प्रदेश के साहित्य को पश्चिम के साथ मिलाकर देखना चाहते हैं—ऐसे पश्चिम से जिसकी तुलना व्यापक 'पूर्व' से होनी चाहिए। संस्कृत, हिंदी, बांग्ला को हम पश्चिमी दृष्टि से क्यों देखना चाहते हैं ? औपनिवेशिक गुलामी की मानसिकता के कारण ही। हम 'प्रभाव', 'नकल' की बात क्यों करते हैं ? हमारी परंपरा संस्कृति एक है। पहले जो भारतीय लेखक संस्कृत में लिखता था वह आज हिंदी या मराठी में लिखता है। हमारी भारतीय दृष्टि थी और है। इसलिए भारतीय साहित्य की तुलना के लिए एक-एक प्रादेशिक साहित्य की व्यवस्था होनी चाहिए। ऐसा करने पर हम पाएँगे कि भारतीय परंपरा एक भारतीय जीवन-दृष्टि है और विश्व-दर्शन भी रहा है। आधुनिक भारतीय भाषाओं के साहित्य में यह विश्व-दर्शन भरा पड़ा है। इसके बीज हमारे 'आत्म-दर्शन' के अस्मिता बोध में हैं। भारत की दिक् और काल की अपनी अवधारणा है। हमारा 'उपन्यास' हमारे काल में घटित होती है। हमने कहानी कहना पश्चिम से नहीं सीखा। हमारा वृत्ताकार आख्यान मरा नहीं है। नाट्य की भी हमारी अवधारणा है—हम पश्चिम के मोहताज नहीं है। हमें तुलनात्मक साहित्य में प्रभावों और प्रवाहों का अध्ययन करना चाहिए। हमें भारतीय साहित्य में 'भारतीय क्या है' की खोज करनी चाहिए। इसी दृष्टि से अज्ञेय ने अपने निबंधों में भारतीयता-परंपरा-संस्कृति को निरंतर केंद्र में रखकर चिंतन को आगे बढ़ाया है। इस चिंतन में वे पश्चिम से आक्रांत नहीं हैं। इसलिए 'आत्म-धिक्कार' की हीन भावना से अज्ञेय का पूरा चिंतन मुक्त है।

साहित्य के निर्माण में विधाओं की भूमिका के प्रश्न को उठाते हुए अज्ञेय 'साहित्य और अन्य विधाएँ' जैसा निबंध लिख सकते हैं। ये साहित्य के निर्माण में अन्य विषयों को महत्त्व देते हैं—शास्त्र पूर्वग्रह में नहीं पड़ते हैं। साहित्य-निर्माण में अन्य अनुशासनों का योग रहता है। साहित्य वही है, जो प्रतिभा और विधा को मुक्त करता है। एकेडेमिक ढर्रे को तोड़कर नई राह बनाता है। साहित्य सभी विधाओं के स्रोतों से प्रेरणा लेता है। वह किसी एक विधा या एक शास्त्र से बँधा नहीं रहता। चिंतन की नई उपलब्धियों के कारण सभी विधाओं में आधारभूत जीवन-दृष्टि में बदलाव आया है—परिदृश्य रूपांतरित हुए हैं। फिर साहित्य सबसे कम शुद्ध और सबसे अधिक प्रभाव-वेध्य है। संगीत, दर्शन, धर्म, राजनीति का उस पर गहरा प्रभाव पड़ा है। साहित्य और कलाओं पर विचार करनेवाले अज्ञेय के चिंतन का निबंधों में दायरा बहुत बड़ा है। एक रचनाकार के ज्ञान, उसकी दीक्षा, उसका मन:संगठन, उसके चरित्र और व्यक्तित्व का निर्माण, शास्त्रों और

विधाओं की भूमिका को ध्यान में रखकर हम अज्ञेय की निबंध कला पर विचार करें तो वे 'अपूर्व' हैं। उनमें आचार्य रामचंद्र शुक्ल, आचार्य हजारी प्रसाद द्विवेदी की निबंध कला का एक भिन्न दृष्टि से विस्तार और उत्कर्ष हुआ है। अज्ञेय के निबंध चिंतन की सर्जनात्मकता के प्रतिमान कहे जा सकते हैं। उनमें साहित्य का संवेदन अनेक विधाओं के साथ समरस होकर विशद् हुआ है। इन निबंधों की ऐसी निर्मिति है कि अन्य सभी विधाएँ उनके निर्माण में अपनी भूमिका निभाने में चूक नहीं करती हैं। उनमें पश्चिमी चिंतन की व्यवस्थाएँ हैं, लेकिन अपने फलागम में, उनकी निर्मितियाँ एक व्यापक भारतीयता का संदर्भ लिये हुए हैं। उनके निबंधकार ने 'एक : सद् विप्रा बहुधा वदंति' का भीतरी अर्थ बजता बोलता है। इसलिए इन निबंधों की अपनी विद्रोही छवि है, मौलिकता है।

समकालीन साहित्य की विधाओं पर सोचते हुए सर्वाधिक चिंतन उन्होंने काव्य पर किया है। वे अपने को मूलत: कवि मानते हैं और बार-बार 'समकालीन कविता की दशा' पर विचार करते हैं। समकालीन कविता में 'आत्मनिष्ठ' और 'वस्तुनिष्ठ' कविता के विभाजन में पड़ना उचित नहीं समझते हैं। जो उचित समझते हैं, उनसे वे सहमत नहीं हो पाते। आज के कवि का संकट है कि उसका 'सामाजिक' कौन है, क्योंकि कवि कर्म का प्रश्न उसके ग्रहीता से जुड़ा रहा है। हमारे यहाँ सहृदय साक्षर कम हैं और साक्षरों में संस्कारवान तो और भी कम। स्थिति आज यह है कि कविता के पाठक लगातार घट रहे हैं समाज में कवि का सम्मान नहीं है। प्रश्न उठता है इस स्थिति के लिए जिम्मेदार कौन है—कवि या समाज या सामाजिक। काव्य की समझ खोकर समाज दरिद्र हो रहा है। काव्य के आस्वादन का अधिकार सहृदय को है, लेकिन वह जाने क्यों भटक गया है। 'बाहर' का जगत् फैल रहा है—'भीतर' का जगत् सिकुड़ रहा है। आलोचक आधुनिकता के पूर्वग्रह पर अड़े हैं और वैज्ञानिक 'सत्य' की दुहाई देते हैं—आम आदमी की बात करते हैं—पता नहीं कौन है 'आम आदमी'। आलोचक विदेशी लाठी से देशी को पीटता है—स्वदेशी लाठी से नहीं पीटता। यह भी सच है कि आज कई तरह का यथार्थ है—सबका अलग-अलग यथार्थ है। भारतीय चिंतक आलोचक बड़े विदेशी नामों की माला जपता है—उन नामों की जो उसके अनुभव के दायरे से दूर हैं। उसकी विदेशी कसौटी कृति का तिरस्कार करती है। फलत: हम एक झूठी आलोचना के प्रतिमानों के बोझ से मर रहे हैं। टेक्नोलॉजी यंत्र-विद्या बढ़ रही है, जीवन परिपाटियाँ बदल रही हैं। लेकिन अभी भी हमारा संवेदन पश्चिम का संवेदन नहीं है और अभी भी उसका लक्ष्य है—दूसरों तक पहुँचना। स्थिति ऐसी बनी है कि यह समकालीन कविता का संकटकाल है।

'साहित्य सर्जना और राजकीय संरक्षण' शीर्षक निबंध में अज्ञेय ने कहा है कि संरक्षण साहित्य का नहीं साहित्यकार का होता है। अच्छा साहित्य गरीबी-अमीरी दोनों में लिखा गया। प्राणों को संकट में डालकर लिखा गया। कला और साहित्य 'स्वाधीनता का

वातावरण' माँगता है—जितना कम नियंत्रण उतना ज्यादा सर्जन। आज जनसंपर्क साधन नई स्थिति पैदा कर रहे हैं। प्रसार-यंत्र के लिए, जो लिखा जाता है, वह सृजन नहीं है, पैदावार है, बिकाऊ माल है। इसलिए सरकारी संरक्षण पर जीना साहित्य की गति प्रगति में बाधक है। सरकारी-संरक्षण छलना मृग है, उससे 'सावधान' रहना आवश्यक है।

'भारतीय लेखक और राज्याश्रय' की परंपरा भारत में पुरानी है। पश्चिम का लेखक शुरू से ही यह दावा करता है कि स्वतंत्र राह खोजना उसका अधिकार है। भारत में राजाओं का संरक्षण तो अब रहा नहीं, सरकारी संरक्षण घेरा बनाए हुए हैं। ऐसे रचनाकार हैं, जो सरकारी संरक्षण से दूर रहकर स्वतंत्र रचना-कार्य करते हैं। इसलिए सरकारी संरक्षण भ्रष्ट करता है या नहीं, यह प्रश्न अलग है। असली प्रश्न है रचनाकार की स्वधीनता। पुरस्कार सम्मान, सलाहकार पद देकर सरकार रचनाकार को खरीदती है—लेखक को पुरस्करण-यंत्र बनाती है, भ्रष्ट करती है। प्रलोभन देती है। इसलिए स्वाधीनता का प्रश्न कठिन प्रश्न है। उसे समझौते करने पड़ते हैं और अपनी लेखकीय मर्यादा बचानी पड़ती है। जहाँ तक संभव हो लेखक को राजाश्रय से बचना चाहिए। 'साहित्यकार और सामाजिक प्रतिबद्धता' का सवाल पुराना पड़ जाने पर भी नया है। यह सनातन प्रश्न है—साहित्य के प्रति निष्ठा का अर्थ है—सामाजिक प्रतिबद्धता। रचना-कर्म को समाज तक पहुँचना जरूरी है, वह समाज की उपज है तो समाज का देनदार है। उसके लिए चिंतन की स्वाधीनता खोकर गुलामी घातक है। उसे 'क्रांतिकारी' पथ चुनने हैं—समाज को 'आलोक' का दान देना है। मूल्यों का संप्रेषण करना है—साहित्य संप्रेषण की क्रिया है, माध्यम है। साहित्य केवल आर्थिक जाल नहीं है, समग्र जीवन है। 'प्रतिबद्धता' के नाम पर अंधा होना प्रतिभा की स्वाधीनता को कलंकित करना है। स्वाधीन चिंतक का रचनाकार ही समाज में 'स्वाधीनता' की आवाज उठा सकता है।

अज्ञेय के निबंधों में साहित्य-चिंतन के प्रश्नों का निरंतर दृष्टि-विस्तार है। अपने पाठक का सामाजिक तक विचार-संप्रेषण की आकांक्षा के स्वीकार के कारण वे लेखकीय दायित्व की चुनौतियों से जूझते रहे हैं। निबंधों में अज्ञेय का यह जुझारू बाँकपन कबीराई साहस का प्रमाण है। नई सर्जनात्मकता को संकट से उबारने के लिए उनका चिंतन नई दिशाओं की तलाश करता रहा है।

दरअसल, अज्ञेय के लिए निरंतर संस्कारवान होने की क्रिया का नाम है—आधुनिकता। यहाँ आधुनिकता का अर्थ है परंपरा के सामने इतिहास-पुराण द्वारा प्रस्तुत नई रचना-स्थितियों, चुनौतियों की विवेक-वयस्कता से ठीक-ठीक पहचान। इस दृष्टि से एक रचनाकार की आधुनिकता इस पहचान में है कि वह संप्रेषण-परंपरा के सामने आनेवाली चुनौतियों का सामना किस तरह करता है। यह सजग-सक्रिय प्रक्रिया जहाँ रचनाकार की प्रयोगशीलता को ललकारती है, ललकार कर सुधार करती—वहाँ वह

परंपरा की निरंतरता और परिवर्तन की चक्र-चेतना का भी नया भाष्य करती है और भाष्य से उसका पुनराविष्कार करती है। इसे ही अज्ञेय 'नई रचना-स्थिति के तर्क का पूरी तरह स्वीकार' मानते हैं। इस रचना-स्थिति में संप्रेषण के साधनों के साथ नई स्थिति-परिस्थिति भी निहितार्थ रखती है। क्योंकि उसके कारण रचनाकार और सामाजिक दोनों की मानसिकता में आ रहे परिवर्तन की ध्वनियाँ नई संवेदना की भावभूमि का नया पथ तलाशती हैं। रचनाकार का नयापन रचना-प्रक्रिया के प्रभावों से झलक जाता है और वे प्रभाव ही नई सर्जनात्मकता की नई अर्थच्छायाओं की संभावनाओं का संकेत देते हैं।

' अज्ञेय के लिए आधुनिक लेखक का अर्थ है—आत्मसजग बौद्धिक। ऐसा बौद्धिक या बुद्धि की मुक्तावस्था से संपन्न लेखक, जो रचनाशीलता के लिए नवीन संभावनाओं, मार्गों, पद्धतियों, प्रवृत्तियों की तलाश में हो। ऐसे सजग लेखक के लिए प्रत्येक चुनौती एक नई परीक्षा, एक नई संभावना का संकेत होती है। अज्ञेय का काव्य-चिंतन पुराने काव्यशास्त्र को धुनकर उसे समकालीन चुनौतियों के लिए प्रासंगिक बनाता है और नई सर्जनात्मकता की संभावनाओं के नए द्वार खोलता है। अज्ञेय 'सप्तकों' की भूमिकाओं से ही लगातार ध्यान दिलाते रहे हैं कि "जैसे-जैसे बाह्य वास्तविकता बदलती है, वैसे-वैसे हमारे उससे रागात्मक संबंध जोड़ने की प्रणालियाँ भी बदलती हैं और अगर नहीं बदलतीं तो उस बाह्य वास्तविकता से हमारा संबंध टूट जाता है।" इस कथन से जाहिर है कि नई अनुभूतियों की खोज का नाभि-नाल संबंध बाह्य वास्तविकता से रागात्मक संबंध जोड़ने की नई प्रणालियों की खोज से है। नई अनुभूति नई संप्रेषण प्रणाली की माँग करती है—यह नई रचना स्थिति है। अज्ञेय के लिए नवीनता, प्रयोगशीलता और मौलिकता की कसौटी है—नई रचना-स्थिति की वास्तविक पहचान। नए रागात्मक संबंध का अर्थ है—नए संवेदन की उद्‌बुद्ध चेतना। इसलिए अज्ञेय को कहना पड़ता है कि वस्तु से रूपाकार को बिल्कुल अलग नहीं किया जा सकता और रूप भी मूल्य-दृष्टि को छोड़कर नहीं है। दोनों कर्ण के कवच-कुंडल की तरह एक साथ उपजते हैं।

आधुनिक रचना-स्थिति का संकट काल के इकहरे बोध का संकट है—संचार और संप्रेषण के नए साधनों का संकट है। कालबोध के इकहरे होने से यथार्थ-बोध इकहरा हो गया है। इसलिए आज भी भारतीय लेखक काल-बोध में दुहरा है, बल्कि दुहरे से कुछ अधिक। अज्ञेय के लिए वाचिक परंपरा का संबंध गहन कालबोध से है, क्योंकि संस्कृति का केंद्रीय आधार है—काल बोध। साहित्य और संस्कृति में काल-बोध की अवधारणा पर अज्ञेय ने हिंदी-निबंध की परंपरा में पहली बार इतनी समग्रता से विचार किया है। काल का डमरू-नाद अज्ञेय सुनते ही नहीं हैं, अपने गृहीता समाज को भी सुनाते हैं। साहित्यिक-सांस्कृतिक चिंताओं, प्रश्नों के लिए अज्ञेय एक 'आधुनिक भारतीय रचनाकार' की चुनौती भरी छवियों के साथ सामने आते हैं। इसलिए निबंधों

में उनका संकल्प रहा है—सृजन-समस्याओं को सुलझाने में एड़ी-चोटी का जोर लगा देना। साथ ही औपनिवेशिक गुलामी की मानसिकता से अपने रचनाकार और पाठक को मुक्त रखना। अपनी चिंतन-परंपराओं के आलोकदीप्त सांस्कृतिक-नैतिक चिंतन की बहस, तर्क, विवाद, संवाद से उजागर करना। उनके लिए सभी विधाओं में सर्वाधिक खुली विधा—निबंध है, जिसमें कोई बंधन नहीं है। इसलिए चिंतन के 'अनंत' में विचरण करने का सुख वे स्वयं भी पाते हैं और पाठक को भी देते हैं। पूरी परंपरा का रागदीप्त सच इस 'कविर्मनीषी' के रूप में हृदय-संवाद करता मिलता है। इसलिए इन निबंधों का चिंतन इस उत्तर औपनिवेशिक समय में हमारी मूल्यवान धरोहर है।

अज्ञेय ने लेखन-कर्म की लंबी जिंदगी में निबंध-विधा को पूरी तरह नया रूप देना चाहा है। उनका यायावर-संसार भर से विचारों का खजाना बटोरकर ले आया है। भारतीय और पाश्चात्य चिंतन से अज्ञेय का सामना भारतीयता को बहुत गहराई से जानने की प्रेरणा और चुनौती देता है। अपनी सांस्कृतिक अस्मिता के बारे में ऐसा एकाग्र आत्ममंथन इन निबंधों में पहली बार अपना रूपाकार पाता है। एक औपनिवेशिक नागरिक होने के नाते अज्ञेय ने पश्चिम के 'मैं' और 'अन्य' को साफ पहचाना कि पश्चिम की संस्कृति अलगाववाद के बखेड़े में उलझी संस्कृति है। भारत का 'आत्म-बोध', 'विश्व-बोध' बनकर 'अन्य' की 'अन्यता' को नष्ट कर देता है। इसलिए 'अन्य' के लिए हमारी संस्कृति में जगह है।

अज्ञेय लगभग सभी निबंधों में परंपरा-आधुनिकता, धर्म, दर्शन, इतिहास, साहित्य, पूर्व-पश्चिम पर विस्तार से विचार करते हैं। शुद्ध-साहित्यिक प्रश्नों पर भी वह समाज-संस्कृति, भाषा-संप्रेषण, पाठ-पाठक को जोड़कर विचार करते हैं और पश्चिमी अवधारणाओं को पाठक पर नहीं थोपते। यही कारण है कि अज्ञेय के निबंध कठघरे नहीं बनते-खुले आकाश का विस्तार देते हैं जिनसे सहमत-असहमत हुआ जा सकता है। चिंतन में अज्ञेय ने मार्क्सवाद को कहीं नहीं अपनाया। पश्चिम के मनोविश्लेषण शास्त्र की नई खोजों का उपयोग किया है। वैचारिक स्तर पर आधुनिकतावाद, अस्तिववाद का बहुत कम अंश उन्हें मान्य है, क्योंकि वे भक्तिकालीन आधुनिकता की आंतरिक लय उसके मिथकों से जुड़े रहे हैं। निबंधों का मन एकदम खुला और निर्बंध है। विषय शुरू होकर चिंतन के तनाव में गाँठें खोलता चलता है। निबंध में चिंतन का यह खुलापन ही उसे लोकतांत्रिक विधा बनाता है।

बीसवीं शताब्दी में—विशेषकर उत्तरार्द्ध में लिखे गए इन निबंधों में साहित्य-चिंतन के उन अनछुए पक्षों को छुआ गया है, जो अपनी बनावट में अकादमिक आलोचना से कहीं अधिक व्यापक हैं और सीधे-सीधे हमारे समय-समाज-संस्कृति से सरोकार रखते हैं। यही कारण है कि ये निबंध हमारे समय के अनेक सुलगते प्रश्नों को विशिष्ट

शैली में उठाते हैं। इस शैली में भाषा की ऐसी चौकसी अन्यत्र दुर्लभ है। हिंदी का यह अनुपम सर्जनात्मक गद्य है, जिसमें विचार का धागा खंडित नहीं है। अज्ञेय ने अपनी चिंतन शैली की न जाने कितनी अप्रत्याशित संभावनाओं को उजागर किया। एक छोर पर उनका कवि, दूसरी छोर पर उनका पत्रकार विचारधाराओं के आतंक से अपने को मुक्त रखकर रचता और लिखता है। उनके लिए निबंध एक ऐसी विधा बन गई, जो प्रहारों को झेलकर मुरझाती नहीं है। उसमें एक सदाबहार चिंतन की कबीर, तुलसी ध्वनि है। कभी भी कहीं भी शब्द की गरिमा पर वे आँच नहीं आने देते। इसलिए इस गद्य में एक अभिजात्य गरिमा है।

हिंदी तथा भारतीय भाषाओं के वे निबंधकार, जो कभी निबंध को आत्माभिव्यक्ति मानते रहे—वे भी निबंध को नया रूप देते रहे हैं। बाल मुकुंद गुप्त हों या महावीर प्रसाद द्विवेदी, आचार्य रामचंद्र शुक्ल हों या रवींद्रनाथ, आचार्य हजारीप्रसाद द्विवेदी हों या माखनलाल चतुर्वेदी, मुक्तिबोध हों या विजय देवनारायण साही—इन सभी से अज्ञेय के निबंधों का स्वर और स्वाद भिन्न है। हक्सले, लॉरेंस, वर्जीनिया वुल्फ और रोलाबार्थ के निबंधों से भी इनका स्वर कहीं नहीं मिलता है। हाँ, अज्ञेय अपने चिंतन में जयशंकर प्रसाद के *काव्य और कला तथा अन्य निबंध* के नजदीक दिखाई देते हैं। उनका आलोचनात्मक विवेक, व्यंग्य और विदग्धता, कटाक्ष और व्यंजना का ताजापन पाठक को मोह लेता है। अपने प्रखर, तेजस्वी, सर्वथा रेडिकल और नए विचारों, अवधारणाओं के कारण अज्ञेय के निबंध कभी भी भुलाए नहीं जा सकेंगे। कविता, उपन्यास, यात्रा-वृत्त, संस्मरण, डायरी की तरह अज्ञेय के निबंध अपनी आत्मीयता से पाठक को अपना बना लेते हैं और दूर-दूर तक नए ढंग से सोचने का हौसला पैदा करते हैं। चाहे *सर्जना और संदर्भ* के वैचारिक निबंध हों या *आत्मपरक* के बेहद सर्जनात्मक निबंध। इस निबंध यात्रा में पाठक थकान महसूस नहीं करते हैं, नए विचारों की ताजगी से तृप्ति पाते हैं।

□

विद्रोही बौद्धिक की आधुनिकता का संवाद

निबंध क्यों? इस प्रश्न का उत्तर अज्ञेय के पास है। उनके निबंध, उनके चिंतन-स्रोतों से जुड़े रचनात्मक संवाद हैं। अपने संवेदन-तंत्र और रचनात्मक उपकरण, रचना स्वभाव और रचनाकार के धर्म या साहित्य की परीक्षा के लिए अज्ञेय निबंध लिखते हैं। संस्कृति, परंपरा, आधुनिकता, अस्मिता, व्यक्ति मन की गहराई, अनुभव का रागदीप्त सच, अनुभूति की अद्वितीयता, काल और कला-चिंतन, कल्पना-प्रतीक, लय-नाद, बिंब-छंद, शब्द और भाषा, भोक्ता और सृष्टा मन के अलगाव आदि की पड़ताल के लिए निबंध जैसा उन्मुक्त क्षेत्र उन्हें कहीं नहीं दिखाई देता। निबंध का खुला स्वतंत्र रूप अज्ञेय जैसे स्वातंत्र्य-मूल्य के हिमायती रचनाकार को भाता है। इसलिए स्वतंत्र चेता, रूढ़ि विद्रोही, प्रयोग विश्वासी, योजनाकार की मानसिकता का सच्चा परिचय हमें उनके सर्जनात्मक निबंधों में मिलता है। 'सप्तकों' की भूमिकाओं से वे विवाद-बहस के केंद्र में आए थे और *त्रिशंकु, आलवाल, जोग लिखी, धार और किनारे, आत्मनेपद* आदि संग्रहों के तमाम निबंधों से उनका मन खुला था। चुप्पा अज्ञेय ने निबंधों में मौन तोड़ा है और उन्हें तगड़ा झटका दिया है जो 'प्रतिबद्धता' के नाम पर कहानी के शेर की तरह सियार ही थे, केवल शेर की खाल ओढ़े थे। इसलिए 'प्रतिबद्धता' की थुनकियों को उत्तर-आधुनिकतावाद ने हटा दिया और वे सब ढेर हो गए। आज अज्ञेय के निबंधों के विचारों से असहमति हो सकती है, लेकिन उनकी अंतर्यात्रा शीतल जल के स्नान सी स्फूर्ति देती है। पाठक यहाँ अज्ञेय के 'वर्कशॉप' में प्रवेश करके गैर-रोमांटिक सहज चिंतन की महिमा से 'विचार के आलोक' में लिपटकर प्रसन्न हो जाता है। एक प्रखर बौद्धिक की आधुनिकता का यह संसार चकित करनेवाला है। अज्ञेय में किसी विचार-धारा विशेष का जिद्दी आग्रह नहीं है, क्योंकि मतवाद को वे 'कठघरा' मानते हैं और मुक्ति के आकांक्षी-आग्रही रहे हैं। उनका पूरा रचना-कर्म मानव-मुक्ति की तलाश में समर्पित रहा है। आज अज्ञेय मानव-मुक्ति के लिए संघर्ष करनेवाले निबंधकारों में अग्रणी हैं।

इन निबंधों में अज्ञेय ने रचना-कर्म और रचनाशील व्यक्तित्व के बारे में गहन-

सूक्ष्म चिंतन किया है और कला के स्वभाव और उद्देश्य पर कई कोणों से विचार किया है। विचार-यात्रा भावुकता प्रधान, रोमैंटिक आदर्शवादी यात्रा नहीं है जीवनानुभवों के ठोस सत्य इनमें ध्वनित हैं। मनोविश्लेषण में अज्ञेय ने कार्ल युंग का साथ ग्रहण किया है और साहित्य-चिंतन में टी.एस. एलियट तथा यास्पर्स का। जापानी ज़ेन साधना और मानवेंद्र राय के रेडिकल मानववाद की उन पर धमक है। वैसे उनकी पूरी रचना मानसिकता का निर्माण बीसवीं शताब्दी के भारतीय स्वाधीनता-संग्राम की मुक्ति चेतना ने किया है। वे औपनिवेशिकी मानसिकता से डटकर लोहा लेनेवाले रचनाकार योद्धा हैं। यह स्वाधीनता प्रेम अज्ञेय के रचना-संघटन में 'इंटीग्रेटड' या गुँथा हुआ है। उनमें मैथिलीशरण गुप्त, जयशंकर प्रसाद, माखनलाल चतुर्वेदी और राय कृष्णदास एक साथ एकाग्र भाव से बोलते मिलते हैं। उनके भीतरी मन का झरोखा *स्मृति-लेखा* के संस्मरणों में मिलता है या फिर *भवंती, अंतरा, शाश्वती* और *शेषा* की अंत: प्रक्रियाओं में। क्या यह सच नहीं है कि रचनाकार के लिए उसका व्यक्तित्व एक वास्तविक नियति होने के साथ 'मानवता' की उद्भावना होता है। व्यक्तित्व की अखंडता, समर्पण, निष्ठा, आस्था, ईमानदारी, अनुभूति का खरापन अज्ञेय के लिए कोरे शब्द नहीं है—जीवन-दर्शन के संकल्प-बिंदु हैं। रचनाशील व्यक्ति में द्वंद्वशील प्रवृत्तियों का संगठन होता है। एक ओर व्यक्ति का निजी जीवन, दूसरी ओर निर्वैयक्तिक रचनात्मक प्रतिभा—यह विचार कि सत्य की उपलब्धि में यातना, वेदना, दर्द, दु:ख सबसे बड़े सहायक हैं, 'जो यातना में है—वह दृष्टा हो सकता है' या फिर 'दु:ख सबको माँजता है', 'जिज्ञासा ही सबसे बड़ी पीड़ा है' और इस पीड़ा-वेदना के बिना ज्ञान नहीं है। वेदनानुभूति किसका नाम है? ऐसी अनुभूति जो संवेदना को, चेतना को घनीभूत आलोक का वरदान दे देती है। प्रश्न उठता है क्या यह वरदान अज्ञेय को मिला है? अज्ञेय के निबंध क्या इसी घनीभूत आलोक के साक्षी हैं? शेखर को पुकारती सरस्वती की आवाज 'शेखर अब उतर आओ' हो या रेखा के समर्पण क्षणों में भुवन का भावस्फोट हो—विश्लेषण धर्मी, चिंतनशील बौद्धिकता—रागात्मक संबंधों की बदली हुई प्रणालियों की वास्तविकता का अहसास अज्ञेय की रचना-चेष्टा का नया संस्कार है। यही निरंतर संस्कारित आधुनिकता अज्ञेय के निबंधों की नवीनता-मौलिकता है।

अज्ञेय के निबंधों में अंतर्गत शिवत्व बोध और सौंदर्य बोध का मूल्यांकन वे लोग नहीं कर सकते, जिनका मन विचारधाराओं की गुलामी से पश्चिमी चिंतन का दास बन चुका है। कौन नहीं जानता सन् 1943 में *तारसप्तक* के साथ अज्ञेय का नाम हिंदी की आधुनिक रचना यात्रा में अपरिहार्य हो गया। यह व्यापक स्वीकृति भी छिपी न रह सकी कि अज्ञेय की रचना यात्रा का इतिहास छायावादोत्तर साहित्य का इतिहास है। अज्ञेय के आलोचक उन्हें भाववादी, कलावादी, व्यक्तिवादी कहकर नकारते चाहे कितना भी

रहे हों वे अज्ञेय की विजय यात्रा के रथ को रोक नहीं सके। आज का पाठक उनमें भोगे हुए यथार्थ अनुभव का आश्वासन पाता है। आज अज्ञेय का प्रिय प्रतीक 'सागर' अपना विराट् अर्थ-पाठ प्रस्तुत कर रहा है। शब्द की साधना का तप अज्ञेय कविता में करते हैं, लेकिन भाषा (गद्य) में उनका विश्लेषण निर्भय भाव से आगे बढ़ता रहा है। उनके निबंधों में बैठा 'आलोचक' सतर्क है और खंडन-मंडन में चतुर-सुजान। मम से ममेतर की स्वीकृति ने अज्ञेय के रचना कर्म, आलोचना कर्म को 'आत्मदान' के थीम का रचनाकार बनाया है। 'अन्य' के लिए लुटाने की मुद्रा का भाव उनमें निरंतर रहा है और यही उनकी 'भारतीयता' है। यह वह भारतीयता नहीं है जो जड़ता को स्वीकार करती है, यह वह भारतीयता है जो संस्कृति में, भाषा में, रचना में चित्त की खेती बनी है। यह संस्कृति आत्मदान की प्रेरणा है। यही है 'असाध्य वीणा' का वह प्रियंवद, जो 'शिष्य साधक' है—कलाकार के दंभ से दूर फकत साधक, आराधक। इस शिष्य साधक की मौन साधना ही उसे मुक्त करती है। प्रेम के न जाने कितने रूप अज्ञेय के रचना कर्म में सदाबहार छवियों के साथ मौजूद हैं। नारी और प्रकृति-सौंदर्य में अज्ञेय के रचनाकार के प्राण बसते हैं। इस तरह अज्ञेय हिंदी में कालिदास, भवभूति और जयशंकर प्रसाद का विस्तार-परिष्कार हैं। वे चिंतन में टी.एस. एलियट में नहीं, जयशंकर प्रसाद में समाते हैं—माखनलाल चतुर्वेदी में रमते हैं और मैथिलीशरण गुप्त के प्रेरणास्रोतों से जुड़ते हैं। जीवन की कालिदासीय लय से भरी रागदीप्त मन:स्थितियाँ कथन-भंगिमाओं से 'जड़ीभूत सौंदर्याभिरुचियों' पर प्रहार करती चलती हैं। वे अपनी इसी शक्ति के कारण लंबे समय तक रचना और आलोचना के केंद्र में रहे हैं। आज अज्ञेय के निबंध साक्षी हैं कि प्रतिकूल आलोचना से उन्होंने 'बहुत कुछ' सीखा है—उनके निबंध पुराने 'पूर्वग्रहों' के उत्तर हैं—उनकी ज्ञान-मीमांसा (एपोरिया) में ऐतिहासिक काल और अनुभव के काल का 'काल-चिंतन' चलता है। वे मानते हैं कि अनुभव की संरचना में काल हमेशा उलटी दिशा में चलता है। परिणाम पहले और कारण बाद में अंकित होता है। भारतीय काल-चिंतन में काल की अवधारणा को लेकर ही *संवत्सर* के निबंध लिखे हैं अज्ञेय ने। हिंदी में पहली बार इस तरह के निबंध अज्ञेय ने लिखे हैं।

अक्सर कहा जाता है कि अज्ञेय ने विचारपरक और आत्मपरक निबंध अपने रचना कर्म की रक्षा के रूप में लिखे हैं। लेकिन यदि समग्रता में ध्यान हें तो उन्होंने प्रधानतया सर्जन-प्रक्रिया, सर्जक की स्थिति, सामाजिक की संप्रेषणीयता, शब्द, मौन, अस्तित्व, अस्मिता, कला-सौंदर्य आदि के संबंध पर कवि-केंद्रित विचार किया है। इस चिंतन में काव्य और छंद, काव्य और संगीत, लय और काव्य-भाषा, कथा-भाषा और संप्रेषण, काव्य में विषय और वस्तु का महत्त्व, काव्य-सत्य, काव्य-सौंदर्य, विज्ञान और काव्य आदि के रिश्ते और भिन्नता की चर्चा भी आती रही है। उनके निबंधों के सामने

रचना, रचनाकार-व्यक्तित्व, व्यक्ति और समाज, सर्जक और सामाजिक के हृदय-संवाद की समस्या चुनौती के रूप में रही है। इसीलिए वे रचनाकार की चेतना और समाज के साथ उसके द्वंद्व से निरंतर जूझते रहे हैं। काव्य हेतु (प्रतिभा +व्युत्पत्ति+अभ्यास) काव्य प्रयोजन, काव्य का अधिकारी, काव्य के उपकरण-उपादान आदि पर भारतीय साहित्यशास्त्र ने लगातार चिंतन किया है—शंकाओं को उठाकर बहस की है और बहस को जारी रखा है। प्रतिभा को प्रधान 'काव्यांग' मानकर उन्होंने रचना-प्रक्रिया के संदर्भ में तनाव 'आभ्यंतर तनाव की स्थिति' को स्वीकार किया है। एलियट और एलेन टेट ने इसे ही 'टेंशन' का नाम दिया है। अज्ञेय ने एलियट के निबंध 'ट्रेडीशन एंड इंडिविजुअल टैलेंट' का अनुवाद 'रूढ़ि और मौलिकता' शीर्षक से किया है और कहा है कि रूढ़ि माने परंपरा। अज्ञेय पर एलियट की धमक है, लेकिन वे एलियटीय परंपरा से आक्रांत नहीं हैं—उनकी अपनी सोच है। वे मानते हैं कि यथार्थ अनुभूति कलात्मक अनुभूति में ढलकर ही काव्यानुभूति या सौंदर्यानुभूति बनती है। प्रो. जड़ाव लाल मेहता कवि कर्म में संस्कारित प्रतिभा की जिस संदर्भ में बात करते हैं, वह विचार अज्ञेय को लगभग मान्य रहा है।

दरअसल, अज्ञेय ने रचना-प्रक्रिया को यंत्रणा भरी प्रक्रिया स्वीकार किया है। यही कारण है कि वे रचनाकार को 'हविष्यवाही अग्निपुरुष' की संज्ञा देते हैं। यह 'अग्निस्नात कवि पुरुष' निरंतर 'आभ्यंतर ताप से त्रस्त' रहता है। इसी अर्थ में रचना कर्म विचार-यज्ञ में आहुति है। रचनाकार नियमों, लीकों, रूढ़ियों, प्रतिबंधों को चुनौती देकर हर कीमत पर अपनी 'स्वाधीनता' की रक्षा करना चाहता है।

अज्ञेय की चिंताओं में केंद्रीय चिंता है—संस्कृति और भाषा की। केंद्र और परिधि का पहला निबंध है—'सांस्कृतिक समग्रता : भाषिक वैविध्य।' भारत के 'भावनात्मक समन्वय की समस्या' आजादी का एक पहलू है और 'आजादी को दृढ़तर' करने का एक तरीका। देश की आजादी और देश की अस्मिता का संबंध होता है और अस्मिता में 'भावनात्मक समन्वय निहित' रहता है। लेकिन भाषाओं और साहित्यों के संदर्भ में भावनात्मक समन्वय या एकता की चर्चा का मुद्दा महत्त्वपूर्ण होता है। आश्चर्य तब होता है, जब भारतीय भाषाओं के साहित्य के ज्ञान से शून्य अंग्रेजी जानने वाला तबका इस विचार को झंडे की तरह उठाता है। अज्ञेय का विचार है कि यह समस्या अंग्रेजी और अंग्रेजी दाँ लोगों की ही बनाई हुई है। ये लोग अंग्रेजी के वातावरण में रहकर देश के जीवन से कट गए हैं और इनके लिए 'भारतीय अस्मिता का बोध' कठिन है। ये लोग भारत का आजाद होना तो मानते हैं, लेकिन जिन्हें अपने 'भारतीय होने के बारे में संदेह' है वे सभी भारतीय परंपरा और संस्कार के साथ जुड़ने में कठिनाई का अनुभव करते हैं। जबकि इन अंग्रेजीदाँ लोगों में कुछ ऐसे भी होते हैं, जिन्हें भारतीय इतिहास का

अच्छा ज्ञान होता है। फिर भी वे 'समकालीन भारतीय यथार्थ' तथा 'आधुनिक भारतीय संस्कृति' को जानने में असमर्थ रहते हैं। वे 'भारतीय संस्कृति' के नाम से चौंकते हैं। वे कहा करते हैं 'कल्चर' तो ठीक है—इंडियन भी ठीक है, लेकिन 'भारतीय होते ही सब गड़बड़ हो जाता है'। अंग्रेजीदाँ लोगों का 'मानसिक संस्कार' ऐसा रहा है कि वे भारतीय भाषाओं को 'वर्नाक्युलर' नाम से जानते हैं। गांधीजी ने इस मनोवृत्ति को बदलने का अभियान चलाया। वे सफल भी हुए थे, लेकिन आज फिर वही भारतीय भाषाओं को 'वर्नाक्युलर' मानने की प्रवृत्ति प्रबल हो रही है। इन्हें 'प्रादेशिक भाषाएँ' कहा जा रहा है, जिनमें प्रादेशिक मनोवृत्ति की अभिव्यंजना है तो भारतीय वे कैसे? हिंदी इस प्रश्न का सटीक उत्तर है कि कोई भाषा बोली या बोलियों पर आधारित होकर भी 'भारतीय हो सकती' है। भाषा को 'भाखा' कहा जाता था और 'भाखा' का शब्द-समूह ब्रजभाषा था जो 'लिंक लैंग्वेज' थी—ब्रजमंडल से बाहर सारे देश में सम्मानित भाषा। यह भाषा भारतीय चेतना का संवाहक थी, भारतीय संस्कृति की समग्रता की वाणी थी। आजादी मिलने तक हिंदी पूरे देश को जोड़ने का काम करती रही। अर्थात् गांधी के उठ जाने तक। उसके बाद सांस्कृतिक एकता को भाषा की दृष्टि से न देखकर राजनीतिक दृष्टि से देखा गया। यह बात ही भुला दी गई कि "सांस्कृतिक एकता का आधार एक अस्मिता बोध होता है और अस्मिता का भाषा के साथ गहरा संबंध है।"

प्रश्न उठता है कि समकालीन स्थिति-परिस्थिति में हमारा आचरण कैसा हो कि एक समग्र सांस्कृतिक चेतना उभरे। यह प्रश्न राजनीति का नहीं है, संस्कृति का है। हमारे संचार-माध्यमों का विकास जानकारी तो बढ़ाता है, लेकिन यह जानकारी एकांगी एवं विकृत होती है। क्योंकि संचार माध्यम स्वार्थों के समूह से बँधे होते हैं। ऐसी स्थिति के कारण प्रदेशों की संस्कृतियों में आपसी सहयोग-सहानुभूति के लिए कोरी जानकारी नहीं, समग्र दृष्टि चाहिए। यह दृष्टि मानेगी कि प्राचीनकाल से भारत में अलग-अलग संस्कृतियाँ, प्रादेशिक भाषाएँ स्वायत्त जीवन जीती रही हैं। सांस्कृतिक सीमाओं को जोड़कर ही हम आगे बढ़ सके—जहाँ नहीं जुड़े वहाँ टूट गए। ध्यान में रखने की बात है कि हमारी जीवित विकासमान संस्कृतियाँ जड़-परंपराओं की रक्षा से दूर रहीं। जीवित संस्कृतियों ने बृहत्तर इकाई के जीवन से जोड़ अपने को समृद्ध किया। धर्म, दर्शन, कला, साहित्य, लोक साहित्य, विज्ञान, राजनीति सभी क्षेत्रों में प्रादेशिक संस्कृतियों ने भरपूर योगदान किया। इस ताकत से भारतीय सांस्कृतिक चेतना विखंडित नहीं हो सकी। वह निरंतर विकसित होती रही। इन सभी भारतीय भाषाओं के विकास ने 'भारतीयता' के विकास में योग दिया। जहाँ जातीयता तथा विकृत शुद्धतावाद के आग्रह बढ़े, वहाँ भाषा कमजोर पड़ी और उसकी रचनात्मकता पिछड़ती गई।

भारतीय दृष्टि के विकास का दूसरा पक्ष साहित्यिक है। जीवित संस्कृति अपने

को खोलकर उर्वरा बनाती है। गांधीजी अपने घरों की खिड़कियाँ खोलकर रखने की बात करते थे, ताकि सभी संस्कृतियों की ताजी हवा आ सके। यहाँ संतुलन भी चाहिए, क्योंकि साहित्य-संस्कृति अपनी जमीन को छोड़कर नहीं पनप सकते। जमीन छोड़ने पर हम पाते हैं कि भारत का एक अंग परोपजीवी होकर भारत से कट गया है। बाहर की हवा लेने का अर्थ यह नहीं है कि हमारे पैर हमारी साहित्यिक-सांस्कृतिक भूमि से उखड़ जाएँ। रागात्मक संबंध हम तोड़ नहीं सकते, लेकिन समग्र-चेतना के आधार को छोड़कर बहकने का क्या अर्थ ? हमें समग्र भावनात्मक चेतना से जुड़ना होगा। अज्ञेयजी ने इस संदर्भ में अपना उदाहरण देकर कहा, "मैं हमेशा भारत की एक भाषा में लिखता हूँ, एक भारतीय भाषा में लिखता हूँ। यह संयोग की और मेरे सौभाग्य की बात है कि उस भाषा में हमेशा एक समग्र भारतीय चेतना व्याप्त रही और उसने समग्र भारत का आदर्श अपने और दूसरों के सामने रखा। मैंने हमेशा चाहा है कि उसके माध्यम से एक भारतीय चरित्र का रूप उभरे।" इस संकल्प-भाव के कारण ही अज्ञेय के पात्रों के देखने, सोचने, भोगने, जीने में एक समग्र भारतीय दृष्टि उभरी है। उनमें पूरा भारत अपनी छवियों के साथ जीवित है। अज्ञेय इस बात को लेकर भी चिंतित रहे हैं कि आधुनिक यांत्रिक विकास भारत को तेजी से बदल रहा है। टेक्नोलॉजी सारे संसार में एकरूपता ला रही है, जिसने सांस्कृतिक समस्याएँ पैदा की हैं। यांत्रिक एकरूपता ने 'संस्कृति' मात्र को संकट में डाल दिया है।

'सांस्कृतिक समग्रता : भाषिक वैविध्य' एक ऐसा विचार-प्रधान निबंध है, जिसमें अज्ञेयजी के चिंतन के बीज-भाव बड़ी संख्या में मौजूद हैं। उनके अन्य अनगिनत निबंधों में इन्हीं बीज-भावों का पल्लवन हुआ है। वे जीवन भर संस्कृति और भाषा पर विचार करते रहे और मानते रहे कि हमें अपनी सांस्कृतिक बहुलता, अस्मिता को बचाना होगा। हमारी 'भारतीयता' ने जड़ परंपरावाद को कभी भी स्वीकार नहीं किया है। इसलिए परंपरा का संस्कारित रूप आधुनिकता उसमें सदा रही है। पश्चिमी आधुनिकता-औपनिवेशिक आधुनिकता हमें बर्बाद कर रही है, उससे हमें अपनी भाषा-संस्कृति-साहित्य को बचाना है। इसी दृष्टि से वे 'हिंदी के वर्तमान और भविष्य' पर निबंध लिखते हैं, "भारत की आधुनिक भाषाओं में हिंदी ही सच्चे अर्थ में सदैव भारतीय भाषा रही है, क्योंकि वह निरंतर भारत की समग्र चेतना को वाणी देने का चेतस प्रयास करती रही है। अन्य सभी भाषाओं में प्रदेश बोला है—हिंदी में आरंभ से ही देश बोलता रहा है।" भाषा कल्पवृक्ष है, जो उससे आस्थापूर्वक माँगा जाता है—भाषा वह देती है। हिंदी बोलने को लेकर ही उन्होंने एक व्यंग्य-निबंध लिखा है—'साहब हैं ?' टेलीफोन आने पर अज्ञेय 'जी हाँ' कहते हैं, तो दूसरी ओर का व्यक्ति समझता है कि क्या यह स्वर 'अज्ञेय' या 'वात्स्यायन' से मिलता है—होना तो नौकर ही चाहिए।' साहब वर्ग होता तो अंग्रेजी बोलता। नौकर

वर्ग का है हिंदी बोल रहा है। दिल्ली में समूचे देश की संस्कृति के मानक बनते हैं—जहाँ से कसौटियाँ बाहर भेजी जाती हैं—वहाँ हिंदी की यह हालत आत्मावसाद पैदा करती है। हिंदी सेवा वाले हिंदी को वर्नाक्युलर बना रहे हैं। अंग्रेजी के सहारे भारतीय भाषाओं का नाश करनेवाला वर्ग पनप रहा है। यह वर्ग हिंदी तथा अन्य भारतीय भाषाओं से घृणा करता है। 'जनतंत्र में बुद्धिजीवी की भूमिका' शुद्ध मानवीय विवेक पर आश्रित स्वतंत्र बुद्धिजीवी की नहीं रही है—वैसे बुद्धिजीवी शब्द पश्चिम के प्रभाव से बना है। भारतीय परंपरा में 'इंटलेक्चुअल' या बुद्धिजीवी कोई बहुत अच्छा नाम नहीं है। यदि अच्छा होता तो देश के निर्माण में उसकी भूमिका नगण्य न होती। बुद्धिजीवी का ध्यान शिक्षा-दीक्षा के बाद लाभों पर गया—देश के प्रति दायित्व के प्रति वह उदासीन रहा। 'तटस्थ' और 'कमिटेड' दोनों नाशकारी सिद्ध हुए। सारी आधुनिकता और प्रगति का आधार पश्चिम है। क्या भारत में मौलिक-चिंतन की परंपरा का अभाव है ? आज हम पश्चिम के पिछलग्गू क्यों हैं और कब तक बने रहेंगे। अंग्रेजी में चिंतन—फिर अनुवाद—मौलिक चिंतन की संभावना को नष्ट करता है।

'चुप की दहाड़' क्या है ? अज्ञेयजी मौन अभिव्यक्ति को एक साधन मानते रहे हैं और बड़ा समर्थ साधन। रचनात्मक साहित्य में चुप का बड़ा संदर्भ है। मौन एक अस्त्र है, प्रबल अस्त्र। चुप सविनय विरोध का उत्तम साधन। सविनय ही नहीं अविनय का भी बड़ा साधन है। सर्जनात्मक साहित्य से राजनैतिक संदर्भ में चले जाने का विशेष कारण आपातकाल का सन्नाटा रहा है। उसके बाद सेंसर, फिर आतंक, फिर अन्य कार्रवाइयाँ। आपातकाल राजनीतिक असहिष्णुता का पर्याय रहा—प्रजातंत्र का लोप लोकतंत्रात्मक स्वाधीनता के मूल्य का नाश और उसका मजाक। साधारण जन का साधारण जीवन संकट में पड़ा। साधारणजन की आपातकाल में चुप्पी। आपात की घोषणा के साथ सर्वसत्तावादी तंत्र देश पर लादा गया। वह निरंकुशता के साथ खतरनाक था। फिर चुप की ओट यह देश लिये रहा। 'मौनं सम्मति लक्षणम्' नहीं था। आपातकाल के समर्थक निंदा के पात्र रहे हैं। मतदान हुआ तो जनता ने अत्याचारी को पलट दिया। चुप जन ने आजादी के पक्ष में मत दिया। बौद्धिक वर्ग क्रीतदास रहा, लेकिन उसे भी बोलना पड़ा। हमने जाना 'चुप भी एक दहाड़ होती' है। अज्ञेय का आपातकाल के दिनों पर लिखा गया यह निबंध आज ऐतिहासिक महत्त्व रखता है। क्योंकि चुप की यह दहाड़ लोकतंत्र में ही नहीं, साधारण जन और मानव मात्र में हमारी श्रद्धा का आधार है, जो प्रतिबद्धतावादी बौद्धिक अज्ञेय को अभिजात्यवादी-व्यक्तिवादी भीड़ से दूर का रचनाकार मानते हैं उनके लिए यह लेख उत्तर है कि अज्ञेय के रचना-कर्म का आधार सामान्य आदमी, मामूली साधारण आदमी रहा है। इस साधारण जन में उनकी अटूट आस्था है और उसकी स्वतंत्रता के लिए संघर्ष का संकल्प।

अज्ञेय ने आजादी के बाद देश में पैदा होनेवाले मोहभंग और उदासीनता के कारणों पर 'बौद्धिक की निराशा' निबंध में तार्किक विश्लेषण के साथ प्रस्तुत किया है। उन्होंने कहा, "उदाहरण के लिए आजादी को लेकर होनेवाला मोहभंग ही लीजिए। मोहभंग का एक रूप वह होता है कि सन् 48 में हमें जो मिला, वह वास्तव में आजादी नहीं थी—अंग्रेजों से आजाद होकर भी हम एक आजाद समाज की स्थापना नहीं कर सके हैं।" इस मोहभंग में आक्रोश है और कर्म प्रेरणा भी कि अगर वह आजादी नहीं मिली, तो हम उसके लिए प्रयत्न करें। मोहभंग की एक दूसरी प्रतिक्रिया है कि आजादी एक धोखा है—स्वाधीनताकर्मी पाखंडी माने जा सकते हैं। मोहभंग चाहे कविताओं में सपाटबयानी का रूप ले या व्यंग्य-वक्रोक्ति, विडंबना का वह है पीड़ादायक स्थिति। कवि कर्म में प्रवृत्त एक नई पीढ़ी मोहभंग से उपजे अंधायुग, मूल्यमूढ़ता पर क्षुब्ध रही है। इस मोहभंग के साथ उदासीनता उपजी है—उदासीनतायुक्त मोहभंग। समाज में निर्माण के बदले विघटन और भ्रष्टाचार पनपा है, हृदयहीन अत्याचार ने नकारवाद को जन्म दिया है। 'कुछ भी करने से क्या होगा' यह मनोवृत्ति घातक है, क्योंकि परिस्थितियाँ बदली जा सकती हैं, अन्याय से लड़ा जा सकता है। अज्ञेय के लिए आस्था का प्रश्न मानवीय अस्ति का प्रश्न पुरानी अस्तित्ववादी लीक पीटना नहीं है। यह तो मानवीय अस्ति में आस्था है। बुद्धि का काम संदेह पैदा करना ही नहीं है, मानवीय विवेक का दीप जलाना भी है—अर्थात् मानवीय अर्थवत्ता, मूल्यों की खोज और निरंतर शोध और नवीकरण। जीवन अर्थहीन नहीं है, रचना-कर्म में शब्द इसके अर्थ की तलाश हैं। इस निबंध में अज्ञेय का आस्थावादी जीवन-दर्शन है, जिसमें अकर्मण्य उदासीनता को स्थान नहीं है।

लीक पीटू जीवन अज्ञेय को कभी स्वीकार नहीं रहा। भारत का स्वातंत्र्य युग और उससे पूर्व स्वातंत्र्य-संघर्ष का युग—दोनों को अज्ञेय ने अपनी शर्तों पर जिया-समझा है। 'असंतोष की पहली पीढ़ी' आज पिछली पीढ़ी से 'संवाद की स्थिति' में है। पर आज की जन्मना आजाद पीढ़ी पकी-पकाई खा रही है—उसे पकानेवाली आग में क्रांतिकारी-विद्रोही अज्ञेय का भी हाथ रहा। आजादी की पहली पीढ़ी—असंतोष की पहली पीढ़ी, जिसे देश आशा का प्रतीक मानता है, लेकिन जिसे देश से कोई आशा नहीं है, जो युवा होकर अपना चेहरा बुढ़ाया हुआ मानता है और कहता है कि उसका कोई चेहरा है ही नहीं। इस स्थिति के कारण इस पीढ़ी से 'संवाद' कठिन है। लेकिन अज्ञेयजी ने संकल्पबद्ध होकर आजादी के बाद की इस पीढ़ी से हृदय-संवाद और बुद्धि-संवाद किया है। एक अर्थ में अज्ञेय का पूरा साहित्य और साहित्येतर चिंतन नई पीढ़ी से बौद्धिक संवाद स्थापित करने का ही प्रयत्न रहा है। वे कहते रहे हैं—"लेकिन हम कृत संकल्प हैं कि वैसा संबंध बनाएँगे, बनाए रखेंगे; और हमें विश्वास है कि वह स्थापित हो सकता है।" उस बिना चेहरे के युवक से अज्ञेय प्रश्न करते रहे हैं—कौन हो तुम

युवक ? वह युवक कहता है—"मैं आजादी का आदि पुरुष हूँ। आजादी में जन्मा और पला। आजादी मनुष्य का जन्मसिद्ध अधिकार है।" आजादी का मूल्य अज्ञेय के लिए 'अनवरत जागरूकता' है। आजादी के युग से पहले और बाद में शिक्षा पाई। यह पाया कि शिक्षा का आधार है भाषा और इस देश ने भाषा की प्रामाणिकता को हमेशा स्वीकार किया है। यथार्थ या वास्तविकता—रिएलिटी भी वाक् के बिना कोई स्थान नहीं रखती। ऐसा हमारे पुरखे मानते रहे, लेकिन क्या हो—शिक्षा मिली—उसका आधार भाषा नहीं मिली। कष्ट से भरे हृदय को लेकर लिखा "लोग भाषा सीखकर भाषा में वाक्सिद्ध होते हैं—मैं कम-से-कम दो भाषाओं में गूँगा हूँ, जिस समय मैं अपनी सहज बोली में सोचना सीख रहा होता, उस समय मैं पराए शब्द-समूह को रचना सीख रहा था; जिस समय मुझे गर्व होता कि मैं अपने को पहचानता हूँ, अपना निर्माता, बल्कि अपना रचयिता हूँ, उस समय मैं गर्व कर रहा था कि मैं पराई लादी ओढ़ और ढो रहा हूँ, कि मैं अपना अनुवादक हूँ। यों शिक्षा मुझे मिली, लेकिन बे-पेंदी की।" इस बे-पेंदी की शिक्षा ने संस्कृति और अस्मिता का बंटाढार कर दिया। क्यों ऐसा हुआ ? मुझे सभी कुछ मिला, पर सब बे-पेंदी का। शिक्षा मिली, पर उसकी नींव भाषा नहीं मिली। आजादी मिली, लेकिन उसकी नींव आत्मगौरव नहीं मिला। राष्ट्रीयता मिली, लेकिन उसकी नींव अपनी ऐतिहासिक पहचान नहीं मिली। अज्ञेय का अनुभव है कि 'मुझे व्यक्तित्व मिला, पर चेहरा नहीं मिला।' जो मिटा हुआ है, उसे अपने नंग से लाचारी में छिपा रहा हूँ। अस्तित्व मिला, अस्ति नहीं, अवस्था मिली आस्था नहीं। यह न होने का दर्द ही अज्ञेय के होने की पहचान है। यह बेमुँहा मुखौटा ही मुख है—अकविता मेरी कविता है। मैंने इतिहास को पढ़ा कहाँ है, केवल रटा है। गर्व की चीजें 'स्वर्ग-युग' की नहीं 'अंधयुग' की देन हैं। वहीं से आधुनिक भारतीय संस्कृतियों और समाजों का निर्माण आरंभ हुआ। भारतीयों के बल पर उसी युग में भारत का व्यापार दूर देशों में फैला। हमारे पूर्वी पड़ोसियों को ज्ञान के स्तर पर भारतीय संस्कृति मिली। पूरा सांस्कृतिक विनिमय उसी 'अंधयुग' की देन है। इंडोनेशिया के देहात ने रामायण को उसी युग में पाया-अपनाया, थाई देश के मंदिरों पर राम, लक्ष्मण, रावण, सुग्रीव के भित्ति-चित्र उसी युग में उकेरे गए, कंबोडिया के लोकगायकों ने हनुमान् की प्रशस्तियाँ गाना उसी युग में शुरू किया; चंपा में हिंदू मंदिर उसी युग में बने। हाय री विडंबना! जिस युग में भारत आसपास के देशों में प्रकाश बिखेर रहा था, वह युग हमारा अंधायुग ? क्यों नहीं "मुझे वह भाषा दी जाती, जिससे कि मैं अपनी आत्मा खोज सकूँ ? क्यों नहीं वह इतिहास मिलता, जिससे अपनी इयत्ता पहचान सकूँ ?" निरे पूर्वापर को परंपरा बताकर अर्थ दे सकूँ ? यह कौन कहेगा कि इस नाम-रूप वदन-विहीन युवक की बात में सार नहीं है ? वह ऐसा किससे कहेगा और किस अधिकार से ? विदेशी साम्राज्यवादी इतिहासकारों ने हमारी संस्कृति, भाषा-परंपरा

को हीन सिद्ध करके हमारी 'जातीय स्मृति' को मिटाने का षड्यंत्र रचा है। अज्ञेय नई पीढ़ी से 'संवाद की स्थिति' बनाना चाहते हैं, लेकिन संवाद की भाषा गायब है—पराई भाषा में 'संस्कृति-संवाद' नहीं हो सकता, क्योंकि हर भाषा की अपनी 'विचार-संस्कृति' होती है। नई पीढ़ी यथार्थ के प्रति अंधी नहीं है, लेकिन उस विश्वासघात का क्या हो, जो 'औपनिवेशिक आधुनिकता' ने उसके साथ किया है।

संस्कृति, परंपरा, भाषा-साहित्य पर अज्ञेय सोचते हैं और सोचते हुए अपने निबंधों में न थमते हैं, न थकते हैं। उस स्थिति पर दुःख व्यक्त करते हैं, जो आजाद भारत की त्रासदी रही है—अपनी चिंतन जड़ों से कटकर पश्चिमवाद का पिछलग्गू बन जाना। वे अपने निबंध 'कुछ युग-चिंतन' में कहते हैं कि साहित्य-संबंधी सारा चिंतन पीढ़ियों-वर्षों के आधार पर हो रहा है। आज प्रश्न उठ रहा है, क्या 'द्विवेदी-युग' भी था? प्रश्न उठता है, हम साहित्य-धारा को व्यक्ति या वाद के साथ क्यों जोड़ते हैं? महावीर प्रसाद द्विवेदी का रचना-कर्म उनके संपादक कर्म से बड़ा नहीं है। रचनाकार के नाते उनकी प्रतिभा दोयम दर्जे की है, ऐसी नहीं कि उसके आधार पर युग का नामकरण कर दें। अज्ञेय का यह विचार विवादास्पद है—डॉ. रामविलास शर्मा तथा अन्य साहित्येतिहासकार इस मत से असहमत हैं। प्रश्न उठता है कि क्या युग प्रवर्तक रचनाकार संपादक अज्ञेय के कृतित्व-व्यक्तित्व के आधार पर 'नयी कविता युग' को आज 'अज्ञेय युग' कहना अनुचित होगा जब कि इस युग के अनेक रचनाकारों पर अज्ञेय के कृतित्व व्यक्तित्व की गहरी छाप है।

द्विवेदी युग का नाम उस युग के प्रमुख रचनाकार पर न होकर संपादक के नाम पर हो, इसमें एक संगति है। वास्तव में, यह युग संपादक का युग था। हिंदी-साहित्य वाचिक-परंपरा से बाहर निकलकर छपाई के 'आधुनिक' घेरे में आ गया था। गद्य का परिनिष्ठित विकास, इतिहास बोध की प्रबलता, वाचन-श्रवण के बदले पठन-मनन की परंपरा में प्रवेश—आधुनिकता की ओर संक्रमण का यही दौर था। भारतेंदु और महावीर प्रसाद द्विवेदी ने हिंदी-साहित्य को आधुनिक युग में प्रवेश दिलाने के लिए प्रतिष्ठित किया। उनकी महिमा के आधार पर यह नामकरण गलत नहीं है। अज्ञेय के मन में प्रश्न उठा है—(1) आज की भारतीय पत्रकारिता का लोकतंत्रात्मक समाज में स्थान क्या है? स्वस्थ समाज के समाचार-पत्र स्वस्थ होंगे और बीमार समाज के समाचार-पत्र भी बीमार होंगे। प्रश्न है कि स्वतंत्र पत्रकारिता का दायित्व किस पर है? (2) क्योंकि समाचार-पत्र एक उद्योग है, बड़ा व्यवसाय है—उद्योग व्यवसाय के नियमों के साथ बँधा है। सरकार पर समाचार-पत्रों की बढ़ती निर्भरता स्वतंत्रता में कितनी बाधक है। राष्ट्रीय समाचार-पत्रों में 'राष्ट्रीयता' गायब है, केवल बिक्री है। सरकार का उद्देश्य 'राष्ट्रीयता' का विकास नहीं है—पत्र पर नियंत्रण रखना है, विज्ञापन और संपादन का

आँकना समझना है। अज्ञेय स्वयं 'दिनमान', 'नवभारत टाइम्स', 'वाक्', 'थॉट', 'प्रतीक', 'नया प्रतीक' के संपादक रहे और कहा कि समाचार-पत्रों का कार्य पत्रकारिता की स्वतंत्र भाषा का मुहावरा विकसित करना है। अंग्रेजी समाचार-पत्रों के प्रभुत्व से मुक्त होना है।

अज्ञेय को ज्ञात है कि निबंध मन ही मुक्त-भटकन है—निबंधकार को छूट है कि वह किसी सुनियोजित डिजाइन के चक्कर में न पड़े। निबंध अपने प्यार के विस्तार में नवकथा, संस्मरण, रिपोर्ताज, यात्रा-वृत्त आदि को समेट लेता है, क्योंकि उसमें गहरी निजता, अनुभवों की अंतरंगता, वैयक्तिकता के लिए निमंत्रण रहता है। अज्ञेय ने यायावरी से कमाए सत्यों को निबंधों में लिखा, लेकिन यह नहीं माना कि अब कोई मूल्य नहीं है, बचा है केवल बाजारवाद, देहवाद और यौनलिप्सा। जबकि उनके चिंतन पर फ्रायड-एडलर की छाप और छाया रही है। अज्ञेय उस नए मनुष्य की मनुष्यता में आस्था रखनेवाले निबंधकार हैं, जो मानते हैं कि मनुष्य का सबसे बड़ा मूल्य है—'स्वाधीनता'। 'मेरी स्वाधीनता सबकी स्वाधीनता' उनके एक निबंध का शीर्षक ही है। वे कहीं में विशुद्ध-निबंध तथा आलोचनात्मक निबंध के बँटवारे की वकालत नहीं करते। इसलिए लगभग पचास वर्षों के भीतर लिखे उनके निबंधों ने हिंदी-आलोचना को एक नया साहित्यालोचन दिया है। वे रामचंद्र शुक्ल और हजारी प्रसाद द्विवेदी के साहित्य-चिंतन को कई अर्थों में आगे बढ़ाते हैं। व्यक्तित्व की खोज, परंपरा और आधुनिकता, भाषा और अस्मिता, काव्य-भाषा और लय आदि अनेक अवधारणाओं की महत्त्व-प्रतिष्ठा करते हैं साथ ही अपने नए भाष्यों से नए विमर्श उठाते रहे हैं।

आद्य निबंधकार माइकेल द मौंतेन के कथन अज्ञेय पर सही उतरते हैं कि निबंधकार को पाठक के पास 'सीधे-सच्चे-सहज रूप में' जाना चाहिए। उसमें कोई दिखावा, छल-छद्म, नकलीपन न हो। अज्ञेय के बचपन का एक नाम 'सच्चा' रहा है—सच्चा के लिए प्रसिद्ध रहा है कि वह झूठ नहीं बोलता। चुप्पा है लेकिन 'मनहूस' नहीं है, रागी मनुष्य है। यह रागी मनुष्य अपना बौद्धिक चिंतन 'आयोजन और सांस्कृतिक विकास', 'इतिहास और स्वातंत्र्य-बोध', 'अकेली यात्रा की देहरी पर', 'निरंतरता और स्वतंत्रता', 'शिक्षा जोड़नेवाली या तोड़नेवाली!', 'अपनी चरम संभावनाओं की पहचान', 'स्वाधीन कर्तृत्व का ऊर्जा-स्रोत', 'हिंदी : भारत के हृदय की कुंजी' तथा 'प्रासंगिकता के प्रश्न' जैसे तमाम निबंधों में संस्कृति और व्यक्ति-स्वातंत्र्य की चर्चा करता है। 'इतिहास और स्वातंत्र्य-बोध' उनके स्वाधीनता बोध का आत्म-विस्तार है। वे मानते हैं कि ''घटना-क्रम के संदर्भ में मानव की अनवरत आत्मप्रत्यभिज्ञा ही इतिहास है।'' पश्चिम के शब्द 'हिस्ट्री' से भिन्न अर्थ दृष्टि भारतीय शब्द 'इतिहास' रखता है। इस इतिहास में परंपरावाद नहीं है—परंपरा की मानवीयता है। इतिहास के साथ हमारे महाकाव्यों ने आत्मबोध और स्वतंत्रता के उपयोग-उपभोग को संभव बनाया है। मरणशील मानव सनातन-सत्यों की

सृष्टि करता है, उन मूल्यों के लिए प्राण देता है। निष्कर्ष यह कि मानव ही मूल्यों का स्रोत और स्रष्टा है।

देश-काल की स्थिति-परिस्थिति कैसी भी क्यों न हो मानव परिपक्व विवेक के साथ समस्याओं-जटिलताओं से जूझता है और मानता है कि 'सा विद्या या विमुक्तये' अर्थात् जो शिक्षा, जो विद्या, जो ज्ञान मुक्त नहीं करता वह विद्या नहीं है। विद्या तो स्वतन्त्र व्यक्तित्व और चिंतन का विकास करती है। परिवेश के साथ नया अर्थवान् संबंध जीवन-संदर्भ, अनुकूलन की क्षमता, प्रतिभा, बहुज्ञता, निरंतरता से विद्या का अर्थ बनता है, अन्यथा नहीं। परंपरा का, कंटिन्यूटी का उसमें क्या योग है। पहले परंपरा का बँधा अर्थ था—ट्रैडिशन। आज 'परंपरा' के बिना 'परिवेश' से अर्थवान् रिश्ता नहीं बन सकता। परंपरा में 'निरंतरता' का अर्थ है—इतिहास-बोध का अर्थ है, जिसके बिना 'मॉडर्न' होना संभव ही नहीं है। इतिहास तो निरवधि महाकाल में फैलते हुए महावृत्त में एक छोटा सा आवर्त्त भर है। निरंतरता के बिना इतिहास का कोई अर्थ नहीं है, यह निरंतरता प्रकृति में है—प्रकृति और मानव में है। यहाँ ध्यान देने पर हम पाते हैं कि अज्ञेय का चिंतन टी.एस. एलियट से अलग होकर भारतीय चिंतन-परंपरा से जुड़ा हुआ है। इस दृष्टि से उन्हें 'विदेशी नकल' का निबंधकार कहना अपराध है। अज्ञेय ने लॉरेंस, एलियट, जॉर्ज सैंटायना, वर्जीनिया वुल्फ, एफ.आर. लीविस, कामू, सार्त्र, हेडेगर—तमाम पश्चिम के निबंधकारों को पढ़ा है, समझा है, उनका प्रभाव ग्रहण किया है, लेकिन उनकी 'नकल' नहीं की है। उनके निबंधों में उनके अपने सोच-विचार की विशिष्टता और मौलिकता भी। देशी-विदेशी चिंतन में 'फ्यूजन' पैदा करके अज्ञेय नई सर्जनात्मक-दृष्टि अपने निबंधों में पैदा करते हैं। इस दृष्टि से वे हिंदी-साहित्यशास्त्र और साहित्य के नए अभिनव गुप्त कहे जा सकते हैं। व्याख्या में अंतर्दृष्टि की संपन्नता इन निबंधों की शक्ति है।

अज्ञेय अपने समस्त निबंध-चिंतन में विदेशी ढंग की शिक्षा-व्यवस्था के कठोर आलोचक हैं, क्योंकि यह शिक्षा भारतीय को अभारतीय बनाती है, उसे अपनी जड़ों से काटकर अज्ञानी बनाती है 'साधारण भारतीय से तोड़कर आपको अलग करती है।' पूरे देश की यह बड़ी भारी पराजय है कि हम भूल रहे हैं कि अपने देश से कटकर विश्व नागरिकता नहीं मिलती। यह बात भूलने की नहीं है कि हमारे पास एक विशाल और अद्वितीय संस्कृति है। ''संस्कृतियों का अभिन्न संबंध अपनी देश-भूमि से होता है, इस अर्थ में सभी संस्कृतियाँ अद्वितीय होती हैं। पर उनमें भारतीय संस्कृति का एक विशिष्ट स्थान है।'' प्रश्न उठता है कि संस्कृतियाँ क्या करती हैं? संस्कृतियाँ मूल्यों की सृष्टि करती हैं—मानव एक प्रतीक-सृष्टा प्राणी है, वह प्रतीकों की सृष्टि करके पशुत्व से अलग हो सकता है। संस्कृति मानव नियति का निरूपण कर स्वतंत्र करती है। स्वतंत्रता इस प्रकार मानव-संस्कृति का सबसे बड़ा मूल्य बन जाता है। और भी मूल्य

हैं, जो संस्कृति के साथ उपजते हैं, लेकिन सबसे बड़ा मूल्य है—स्वतंत्रता। प्राण देकर पीढ़ियाँ इस मूल्य की रक्षा करती हैं। आज पश्चिमी शिक्षा ने सस्ती सफलता देकर हमें बिकाऊ माल बना दिया है। हम मुनाफाखोर संस्कृति का शाप झेल रहे हैं। 'अपनी परम संभावनाओं की पहचान' हम कैसे करें? मोहभंग में जीवित हैं—नारकीय परिस्थितियाँ है, खंडित व्यक्तित्व हैं, जले सपने हैं—अजनबीपन है, आत्म-निर्वासन की यातना है। क्रांति से नैतिकता गायब है और आस्था को भ्रष्ट-विकृत किया गया है। 'स्वाधीन कर्तव्य का ऊर्जा-स्रोत' सूख रहा है। एक तिहाई निरक्षर हैं, जो साक्षर हैं वे अंग्रेजी दिमाग के बुद्धिजीवी हैं।

आजादी के बाद 'प्रासंगिकता का प्रश्न' जोर-शोर से उठा है। रेलेवैंस के अर्थ में प्रासंगिकता की चर्चा बहुत होती है। हमारा काल-बोध इतना तीखा हो गया है कि हर वस्तु और विषय को हम काल-सापेक्ष्य दृष्टि से देखते या देख सकते हैं? या कि इसलिए भी कि काल का ही नहीं, सापेक्ष्यता का भी हमारा बोध आज इतना प्रबल है कि किसी वस्तु को कोई-न-कोई सापेक्ष्य मूल्य दिए बिना हम किसी मूल्य की कल्पना ही नहीं कर सकते? रेलेवैंस का प्रश्न 'नया' है और अस्तित्ववादी मुहावरे से आया है—वह अस्तित्व की मूल्यवत्ता से जुड़ा है, अर्थात् अनिवार्यतया काल संदर्भ से जुड़ा है। 'मूल्यवत्ता हमेशा एक कालावधि के संदर्भ में विचारित होती है।' आत्मानुभव से अज्ञेय ने कहा है कि आज की विसंगतियों से उद्विग्न लोग पूछते हैं 'इसकी प्रासंगिकता क्या है?', 'परंपरा की प्रासंगिकता क्या है?', 'धर्म की प्रासंगिकता क्या है', 'मूल्यों की प्रासंगिकता क्या है?' मानव पहला स्वाधीन पशु है—स्वाधीन होने के नाते पशु नहीं है। मानव-मूल्यों का स्रष्टा है और कोई मूल्य नहीं है जिसके नाम पर अत्याचार न हुआ हो। मूल्य के नाम पर लोग जलाए-मारे गए, लेकिन आज हम सर्जनक्षम हैं, स्वाधीन हैं, मूल्यों के स्रोत हैं और इससे बड़ी कोई स्वाधीनता नहीं हो सकती है।

प्राय: मुझे अज्ञेय के निबंध अपनी प्रश्नाकुल व्याख्या से, भाष्य-विमर्श से, अर्थ-मीमांसा, ज्ञान-मीमांसा से अंग्रेजी-अमेरिकी स्वतंत्र निबंध कला की ओर ध्यान दिलाते हैं। फ्रांस, जर्मनी, इटली आदि देशों के निबंध साहित्य-कला-समीक्षा तक सीमित रहते हैं। वहाँ आलोचनात्मक निबंधों का बोलबाला है। अमेरिका में एडीसन, इमर्सन, पो, जेम्स रसेल, थोरो, ऐगनस रेप्लियर, विलियम हेजलिट, क्लैरेंस डे, पाल एल्मेट मोट, जॉर्ज सैंटायाना के निबंधों का बड़ा नाम रहा। इन निबंधों की शक्ति थी और है, इनका जनतंत्रात्मक चरित्र और मुक्त दृष्टिकोण। यहाँ माना गया कि व्यक्ति-स्वातंत्र्य के लिए निबंध से अधिक उपयुक्त और समर्थ कोई अन्य माध्यम नहीं है। हर माध्यम में कोई-न-कोई बंदिश है, लेकिन निबंध में कोई बंदिश नहीं है। इस उन्मुक्तता निर्बंधता के कारण भी अज्ञेयजी को निबंध लिखना 'मनपसंद स्वच्छंद' माध्यम बनाना भाया है। उन्हें

इमर्सन-थोरो पसंद आए, क्योंकि वे दोनों निरंतर आत्म-शोधन पर बल देते रहे। इनमें व्यक्ति-चिंतन के विचार-दीप जलते हैं—स्वावलंबन का सुंदर निरूपण है और यही विशेषता अज्ञेय के निबंधों में मिलती है।

अज्ञेय के निबंध-संग्रह 'स्रोत और सेतु' का निबंध 'मेरी स्वाधीनता सबकी स्वाधीनता' के चिंतन तार एक अर्थ में इमर्सन से जुड़े हैं। दोनों के लिए व्यक्ति-स्वातंत्र्य से उपजी स्वाधीनता एक वैविध्य भरा, रंगीन अनुभव है। जब कि दोनों मानते हैं कि स्वाधीनता की अवधारणा बड़ी जटिल और चुनौती भरी है। अज्ञेय के भीतर 'स्वाधीनता का एक समग्र-बोध' किसने जगाया? जब वे बचपन में घर से भाग गए, निकट के जंगल में जा छिपे। घर छोड़ा तो मन विद्रोह से भरा था—अन्य उत्तेजक-रोमांचक अनुभव थे, किंतु शाम को थका-हारा घर लौट आया। फिर गुप्त षड्यंत्रकारी संगठन से जुड़कर 'स्वाधीनता' का एक अलग अर्थ-संदर्भ पाया। भूमिगत क्रांतिकारी आंदोलन के उद्यम कर्मी के रूप में, राजनीतिक बंदी के रूप में, सैनिक अधिकारी के रूप में स्वाधीनता की अलग पहचान हुई। फिर कृतिकार, संपादक, कवि रूप में स्वाधीनता का अर्थ जाना और अंत में यायावर के रूप में स्वाधीनता को पाया। उन्होंने संस्कारवान व्यक्ति के अनुशासन का वरण किया और अराजकतावादी नहीं रहे। अज्ञेय ने अनुभवों से पाया कि स्वाधीनता कोई स्थिर वस्तु नहीं है, इसके विपरीत स्वाधीनता निरंतर आविष्कार, शोध और संघर्ष माँगती है, यहाँ तक कि उस शोध और संघर्ष की ही, स्वाधीनता की अंतहीन ललक को ही स्वाधीनता का सारसत्त्व कह सकते हैं, जिन अनेक अनुभवों से स्वाधीनता की समझ बढ़ी वह इलहाम नहीं था—भोगा सत्य था। प्रकृति में लयमग्न होकर स्वाधीनता का गहरा अर्थ पाया 'स्वाधीन विकास' स्वाधीनता में विकास, स्वाधीनता की ओर विकास, अपनी चरम संभावनाओं की संपूर्ण उपलब्धि। मूलविचार यह कि स्वाधीन होना अपनी चरम संभावनाओं की संपूर्ण उपलब्धि के शिखर तक विकसित होना है।' प्रश्न उठता है कि क्या कोई अकेला स्वाधीन हो सकता है? नहीं, यह तो मानवमात्र की स्वाधीनता से जुड़ा प्रश्न है। मानव जन्म स्वाधीन लेता है, लेकिन जीवन-बंधनों में व्यतीत करता है। अज्ञेय ने बुद्ध से भी स्वाधीनता का संदर्भ पाया और साहित्य से भी। साथ ही यह भी सत्य पाया कि 'साहित्यकार ऐसे समाज में स्वाधीन नहीं हो सकता, जो समाज स्वाधीन नहीं है।' कलाकार कवि अपनी स्वाधीनता को सामाजिक दायित्व के साथ पूरे समाज से जोड़ता है। समूचे समाज की स्वाधीनता से जोड़ना ही रचनाकार की स्वाधीनता है। अज्ञेय इस स्वाधीन कर्म में जीवन भर अर्पित रहे। आधुनिकतावादी व्यक्तिवाद को नकारकर वे जन जीवन धारा के साथ जुड़े रहे। 'गुण का आस्वाद' अकेले नहीं किया—अपने को सबके लिए पूरे मन से उलीच दिया। सबके लिए अपने को पूरा उलीच देना—अज्ञेय का आत्मदान है।

अज्ञेय का निबंध 'जीवन के गुणाधार' की प्रतिज्ञा है कि यह सिद्धांत प्रतिपादन है, आत्म-निबंध नहीं है। अस्मिता और आत्म-बोध का संकट 'आइडेंटिटी क्राइसिस' आक्रामकता से विकृतियों को जन्म दे रहा है। टेक्नोलोजी पर आधारित समाज, नीति से परे हो गया है। मूल्यों की टकराहट का अर्थ व्यर्थता-बोध में हो रहा है। क्या यह 'सभ्यता का संकट' है। इस संकट पर कौन विचार करेगा—डॉक्टर, इंजीनियर या साहित्यकार। 'सभ्यता' शब्द परिभाषा माँगता है, क्योंकि सभ्यता दूसरों के बीच रहने की विद्या या हुनर है। सभ्यता का एक व्यापक अर्थ है—'विश्व-सभ्यता' और सीमित अर्थ है—भारतीय-सभ्यता, हिंदू-सभ्यता लेकिन आज किस सभ्यता की हम बात कर रहे हैं—यांत्रिक-सभ्यता और मानव पहला इतिहास जीवी प्राणी। प्रतीक-स्रष्टा मानव पहला स्वाधीन प्राणी है, जिसके पास भाषा की शक्ति है। भाषा में संस्कृति और स्वाधीनता के मूल्य निहित हैं। स्वतंत्रता पहला मानव मूल्य है और संस्कृति का आधार है—मूल्य। मानव-मूल्य सृष्टि करता है और एक अर्थ में उसके लिए अस्तित्व चरम मूल्य है। पश्चिम में अनास्था का युग है, लेकिन हमारे यहाँ वैसी अनास्था की स्थिति नहीं है। हमारे लिए अनास्था इंपोर्टेड ईडीयम है। हमें पश्चिमवाद ने ऐसे जकड़ लिया है कि हम न अनास्था में जी रहे हैं, न आस्था में। दोनों के बीच बेचैनी से जी रहे हैं—जीने का इंतजार कर रहे हैं। इस तरह के विचार उन्होंने 'भाषा और समाज', 'समग्र परिवेश की राजनीति', 'व्यक्ति और व्यवस्था—(1) व्यक्ति और समाज तथा (2) समाज और व्यवस्था में बराबर व्यक्त किए हैं कि व्यक्ति के सामने मूल्यों का संकट है, अपनी भाषा-संस्कृति-अस्मिता की रक्षा का संकट है। अज्ञेय के विचार के तीन केंद्र यहाँ है—भाषा, सर्जनशीलता और समाज और तीनों आधुनिकीकरण की समस्या से जुड़े हैं। हमारी संस्कृति के सामने अनुवाद की समस्या है—हमने एक अनुवाद जीवी समाज बनाया है, जिसकी सर्जनात्मकता बाधित है।

हमें याद है कि फ्रांसीसी साहित्य में निबंध दुर्दमनीय स्वतंत्र आकांक्षाओं को लेकर प्रकट हुआ। रूढ़ियों को ध्वस्त करता एक स्वाधीन चिंता में मग्न समाज नए चिंतन की तलाश में जुट गया। यह स्वाधीन-चिंतन धारा मौंतेन में चमकी-दमकी और आल्डस हक्सले, वाल्टेयर, रूसो में स्वच्छंद विस्फोट बनकर मूर्त्त हुई। गंभीर विषयों को लेकर सार्त्र-कामू उभरे और दार्शनिक आध्यात्मिक चिंताओं का मंथन हुआ। ऐसा मंथन हिंदी में नहीं हुआ। हम ज्यादातर वेलिंस्की, तुर्गनेव, दास्ताएवस्की, टाल्स्टॉय की ओर भाग-दौड़ करते रहे। नाटक, कहानी, उपन्यास, कविता आदि में सामाजिक उपयोगिता पर डटकर विचार करते रहे, लेकिन आत्मपरक निबंध कम लिखे गए। व्यक्तिगत निबंधों की दिशा में अज्ञेय तमाम आलोचना सहते हुए भी आगे बढ़ते रहे और इस क्षेत्र में प्रतिमान बन गए। आत्मनिष्ठ और वस्तुनिष्ठ दो भेद करके अज्ञेय के निबंधों की व्याख्या करना

गलत दिशा में चल पड़ना है। वे कहाँ 'स्व' को छोड़कर 'सर्वमय' हो जाते हैं, यह रेखा खींचना भी कठिन है, क्योंकि उनके निबंध भाव-विचार, कला-कर्म की उन्मुक्तता का आकाश छूते हैं। उनमें एक साथ सौंदर्य, शोध और आनंद का प्रवाह है—विदग्ध व्यंग्य और नए चिंतन की धूप खिली हुई है। वे 'आत्म' के बहाने आत्म रहस्योद्‌घाटन करते चलते हैं—इसलिए इन निबंधों में उनकी पूरी 'आत्मकथा' या जीवन-कथा का रस-रोमांच मौजूद है।

आचार्य शुक्ल का कथन है—'यदि गद्य कवियों की कसौटी है तो निबंध गद्य की कसौटी है।' अज्ञेय ने इस आधुनिक निबंध विधा के माध्यम से लगातार समग्र भारतीय चिंतन को सर्जनात्मकता के साथ पाठकों को परोसने का कार्य किया। उनसे पहले यह कार्य आचार्य हजारीप्रसाद-द्विवेदी काफी गंभीरता से कर चुके थे। लेकिन अज्ञेयजी मूलत: कवि थे—इसलिए अपने कवि-कर्म की कसौटी उनके लिए निबंध रही। उन्होंने विचार प्रधान और व्यक्ति-व्यंजक दोनों प्रकार के निबंध संवेदन-घनता को लेकर लिखे। इसलिए उनके निबंधों की मौलिक परंपराएँ हैं और वह रागाकुलता, जो भारतीय मनुष्य की सहज पहचान रही है। उनके 'मैं' में परंपरा-संस्कृति, समस्त जातीय स्मृति, अनुभव-अनुभूति की संग्राहकता एक साथ बोलती है। यहाँ 'मैं' और 'अन्य' का भेद ही गायब है। इसलिए आचार्य शुक्ल की भाँति उनके निबंध विचार-संपन्न और विचार-सघन होने के साथ बेहद सर्जनात्मक हैं। हिंदी का यह सर्जनात्मक गद्य हिंदी का गौरव है, जहाँ समस्त रागात्मकता बुद्धि तत्त्व में परिणत हो जाती है। इन निबंधों को अपने बौद्धिक-चरित्र के कारण भारतीय आधुनिकता का संस्कार मिला है।

अज्ञेय ने बहुश्रुत-बहुपठित श्रम-साधना से हिंदी-निबंध को सांस्कृतिक चेतना और संवेदना के संप्रेषण का माध्यम बनाया और चिंतन की सहज सर्जनात्मकता से प्रमाणित किया कि अहं का विसर्जन कविता की तरह निबंध का भी आवश्यक मौलिक गुण है। रागात्मक-संवेदना और बौद्धिक ऊँचाई दोनों को रचा-बसाकर अज्ञेय ने हिंदी-निबंध का आधुनिक संस्कार परिष्कार किया और लोक-शास्त्र की मैत्री स्थापित की है। *युग-संधियों पर* शीर्षक से उनका जो निबंध-संग्रह आया, वे 'साप्ताहिक हिंदुस्तान' 1980 के अंकों में धारावाहिक छपे थे। इन सभी निबंधों में विचारों की नई युग-करवट थी। 'शासन : एक जादुई कालीन', 'खोई हुई पीढ़ियाँ', 'संस्कृति : यहाँ, वहाँ या कब्र में?', 'इतिहास और अभिजात पूर्वग्रह', 'धर्मनिरपेक्षता के दर्जे', 'देशीयता और मौलिकता', 'वन, जन और औपनिवेशिक मन' 'भालू चढ़ गया पहाड़ पर' 'मानव होने का दर्द', 'साहित्यकार का सम्मान : किसलिए?', 'हमारे समाज में नारी', 'संस्कृति बनाम इतिहास : कला की समस्या', 'अच्छा साहित्य कैसे बिके', 'आन गाँव के सिद्ध', 'राजनीतिक संस्कृति और सामाजिक संस्कृति' जैसे निबंध घूम-फिरकर संस्कृति की चिंताओं को ही बार-बार

संकेतित करते हैं। एक विशेष बात यह भी है कि इन सभी निबंधों में आपातकाल के बाद के भारत का सांस्कृतिक नरक पूरी कथा-व्यथा के साथ व्यंजित है। 'शासन एक जादुई कालीन' में भ्रष्टाचार (करप्शन) का मनोभाव 'आधुनिक विक्रमादित्य' बनकर सामने आया है। लोकतंत्र एक मानसिकता है और सारा प्रशासनिक ढाँचा और कार्य-पद्धतियाँ उस मानसिकता में से ही निकलती हैं। लोकतंत्र की सार्थकता और दृढ़ता इस बात पर निर्भर करती है कि हम सामंतवादी मानसिकता से मुक्त हों, लेकिन यहाँ तो कंकाल नृत्य हो रहा है, सब बेखबर हैं।

भारतीय समाज में 'खोई हुई पीढ़ियाँ' हैं, क्योंकि ऐसे लोग बचे ही नहीं हैं, जो नैतिक, आध्यात्मिक मूल्यों की ऊँचाई जीते हैं। आपा-धापी के मूल्य-दर्शन में नैतिकता का मरुस्थल पैदा हो गया है। तो समस्या है—'संस्कृति यहाँ, वहाँ, या कब्र में'। इस पूरे निबंध में अज्ञेय ने व्यक्तिगत अनुभवों पर आधारित सत्य को प्रस्तुत किया है कि ''मैं विदेशी साहित्य (तथाकथित विश्व-साहित्य) भी पढ़ता हूँ, देश-देशांतर घूमा हूँ, विदेशों में पढ़ा हूँ या इस रूप में प्रस्तुत किया जाए कि मैं हिंदी में लिखता भले ही हूँ, लेकिन हूँ तो विदेशी संस्कार का ही।'' कुछ भी कहिए अज्ञेय ने अपनी जमीन, अपनी संस्कृति नहीं छोड़ी। उनका मूल मनोभाव भारतीयता में आस्था का रहा है। अपनी मूल जमीन से जुड़ी उनकी सर्जनात्मकता इसी संस्कृति की उपज है। वे मानते हैं कि ''जिस साहित्यिक रचना में संस्कृति का मूल स्वर नहीं बोलता उसका विश्व-साहित्य में स्थान पाने का कोई सवाल ही नहीं है।'' कई बार अंग्रेजी मोह में हम अपनी संस्कृति की अवहेलना करते हैं—गांधी, बुद्ध तक को ठुकरा देते हैं। हमारी अकादमियाँ, कल्चरल रिलेशनंस जैसी स्वायत्त संस्थाएँ पश्चिमोन्मुखी क्यों? इसलिए कि झूठे जनवाद की विकृत हवा में हमने यह स्वीकार करना चाहा है कि संस्कृति तो एक बुर्जुआ चीज है, बुर्जुआ है इसलिए प्रगति-विरोधी है। फलतः प्रगति के समर्थक 'संस्कृति' के नाम से चिढ़ते हैं। अज्ञेयजी इसे 'झूठा और विकृत जनवाद' कहते हैं।

साहित्य का साधारण पाठक जिज्ञासा भाव से समकालीन साहित्य से जुड़ना चाहता है और उसकी रुचि और समझ साहित्य को प्रभावित करती है। 'इतिहास और अभिजात पूर्वग्रह' निबंध में अज्ञेय को ध्यान है कि भारतीय समाज बीसियों सदियों से श्रुति-परंपरा में पला है; साहित्य को और सांस्कृतिक संवेदन को वह सुनकर ही ग्रहण करता आया है। इसलिए आज भी निरक्षरों में काफी लोग संस्कारवान हैं, साहित्य-विवेक से संपन्न हैं। अतः श्रुति-परंपरा की उपेक्षा साहित्य के स्रोत की उपेक्षा है। 'वाचिक साक्ष्य को उसका उपयुक्त स्थान दिए बिना समकालीन साहित्य का कोई सही इतिहास नहीं लिखा जा सकता। स्मृति की अविकृत परंपरा का आविष्कार भारत में हुआ, जिसने अध्ययन-परंपरा को निरंतरता प्रदान की। आज भी हिंदी प्रदेशों में तमाम रचनाएँ सुनी जा सकती

हैं, जो कहीं अभी तक छपी नहीं हैं। इस तरह लोक समाज, लोक कला, लोक संस्कृति, लोक भाषा, लोक हृदय पर अज्ञेय के निबंधों का ध्यान समग्र भाव से रहा है।

साहित्य की धर्मनिरपेक्षता, देशीयता और मौलिकता से जुड़े प्रश्न उनके निबंधकार मन को बेचैन रखते हैं। साहित्य तो भाषा है और भाषा निरंतर बदलती हुई गतिवान चीज। इसलिए भाषा-परिवर्तनों का साहित्य के अध्ययन के लिए बहुत महत्त्व है, लेकिन भाषाविद् का संदर्भ एक है—साहित्य-अध्येता का दूसरा। साहित्य में भाषा के परिवर्तन साहित्य की नई विधाओं का आविष्कार करते हैं। लेकिन साहित्य भाषा अथवा विधा ही नहीं है। सबसे पहले वह एक संप्रेषण है, तो उसकी प्रक्रिया का माध्यम भी है, वह माध्यम जिससे संप्रेषण की वह प्रक्रिया संपन्न होती है। भाषा एक समय है, युगीन समाज है, परिवेश है। इसलिए भाषा पूर्ववर्ती को नकारकर नहीं चल सकती। रचना परिस्थितियों के साथ परंपरा है और परंपरा से निकली संस्कृति। ''खरी व्यक्तिगत अनुभूति मूल्यवान है, पर खरा भारतीय अनुभव भी कम मूल्यवान नहीं है और दोनों एक-दूसरे की कसौटियाँ हैं। निस्संदेह बाहर के प्रभाव होते हैं और होने चाहिए, पर सांस्कृतिक प्रभावों की प्रक्रिया इतनी सरल और इकहरी नहीं होती।'' वह जटिल और प्राणवान होती है।

जन-समाज की स्मृति पर इतिहास का पूरा पाठ नहीं लिखा होता, लेकिन जन-मानस में रचा-बसा इतिहास (स्मृति) वह आग होता है, जो अतीत को जीवित रखता है और वर्तमान को प्रेरणा देता है। 'वन, जन और औपनिवेशिक मन' निबंध में यह प्रश्न उठाया गया है कि रामायण में राम का कथन ''रघुकुल रीति सदा चली आई'' जैसे सूत्र- वाक्य जन-मानस को बिजली की कौंध की तरह क्यों सूझते हैं। क्यों हम महाभारत का यह सूत्र नहीं भूलते कि ''सूच्याग्र न दास्यामि बिना युद्धेन केशव।'' ये उक्ति पूरी महाभारत कथा को जन-मानस में मूर्त्त कर देती है। यह स्मृति-लोक शक्ति-स्रोत हैं। असमिया के कुमार लाच्छिन का वाक्य है—'मेरे मामा से मेरा देश बड़ा है।' राजस्थानी के बिश्नोई शहीदों की अमृता देवी की उक्ति है—'सिर कटाकर भी वृक्ष बचाया जा सके तो भी सस्ता सौदा है।' ये सभी स्मृति के बीज मंत्र हैं। 'पूतों फलो, दूधों नहाओ' का बीज-मंत्र कितना पावन भारतीय मन है। आजादी के बाद वनों पर ठेकेदारों की आरियाँ चलीं तो आर्थिक स्रोत ही नहीं कटे देश का प्राण कटे। अंग्रेजों ने चलाया था वनों का प्रकृति का अधिकाधिक दोहन और हम भारतीय उनके पीछे हो लिये। क्या बैर और विनाश का रिश्ता उपनिवेशवाद युग का परिणाम नहीं है ? अज्ञेय ने नंदा देवी के वनों के विनाश पर कविताएँ लिखी हैं। पर्यावरण के विनाश से उनका मन क्षुब्ध था। हर जगह 'भालू चढ़ गया पहाड़ पर' या 'मानव होने का दर्द' है तो इसका अर्थ है—मूल के विनाश से कष्ट पानेवाला मन। यही अज्ञेय 'हमारे समाज में नारी' जैसे निबंध लिखते हैं, जिसमें गंभीर बहस है। आधुनिकीकरण और औद्योगीकरण का

आख्यान हिंसा से जुड़ा है, प्रकृति के प्रति हिंसा, प्रकृति के साथ बलात्कार, परिवेश के साथ हिंसा ये सभी प्रश्न नारी से जुड़े हैं। समाज व्यापी मूल्यमूढ़ता नारी पर हिंसा कर रही है, यह नया पागलपन है।

आज अंग्रेजी पढ़े-लिखे लोग समाज-संस्कृति के निर्माता बन रहे हैं—यह चिंताजनक स्थिति है। इस चिंता पर निबंध है—'संस्कृति बनाम इतिहास! कला की समस्या' संस्कृति अर्थात् प्राचीन ऐतिहासिक मान्यताएँ। सरकारी क्षेत्रों में संस्कृति की जो दुर्गति हुई है, उसका एक पीड़ादायक इतिहास है। शिक्षा-विज्ञान-संस्कृति—तीनों धक्के खा रहे हैं। विदेशी कह रहे हैं कि भारतीयों में इतिहास नहीं होता। इतिहास को महत्त्व देनेवाली मानसिकता पश्चिम की देन है। हमारा चित्रकार रामायण, महाभारत, भागवत के चित्रों में कभी-कभार फिरंगी टोपी क्यों लगा देता है—पगड़ी-टोपी भूल जाता है। सच है कलाकार के लिए मानवता-बोध इतिहास-बोध से बड़ा है। इस तरह अज्ञेय ने भारी तर्कों-प्रमाणों से इस तरह के तमाम शोधपरक-निबंध लिखे हैं। इन शोध-निबंधों की विविधता और ज्ञान की गहराई विस्मयकारी है। बड़ी बात यह है कि 'विश्वयारी' के चक्कर में अज्ञेय भारतीय संस्कृति, परंपरा, साहित्य को कम कर नहीं आँकते और आत्मधिक्कार के शिकार नहीं हो जाते। इस दृष्टि से इस तरह के निबंध एक नए ढंग की प्रेरणा देते हैं।

हम कह चुके हैं कि व्यापक अर्थों में अज्ञेय के सभी निबंध सांस्कृतिक-संवेदना का परिष्करण और नवीकरण हैं। *'धार के किनारे'* निबंध-संग्रह के सभी निबंध एक तरह के सांस्कृतिक आलोक से परिपूर्ण हैं। यहाँ 'भारतीय संस्कृति और विश्व-संस्कृति' *(आलवाल से)* तथा 'सांप्रदायिक और नैतिक शिक्षा' *(जोग लिखी से)* गृहीत निबंध सांस्कृतिक-संवेदना के गहन निहितार्थों को व्यंजित करने के कारण ही रखे हैं। 'राजनैतिक-संस्कृति और सामाजिक-संस्कृति' निबंध में यह बात कही गई थी कि संस्कृति की बात करने का जमाना नहीं रहा। जो लोग हठपूर्वक संस्कृति की बात करते हैं, उन्हें परंपरावादी, प्रतिक्रियावादी कहकर अपमानित किया जाता है। उस देश में अपमानित किया जाता है, जहाँ संस्कृति (धर्म) गर्व की वस्तु रही है, लेकिन अज्ञेय ऐसे हठी निबंधकार हैं कि संस्कृति की चर्चा किए बगैर उनसे रहा नहीं जाता। इतना ही नहीं, वे मानते हैं ''संस्कृति के सवाल उठाए बिना न आधुनिक बना जा सकता है, न प्रगति की जा सकती है और न वास्तव में मनुष्य ही बना रहा जा सकता है।'' यह बात राजनीति-साहित्य के साथ कला और विज्ञान का भी सत्य है कि हम जीव-विज्ञान की नई दृष्टियों में प्रवेश करें, क्योंकि इन नए संदर्भों में ही संस्कृति का विचार हो सकता है। साथ ही सामाजिक-राजनैतिक संस्कृति की नए सिरे से व्याख्या होनी चाहिए, ताकि नए भाष्यों-विमर्शों से नए जीवन-सत्यों के आसपास पहुँचा जा सके। इसी दृष्टि से

अज्ञेय ने निबंधों में जीवन भर संस्कृति- धर्म चिंतन किया है। यहाँ 'धर्म' का पर्याय है—'संस्कृति'। 'धर्म' शब्द से लोग चौंकते हैं, इसलिए अज्ञेय ने 'धर्म' के स्थान पर 'संस्कृति' शब्द का प्रयोग किया है।

यहाँ 'बाल जगत् की देहरी पर' या 'खिलौनों का समाजशास्त्र', 'संस्कृति की चेतना' या 'भारतीय संस्कृति और विश्वसंस्कृति', 'विज्ञान और हम' या 'आधुनिकता : संवेदना और संप्रेषण', 'विराट् का संस्पर्श' या 'शिक्षा : सांस्कृतिक संदर्भ' जैसा कोई निबंध हो अज्ञेय अपनी प्रखर बौद्धिकता से 'संस्कृति' और 'आधुनिकता' पर 'विमर्श' अवश्य करेंगे। उनकी मानसिकता का गठन इस प्रकार का है कि वे हम जिस 'परिवेश' में जी रहे हैं—उसके ऊपर विचार अवश्य करेंगे, ताकि वर्तमान की चिंताओं से सामना किया जा सके। इसलिए इन निबंधों में एक परिवेश के प्रति निरंतर रचनाकार का राग-दीप्त सच वैचारिक आलोक से फूटता मिलता है। इस राग-दीप्त सच की यह विशेषता यह है कि वह अपने पाठक या प्रमाता को भीतर तक झकझोरता हुआ मिलता है। चेतना को क्रियाशील करनेवाली इस झंकृति में अज्ञेय की ज्ञान-क्रिया-इच्छा की परिधि का प्रेरणा रूप में विस्तार.होता सुनाई देता है। उनके देश-विदेश की यायावरी के अनुभव की आग पाठक की चेतना का नव संस्कार करती हैं। समय-समय पर दिए गए भाषणों, वक्तव्यों, भेंटवार्त्ताओं तथा प्रश्नोत्तरी के रूप में लिखित इन निबंधों की विचार-भूमि आत्ममंथनपरक है।

ज्यादातर-निबंधों में देशी-विदेशी साहित्य की मूलचेतना, परिवेश, लेखक और गृहीता की स्थिति, वर्तमान की चुनौतियाँ, राग-संबंधों के बदलाव, नवीन यथार्थ के उदय, आधुनिकता, समकालीनता, प्रासंगिकता तथा नए साहित्य की प्रवृत्तियों, प्रश्नों की व्याख्या है। इन चिंतनपरक और आत्मपरक निबंधों में अज्ञेय के चिंतन-क्रम के उन मूल बिंदुओं को रेखांकित किया जा सकता है, जो उनके समस्त साहित्य में अंतर्व्याप्त हैं। उनके ज्यादातर निबंध युग की मनोभूमिकाओं, रचनाकार की मन:स्थितियों का सूक्ष्म-गहन विश्लेषण हैं। अज्ञेय के प्रश्नाकुल मन से सीधे जुड़े होने के कारण इन निबंधों की अंतर्वस्तु और रूपकला ने निबंध शिल्प को तराशकर एक चेहरा, एक नया व्यक्तित्व दिया है। आज कहा जा सकता है कि अज्ञेय चिंतनशील परंपरा के उन व्यक्तियों में हैं—जिसे बालकृष्ण भट्ट, बाल मुकुंद गुप्त, महावीर प्रसाद द्विवेदी, जयशंकर प्रसाद, रामचंद्र शुक्ल, निराला, महादेवी, चंद्रधर शर्मा गुलेरी, राहुल सांस्कृत्यायन, हजारी प्रसाद द्विवेदी जैसे विद्वानों की तेजस्वी परंपरा ने जिलाए रखा है और जिसमें हिंदी की जातीय-स्मृति और चिंतन-सृजन को पुनर्नवता प्राप्त हुई है। हम जिसे आज मौलिकता, नवीनता या आधुनिकता कहते हैं—वह इसी 'पुनर्नवता' का पर्याय है। इस 'आधुनिकता' में 'उत्तर आधुनिकता के तमाम बीज मिल सकते हैं। साथ ही एक आलोक दीप्त नव-

औपनिवेशिक चिंतन। परवर्ती–परंपरा में यही नव–औपनिवेषिक चिंतन विजयदेव नारायण साही, निर्मल वर्मा, रमेशचंद्र शाह, मलयज और नंद किशोर आचार्य के निबंधों में पूरी बौद्धिक प्रखरता के साथ मिलता है।

अज्ञेय ने अपने को वन सा बंद और वन सा सभी ओर से खुला 'सन्नाटे का छंद' कहा है—"शब्द में मेरी समाई नहीं होगी मैं सन्नाटे का छंद हूँ।" और यह सन्नाटे का छंद इतना गति लय से भरा हुआ है कि पाठक को 'कालिदास' की याद आ जाती है। वास्तव में कालिदास ने अज्ञेय में एक नया जन्म या पुनर्जन्म पाया है, क्योंकि वे एक नए अर्थ और संदर्भ के साथ यहाँ जीवित मिलते हैं। वैसे भी कालिदास की गूँज–अनुगूँज उनके रचना–कर्म में अकसर सुनाई देती है। किंतु *स्रोत और सेतु, आलवाल* और *जोग लिखी* के निबंधों में वे एक साथ नई सर्जनात्मकता के साथ मिलते हैं। उनके शब्दों की कल्पसृष्टि में 'नदी के द्वीप' कविता की वह काव्य–दृष्टि 'माँ, उसे संस्कार तुम देना' एक अर्थ–व्यंजना में फूट–फट पड़ती है। हिंदी के ज्यादातर आलोचकों ने 'नदी के द्वीप' कविता की मनमानी, गलत, संदर्भ से दूर व्याख्या करके यह सिद्ध किया है कि अज्ञेय 'नदी के द्वीप' हैं, यही उनका व्यक्तिवादी–दर्शन है। लेकिन यह कैसी व्याख्या है जो 'नदी के द्वीप' कविता का पूरा गलत पाठ करती है जब कि इस कविता में परंपरा के नए संस्कार की माँग का कवि–दर्शन है।

अज्ञेय के कवि–मन की 'अपूर्व' सृजन–आकांक्षा का अभी ठीक–ठीक भाष्य होना बाकी है। यह भाष्य मनमाने आरोपित प्रतिमानों से तो नहीं किया जा सकता। अज्ञेय ने संत–फकीर बनकर इस संसार को कभी नहीं छोड़ा। वे भोगने में विश्वास करते थे, भागने में नहीं। इसलिए यह कहना गलत है कि उन्होंने इस दुनिया को छोड़ा या नकारा था। हाँ, आरंभ के अज्ञेय के रोमांटिसिज्म की एक सीमा थी, जिसे बाद में उनके गैररोमांटिक मिजाज ने उससे उन्हें मुक्ति दिलाई। एक ऐसी आलोचनात्मक दृष्टि *भवंती, अंतरा, शेषा* में जागृति की जो प्रश्नों को जगाती है और निरंतर सोचने का तनाव उनके कवि–मन में पैदा करती है। इसलिए यह प्रश्न उठाना ही बदनीयती है कि क्या अज्ञेय एक बिंदु पर कबीर की तरह आधुनिक हो पाए हैं। कबीर के आत्मसंहारी अर्थ के सामने अज्ञेय बौने दिखाई देते हैं। अज्ञेय ने 'अहं' छोड़ा तो 'मैं' से जूझना पड़ा। उनके सामने मुक्ति और स्वतंत्रता के प्रश्न सदैव मौजूद रहे। वे औपनिवेशिक गुलामी से मुक्ति के लिए अंतिम क्षणों तक तड़पते रहे। उन्होंने कभी नहीं माना कि हर कवि अपने सृजनात्मक कर्म में संत होता है। उनकी दृष्टि में नैतिक अंतर्दृष्टि की संवेदना का सर्वाधिक आदर रहा है और वह भी संत बनकर नहीं कवि बनकर। इसलिए अज्ञेय का निबंध हो या कविता—जीवन–सत्य या कमाया हुआ सत्य उनके सृजन में 'भीतर' की लौ की तरह जलता है। लेकिन पाठक को यहाँ भी ग. मा. मुक्तिबोध का यह कथन नहीं भूलना चाहिए कि साहित्य पर

आवश्यकता से अधिक भरोसा रखना मूर्खता है। फिर अज्ञेय पर तो मूर्खतापूर्ण बहसों का एक हिमालय खड़ा दिखाई देता है। इसलिए अज्ञेय के रचना-कर्म और चिंतन पर नए सिरे से भाष्य करने की अपेक्षा बनी हुई है।

यह कैसा अपूर्वता से भरा भाष्य है कि भारत में फासिस्ट विरोधी सम्मेलन का आयोजन करनेवाले अज्ञेय को उनके समस्त 'क्रांतिकारी' चिंतन से काटकर 'विमर्श' किया जाए। अज्ञेय के विद्रोही मानस में औपनिवेशिक गुलामी से मुक्ति पाने के तमाम प्रश्नों के मगरमच्छ टकराते रहते हैं और वे उनका धैर्य से सामना करते हैं। निबंध हो या अन्य गद्य रूप वे बने-बनाए साँचे तोड़कर नए रूपों का निर्माण करते हैं। उपन्यास, कहानियों, कविताओं, निबंधों में कभी भी बँधे-बँधाए रूपों का अनुकरण नहीं किया। वे तो उपन्यास, कहानी में निबंध रचने का सामर्थ्य रखते हैं—*शेखर : एक जीवनी* में उन्होंने कितने ही निबंध उपन्यास के भीतर रच डाले। परंपरागत विधाएँ उनमें गड्ड-मड्ड होकर नया रूप पा जाती हैं, क्यों? यहाँ न उपन्यास ठीक-ठीक उपन्यास हैं, न निबंध-निबंध, न कहानी-कहानी, न यात्रा-वृत्त ठीक-ठीक यात्रा-वृत्त। यह अज्ञेय की चिंतन-कला की पुनर्नवता है, विधाओं की दिशा में नया प्रयोग।

आश्चर्य की बात है कि अज्ञेय निबंध हो, उपन्यास हो, कविता हो अपनी ओर से उसकी 'अपूर्वता' की 'मौलिक प्रयोग' चेतना की डींग नहीं हाँकते। उनका 'मौन' ही सबकुछ कह देता है। इस 'मौन' में सृजन का विशद् देवता कहता है कि लिख-लिखकर सब झूठा करता जाता हूँ। शब्द में समाया समय उस सत्य को भाषित-पुनर्भाषित करता है। निबंध में तथ्यों का भाष्य नया होता है बाकी बहुत कुछ परंपरागत घिसा-बासी। हजारीप्रसाद द्विवेदी के लिए विधाएँ, गप्प, गल्प-कल्प हैं, लेकिन अज्ञेय के लिए विधाएँ 'प्रयोग' हैं। क्योंकि 'प्रयोगों' से ही सर्जनात्मकता की प्रगति का सच पाया जा सकता है। यह सत्य ही सोने से ढके घड़े का ढक्कन उठाना चाहता है। यहाँ भी अज्ञेय को भाषा और लय-छंद का ही सहारा है। वे निबंधों में मिथक गढ़ते हैं, प्रतीक खोजते हैं और प्रतीक स्रष्टा मानव की स्मृति, मति, प्रज्ञा पर भरोसा रखते हैं। *त्रिशंकु* के निबंधों से लेकर *स्मृतिच्छंदा* तक की निबंध-यात्रा में इस तरह की सर्जनेच्छा के न जाने कितने रूप मिलते हैं। इन निबंधों के भीतर की कालिदासीय लय में 'असाध्य वीणा' के प्रियंवद की तप-साधना का 'शिष्य-साधक' भाव सक्रिय मिलता है।

'परंपरा' और 'आधुनिकता' अज्ञेय के दो प्रिय बीज-शब्द हैं, जिनकी व्याख्या मौका मिलते ही करने में चूकते नहीं हैं। पूरी परंपरा भारतीय परंपरा की 'अखंडता' में निहित समग्र भाव—मनुष्यता में उनका विश्वास है। उनके रचनाकार-मन में जीर्ण परंपराओं के लिए बिसूरने का कोई अर्थ नहीं। लेकिन जीवंत परंपराओं की संस्कृति पर चर्चा करने में वे रमते हैं। संस्कृति की चेतना का संबंध मानव के सौंदर्य-बोध से

है और जयशंकर प्रसाद के शब्दों में कहें तो संस्कृति सौंदर्य बोध के विकसित होने की मौलिक चेष्टा है। भारतीय समाज में संस्कृति का आधार 'धर्म' है और 'धर्म' अपने परिष्कृत संदर्भों में 'भारतीयता'। ऐसी भारतीयता जो जड़-चिंतन का विरोध करती है। भारतीयता और आधुनिकता काल के साथ नए संबंध का निर्धारण है। इस दृष्टि से आधुनिकता मूलत: एक नए ढंग का काल-बोध है तथा हमारे संवेदन पर उसका दूर तक प्रभाव पड़ता है। ''शहरीकरण, यांत्रिकीकरण, पश्चिमीकरण, आधुनिकीकरण इन सभी से प्राय: आधुनिकता को जोड़ा जाता है, जबकि आधुनिकता संवेदन का संस्कार है। किंतु किसी भी कला में आधुनिकता की विकास-प्रक्रिया देखने चलें तो हम पाएँगे कि उसके मूल में यह नया काल-बोध ही है, काल के साथ नया संबंध ही है। मानस का विखंडन, खंडित बिंब, अमूर्त्तन, अतियथार्थ की प्रस्तुति, मिथक और फैंटेंसी, कारण और कार्य में विपर्यय अथवा 'अहेतुक' घटना, मुक्त छंद, तान और लय की टकराहट अथवा संकट—किसी भी कला में कोई भी नई प्रवृत्ति लीजिए तो वह कहीं-न-कहीं नए कालबोध से और उसके संप्रेषण के प्रयत्न से जुड़ जाएगी।'' इस तरह आधुनिकता नएपन पर आधारित एक काल-दृष्टि है, जो परिवर्तन और नएपन को स्वीकार करती है। अज्ञेय के इस तरह के चिंतन पर कुमारस्वामी और राय कृष्णदास की कला-दृष्टि का दूर तक प्रभाव है। उनके पूरे चिंतन में राय कृष्णदास का छंद है। यह गद्य का छंद अज्ञेय के निबंधों में प्राणधारा की तरह प्रवाहित रहा है।

'असाध्य वीणा' में अज्ञेय ने इसी छंद के 'अपूर्व वस्तुनिर्माण' वाले अद्‍भुत तत्त्व पाठक को मुक्त-भाव से परोसे हैं। मन:स्थिति के परिवर्तन के साथ छंद में लय, गति, संगीत में नए-नए संबंध बनते हुए दिखाए हैं। 'हाँ मुझे स्मरण है' में पूरी सृष्टि का संगीत ''झिल्ली, दादर, कोकिल, चातक की झंकार पुकारों की यति में/संस्कृति की साँय-साँय।'' पूरी प्रकृति अपनी लय-गति में जीवंत हो जाती है। इस तरह अज्ञेय के व्यक्तित्व का छंद ही कविता बना है, निबंध बना है, कथा साहित्य, संस्मरण और डायरी बना है। भाव-दशा के साथ छंद-परिवर्तन होता जाता है, उनके गद्य में एक लय है, एक राग है, जिसने उनकी सर्जनेच्छा को प्रबल और प्रभावशाली बनाया है। पद्य हो या गद्य हो, छंद अज्ञेय की हर धड़कन में रचा-बसा है। वे रूखा-भुरभुरा गद्य नहीं लिखते। सरस, विदग्ध, संस्कारी और नई व्यंजकताओं से भरपूर मुलायम-रेशमी गद्य लिखते हैं। दरअसल लय प्रत्येक निबंध की संरचना में मेहँदी की तरह रची-बसी हुई है। 'पानी बरसा' की ''ओ पिया पानी बरसा/हरी घास हुलसानी/माणिक के झूमर-सी झूमी मधुमालती/झर पड़े जीते पीत अमलतास/चातकी की वेदना बिरानी'' का संसार इस संगीत का ठाट है। यह लय और अर्थ-ध्वनि पद्य-गद्य में ऐसी बन गई है कि निबंध या कविता समाप्त होने के बाद भी सहृदय में गूँजती रहती है। यहाँ विचार-तरंगों की नववधू हँस रही है और

कह रही है गेह है, गीत है, लय है, प्रणय है। सभी कुछ है। सागर के किनारे उगा चाँद है/लहकते लाल गुच्छ हैं। 'कलगी बाजरे का' रूप भरा नया समर्पण है। 'मैं वहाँ हूँ' में अज्ञेय का कवि-व्यक्तित्व पूरे बिंब के साथ उभरता है—"यह जो मिट्टी गोड़ता है और गेहूँ खिलाता है/उसकी मैं साधना हूँ/यह जो मिट्टी फोड़ता है, मड़िया में रहता है और महलों को बनाता है/उसकी मैं आस्था हूँ।" श्रमरत-कर्मरत साधारण आदमी में अज्ञेय का अखंड विश्वास उनकी सर्जनात्मकता को शक्ति देता है। शक्ति पाने की यह कला अज्ञेय ने मैथिलीशरण गुप्त, माखनलाल चतुर्वेदी, जयशंकर प्रसाद और सरोजनी-नायडू के साथ जय प्रकाश नारायण और लोहिया से सीखी थी। जय प्रकाश नारायण लोहिया जैसों के विचारों की कौंध वे हमारे मन उपस्थित कर देते हैं। कुछ भी कहिए *अज्ञेय सर्जना और संदर्भ, केंद्र और परिधि, आत्मपरक* के तमाम निबंधों के माध्यम से प्रयोग, परंपरा, आधुनिकता, संस्कृति भाषा, रागात्मक संबंधों के बदलाव की एक झाँकी प्रस्तुत कर देते हैं। शब्द और शब्द की आत्मा, भाषा और संस्कार इन सभी की एकाग्र भाव से चिंता ने इस चिंतनशीलता को आधुनिकता से संपन्न बनाया है।

प्राय: पाठक निबंध में व्यक्ति-रंजकता और व्यक्ति-व्यंजकता की माँग करते हैं। इस माँग में हिंदी में ललित-निबंधों की छवि को एक तरह से निखारा है। आचार्य हजारी प्रसाद द्विवेदी, पं. विद्यानिवास मिश्र, माखन लाल चतुर्वेदी के व्यक्ति-व्यंजक निबंध इस तरह के निबंधों के प्रतिमान रहे हैं। अज्ञेय ने 'सबरंग कुछ राग' में यह राग-स्वर पूरी उठान से प्रस्तुत किया है। यहाँ बहुश्रुत-बहुपठित अज्ञेय पर पंडिताई का बोझ नहीं है—एक प्रबुद्ध रचनाशील मन का चौकन्नापन है, अनूठापन है। यायावर अज्ञेय का यह अनुभव संसार अपनी आत्म-व्यंजकता से अनायास भाव फूलों से गुँथी माला का छंद बन जाता है। इस गति में निबंध की कोई शास्त्रीयता उन्हें मान्य नहीं है। व्याख्यानमूलक, वार्त्तामूलक, कल्पनामूलक और आत्म-चिंतनमूलक किसी भी तरह का निबंध हो अज्ञेय का निबंधकार अपनी विचार-शृंखला को न खंडित होने देता है, न स्खलित। इन निबंधों की गूँथ ऐसी है कि निबंध के ढर्रेदार वर्गीकरण यहाँ अपर्याप्त हो जाते हैं और निबंध-शैली में नए विचारों का पुनराविष्कार अनेक विविधताओं को सहजता से उजागर कर देता है।

अज्ञेय ने हिंदी की निबंध-शैली को तमाम रूढ़ियों से मुक्त करते हुए उसे एक नया चेहरा प्रदान किया है। अपने सूक्ष्म-गहन मूलगामी चिंतन से साहित्य को भाषा और संस्कृति के व्यापक संदर्भों में नए 'विमर्श' से आलोकित। उन्होंने आज के युग की सभी महत्त्वपूर्ण चिंताओं, प्रश्नाकुलताओं, चुनौतियों, विसंगतियों, विद्रूपताओं पर पूरी विवेक-वयस्कता और मौलिकता से विचार किया है। आधुनिक जीवन का छोटा-से-छोटा पक्ष जैसे 'खिलौनों का समाजशास्त्र' तक पर उनकी अचूक निगाह पड़ी है। इस तरह अज्ञेय

ने अपनी निबंध-साधना की शक्ति से हिंदी को चिंतन का एक नया सौंदर्यशास्त्र, एक नया साहित्यशास्त्र दिया है। शायद ही हिंदी में किसी निबंधकार ने अपने समय में इतनी नई बहसों को साहित्य-संस्कृति के केंद्र में लाकर उन पर करारी बहसों-विवादों का ऐसा परिवेश निर्मित किया हो, जैसा अज्ञेय ने। अज्ञेय के प्रिय प्रतीक हारिल का तो संकल्प ही जैसे इन निबंधों में पूर्णता की ओर बढ़ा है—"अनथक पंखों की चोटों से/नभ में एक मचा दे हलचल।" यह हलचल आज का पाठक अपने भीतर महसूस कर रहा है। इन निबंधों के चिंतन के राग-रंग में एक गूँज है—"मैं सभी ओर से खुला हूँ वन-सा, वन-सा अपने में बंद हूँ/शब्द में मेरी समाई नहीं होगी मैं सन्नाटे का छंद हूँ।" सच है कि विचार के नए छंद से अज्ञेय ने हिंदी-निबंध को एक क्लासिकल-गरिमा प्रदान करते हुए उसे नया रूपाकार दिया है।

□

व्यक्तित्व-रंजक निबंध-चेतना

अज्ञेय एक साधक निबंधकार है। उन्होंने जैसा बहुस्तरीय और सर्जनात्मक गद्य लिखा है, वैसा गद्य साधना की सिद्धि का प्रमाण देता है। निबंध, कहानी, उपन्यास, यात्रा-वृत्त, संस्मरण, आलोचना, डायरी, जर्नल-पत्रकारिता में इस विचार-विदग्ध-गद्य का वैविध्य रंग-बिरंगे फूलों के गुलदस्ते की तरह प्रबुद्ध पाठक को अपनी दृष्टि से मोहित करता है। *आत्मनेपद* में अज्ञेय ने कहा है—"अच्छा गद्य पढ़ने में मुझे अनिर्वचनीय आनंद मिलता है, जो कि उस गद्य में कही गई बात पर कहानी या सूचना के संभाव्य आनंद से कम-से-कम मेरे लिए किसी तरह कम महत्त्व का नहीं है।" (जो लिख न सका) अच्छे गद्य लिखने की तीव्र लालसा ने अज्ञेय के गद्य को निरंतर माँजकर चमकाया। कविता की तरह अज्ञेय ने गद्य में नए-नए प्रयोग किए और जीवन-सौंदर्य को जीवन-शिल्पी की तरह तराशकर नया रूपाकार दिया। उनमें चाहे प्रेमचंद, जैनेंद्र जैसा सहज हिंदी का प्रवाह न हो, किंतु अर्जित हिंदी की शालीनता का सुघड़ व्यक्तित्व अनुपम है।

अज्ञेय अपने विचारपरक निबंधों में 'सच्चिदानंद वात्स्यायन' नाम का प्रयोग करते हैं और व्यक्ति-व्यंजक निबंध-लेखन, कविता लेखन में 'कुट्टिचातन' नाम से लिखते हैं। अज्ञेय अपने 'कुट्टिचातन' रूप में जो गद्य रचते हैं—उस रचाव की प्रक्रिया का उनके गद्य में निरंतर सुथरा रूप मिलता है। उसका साधु रूप भी एक गतिमान रूप है और जिसे वे गद्य का साधु रूप कहते हैं—वह रूप आधुनिक जीवन के दबाव-प्रभाव से निरंतर बदलता रहा है। उसमें वो नए शब्द जोड़ते रहे हैं। उनके विभावन व्यक्तित्व की खोज का यह एक नया संचार है, जिसमें परिवेश मूलक सजगता का आधुनिक-संवेदन सक्रिय है। इस सक्रियता में चरित्रगत, कालगत, देशगत वैचारिक विविधता का रचाव संस्कृत के तत्सम-तद्भव और अंग्रजी शब्दावली के साथ नए वाक्य-विन्यास गढ़ते हैं। लेकिन यह जड़ाऊ अलंकारिक कृत्रिम चमत्कारी गद्य नहीं है। यहाँ निहायत देशी आधुनिकता के अंदाज में ध्वनि-वक्रोक्ति-रस का खेल चलता है। गद्य का यह विदग्ध-कथन व्यापार अपने संस्कार से अज्ञेय के समूचे रचनाकार, व्यक्तिगत और कृतित्व को एक

नए अर्थ-पाठ के भाष्य से संपन्न करता चलता है। रचयिता 'कुट्टिचातन्' का लेखक सच्चिदानंद वात्स्यायन में अंतर्प्रवेश—जो सहज ही होता रहता है। अज्ञेय ने यायावरी के दौरान जापान, चीन के तीन बंदरों को देखकर एक नया विचार प्रकाश पाया। 'सब रंग और कुछ राग' में उसी राग-दीप्त सच ने समर्पण भाव से कहलाया है कि "तीन चीनी बंदरों में से उस एक को जो मुँह पर उँगली रखे बैठा रहता है, क्योंकि अगर बोलने का निषेध न होता तो वह खुराफ़ात लिखने की नौबत क्यों आती ?" अज्ञेयजी के इस कथन से मुझे जापान में कामाकुरा में दिखे तीन बंदरों का ध्यान आ गया। मैं समझता था—ये गांधीजी के तीन बंदर हैं, लेकिन मेरे अज्ञान को हटाते हुए प्रोफेसर तोषियों तनाकाजी ने बताया कि ये तीन चीनी बंदर हैं और उनकी विशिष्ट प्रतीक-व्यंजना है, जिसका अर्थ चुप रहने की साधना से जुड़ा है। उसी अर्थ की नई निष्पत्ति अज्ञेयजी ने तीन चीनी बंदरों में पाई है। निबंधों का कोमल करुण, प्रतीक मय संगीतपरक गद्य ज़ेन-साधना से भरा-पूरा है। अपने विषयगत रवैए के कारण इन निबंधों को पढ़ना और पढ़कर नए अर्थ का उत्पादन करना एक स्मरणीय घटना है।

अज्ञेयजी ने 'श्री गणेश' (भूमिका) में पाठक का ध्यान दिलाने के लिए लिखा है—"सब रंग का—उसके वर्तमान रूप का प्रकाशन थोड़ी सफाई माँगता है। अगर बुहारी नहीं, और अगर यह भी नहीं कह सकता कि मुझसे, हमसे या किससे ?—यानी अगर अपराधी भाव भी मुझमें नहीं है और अगर इसलिए दूसरे अर्थ में भी सफाई अपेक्षित नहीं है, तो सफाई किसे कहा जाएगा ? समझ लीजिए 'कुट्टिचातन्'—दक्षिणी लोक-जीवन का वह मसखरा बौना, जो जिसके-तिसके कंधे पर सवार होकर—उसे मनमाने नाच नचाता है, खुली हवा का प्राणी है; और इन पंक्तियों का लेखक भी खुली हवा में और साफ-सुथरे पर्वतीय वन प्रदेशों में पला है और घूमने-फिरने का आदी है, उसका किशोर दक्षिण के पहाड़ी वनों में बीता और दक्षिण में ही उसने पढ़ना-लिखना सीखा इसलिए वह अपने को दक्षिणी (भी) माने तो अचंभा नहीं होना चाहिए।" इस दृष्टि से अज्ञेय की एक खास तरह की मनोभूमिका (टेंपर) इन व्यक्तित्व-रंजक निबंधों में अंतर्व्याप्त है। इनके लेखन की प्रेरणा में दक्षिण-भारत की प्रकृति है और इस प्रकृति ने ही अज्ञेय के अंतर्जगत् का सृजन किया है। उन्होंने कहा भी है 'कुट्टिचातन्' ने कभी-कभी कलाई पकड़कर कुछ लिखा लिया है, जो जब-तब छपता रहा कुछ निबंध 'प्रतीक' (पत्रिका) में छपे थे, कुछ अन्यत्र छपे; "फिर 'सबरंग' नाम का संकलन सरस्वती प्रेस से छपा—जो बहुत दिन से अप्राप्य है। इस बीच कई लोगों ने जान भी लिया कि 'कुट्टिचातन्' जब उत्तर में आकर उतरता है तो किस पर, इसलिए इस बात को दूसरों से छिपा रखने का कोई महत्त्व भी नहीं रह गया।" साथ ही यह भी यहाँ स्पष्ट कर दिया कि यह 'सबरंग' का पुनर्मुद्रण मात्र नहीं है।

"यह प्रकाशन उस *'सबरंग'* का का पुनर्मुद्रण मात्र नहीं है, यद्यपि उसके सब निबंध इसमें हैं। पुस्तक के नाम में ही इस नई स्थिति की कैफियत दे दी गई है। सब रंग और थोड़ा राग : राग के नाम पर कुछ एक नए निबंध हैं, जिनमें कुछ यहाँ पर पहली बार प्रकाश में आ रहे हैं। पहले भी सब रंग-ही-रंग नहीं था, थोड़ा राग-द्वेष भी उसमें व्यंग्य था; नए निबंधों में इसका कसैलापन थोड़ा अधिक है शायद; राग-रंग के बीच इस नए राग-स्वर की पहचान पर् आपनारा राग करिबेन ना यही अनुरोध है।" कुट्टिचातन नाम से अज्ञेय ने मन की मौज में आकर लिखा है और कहा है—"यदा-कदा कुट्टिजातो व्यासायते, यदा-यदा वात्स्यायनो गणेशायते। इति"। उनकी इच्छा कुट्टिचातन नाम से एक नया-संग्रह लाने की भी थी, लेकिन यह इच्छा पूरी न हो सकी। केवल इतना कहकर रह गए "इति के बाद नमस्कारान्ते नहीं जोड़ता तन्नैरशाय तन्न मम—पर कुट्टिजात व्यास की असीम अनुकंपा से यह जो श्रीगणेश हुआ, भवताम् सदा मुदतु"। अज्ञेय स्वतंत्रता-संग्राम की लय में बने-तपे रचनाकार हैं। स्वतंत्रता-प्राप्ति के बाद उन्होंने क्रांति की कहानियाँ कभी शरणार्थी जीवन की समस्या पर कहानियाँ लिखीं। देश पर औपनिवेशिक आधुनिकता के शाप की जो छाया मँडरा रही थी अज्ञेय ने उसे महसूस किया और उसके विरोध में लिखा। स्वाधीन-चिंतन किया और स्वाधीन व्यक्ति बनने का पूरा प्रयत्न। लेकिन देश में मोहभंग की मूल्यांधता से उत्पन्न अंधकार फैलता ही गया और पूरा देश पश्चिम का पिछलग्गू बनकर 'एक टुकड़खोर' देश बनकर रह गया। यह पूरी स्थिति उन्हें आत्म-पीड़ा देती रही है। अज्ञेय इसी आत्म-पीड़ा, यातना से पीड़ित रचनाकार हैं। यह पीड़ा उनके व्यक्ति व्यंजक या व्यक्तित्व रंजक निबंधों में ज्यादा तेजी से उठती मिलती है।

अज्ञेय के ललित-निबंध या व्यक्तित्व-रंजक निबंध आचार्य हजारी प्रसाद द्विवेदी के निबंधों से एकदम अलग हैं। आचार्य हजारी प्रसाद के निबंधों में लोक की बहुत ज यादा भूमिका है, शास्त्र का प्रवेश कम-से-कम। आचार्यजी ने अपनी पंडिताई को अपने निबंधों में बोझ नहीं बनने दिया। इसलिए उनका पाठक उसके बोझ से दबा हुआ नहीं मिलता। लोक वेद को साथ लेकर चलने के कारण अंग्रेजी की छाया से वे बच गए हैं। '*अशोक के फूल*' में लोक मन, लोक संवेदना से रचा-पचा गद्य है। यहाँ निबंधों की प्रकृति में विनोद भाव और कबीराई फक्कड़पन। परंपरागत पांडित्य की कठोरता को पहचानते हुए '*अशोक के फूल*' में कहा है—'पंडिताई भी एक बोझ है, जितनी ही भारी होती है, उतनी ही तेजी से डुबोती है। जब वह जीवन का अंग बन जाती है, तो वह सहज हो जाती है।' कहना होगा कि निबंधों में आचार्य हजारी प्रसाद द्विवेदी और सच्चिदानंद वात्स्यायन अज्ञेय की पंडिताई इसी सहज कोटि की है। दोनों के निबंध विनोद-व्यंग्य भाव से अनुप्राणित रहते हैं। हाँ, अपने आस-पास की प्रकृति, फूलों-पक्षियों, वृक्षों को

जैसे जीवन रूप में आचार्य द्विवेदी ने देखा और उसका महत्त्वपूर्ण 'विमर्श' या भाष्य किया वह हिंदी निबंध में अद्वितीय है। आत्मकेंद्रित गंभीरता पर आचार्य द्विवेदी के निबंध विनम्र अभियान छेड़ते हैं। जीवन की कालिदासीय लय को लेकर वे गाथा-कल्प गढ़ते हैं। लेकिन अज्ञेय सहज होने के लिए मुखौटा (पर्सोना) लगाते हैं और आधुनिक जीवन के तनावों को कम करते हैं। आचार्य द्विवेदी के निबंधों में भारतीय लोक-चिंता का स्वाभाविक विकास मिलता है, तो अज्ञेय के निबंधों में देसी आधुनिकता का संस्कार यह देसी आधुनिकता का संस्कार आत्म-व्यंजक निबंधों में हास्य-व्यंग्य का उपयोग सहज मर्यादा के साथ करता है। इस तरह उनके निबंधों की शैलीगत भंगिमा में भी गहरा संस्कार है। निस्संदेह अज्ञेय ने बौद्धिक संवेदना, स्वाधीन चिंतन एवं प्रयोग धर्मिता से निबंध कला को नया सर्जनात्मक संस्कार दिया है। यात्रा-वृत्त, संस्मरण, स्मृति प्रसंग में वे स्मृति और वर्तमान के राग और द्वंद्व को ऐसे रचते हैं कि पूरा विचार नया संदर्भ पा जाता है। *सब रंग और कुछ राग, आलवाल, कहाँ है द्वारका, छाया का जंगल* अज्ञेय के ऐसे महत्त्वपूर्ण निबंध-संग्रह हैं, जिनके विचारों की नवीन-दृष्टि से भारतीय निबंध को व्यक्तित्व-रंजक स्वरूप प्राप्त हुआ है। विद्यानिवास मिश्र ने कहा है कि ''अज्ञेय ने हिंदी निबंध को सांस्कृतिक संवेदना के संप्रेषण का माध्यम बनाया है और प्रमाणित किया है कि व्यक्तित्व संपन्नता और अहं का विसर्जन कविता की तरह निबंध का मौलिक गुण भी है। बौद्धिक और रागात्मक संवेदना में गहरे रचे हुए अज्ञेय के निबंध सच्चे अर्थों में निबंध कहे जा सकते हैं, जिनमें बंधन और मुक्ति का सार्थक अद्वैत दिखाई देता है।'' (*स्तवक पृ. 206*) अद्वैत की इसी शक्ति के कारण अज्ञेय अपनी स्वाधीनता के साथ सबकी स्वाधीनता के लिए संघर्ष करते हैं। इतिहास, परंपरा, संस्कृति की व्याख्या करने के लिए एक नवीन ढंग से प्रखर गद्य का उपयोग करते हैं।

अज्ञेय ने निबंध विधा का उपयोग इस कला के साथ किया है कि भारतेंदु, प्रेमघन की तरह उनमें संपूर्ण भारतीय चिंतन अपनी निरंतरता और परिवर्तन के साथ मुखरित हुआ है। इस विधा की लोकप्रियता को उन्होंने रचनात्मक दृष्टि से आचार्य रामचंद्र शुक्ल, आचार्य हजारी प्रसाद द्विवेदी, बाबू गुलाबराय आदि की तरह बढ़ाया है। साथ ही यह भी सिद्ध किया है कि आज भी कवि-कर्म की कसौटी निबंध ही है जो कवि को सघन-अनुभूति की आंतरिक लयता से अपने को अलग कर विचार-तप में निमग्न कर देता है। विचार-तप में 'आत्म' को होम कर देना कठिन जीवन-साधना है। इसलिए विचार तप के संयम-संतुलन के साथ निबंध लिखना चुनौती रहा है।

निबंधों में अज्ञेय की बुनियादी चिंता रही है कि यूरोप के संपर्क में आने के बाद हमने क्या खोया, क्या पाया। किस तरह हम परंपरा से कटे, हटे और भटक गए। किन प्रयत्नों से हमने संस्कृति को बचाने का प्रयत्न किया। इस तरह के तमाम प्रश्न यूरोप की

सभ्यता के संपर्क में आने के बाद हमारे चिंतन में आए, उन्हें अज्ञेय ने *त्रिशंकु* से लेकर *कहाँ है द्वारका* तक लगातार अपने आत्मपरक निबंधों में परिभाषित करने का प्रयत्न किया। निबंध जैसी गंभीर विधा को नए चिंतन से लचीला बनाया और उसमें बौद्धिक आग पैदा की। इसलिए इन निबंधों में बुद्धि की मुक्तावस्था का प्रकाश है। अज्ञेय की डायरियों के छोटे आकार के निबंध टॉल्स्टॉय या वर्जीनिया बुल्फ की डायरियों से कम आकर्षक नहीं हैं। *भवंती, अंतरा, शाश्वती और शेषा* को अंत:प्रक्रियाएँ कहनेवाले अज्ञेय ऋषि-मन से भारतीय मानस को परख रहे हैं। उनमें आधुनिक बोध की पीड़ा को विस्तार से विचार के केंद्र में लाया गया है। चिंतन का यह तनाव ही इन व्यक्तित्व-रंजक निबंधों की शक्ति है। इस पूरे दौर में रचना-कर्म और चिंतन संदिग्ध हुआ है। इसलिए औपनिवेशिक आधुनिकता से सावधान करनेवाले अज्ञेय निबंधों में जो रचते हैं, वह उनके निजी अनुभवों की व्याख्या है, उनके अपने कमाए सत्य। इसलिए इन निबंधों का टेक्स्ट उस जीवन यथार्थ को सामने लाता है, जो हमारी पीढ़ी ने आजादी के लिए संघर्ष के दिनों में और स्वाधीनता प्राप्ति के बाद भोगा है। पूरे देश को राजनीतिक स्वाधीनता मिली, लेकिन सांस्कृतिक स्वाधीनता से देश वंचित रहा। भाषा-संस्कृति के क्षेत्रों में भारत गुलाम ही रहा। इस गुलामी की औपनिवेशिक मानसिकता के कारण आज हम इस स्थिति में पहुँच गए कि अज्ञेय के स्वाधीनत चिंतन को इसलिए नकार देते हैं कि हम उनकी विचारधारा से सहमत नहीं हैं। लघु मानव सिद्धांत, व्यक्ति-स्वातंत्र्य-चिंतन तथा प्रयोग और परंपरा की अवधारणाओं को लेकर तो हम आग पर आगबबूला होते रहे हैं, जबकि अज्ञेय चिंतन की स्वाधीनता की रक्षा के लिए फासिस्ट विरोधी सम्मेलन करते रहे हैं और अधिनायकवादी शक्तियों से निर्भय होकर टकराए हैं। अरविंद, विवेकानंद, लोहिया, जय प्रकाश नारायण के अज्ञेय एक नव पाठ रहे हैं। दु:ख इस बात का है कि अज्ञेय के इस पाठ को अभी ठीक से पढ़ा-समझा तक नहीं गया है और अगर 'धर्मनिरपेक्षवाद' या सेकुलरिज्म और प्रतिबद्धता का ऐसा ही पागलपन इस देश में रहा तो अज्ञेय के चिंतन को समझा भी नहीं जाएगा। अज्ञेय 'कला, सत्ता और औपनिवेशिक मानसिकता' जैसे लेखों में यह विचार उठाते हैं कि हमें मानसिक गुलामी के क्षेत्रों से मुक्त होना होगा ताकि स्वाधीन चिंतन का विकास हो सके। स्वाधीन चिंतन के विकास से ही स्वाधीन मनुष्य और आलोचक राष्ट्र का निर्माण हो सकता है। अज्ञेय की पूरी पत्रकारिता के इतिहास—'सैनिक', 'विशाल भारत', 'दिनमान', 'नवभारत टाइम्स', 'वाक्', 'थॉट', 'एव्रीमैन', 'प्रतीक', 'नया प्रतीक' कोई भी पत्र हो—में इस स्वाधीन-चिंतन की छाप मिलेगी।

छायावादोत्तर काल में अज्ञेय का कृतित्व आधुनिक भाव-बोध के प्रवर्त्तक के रूप में पाठक को लुभाता रहा है। निबंधों में मौजूद एक प्रभावशाली आलोचक अपनी पूरी संभावनाओं के साथ नए साहित्य की अनुपम छबियाँ बिखेरता मिलता है। रचना के नए

प्रतिमान कोटरों से पक्षियों की तरह झाँक रहे हैं। सर्जना के समकालीन परिदृश्य का बौद्धिक-संचरण और प्रसार अपनी ऐतिहासिक उपलब्धियों में एक नया रचना-ठाठ उपस्थित करता मिलता है। *तारसप्तक* के बाद सप्तकों की योजना, *रूपांबरा, पुष्करिणी* का संपादन, 'प्रतीक' का प्रकाशन, नए साहित्य से जुड़ी तमाम सभा-गोष्ठियों में सक्रियता उनके रचना-कर्म को गति देते हैं। इस गति के कारण हर बार उनका रचना-कर्म, संपादन-कर्म हिंदी पत्रकारिता में एक नई परती जमीन तोड़ता है। अज्ञेय का ऐतिहासिक महत्त्व यह है कि पत्रकारिता, संपादन, प्रकाशन, प्रसारण, गोष्ठी आयोजन, भागवत यात्राओं की योजना आदि सभी क्षेत्रों में नए नया भाव-बोध, दीप्त-प्रदीप्त रूप में सामने आता है। आलोचक प्रवर डॉ. रामस्वरूप चतुर्वेदी ने *अज्ञेय और आधुनिक रचना की समस्या* में लिखा है "नए साहित्य के आंदोलन और संचरण के पीछे अज्ञेय का कल्पनाशील और कर्मठ व्यक्तित्व बराबर सक्रिय रहा है। उनके अव्यवसायी (अमेचर) प्रयत्नों से यह संभव हुआ कि व्यावसायिकता से आक्रांत-युग में भी नई प्रतिभा अपने को व्यक्त कर सके।" (पृ. 162) अज्ञेय ने अनेक युवा प्रतिभाओं को मंच दिया और किसी घटिया गुटबंदी के फेर में नहीं डाला। प्रयोग को लेकर रचनात्मक निर्भयता ने नए रचना-कर्म के बाद द्वार खोले और नई राहों के अन्वेषण-संकल्प पर डटे रहे। 'प्रतीक' साहित्यिक पत्रिका पहले द्वैमासिक फिर मासिक (1947-1951) के अभियान में अज्ञेय ने तन-मन-धन झोंक दिया और गुटबाजी नहीं की। इन वर्षों में '*शेखर : एक जीवनी*' के दोनों भाग प्रकाशित हुए और अज्ञेय को 'अश्लील लेखक' कहकर धिक्कारा भी खूब गया। यहाँ तक कि 'शेखर' उपन्यास की प्रतियाँ जलाईं गईं और सभा-गोष्ठियों में अज्ञेय को बैठाने लायक नहीं समझा गया। आगरा की एक सभा में अज्ञेय को न बैठाने का प्रस्ताव रखा गया तो स्वयं दद्दा मैथिलीशरण गुप्त को अज्ञेय का पक्ष लेना पड़ा। आज सोचने की बात है कि युग के नैतिक मूल्यों से पुष्ट दद्दा का वैष्णव मन अज्ञेय की रक्षा में क्यों डटा होगा। इसलिए कि यह अज्ञेय-विरोध सुनियोजित था। अज्ञेय का व्यक्ति-स्वतंत्र-चिंतन ही प्रतिबद्धों की आँख का काँटा था। प्रतिबद्ध कठमुल्ले अज्ञेय को 'साहित्यकार का दायित्व' समझा रहे थे। इन लोगों से सावधान होकर ही अज्ञेय ने 'साहित्यकार के सामाजिक दायित्व', 'धर्मनिरपेक्षता', 'भाषा-विचार की स्वतंत्रता' पर धुआँधार निबंध लिखे और व्यंग्य-वक्रोक्ति से हृदय को हल्का किया।

इस तथ्य पर ध्यान केंद्रित करने की जरूरत है कि साहित्य की वैचारिक प्रक्रिया को गति देने के लिए इलाहाबाद से अज्ञेय ने द्विमासिक पत्रिका 'प्रतीक' का आयोजन किया। इस आयोजन में वामपंथियों का सहयोग रहा। प्रवेशांक के संपादक-मंडल में स.ही. वात्स्यायन अज्ञेय, डॉ. नगेंद्र, श्रीपतराय और नेमिचंद्र जैन रहे। दूसरे अंक में एक नाम कविवर सियाराम शरण गुप्त का जुड़ गया। तीसरे अंक में अचानक नेमिचंद्र जैन

का नाम हट गया। 'प्रतीक' का प्रकाशन मासिक रूप से इलाहाबाद की जगह दिल्ली से होने लगा। संपादन स.ही. वात्स्यायन करते हैं और अन्य साहित्यकार मित्र इससे सलाहकार के रूप में जुड़ते हैं। उस समय सहायक संपादक बने रघुवीर सहाय। इस पत्र के 1951 तक या बंद होने के समय तक यही संपादक-विधान रहा। 'प्रतीक' ने इन वर्षों में दद्दा मैथिलीशरणगुप्त, सियारामशरण गुप्त, नवीनजी, सुमनजी, वृंदावनलाल वर्मा जैसे रचनाकारों के साथ शमशेर, प्रभाकर-माचवे, गिरिजाकुमार माथुर, ग.मा. मुक्तिबोध, भारतभूषण अग्रवाल, धर्मवीर भारती तथा कुँवर नारायण को खूब छापा। इस तरह 'प्रतीक' में राष्ट्रीयता, परंपरा, आधुनिकता का संगम रहा। अज्ञेयजी ने 'प्रवेशांक' में कहा था 'प्रतीक' देश की स्वाधीन साहित्यिक चेतना का प्रतीक है। अज्ञेय स्वयं द्वितीय महायुद्ध से जुड़े थे, इसलिए 'प्रतीक' में राष्ट्रीय चेतना के प्रबल स्वर का उभार है। अज्ञेय की मूल चिंता राजनीतिक स्वाधीनता से ज्यादा सांस्कृतिक स्वाधीनता रही और यह हुड़क उनकी पूरी सृजन-संवेदना में व्याप्त है। देश में सांस्कृतिक मरुस्थल की चिंता से अज्ञेय का माथा गरम है। *स्मृतिच्छंदा* के निबंध में कहा है भारत के औसत आदमी के साथ आजादी के नाम पर दगा हुआ है—

"साधनों की कभी के कारण हमारे देश का औसत आदमी अब भी साहित्य की वाचिक-परंपरा को छोड़कर दूसरी कलाओं की उपलब्धियों से बहुत कुछ वंचित है। औपनिवेशित इतिहास ने उसे दरिद्रतर ही बनाया। आजाद होकर भी देश अपनी प्रतिभा की सृष्टियों को न केवल उस तक पहुँचा सका, बल्कि उस विशाल समाज और एक छोटे-से सुविधा संपन्न तथाकथित अभिजात वर्ग के बीच की खाई को बढ़ने ही देता गया। आजाद देश में भी औपनिवेशिक मानसिकता अभी बनी हुई है। उसने जान लिया है कि भाषा को भी अपना साधन बनाया जा सकता है और भारत की भाषायी स्थिति में तो उसके लिए यह काम बहुत ही आसान हो जाता है। जब तक हम भारतीय मानस को उपनिवेशवाद के इस शिकंजे से मुक्त नहीं करते, तब तक स्वाधीनता विशेष फलवती होनेवाली नहीं है और सांस्कृतिक क्षेत्र में तो वह लगातार परती को ऊसर, ऊसर से बंजर और बंजर से विस्तीर्ण मरुस्थल में ही परिवर्तित करती जाएगी।

क्या यही हम हो जाने देना चाहते हैं? यदि नहीं तो अपना कर्तव्य हमें पहचानना और करना चाहिए।" ('भाषा, कला और औपनिवेशिक मानस', पृ. 56)

हर साँस में अज्ञेय भारत के आदमी को औपनिवेशिक आधुनिकता के कुचक्र से सावधान करते हैं। तीसरी दुनिया के देश को लेकर वे बोले हैं—"मुझे इस नाम 'तीसरी दुनिया' पर ही आपत्ति है। मैं अपने को तीसरी दुनिया का नहीं मानता, बल्कि मैं सोचता हूँ कि तीसरी दुनिया की बात खतरनाक बात भी हो सकती है।" (वही, पृ. 46) दुनिया एक है यह कोरा आदर्शवाद नहीं है, यह साहित्यकार को पहचान सकना

चाहिए। दुनिया केवल एक है और उसमें संकट पैदा करनेवाले ऐसे विशाल यंत्र खड़े हो गए हैं, जिनकी टक्कर से सारी दुनिया को संकट है। यह दो दुनियाएँ नहीं हैं, दो यंत्र हैं और इनसे संकट तीसरी दुनिया को ही नहीं, पूरी दुनिया को है। प्रश्न है कि जिसे पश्चिम की दो मशीनी आवाजें तीसरी दुनिया कह रही हैं, वही असली दुनिया है? दो समूह, दो विकसित देशों के हैं, तीसरा समूह कम उन्नत है। अज्ञेय प्रश्न उठाते हैं कि विकास या उन्नति की कसौटी क्या है? ''वहाँ आप सांस्कृतिक विकास की बात करते हैं। क्या यह कहने का कोई आधार है कि यूरोप या अमेरिका या रूस सांस्कृतिक दृष्टि से भारत या चीन या दक्षिणी-पूर्वी एशिया से ज्यादा उन्नत हैं? आप असली सवाल टाले जा रहे हैं। आपने एशिया और अफ्रीका के देशों का नाम लिया—यह 'अफ्रोएशियाई', विशेषण भी एक दूसरा टालमटोल का रास्ता है×× यह नाम भी उसी मनोवृत्ति का एक पहलू है, जिसका दूसरा पहलू तीसरी दुनिया का नाम है। हमारी इकलौती दुनिया को तीन हिस्सों में बाँटने का आधार केवल शाब्दिक आधार पर तीन हिस्सों में बाँटने के दो तरीके हैं जिसमें से एक तथाकथित तीसरे हिस्से को वह नाम देकर अपना भोज्य बना लेना चाहता है। दोनों हिस्से तीसरी अथवा अफ्रोएशियाई दुनिया को पिछड़ा हुआ, अविकसित, दुर्बल और परमुखोपेक्षी मानते हुए उसे सहारा और प्रोत्साहन का दम भरते हैं, जिससे कि वह अभी भी अपने को निर्बल और असहाय मानने लगे और परमुखापेक्षी बनने की उसकी आदत बन जाए। अगर यह उपनिवेशवाद नहीं है तो क्या है? इतना कह सकते हैं कि यह उसका मँजा हुआ तरीका है, जहाँ आपको अपना बल न दिखाना पड़े, बल्कि दूसरा ही अपने को असहाय मानकर आपका शरणागत हो जाए।'' (वही, पृ. 47) उपनिवेशवाद के सिक्के का दूसरा पहलू यही है कि जिन देशों पर अधिकार करना या बनाए रखना है, वहाँ ऐसी उपनिविष्ट मानसिकता पैदा कर दी जाए। दुनिया के कुछ देशों ने नैतिक सांस्कृतिक को उन्नति का आधार बनाया, कुछ ने संपत्ति को उसके आधारभूत आर्थिक नियमों को अधिक महत्त्व दिया। अज्ञेय ने प्रश्न उठाया कि क्या हम दोनों को अस्वीकार करके कोई तीसरा रास्ता नहीं निकाल सकते। यूरोप के देश सांस्कृतिक रूप में पिछड़े न होते तो सदियों तक दूसरों की लूट-पाट और हिंसा से प्रभुसत्ता कायम न किए रहते। आज भी पश्चिम के दोनों यंत्र अपने कुकर्मों पर परदा डालना चाहते हैं—कुछ पुराने कुकर्मों पर, कुछ ऐसे जो पुराने नहीं हैं। हमें एक समग्र व्यापकता की बात सोचनी चाहिए, क्योंकि एक देश की दूसरे देश पर निर्भरता बढ़ी है। 'दुनिया एक है' और उसका कोई हिस्सा दूसरे हिस्सों के सहारे के बिना नहीं जी सकता।

यह भारत का दुर्भाग्य है कि उसने अपनी कला और स्थापत्य के गौरव-स्थलों को उपेक्षा और विस्मृति के मलवे में दब जाने दिया और जिनका पिछले डेढ़ सौ वर्षों में पुनरुद्धार हुआ। इस पुनरुद्धार का श्रेय विदेशियों को है, उन विदेशियों को जिनमें से

अधिकांश औपनिवेशिक सत्ता के प्रतिनिधि थे। उनसे कला-चेतना की जो भाषा मिली, उस पर उपनिवेशवादी चिंतन की छाया गहरी है। डिजनरेट (उन विदेशियों की राय में) हिंदू का औपनिवेशिक मानस दिग्भ्रमित रहा है—वह कला-मूल्यों पर सेकुलर दृष्टि से विचार करने लगा तो गणित ही गलत हो गया है। यहाँ राष्ट्रीय नवजागरण के पुनरुद्धार काल में भारतीयता का लोप हुआ और औपनिवेशिक आधुनिकता ने देसी आधुनिकता को धर दबाया। भारतीय कला को हम उपनिवेशवादी दृष्टि से देखने लगे। नतीजा यह हुआ कि आधुनिक कला का पूरा इतिहास ही उलट-पलट गया। औपनिवेशिक मानस को ऐसी छूट मिल गई कि कलाओं में देसी आधुनिकता को, परंपरा और लोक संस्कृति को—भारतीयता को नकार कर अपना नगाड़ा बजा सके। अज्ञेय ने 'भारतीयता' नाम से लिखे निबंध में भी इसी तरह के कसकते अनुभव व्यक्त किए हैं। पचास के दशक में नए सवालों से घिरे अज्ञेय को कहना पड़ा—''कुछ लोग भारतीयता के समर्थन के नाम पर निरी जड़ता का समर्थन करते हैं, तो कुछ दूसरे जड़ता के विरोध के नाम पर संस्कृति से ही इनकार करना चाहते हैं।'' *(आत्मनेपद)* औपनिवेशिक आधुनिकता के सामने सांस्कृतिक अस्मिता के प्रश्नों ने अज्ञेय को जीवन भर चिंतन के तनाव से घेरे रखा है। उन्हें यह प्रश्न बहुत विचलित करता था कि भारतीय समाज में बुद्धिजीवी की भूमिका क्या है? क्यों हमारा बुद्धिजीवी समय-समाज की पीड़ाओं-यातनाओं से बेखबर रहता है? प्रगतिशीलता के नाम पर संस्कृति की उपेक्षा उसे बेचैन क्यों नहीं कर रही है। रमेश चन्द्र शाह अज्ञेय के चिंतन को लेकर बहुत ही विचारोत्तेजक बहस *'अज्ञेय वागर्थ का वैभव'* के निबंधों में उठाते हैं, उसे हमारे बुद्धिजीवी, प्रबुद्ध पाठक आगे बढ़ाते क्यों नहीं हैं? यहाँ तक कि बौद्धिक जगत् में खामोशी रहती है। यह ठीक है कि अज्ञेय हों या मुक्तिबोध कवि के चिंतन में 'रूपकाश्रयी चिंतन' ज्यादा घेरे रहता है, फिर भी उसके चिंतन में सर्जनात्मक प्रतिभा की कौंध रहती है—अंतर्दृष्टि के साथ। अज्ञेय के चिंतन में व्यक्ति से ज्यादा 'समाज-संस्कृति' है और ये संस्कृति के प्रश्न ऐसे हैं, जिनको लेकर हमारी पूरी चिंतन-परंपरा दाँव पर लगी हुई है कि सोचने का काम कौन करेगा? राजनीतिज्ञ? दार्शनिक? सोशल साइंटिस्ट? संवेदना के सबसे संवेदनशील छोर पर बैठा रचनाकार, कलाकार? औपनिवेशिक आधुनिकता के कारण हमारी संस्कृति पर आए संकट का सामना कौन करेगा? कोई करेगा भी या सभी सोते रहेंगे।

सच्चिदानंद हीरानंद वात्स्यायन अज्ञेय ने अपने पिता श्री हीरानंद शास्त्री की स्मृति में प्रवर्त्तित व्याख्यानमाला में प्रख्यात समाजशास्त्री श्री जड़ावलाल मेहता से कवि कर्म और चिंतन पर व्याख्यान देने का अनुरोध किया था। इस अनुरोध को स्वीकार करते हुए श्री मेहताजी ने अपने व्याख्यान में कहा कि ''भारतीय चिंतन-परंपरा में कविता का खुलापन और पाश्चात्य दर्शन की अतिभौतिक (मैटाफिजिकल) दृष्टि का विचित्र समन्वय-सा

दिखाई देता है। पहले रूपण, फिर उसे मिटा देना, प्रतिमा की प्रतिष्ठा करना, फिर उसे विसर्जित कर देना, कथन करना, फिर उस कथित को अकथनीय में समर्पित कर देना, यही हमारी चिंतन-परंपरा का चरित्र रहा है। जबकि यूनानी संस्कृति में इसके विपरीत रहा है।'' (कवि-कर्म और चिंतन : सर्जना के दो आयाम)। मेहताजी इसके साथ यह भी कहते हैं कि ''सर्जन दोनों रूपों में अभिव्यक्त होता है—काव्य या साहित्य के रूप में और चिंतन के रूप में। दोनों एक-दूसरे को आत्मसात् करते हैं, तभी पूर्ण होते हैं। दोनों क्रमशः सोम और अग्नि हैं, सोम अग्नि द्वारा आत्मसात् होता है और अग्नि सोम द्वारा, सृष्टि दोनों के परस्पर आत्मसात् होने से सार्थक होती है।'' अज्ञेय के चिंतन ने अपनी जातीय प्रतिभा से नए वाग्द्वार इस अर्थ में खोले हैं कि वे बहुत गहरे में उतरकर साहित्य-संस्कृति पर विचार करते हैं। 'अंधकार में दीप' जलाने की उनके पास यह बौद्ध-चिंतन-परंपरा की कला-क्षमता है। उनका निबंध कर्म या चिंतन कर्म 'सभ्यता संस्कृति' की पर्वतीय खोहों में नई व्यंजनाओं के स्रोत फोड़ता है। इस नई व्यंजना के स्रोतों की खोज के कारण ही उनकी निबंध-कला में दायित्व-बोध, स्वाधीनता की चेतना, संस्कारित आधुनिकता और सांस्कृतिक-अस्मिता का आग्रह निरंतर बढ़ता गया है। *'कहाँ है द्वारका'* तथा *'स्मृतिच्छंदा'* के निबंधों में यही चिंतन धार गतिवान रही है।

अज्ञेय के लिए इसी अर्थ में रचना की भाषा संस्कृति की आँख है, क्योंकि भाषा में ही सब कुछ पाया या खोया जाता है। अज्ञेय का 'हम' अनुजीवी-संस्कृति, औपनिवेशिक दासता की संस्कृति से मुक्त होना चाहता है। उनके लिए स्वाधीनता का एक अर्थ यह भी है कि औपनिवेशिक आधुनिकता की तर्क-विकृति से कैसे बचा जाए। कवि में 'मौन' को कैसे भाषित किया जाए। चूँकि अज्ञेय पश्चिम की आधुनिक वैज्ञानिक विचारधाराओं की टकराहट की स्थिति में रहते हैं इस चिंतन के दर्द से अज्ञेय का 'दाता' कराहता रहता है—वह लोक-मानस की भूमि पर अपनी व्यथा को रोपना चाहता है। इसी लोक-मानस की व्यापक भूमि को पाने के लिए उनका कवि-मन सांस्कृतिक-परंपरा से, प्रतीकों-मिथकों से जूझना चाहता है। कवि-मन कभी कृष्ण-राधा को टेरता है, कभी सीता-राम को हेरता है। विद्रोह और आस्था दोनों ही इस कवि-मन की स्वाधीनता के आयाम हैं। आधुनिक भाव-बोध और स्वचेतनता की मनोभूमिका में ही वे कहते हैं—''मैं ही हूँ वह पदाक्रांत रिरियाता कुत्ता''। इसी अर्थ में अज्ञेय की कविता हो या निबंध दोनों ही जीवन की आलोचना हैं—काव्य-सत्य और काव्य-सौंदर्य के द्वारा। प्रकृति-लय, प्रकृति-संवेदन इतना सच्चा कि अज्ञेय को पढ़ते हुए कालिदास और पंत की याद आ जाती है। श्रीधर पाठक और रामचंद्र शुक्ल की तरह अज्ञेय का प्रकृति-प्रेम बहुत विस्तृत है—'हरी बिछली घास'।

कविता हो, कथा-साहित्य हो, निबंध हो—कोई भी विधा हो कालचिंतन को अज्ञेय

में अनेक व्यंजनाओं के साथ स्थान मिला है। एक तरह का अनुभव "संस्पर्श बृहत का उतरा सुर-सरि सा:—हम बह न सके/यों बीत गया सब"। काल की नदी में अंगारे सा—भगवान सा अकेला मानव अपनी आस्था को गाता है और तैरता है वह मानव "नर, जिसकी अनझिप आँखों में नारायण की व्यथा भरी है।" विद्रोह का दौर ही शक्ति का दौर हो, आत्मदान का दौर हो, अज्ञेय निराश होकर जीना नहीं जानते। स्वतंत्रता-संग्राम में अपनी युवा-शक्ति को देश-भक्ति के यज्ञ में होम करने देनेवाला स्वातंत्र्योत्तर नरक से व्यथित रहा है। काल का डमरू नाद सुननेवाला रचनाकार लोक के शिव को धारण करता है। इसलिए उनके चिंतन को व्यक्तिवादी कहना नादानी है, वे 'आउट साइडर' न होकर 'इनसाइडर' हैं जो यायावरी वृत्ति से देश-विदेश के सच को पहचानता है। उन्होंने पहचाना है कि हिंदी का देश ही भाषाओं और संस्कृतियों के संगमों का देश है, हिंदी उन संगमों से ही विकसित हुई है। अत: वह संगमों की भाषा है, विद्रोहों की भाषा है। ऐसी स्थिति में जैसी सांस्कृतिक-संवेदना और परंपरा की सर्जनात्मक आँख अज्ञेय के पास है, वैसी आँख टी.एस.एलियट और डी.एच. लॉरेंस को नसीब ही नहीं है। परंपरा बहुत गहरे से उठकर जिस तरह अज्ञेय में बोलती है, टी.एस. एलियट में वैसी कल्पना तक नहीं कर सकते।

आज के पाठक का ध्यान इस ओर भी जाता है कि *तारसप्तक* (1943) तथा 'प्रतीक' (1947) इन दो संपादनों से अज्ञेय की ओर वामपंथियों की निगाह गई और बड़ा भारी वैचारिक-संग्राम हुआ। सैद्धांतिक-चिंतन को लेकर मौलिक मतभेद उभरे। इसी बीच अज्ञेय पर मानवेंद्रराय के 'रेडिकल ह्यूमेनिज्म' का प्रभाव गहराया और उनमें फासिस्टवाद विरोध प्रबल हुआ 'फासिस्ट विरोधी सम्मेलन' (1942) का आयोजन करनेवाले अज्ञेय ने समय के मिजाज को समझते हुए कम्युनिस्टों का साथ दिया और गांधी से बिदके रहे, लेकिन अज्ञेय और कम्युनिस्टों का साथ दूर तक चला नहीं। द्वितीय-विश्वयुद्ध की समाप्ति के बाद अज्ञेय सेना की नौकरी से छुट्टी क्या पाते हैं—वे कम्युनिस्टों से भी छुट्टी पा लेते हैं। इस संबंध-सेतु के टूटने से अज्ञेय के पुराने कम्युनिस्ट साथी रामविलास शर्मा, नेमिचंद्र जैन, भारत भूषण अग्रवाल आदि अज्ञेय से हमेशा के लिए नाराज हो गए और यह नाराजगी निरंतर अमरबेल की तरह बढ़ती गई। 'प्रतीक' तथा 'नया प्रतीक' निकला, तो हमले और तेज हो गए। 'परंपरा', 'प्रगति', 'आधुनिकता' की अवधारणाओं पर संवाद-विवाद की राजनीति से साहित्य पट गया। *दूसरा सप्तक* (1951) में भवानीप्रसाद मिश्र रघुवीर सहाय, नरेश मेहता, शकुंत माथुर, हरिनारायण व्यास, शमशेर बहादुर सिंह और धर्मवीर भारती को स्थान मिला। अज्ञेय ने *तारसप्तक* पर उठे विवाद पर अज्ञेय ने नए चिंतन को भरोसे के साथ साहित्य में उतारा। फिर *तीसरा सप्तक* (1959) में प्रयाग नारायण त्रिपाठी, मदन वात्स्यायन, कीर्ति चौधरी, विजय देव

नारायण साही, कुँवरनारायण, केदारनाथ सिंह और सर्वेश्वर दयाल सक्सेना को स्थान मिला। लेकिन इस बार नवीन अग्नि प्रज्वलित नहीं हुई। सबकुछ ठंडा रहा। हालाँकि अज्ञेय ने *चौथा सप्तक* (1979) निकाला। संकलित कवि हैं—श्रीराम वर्मा, नंद किशोर आचार्य, अवधेश कुमार, राजकुमार कंभज, सुमन राजे, स्वदेश भारती तथा राजेंद्र द्विवेदी। लेकिन इन कवियों की कविता और समीक्षा पर गहरी प्रतिक्रियाएँ नहीं हुईं। अज्ञेय ने नए साहित्य के प्रसार के लिए आकाशवाणी का समयोचित उपयोग किया। इस दृष्टि से 'रेडियो-पत्रिका' (1953) के अंकों का अपना महत्त्व है। इसके अतिरिक्त परिसंवादों, वार्त्ताओं, दीक्षांत समारोहों में आधुनिक भाव-बोध, भाषा-संस्कृति के अनेक पक्षों पर अज्ञेय ने विचार किया। 'व्यक्तिगत स्वातंत्र्य और सामाजिक दायित्व' विषय पर 'परिमल' द्वारा आयोजित संगोष्ठी (इलाहाबाद, 1955) 'लेखक और राज्य' शीर्षक परिगोष्ठी, (1957) 'एशियन लेखक कॉन्फ्रेंस' (दिल्ली-1956) में अज्ञेय सक्रिय रहे और बाद में सब जगह साहित्य के मंचों से जुड़े रहे। नए लेखन में बौद्धिकता और आधुनिकता, संस्कृति और भाषा आदि को लेकर वे अपने समय के सर्वाधिक विवाद पुरुष रहे हैं। 'परिमल' द्वारा संपादित पत्रिकाओं को 'नए पत्ते', 'नयी कविता', 'निकष' और थोड़े समय के लिए 'आलोचना' को उनका सहयोग मिलता रहा। सन् 1950 में भारतेंदु शती पर 'सम्मेलन पत्रिका' (इलाहाबाद) के भारतेंदु अंक का संपादन अतिथि-संपादक के रूप में अज्ञेय करते हैं। उस कार्य से आधुनिकता के दोनों युग-पुरुष एक-दूसरे के निकट आ गए।

थोड़े समय तक बनारसीदास चतुर्वेदी के साथ 'विशाल-भारत' में कार्य किया और लंबी यायावरी के बाद 1964-71 तक 'दिनमान' साप्ताहिक का संपादन किया। यह संपादन हिंदी पत्रकारिता का प्रतिमान बना। 'दिनमान' छोड़ने के बाद 1973-74 में लोकनायक जयप्रकाश नारायण के अनुरोध पर 'एवरीमेन्स वीकली' का संपादन किया। फिर 1973 में साहित्य की पत्रिका 'नया प्रतीक' का संपादन प्रारंभ किया। आपातकाल को लेकर अज्ञेय बहुत उद्विग्न रहे। यह स्वाधीनता का पूरी तरह हनन उन्हें स्वीकार नहीं हुआ। 1977-78 में 'नवभारत टाइम्स' का संपादन किया और *कितनी नावों में कितनी बार* पर 1979 में भारतीय ज्ञानपीठ-सम्मान से सम्मानित होने पर सम्मान राशि से 'वत्सल-निधि' की 1980 में स्थापना कर डाली। 'वत्सल-निधि' के तत्त्वावधान में प्रतिवर्ष लेखक शिविरों, हीरानंद शास्त्री एवं राय कृष्णदास व्याख्यान मालाओं का आयोजन किया। 'जन जनक जानकी यात्रा' तथा 'भागवतभूमि यात्रा' के अद्‌भुत आयोजन प्रमुख रचनाकारों को साथ लेकर किए। इस पूरे दौर में अज्ञेय ने अनेक हिंदी-अंग्रेजी पत्र-पत्रिकाओं में अनगिनत निबंध लिखे। इन निबंधों ने हिंदी की निबंध-परंपरा को वैचारिक ऊँचाई प्रदान की और नए-नए ज्ञान के अनुशासनों पर निबंध लिखने के लिए नए निबंधकारों

को प्रेरित किया। हिंदी-निबंध साहित्य में अज्ञेय के निबंधों की प्रखर बौद्धिकता, नए विषयों के प्रति सतत जागरूकता का एक गौरवपूर्ण इतिहास है। इन निबंधों से शुक्लोत्तर हिंदी-आलोचना का वह इतिहास भी जुड़ा है, जिसने सर्जनात्मक चिंतन और आलोचना को नया संदर्भ दिया है। अज्ञेय में परिवेश के प्रति इतनी गहरी सजगता रही है कि रचना हो या आलोचना वह एक नए वैचारिक आलोक से भरी मिलती है।

दरअसल, अज्ञेय की ज्ञान-परिधि का निरंतर विस्तार परिष्कार होता रहा। अनुभवों के योग ने आधुनिक भाव-बोध को कई स्तरों पर नए आयामों से जोड़ दिया। इसलिए उनके कवि-कर्म की कसौटी निबंधों में सूक्ष्म-गहन विचार और संवेदना के साथ कलात्मक-शिल्प का विकास होता गया। *त्रिशंकु* के निबंध अलीकी चिंतन के ध्वजाधारी बने। *सब रंग और कुछ राग* (1970 ई.) में नए निबंध-लालित्य को लेकर आई। 'सब रंग' का प्रकाशन बहुत पहले सरस्वती प्रेस से हुआ था, और इन लेखों को 'कुट्टिचातन' के छद्म-नाम से अज्ञेय ने लिखा था। *सबरंग* में थोड़ा राग जोड़कर *सबरंग और कुछ राग* 1970 में तैयार किया गया। *सबरंग* में इंद्रधनुषी आभा के साथ कुछ गहरा और सार्थक जोड़ा गया। व्यक्ति-व्यंजक और व्यक्तित्व-रंजक इन निबंध प्रयोगों ने रचना प्रयोगों की सार्थकता को पुन: सिद्ध किया। इन नए निबंध प्रयोगों से हिंदी निबंध को नया कथ्य और नया शिल्प मिला और वह जड़ता भी टूटी, जो विचार प्रधान निबंधों में चाहे-अनचाहे रहती ही है। वैसे भी निबंध बहुत व्यापक शब्द है जिसमें सभी गद्य-विधाएँ समाहित रहती हैं। इस बात पर विचार करते हुए पंडित विद्यानिवास मिश्र ने लिखा है—"पर जिस निबंध को निकष या कसौटी माना जाता है, उस निबंध की संज्ञा केवल एक ही उचित लगती है—व्यक्ति-व्यंजक निबंध। एक और नाम बहुत प्रचलित है—ललित-निबंध। वह नाम पश्चिमी बेल लेटर्स 'Belle Letter's' का अनुवाद है। इसी अर्थ में दूसरी भाषाओं में 'रम्य रचना' नाम्र भी प्रचलित है, परंतु ललित में एक विशेष प्रकार की योजना की सीमा है वह भाषा के मँजाव में सहायक भी हो सकती है और भाषा की सजीवता में बाधक भी।' (*स्तबक* पृ. 9)

हिंदी में आचार्य हजारीप्रसाद द्विवेदी के निबंधों के साथ 'ललित' जुड़ने के कारण ललित निबंध नाम बहुप्रचलित हो गया है। आचार्य द्विवेदी ने अपनी फक्कड़ता में गप्प की निबंध कलाएँ खूब प्रयोग कीं। आज जिन्हें ललित निबंध, व्यक्ति-व्यंजक निबंध, रम्य रचना, व्यक्तित्व-रंजक निबंध कहा जाता है, वे निबंध तो गप्प ही हैं। निबंध-उपन्यास के लिए गप्प कला का आचार्य द्विवेदी ने सर्जनात्मक प्रयोग इस ढंग से किया कि उसकी साहित्य में धाक जम गई। हिंदी में निबंध का एक अर्थ रहा आचार्य रामचंद्र शुक्ल के *'चिंतामणि'* के विचार प्रधान निबंध। लेकिन आचार्य द्विवेदी के लालित्य प्रधान निबंध आए तो पाठकों को दूसरी तरह का आस्वाद-सौंदर्य मिला। इन ललित-निबंधों पर वे

मुग्ध हो गए और सर्जनात्मक दृष्टि की ऊँचाई से देखने लगे। इन निबंधों से एक अपूर्व रस इसलिए भी मिला कि इनमें गप्प का कला विलास बहुत निखरे रूप में प्रकट हुआ। आगे की निबंध यात्रा में इस वजन का कलात्मक विलास न तो अज्ञेय में नसीब हुआ, न पं. विद्यानिवास मिश्र के व्यक्तिव्यंजक निबंधों में। पं. विद्यानिवास मिश्र ने यह ध्यान दिलाया कि ''जहाँ कहीं ललित शब्द का प्रयोग संस्कृत वाङ्मय में आता है, वहाँ एक सजने का भाव बराबर मन में रहता है और इस सजने के भाव में आत्मरति से ग्रस्त होने का खतरा भी सन्निहित रहता है। इसलिए लालित्य-योजना केवल कहीं-कहीं विशेष प्रयोजन से निबंध में या काव्य में सार्थक होती है। अपने आपमें लालित्य लक्ष्य नहीं है, लक्ष्य चित्त का संस्कार ही है, जो सहज संबंधों की गहराई की पहचान कराता है।'' (*स्तबक*, पृ. 10) लालित्य में इसे प्राप्त करने का संकेत है, लेकिन यह स्थिति मात्र उपकरण है। इस अर्थ-संदर्भ के कारण ही पं. विद्यानिवास मिश्र ललित-निबंधों को व्यक्ति-व्यंजक निबंध कहना अधिक उचित समझते हैं। कुछ विद्वान् व्यक्ति-व्यंजक निबंधों के लिए आत्म-व्यंजक निबंध नाम सुझाते रहे हैं। किंतु सभी से अलग अज्ञेय ने ललित-निबंधों के लिए 'व्यक्तित्व-रंजक' निबंध नाम सुझाया है, क्योंकि इनमें व्यक्ति का निर्वैयक्तिक व्यक्तित्व ही सामने खुलकर आता है। यहाँ व्यक्ति तो सतह के नीचे रहता है।

कवि-चिंतक रमेशचंद्र शाह ने व्यक्ति-व्यंजक और व्यक्तित्व रंजक निबंध विधा को लेकर कहा है, ''साहित्य की जितनी भी विधाएँ हैं, उनमें निबंध सबसे अधिक अनौपचारिक और आत्मीय विधा है।'' (*जड़ की बात*—भूमिका) यह सच है कि आत्मीय स्तर पर अनौपचारिक होने पर व्यक्ति अपने अंतर्मन के बंद कपाट खोल देता है। वह आत्मीय-संवाद में गंभीर-से-गंभीर और छोटी, सरल सभी तरह की चिंताएँ, प्रश्नाकुलताएँ व्यक्त कर देता है। अज्ञेय अपने आत्मीय क्षणों में कुट्टिचातन नाम का मुखौटा ओढ़कर 'राष्ट्र के प्रतीक' शीर्षक से निबंध में कहते हैं, ''उस दिन हम लोगों में गेंदे के फूल को लेकर बड़ी चर्चा हो गई। बात यों हुई कि उत्तर भारत के एक समाचार-पत्र में कुछ दिनों से 'संपादक के नाम चिट्ठी-पत्री' वाले स्तंभ में इस बात को लेकर काफी चखचख होती रही है कि लौकिक गणतंत्र भारत का प्रतीक अशोक की सिंहत्रयी हो या कि ओडिसा-अमरावती के मदमाते गयंद। इस 'गज-शार्दूलीय' में रामपुरवा के वृष का भी आ भिड़ना भारतीय पुरातत्त्व से यत्किंचित् परिचय रखनेवाले साधारण तर्कजीवी को भी समझ में आ जाएगा। उससे गेंदे के फूल तक की परंपरा निरे तार्किक के लिए उतनी प्रत्यक्ष नहीं भी हो सकती है, लेकिन जो लोग सामाजिक वार्त्तालाप की आभ्यंतर तर्क-संगति को समझते हैं, उन्हें इस पूर्वापरता की सहज अनिवार्यता देखने में कठिनाई होनी चाहिए—भले ही फ्रायड के स्वच्छंद विचार-संगति के सिद्धांत को वे न मानते हों।'' (*सबरंग और कुछ राग*, पृ. 11) अज्ञेय हों और 'परंपरा' की चर्चा न करें,

यह कैसे संभव है। क्योंकि उनके लिए 'परंपरा' का एक अर्थ 'पूर्वापरता' रहा है। लोग सभी पुरानी बातों को झट 'परंपरा' कह देते हैं, जबकि सच यह है कि हर पुरानी चीज परंपरा नहीं है, परंपरा एक सतत परिवर्तनशील प्रक्रिया है। भ्रमवश परंपरा को अतीत की पूँजीभूत विचार राशि मानना भी ठीक नहीं दूसरे को, दूसरे का तीसरे को दिया जानेवाला क्रम। 'परंपरा का अर्थ है एक का दूसरे को, दूसरे का तीसरे को दिया जानेवाला क्रम। वह अतीत का समानार्थक नहीं है। "परंपरा जीवंत-प्रक्रिया है" (*आचार्य हजारीप्रसाद द्विवेदी ग्रंथावली*-खंड 9, परंपरा और आधुनिकता, पृ. 358)। यह कथन भी निराधार नहीं है कि अज्ञेय के मानस में आचार्य हजारी प्रसाद द्विवेदी के विचारों की छाप रही है आचार्य से अज्ञेय ने बहुत कुछ सीखा है।

अज्ञेय के ध्यान-ज्ञान में परंपरा थी, इसीलिए कहा—"कहीं आपको सारी बात हँसी न मालूम हो, इसलिए प्रश्न को गंभीरता के साथ आपके सम्मुख रख देना उचित होगा। इस नवीन, जीवित, विकासशील, लौकिक गणतंत्र का प्रतीक एक जड़, परिवर्तनहीन पुराखंड क्यों हो—वह भी एक ऐसे स्तंभ का खंड—जो अपने समय में एकच्छत्र राजत्व का प्रतीक रहा और फिर से सारी चीजें हैं भी तो निरी कलावस्तु और कला की परिभाषा में ही यह बात निहित है कि वह लोकोत्तर आनंद देती है; एक लौकिक चीज का प्रतिनिधित्व करे ऐसी चीज, जिसकी पहली शर्त है उसकी लोकोत्तरता, इस इतने बड़े विरोधाभास को विरोधाभासों का प्रेमी भारत भी कैसे सह सकता है।" (वही, पृ. 11) यह विरोधाभास क्या है? उस पर व्यंग्य करते हुए अनौपचारिक ढंग से कहा, "इस विरोधाभासवाली बात को आप भारत का अपमान न समझें : यह वास्तव में, संसार के सात अचरजों में आठवाँ है। नहीं तो यह कैसे होता कि जिस देश ने 'वसुधैव कुटुम्बकम्' का आदर्श संसार के सामने रखा, उसी ने जात-पाँत की व्यवस्था भी दी और ऐसे विकट रूप में कि वह इस्लाम और ईसाईयत पर भी हावी हो जाए? जो लोग नए ईसाई हो गए, वे भी हिंदू, धर्म को छुआछूत नहीं छोड़ सके। उनका टके-सा उत्तर होता है—'ईसाई हो गए तो क्या हुआ—धर्म थोड़े ही छोड़ दिया।' जिसने कहा 'तत्त्वमसि', 'शिवोऽहम्', 'अहं ब्रह्मास्मि' उसी ने तैंतीस करोड़ देवता भी गिना दिए?" कितना बड़ा विरोधाभास है कि उस देश में हम धर्मनिरपेक्षता की बात कर रहे हैं। उसमें धर्म-सिद्धांतों की चर्चा उचित नहीं है।

इसी विचार-चर्चा में विचार का एक धागा निकला—"हमारा देश सारी दुनिया में अध्यात्मवादी प्रसिद्ध है : आपने नहीं देखा कि टूरिस्ट अमेरिकी नारियाँ जो होती हैं, तो बस होती हैं—उनकी मांसलता ऐसी मुखर होती है—कैसे भारतीय चित्रकला में नारी रूप को देखकर आँखें गोल-गोल करके कहती हैं, 'ओरिएंटल ब्यूटी सो स्पिरिचुअल'। मानो 'स्पिरियुअल' और 'ओरिएंटल' प्राच्य और आध्यात्मिक संपूर्ण पर्याय हों? और

आध्यात्मिक सौंदर्य के उपासक इस देश में कम नहीं है—हम दाक्षिणात्यों का सौंदर्य-बोध तो तर्क-सौंदर्य तक ही रह जाता है''—तभी तो तर्क करने पर कुछ लोग कमल की तुलना कुमुद से करने पर कुमुद को अधिक सुंदर मानते हैं—(इसलिए कि निशापद्म का सौंदर्य अधिक आध्यात्मिक होता है।) वहीं बंगाली मित्र कहते हैं—उसकी चच्चेड़ी बहुत अच्छी होती है—''की शुंदौर'' इस आध्यात्मिक देश में चरम कोटि का उपयोगितावाद कहाँ से आया? संसार फूल के सौंदर्य की पूजा करता है। लेकिन हम भारतीय पूछते हैं—''निरे रूप से क्या? उसकी उपयोगिता क्या? गंध देता है क्या? ''पलाश मधुऋतु में वनाग्नि की तरह दहक उठता और उसी से लोग वसंतागम पहचानते हैं, लेकिन उससे क्या—वह फूल काम कौन से आता है? 'निर्गंधा इव किंशुका : अरे म्याँ, तुम भी हो निरे टेसू।'' लेकिन चंपक बेचारा तो टेसू से भी अभागा है। उसके पास इतना रूप है कि प्रिया की कोमल उँगलियों की उपमा उसकी कली से दी जाए, वरना गंध इतनी कि हाथी मतवाला होता फिरे। लेकिन उससे क्या? उससे किसी भौंरे का पेट तो नहीं भरता। गंध मादकता किस काम की? कालिदास ने 'सरसिजमनुविद्धं शैवलेनापि रम्य' सिवार से घिरा हुआ भी कमल रम्यं है, जो मधुर है उसे मंडन की आवश्यकता? कालिदास की निरंकुशता प्रसिद्ध है, उन्होंने 'जो सुंदर है' नहीं, 'जो मधुर है' कहा तो कमल-मधु की भोक्तव्यता की ओर ध्यान था। कालिदास का दुष्यंत अपने से ज्यादा उस भौंरे को धन्य मानता है। कृती वह जो उस मांसल-सौंदर्य का भोक्ता है। फिर अज्ञेय को विचार-प्रवाह के बीच ध्यान आया ''किस्सा कोताह : बात गेंदे के फूल की हो रही थी। राष्ट्र के प्रतीक पुराणों-काव्यों में से भी नहीं मिलते और पुराखंडों से तो भला मिल ही क्या सकते हैं? सारनाथ के सिंह या रामपुरवा के वृष की बात न होकर अगर मैसूर के हाथी या बनारस के बिजार की बात होती, तब तो उनकी बात सोची भी जा सकती थी : हमें तो जमनापारी बकरी या पछाँही भैंस पर भी कोई आपत्ति नहीं। अगर साम्राज्ञी 'राजमहिषी' हो सकती है, तो जिस अनुपम भैंस ने इस तुलना को जन्म दिया, वह क्यों स्वयं लोकतंत्र की प्रतीक नहीं हो सकती? संस्कृत में कहा, 'त्वमक्षरं परमं वेदितव्य' और हिंदी में कहावत है—'काला अक्षर भैंस बराबर' तो क्या भैंस ही हमारी परम वेदितव्य नहीं सिद्ध हो सकती? लेकिन बात फूलों की हो रही थी, फूलों में भी गेंदे के फूल भी। न मालूम क्या सोचकर कुछ लोगों ने कमल को राष्ट्र-प्रतीक बनाने का प्रस्ताव किया था, उसका तो नाम ही उसे अयोग्य ठहरा देता है—क—मल, पानी का मैल। पंक—ज—कीचड़ से उत्पन्न।'' अज्ञेय ने हास्य-विनोद में लिखा, ''दिन में आठ बार नहानेवालों के देश के प्रतीक का ऐसा भरष्ठ नाम! और गेंदा तो लोक-प्रमाण है। लोक-साहित्य में एक शायद गुड़हल को छोड़कर और कौन फूल गेंदे के आस-पास भी आता है। कालिदास को ताक पर रख दीजिए। यह बताइए कि ग्रामवासी भारत के किस नायक ने प्रिया की

कबरी का कमल, किस ग्रामीण ने सैंया के सिर का सिरस होना चाहा? आत्मनिवेदन की पराकाष्ठा में वह कबरीबंध का गुड़हल का फूल होना चाहता है तो वह सैंया की गोदी का गेंदा बनना चाहती है—चंपक और पाटल, पदम और पारिजात झख मारते रह जाते हैं।'' (वही, पृ. 13) याद कीजिए वह लोक प्रमाण जहाँ यास्क कहते थे—'लोकं पृच्छं'—प्रमाण के लिए लोक-साधारण के पास जाओ।

अज्ञेय ने परम आत्मीय-भाव से माना है कि ''हमारे राष्ट्र का प्रतीक गेंदे का फूल ही हो सकता है। यों कभी पंजाबिनों को फूली हुई गोभी की तरह गदराए हुए घूमते देखकर यह प्रश्न भी मन में उठा है कि गोभी का या फिर उतना है ठोस और उससे भी अधिक मोतबिर केले का फूल क्यों नहीं राष्ट्र-प्रतीक हो सकता? पर गेंदे की सार्वदेशिकता असंदिग्ध है। गोभी केले खाए जाते हैं—तरकारी अधिक हैं—आलू भी तरकारी है, भले ही उसे आए चार सौ वर्ष हुए हैं। आलू विदेशी है, तो बैंगन और अमरूद भारतीयता के प्रतीक हैं और फूलों में गेंदा। आवृत्ति दोष नहीं, अलंकार है—राष्ट्र प्रतीकों का बार-बार स्मरण ही नहीं जय-जयकार होनी चाहिए गेंदे की जय। झंडू की जय। जवंदी पू की जय।'' हास्य-व्यंग्य से भरा यह निबंध ज्ञान-स्मृति की विदग्धता से युक्त सर्जनात्मक गद्य का अद्‌भुत सौंदर्य लिये है। यह निबंध एक ललित कविता है, जिसे बार-बार पढ़ने की मन में हुड़क उठती है। ऐसे मधुर अज्ञेय को कुछ नकटे 'मनहूस' और 'चिंपाजी' कहते रहे। आज का पाठक यास्क की तर्ज पर 'लोकं पृच्छं' को मानता है, तो अज्ञेय की कथन विदग्धता लोक-संवेदना की रम्यता और कहने के ढंग की सरसता मोहक लगती है। आचार्य हजारी प्रसाद द्विवेदी की तरह पंडिताई कभी भी अज्ञेय के लिए बोझ नहीं रही है। वे निरंतर लोक वेद की ओर झुकते गए।

सबरंग कुछ राग के सभी व्यक्तित्व-व्यंजक निबंधों में लोक मन, लोक संवेदना और लोक स्मृति का सर्जनात्मक उपयोग किया गया है। 'मार्ग-दर्शन', 'बतानेवाले के बताने से' संबंधित एक लोकचित्र है, क्योंकि मार्ग बतानेवालों का तरीका अलग-अलग होता है—बंगाली से मार्ग पूछो तो खीझे स्वर में कह देगा—'जानि ना' और 'किसी बनारसी (या कि बनरसिए) पूछो तो वह ठोड़ी किसी तरफ से उठाकर सुरती की पीक सँभालते हुए कह देगा—'इ का है सामने।' *(सबरंग और कुछ राग)*। साहित्यिक मार्ग संकेतों में काल-सापेक्ष सिद्धांत रहते हैं, तो महापुरुषों के लाभ से हर शहर में 'गांधी मार्ग'। महापुरुषों की स्मृति से साधारणीकरण का यह एक परिचित ढंग—'पटेल गली', 'जवाहर रोड'। हर गली शहर में एकता में अनेकता—'गली कायस्था' और 'मुहल्ला विरहमनाँ' और नई पद्धति में 'रविदास स्कवेयर'। इस नई पद्धति के प्रसार पर हास्य-व्यंग्य में अज्ञेयजी ने कहा कि ''काशी के धुरंधर पंडित 'अभिनव नाट्यशास्त्र' के साथ 'अभिनव मानसार' और 'अभिनव भरत' के साथ 'अभिनव विश्वकर्मा' का विरुद भी

जोड़ लें। फिर देखिए दीवारों पर लिखा—'नामर्दी, नामर्दी, नामर्दी' अस्पताल की दीवार। कहीं बिजली की बत्तियों से लिखा है—'न्यूरोसिस'। बस न्यूरोसिस के बोर्ड के नीचे चले जाइए—वह आधुनिकता का दूसरा नाम है और समकालीन जीवों के लिए उपयुक्त बिल्ला 'संसार के न्यूरोटिको एक हो जाओ—तुम्हारे न्यूरोसिस के सिवा और तुम्हारा क्या कोई छीन लेगा।'' अद्भुत बात यह है कि लोकानुभवों को निचोड़कर अज्ञेय ने एकदम आत्मीय शैली में निबंध लिखे हैं। कहा जा सकता है कि वे लोकज्ञ निबंधकार हैं, तभी तो आत्मीय निजी और शब्द की ऊष्मा की सजीव तात्कालिकता के मेल से अनायास रच सकते हैं। उनका चुप्पापन गायब हो जाता है बहुश्रुत बोलने लगता है। अज्ञेय की यह नई छवि है, नई मुद्रा है, जिसमें वे एक साथ साक्षी और भोक्ता दोनों हैं।

अज्ञेय अपने स्वत्व की कम-से-कम परवाह करनेवाले निबंधकार हैं। उनका लगाव जिंदगी की गहराई और सतह दोनों पर पड़ी मामूली-से-मामूली चीजों, जीवों, स्थितियों, घटना प्रकरणों, लोककथाओं, रूपकों से है। हाँ, उनकी लेखनी में इतनी ताकत है कि उसका स्पर्श करता है। लेखन में कहीं इकहरापन न होकर बहुलार्थकता है—'दिल्ली देखा कि आगरा', 'पहला रिपोर्टर', 'अकेलापन', 'गिलहरी', 'पीपल', 'शारदीय धूप', 'नखरे में गरम मसाला', 'कुछ वर्गवाद', 'गाँव का पोखर', 'भूमिका तो रह ही गई' और 'सेवा-पुराण' ऐसे ही ललित सरस व्यक्तित्व रंजक निबंध हैं। उदाहरण के लिए 'पहला रिपोर्टर' निबंध की खोज है कि पहला रिपोर्टर कौन था? क्यों था? कहाँ था? पहला संवाददाता कि पहली संवाददाता? ''क्योंकि इसमें कौन संदेह कर सकता है कि जब ईडन के उद्यान में हौवा ने साँप के पास वह सेब देखा और दौड़कर इसकी सूचना आदम को देने चली, तभी पहले संवाददाता का जन्म हुआ; और पत्रकारिता के इस पहले उद्योग का ही परिणाम देखिए कि बेचारा भोला आदम ईडन से बहिष्कृत हो गया।''

''आज प्रातःकाल उद्यान के एक सुंदर, हरे-भरे कोने में एक महाकाय साँप देखा गया। कहा जाता है कि वह साँप अन्य साँपों से भिन्न है, क्योंकि यह भूमि पर रेंगने के बजाय एक पेड़ से लिपटा रहता है। हमारा विशेष प्रतिनिधि मौके पर जाकर पड़ताल कर रहा है।''

''हमारे विशेष संवाददाता द्वारा विश्वस्त रूप से पता चलता है कि जिस पेड़ पर साँप गुंजलक डाले पड़ा रहता है, उसकी डाल में एक सुंदर फल लगा हुआ है। साँप के कारण उस तक पहुँचना खतरे से खाली नहीं है। समाचार से उद्यान में बड़ी सनसनी है।''

''शैतान के परराष्ट्र सचिवालय में जाँच करने से मालूम हुआ कि साँप द्वारा रक्षित फल ज्ञान का फल है। गुप्त रूप से यह भी सूचना मिली है कि इस फल पर समूचे उद्यान के निवासियों का भविष्य निर्भर है। विशेष संवाददाता द्वारा प्रश्न पूछे जाने पर विभाग के एक उच्च अधिकारी ने बड़े रहस्यपूर्ण ढंग से प्रश्न को टाल दिया।''

"साँप ने एक विज्ञप्ति निकाली है, जिसके अनुसार इस कथन की सत्यता की पड़ताल अभी नहीं हो सकी।"

पहले संवाददाता ने किस कदर सनसनीखेज खबर को कैसे हुनर से सनसनीखेज बनाया। पत्रकार-संपादक अज्ञेय इस कला के उस्ताद। उन्होंने फिर विशेष संवाददाता को सूचना दी—"शरणार्थी कैंप तथा ईडन उद्यान से कुछ दूर पर आदम ने डेरा डाला है। उसकी मनोदशा अत्यंत चिंताजनक बताई जाती है। पेड़ की छाल और पत्तियाँ बाँधकर उसने अपने शरीर के कुछ भाग को ढक लिया और उसकी खोई हुई दशा से···"—संवाददाता की छाप लग जाने पर हौवा भी ईडन में रुक न सकती। उसके बाहर की मरुभूमि में तो क्या, सीधे शैतान की नगरी भी जाना पड़ता तो भी जाती—बिना बुलाए जाती—बिना खदेड़े जाती।

भारत का पहला ऋषिकुल का रिपोर्टर—हाँ, नचिकेता, कैसे कौशल से साक्षात् यमराज से मिल आया था—सो उसका बखान अभी तक होता है, वैसा भाग्यवान दूसरा रिपोर्टर नहीं हुआ। असल में संवाददाता का 'लक' बड़ी चीज है। देखिए, प्रियंवदा की सूझ भी थी कि उसने कौशल से शकुंतला को खबर दे दी कि दुष्यंत को विदा करे—"चक्रवाक् वधुके, आमन्त्रयस्व सहचरं उपस्थिता रजनी।" कालिदास की मेधा ने प्रियंवदा के संवाद को जस का तस अपनी पुस्तक में दे दिया। 'महाभारत' में कौरवों का सैनिक संवाददाता संजय भी अपने ढंग का एक ही है। ऋषि व्यास ने संजय के बयानों को जस का तस दर्ज कर लिया। होमर से आगे बढ़िए—गली के किसी कुएँ पर देखिए—संवाद का प्रचार और सर्जन दोनों स्त्री जाति के प्रमुख उद्योग हैं। इसी उद्योग पर मानव जाति के सभी उद्योग, सभी तरह की आधुनिकता निर्भर करती है। अज्ञेय ने आत्म-व्यंग्य शैली में लिखा—"मुझ जैसा नारी-द्वेषी भी कह सकता है कि यह परिस्थिति तो केवल इस बात की सूचक है कि नारी आज मुक्त है, बल्कि समाज का संचालन भी कर रही है और स्त्री-बुद्धि की सामाजिक वृद्धि हुई जा रही है। मेरा कहना आज न मानें। क्योंकि मैं बुद्ध हूँ। किंतु सत्य है कि जो ऐसा कहता है, वह द्रष्टा है, क्रांतदर्शी है, स्रष्टा है। यानी मैं भी द्रष्टा-स्रष्टा हूँ, क्योंकि मैं बुद्ध हूँ।" मनु के पहले संवाद का प्रचार इड़ा ने किया। इड़ा, इरा, सरस्वती के नाम हैं। यानी वाणी के वाक् के संवाद क्या हैं—वाक् केंद्रित-परंपरा का विस्तार। इस तरह संवाद तो वाग्देवी को प्रणाम है, उसकी कृपा से बात की बात को सौ बातें बनाना। अज्ञेय का पूरा निबंध एक शोध-पत्र है, लेकिन शोध-पत्र की जड़ता-शास्त्रीयता से पूरी तरह मुक्त। खोज की ऊँचाई की ऊँचाई को सहज रूप में प्रस्तुत करने की कला का कमाल। यायावर-पत्रकार अज्ञेय 'घाट-घाट का पानी' पीकर लोक ज्ञानी हो गए थे और फिर लोक के भाष्यकार, विमर्शकार। तभी तो उनका हर निबंध एक 'पाठ' है, जिसके अनेक भाष्य हो सकते हैं। अज्ञेय के निबंधों

की परम चारित्रिक पहचान यही है कि वह निर्वैयक्तिक और वैयक्तिक एक साथ हैं। देश-विदेश में निबंध की जो परिभाषाएँ की गई हैं, उनमें एक बात समान है कि निबंध में निबंधकार का व्यक्तित्व व्यंजित होना चाहिए।

मैं जानता हूँ कि अज्ञेय के इन निहायत आत्मीय और व्यक्तित्व-रंजित निबंधों को परंपरागत ढंग से निबंध को पढ़ने-पढ़ानेवालों को इस तरह के लेखन को निबंध मानने में कठिनाई होती है, क्योंकि यह लेखन निबंध के परंपरागत साँचों को तोड़ता है और एक नया निबंध-मुहावरा ईजाद करता है। दरअसल, आप इन्हें 'ललित निबंध' भी नहीं कहना चाहेंगे, बल्कि ललित-निबंध संज्ञा ही इन निबंधों के लिए अपर्याप्त सिद्ध होगी। आचार्य रामचंद्र शुक्ल, बालमुकुंद गुप्त, आचार्य हजारी प्रसाद द्विवेदी के निबंधों को आदर्श (मॉडल) मानकर चलेंगे, तो भी पाएँगे कि अज्ञेय की स्मृति और निर्बंधता उसमें अट नहीं पा रही है, लेकिन ऐसा कोई नहीं कह सकता कि इस तरह का लेखन निबंध का नया प्रयोग नहीं है। फिर ये निबंध अज्ञेय के किसी सचेष्ट प्रयत्न का परिणाम भी नहीं हैं और न ही इनमें अंग्रेजी, फ्रेंच या हिंदी के किसी ढाँचे का 'अनुकरण' किया गया है। इनका विदेशी परंपरा से तो कोई सीधा संबंध ही नहीं दिखाई देता। *सबरंग कुछ राग* के निबंध हों या *कहाँ है द्वारका* या *छाया का जंगल* या *स्मृतिच्छंदा* के निबंध। अपने लोकानुभव में रंजित निहायत अनगढ़ लगने पर भी इन निबंधों की अपनी अहमियत है और अलग तरह का अस्तित्व-व्यक्तित्व। अवसर-प्रेरित तात्कालिकता का झाग भरा आग्रह भी इनमें नहीं है। हाँ, बहुपठित-बहुश्रुत यायावर-पत्रकार और रचनाकार की संश्लिष्ट प्रतिभा का यह अपूर्व जोड़ है, जिनमें निबंध-विधा की बुनियादी शर्तों का या अभ्यास जड़-रूढ़ियों का पालन नहीं किया गया है। 'शारदीय-धूप' या 'दृष्टिकोण' जैसे निबंध क्या निबंधकार के मन की संवाद-कला की विदग्धता नहीं हैं? क्या इसी कारण इनकी पकड़ इनके सहचर-साथी पर ज्यादा बढ़ी हुई नहीं है? इन निबंधों में जिस व्यक्तित्व के जीवनानुभव मौजूद हैं वह क्या व्यक्तिबद्ध हैं या व्यक्ति सीमित हैं? उसमें आत्मरति झाँकती है या गहरी निर्वैयक्तिक सामाजिकता का विस्तार है? यह मात्र संस्कृति के संदर्भों से गृहीत 'ललित-निबंध' नहीं हैं। यह निबंधकार चुपचाप, बहुत बोलता है, आत्मसंवाद करता है, आत्मालाप में बहुत चतुर-सुजान हैं।

अज्ञेय ने *कहाँ है द्वारका* की भूमिका में कहा था कि "इन छोटी-मोटी निष्प्रयोजन रचनाओं को भावरंजिनी कहता हूँ तो आशय यही है कि भाव तो वहाँ है, पर वह रंजित रूप में प्रस्तुत किया गया है और रंजन उन्हें झूठा या हल्का करने के लिए नहीं है, आपको आकृष्ट करने के लिए है—रंगत के प्रति भी और उस मूल्यवान् धातु के प्रति भी जिसे रंजित किया गया है और रंजन के काम में सुख पाते हुए यह कार्य संपन्न किया गया है।" यहाँ निबंध 'तात कामिल बुल्के को सादर निवेदित हैं।' और फिर निबंधों को लेकर

कहा, ''इसमें जो निबंध हैं—सब मैंने बिना जरूरत के लिखे हैं, काम चलाने की किसी प्रेरणा के बिना लिखे हैं और इनके लिखने में मुझे रस मिला है, लिखते समय भी आनंद मिला है और लिख लेने पर भी मिला है।'' (*कहाँ है द्वारका* भूमिका से) आपकी भूमि पर बनी इस रम्यरचना में व्यक्तित्व-व्यंजकता का आनंद है। भावों को रंजित करने की कला, संस्कृति का अंग है और आज के विचारवादी-बौद्धिक युग में अंग पर बल देना जरूरी है। यहाँ कोरा व्यक्ति-विनोद नहीं है, बदलते हुए मनुष्य की हालत का संकेत है। उस कृति में बारह लेख या निबंध हैं 'वर्षागम', 'ऊँघ', 'अस्पर्श', 'खग-भाषा', 'सबै भूमि गोपाल की', 'आकाश से नारद गुजरे', 'चेहरे का मंदिर', 'ताली तो छूट गई', 'कहाँ है द्वारका', 'शैतान के आईने', 'मरुस्थल की सीपियाँ' तथा 'छोड़ने का सुख'। 'वर्षागम' के बादल घिरे हैं—भीतर घिराव, बाहर घिराव। धुंध भरे मन में हलचल तथा धड़कन। फिर धड़कन के बाद की नीरवता। पूरा निबंध प्रकृति-रस का एक अपरिभाषेय अनुभव। घिरे मन की मुक्तता का अंतर्मन में अहसास। ''जब मैं जिज्ञासा से प्रेरित होता हूँ, तो उस सारी प्रक्रिया को ही बदल देता हूँ। यानी मेरा हस्तक्षेप इस पिद्दी चिड़िया के जीवन तक न रहकर प्रक्रिया मात्र में हस्तक्षेप का रूप ले लेता है।'' (*कहाँ है द्वारका*-'वर्षागम')। दोपहर की 'ऊँघ' वयस्क प्राणी को घेरती है, बच्चों को नहीं। दोपहर में बच्चा ऊँघता नहीं है, वह समय-असमय का विचार नहीं करता, हम करते हैं। 'समय विभाजन' की दीक्षा ही वयस्कता है। बच्चे मानो एक अविभाजित प्रवाहमान काल में जीते हैं और वयस्क प्राणी नपे-तुले टुकड़ों में बँटे एक कालखंड में। वयस्कता की ज्ञान-सामर्थ्य ही 'संस्कृति' है—काल के साथ अपने अनुभव का निरूपण। एक ओर अजस्र काल-प्रवाह, दूसरी ओर उससे अटूट सातत्य से बँधा कर्म-प्रवाह। जीवन भर स्वाधीनता और स्वायत्तता के प्रश्न मानव को मथते हैं—वह ऊँघकर भी जागता रहता है। योगी एक झपकी में दिन भर की शक्ति-संचय कर लेता है, लेकिन मामूली आदमी की कुत्ता-झपकी का क्या अर्थ। यह निबंध क्या है—शब्दहीन संभाषण है, अनवरत चिंतन का सुख। 'अस्पर्श' का स्पर्श कितनों को होता है, मंदिर की पवित्र आस्था का स्पर्श। कितनों को होता है मंदिर की पवित्र आस्था का स्पर्श? 'खग-भाषा' में चिड़िया की बोली—खग जानै खग ही की भाषा। बच्चे अभ्यास से भाषा सीखते हैं। इस अनुभव की लंबी दीक्षा चाहिए—''जिस प्रकार चित्रकार अरूप तक पहुँचने के लिए वर्षों तक रूपाकार की साधना करता है, उसी तरह शायद कवि को भी परम काव्य तक पहुँचने के लिए वर्षों तक भाषा की और छंद की मर्यादाओं की साधना करनी पड़ती है।'' संत और सिद्ध-पुरुष पक्षियों से बात कर लेते हैं। प्रेम को वाणी की आवश्यकता नहीं होती। भाषा की चरम स्थिति पार करके प्रेम की परमावस्था में साधक पहुँचते हैं—प्रेम के जीवंत मौन समाहित होकर हम सीमाहीन हो जाते हैं।

'सबै भूमि गोपाल की' में भूमि की बहुलार्थकता का रस है—आजकल अपनी जमीन पर खड़े होने की चर्चा है, राजनीतिक की अपनी जमीन, समाज-सुधारक की अपनी जमीन, साहित्यकार अपनी जमीन से जुड़ने का दावा करता है। जमीन की इतनी चर्चा कि जमीन अब धरती पर नहीं, आकाश में उड़ रही है। भाषा-वैज्ञानिक कहते हैं रूपक के बिना भाषा आगे नहीं बढ़ सकती। यह दूसरी बात है कि रूपक जब तक जीवित रहता है, काव्य भाषा का अंग रहता है और जब मर जाता है, तब साधारण भाषा का अंग हो जाता है। इस तरह भाषा मरे हुए रूपकों का ढेर है। आज यथार्थवादी होने की हर कोई दुहाई देता है। आम आदमी की आम भाषा की बात अर्थात् प्राणवान रूपक पर मरे हुए रूपक को तरजीह। वैदिक ऋषि कहता था—भूमि मेरी नहीं, मैं ही भूमि का हूँ अर्थात् भूमि केवल गोपाल की है, गाँव भी, गाएँ भी सब उसी की हैं। पहले के कवि में आस्था थी आज के कवियों में संत्रास है और भूमि उसके पैरों के नीचे से खिसक रही है। लेकिन अज्ञेय ने जगह-जगह ईंट-पत्थर ढोकर अपनी भूमि तैयार की है और यह परवाह नहीं की कि मंदिर में किस देवता की मूर्ति स्थापित होगी। सबके गोपाल, सबकी भूमि का भाव रहा। पर आज गोपाल आधुनिक हो गए हैं। मंदिरों की भूमि बेची-खरीदी जा रही है। यह सब 'सेकुरल कल्चर' के अंग बन गए हैं। पवित्र देव भूमि का अर्थ ही खतरे में पड़ गया है। धर्म-निरपेक्ष भूमि बढ़ रही है, अलौकिक आध्यात्मिक भूमि लुटपिट रही है, फिर पूरी स्थिति पर व्यंग्य-भाव से टिप्पणी की है—"बात से बात निकलती है और फिर बात क्या-क्या गुल खिलाती है; पर रंगेगुल से बुलबुल के पर बाँधने का उपक्रम हम क्यों करें, जब कि हम दिल्ली के नहीं है। दिल्ली तो अब उस राजनीतिज्ञ की है, जो संसद् में बैठा-बैठा ही अपने को अपनी जमीन पर खड़ा मान पाता है।" (*कहाँ है द्वारका*—'सबै भूमि गोपाल की')

'आकाश से नारद गुजरे' विवाद-बहस की उछाल का निबंध है। अज्ञेय को बहस में दिलचस्पी है, उसके लिए भीतर-ही-भीतर तैयारी चलती है। इसी तैयारी से वे सभ्यताओं-संस्कृतियों पर बहस करते हैं। कोई पश्चिमी सभ्यता का मिथकीय चरित्र मिलता है, तो सोचते हैं—'क्या भारतीय सभ्यता या मिथक-पुराण में कोई ऐसा एक चरित्र है।' मित्र ने कहा—पश्चिम में ऐसा चरित्र है—फाउस्ट। पश्चिमी मानव को समाजशास्त्रियों ने 'फाउस्टियन मैंने कहा भी है।' एक और चरित्र है—हेमलेट का। 'हर पश्चिमी मनुष्य या तो फाउस्ट है या हेमलेट या दोनों।' लेकिन हिंदुस्तान के लोग एकाएक प्रस्तावित एक नाम पर सहमत नहीं होंगे—राम और कृष्ण का नाम लेंगे—फिर कहेंगे एक मर्यादा पुरुषोत्तम है, तो दूसरा लीला-पुरुषोत्तम। मर्यादा और लीला दोनों भारतीय चेतना के मूल सरोकार रहे हैं। मित्र ने फिर कहा—मैं तो एक नाम और लेनेवाला था—प्रोमिथियुस का। अज्ञेय ने कहा, विश्वामित्र का नाम नहीं लूँगा। नाम लूँगा हनुमान् और नारद का। हर भारतवासी

हनुमान् भी होता है और नारद भी। प्राक्-चरित्र। ठीक किया राम को और यीशु को छोड़ दिया दोनों के मिथकीय आयामों की चर्चा बेतुकी है। यह मानोगे क्या कि पाप-मोचन का ईसाई सिद्धांत और बाइकेरियस सफरिंग का सिद्धांत ईसाई संवेदन का अंग है और पश्चिम की देन है। पश्चिम के फाउस्टियन मैन की विशेषता है—शक्ति अथवा पावर की और उसकी अदम्य लालसा। फाउस्ट-विद्या चाहता है, केवल साधन के रूप में। उसका साध्य है—सत्ता, पावर, पावर-थ्रू नॉलेज। फाउस्टियन मैन सत्ता कामी मानव है—जल्दी-से-जल्दी सत्ता हथिया पाने के लिए जानकारी की खोज में लगा है। अज्ञेय ने मित्र से कहा—अगर फाउस्ट की खोज का यह सूत्र ठीक है—विद्या द्वारा सत्ता, तो कहूँ हनुमान् उसी स्तर पर हमारी महदाकांक्षा का प्रतीकन करता है। हम भी सत्ता चाहते हैं, लेकिन हमारा साधन विद्या नहीं है, विनय है—विद्या ददाति विनयम्। पावर थ्रू ओबेडिएंस। मित्र ने कहा, मैं समझता था, भारत का लक्ष्य है—आत्मज्ञान को पाना 'आत्मनं विद्धि' आदि। अज्ञेय ने कहा—वह भी। लेकिन वह खोज का दूसरा आयाम है। इसीलिए ज्ञान और विद्या में भेद किया है। फाउस्ट की सत्ता की खोज लौकिक है, पारलौकिक नहीं। दास्य-भक्ति में सेवा द्वारा सत्ता की खोज का नाम है—नारद। नारद मुनि भी हैं, उत्पाती भी हैं, बौद्धिक प्रश्नों में फँसा मिथकीय चरित्र। "नारद के जिस प्रश्न से उत्पात खड़ा होता है उसका हमेशा एक सात्त्विक, बौद्धिक आधार होता है।" उनका हर प्रश्न बौद्धिक कोतूहल का परिणाम है। हमारे मिथक की असली गाँठ यही है—बौद्धिक जिज्ञासा और उसका जोखिम। यह सहज बोध भारतीय प्रतिभा का सहज अवदान है। भारतीय मिथक साहित्य का मूल मिथक नारद है। यहाँ हर व्यक्ति नारद है, उसमें अदम्य बौद्धिक कौतूहल है। फाउस्ट की विशेष बात यह है कि वह शैतान के साथ समझौता करता है। पश्चिम हमेशा ही शैतान के साथ समझौता करता है। भारत के लोग वैसा नहीं करते। पश्चिम शैतान की अनादि सत्ता मानता है—जैसी ईश्वर की, जब कि हम पाप को ऐसा आत्यंतिक पद नहीं देते। आप कहेंगे शैतान की तुलना पाप से नहीं माया से कीजिए—सभी भारतीय दर्शनों में माया की आत्यंतिक सत्ता है। लोक-चेतना में तो माया बिंधी है और उपाय से माया से मुक्ति हो सकती है। गेटे ने फाउस्ट को शैतान के चंगुल में नाटक के अंत में बचा दिया और भगवत्कृपा से। लेकिन वहाँ लोक का शैतान मुक्त नहीं होता। गेटे की परिकल्पना कथा रिफाइनमेंट है—ईसाई धर्म से प्रेरित संस्कार। लेकिन आज ईश्वर पर विश्वास उठ रहा है या भगवत्कृपा की हो गई है ऐसी की तैसी। तब? करुणा भटक गई है। पश्चिम आज भी शैतान के साथ है, उससे समझौता कराना चाहता है।

भारतीय चिंतन में हनुमान चिंतन के मूल हैं। इसका अर्थ है—विनय से सत्ता की प्राप्ति। कहा गया—'सेवा में ही मेवा' है। हर सत्ता बजरंगबली है। हेमलेट का दुचित्तापन नारद का शंकालु भाव नहीं है और न उत्पात। भारतवासी के मन में सत्ता के प्रति शंकालु

भाव रहता है। पश्चिम में फाउस्टियन और हेमलेटीय चरित्र की बहुत चर्चा है—भारत में हनुमान् और नारद की चर्चा कम है, लेकिन लोक-चेतना ने दोनों को मिथकीय आयाम दे दिया है। हमारा काल-चिंतन पश्चिम के काल-चिंतन से अलग है। हमारे यहाँ 'चेहरे का मंदिर' है—ऋषियों की परंपरा में सजीव-स्मृति का स्पंदन है। एक निबंध है—'ताली तो छूट गई' छूट जाने दीजिए—मनोविश्लेषण शास्त्री के लिए ताले और चाभी के विशेष आयाम हैं। फ्रायड की अलग व्याख्या है। उमर खैयाम भाग्यशाली रहे फ्रायड से बहुत पहले हो गए। उनके ताले की चाबी पहले फिटजैराल्ड ने खोली फिर फ्रायड ने। कवि ताले-चाबी में विश्वास नहीं करता, वह बिना दीवारों का घर बनाना चाहता—'अनंत का विस्तार'। कबीर ऐसा ही घर बनाना चाहते थे, फक्कड़ संत थे—प्रेम-रस पिए मदमस्त थे। गालिब भी "बे-दरो-दीवार का इक घर बनाना चाहिए" गाते रहे और अज्ञेय में घर की बहुत तलाश रही। ऐसा घर, जिसमें सब आएँ—मैं न आऊँ। प्रेम का घर ही अज्ञेय का घर, यही कबीरा-घर है।

कहाँ है द्वारका यात्रा-ही-यात्रा की तेज गति का निबंध है। अब यात्राएँ इतनी तेज गति से होने लगीं कि वह सुख छिन गया। विमान-यात्रा का सुख नहीं रहा, हर क्षण चिंता। कालिदास के दुष्यंत के रथ की यात्रा। हम कई बार दिवास्वप्नों में लंबी यात्राएँ करते हैं—गाड़ी तेजी से दौड़ रही है, कभी पेड़ों के बीच, कभी वनों के बीच, कभी नदियों के ऊपर। यात्रा-वृत्त के संस्कृतिगत बिंब। तमाम रोमानी बिंब क्यों उभरते हैं? युगों का संचित रागानुभव बोलता है क्या? अज्ञेय ने कवि माघ के 'शिशुपाल-वध' में द्वारका का वर्णन पढ़ा तो पाया यही है मेरे दिवास्वप्न की द्वीप-पुरी। वास्तविक द्वारका के लिए सौराष्ट्र काठियावाड़ जाने की तैयारी की और गए, देखा कृष्ण की द्वारका का अवशेष। यायावर अज्ञेय की द्वारका यात्रा में उनके मन ने कहा, क्यों नहीं इस द्वीप-द्वारका को देखने गया? अब है न दिवास्वप्नों में द्वारका। "तब तक मैं काल का अतिक्रमण करके निरवधिकाल के महाप्रांगण में विचरण करता हूँ। यहाँ महाप्रांगण भी है और महासागर भी और उसी बीच में ध्रुव, अडिग और ज्योतिष्मयी खड़ी है—वह दिव्य द्वारका, जिसे देखकर मैं मानो पुनरुज्जीवित होकर अपने साधारण कालवेष्टित जीवन में लौट आता हूँ।" अज्ञेय की 'कहाँ है द्वारका' यह खोज ही ब्रज से द्वारका यात्रा की स्मृति का यात्रा-निबंध बनी है। दरअसल, जहाँ भी रूपकल्पी सर्जना क्रियाशील है—वह लोकव्यापी सर्जन अज्ञेय के रचनाकार मन को मुग्ध करता है, नाच नचाता है। कारण, उनका चित्त रूप का भंडारघर है। अज्ञेय की इस निबंध-पुस्तक की 'दिनमान' (5-11 जून, 1983; पृ. 144) में समीक्षा करते हुए मैंने कहा था—"रंगों से भरी सीपियों में सागरों का स्वर" आज भी यह स्वर पाठक सुन सकते हैं। आनंद को साध्य माननेवाली हमारी संस्कृति में इस स्वर की अमिट छाप है और मरुथल उसी स्वर का स्मृति गीत है।

हम पाते हैं कि इन निबंधों में अंतत: अज्ञेय का कवि मन पंडितों के साथ न चलकर बच्चों के साथ चलता है। कवि विवेक की यह कैसी विवेक-वयस्कता? आलोचक अज्ञेय का यह कौन-सा रंग? एक तरह का बतरस और मिथक-रस यहाँ साथ-साथ चलता है। उनका निबंधकार व्यक्तित्व की सीधी अभिव्यंजना नहीं करता—वह पर्सोना या मुखौटा लगाकर कहानी में विचार करता चलता है। उसमें मुखौटे की लीला का जादू है, जो बाल मुकुंद गुप्त के 'शिव शंभु' का मुखौटा उस तरह नहीं लगाता है, लेकिन वह अलग तरह की युक्तियों का मुखौटा लगाता है। अज्ञेय का बातूनीपन बड़ा ही चटपटापन लिये है। निबंध का कथ्य 'मैं' से 'हम' बनने में साधारणीकरण की सद्‌गति प्राप्त करता है। फिर इन निबंधों में कथाकार, पत्रकार, संपादक, कवि अज्ञेय का संपूर्ण अंत:करण और जीवन-दर्शन खुलता है। प्रतिभा तो स्मृति, मति, प्रज्ञा तीनों को लेकर जीवन की पुनर्रचना करती है। यह अकारण नहीं है कि अज्ञेय 'प्रतिभा' के साथ व्युत्पत्ति या बहुलता को महत्त्व देते हैं।

अज्ञेय के ललित निबंधों या व्यक्तित्व-रंजक निबंधों का संग्रह *छाया का जंगल* (1984) आया और इसे उन्होंने समर्पित किया महादेवी वर्मा को। महादेवी वर्मा हिंदी-साहित्य के उन शिखरों में से रही है जिन्होंने एक समय में गद्य की सर्जनात्मकता को दीप्त चेहरा दिया है। यही कार्य महादेवी वर्मा के बाद अज्ञेयजी ने किया। कथात्मकता और बिंब के पारस-स्पर्श से निबंध को इतना प्रभावी बना दिया कि विचार और लालित्य मिलकर नए सौंदर्य की सृष्टि कर उठे। *छाया का जंगल* में बारह निबंध हैं—'छाया का जंगल', 'बरामदे में', 'मन बेईमान हो गया', 'बरसात', 'एक अंतराल', 'कैसे कहूँ किसकी याद आई', 'चिट्‌ठी आई पड़ी है', 'सबेरे की सैर', 'घाटी की झाँकी', 'वसंत का एक स्पर्श', 'वासुदेव प्याला' तथा 'कहाँ पहुँचे।' इन सभी निबंधों में एक सहज भाव-धारा का अखंडित प्रवाह है।

अज्ञेय के चिंतनशील व्यक्तित्व का सबसे प्रबल गुण है मानवीय संवेदना के बहुआयामी पक्षों को उनके मूल से गहराते हुए उभारना। भाव को इतने मर्मस्पर्शी रूप में प्रस्तुत करना कि वह सजीवता से पाठक को मोहित करता रहे। मन:स्थितियों के शब्द-चित्र निर्मित करने में अज्ञेय को रस आता है। कैमरा केवल एक स्थिति का आकलन करता है, जबकि वे मन और आँख से प्रकाश और छाया का खेल खेलते हैं और कोहरे के भीतर से भी जापानी ढंग का चित्र निर्मित कर देते हैं। ऐसा इसलिए हुआ है कि उनका कवि इन रम्यता-प्रधान निबंधों में निरंतर सक्रिय रहा है। *छाया का जंगल* में स्मृति का उपयोग मिथक और परी कथाओं को दृष्टि से ओझल नहीं होने देता। इसलिए इन निबंधों में न तो एकालापी बौखलाहट है, न शास्त्र की चौधराहट। लोक का सौंदर्य ही व्यंग्य-विनोद से सामने आता है। निबंधकार लोक-भूमि की जिस ताकत पर रच रहा

है, उसमें बुद्धि 'भीतर' तक झाँक रही है। यहाँ किसी 'आइडियालॉजी' का अंधकूप नहीं है, सबकुछ खुला और स्वच्छंद। तभी तो उनके पास फ्रायडीय निदान से ज्यादा गहरा निदान है। इसी ताकत से अज्ञेय ने काफी स्वाधीन विधा निबंध को बनाया है। उसमें आत्म-अन्वेषण से लेकर आत्म-विनोद तक को पूरा स्थान है। किसी भी मतवादी कट्टरता से अज्ञेय ने निबंध विधा को नहीं साधा है, यहाँ तक कि अस्तित्ववाद से भी नहीं। इस खुलेपन के कारण ही उनके निबंधों में पत्रकार प्रतिभा ने उन्मुक्त संवेदना और व्यापक सामाजिकता की दृष्टि को अपनाया है। आचार्य हजारी प्रसाद द्विवेदी की तरह अज्ञेय प्रकृति की फूल-पत्ती की लय को राग में—जीवन राग में रचते हैं। प्रकृति और मानव-परिवेश को लेकर पैनी विचार-दृष्टि आत्मीय संवाद करते ये निबंध हिंदी निबंध की परंपरा को बड़ा बनाते हैं।

अज्ञेय का रचनाकार जैनेंद्र की भाँति किसी भी तात्त्विक अनुमानवाद के चक्कर में नहीं पड़ता। वे जानते हैं कि दार्शनिकता भटकाने-अटकाने वाला मुहावरा है, जिसमें बुद्धि का जाल भी कम नहीं होता। फिर अज्ञेय को बौद्धिक-आलस्य से नफरत है और औपनिवेशिक आधुनिकता के तर्कवाद से 'एलर्जी'। अज्ञेय के निबंधों की देशी आधुनिकता भारतीयता की बुनियादी अंतर्निष्ठा से आलोकित है और इस अंतर्निष्ठा में विविधता-बहुलता को पूरा स्थान प्राप्त है। मतांध सिद्धांतवादिता और विभक्त मानसिकता से दूर अज्ञेय 'भागवत यात्राएँ' करते हैं। यहाँ ब्रजयात्रा से जुड़े उनके यात्रापरक निबंध 'कौन गली गए श्याम' का यात्रा पंथ खोजते हैं और राम कथा की लीला के स्थलों में मन को एकाग्र करते हैं। इन निबंधों का भाव-स्नान पाठक को उजला करता है और चित्त को पावनता से भरकर जीवन जीने की नई सार्थकता देता है। अज्ञेय शब्द शिल्पी होने के साथ जीवन शिल्पी हैं। वे खुले विचारक हैं और कई घाटों के जल-आचमन से अपनी प्यास बुझाते रहे हैं। जीवन का लंबा हिस्सा विदेशों में यायावरी और प्रोफेसरी में गुजारने पर भी वे विदेशी आतंक से मुक्त भारतीय हैं। न उनकी भारतीयता जड़ है, न उनकी संवेदनशील बौद्धिकता।

बहुआयामी व्यक्तित्व के धनी अज्ञेय ने निबंध, कविता, कहानी, उपन्यास, डायरी, यात्रा-वृत्त, पत्रकारिता आदि सभी क्षेत्रों में नवीन प्रयोगशील दृष्टि और राग-सिद्ध बौद्धिकता से कीर्तिमान स्थापित किया है। उनका अनुभव क्षेत्र व्यापक है और विचार-क्षेत्र सजग, चौकन्ना। इस सजगता के कारण ही उन्हें भारत के साथ अंतरराष्ट्रीय क्षेत्रों में प्रतिष्ठा मिली। उनके निबंध-चिंतन को भारतीय चिंतन के प्रतिनिधि रूप में पहचाना गया। प्रौढ़ रचनाकार अज्ञेय ने *स्मृतिच्छंदा* शीर्षक निबंध-संग्रह में 'परिवेश की चेतना और रचना की भाषा', 'भाषा, कला और औपनिवेशिक सत्ता', 'सर्जनशीलता और परिवेश : समकालीन जीवन की चुनौतियाँ', 'वैज्ञानिक सत्ता, मिथकीय सत्ता और कवि',

'स्मृति और काल', 'साहित्य और भविष्य' जैसे महत्त्वपूर्ण विषयों पर मौलिक ढंग से विचार कियां। 'रामकुमार और निर्मल वर्मा को सप्रीत' समर्पित यह पुस्तक समकालीन रचनात्मकता की अनेक चुनौतियों से जूझती है। ये सभी निबंध किसी भी सिद्धांतवादिता के किसी भी स्तर पर कतई कायल नहीं हैं। वे जीवन को पहचानने के संकल्प से उपजे हैं और इनका चिंतन पाठक, आलोचक तथा कवि सभी के लिए प्रेरणा लिए है। इसलिए कि इन निबंधों में राजनीति और साहित्य की निरीह जकड़बंदी नहीं है। उनके लिए एक सिद्धांत-दृष्टि रही है—तात्त्विक-दृष्टि से जीवन-जगत् की प्रत्येक समस्या पर कई कोणों से 'विमर्श' करना। एक संवेदनशील सर्जक और चौकन्ने पत्रकार ने आंतरिक निष्ठा से इन निबंधों को गढ़ा है।

'मैं क्यों पढ़ता हूँ' एक तरह का आत्ममंथनपरक निबंध है। अज्ञेय ने कहा है— "पढ़ने से अपने सोच का जवाब भी मिलता है और नए सोच का आधार भी मिलता है। मैं क्योंकि अवधारणा कर सकता हूँ, प्रतीक रच सकता हूँ, उनका ग्रहण और संप्रेषण कर सकता हूँ इसलिए मैं लगातार अपनी जानकारी का मूल्यांकन भी करता चलता हूँ और अपने परिणामों को दूसरे के लिए ग्रहण भी बनाता हूँ।" सारा आलोचना साहित्य, इतिहास और शास्त्र इसी कोटि में समाहित है। जो साहित्य-चिंतन, संस्कार और मूल्यांकन में हमारी मदद करता है, उस पर अधिक ध्यान का केंद्रण रहता है। विवेक और सहृदयता— सर्जन और आलोचना दोनों के लिए आवश्यक हैं। इसलिए पढ़ना कहीं-न-कहीं भीतर से बदलना है। कबीर को कवि मानने में तीन-चार सौ वर्ष लग गए, लेकिन पढ़ने से ही भूल-सुधार का कार्य हुआ। फिर कबीर की क्रांतिकारिता के रचयिता हम पाठक हैं, केवल कबीर नहीं हैं। आज हालत यह है कि सबके अलग-अलग कबीर हैं, क्योंकि उनकी कविता को लेकर सबके अलग-अलग भाष्य हैं।

अज्ञेय ने ध्यान दिलाया है कि जिस तरह वस्तु लगातार बदलती है, उसी तरह उसके संप्रेषण के साधन भी लगातार बदलते हैं और उनका भी विचार होते रहना चाहिए। वस्तु तो लगातार बदलती है, उस बदलाव और नए रूप की पहचान हमें होते रहना चाहिए। पहचान का विकास होना चाहिए। दूसरे तक पहुँचने के साधन उसका शिल्प भी लगातार बदलता है, उसकी पहचान भी हमें होनी चाहिए। समस्या यह है कि आज साहित्य की आलोचना में लगातार अजनबीपन, अलगाव, एलिएनेशन की इतनी चर्चा होती है—यह प्रश्न अंतिम रूप से हल तो नहीं होता, लेकिन परिवर्तन की तेजी से पिछड़ते शिल्प पर ध्यान अवश्य दे पाते हैं। शिल्प में भाषा लगातार विकासमान चीज है। इसलिए हम भाषा ही नहीं पढ़ते—भाषा के बारे में भी पढ़ते-लिखते हैं कि भाषा बदल रही है और लगातार विदेशी शब्द उसमें घुस रहे हैं। फलतः हमारा भाव-यंत्र बदल रहा है। वैज्ञानिक शब्दावली बड़े यांत्रिक ढंग से भावरहित शब्दावली ले रही

है। क्योंकि हम सब ऐसी परिस्थितियों में जी रहे हैं, जो बदल रही है, जिसमें यंत्र का महत्त्व बढ़ता जा रहा है, शिक्षित-अशिक्षित के बीच की दूरियाँ बढ़ रही हैं समतावादी आग्रहों के बावजूद विषमताएँ बढ़ रही हैं। नया साहित्य अनेक नई-नई युक्तियाँ ग्रहण कर रहा है, जो पहले साहित्य की नहीं मानी जाती थीं। इन युक्तियों से हमें नई दृष्टि मिली है। इस दृष्टि ने हमें युक्तियों की उपादेयता समझाई है। हर रचना में देखने के अलग तरीके काम आ सकते हैं। मूल्यांकन में सहायता करनेवाले अनेक शास्त्र सामने आए हैं जैसे—समाजशास्त्र, मनोविश्लेषण शास्त्र, अर्थशास्त्र, राजनीति शास्त्र, इतिहास शास्त्र आदि। यह बात अच्छी तरह समझनी चाहिए कि नए ज्ञान से, नई परिस्थितियों के दबाव से संवेदन बदल गया है—यह बुनियादी फर्क है।

'परिवेश की चेतना और रचना की भाषा' केवल प्राकृतिक परिवेश, सांस्कृतिक परिवेश, आधुनिक यांत्रिक परिवेश, मिथिकल परिवेश आदि में विभाजन कर देने से काम नहीं चलता है, क्योंकि उसकी जटिलता बढ़ी है। हम आज जिस आत्महंता मनोभाव की ओर बढ़ रहे हैं वह जटिल परिवेश की चेतना की उपज हैं। सोचने की बदली परिपाटियाँ समकालीन मानसिक परिवेश का अंग हैं, जिसके दबावों, तनावों के बीच उसकी सृजनात्मक प्रवृत्तियाँ रूप लेती हैं—पनपती और विकसित होती हैं। मानसिकता परिवेश का अंग है, जिसे भाषा, संस्कृति, इतिहास निर्धारित करता है। प्रगतिवाद जिस अलग जनवाद का नारा देता है, उसे पता है कि 'प्रगति' का भूत इस संस्कृति में खपने वाला नहीं है। हम वर्ग में नहीं, काल की चक्रवर्ती धारणा में जीते हैं, जिसमें 'प्रगति' और 'विकास' का वह अर्थ नहीं है, जो पश्चिम हमें देना चाहता है। पश्चिम की सभ्यता ने प्रकृति के साथ जो दोहनमूलक रिश्ता स्थापित किया था वही इस परिस्थिति का कारण बना। मनुष्य प्रकृति को खाता गया; जितना ही खाता गया, उतनी ही उसकी भूख बढ़ती गई और वह लूटकर खाने के लिए दूसरे प्रदेशों की खोज में लगा रहा। एक दिन हम सभी जीवों-वनस्पतियों को खा चुके होंगे, तब बचेंगे कैसे? इसलिए भारतीय प्रकृति-केंद्रित चिंतन अनेक केंद्रीय रहा है। बहु केंद्रीयता के संदर्भों ने हमें सहकार के साथ जीने की दृष्टि दी है। अनेकता में एकता का मंत्र हमने माना और जाना है। रचना के साथ भाषा का परिवेश जुड़ा है उसकी बहुआयामी जटिलता जुड़ी हुई है। हमें पहचानना होगा कि रचना की भाषा संस्कृति की आँख है। हमें वह आँख खुली रखनी है और इसके लिए उसे प्रतिदिन बहुत स्वच्छ जल से धोते रहने की अपनी उपयोगिता है। इस तरह इन निबंधों में साहित्य, संस्कृति, भाषा, परंपरा, इतिहास के प्रौढ़ या विवेक वयस्क संस्कार और विचार सक्रिय हैं। वे संवाद गुंफित हैं, जिनमें बात से बात निकलती जाती है और विचार का धागा नहीं टूटता है। बीज रूप में यहाँ अज्ञेय का आत्म-वृत्तांत भी है, जो अनुभवों में गुँथकर आया है। कहना चाहिए हमारे समय में संस्कृति-परंपरा-आधुनिकता

की लगातार और सबसे सकर्मक चिंता अज्ञेय के निबंधों में मिलती है, क्योंकि वे ग.मा. मुक्तिबोध के निबंधों की तरह मूल्य-चिंतन की गहराई में उतरते हैं। गहरे स्तर पर पाठक पाता है कि अज्ञेय और मुक्तिबोध का चिंतन एक-दूसरे के पूरक हैं। एक-दूसरे का विरोधी नहीं। दु:ख है कि हिंदी-निबंध की चिंतन-परंपरा में इस सच की ओर बहुत कम ध्यान दिया गया है। दोनों के लिए स्वाधीनता-मुक्ति से बड़ा मूल्य कोई नहीं है और दोनों ही एक खास अर्थ में मानवनिष्ठ और मानवतावादी हैं। दोनों के यहाँ तर्क बुद्धि का गौरवपूर्ण स्थान है। यह भी सच है कि अज्ञेय और मुक्तिबोध की आस्थाएँ या जीवन-दर्शन भिन्न हैं। किंतु इस भिन्नता के कारण दोनों के चिंतन-तल की समानता का महत्त्व कम नहीं हो जाता है।

अज्ञेय की निबंध-कला में भावोच्छलन नहीं है, बल्कि तर्क-बुद्धि क्रमबद्ध, व्यवस्थित और विश्लेषण-प्रधान हैं, किसी भी विषय के अंतर्प्रवेश में वे काफी प्रवीण निबंधकार हैं। अज्ञेय का रचना-विवेक निरंतर सक्रिय रहता है, उसमें न झुर्रियाँ पड़ती हैं, न थकान दिखाई देती है। वे आचार्य रामचंद्र शुक्ल की तरह विचार के चरम क्षणों में तनाव को जीते हैं और उसी में से सर्जना की शक्ति पाते हैं। मूल बात यह है कि अज्ञेय के निबंध संस्कार को परिभाषित नहीं किया जा सकता। वे मूलतः कवि हैं—अपने अपार काव्य-संसार के प्रजापति। इसलिए निरंकुशता—स्वतंत्रता बरतते हैं और कटु सत्य को कहने में भी नहीं हिचकते। अपनी निर्भयता और मौलिकता के कारण ही अज्ञेय के निबंध-चिंतन ने नई पीढ़ी के ऊपर गहरी छाप छोड़ी है। यह बहुत बड़ी बात है कि समय उनके चिंतन को पुराना नहीं बना सका है। आज भी युग की बौद्धिक चुनौतियाँ उनके चिंतन में स्पष्टतः अनुभव होती हैं। हमारी चिंतन-परंपरा का नव नवोन्मेष उनकी सृजन-साधना में अपनी जीवंतता का अहसास कराता है। अंततः अज्ञेय चिंतन के जिस मुकाम पर पहुँचे, वहाँ कहना पड़ा कि इस देश को औपनिवेशिक आधुनिकता, पश्चिमी मानसिक दासता से मुक्त होकर अपने देसी अंत:सूत्रों, स्रोतों, परंपराओं से जुड़ना होगा। यह भी सोचने की बात है कि अज्ञेय और उनकी पीढ़ी के सामने जो संकट थे, वे आज लगभग अनुपस्थित हैं या अपनी प्रासंगिकता खो बैठे हैं। यह ठीक है कि हर पीढ़ी को अपना संकट पहले की पीढ़ी की तुलना में ज्यादा गहरा और जटिल लगता है चाहे यह भ्रम हो या यथार्थ। किंतु इससे पूर्ववर्ती पीढ़ी अप्रासंगिक नहीं हो जाती।

क्या यह सच नहीं है कि एक समय में प्रासंगिकता का जो प्रश्न अज्ञेय के लिए जीवन-मरण का प्रश्न था, वह मानो आज अपनी धार की तेजी खोकर अनुपस्थित है। आज साहित्य के सामने आधुनिकता के संकट से उत्पन्न समस्याओं की तुलना में उत्तर-आधुनिकता से उत्पन्न समस्याएँ ज्यादा प्रखर और चुनौतीपूर्ण हैं। उत्तर-औद्योगिक समाज में विचार का अँधेरा है। उत्तर-आधुनिकतावादी और उत्तर-संरचनावादी विमर्श

'पाठ' की व्याख्या में नए उपद्रव पैदा कर रहे हैं, हर तरफ अर्थ के अनिश्चय का माहौल है। संचार साधनों, विज्ञापनों, इंटरनेट, मीडिया क्रांति के इस मूल्यांधता से भरे समय में 'साहित्य क्यों' और 'साहित्य क्यों पढ़ें' के प्रश्न उठ खड़े हुए हैं। मीडिया जो 'हाइपर रियलिटी' या वास्तविकता का झूठ परोस रहा है उसने वैचारिक गहराई के स्थान पर छिछलापन, उथलापन और सस्ते किस्म का बाजारवादी मुहावरा विकसित किया है। आज से चार-पाँच दशक पहले का साहित्य हमें निरर्थक दिखाई देने लगा है। बाजारवाद और उपभोक्तावादी संस्कृति के इस युग में कलाएँ भटककर अपना अर्थ-संदर्भ खो रही हैं। निबंधकार अज्ञेय निरंतर भाषा, कला और औपनिवेशिक मानस को लेकर बेचैन रहे हैं। यूरोप की नकल में बंदर बनता भारत उन्हें कष्ट देता रहा है। वे अपने निबंधों में स्वाधीन-व्यक्ति, स्वाधीन-समाज, स्वाधीन-संस्कृति, स्वाधीन-देश और स्वाधीनता पर निरंतर विचार करते रहे हैं।

सार, संक्षेप यह कि अज्ञेय के बहुश्रुत-बहुपठित निबंधकार में देश-विदेश की अनुभव-यात्राओं के संदर्भ अपरिहार्य सूत्र रूप में जुड़े हुए हैं। कहीं-कहीं तो वे सूत्र साहित्य, कला, दर्शन, इतिहास, मिथक, पुरातत्त्व, लोक-संस्कृति समसामयिक घटना या प्रसंग तथा उसकी व्याख्या से जुड़े होते हैं आचार्य हजारी प्रसाद, द्विवेदी के बाद स्मृति का निबंधों में ऐसा सर्जनात्मक उपयोग दुर्लभ हैं।

□

नए विचारों का काव्यशास्त्र

हिंदी-साहित्य के बहुत कम पाठकों को यह जानकारी है कि अज्ञेयजी मेरठ के किसान-आंदोलन से जुड़े रहे हैं। मेरठ में ही अज्ञेयजी ने 'हिंदी-साहित्य परिषद्' नाम की एक संस्था भी बनाई थी, जिसने साहित्य के कई क्षेत्रों में काम करना शुरू किया। 'परिषद्' ने कई विराट् आयोजन इस संस्था की ओर से प्रतिवर्ष किए। यह विचार भी बना कि 'परिषद्' प्रतिवर्ष एक पुस्तक भी प्रकाशित करेगी। हिंदी-साहित्य परिषद् मेरठ के उद्योग से सच्चिदानंद हीरानंद वात्स्यायन ने एक निबंध-संग्रह तैयार किया। अंतर्वस्तु की विविधता और साहित्य-प्रवृत्तियों के कारण 'अभिनव भारती ग्रंथमाला' की इस पुस्तक को शीर्षक दिया गया *आधुनिक हिंदी-साहित्य*। इस ग्रंथमाला के संपादन का श्रेय आचार्य हजारी प्रसाद द्विवेदी को दिया गया है। हिंदी-साहित्य से संबंधित यह संकलन प्रथम बार सन् 1940 में 'अभिनव भारती ग्रंथमाला' 101 ए, हरिसन रोड; कलकत्ता से प्रकाशित हुआ। आज यह संकलन बाजार में उपलब्ध नहीं है। इस अनुपलब्ध संकलन को उपलब्ध कराना आज की जरूरत है; क्योंकि इसमें आधुनिक हिंदी-साहित्य की एक करवट का इतिहास मौजूद है। ग्रंथ संपादक ने पहला लेख *आधुनिक हिंदी-साहित्य* में श्री वत्सराज भणोत का प्रकाशित किया है, जिसमें 'समालोचना और कविता का क्षेत्र' विवेचन का विषय रहा है। वत्सराज जी के विषय में यह जानना जरूरी है कि वे अज्ञेयजी के भाई थे और साहित्य के पारखी।

भणोतजी ने 'समालोचना और कविता का क्षेत्र' पर विचार ही इस तरह आरंभ किया है कि सौंदर्यशास्त्र में इस बात का निर्णय करने का प्रयत्न होता है कि कलावस्तु पारखी अथवा दर्शक पर किस प्रकार असर करती है। साथ ही वे यह भी कहना नहीं भूलते कि सौंदर्यशास्त्र को अलग कर दिया जाए तो हम देखेंगे कि आलोचना के दो मुख्य भेद हैं, व्याख्यात्मक आलोचना अथवा टेक्निकल कठिनाइयों को दूर करने का प्रयत्न; और विवेचनात्मक-आलोचना अर्थात् कलावस्तु के द्वारा अभिनंदित होनेवाली प्रवृत्तियों, भावनाओं, धारणाओं आदि के मूल्यांकन का प्रयत्न। टेक्नीकल अथवा शास्त्रीय

आलोचना एक खास अर्थ में ऐसी कठिन चीज है कि औसत समालोचक और पाठक उससे बचकर ही रहता है और विवेचनात्मक आलोचना ही अधिक ध्यान केंद्रित करती है। लेकिन होता यह है कि औसत आलोचक न तो अपना दृष्टिकोण पाठक को बताने में समर्थ होता है, न कवि कलाकार का दृष्टिकोण ही प्रस्तुत कर पाता है। दरअसल, वह कृति के अंत:करण में, अंतर्जगत् में प्रवेश करने में ही असमर्थ रहता है। रचना का सच रचना के भीतरी पाठ में वास करता है, जिसे जोराबरी ऊपर से खींचकर नहीं पाया जा सकता है। इसलिए औसत आलोचक रचना की प्रशंसा या निंदा करके ही ठहर जाता है। वह रचना का वास्तविक यथार्थ मूल्य बताने में असमर्थ रहता है। सात्त्विक आलोचना वह होती है, जिसमें पाठक को आलोचक के मूल्यों-मानदंडों का भेद स्पष्ट रहे, ताकि पाठक स्वयं निर्णय कर सकें। क्योंकि अच्छा पाठक ही, अच्छा आलोचक होता है। कई बार पाठक यह निर्णय ले लेता है कि अमुक कवि तो भावुक या सेंटीमेंटल है, जबकि दोष कवि का नहीं पाठक का है। सारांश यह कि आलोचक अपनी अनुभूति-सामर्थ्य को, रसिकता को निरंतर संशोधित-संपादित करता चले। रसास्वादन के लिए शिक्षण और साधना आवश्यक हैं। एक प्रकार की आलोचना और होती है, जिसमें साहित्य जीवन के तमाम पहलुओं से तादात्म्य करके रचा जाता है और इससे काव्यशास्त्र की रचना होती है।

मर्मज्ञ आलोचक एक खास तरह से रचना की पुनर्रचना करता है। इससे पाठक की रसानुभूति और सौंदर्यानुभूति का परिष्करण के साथ सर्जनात्मक विस्तार होता है। अच्छा पाठक और आलोचक वही है, जो कविता को पहले बिना किसी दुराग्रह के 'क्लोज रीडिंग' करता है। उसके बाद कलावस्तु के कथ्य और रूप का विश्लेषण करता है—रचना-संवाद के साथ। रचना-संवाद से रचना की धातु का पता चल जाता है और रचना की प्रभाव क्षमता की पकड़ भी बढ़ जाती है। इस क्रिया से रचना के मूल्य-निर्धारण में सुगमता हो जाती है। कई बार रचना इतनी जटिल, दुरूह और संश्लिष्ट होती है कि रचना के राग-दीप्त सच से साक्षात्कार एक चुनौती होता है। कवि का क्षेत्र अनुभूति का क्षेत्र होने के कारण पाठक से भी भावयित्री प्रतिभा की अपेक्षा रखता है। कविता का कार्य है भावों का विरेचन, उदात्तीकरण। फिर कविता को 'पद्य' का पर्याय न मानना चाहिए। कविता तो पद्य का एक प्रकार विशेष है। कविता की अनेक परिभाषाएँ प्राय: आलोचक गढ़ते रहते हैं, वे प्राय: अपर्याप्त होती है। हाँ, पाठक को कविता में केवल अर्थ पर ही ध्यान न देकर शब्दों के सामंजस्य और शब्दों की ध्वनियों, अर्थ वक्रताओं पर भी ध्यान देना चाहिए। तुक और लय के विश्राम का भी कविता में अलग तरह का सृजन संदर्भ होता है। ध्यान रहे कि आलोचना सिद्धांत अटल धर्म नहीं है, उसमें निरंतर परिवर्तन की अपेक्षा रहती है।

रचनाकार और चिंतक जैनेंद्र कुमार का एक महत्त्वपूर्ण निबंध 'साहित्य की कसौटी'

नाम से यहाँ मौजूद है। जैनेंद्र की विचार-कला में बहुत बड़ी बात को बहुत कम शब्दों में कहने का गुण रहा है। जैनेंद्र ने एक सर्राफ की दुकान पर कसौटी देखी—'उससे पहले शब्द जानता था, वस्तु नहीं जानता था।' एक सज्जन के सोने के हार को सर्राफ ने पत्थर की बटिया निकालकर उस पर हार को घिसा। उसके बाद तो आँककर ठीक कीमत बतला दी। इस पत्थर की बटिया को कसौटी कहते हैं। कसौटी को लेकर जैनेंद्र के ध्यान में आया कि कसौटी में आभूषण या स्वर्ण के प्रति आसक्ति नहीं है। सोना राजा का है या चोर का उससे कसौटी को कोई सरोकार नहीं। सोना खरा या खोटा कसौटी यही दरशाती है। कसौटी सोने की परीक्षा नहीं लेती न विश्लेषण करती है—केवल लकीर से असलियत बता देती है और सर्राफ कंठहार, आरसी और कड़े के भेद को जानता है। वह जानता है कि सोने का मूल्य है कलाकारी अस्थायी है, कृत्रिम है। आनुषंगिक बात यह है कि हार के हारपन का मूल्य उसी के लिए है, जिसे उसकी जरूरत या आसक्ति है। आसक्त पुरुष जिस वस्तु का मूल्य लगाता है, उसका वास्तव मूल्य उससे भिन्न होता है। सोने में कला-कारीगरी द्वारा सौंदर्य पैदा किया जाता है, उसके मूल्यवान होने के लिए ग्राहक की अपेक्षा रहती है अर्थात् वह निगाह और मौके के साथ बदल सकता है।

सर्राफ और जौहरी में फर्क है। जौहरी ऊँचे किस्म का व्यापारी माना जाता है। लेकिन मित्र कहते हैं कि बाजार में साख सर्राफ की ज्यादा होती है। सर्राफ उपयोगिता पर भटकता है, जौहरी कला तक उठता है। रूप की कीमत स्वर्ण की कीमत से घटकर है। लेकिन आधुनिकाओं के लिए सोने से ज्यादा सोने पर किए गए काम की कला की कीमत है। आकृति सौंदर्य की शोभा का मूल्य ज्यादा है। इस विचार के बाद जैनेंद्र जी साहित्य की कसौटी पर आते हैं और कहते हैं कि "हो सकता है कि साहित्य की कसौटी पाने का सवाल कृत्रिम और अनावश्यक हो।" आखिरकार जिंदगी एक प्रवाह है, हर प्रकार के वैचित्र्य का उसमें अवकाश है। उन्मुक्त होने में ही उसकी सार्थकता है और बंधनों के निषेध में उसकी शक्ति। मनुष्य जाति प्रयोग और परीक्षण करती चले, व्यवस्था और क्रांति के कोलाहल में शांति का संगीत निर्माण करती चले। ध्यान रहे कि साहित्य सभाओं में नहीं उपजता। वह अकेले प्रेम की व्यथा में उपजता है। लेकिन अकेलापन ही सबकुछ नहीं, कर्म तत्परता भी चाहिए। 'आर्ष वाक्य को प्रमाण' माननेवाली परंपरा स्वयं कसौटी है—ऋषि-परंपरा की आत्म-स्फूर्ति उसमें मौजूद है। साहित्य में रचनाओं के विविध प्रकार हैं—काव्य, नाटक, उपन्यास, कहानी, चंपू, निबंध, प्रबंध-विविध अभिव्यक्तियाँ हैं, लेकिन कसौटी के लिए भेद भूलना जरूरी है। साहित्य व्यक्ति को संकीर्णता से मुक्त करता है, लोक-हृदय की ओर ले जाता है, वह समूह की वाणी है। निष्कर्ष यह कि साहित्य की कसौटी वह संस्कारशीलता है, जो हृदय से हृदय का मेल चाहती है और एकता में निष्ठा रखती है। सहृदय का चित्त मुदित करता है, वह

साहित्य खरा है। संकुचित करता है, वह खोटा। इस तरह जैनेंद्र कुमार रस-निष्पत्ति के साधारणीकरण व्यापार का नया भाष्य करते हैं। यह भाष्य आज भी खरा है।

अज्ञेय का निबंध 'परिस्थिति और साहित्यकार' उनके संग्रह *त्रिशंकु* में मौजूद हैं। लेकिन 'हिंदी-साहित्य-परिषद्' की गोष्ठी में यह निबंध पहली बार पढ़ा गया था। एक मित्र का कथन सुनने को मिला—"देखा है तुम्हारा हिंदी-साहित्य। नब्बे फीसदी हिंदी लेखक अपनी बीबी की कहानियाँ लिखते हैं।" और बाकी दस कहानी अपनी लिखते हैं तथा छपाते हैं—बीबी के नाम से। आज भौगोलिक स्थिति, पूर्व परंपरा, देशीय वातावरण, राजनीतिक प्रगति के बीसियों कारणों ने हिंदी को नई जगह दे दी है, जो पाठक यंत्रवत् नहीं हैं बुद्धिमान हैं, वे आधुनिक जीवन की परिस्थितियों और बाध्यताओं को समझ सकते हैं। वे यह भी समझ सकते हैं कि क्यों हमारी तृप्ति के साधन दूषित होते जा रहे हैं ? क्योंकि आज का अधिकांश साहित्य अतृप्ति का साहित्य है।

प्रतिभावान् परिस्थिति से नहीं बँधता। वह शृंखलाओं को तोड़कर निकल आता है। वह निरा सामूहिक प्राणी नहीं है—एक सचेतन व्यक्ति है, वह सामाजिक परिवृत्ति का अर्थ समझता है। आधुनिक औद्योगिक समाज को समझता है और दूर रहकर भी उसमें भागीदारी चाहता है। यदि हमारा लेखक वह व्यक्ति, जो हमारे अध्ययन का विषय है, ऐसा व्यक्ति जिसकी रुचियाँ और अंतरंग प्रवृत्तियाँ उसकी सामाजिक परिवृत्ति के साथ मेल नहीं खातीं और उसकी प्रवृत्तियों से संबंध नहीं रखतीं, तब उस व्यक्ति को समाज से संतोष प्राप्त नहीं होता, वह समाज से किसी गहरे संबंध का अनुभव नहीं करेगा और इसलिए समाज के प्रति आस्था का भाव भी उसमें नहीं होगा, किंतु यदि वह जीनियस होगा, तो निर्भय होकर अपना मार्ग निकाल लेगा। अज्ञेय जानते हैं कि हमारा युग संक्रांति का युग है और परिवर्तन की गति तेज है। पाप-पुण्य, वस्तु-शैली, तुक और छंद में घोर परिवर्तन हो रहे हैं। अतएव जीवन का दबाव व्यक्ति पर बढ़ गया है। भारतीय साहित्यिक पाता है कि जो मान्यताएँ ध्रुव-सी अटल थीं, वे सहसा संदिग्ध हो उठी हैं। इस स्थिति में व्यक्ति बिन पानी की मछली-सा महसूस करता है। 'घर लौटना' चाहता है—नास्टेल्जिया में जीता है। माँग के कुंठित होने पर क्लांति, अतृप्ति पैदा होती है। आज का हिंदी-साहित्य इसी स्थिति का प्रतिबिंब है। परंपरा और संस्कृति की ओर उन्मुख व्यक्ति प्रायः रूढ़िवादी हो जाते हैं, अतीत की मान्यताओं द्वारा जीवनचर्या को सिद्ध करने में यह खतरा तो रहता ही है। लेकिन ऐसा होना अनिवार्य नहीं है। संस्कृति को ठीक समझने पर वह गतिदायिनी होती है, गतिनाशिनी नहीं। व्यक्ति अपनी इच्छाओं, रुचियों की सामाजिक स्वीकृति चाहता है। स्वीकृति न मिलने पर विद्रोह करता है। इस स्थिति में समष्टिगत या जातिगत अनुभव की परंपरा विचारणीय रहती है। लेखक अग्निगर्भा होता है, लीक तोड़ता है, नए प्रयोग करता है और प्रयोगों से नया जीवन-सत्य पाता

है। दरअसल, इस लेख में अज्ञेय ने प्रेमचंद और जैनेंद्र, लॉरेंस और महादेवी वर्मा के माध्यम से अपनी सृजन-समस्याओं पर ही विचार किया है। यहाँ सियाराम शरण गुप्त और टी.एस. एलियट दोनों अज्ञेय से बतियाते मिलते हैं। यहाँ प्रसाद याद आते हैं, वह प्रसाद जो उनके चिंतन में प्रेरणा और चुनौती रहे हैं।

आचार्य हजारी प्रसाद द्विवेदी का लेख 'कथा, आख्यायिका और उपन्यास' बहुत ही अनुसंधानपरक है। आचार्य पहले ही कह देते हैं कि भारतवर्ष की साहित्यिक साधना इतनी विराट् है और उसकी प्राचीन और नवीन चिंताओं पर घंटे भर में फैसला सुनाना हिमाकत भर है। फिर भी वे साहस बटोर कर प्राचीन और नवीन पर विचार करते हैं एवं विनम्र भाव से कहते हैं कि 'यह तो मेरे लिए असंभव ही है कि भारत वर्ष की विराट् चिंता-राशि के सभी अंशों की आलोचना करूँ'। आए दिन विद्वान् इस युग के इतिहास संबंधी नए-नए सिद्धांत उपस्थित करते रहते हैं और पुराने सिद्धांतों का खंडन करते हैं, लेकिन अब तक इतिहास लिखने लायक पर्याप्त सामग्री उपलब्ध नहीं हो सकी है। अचानक प्रबल पराक्रम से भारत विदेशियों को उखाड़ फेंकता है—समुद्रगुप्त, चंद्रगुप्त इस कार्य में आगे बढ़ते हैं, उनका व्यवस्थित साम्राज्य ब्रह्मदेश से पश्चिमी समुद्र-तट और हिमालय से नर्मदा तक फैलता है। इस सुदृढ साम्राज्य में राष्ट्रीयता और विद्या-प्रेम का संचार होता है। ब्राह्मण-धर्म और संस्कृत-भाषा नवीन प्राण-राग बनकर जाग उठती है। भारतीय चिंता-स्रोत नई दिशा में मुड़ता है—इस मोड़ के प्रतीक हैं कालिदास। कालिदास में अभिनव ऐहिकतापरक (सेक्यूलर) स्वर सुनाई देने लगता है। इन सभी स्वरों पर आचार्य द्विवेदी ने 'हिंदी-साहित्य की भूमिका' (1940) में विस्तार से विचार किया है। वैदिक साहित्य में गद्य-पद्यपरक कहानियाँ हैं—अलंकृत गद्यकाव्य है। यह दो प्रकार का है—कथा और आख्यायिका। *रामायण, महाभारत* और *बृहत्कथा* ये तीन ग्रंथ समस्त संस्कृत काव्य, नाटक, कथा, आख्यायिका और चंपू के मूल उत्स हैं। तीन बड़े गद्यकार दंडी, सुबंधु और बाणभट्ट का भारत ऋणी है। *बृहत्कथा* के लेखक गुणाढ्य हैं और प्राकृत में लिखते हैं। रस इन कथा-आख्यायिकाओं का मूल है। नए यंत्र-युग में कहानी उपन्यास उत्पन्न हुए! छपने की कला की माँग बढ़ी। आचार्य ने स्पष्ट कहा कि यह गलत धारणा है कि उपन्यास, कहानी संस्कृत की कथा-आख्यायिकाओं की संतान हैं। उपन्यास नए गद्य-युग की उपज हैं। यह वैयक्तिक स्वाधीनता का सर्वोत्तम रूप है। यहाँ आचार्य द्विवेदी ने आचार्य शुक्ल की स्थापनाओं को स्वीकार किया है।

कवि, कथाकार, चिंतन प्रभाकर माचवे ने 'कहानी क्यों लिखी जाती है?' जैसे कठिन प्रश्न विचार किया है। उनका व्यक्तिगत अनुभव है कि कहानी जिज्ञासा और कौतूहल की वृत्तियों से जन्म लेती है और उसमें मानव का आदि अवचेतन मन बोलता है, पुरखे बोलते हैं। मानव कितना ही वैज्ञानिक मस्तिष्क वाला क्यों न हो जाए। कहानी

कहने, सुनने की वृत्ति कभी शांत नहीं होती। बचपन की दंत कथाएँ, फेरी टेल्स, अलिफ लैला, सिंहासन बत्तीसी की कहानियाँ मन में रम गई हैं। ईसप भी मन में है। सौंदर्य में हिंदी-साहित्य में देवकीनंदन खत्री का *भूतनाथ,* प्रेमचंद, फिर प्रगतिवाद का नाम सुना, फिर 'उसने कहा था' पढ़ी और बढ़िया लगी। फिर तो कहानियों का चस्का लग गया—टॉल्स्टॉय, चेखव, मंटो पढ़ा। पाया कि कहानीकार-इतिहासकार नहीं है, न रिपोर्टर। वह रस का सृष्टा है और निर्मम सत्य का पुजारी है, जबकि कहानी से किसी का पेट नहीं भरता। प्रभाकर माचवे कभी ऑस्कर-वाइल्ड और ट्रॉटस्की से सहमत नहीं होते, लेकिन गाल्सवर्दी के साथ हैं। वे मानते हैं कि रचनाकार सुधारक नहीं हैं, केवल चित्रों का चितेरा है, वस्तुओं का निर्माता है, जिनकी कल्पना जीवनानुभव से करता है। लेकिन कला जीवन का यथातथ्य प्रतिबिंब नहीं है, वह कल्पना से निर्मित-परिष्कृत जीवन-यथार्थ है। कहानी लेखक की दबी काम-वासना प्रतीकों में अपने को व्यक्त करती है और प्रतीकों में कला का जादुई संसार बसता है। प्रतीक मानव आत्मा के दीपक हैं, जिनमें मिथक रूपक नायक नया अर्थ संदर्भ पाते हैं।

यहाँ भगवतीप्रसाद वाजपेयी 'उपन्यास की भावधारा' पर नया चिंतन लेकर मौजूद हैं। उनके विचार से कथा या कला जीवन की अभिव्यंजना है, जो मानव को सतत जागरूकता का पाठ पढ़ाती है। उपन्यास इस अर्थ में जीवन का पूर्ण चित्र हैं। जीवन धूप है, हँसी है, छाया है, राग है, विराग है, काली निद्रा है, काला मेघ है, जल वृष्टि है, जल-प्लावन है। जीवन और विश्व का कोलाहल है, क्रंदन है। साहित्य में आज उपन्यास ही एक ऐसा क्षेत्र है, जिसमें नया पाठक जीवन की पूर्ण झाँकी पाता है। जीवन में आनंद है, रसानुभव है और नए सौंदर्य की झलक है। यह झलक शब्द में सौंदर्यानुभूति है। आज उपन्यास ही व्यक्ति है, सखा है। सौंदर्यानुभूतियों ने विश्व के उपन्यास-साहित्य में नारी को नए रूप दिए हैं। प्रश्न उठता है, नारी क्यों है ? पुरुष की अतृप्त लालसा। नारी ही उपन्यास का आदि समस्या है। नर-नारी ही जीवन के रंग हैं और उपन्यास उन रंगों का अद्‌भुत चमत्कार। इस तरह उपन्यास समाधान नहीं है, केवल सृष्टि है। वाजपेयीजी का यह लेख तत्कालीन उपन्यास कला पर एक टिप्पणी है।

कथाकार चंद्रगुप्त विद्यालंकार ने 'प्रेमचंदजी की देन' पर गहन चिंतन किया है। यह लेख प्रेमचंद की लोकप्रियता के रहस्य को भी उद्‌घाटित करता है। उनके सामने प्रेमचंद के चार रूप हैं—कहानी लेखक, उपन्यासकार, नाटककार और विचारक। इनमें से वे मानते हैं कि नाटककार के रूप में प्रेमचंद एकदम असफल रहे हैं। उनके 'कर्बला' की आज सभी प्रतियाँ नष्ट हो जाएँ, तो भी कोई नुकसान नहीं होगा। प्रेमचंद अपनी कृतियों से कोई-न-कोई विचार या शिक्षा देने का प्रयत्न करते रहे। कला का संबंध उपयोगितावाद और व्यवहार में प्रगतिवाद। वे प्रगतिवाद (प्रोग्रेसिविज्म) के जबरदस्त

समर्थक थे। एक उपन्यासकार के रूप में प्रेमचंद्र की हैसियत अत्यंत महत्त्वपूर्ण है। वे हिंदी के सर्वश्रेष्ठ उपन्यासकार हैं। उनकी दो सौ से ऊपर कहानियाँ हैं, लेकिन उनका मन उपन्यासों में रमता है। हिंदी उपन्यास को उन्होंने मन रमाकर ही उसके पिछड़ेपन से उबारा है और नई सृष्टि की मौलिक ढंग से निष्पत्ति की है। फिर भी उनकी राय है कि प्रेमचंद की गणना संसार के पहली श्रेणी के उपन्यासकारों में नहीं की जा सकती है। वे द्वितीय श्रेणी के उपन्यासकारों में आते हैं। अभी भी इस देश में शरद और रवींद्रनाथ का स्थान प्रेमचंद से ऊँचा है। इतना सब होने पर भी प्रेमचंद के उपन्यास न केवल हिंदी-साहित्य को, अपितु विश्व-साहित्य को एक बहुमूल्य और मौलिक देन हैं। प्रेमचंद का श्रेष्ठ उपन्यास है *गोदान*। दूसरी श्रेणी में *रंगभूमि, सेवासदन, प्रेमाश्रम* और तीसरी श्रेणी में *कर्मभूमि, कायाकल्प, गबन, वरदान, प्रतिज्ञा* और *निर्मला*। प्रेमचंद के उपन्यासों में स्वाधीनता आंदोलन की लय है और तमाम राजनीतिक आंदोलन उनमें करवटों-आहटों के साथ मौजूद हैं। प्रेमचंद की कहानियों का उज्ज्वल रूप अनुपम है कलाकारी नहीं है। अत: प्रेमचंद की कला का अध्ययन उनके व्यक्तित्व के प्रकाश में करना चाहिए। चंद्रगुप्त विद्यालंकार का यह लेख कई कोणों से प्रश्न उठाता है और आज भी निरर्थक नहीं हुआ है।

उदयशंकर भट्ट का लेख 'आधुनिक हिंदी-साहित्यिक नाटक' एक नई तरह की जिज्ञासा का उत्तर प्रतीत होता है। आरंभ ही वे इस प्रकार से करते हैं कि सृष्टि में जो कुछ भी जीवन है, वही अभिनय है। लोग कहते हैं संसार एक रंगमंच है। मनुष्य पात्र हैं, वे अपना भला-बुरा अभिनय करके चले जाते हैं। भट्टजी स्वयं से जूझकर कहते हैं—यह नहीं कहा जा सकता है कि जो कुछ जीवन है वही अभिनय है। हाँ, जीवन के अपने घात-प्रतिघात हैं। आलोचना-प्रत्यालोचनाएँ हैं। पूरा जीवन नाटक की कथावस्तु में समा जाता है। आदर्शवाद-यथार्थवाद सब जीवन के पोषक हैं। पूरा वातावरण जीवन-पथ है, जिस पर वह चलता है। नाटक, जीवन का वही रूपक है—राग-द्वेष व्यक्त करनेवाला रूपक। नाटक इन्हीं सब रूपों का प्रतिबिंब है। व्यक्ति का बहुवचन ही समाज है और समाज का एकवचन व्यक्ति। कभी समाजवाद है, कभी व्यक्तिवाद। दोनों एक-दूसरे से विच्छिन्न कहीं नहीं हैं। हिंदी में हरिश्चंद्र-युग के बाद तथा उसके आधारभूत अनुवाद धारा के अनंतर मौलिक नाटकों का युग आया। इससे पूर्व कुछ मौलिक लिखे तो गए, पर अस्तित्व नहीं बना पाए। नाट्यशाला के अभाव में भी प्रसाद के नाटक अपनी मौलिकता में बेजोड़ रहे हैं। प्रसादजी ने यथासंभव संस्कृत नाटकों के नियमों पर दृष्टि रखी है। बँगला नाटकों की उग्र भाव प्रधान शैली प्रसाद के नाटकों में नहीं है। प्रसाद के ग्यारहों नाटकों में नांदी सूत्रधार, स्वगत, विषकम्भक आदि शास्त्र के नियम हैं। लेकिन हत्या-युद्ध आदि के वर्जित स्थल हैं, जहाँ वे नाट्यशास्त्र के नियमों को तोड़ते हैं। उनमें प्राचीन और

नवीन का अपूर्व मेल है, लेकिन प्रसाद के बाद हिंदी नाटक की दिशा बदल गई। हरिकृष्ण प्रेमी के नाटक नया रंगमंच लेकर आए हैं। साथ ही एकांकी, नाटक की लहरें उठीं। नए नाटककार जीवन की कहानी सी झाँकी लेकर आए। भुवनेश्वर तथा रामकुमार वर्मा के एकांकी। इस तरह नई वास्तविकताओं, समस्याओं, राजनीतिक हलचलों पर नाटक लिखे गए। भट्टजी का विचार है कि 'वर्तमान उसकी समस्याएँ हैं, भविष्य उनका मोह।'

छायावाद के प्रसिद्ध आलोचक प्रोफेसर नगेंद्र का यहाँ निबंध है—'हिंदी कविता : नवीनतम-प्रवृत्तियाँ।' डॉ. नगेंद्र का स्पष्ट मत है कि राजनीति में जिन प्रवृत्तियों ने गांधीवाद को जन्म दिया, करीब-करीब वैसी ही प्रवृत्तियों के द्वारा साहित्य में छायावाद का प्रादुर्भाव हुआ। दोनों की मूलवर्तिनी भावना एक है—स्थूल के प्रति सूक्ष्म का विद्रोह है अर्थात् स्थूल से हटकर सूक्ष्म की ओर बढ़ना और उसे प्राप्त करने का प्रयत्न करना। गांधीजी के साथ आत्मा की वस्तु बनकर यह प्रवृत्ति आध्यात्मिक बन गई, उधर रवींद्र के साथ "हृदय के रंग में रँगकर उसने छायावाद का रूप धारण किया।" कितनी अजीब बात है कि हिंदी का छायावाद निरंतर हिंदी-आलोचना में संदेहों के घेरे में रहा। आचार्य शुक्ल ने उसे ईसाई प्रतीकवाद, चित्रभाषावाद, कथन की नूतन अभिव्यंजना पद्धति आदि तक माना है। डॉ. नगेंद्र ने माना है कि जिस प्रकार गांधीवाद के प्रति लोगों के मन में यह शंका होने लगी थी कि वह आत्मा की ओर अधिक जाता है और शरीर का तिरस्कार करता है अर्थात् वह हमारे जीवन के सत्य से दूर है उसी प्रकार छायावाद के सूक्ष्म अंतस्तत्त्वों से लोगों को निराशा होने लगी। उसके वायवी के ताने-बाने ने, उसकी परी देश की कोमल भावनाओं, कल्पनाओं ने, उसके अमूर्त्त सौंदर्य ने मन को गुदगुदाया तो अवश्य पर तृप्त करने के साधन उसके पास नहीं थे। उससे मन भर न सका। फलतः स्थूल ने इस बार सूक्ष्म के विरुद्ध फिर प्रतिक्रिया की। यह प्रतिक्रिया दो रूपों में आई—एक तो छायावाद की पलायन वृत्ति के विरुद्ध दूसरी उसकी अमूर्त्त उपासना के विरुद्ध। इन दोनों प्रवृत्तियों के सम्मिलित रूप ने प्रगतिवाद को जन्म दिया। दुर्भाग्यवश प्रगतिवाद अपनी निश्चित रूपरेखा नहीं बना सका। लेकिन यह सच है कि जीवन प्रगति का पर्याय है और साहित्य का प्राण है सौंदर्य तथा सौंदर्य का आधार है—साम्य। इस साम्य को जीवन में ढूँढ़ना चाहिए। इसलिए प्रगतिवादी साम्य भावनाओं का परितोषक है। इसीलिए शोषित और पीड़ित जनता से उसे सहानुभूति है—वह उनके सुख-दुःख का प्रतिनिधि काव्य है। स्वभावतः वह सामंतों-धन्ना सेठों का नाश चाहता है। आज सभ्य, शिव और संस्कृत विशेषण मन को कुत्सित लगते हैं। अनुभूति ने अभिव्यक्ति को यहाँ बदला है और ललित कला में कुत्सित-कुरूप का भाव विस्तृत हुआ है। यही युग का यथार्थ है। इस पर मार्क्स की विचारधारा का प्रभाव है, अतः प्रगति की अपनी टेक्नीक है। काव्य-भाषा और काव्य-वस्तु के पीछे एक निश्चित सिद्धांत है। इस भीड़ से अलग सियाराम

शरण गुप्त की अपनी काव्य-साधना है। यहाँ छायावाद का स्वर धीमा और कमजोर पड़ गया है। अब कला मंदिर में महादेवी वर्मा दीपशिखा-सी जल रही हैं और कह रही हैं—''पंथ होने दो अपरिचित प्राण रहने दो अकेला।'' सारांश यह कि यहाँ डॉ. नगेंद्र ने छायावाद-प्रगतिवाद का संक्षिप्त, किंतु सारगर्भित चित्र प्रस्तुत किया है।

प्रगतिवाद के कच्चे-पक्के आरंभ के आलोचक शिवदानसिंह चौहान का निबंध दिया गया है—'छायावादी कविता में असंतोष भावना'। शिवदास सिंह चौहान के विचार डॉ. नगेंद्र के विचारों के ठीक उलट हैं। वे कहते हैं कि छायावाद की कविता पूँजीवादी कविता है। उसमें जिस भावना की अभिव्यंजना होती है, वह पूँजीपति वर्ग या मध्यम वर्ग की वर्ग-भावना है। लेकिन चूँकि संकटग्रस्त, नाशोन्मुख पूँजीवाद संस्कृति और कला का विरोधी है। पूँजीवाद-कलाकारों के स्वाभिमान पर आग रख देता है, इसलिए स्वाभिमानी छायावादी कवि आधुनिक पूँजीवादी समाज से असंतुष्ट रहे हैं। वे पूँजीवादी होकर भी चिर-विद्रोही हैं, चिर-अधीर हैं। उनकी कविता असंतोष से ओत-प्रोत है। डॉ. नगेंद्र का विचार था कि जीवन की विषाद्पूर्ण अवस्था ने उसे करुण और वेदनामय बना दिया है। डॉ. नगेंद्र की इस स्थापना का यहाँ शिवदान सिंह चौहान ने प्रतिवाद किया है। चौहान साहब ने यह प्रश्न पूछा है कि छायावाद के कवियों की वीणा के तार टूटे और अस्त-व्यस्त क्यों हैं ? इस तरह के प्रश्नों की गहराई में जाकर इस पूरी कविता का मूल्यांकन किया है और पाया है कि मनुष्य तमाम बंधनों से मुक्त होना चाहता है, वह अपनी कला को स्वतंत्रता का अस्त्र बनाना चाहता है। अत: यहाँ कविता मनुष्य की स्वतंत्रता का अस्त्र है। पूँजीवादी समाज की वास्तविकता ने इन कवियों को अहंग्रस्त, आत्मलीन, दार्शनिक और व्यक्तिवादी बना दिया है। एक समय था, जब कि शिवदान सिंह चौहान छायावाद से अलग एक क्रांतिकारी धारा में दिनकर, बच्चन, नवीन, भगवतीचरण वर्मा, निराला के साथ अज्ञेय का नाम लेते थे और उन्हें इस क्रांतिकारी धारा का प्रतिनिधि कवि मानते थे। एक दूसरी क्रांति धारा में सुमित्रानंदन पंत को रखते थे और सम्मान का भाव था। लेकिन बाद की हिंदी-आलोचना ने अज्ञेय को व्यक्तिवाद-भाववादी कहकर गाली देने का ठेका ही ले लिया।

दूसरे छायावाद या समानांतर छायावाद या छायावाद के शेषांश के रचनाकारों का प्रतिनिधित्व करते हैं—दिनकर, बच्चन, नवीन और भगवतीचरण वर्मा। यहाँ भगवतीचरण वर्मा का एक विशिष्ट और प्रसिद्ध निबंध दिया गया है—'मैं और मेरा युग' इस कथन से इस निबंध का श्रीगणेश है कि ''महान् कलाकार युग का निर्माता हुआ करता है।'' वर्माजी जब यह कह रहे थे, तब वे स्वयं बनने के क्रम में थे और यह उनकी साधना का आरंभ काल था। नए विचार, नए दृष्टिकोण ला रहे थे और कुरूप वास्तविकता का चेहरा झाँकने लगा था, जिसमें संघर्ष अनिवार्य था। वर्माजी पर 'प्रताप' के संपादक

गणेश शंकर विद्यार्थी का प्रभाव था और क्रांतिकारी कवि, पत्रकार माखनलाल चतुर्वेदी से मित्रता। वर्माजी के सामने हिटलर, स्टालिन, चेंबरलेन, दलादिए के मारकाट पर तुले व्यक्तित्व थे। ये सभी पशुता में जीवन को पाना चाहते थे। मानवता का गला घोंटने पर आमादा थे। वर्माजी अहं के उपासक, देशभक्त, स्वाभिमानी और देशी आदमी। उनका रूसी समाजवाद में विश्वास नहीं रहा, क्योंकि यह सिद्धांत अस्तित्व के बुनियादी सिद्धांत का विरोधी है। इसलिए अहम् को असीमत्व प्रदान करने के लिए वर्माजी संकल्पबद्ध होकर साहित्य-क्षेत्र में उतरे हैं। यह मानकर उतरे कि हम अपने लिए जीते अवश्य हैं, पर हमारा जीवन दूसरों से संबद्ध है। पशु अपने लिए जीता है, मानव समष्टि के लिए समष्टि के साथ। इस दृष्टि से वर्माजी ने अपने को 'बुनियादी' माना है और ज्ञान को अपना आराध्य देवता। बुद्धि और बौद्धिक विकास ही मानवता का चरम विकास है, इस बुद्धि को हमें निरंतर विकसित करना है। इस बुद्धिवाद में आस्था के कारण वर्मा का विश्वास रहस्यवाद में नहीं है। उन्हें न धर्म पर विश्वास है, न उपासना पर। केवल मानव की सर्जन-शक्ति पर भरोसा है। युग की जटिल समस्याओं का समाधान बुद्धि से ही किया जा सकता है।

अज्ञेयजी ने परिशिष्ट-एक में श्रीमती होमवती देवी का हिंदी-साहित्य परिषद्, मेरठ में दिया गया 'स्वागताध्यक्ष का अभिभाषण' दे दिया है। इस अभिभाषण में साहित्य-बंधुओं की तप-निष्ठा का बल है। यह भी ध्यान दिलाया गया है कि आधुनिक हिंदी अर्थात् खड़ी बोली, जिस प्रदेश से उत्पन्न हुई है, मेरठ उसका एक महत्त्वपूर्ण अंग है। अतएव हिंदी की प्रगति में मेरठ का विशिष्ट स्थान है। मेरठ के उस्ताद विश्वंभर सहाय 'व्याकुल' पं. गौरीदत्तजी, श्री हरिशरण 'मंगल' श्री घासीरामजी, श्री कारुणिक आदि स्वर्गीय विभूतियों को याद करना अपने वर्तमान को जगाना है। पं. गौरीदत्त की अविस्मरणीय भाषा-सेवा का आचार्य रामचंद्र शुक्ल ने 'हिंदी-साहित्य का इतिहास' में बड़े ही सम्मान से स्मरण किया है। मेरठ का हिंदी-सेवा-संघ साहित्य की नई जागृति का प्रतीक रहा है और साहित्यिक जागरूकता लाने के लिए वहाँ कवि-समय चर्चा और कवि-सम्मेलन होते रहे हैं। आधुनिक हिंदी ही भारत की जनभाषा बन रही है और इस जन-भाषा की भीतरी शक्ति अर्थात् सर्जनात्मकता और मौलिक-चिंतन से संपन्न होना जरूरी है। आज इस भाषा में जनता के प्राण बोलते हैं। इस स्थिति के कारण "हमारी आज की सबसे बड़ी आवश्यकता यह है कि आधुनिक साहित्य की गतिविधि का एक सिंहावलोकन किया जाए, साहित्य की मुख्य प्रवृत्तियाँ पहचानी और समझी जाएँ, उनके आत्यंतिक महत्त्व का मूल्यांकन किया जाए और उसके आधार पर भविष्य के लिए कुछ दिशा-निर्देश प्राप्त किए जाएँ।" अब शास्त्रीय मान्यताओं से आज के साहित्य के मूल्यांकन का युग नहीं रहा। साहित्य की नवीन कसौटियाँ बनानी होंगी, ताकि हम साहित्य

की असली–नकली धातु को परख सकें। हमें यह मानकर चलना है कि साहित्य जीवन की आलोचना है। संक्षेप में यही विचार–परंपरा 'परिषद्' की योजना के मूल में रही है। इसी विचार–परंपरा को सच्चिदानंद हीरानंद–वात्स्यायन अज्ञेय ने यहाँ आगे बढ़ाया है।

यहाँ परिशिष्ट दो में हिंदी–साहित्य–परिषद्, मेरठ के प्रस्ताव दिए गए हैं, ताकि पाठकगण इसके सांस्कृतिक उद्देश्यों से परिचित हो सकें। 'परिषद्' का यह अरमान भी रहा है कि साहित्यिक जागरूकता लाने के लिए जगह–जगह साहित्य–केंद्र बनने चाहिए। यह परिषद् के प्रयत्नों का एक अंग रहा है कि हिंदी का अध्ययन उच्च कक्षाओं में कराया जा सके। हिंदी की विचार–संपदा को जन–जन तक फैलाने का कार्य शिक्षित युवक ही कर सकते हैं। इस परिषद् के प्रेरणास्रोत आचार्य हजारीप्रसाद द्विवेदी, जैनेंद्र कुमार, चंद्रगुप्त विद्यालंकार और स.ही. वात्स्यायन रहे हैं। वात्स्यायनजी ने *आधुनिक हिंदी–साहित्य* का संपादन किया है और नए विचारों के निबंधों का चुनाव किया है। अपनी अचूक दृष्टि और योजना विश्वासी के रूप में वात्स्यायनजी प्रसिद्ध रहे हैं। इन निबंधों की अंतर्यात्रा में वात्स्यायनजी ने *तारसप्तक* के बीज विचार पाए हैं। अज्ञेय की मानसिकता को गहराई से समझने के लिए यह संपादन अपनी महत्त्वपूर्ण भूमिका रखता है। आज भी इस संपादन के सभी निबंध अपनी प्रासंगिकता रखते हैं। इसलिए इन निबंधों के भीतर से गुजरना एक नया अनुभव है, एक नई साहित्य–चेतना से साक्षात्कार।

□

आलोचक अज्ञेय की उपस्थिति

अज्ञेय के आलोचना-कर्म की गहराई और व्यापकता पर एकाग्रता से मन को केंद्रित करने की आवश्यकता है, जबकि उनके इस पक्ष की हिंदी-आलोचना में घोर उपेक्षा की गई है। प्राय: उनके चिंतन को पश्चिम की घटिया नकल कहकर खारिज कर दिया जाता रहा है। मार्क्सवादी आलोचना-दृष्टि का अंधा अधिनायकवादी चक्र अज्ञेय को अमेरिकी पूँजीवादी दलाल, कांग्रेस फॉर कलचरल फ्रीडम का एजेंट, रूपवादी, कलावादी, भाववादी, व्यक्तिवादी तथा लघुमानव सिद्धांत का प्रतिष्ठापक कहकर कोसता रहा है। वे यह निरंतर भूलते रहे हैं कि अज्ञेय ने आलोचना-चिंतन में रूपवाद-व्यक्तिवाद का समर्थन कभी नहीं किया। हर कीमत पर 'सौंदर्य-बोध और शिवत्व-बोध' का समर्थन किया है तथा स्वच्छंतावादी-रसवादी चिंतन के विरोध की निरंतर अगुआई की है।

इस अगुआई का ही नतीजा है कि उन्होंने भारतीय भूमि पर खड़े होकर अपने को पश्चिम के आतंक से मुक्त रखा है और चिंतन में पश्चिमी औपनिवेशिक आधुनिकता की कठोर-आलोचना की है। मानव को निरंतर माँजनेवाली, संस्कार देनेवाली, मानवीयता और मुक्ति प्रदान करनेवाली देसी आधुनिकता का या भारतीयता का पक्ष ग्रहण किया है। आलोचना-चिंतन के भीतर से गुजरने पर कहा है कि आलोचना कई प्रकार की होती है, क्योंकि वह कई उद्देश्यों से की जा सकती है। सब आलोचना मूल्यवान नहीं होती, उसका उद्देश्य प्रभाव उत्पन्न करना या व्याख्या करना भी हो सकता है। लेकिन अंततोगत्वा आलोचक को कहीं-न-कहीं मूल्यों का विचार करना ही पड़ता है—कृति का मूल्यांकन वह न भी करे तो भी स्वयं उसकी रसास्वादन की प्रक्रिया में उसके स्वीकृत मूल्यों या प्रतिमानों का महत्त्व होता है। समालोचक क्या पाता है, यह इस बात पर निर्भर करता है कि वह क्या लेकर चलता है। यह सब कहने के बाद अज्ञेय ने ध्यान देकर कहा—"और मूल्यांकन—प्रत्यक्ष या परोक्ष—बिना मूल्यों या प्रतिमानों के नहीं हो सकता; मानदंड के बिना माप कैसे हो सकती है? यहाँ पर हम आलोचना की मूल समस्या के सामने आ खड़े होते हैं।" यहाँ यह प्रश्न उठता है कि "मूल्य किसे कहते हैं?

यह प्रश्न नि:संदेह बहुत व्यापक है और यह भी कहा जा सकता है कि युग-युगांतर के दार्शनिकों और साधकों की मूल जिज्ञासा यही रही है : वह अंतिम कसौटी क्या है, जिस पर कसकर हम किसी भी वृत्ति के धातु की पहचान कर सकते हैं। किंतु अपनी जिज्ञासा को सीमित रखना असंभव नहीं है और न ऐसी सीमित पड़ताल अनुपयोगी ही होगी।''

अज्ञेय में आत्म-बोध, ज्ञान-बोध और विचार-बोध की जागृत क्लासिकल संवेदना है और इसी क्लासिकल संवेदना के मूल्यबोध ने उनके आलोचक का निर्माण एवं परिष्कार किया है। अज्ञेय कहते रहे हैं—विनम्रतावश और विनम्रता विद्या विनय प्रदान करती है उसे लोक-चिंतन से जोड़ती है—कि आलोचक में अहं की स्फीति अच्छी नहीं होती है। अज्ञेय ने विनम्र भाव से माना है कि ''समीक्षक को जैसा सुपठित शास्त्र-निष्णात होना चाहिए वैसे हम नहीं हैं, इसका हमें पूरा ज्ञान है। आचार्यत्व की न हममें पात्रता है, न आकांक्षा। किंतु मूल्यों का प्रश्न केवल आचार्यों के लिए महत्त्व रखता हो, ऐसा नहीं है, साहित्य के प्रत्येक अध्येता के लिए यह एक गुरुतर प्रश्न है और लेखक के लिए तो उसकी मौलिकता असंदिग्ध है, क्योंकि कृतिकार अपनी कृति का सबसे पहला और सबसे निर्मम परीक्षक है।'' यह भी सच है कि सभी प्रतिमानों का सब मूल्यों का स्रोत मानक-विवेक है। समीक्षा में मानववादी इस मानव विवेक की बौद्धिकता को आदर देता रहता है, वह सौंदर्य-बोध की चर्चा में बुद्धि को हेय मानकर बोध को महत्त्व कैसे दे सकता है ? इस तरह आलोचक का एक लक्षण है—रस या आस्वादन क्षमता से संपन्न सहृदयता। कला-मूल्य अनुभवों की विविधता से प्राप्त होते हैं, किंतु अनुभव अपने-आप में प्रतिमान नहीं है। प्रतिमान की उपलब्धि तो तर्क-बुद्धि से ही होती है। बुद्धि अनुभव के सहारे चलती है और अनुभव व्यक्तिगत, समाजगत, जातिगत, युग-युगांत संचित और अनुभव कोई स्थिर जड़ पिंड नहीं निरंतर गतिशील विकासशील। इस अर्थ में शाश्वत मूल्यों की बात अनुचित अथवा अर्थहीन हो जाती है। स्पष्ट विचार यह है कि अज्ञेयजी आलोचना में शाश्वततावादी दृष्टि को अस्वीकार करते हैं।

अज्ञेय की आलोचना-दृष्टि में परंपरा या तारतम्यता का बड़ा भारी आदर है। उन्होंने कहा है—''किंतु विकास का सही अर्थ समझना चाहिए। बुद्धि का नए अनुभवों के आधार पर क्रमशः नया स्फुरण और प्रस्फुटन होता है और नया अनुभव पुराने अनुभव को मिटा नहीं देता, उसमें जुड़कर उसे नई परिपक्वता देता है। अनुभव के गणित में जोड़-ही-जोड़ हैं, बाकी नहीं है। साहित्य के क्षत्र में हम परंपरा की चर्चा इसी अर्थ में करते हैं—तारतम्यता उसमें अनिवार्य है तो मूल्य या प्रतिमान, शब्दार्थ की दृष्टि से शाश्वत भले ही न हो; स्थायी आवश्यक होते हैं और उसमें जो परिष्कार या नया संस्कार (परिवर्तन उसे न कहना ही समीचीन होगा) होता है, उसमें शतियाँ लग सकती हैं।'' संचित अनुभवों के दबाव नई दृष्टि देते हैं, जिसमें बुद्धि का वह व्यापार प्रखरतर आलोक

से दीप्त हो उठता है। बुद्धि उस आलोक से लाभ उठाकर अर्थ की नई प्रतिपत्ति करती है। शिवत्व के प्रतिमान, नैतिक प्रतिमान, सौंदर्य बोध के प्रतिमान—मानव विवेक से उद्भूत होते हैं। जैसे साहित्य बँधी-बँधाई लीकों से पाठक को उबारता है वैसे ही आलोचना भी लीकबद्धता को तोड़ती है। कलाकृति के परख की कसौटी नए सौंदर्य-बोध में निहित रहती है। कलाकृति में 'काव्यत्व' क्या है और 'नया' क्या है ? कविता में 'नयी कविता' क्या है और 'नयी' के साथ 'कविता' को नयी कविता को प्रतिष्ठित करना अज्ञेय का संकल्प रहा है। अज्ञेय के इस संकल्प का विरोध छायावादी-प्रगतिवादी आलोचकों ने मिलकर किया। लेकिन जड़ीभूत सौंदर्याभिरुचियों के प्रतिमानों पर प्रहार किया। छायावादी प्रगतिवादी प्रतिमानों से कभी समझौता नहीं किया। बल्कि उनकी बराबर पोल खोली। इसलिए हिंदी आलोचना में मार्क्सवादी और रसवादी दोनों अज्ञेय से शत्रुता मानते रहे हैं। समाजवादी या लोहियावादी लक्ष्मीकांत वर्मा ने अज्ञेय के विद्रोही तेवर को पहचानते हुए कहा—''नयी कविता बनाम अच्छी कविता के प्रवर्तक आज अपनी प्रतिष्ठा की उपलब्धि को परंपरा से संबंध करके अपने संपूर्ण प्रयोगशील व्यक्तित्व को प्रतिष्ठा देना चाहते हैं।'' (*नए प्रतिमान : पुराने निकष,* पृ. 296) समस्या थी स्वच्छंदतावादी काव्य-संस्कारों के प्रतिमान रस में खप जाते थे और नयी कविता बौद्धिक संवेदना की कविता थी—अपने द्वंद्वमय परिवेश से पूरे तनाव के साथ जूझती कविता थी। अज्ञेय के सामने नए प्रयोगों, नए संस्कारों के प्रश्न थे। वे स्वयं भी प्रश्नाकुल कवि थे। मैथिलीशरण गुप्त के शिष्य थे और विद्रोही-संस्कार अज्ञेयजी ने गुप्तजी से अपनी तरह से अपनी शर्तों पर पाए थे। गुप्तजी दिखाई सरल, सीधे, सपाट बयानी के तुकाराम कवि देते हैं, लेकिन हैं जबरदस्त विद्रोही और रीतिवाद विरोधी अभियान में शामिल आलोचक। अपने इस गुरु का प्रभाव अज्ञेय पर प्रत्यक्ष, अप्रत्यक्ष दोनों रूपों में पड़ा है।

रस-सिद्धांत, रस-विकास, रसवाद से अज्ञेय कभी आश्वस्त नहीं रहे। अज्ञेय के साथ नयी कविता के सभी रचनाकारों ने रस-चिंतन के प्रतिमान को अस्वीकार किया। हरिऔध का *रस-कलश,* आचार्य रामचंद्र शुक्ल के *रस-मीमांसा* का चिंतन और डॉ. नगेंद्र का *'रस-सिद्धांत'* कभी भी अज्ञेय को रास नहीं आया। अज्ञेय के नयी कविता-सिद्धांत में रस-सिद्धांत को एकदम जगह नहीं है। रसानुभूति की अनिर्वचनीयता, अखंडता, तन्मयता, ब्रह्मानंद सहोदरता, संवित विश्रांति में अज्ञेय का दूर-दूर तक विश्वास नहीं है। अज्ञेय ने अनुभव से पाया कि आज के बुद्धि प्रधान युग में मानव की अनुभूतियाँ रागात्मक नहीं रह गई हैं—नए रागात्मक-संबंधों के उदय ने उनका पूरा संसार बदल दिया है। अब कोई भी *साकेत, कामायनी, रंगभूमि* और *अंधायुग* के अंगीरस के खोजने के चक्कर में नहीं पड़ता। जो पड़ता है वह पिछड़ा हुआ है, क्योंकि नयी कविता का भाव-बोध हमें रिझाता नहीं है, खिजाता है, तनावग्रस्त करता है और तमाम संशयों से भर देता है। डॉ.

नगेंद्र ने रस प्रतिमान को लेकर अज्ञेय की छोटी कविता 'सोन मछली' का भाष्य किया और समीक्षा के क्षेत्र में उपहास का विषय बने। 'सोन मछली' को लेकर डॉ. नगेंद्र ने कहा "अज्ञेय की यह कविता नयी कविता है और सुंदर भी। इसके आकर्षण का रहस्य क्या है ? सुंदर बिंब ? हाँ, इन पंक्तियों द्वारा प्रमाता की कल्पना में उद्‌बुद्ध बिंब निश्चय ही अत्यंत आकर्षक और सजीव है।" (*रस-सिद्धांत,* पृ. 356-57) लेकिन नयी कविता की आधुनिकता ने रस-चिंतन का विरोध किया। अज्ञेयजी ने कहा है—"(क) रस का आधार है—समाहिति, अद्वंद्व। किंतु नयी कविता द्वंद्व और असामंजस्य की कविता है। (ख) नयी कविता वर्तमान पर केंद्रित है, जबकि रस की दृष्टि अतीतोन्मुख रहती है—नयी कविता का विषय है—क्षण की अनुभूति। जबकि रस का आधार है—(जन्मांतर्गत ?) वासना और स्थायीभाव।" (अज्ञेय का अभिभाषण) इसी माहौल में डॉ जगदीश गुप्त ने रसानुभूति बनाम सह-अनुभूति का प्रश्न उठाकर रस-चिंतन का पूरा गणित ही ध्वस्त कर दिया। नयी कविता के सिद्धांतकार विजयदेव नारायण साही ने रस संबंधी तमाम बहसों से थककर यह अनुरोध किया कि रस-सिद्धांत पर बहस अब बंद हो जानी चाहिए, क्योंकि कोई फायदा नहीं निकलेगा।

अज्ञेय और साही जी के रस विरोधी चिंतन का हिंदी आलोचना में नुकसान यह हुआ कि लोग आचार्य रामचंद्र शुक्ल के 'रस-मीमांसा' में लेखों में व्याप्त रस-चिंतन को बिना समझे, अंधे होकर खंडित करने लगे और मौका पाकर मार्क्सवादी आलोचना ने समीक्षा-भूमि को मनमाने ढंग से घेर लिया। हिंदी आलोचना पर मार्क्सवादी सामंतवाद के काबिज होने की यह एक अद्‌भुत कहानी है। फिर हुई मार्क्सवादी आलोचना की कम्युनिस्ट परिणति, जिसका इतिहास क्रूर और चौंकाने वाला है।

हिंदी आलोचना के इसी दौर में विजयदेव नारायण साही ने अज्ञेय, जयशंकर प्रसाद और शमशेर की काव्यानुभूतियों की बनावट के विश्लेषण का बीड़ा उठाया। अज्ञेय से सिर से पैर तक प्रभावित विजयदेव नारायण साही में अकूत बौद्धिकता थी। उन्होंने 'शमशेर की काव्यानुभूति की बनावट' शीर्षक लेख में कहा कि "नयी कविता की बहसों में यह मान्यता अंतर्भुक्त रही है कि न सिर्फ कविता का ऊपरी कलेवर बदला है, या नए प्रतीकों या बिंबों या शब्दावली की तलाश हुई है, बल्कि गहरे स्तर पर काव्यानुभूति की बनावट में ही परिवर्तन आ गया है।" साही के इस कथन से नयी कविता के आलोचना संग्राम में तेजी आई। डॉ. देवराज, डॉ. नामवर सिंह, प्रकाशचंद्र गुप्त, रामविलास शर्मा, शमशेर, गिरिजाकुमार माथुर, नेमिचंद्र जैन, भारत भूषण अग्रवाल तमाम प्रबुद्ध समीक्षकों का दल कविता के प्रतिमानों पर विचार करने लगा और लक्ष्मीकांत वर्मा की पुस्तक *नयी कविता के प्रतिमान* को किनारे कर दिया गया। हिंदी-आलोचना में बड़ा भारी भीषण संग्राम हुआ। अनुभूतियों के परिवर्तित संदर्भों

पर खोज शुरू हुई, तो फिर अज्ञेय चर्चा के केंद्र में आए। क्योंकि पहली बार अज्ञेय ने *दूसरा सप्तक* (1951) की 'भूमिका' में रागात्मक संबंधों के बदलाव के विचार को पूरा बल देकर उठाया था। अज्ञेय का कथन इस प्रकार है—''यह कहा जा सकता है कि हमारे मूल राग-विराग नहीं बदले—प्रेम अब भी प्रेम है और घृणा अब भी घृणा' यह साधारणतया स्वीकार किया जा सकता है। पर यह भी ध्यान में रखना होगा कि राग वहीं रहने पर भी रागात्मक संबंधों की प्रणालियाँ बदल गई हैं और कवि का क्षेत्र रागात्मक संबंधों का क्षेत्र होने के कारण इस परिवर्तन का कवि-कर्म पर बहुत गहरा असर पड़ा है।'' अज्ञेय के इस कथन में यह विचार भी खुलकर सामने आ गया कि बदलाव के पीछे युग का यथार्थ बोध है।

अज्ञेय ने अपने विचार को भीतर से खोलते हुए कहा—''निरे तथ्य और सत्य में या कह लीजिए वस्तु-सत्य और व्यक्ति-सत्य में यह भेद है कि सत्य वह तथ्य है, जिसके साथ हमारा रागात्मक संबंध है, बिना इस संबंध के वह एक बाह्य वास्तविकता है, जो तद्वत् काव्य में स्थान नहीं पा सकती। लेकिन जैसे-जैसे बाह्य वास्तविकता बदलती है—वैसे-वैसे उससे हमारे रागात्मक संबंध जोड़ने की प्रणालियाँ भी बदलती हैं और अगर नहीं बदलतीं तो उस बाह्य वास्तविकता से हमारा संबंध टूट जाता है। कहना होगा कि जो आलोचक इस परिवर्तन को नहीं समझ पा रहे हैं, वे उस वास्तविकता से टूट गए हैं, जो आज की वास्तविकता है। उससे रागात्मक संबंध जोड़ने में असमर्थ वे उसे केवल बाह्य वास्तविकता मानते हैं, जबकि हम उससे वैसा स्थापित करके उसे आंतरिक रूप बना लेते हैं।''

प्राचीन शास्त्रीय अवधारणाओं की व्याख्या-पुनर्व्याख्या में अज्ञेय जैसा सचेत रचनाकार आलोचक कम मिलेगा। साधारणीकरण की नवीन और प्राचीन समस्याओं पर उनका ध्यान जाता है कि प्राचीनकाल में ज्ञान सीमित था। कवि, वैज्ञानिक के अलग-अलग बिल्ले अनावश्यक थे, साधारणीकरण की समस्या दूसरे प्रकार की थी, तब भाषा का केवल एक मुहावरा था। लेकिन स्थिति बदल गई है—विशेष ज्ञानों (डिसीप्लिन्स) के युग में भाषा एक रहते हुए भी उसके मुहावरे बदल गए हैं। भाषा आज भी प्रेषण का माध्यम है; यह कोई नहीं कहता कि अब उसने सार्वजनिकता की प्रवृत्ति छोड़ दी है या छोड़ दे। लेकिन अब वह प्रवृत्ति है तथ्य नहीं। ऐसी कोई भाषा नहीं, जो सब समझते हों, सब बोलते हों। गणितज्ञ की अंग्रेजी दूसरी है और रचनाकार की दूसरी। ऐसी स्थिति में कवि के सामने रागात्मक सत्य को प्रेषित करने की समस्या है—''इस प्रकार वह साधारणीकरण के लिए ही एक संकुचित क्षेत्र का साधारण मुहावरा छोड़ने को बाध्य होगा अर्थात् एक-दूसरे अंतर्विरोध की शरण लेगा। यदि यह निरूपण ठीक है, तो प्रश्न इतना ही है कि दोनों अंतर्विरोधों में से कौन सा ग्राह्य है। हम इतना ही कहेंगे कि जो

दूसरा क्षेत्र चुनता है, उसे कम-से-कम एक अधिक उदार, अधिक व्यापक दृष्टि से देखने या देखना चाहने का श्रेय तो मिलना चाहिए।''

साधारणीकरण का प्रश्न भाषा का प्रश्न है—शब्द-अर्थ का प्रश्न। और इस प्रश्न से अज्ञेय जीवन-भर जूझते रहे। हर साँस में कहते रहे ''जरा भाषा के मूल प्रश्न पर, शब्द और उसके अर्थ संबंध पर ध्यान दीजिए। शब्द में अर्थ कहाँ से आता है, क्यों और कैसे बदलता है, अधिक या कम गति पाता है ?'' अज्ञेय ने उदाहरण देकर समझाया—हम कहते हैं गुलाबी और उससे एक ही रंग का बोध हमें होता है। निस्संदेह इसका अभिप्राय है—गुलाब के फूल जैसा रंग; यह उपमा उसमें निहित है। आरंभ में गुलाबी शब्द से उसे उस रंग तक पहुँचने के लिए गुलाब के फूल की मध्यस्थता अनिवार्य रही होगी; उपमा के माध्यम से ही अर्थ लाभ होता रहा होगा। उस समय यह प्रयोग चमत्कारिक रहा होगा। पर अब ऐसा नहीं है। अब हम शब्द से सीधे रंग तक पहुँच जाते हैं, फूल मध्यस्थता अनावश्यक है। अब उस अर्थ का चमत्कार मर गया है। अब वह अभिधेय हो गया है।

अज्ञेय ने अपने रचनानुभव से संवाद करते हुए आलोचना में एक बेहद महत्त्वपूर्ण स्थापना की और साधारणीकरण के पुराने सिद्धांत को नया अर्थ-संदर्भ दे दिया। उन्होंने कहा, ''यह क्रिया भाषा में निरंतर होती रहती है और भाषा के विकास की एक अनिवार्य क्रिया है। चमत्कार मरता रहता है और चामत्कारिक अर्थ अभिधेय बनता रहता है। यों कहें कि कविता की भाषा निरंतर गद्य की भाषा होती जाती है। इस प्रकार कवि के सामने हमेशा चमत्कार-सृष्टि की समस्या बनी रहती है—वह शब्दों को निरंतर नया संस्कार देता चलता है और वे संस्कार क्रमशः सार्वजनिक मानस में पैठ कर फिर ऐसे हो जाते हैं कि उस रूप में कवि के काम के नहीं रहते—'बासन अधिक घिसने से मुलम्मा छूट जाता है।' '' कवि के सामने वागर्थ प्रतिपत्ति की समस्या हर युग में रहती है और इसी समस्या की ओर कालिदास ने संकेत किया। ''तब इस बात को उन्होंने समझा था और इसीलिए वाक् में अर्थ की प्रतिपत्ति की प्रार्थना की थी। जो अभिधेय है, जो अर्थ वाक् में है ही—उसकी प्रतिपत्ति की प्रार्थना कवि नहीं करता। अभिधेयार्थ युक्त शब्द तो वह कच्ची मिट्टी, वह कच्चा माल है, जिससे वह रचना करता है; ऐसी रचना जिसके द्वारा वह अपना नया अर्थ उसमें भर सके, उसमें जीवन डाल सके। यही वह अर्थ प्रतिपत्ति है, जिसके लिए कवि वागर्थ विव संपृक्त पार्वती-परमेश्वर की प्रार्थना करता है।''

कवि-कर्म न निरा वैचित्र्य है, न नएपन की खोज। वह निरंतर नए अर्थ की नए अर्थ-संदर्भ की रागात्मक प्रतिपत्ति है। इस स्थिति पर अज्ञेय का कथन है—''जब चामत्कारिक अर्थ मर जाता है और अभिधेय बन जाता है, तब उस शब्द की रागोत्तेज शक्ति भी क्षीण हो जाती है। उस अर्थ से रागात्मक संबंध स्थापित नहीं होता। कवि तब उस अर्थ की प्रतिपत्ति करता है, जिससे पुनः राग का संचार हो, पुनः रागात्मक संबंध

स्थापित हो। साधारणीकरण का अर्थ यही है।'' साधारणीकरण का यह अर्थ न भट्टनायक को अभिप्रेत था, न अभिनव गुप्त को, न 'साधारणीकरण और व्यक्ति वैचित्र्यवाद' निबंध लिखनेवाले आचार्य रामचंद्र शुक्ल को। एक नई रचना स्थिति का तर्क अज्ञेय ने दिया और कहा—नहीं तो, अगर भाव भी वही जाने-पुराने हैं, रस भी, और संचारी-व्यभिचारी सबकी तालिकाएँ बन चुकी हैं, तो कवि को नया करने को क्या रह गया है? क्या है जो कविता को आवृत्ति का नहीं सृष्टि का गौरव दे सकता है? कवि नए तथ्यों को उनके साथ रागात्मक संबंध जोड़कर नए सत्यों का रूप दे, उन नए सत्यों को प्रेष्य बनाकर साधारणीकरण करे, यही नई रचना है। इसे नयी कविता का कवि नहीं भूलता।

इसलिए यह कहना कि अज्ञेय साधारणीकरण का सिद्धांत स्वीकार नहीं करते छायावादी आलोचकों का गलत प्रचार है। साधारणीकरण को लेकर कोई भ्रम न रहे इसलिए कहा है—''साधारणीकरण का आग्रह भी उसका कम नहीं है, बल्कि यह देखकर कि आज साधारणीकरण अधिक कठिन है, वह अपने कर्तव्य के प्रति अधिक सजग है और उसकी पूर्ति के लिए अधिक बड़ा जोखिम उठाने को तैयार है।'' जटिल उलझी संवेदनाओं के कारण साधारणीकरण का काम कवि-कर्म में चुनौती बन गया है। ज्ञान-विज्ञान की विशेषीकरण की प्रवृत्ति ने कवि-कर्म में इस काम को और अधिक कठिनतर बना दिया है।

अज्ञेय ने 1943 में *तारसप्तक* में जब हिंदी के मौलिक समीक्षा शास्त्र की ओर ठोस और निर्भय कदम उठाया, तो हिंदी-आलोचना-शास्त्र में एक भूचाल आ गया, लेकिन कुछ समय बाद वाद-विवाद और पाठ-कुपाठ के बाद यह अनुभव किया गया कि सभी नई अवधारणाओं के बीज *तारसप्तक* की भूमिका में मौजूद हैं। जबकि अज्ञेय जैसी मूर्धन्य प्रतिभा का अवदान अभी तक सही आकलन की प्रतीक्षा कर रहा है। इस बात को ठीक से समझा नहीं गया कि आधुनिकता, आधुनिक संवेदना, आधुनिक भाव-बोध और ''आधुनिक रचना-स्थिति के तर्क'' की शुरुआत *तारसप्तक* से हुई, *शेखर एक जीवनी* से हुई। कविता को लेकर जिस बेचैन प्रश्नाकुलता, प्रयोगशीलता, नई सर्जनात्मकता की शुरुआत तब हुई थी, आज वही नए सृजन में फल-फूल रही है। जिन कवियों ने ''राहों का अन्वेषी'' कहने पर अज्ञेय का विरोध किया था, वे बदली हवा में अज्ञेय की चरणधूलि सिर पर धारण कर रहे हैं। इन सभी को 'प्रयोग' की सूझ से अनेक राहें दिखाई दे रही हैं। धीरे-धीरे अज्ञेय नए काव्य में विद्रोह के मिथक-पुरुष बन गए। आज अज्ञेय भाग्यवान् हैं कि उनकी नई दृष्टि, नई परिवेश चेतना, नई मूल्य दृष्टि साहित्य में रचना-प्रतिमान बनी है और नई पीढ़ी अज्ञेय की नई पढ़त में निकल पड़ी है। साहित्य में अज्ञेय को भुलाकर न शमशेर को समझा जा सकता है, न मुक्तिबोध को, न केदारनाथ अग्रवाल को, न केदारनाथ सिंह को, न श्रीराम वर्मा और नंद किशोर आचार्य को। अज्ञेय

को इस बात की पहचान थी कि आगे आनेवाला यंत्र युग सृजन-संकट उपस्थित करेगा और जैसे-जैसे कलाकृति केंद्रित विमर्श केंद्रीय स्थान प्राप्त करेगा, वैसे-वैसे प्रतिमानों की चर्चा पर जोर कम होता जाएगा। कलाकृति के भीतर से ही राग-दीप्त सच लिये नए प्रतिमान नई काव्य समझ से पैदा होंगे। आरोपित मार्क्सवादी प्रतिमान परिधि पर जाकर बिलखते मिलेंगे। क्योंकि कलाकृतियाँ विचारधाराओं की गुलामी स्वीकार नहीं कर सकती हैं। रचना की स्वायत्तता का, मूल्य-चेतना का अपना तंत्र होता है। यह समझकर ही स्थापित व्यवस्था के प्रति अज्ञेय ने अपना सत्ता विरोधी, विचारधारा-विरोधी, संप्रदाय या दल-विरोधी आलोचनात्मक रुख अपनाया। शास्त्र-जड़ चिंतन के लिए अज्ञेय ने विचारों की जिस स्वतंत्रता की अगुआई की थी, उसका एक गौरवपूर्ण इतिहास नई पीढ़ी के सामने उपस्थित है। हमारी आलोचना धर्म-संप्रदाय, जाति-वर्ण, उपनिवेशवादी आधुनिकता से उबरकर उस गहराते सांस्कृतिक संकट का सामना कर रही है, जिसे अज्ञेय ने *त्रिशंकु* के निबंधों, सप्तकों की भूमिकाओं में अनुभव किया था। आज हिंदी की बहुवचनात्मक दृष्टि और मिश्र-संस्कृति खतरे में है—हमें हर मोड़ पर अज्ञेय की याद आती है। वे तो फासिज्म-विरोधी आंदोलन के आयोजकों में थे और सृजन में मानव-मुक्ति के अलंबरदार। साहित्य की समाज में जगह बनाने में अज्ञेय अनथक भाव से सक्रिय रहे और जो आलोचक *तारसप्तक, दूसरा सप्तक* के प्रति अपरिपक्व बुद्धि के कारण नकार का भाव रखते थे, आज प्रौढ़ हो जाने पर अज्ञेय के सप्तकों को सराहते नहीं थकते। हम में से बहुतों को याद है कि *तारसप्तक* पर छायावाद के नामी-गिरामी आलोचक नंद दुलारे वाजपेयी ने 'प्रयोगवादी कविताएँ' शीर्षक से कितना ध्वन्सात्मक लेख लिखा था। जिसे अज्ञेय ने *दूसरा सप्तक* में 'तर्क विकृति' का अनुपम उदाहरण माना है। लगभग दो-ढाई साल बाद कवियों के कवि शमशेर ने *तारसप्तक* पर एक गंभीर समीक्षा लिखी और अज्ञेय को आदर से याद किया। तत्पश्चात् लंबे समय तक 'प्रयोग' को लेकर करारी बहसें चली हैं।

प्रश्न उठता है कैसे छपा *तारसप्तक*? इसका उत्तर अज्ञेय ने *तारसप्तक* के 'विवृति और पुरावृत्ति' में दिया। *तारसप्तक* श्री जवाहर प्रेस, 161/1, हरिसन रोड कलकत्ता द्वारा मुद्रित और संग्रहीत कवियों की ओर से 'प्रतीक प्रकाशन केंद्र, पोस्ट बॉक्स 62, दिल्ली से 1943 में ढाई रुपए कीमत पर छपा। साथ ही इसमें लिखा है, ''संग्रहीत कवियों द्वारा सुरक्षित''। *तारसप्तक* पर अर्धेददत्त द्वारा बनाया गया रेखाओं से निर्मित चित्र। योजना के विषय में अज्ञेय ने कहा, ''*तारसप्तक,* में सात युवक कवियों (अथवा कवि युवकों) की रचनाएँ हैं। ये रचनाएँ कैसे एक जगह संगृहीत हुईं, इसका एक इतिहास है। कविता या संग्रह के विषय में कुछ कहने से पहले उस इतिहास के विषय में जान लेना उपयोगी होगा।''

"दो वर्ष हुए, जब दिल्ली में 'अखिल भारतीय लेखक सम्मेलन' की आयोजना की गई थी। उस समय कुछ उत्साही बंधुओं ने विचार किया कि छोटे-छोटे फुटकल संग्रह छापने के बजाय एक संयुक्त संग्रह छापा जाए, क्योंकि छोटे-छोटे संग्रहों की पहले तो छपाई एक समस्या होती है, फिर छपकर भी वे सागर में एक बूँद से खो जाते हैं। इन पंक्तियों का लेखक 'योजना विश्वासी' के नाम से पहले ही बदनाम था, अतः यइ नई योजना तत्काल उसके पास पहुँची और उसने अपने नाम (बदनाम होंगे तो क्या नाम न होगा) के अनुसार उसे स्वीकार कर लिया। आरंभ में योजना का क्या रूप था और किन-किन कवियों की बात उस समय सोची गई थी, यह आज प्रसंग की बात नहीं रही। किंतु यह सिद्धांत समय से मान लिया गया था कि योजना का मूल आधार सहयोग होगा अर्थात् उसमें भाग लेनेवाला प्रत्येक कवि पुस्तक का साक्षी होगा। चंद्राकर से इतना धन उगाहा जाएगा कि कागज का मूल्य चुकाया जा सके; छपाई के लिए किसी प्रेस का सहयोग माँगा जाएगा, जो बिक्री की प्रतीक्षा करे या चुकाई में छपी हुई प्रतियाँ ले लें।" अज्ञेय ने तो यह इतिहास बताया, लेकिन हिंदी-आलोचना में इस बात को लेकर बड़ा विवाद हुआ कि *तारसप्तक* की मूल योजना किसकी थी, कौन इसका प्रवर्त्तक ? अज्ञेय ने कैसे योजना पर कब्जा किया, आदि-आदि।

अज्ञेय ने यह भी स्पष्ट किया कि "दूसरा मूल सिद्धांत यह था कि संग्रहीत सभी कवि ऐसे होंगे, जो कविता को प्रयोग का विषय मानते हैं। इस आधार पर संग्रह को व्यावहारिक रूप देने का दायित्व मेरे सिर पर डाला गया।"

"यह तो हुआ प्रकाशन का इतिहास। अब कुछ उसके अंतरंग के विषय में भी कहूँ। *तारसप्तक* में सात कवि संग्रहीत हैं। सातों एक-दूसरे के परिचित हैं—इसके इस ढंग का सहयोग कैसे होता ? किंतु इससे यह परिणाम न निकाला जाए कि वे कविता के किसी एक स्कूल के कवि हैं या कि साहित्य जगत् के किसी एक गुट अथवा दल के सदस्य या समर्थक हैं। बल्कि उनके तो एकत्र होने का कारण यही है कि वे किसी एक स्कूल के नहीं हैं, अभी राही हैं—राही नहीं, राहों के अन्वेषी। अज्ञेय के इस वक्तव्य को लेकर हिंदी-आलोचना में ऐसा संग्राम हुआ कि उस संग्राम का हिंदी-आलोचना में एक अलग इतिहास है।

अज्ञेय के द्वारा यह भी कहा गया कि "उनमें मतैक्य नहीं है, सभी महत्त्वपूर्ण विषयों पर उनकी राय अलग-अलग है—जीवन के विषय में, समाज और धर्म और राजनीति के विषय में, काव्य-वस्तु और शैली के, छंद और तुक को कवि के दायित्वों के प्रत्येक विषय में उनको आपस में मतभेद है। यहाँ तक कि हमारे जगत् के ऐसे सर्वमान्य और स्वयंसिद्ध मौलिक सत्यों को भी वे समान रूप से स्वीकार नहीं करते जैसे लोकतंत्र की आवश्यकता, उद्योगों का समाजीकरण, यांत्रिक युद्ध की उपयोगिता, वनस्पति घी की

बुराई अथवा काननबाला और सहगल के गानों की उत्कृष्टता इत्यादि। वे सब परस्पर एक-दूसरे पर, एक-दूसरे की रुचियों-कृतियों और आशाओं-विश्वासों पर, एक-दूसरे की जीवन-परिपाटी पर और यहाँ तक कि एक-दूसरे के कुत्तों और मित्रों पर भी हँसते हैं।'' यही कथन सच सिद्ध हुआ—*तारसप्तक* के कवियों में मत-विरोध उभरा और *तारसप्तक* की सबसे अच्छी समीक्षाएँ भी *तारसप्तक* के कवियों ने ही की है। *तारसप्तक* की इन समीक्षाओं में चाहे वह नेमिचंद्र जैन की हो या शमशेर द्वारा की गई समीक्षा हो, उसमें हिंदी-आलोचना का एक नया चेहरा, एक नया विचार-बिंब निर्मित होता हुआ दिखाई देता है। इस तरह यह सच भी उभरता है कि *तारसप्तक* किसी एक गुट का प्रकाशन नहीं है और *तारसप्तक* की योजना प्रगतिवाद की हत्या करने के लिए नहीं बनी थी, न वह किसी कलावाद, रूपवाद, सौंदर्यवाद, प्रयोगवाद का हरामखोर आंदोलन था।

तारसप्तक के कवि ''एकत्र संगृहीत'' हैं—''इसका कारण काव्य के प्रति एक अन्वेषी का दृष्टिकोण उन्हें समानता के सूत्र में बाँधता है। इसका अभिप्राय यह नहीं है कि प्रस्तुत संग्रह की सब रचनाएँ प्रयोगशीलता के नमूने हैं या कि इन कवियों की सब रचनाएँ रूढ़ि से अछूती हैं या कि केवल यही कवि प्रयोगशील हैं बाकी सब घास छीलनेवाले। वैसा दावा यहाँ कदापि नहीं है; दावा केवल इतना है कि ये सातों अन्वेषी हैं।'' अज्ञेय ने यह भी कहा—''*तारसप्तक* की कविता वैसी जड़ाऊ कविता नहीं है, वह वैसी हो भी नहीं सकती। जमाना था, जब तलवारें और तोपें भी जड़ाऊ होती थीं; पर अब गहने भी धातु को साँचों में ढालकर बनाए जाते हैं और हीरे भी तप्त धातु की सिकुड़न के दबाव से बँधे हुए कणों से। *तारसप्तक* में रूप सज्जा को गौण मानकर अधिक-से-अधिक सामग्री देने का उद्योग किया गया है।''

तारसप्तक में अज्ञेय के कवि-वक्तव्य पर प्रायः कम ध्यान दिया गया है, जबकि अज्ञेय की सृजनात्मक और आलोचनात्मक मानसिकता को समझने के लिए इस 'वक्तव्य' पर ध्यान केंद्रित करना आवश्यक है। उनका बचपन लखनऊ, कश्मीर, बिहार और मद्रास में बीता; शिक्षा मद्रास और लाहौर में हुई, किंतु वे साहित्य के साथ-साथ बमबाजी और विषैले रसायनों का अध्ययन भी करते रहे। बाद में इन विषयों का कुछ अभ्यास भी किया। फिर कुछ महीने पुलिस के साथ चोर-छिपौवल करके नवंबर 1930 में 'मुहम्मद बक्श' नाम से पकड़े जाकर एक महीना लाहौर किले में और साढ़े तीन साल दिल्ली और पंजाब की जेलों में बिताया। फिर दो मास किले में और दो वर्ष नजरबंदी में। उसके बाद 'सैनिक', 'विशाल भारत' में। मेरठ में साहित्य परिषद् की स्थापना की। शांति-निकेतन जाते समय दिल्ली रुक गए। ऑल इंडिया रेडियो में अढ़ाई वर्ष, फिर खाकी पहनकर सेना में भरती कैप्टन रहे असमिया मच्छर मारते। इसी बीच कविता, कहानी, निबंध और अंग्रेजी कविता का संग्रह। चित्रकला, मूर्तिकला, फोटोग्राफी, मनोविश्लेषण और डॉक्टरी

की खब्त और नदी नालों वनों की यायावरी। अकेले रहने और चिंतन करने का अभ्यास बढ़ा। इन सभी ने मिलकर रचनाकार, आलोचक अज्ञेय की मानसिकता का निर्माण किया।

अज्ञेय के आलोचक ने गंभीर विवादास्पद भूमिकाएँ लिखीं। लेकिन हमेशा माना कि "कविता ही कवि का परम वक्तव्य है" उसके बाहर जो गद्य में कहा जाता है, वह कविता की पराजय है। मानव-जीवन के विकास के साथ जटिलता बढ़ी है—इसलिए 'आत्म-स्पष्टीकरण' वांछनीय हो गए हैं। यह भी माना कि कवि का कथ्य उसकी आत्मा का सत्य है—वह सत्य व्यक्तिबद्ध न होकर व्यापक सत्य है और जितना व्यापक है, उतना ही काव्योत्कर्षकारी। जीवन की बढ़ती जटिलता ने जीवन की व्यापकता को सीमित कर दिया है। आज कवि और पाठक दोनों बदल गए हैं और दोनों पर समकालीनता का दबाव बढ़ा है—"यह आज के कवि की सबसे बड़ी समस्या है। यों समस्याएँ अनेक हैं—काव्य-विषय की, सामाजिक उत्तरदायित्व की, संवेदना के पुनः संस्कार की आदि। किंतु इन सबका स्थान इसके पीछे है, क्योंकि वह कवि कर्म की ही मौलिक समस्या है—साधारणीकरण और कम्युनिकेशन की समस्या है और कवि को प्रयोगशीलता की ओर प्रेरित करनेवाली सबसे बड़ी शक्ति यही है। कवि अनुभव करता है कि भाषा का पुराना व्यापकत्व उसमें नहीं है—शब्दों के साधारण अर्थ से बड़ा अर्थ हम उसमें भरना चाहते हैं, पर उस बड़े अर्थ को पाठक के मन में उतार देने के साधन अपर्याप्त हैं। वह या तो अर्थ कम पाता है या भिन्न पाता है।"

अज्ञेय के मन में प्रयोगशीलता के प्रति अपार निष्ठा रही है। इसीलिए कहा है—"प्रयोग सभी कालों के कवियों ने किए हैं, यद्यपि किसी एक काल में किसी विशेष दिशा में प्रयोग करने की प्रवृत्ति होना स्वाभाविक ही है। किंतु कवि क्रमशः यह अनुभव करता है कि जिन क्षेत्रों में प्रयोग हुए हैं, उनसे आगे बढ़कर अब उन क्षेत्रों का अन्वेषण करना चाहिए, जिन्हें अभी नहीं छुआ गया या जिनको अभेद्य मान लिया गया है। भाषा को अपर्याप्त पाकर विराम संकेतों से, अंकों और सीधी-तिरछी लकीरों से, छोटे-बड़े टाइप से, सीधे या उलटे अक्षरों से, लोगों और स्थानों के नामों से, अधूरे वाक्यों से—सभी प्रकार के इतर साधनों से कवि उद्योग करने लगा कि अपनी उलझी हुई संवेदना की सृष्टि को पाठकों तक अक्षुण्ण पहुँचा सके।" प्रश्न उठता है कि क्या इस कार्य में उसे सफलता मिल सकी? अज्ञेय का उत्तर है—"पूरी सफलता उसे नहीं मिली, जहाँ वह पाठक के विचार-संयोजन सूत्रों को नहीं छू सका, वहाँ उसे पागल प्रलापी समझा गया या अर्थ का अनर्थ पा लिया गया। बहुत से लोग इस बात को भूल गए कि कवि आधुनिक जीवन की एक बहुत बड़ी समस्या का सामना करता रहा है। भाषा की क्रमशः संकुचित होती हुई सार्थकता की केंचुल फाड़कर उसमें नया, अधिक व्यापक, अधिक सारगर्भित अर्थ करना चाहता है और अहंकार के कारण नहीं, इसलिए कि उसके भीतर

इसकी गहरी माँग स्पंदित है—इसलिए वह व्यक्ति 'सत्य' को 'व्यापक सत्य' बनाने का उत्तरदायित्व अब भी निबाहना चाहता है, पर देखता है कि साधारणीकरण की पुरानी प्रणालियाँ, जीवन को ज्वालामुखी से बहकर आते हुए लावा से भरकर और जमकर रुद्ध हो गई हैं—प्राण-संचार का मार्ग उनमें नहीं है।''

प्राण-संचार का मार्ग कैसे पैदा होगा? कौन करेगा? कवि करेगा—यह कार्य कि ''जो व्यक्ति का अनुभूत् है, उसे समष्टि तक कैसे उसकी संपूर्णता में पहुँचाया जाए। यही पहली समस्या है, जो प्रयोगशीलता को ललकारती है।'' उसके बाद इतर समस्याएँ हैं कि वह अनुभूत ही कितना बड़ा या छोटा है। फिर अपने को भीतर तक टटोलते हुए कहा—''मैं स्वांत: सुखाय नहीं लिखता। कोई भी कवि केवल मात्र स्वांत: सुखाय लिखता है। यह स्वीकार करने में मैंने अपने को सदा असमर्थ पाया है।'' तुलसीदास स्वांत: सुखाय लिखने की बात कहते हैं, लेकिन उनके स्वांत: सुखाय का अर्थ बहुजन हिताय—शिवेतरक्षतये हैं। उनकी आत्माभिव्यक्ति में लोकाभिव्यक्ति है। हर कोने से व्यक्तिवाद का निषेध है और ''सुरसरि सम सब का हित होई'' की लोक वाणी है। स्वयं अज्ञेय कहते हैं—''अपनी अभिव्यक्ति पर किस पर अभिव्यक्ति? इसीलिए अभिव्यक्ति में एक ग्राहक या पाठक या श्रोता मैं अनिवार्य मानता हूँ और इसके परिणामस्वरूप जो दायित्व लेखक का या कवि या कलाकार पर आता है—उससे कोई निस्तार मुझे नहीं दीखा। अभिव्यक्ति भी सामाजिक या असामाजिक वृत्तियों की हो तो हो सकती है और आलोचक उनका मूल्यांकन करते समय ये सब बातें सोच सकता है, किंतु वे बाद की बातें हैं।'' प्रयोगशीलता का महत्त्व भाषा में छिपा है—''जीवन की जटिलता को अभिव्यक्त करनेवाले कवि की भाषा का किसी हद तक गूढ़, 'अलौकिक' अथवा दीक्षा द्वारा गम्य (Esoteric) हो जाना अनिवार्य है, किंतु वह उसकी शक्ति नहीं, विवशता है, धर्म नहीं, आपद्धर्म है।''

अज्ञेय ने मनोविश्लेषण शास्त्र का गहरा अध्ययन-चिंतन किया है और मनोविश्लेषणवादी आलोचना के बीज उनमें मौजूद हैं। फ्रायड, युंग, एडलर के चिंतन से प्रभावित होकर कहा है कि ''आधुनिक युग का साधारण व्यक्ति यौन वर्जनाओं का पुंज है। उसके जीवन का एक पक्ष है, उसकी सामाजिक रूढ़ि की लंबी परंपरा जो परिस्थितियों के परिवर्तन के साथ-साथ विकसित नहीं हुई और दूसरा पक्ष है स्थिति परिवर्तन की असाधारण तीव्र गति जिसके साथ रूढ़ि का विकास असंभव है। इस विपर्याय का परिणाम है कि आज के मानव का मन यौन परिकल्पनाओं से लदा हुआ है और वे कल्पनाएँ सब दमित और कुंठित हैं। उसकी सौंदर्य चेतना भी इससे आक्रांत है। उसके उपमान सब यौन प्रतीकार्थ रखते हैं।'' इस तरह प्रतीक हमारे आदिम अवचेतन के देवता हैं, जो व्यंजनाओं में बोलते हैं और मुखौटे लगाकर बोलते हैं।

मानव ही प्रतीकों का सृष्टा है और प्रतीक सर्वाधिक सर्जनात्मक संकेतात्मक बहुवचनात्मक भाषा है। प्रतीक द्वारा कभी-कभी वास्तविक अभिप्राय अनावृत हो जाता है, तब वह उस स्पष्ट इंगित से घबराकर भागता है, जैसे बिजली के प्रकाश में व्यक्ति चौंक जाए। डी.एच. लॉरेंस की एक कविता के प्रेम-प्रसंग में प्रकाश में एकाएक बिजली चमकने पर पुरुष अपना प्रेमालाप छोड़कर छिटककर अलग हो जाता है, क्योंकि Lightning has made it too plain बिजली ने उस आधार को उघड़ा कर दिया है। और इस आंतरिक संघर्ष के ऊपर जैसे काठी कसकर एक बाह्य संघर्ष भी बैठा है व्यक्ति का व्यक्ति से नहीं, व्यक्ति-समूह का वर्गों और श्रेणियों का संघर्ष है। व्यक्तिगत चेतना के ऊपर वर्गगत चेतना भी लदी हुई है और उचितानुचित का अनुशासन करती है, जिससे एक-दूसरे प्रकार की वर्जनाओं का पुंज खड़ा होता है और उनके साथ ही उनके प्रति विद्रोह का स्वर जागता है।

कविता के सामने आधुनिक जीवन की जटिलताओं की अनेक समस्याएँ हैं—"एक मार्ग यौन स्वप्न-सृष्टि का—दिवास्वप्नों का है, उसे वह अपनाना नहीं चाहता। फिर वह क्या करे? यथार्थ-दर्शन केवल कुंठा उत्पन्न करता है। वास्तव की वीभत्सता की कसौटी पर चाँदनी खोटी दिखती है। कवि अपनी काव्य-परंपरा का मूल्यांकन करता है और चारणकाल से लेकर छायावाद काल तक की कविता को तात्कालिक परिस्थिति अथवा जीवन प्रणाली पर घटित करके समझ लेता है, किंतु फिर भी आज के जीवन दबाव की अभिव्यंजना का मार्ग उसे नहीं दीखता, क्योंकि आज उसकी अनुभूतियाँ तीव्रतर हैं, तो वर्जनाएँ भी कठोरतर हैं। परिणाम है—'व्यंजना भीरू नेत्रों का विस्फार', जो 'अश्लील' इसलिए है कि भावनाओं और वर्जनाओं के संघर्ष को सहसा सामने ले आता है। और प्रेम? एक थका-माँदा पक्षी, जो साँझ घिरती देख आशंका से भी घिरता है और साहस संचित करके लड़ता भी जा रहा है। निराशा और कुंठा से धैर्यपूर्वक लड़ता हुआ, किंतु विश्वास की निष्कंप अवस्था से कुछ नीचे—आज के प्रेम का सर्वोत्तम रूप यही है।" लेकिन मूल मंतव्य यह कि आज हमें कवि पर नहीं, कविता पर भरोसा करना चाहिए।

तारसप्तक का पुनर्मुद्रण एक इतिहास का निर्माण फिर "संपादक की धारणा है कि *तारसप्तक* ने अपने प्रकाशन का औचित्य प्रमाणित कर दिया। उसका पुनर्मुद्रण एक ऐतिहासिक दस्तावेज को केवल उपलब्ध बनाने के लिए, बल्कि इसलिए भी संगत है कि परवर्ती काव्य-प्रगति को समझने के लिए इसका पढ़ना आवश्यक है। इन सात कवियों का एकत्रित होना अगर केवल संयोग भी था, तो भी वह ऐतिहासिक संयोग हुआ, जिसका प्रभाव परवर्ती काव्य-विकास में दूर तक व्याप्त है।" यह भी संयोग है कि योजना के इतिहास को लेकर *तारसप्तक* के कवियों ने ही बहस-विवाद को जीवंत रखा। इस पूरे

इतिहास पर निगाह डालते हुए अज्ञेय ने कहा, "जो 1943 के प्रयोगी थे, वे सन् 1963 के संदर्भ हो गए।" साथ ही "तब की संभावनाएँ अब की उपलब्धियों में परिणत हो गई हैं।" यह भी अनुभव किया गया कि *तारसप्तक* ने जिन विविध नई प्रवृत्तियों को संकेतित किया था, उनमें एक यह भी रही कि कवि का युग संबंध सदा के लिए बदल गया था। ये सभी कवि अपने समय को नए ढंग से बाँध रहे थे और उनके लिए समान धर्मा का अर्थ था—मानव-धर्म, कवि-धर्म, आधुनिक-धर्म। अज्ञेय मानवधर्मिता को आधुनिकता से अलग नहीं देख सकते थे, क्योंकि आधुनिकता का एक पहलू है—मानवधर्मिता। सर्जनशील प्रतिभाएँ कोरी वैचारिकता पर नहीं पलती हैं, उन्हें परिवेश चाहिए। सप्तक के कवियों का अलग-अलग दिशाओं में विकास हुआ और मताग्रही ज़िदों से दूर रहे। सत्य उपलब्धियों के कारण सभी बोधिसत्त्व बुद्ध हो गए और इन सातों ध्यानी बुद्धों के परस्पर संबंधों में विशेष अंतर नहीं आया। उनमें मतैक्य नहीं पनपा, स्वतंत्र चिंतन के पथ खुले रहे। अज्ञेय ने *दूसरा सप्तक* (1951) में 'भूमिका' में यह प्रश्न उठाया था कि "क्या ये रचनाएँ प्रयोगवादी हैं ? क्या ये कवि किसी एक दल के हैं, किसी मतवाद—राजनीतिक या साहित्यिक—के पोषक हैं ? प्रयोगवाद नाम के नए मतवाद का प्रवर्तन का दायित्व क्योंकि अनचाहे और अकारण ही हमारे मत्थे मढ़ दिया गया है, इसलिए हमारा इन प्रश्नों के उत्तर में कुछ कहना आवश्यक है।" प्रश्नों के उत्तर देने में अज्ञेय का आलोचक जागा और कहा—"प्रयोग का कोई वाद नहीं है। हम वादी नहीं रहे, नहीं हैं। न प्रयोग अपने आप में इष्ट या साध्य है। ठीक इसी तरह कविता का भी कोई वाद नहीं है, कविता भी अपने आप में इष्ट या साध्य नहीं है। अतः हमें प्रयोगवादी कहना उतना ही सार्थक या निरर्थक है, जितना हमें कवितावादी कहना।" आत्म-सत्य के अन्वेषी कवि को यह अधिकार है कि वह अन्वेषण के प्रयोगरूपी माध्यम का उपयोग करते समय उस माध्यम की विशेषताओं को परखने का भी अधिकार प्राप्त करे।

प्रयोग और प्रयोगवाद को लेकर पुरानी पीढ़ी के ज्यादातर आलोचक अज्ञेय पर बिगड़े तो उन्हें कहना पड़ा—"जो लोग प्रयोग की निंदा करने के लिए परंपरा की दुहाई देते हैं, वे यह भूल जाते हैं कि परंपरा, कम-से-कम कवि के लिए, कोई ऐसी पोटली बाँधकर अलग रखी हुई चीज नहीं है, जिसे वह उठाकर सिर पर लाद लें और चल निकलें (कुछ आलोचकों के लिए भले ही वैसा हो) परंपरा का कवि के लिए कोई अर्थ नहीं है, जब तक वह उसे ठोंक-बजाकर, तोड़-मरोड़कर, देखकर आत्मसात् नहीं कर लेता; जब तक वह एक इतना गहरा संस्कार नहीं बन जाती कि उसका चेष्टापूर्वक ध्यान कर उसका निर्वाह करना अनावश्यक न हो जाए। अगर कवि की आत्माभिव्यक्ति एक संस्कार विशेष के वेष्टन में ही सहज सामने आती है, तभी वह संस्कार देनेवाली परंपरा कवि की परंपरा है, नहीं तो वह इतिहास है, शास्त्र है, ज्ञान-भंडार है, जिससे

अपरिचित भी रहा जा सकता है।'' कवि के साथ बौद्धिकता का अर्थ यह नहीं है कि वह परंपरा-द्रोही हो, वह परंपरा का विकास विपरीत दिशा में जाकर भी कर सकता है।

क्या विडंबना रही है कि साहित्य-शिक्षण से जुड़े लोग प्रयोग के नाम पर बिदकते रहे। कहना पड़ा अज्ञेय को कि प्रयोग अपने आप में इष्ट नहीं है। और दोहरा साधन है, क्योंकि एक तो वह उस सत्य को जानने का साधन है, जिसे कवि प्रेषित करता है, दूसरे उस प्रेषण की क्रिया को और उसके साधनों को जानने का साधन है। अर्थात् प्रयोग द्वारा कवि अपने सत्य को अच्छी तरह अभिव्यक्त कर सकता है। वस्तु और शिल्प दोनों के क्षेत्र में प्रयोग फलप्रद होता है। इसलिए रचना-कर्म में 'प्रयोग' की बड़ी महिमा है। ''प्रयोग का हमारा कोई वाद नहीं है, इसको और स्पष्ट करने के लिए एक बात हम और कहें। प्रयोग निरंतर होते आए हैं और प्रयोगों के द्वारा ही कविता या कोई भी कला, कोई भी रचनात्मक कार्य, आगे बढ़ा सका है। जो कहता है मैंने जीवन भर कोई प्रयोग नहीं किया, वह वास्तव में यही कहता है कि मैंने जीवन भर कोई रचनात्मक कार्य करना नहीं चाहा है।'' ऐसे व्यक्ति की कविता कविता नहीं है। उसमें कला, शिल्प और रचनात्मकता नहीं है। प्रयोग का महत्त्व तभी है, जब वह गोताखोर की तरह मोती लाता है। इस दृष्टि से 'प्रयोग' का 'वाद' बेमानी है। इस तरह अज्ञेय ने निरंतर विचार-मग्न होकर कहा कि प्रयोग का कोई वाद नहीं है। *तीसरा सप्तक* भी यही ध्वनित करता आया। प्रयोग से जुड़ी नयी कविता शिल्प या रूपवाद नहीं है, उसमें जीवन-संवेदना की गहराई और गरमाहट है। कुतर्की प्रयोगवाद पर अड़े रहे, लेकिन प्रयोगवाद के आगे का काल नयी कविता का काल कहलाया, इस नयी कविता में प्रयोगवादी-प्रगतिवादी दोनों प्रेम-संवाद के साथ समा गए।

अज्ञेय ने भारतीय शब्द-परंपरा के चिंतन का *तीसरा सप्तक* की भूमिका में विस्तार किया और राहों के अन्वेषण की बात पर पुन: जोर दिया। ''प्रत्येक शब्द का प्रत्येक समर्थ उपयोक्ता उसे नया संस्कार देता है। इसी के द्वारा पुराना शब्द नया होता है—यही उसका कल्प है। इसी प्रकार शब्द वैयक्तिक प्रयोग भी होता है और प्रेषण का माध्यम भी बना रहता है। दुरूह भी होता है और बोधगम्य भी, पुराना परिचित भी रहता है और स्फूर्तिप्रद अप्रत्याशित भी।'' नए कवि ने शब्द की लीक नहीं पीटी, उसे नया अर्थ संदर्भ दिया। इस दृष्टि से नयी कविता, नया भाव-बोध है—नयी भाव-दशा और नयी मनोभूमिका का भाव-स्फोट, नयी मन:स्थिति का प्रकाश। अज्ञेय ने 'नयी कविता' शीर्षक निबंध में अपनी कविता 'बह गई पिछली हवाएँ चैत की' का उदाहरण देकर कहा कि इस कविता पर अज्ञेय का नाम लिखा है, तो यह 'प्रतिक्रियावादी कविता' है, अगर इस पर शमशेर, नागार्जुन का नाम लिखा है, तो प्रगतिवादी कविता। हिंदी-आलोचना दुर्भाग्यवश नामों की दलबंदी में फँसकर कृतियों की समीक्षा से भटक गई है।

कविता में शब्द अपने में न संपूर्ण होता है, न आत्यंतिक। वह स्वयंभूत अर्थ भी नहीं होता। शब्द तो पात्र है, जिसमें कवि अर्थ भरता है, संदर्भ उसे अर्थ देता है, लेकिन जो लकीर के फकीर हैं, उन्हें शब्द का नया प्रयोग नहीं सुहाता। वे पुराने अर्थ देवता को अंतर्ध्यान होते नहीं देख सकते। शब्द प्रयोक्ता के साथ पाठक की समस्या संप्रेष्य वस्तु की है। हो सकता है हम काव्य के लिए नया विषय लें और वस्तु उसकी पुरानी ही रहे। यह भी संभव है—विषय पुराना रहे पर वस्तु नई रहे। पर विषय नए हो सकते हैं—मौलिक नहीं। मौलिकता वस्तु से संबंध रखती है। विषय संप्रेष्य नहीं है, वस्तु संप्रेष्य है। मौलिकता की कसौटी का यही क्षेत्र है और यही कवि की शक्ति अथवा प्रतिभा का क्षेत्र है। क्योंकि यह कवि-मानस की पहुँच का क्षेत्र है। "यहाँ स्वीकार किया जाए कि नए कवियों में ऐसों की संख्या कम नहीं है, जिन्होंने विषय को वस्तु समझने की भूल की है और इस कारण स्वयं भी पथ-भ्रष्ट हुए हैं और पाठकों में नयी कविता के बारे में अनेक भ्रांतियों के कारण बने हैं।"

आलोचक अज्ञेय ने हमेशा नकलचियों से सावधान किया है, क्योंकि वे माल की असलियत के बारे में धोखा देते हैं। आलोचक का काम है कि वह असली की साख न बिगड़ने दे और नकली के प्रति सावधान करे। हमारे यहाँ नकली कवियों से ज्यादा नकली आलोचक हैं—उनका धातु भी खोटा है और कसौटियाँ भी खोटी हैं। इसी कसौटी पर वे आज भारतेंदु और मैथिलीशरण गुप्त को 'हिंदू' कवि कहकर नीचा दिखाना चाहते हैं। अज्ञेय ने द्विवेदी-युग, छायावादी युग में नकलचियों की बात उठाकर कहा—"प्रगतिवाद ने कम नकलची पैदा नहीं किए। हमें किसी भी वर्ग में उनका समर्थन या पक्ष-पोषण नहीं करना है, पर यह माँग भी करनी है कि उनके पक्षपात के कारण मूल्यवान की उपेक्षा न हो"। प्रगतिवाद की खोटी कसौटी के कारण माखनलाल चतुर्वेदी, बाल कृष्ण शर्मा नवीन, सुभद्राकुमारी चौहान, हरिवंशराय बच्चन, रामधारी सिंह दिनकर, नरेंद्र शर्मा आदि तमाम मूल्यवान कवि निरादर का शिकार हुए। जिनके मूल्यांकन की ओर 'लघुमानव के बहाने हिंदी कविता पर एक बहस' निबंध में विजयदेव नारायण साही ने ध्यान दिलाया है कि असली को नकली से न नापा जाए। प्राचीन समय से रचना-कर्म में साधना का, तप का महत्त्व रहा है। अज्ञेय ने इस साधना-परंपरा पर ध्यान केंद्रित करते हुए कहा है कि साधना अभ्यास और मार्जन का ही दूसरा नाम था। बड़ा कवि वाक्सिद्ध होता था और भी बड़ा कवि रससिद्ध होता था। आज वाक् शिल्पी कहलाना अधिक गौरव की बात समझा जा सकता है। आज तो शिल्पी एक गाली है और एक नया वर्ग नयी काव्य-प्रवृत्ति के आंदोलन को रूपवाद-फार्मलिज्म का आंदोलन कहकर उड़ा देना चाहता है, जबकि नई प्रवृत्ति का यह आंदोलन वस्तु और रूप की अभिन्नता का आंदोलन है, जिसमें कविता बुद्धि की मुक्तावस्था की ओर उन्मुख है।

प्रयोगवाद, नयी कविता पर यह आरोप निराधार है कि वह रूपवाद की कविता है। यह कहना झूठ और भ्रामक है कि केवल प्रगतिवादी काव्य में सामाजिक चेतना है और कहीं नहीं। (*तीसरा सप्तक*-'भूमिका') यह मानने में कोई कठिनाई न होनी चाहिए कि प्रगतिवाद सबसे अधिक समाजाग्रही रहा है, पर केवल इसी से यह नहीं प्रमाणित हो जाता कि उस वाद के कवियों में गहरी सामाजिक चेतना है या कि जैसी है, वही उसका स्वस्थ रूप है—उसकी पड़ताल प्रत्येक कवि में अलग करनी होगी। *तीसरा सप्तक* के सभी कवियों की सामाजिक राजनीतिक साहित्यिक मान्यताएँ अलग-अलग हैं। कुछ कवि सप्तकों में आमंत्रित होकर भी रह गए। उन्होंने स्वयं इसमें आना नहीं चाहा। इसलिए कि दूसरे कवियों का साथ उन्हें पसंद नहीं था। अज्ञेय ने अनथक भाव से *चौथा सप्तक* निकाला तो बड़ी चिकचिक हुई। अज्ञेय ने एक साक्षात्कार में कहा कि *चौथा सप्तक* निकालकर कोई अपराध नहीं किया है। *तीसरा सप्तक* संपादक के काव्य विवेक और काव्य-दृष्टि का प्रतिफलन था तो *चौथा सप्तक* घोषित तौर पर एक संपादक की काव्य-दृष्टि, साहित्यिक रुचि और साहित्य-विवेक का प्रतिफलन है। लेकिन यह सच है कि *चौथा सप्तक* को लेकर अज्ञेय पर विवाद बढ़ा और यह सप्तक किनारे कर दिया गया। इसे लेकर मताग्रही आलोचना ने अज्ञेय पर घेरा डाला और अनाप-शनाप थूका। लेकिन अज्ञेय ने कहा कि *चौथा सप्तक* या समकालीन कविता के बीज छायावाद, प्रगतिवाद, प्रयोगवाद तीनों में ही थे। आज की कविता उन्हीं बीजों का नया विचार वृक्ष है। परिस्थितियाँ आज ऐसी हैं कि आज की कविता बोलती बहुत है, उसमें वक्तव्यबाजी बढ़ी है। आज की कविता पर 'मैं' छा गया है, वह अन्य को कम सुनता है। अज्ञेय ने यह भी कहा कि "आज की कविता में मुखौटा या पर्सोना का खेल बढ़ गया है—वैसे सृजन में मुखौटा केवल धोखा देने के लिए, बल्कि सच्चाई को प्रस्तुत करने के लिए भी लगाए जाते हैं।" (*चौथा सप्तक*-'भूमिका') साधारण जीवन में मुखौटा बुरी चीज है, लेकिन नाटक अथवा काव्य में यथार्थ को प्रस्तुत करने का ढंग है, हुनर है। बात उनके इस कथन के सामने आती है "आज की कविता का बहुत बड़ा और शायद सबसे बड़ा दोष यह है कि उस पर एक 'मैं' छा गया है, वह भी एक अशिक्षित और अविसर्जित मैं। आज की कविता बहुत बोलती है, जब कि कविता का काम बोलना है ही नहीं।" इधर कवियों में राजनीतिक पक्षधरता बढ़ी है—जब कि राजनीतिक पक्षधरता को कसौटी नहीं बनाया जा सकता।

अज्ञेय का ध्यान आपातकाल पर न गया हो, ऐसी बात नहीं है—राजनीतिक पक्षधरता का स्थान राजनीतिक असहिष्णुता लेने लगी, तो उन्होंने अनुभव किया—"आपातकाल ने एक लगभग देशव्यापी आतंक की सृष्टि की तो उसकी परिधि के भीतर विभिन्न प्रकार की असहिष्णुताएँ आतंक के छोटे-छोटे मंडल बनाती रहीं। आपातकाल की समाप्ति

से आतंक का तो अंत हो गया, लेकिन मतवादी असहिष्णुताओं के ये वृत्त अभी कायम हैं।'' इधर के कवियों ने स्वायत्तता और स्वातंत्र्य बोध का अनुभव कई तरह से किया है। इसी दौर में अज्ञेय ने पश्चिमाभिमुख आधुनिकता या औपनिवेशिक आधुनिकता की सत्ता पर बहस का जोरदार अभियान चलाया। हालाँकि यह अभियान चल तो *तारसप्तक* से पड़ा था, लेकिन बाद के सप्तकों में गांधी, फ्रायड, मार्क्स, लोहिया, जयप्रकाश नारायण आदि प्रत्यक्ष-अप्रत्यक्ष रूप से झाँकने लगे। सभी ने अपनी सहमति और मतभेद का दौर अपनी शर्तों पर जिया। पता नहीं क्यों अज्ञेय ने भारतीय स्वाधीनता के आंदोलन पर चुप्पी नहीं तोड़ी। जब कि एक समय में नेहरू अभिनंदन नेहरूजी को भेंट किया और भारतीय आधुनिकता, भारतीयता को अपने ढंग से परिभाषित भी किया। समय का संशय भी अज्ञेय को मथता है और वे चिंतन के तनाव में, राजनीति के अवमूल्यन से कष्टमय दिखाई देते हैं—उस पर व्यंग्य-कविताएँ लिखते हैं—''शाबाश/मेरे देश के रौशन जमीर नेताओ/ तुम्हारी मर्यादा वह हाथी का पैर है/जिसमें सीता समा गई थी।'' यहाँ ध्यान देने की बात है कि अज्ञेय की आलोचना चाहे वह सप्तकों से आई हो *त्रिशंकु* जैसे निबंध-संग्रहों से आई हो या *भवंती, अंतरा, शाश्वती, शेषा* जैसी अन्त: प्रक्रियाओं से आई हो या उनके द्वारा निकाले जानेवाली पत्र-पत्रिकाओं, अनगिनत निबंधों, यात्रा-वृत्तों, व्याख्यानों से आई हो—वह आलोचना बुनियादी तौर पर सभी संवादों, वाद-विवादों का उद्गम स्रोत है। हिंदी आलोचना की इन बहसों में अज्ञेय के साथ रघुवीर सहाय ग.मा. मुक्तिबोध, नेमिचंद्र जैन, गिरिजाकुमार माथुर, शमशेर, रामविलास शर्मा, प्रभाकर माचवे जैसे धाकड़ व्यक्तित्व हिस्सेदार रहे है। लेकिन हिंदी-आलोचना में नई-बहसों की परंपरा के प्रवर्जन का श्रेय अज्ञेय को ही जाता है। उन्होंने काल-चिंतन की नई शुरुआत के साथ स्मृति पर आनेवाले संकट के प्रति हमारी पीढ़ी को जाग्रत् किया 'स्मृति के परिदृश्य' शीर्षक दो व्याख्यानों में स्मृति का देश, स्मृति का काल पर जिस गहराई से चिंतन किया है, वह हमारी सर्जनात्मक आलोचना की उपलब्धि है।

जिसे हिंदी में आज हम आधुनिक संवेदना से संपन्न बौद्धिक मुक्तावस्था की सर्जनात्मक आलोचना कहते हैं—उसकी शुरुआत अज्ञेय से ही हुई। पंत, प्रसाद, निराला, महादेवी के सामने पुराने रीतिवाद से जूझने की समस्या रही और उससे जूझकर इन रचनाकार आलोचकों ने आचार्य रामचंद्र शुक्ल और प्रेमचंद की दिशा में चलकर हिंदी में नव जागरणवादी काव्यशास्त्र के आधार को पोढ़ा-पुष्ट किया। उस आधार की मदद से अवधारणात्मक चिंतन का एक नया युग हिंदी-आलोचना में अज्ञेय ही लाए। उन्होंने रोला बार्थ की तरह न जाने कितनी नई बहसों को हमारी आलोचना में जन्म दिया। कठिन बौद्धिक अवधारणाओं का, चाहे वह टी.एस. एलियट का निर्वैयक्तिकता का सिद्धांत हो या भोगनेवाले प्राणी और रचनेवाले प्राणी की दूरी वाला सिद्धांत या ऑब्जेक्टिव

कोरिलेटिव या परंपरा-वैयक्तिक प्रतिभा से जुड़ा चिंतन हो, अज्ञेय ने भारतीय संदर्भों में सुलझा भाष्य प्रस्तुत किया। हिंदी में नई आलोचना-संस्कृति को लाने में उनके द्वारा यह बहुत बड़ा काम हुआ। *त्रिशंकु* के तमाम निबंधों का नया चिंतन इस कार्य का साक्षी है कि कैसे बीसवीं शताब्दी में पश्चिम की विश्व-दृष्टियों के बढ़ते आतंक से अज्ञेय ने हिंदी-आलोचना को आतंकमुक्त किया।

अज्ञेय ने भाषा-अस्मिता और अस्तित्व का प्रश्न उठाकर बार-बार ध्यान दिलाया कि भाषा ही स्मृति है इतिहास है, मिथक है, परंपरा है, गल्प-कोश है। इसलिए यदि कविता में कोई सत्य होता है, तो वह भाषा में ही मौजूद रहता है। "मैं सच लिखता हूँ लिख-लिखकर सब झूठा करता जाता हूँ" कहनेवाले कवि अज्ञेय का गहरा आशय है यह समझ है कि साहित्य सत्य नहीं है, गल्प है। गल्प में धार होती है, इसलिए सर्वसत्तावादी व्यवस्थाएँ साहित्य से भयभीत रहती हैं। कविता का सच है—सत्ता पर निरंतर संदेह। राष्ट्रवाद, साम्राज्यवाद, उपनिवेशवाद के नाम पर बीसवीं शताब्दी में जो भयानक दमन-चक्र चला उसकी पोल किसने खोली ? साहित्य ने। साहित्य ने केंद्रीयता को तोड़ा और बहुलतावाद की ओर बढ़कर रहा। एक ऐसा समय जब शब्द और सत्ता पर निरंतर हमला हो रहा था—अज्ञेय ने उसकी पवित्र गरिमा के लिए संघर्ष किया और पाठक में पैदा किया—पावनताजनित विवेक। शब्द को बचाना न रूपवादी होना है न 'न्यूक्रिटीसिज्म' का पिछलग्गू। इसलिए हिंदी-आलोचना में अज्ञेय को कलावादी, फ्रायडवादी कहना पूरा गलत पाठ पढ़ना है।

अपने मूल भारतीय स्रोतों में गहरे धँसकर अज्ञेय ने कहा कविता भाषा में नहीं होती, वह शब्दों में भी नहीं होती, कविता शब्दों के बीच की नीरवताओं में होती है। जबकि स्वयं अज्ञेय अपनी कविताओं में अनकहा बहुत कम छोड़ते हैं—मिथ कथनों में व्यंजनाओं को उछालते हैं, नाद सौंदर्य से अर्थ-प्रभाव बढ़ाते हैं और 'काल का डमरू नाद' सुनते हैं। अज्ञेय और समकालीन आलोचना को अहसास है कि *तारसप्तक* (1943) के प्रकाशन के बाद हिंदी-आलोचना में बहुत कुछ ऐसा आया कि आधुनिक, नया, परिवेशजन्य, संस्कृति-संवेदना से परिपूर्ण और प्रयोगशील इतिहास-भूगोल का नक्शा बन गया। अज्ञेय की आलोचना-दृष्टि ने रचना का महत्त्व, रचना-प्रक्रिया, रचना-प्रेरणा और प्रभाव, रचना-भाषा-शिल्प, बिंब-प्रतीक, मिथक, छंद-लय, सामाजिक और वाचिक परंपरा के अनेक विषय आलोचना में स्थापित किए। प्रयोगवाद और नयी कविता में यह भूमिका अनायास टी.एस. एलियट, डी.एच. लॉरेंस, एफ.आर. लीविस की याद दिलाती है, जिनका साहित्य-चिंतन सहचर के रूप में आया। यह कहना आवश्यक है कि शुक्लोत्तर हिंदी-आलोचना और आलोचना-शास्त्र के विकास में अज्ञेय की भूमिकाएँ—*रूपांबरा* की भूमिका, *पुष्करिणी* की भूमिका, *सप्तकों* की भूमिकाएँ, *सर्जना के क्षण* की भूमिका

नए रूपों, बोधों को रेखांकित करती हैं। आज भी शुक्लोत्तर-आलोचना में इन भूमिकाओं का महत्त्व कम नहीं हुआ है। अज्ञेय की भूमिकाएँ आलोचना का विजय-मंच बनी हैं और पुराना शंभु-धनुष इनसे टूटा है।

अज्ञेय ने लगातार समकालीन कृतित्व का पर्यवेक्षण किया और पूर्ववर्ती साहित्य के संदर्भ में रखकर उसका भाष्य या डिस्कोर्स किया। इस भाष्य-विमर्श के आधार पर समकालीन रचना-कर्म के लिए परंपरा के मूल्य, आधुनिकता की दृष्टि पर विचार किया और यह प्रश्न भी उठाया कि समकालीन जटिल संवेदना के लिए पूरे साहित्य का क्या महत्त्व है। विश्व-साहित्य में अज्ञेय जैसे बहुत कम रचनाकार-आलोचक होंगे, जिन्होंने निरंतर साहित्य-संवेदना और साहित्यिक परंपरा का इतने मनोयोग से अध्ययन-मूल्यांकन किया हो। अज्ञेय का चिंतन अपनी रचना-यात्रा की वकालत भर नहीं रहा, उसने स्वतंत्र-चिंतन यात्रा का पथ प्रशस्त किया। साथ ही वे अपनी अवधारणाओं को निरंतर संशोधित करते रहे। *सर्जना और संदर्भ, आत्मपरक, केंद्र और परिधि* तथा *स्मृतिच्छंदा* के सैकड़ों निबंधों ने एक नए चिंतन-क्षेत्र का विकास किया है और हिंदी-आलोचना को पश्चिम का 'उपनिवेश' नहीं बनने दिया। उन्होंने आधुनिकतावाद, अस्तित्ववाद, नव्य समीक्षा पर बहस करते हुए संप्रेषण के सैद्धांतिक महत्त्व की पहचान कराई। पश्चिम और पूर्व की चिंतन-परंपराओं की तुलना और महत्त्व से कृति-केंद्रित आलोचना की केंद्रीयता स्वीकार की और कृति के 'इंटरप्रेटेशन' मूल्य-निर्णय में नए आयाम जोड़े हैं।

हिंदी आलोचना में अज्ञेय ने यह प्रश्न बहुत भरे हृदय से उठाया कि हमने निराला को मुक्त-छंद प्रवर्तन का श्रेय तो दे दिया, लेकिन उनके प्रयोगों से सीखा नहीं। हमने यह विचार नहीं किया कि मुक्त-छंद में मुक्ति क्या है, क्यों और कहाँ तक है। संदेह होता है कि इसकी समुचित समझ बहुत कम कवियों में विकसित हुई। छंद के अभ्यास की प्रथा तो उठ ही गई—बहुत बुरा हुआ, लेकिन छंद का बोध अभ्यास से अलग चीज है। मात्राएँ और वर्ण गिनना और तुकों के जोड़ कंठस्थ रखना अभ्यास का अंग था, जिससे छूट पाने से विशेष अहित नहीं हुआ, किंतु श्रुति की एक दीक्षा थी, जो पुरानी स्थितियों में छंद के अभ्यास के साथ-साथ मिल जाती थी। यह पक्ष उपेक्षा के कारण अब लगभग खो गया है। श्रुति-संवेदन के प्रति यह उपेक्षा और भी दारुण इसलिए हो गई कि काव्यालोचन के राजनीतिकरण के कारण ऐसे सब विचारों को 'रूपवाद' कहकर उपहास का विषय बनाया गया। इसी तरह "बोलचाल की भाषा के निकट आने" के आग्रह को भी गलत समझा गया और उसका अर्थ यही लगाया गया। गद्य और पद्य की लय में कोई अंतर नहीं होना चाहिए। आज तो बहुत से कवि यशः प्रार्थी ऐसे भी हैं, जो यह भी नहीं बता सकेंगे कि लय कहते किसे हैं? वे प्रायः यही मानते पाए जाएँगे कि एक तो गीत होता है, जिसमें छंद, तुक, ताल, लय सबकुछ का विचार होता है (और

जो इसलिए एक घटिया काव्य रूप है) और दूसरे आधुनिक कविता होती है, जो मुक्त छंद में होती है अर्थात् उनमें इन सब चीजों में से किसी का विचार नहीं होता और यति का निर्णय भी बिल्कुल स्वर रूप में किया जाता है। ऐसे बहुत से कवि निराला और मुक्तिबोध की दुहाई भी देंगे, उन्हीं की परंपरा—नहीं, उनकी परंपरा में होने का नहीं, बल्कि उनकी विरासत में होने का दावा भी करेंगे।'' (*कवि दृष्टि,* पृ. 16) उन्हें पता नहीं है कि लयों का वैविध्य निराला में है मुक्तिबोध में नहीं। मुक्तिबोध को छंद लय का कम ज्ञान है—निराला छंद और संगीत के उस्ताद हैं। अज्ञेय ध्यान दिलाते हैं कि मुक्त छंद अनुशासनरहित पद रचना नहीं है, वह छंद से मुक्त नहीं है, बल्कि मुक्ति युक्त छंद है।

अज्ञेय कथाकार, यात्रा-संस्मरणकार, नाटककार, पत्रकार, संपादक की अनेक भूमिकाओं में उतरे, लेकिन कहा हमेशा यही—''मैं कवि ही रहूँगा, उपन्यासकार नहीं बनूँगा।'' उनकी धारणाएँ *त्रिशंकु* से लेकर *स्मृति के गलियारे* तक की पचास साल की विचार-यात्रा में फैली हैं। कवि को वे 'हविष्यवादी अग्निपुरुष' कहते हैं और रचना को यंत्रणा भरी तनाव की प्रक्रिया। अज्ञेय में जो 'अर्थ-गर्भ मौन' की 'अनुभूति की अद्वितीयता' में ईमानदारी का जो मंथन चलता है—वह फूट-फूटकर कह उठता है, ''चिंतन प्रसाद ने अधिक किया है काव्य निराला क्या श्रेष्ठ है।'' कभी-कभार उनका चिंतक 'गागर में सागर' भरकर कहता है ''प्रसाद पढ़ाए जाएँगे, निराला पढ़े जाएँगे, पंत से सीखा जाएगा।'' रचना और आलोचना को सांस्कृतिक प्रक्रिया मानने के कारण अज्ञेय का सर्वाधिक झुकाव-लगाव प्रसाद के प्रति है। विजयदेव नारायण साही ने 'लघुमानव के बहाने हिंदी कविता पर एक बहस' शीर्षक प्रसिद्ध निबंध में लंबी बहस के बाद निष्कर्ष निकाला है कि ''लेकिन यदि परंपरा हमेशा परिवर्तन और वैपरीत्य की दिशाओं में फूटती हुई चलती है, तो अज्ञेय आगे के इतिहासकार को प्रसाद की ही परंपरा दिखाई पड़ेंगे।''

दरअसल, अज्ञेय की आलोचना-दृष्टि अपने समय की रचनाशीलता और रचनात्मक-संवेदना से गहरी संपृक्ति के कारण अपने युग के तीखे प्रश्नों से टकराती है, चाहे वे प्रश्न आधुनिकतावाद ने उठाए हों या मार्क्सवाद, फ्रायडवाद ने उठाए हों या नव्य समीक्षा ने, आस्तित्ववाद ने उठाए हों या औपनिवेशिक आधुनिकता के दबावों ने उठाए हों, अज्ञेय उनसे बौद्धिक संवाद करते हैं। पश्चिमवाद को भीतर-बाहर से पढ़ने-समझने पर भी अज्ञेय उस चिंतन से आचार्य रामचंद्र शुक्ल की तरह आतंक मुक्त रहते हैं। उनकी आलोचना का पूरा आंतरिक पाठ भारतीय साहित्यालोचन की गहन-गंभीर परंपरा से मुकम्मल होता है। इसलिए अज्ञेय की आलोचना आचार्य रामचंद्र शुक्ल की परंपरा का विकास है—पुनर्नवता का विमर्श है और हिंदी में एक मौलिक समीक्षाशास्त्र की आधार-शिला को दृढ़ करनेवाली संकल्पबद्ध तैयारी है। इसके भीतर भारतीय-आलोचना का पूरा चरित्र शास्त्रों और विधाओं को मथते हुए सर्जनात्मक आलोचना

का है। इसलिए जो लोग अज्ञेय को 'पश्चिम का नकलची', 'व्यक्ति स्वातंत्र्यवाद का पूँजीवादी प्रचारक', 'रूपवादी-कलावादी' कहकर बदनाम करते रहे हैं—उन्हें पुनर्विचार की जरूरत है। उन्हें 'इतिहास और स्वातंत्र्य बोध', 'निरंतरता और स्वतंत्रता', 'स्वाधीन कृतित्व का ऊर्जा स्रोत', 'मेरी स्वाधीनता सबकी स्वाधीनता', 'सभ्यता का संकट', 'समग्र परिवेश की राजनीति', 'देशीयता और मौलिकता', 'कथाभाषा : समस्या के कुछ पहलू', 'भाषा, कला और औपनिवेशिक मानस' तथा 'साहित्य, संस्कृति और समाज-परिवर्तन की प्रक्रिया' जैसे चिंतन-प्रधान निबंधों पर अवश्य ध्यान देना होगा।

अज्ञेय आलोचक कर्म को भारतीय-अस्मिता की खोज से जोड़ने के लिए निरंतर संघर्ष करते रहे हैं। ग.मा. मुक्तिबोध जिस 'सभ्यता-समीक्षा' के प्रतिमान को सामने लाते हैं, उसमें अज्ञेय की सर्जनात्मक आलोचना का गौरव अक्षुण्ण है। स्वाधीन मनुष्य, स्वाधीन चिंतन स्वाधीन भाषा के साथ अज्ञेय आलोचना में स्वाधीनता या मुक्ति की पुकार लगाते हैं, उन्हें यूरोपियन मानस की गुलामी पसंद नहीं है। संस्कृतियाँ प्रभाव-ग्रहण करती हैं, इसलिए पश्चिमी 'प्रभाव' को स्वीकार करते हैं, क्योंकि आदान-प्रदान से दृष्टि में व्यापकता आती है, लेकिन नकलची बनकर, पिछलग्गू बनकर, आत्म-धिक्कार का शिकार होकर, अपने पूरे मूल्यवान चिंतन को फेंककर पश्चिम से सबकुछ ग्रहण करने में वे भलाई नहीं समझते हैं। उत्तर आधुनिकतावाद, उत्तर-संरचनावाद तथा पाठ और पाठकवादी आलोचना, विरचनावादी आलोचना को भी हमें जस-का-तस नहीं लेना है, उसे अपनी सस्कृति-परंपरा की शर्तों पर ही ग्रहण करना होगा क्योंकि सांस्कृतिक चिंतन की हमारे पास पश्चिम से ज्यादा समृद्ध परंपरा है। जरूरत उस परंपरा के पुनराविष्कार की है।

□

अज्ञेय की भूमिकाओं में साहित्य के प्रतिमान

सच्चिदानंद हीरानंद वात्सायन 'अज्ञेय' उन सर्जकों में हैं, जिन्हें काल की परिधि में नहीं बाँधा जा सकता। उन्होंने पचास वर्षों से अधिक की अवधि में निरंतर सर्जन, आलोचना एवं संपादन किया है। रचनाओं के परिमाण की दृष्टि से कम ही लेखक उनकी बराबरी कर सकते हैं। हजारों कविताओं को रचनेवाले इस रचनाकार ने अपने को जीवन भर संपादन-कर्म में समर्पित भाव से खपाया। उनकी संपादकीय भूमिकाओं ने परंपरागत साहित्य-चिंतन में अभिनव क्रांति उपस्थित करते हुए हिंदी के नवीन समीक्षाशास्त्र की नींव को दृढ़ किया। इनके अलावा उन्होंने उपन्यास, कहानी, नाटक, संस्मरण, निबंध तथा कला, शिक्षा-भाषा, राजनीति, दर्शन और साहित्य के विविध-विषयों से संबंधित अपूर्व निबंध लेखन किया। कृतियों के मूल्यांकन की दृष्टि से वे उस ऊँचाई तक पहुँचे थे जहाँ तक इने-गिने महान् सर्जक-चिंतक ही पहुँचते हैं। आज जब हम उनकी चिंतनात्मक ऊँचाई का स्मरण करते हैं, तो पाते हैं कि अज्ञेय का चिंतन हमारी मूल्यवान निधि है।

अज्ञेय के रचनाकार ने यह सत्य अपने संघर्ष से कमाया है कि रचनात्मक-साहित्य की समृद्धि के साथ नई संवेदना नवीन रचना-दृष्टि का मार्ग खोलती है और एक नवीन सभ्यता-समीक्षा-दृष्टि का विकास भी करती है। नवीन रचना-दृष्टि परंपरागत, बासी मूल्य-दृष्टियों को पछाड़ती चलती है। इस तरह रचना-दृष्टि जड़ीभूत सौंदर्याभिरुचियों पर प्रहार करने के साथ उन्हें बदलती है, उनमें नया परिमार्जन लाती है। कोई भी सर्जनात्मकता कितनी ही क्रांतिकारी क्यों न हो, उसके भीतरी तल में युग की मनोभूमिका के तत्त्व सक्रिय रहते हैं। हर समय रचना-कर्म के सामने समस्या नए वागर्थ की प्रतिपत्ति को लेकर रहती है। क्योंकि निरंतर प्रयोग से शब्दों का अर्थ-चमत्कार मरता रहता है और रचनाकार की प्रमुख समस्या शब्दों के नए अर्थ-संस्कार, शब्दों में नए अर्थ भरने की रहती है, ताकि नई संवेदना को नई भाषा से पाठक में संप्रेषित किया जा सके।

हिंदी में नवजागरण की चेतना से संपन्न आचार्य महावीर प्रसाद द्विवेदी, कविवर मैथिलीशरण गुप्त, आचार्य रामचंद्र शुक्ल, सूर्यकांत त्रिपाठी निराला, प्रेमचंद, पंतजी ने

रीतिवाद-विरोधी आंदोलन चलाया और पुरानी सैद्धांतिकता से किसी भी कीमत पर समझौता नहीं किया। इन आलोचकों, काव्य-सर्जकों ने काव्य-भूमिकाओं, पुस्तकों-लेखों, प्रासंगिक परिचर्चाओं, गोष्ठियों, परिसंवादों, पत्र-पत्रिकाओं इंटरव्यू आदि के माध्यम से नवीन सर्जनात्मकता को समझने के लिए विस्तार से विचार-विमर्श किया। आचार्य महावीर प्रसाद द्विवेदी ने 'सरस्वती' पत्रिका के माध्यम से रीति-विरोधी आंदोलन की अगुआई की तथा आचार्य द्विवेदी की प्रेरणा से मैथिलीशरण गुप्त ब्रजभाषा मोह से मुक्त होकर खड़ी बोली में आए। हमारे स्वाधीनता-संग्राम की भाषा खड़ी बोली बनी और खड़ी बोली का अर्थ था रूढ़ियों से विद्रोह करते हुए मुक्ति के लिए संघर्ष। अज्ञेय के गुरु स्थानीय मैथिलीशरण गुप्त ने श्रीधर पाठक की परंपरा को नया मुक्ति-सौंदर्य प्रदान करते हुए रीतिवादी साहित्यशास्त्र और साहित्य-दृष्टि का जोरदार विरोध किया। उन्होंने माइकेल मधुसूदन दत्त के काव्य *मेघनाद-वध* का अनुवाद किया और उसमें युग-दृष्टि की वाणी देने के लिए एक विस्तृत भूमिका लिखी। यह 'भूमिका' रीति विरोधी अभियान का घोषणा-पत्र कही जा सकती है। गुप्त जी के बाद छायावाद के कवियों में पंत ने *पल्लव* का 'प्रवेश' मुक्त-छंद और भाषा को लेकर, निराला ने *अनामिका* की भूमिका, महादेवी ने *दीपशिखा* की 'भूमिका' तथा जयशंकर प्रसाद ने *काव्य और कला तथा अन्य निबंध* के लेखों से युग-परिवर्तन उपस्थित कर दिया। एक नया स्वच्छंदवादी काव्यशास्त्र हिंदी को नसीब हुआ। इन सभी ने द्विवेदी युगीन नैतिकतावादी, आदर्शवादी, नवशास्त्रवादी प्रतिमानों की जड़ता को अस्वीकार करते हुए मुक्ति का काव्यशास्त्र प्रस्तुत किया। पुराने सिद्धांतों की नवीन व्याख्याएँ आचार्य रामचंद्र शुक्ल ने कीं और हिंदी के नवीन समीक्षाशास्त्र की नींव रखी। छायावाद-युग में पंत और निराला में 'पल्लव' के 'प्रवेश' की भूमिका को लेकर जो वैचारिक-संग्राम हुआ उसने आगे के चिंतन को दिशा-दृष्टि दी। प्रेमचंद ने यथार्थ और आदर्श के विचार को उठाकर माना कि रचनाकार राजनीति के आगे चलनेवाली मशाल होता है। साहित्य को राजनीति का पिछलग्गू नहीं होना चाहिए। प्रेमचंद के इस विचार को अज्ञेय ने अपनी 'भूमिकाओं' में हजार-हजार गूँजों-अनुगूँजों से प्रस्तुत किया। इस तरह आक्षेपों का प्रतिवाद करने के लिए, नवीन रचना-प्रतिमानों, रचना-दृष्टियों की स्थापना के लिए छायावाद, प्रगतिवाद, प्रयोगवाद और नयी कविता के आलोचकों, कवि-आलोचकों ने समय-समय पर बहुत ही मूल्यवान चिंतन किया। इसी चिंतन के दृढ़ आधार को लेकर अज्ञेय, ग.मा. मुक्तिबोध, विजयदेव नारायण साही, लक्ष्मीकांत वर्मा, नामवर सिंह, गिरिजाकुमार माथुर, कुँवर नारायण, शमशेर बहादुरसिंह और रघुवीर सहाय आए हैं।

रचना-दृष्टि और काव्य-सिद्धांतों के स्पष्टीकरण के लिए ही कवि-आलोचकों ने काव्य-संग्रह की भूमिकाओं, संपादित पुस्तकों की भूमिकाओं, स्वतंत्र लेखों, विचार-

गोष्ठियों, भाषणों, वक्तव्यों, साक्षात्कारों, वैचारिक-संवादों के अतिरिक्त स्वतंत्र पुस्तकों की भी रचना सिद्धांत-दृष्टि को लेकर की है। इस प्रकार के सभी निबंधों-भूमिकाओं आलोचना-ग्रंथों का नाभिनाल-संबंध आलोचना की सैद्धांतिक एवं व्यावहारिक दोनों प्रणालियों से अनिवार्य रहा है। यह अलग बात है कि सैद्धांतिक ग्रंथों-निबंधों में इसकी चर्चा विस्तार से है तथा व्यावहारिक आलोचनाओं में इसके संकेत प्रासंगिक चर्चा में आए हैं।

छायावादोत्तर रचना-दृष्टि में सर्वाधिक क्रांति करने का काम स.ही. वात्स्यायन 'अज्ञेय' ने किया। वे 'प्रतिमान मैले हो गए हैं' की घोषणा करते हुए आए। अज्ञेय के इस विद्रोही अलीकी चिंतन का अंधा विरोध हुआ, लेकिन वे झुके नहीं। उन्होंने अपने चिंतन में आत्यंतिकता का कोई दावा नहीं किया, लेकिन परंपरागत चिंतन-विधि का पूरा पाठ बदल दिया। काव्य-स्वरूप, काव्य-लक्षण, कवि-कर्म, काव्यानुभूति, काव्य की रचना-प्रक्रिया, रस, ध्वनि, वक्रोक्ति, गुण, अलंकार, उपमान, बिंब-प्रतीक, काव्य-भाषा, काव्य-छंद, काव्य-लय, काव्य-प्रेरणा, काव्य-हेतु-प्रतिभा, व्युत्पत्ति, अभ्यास, समाधि, काव्य- प्रयोजन, रस और साधारणीकरण, काव्य-भाषा और संप्रेषण, काव्य-शिल्प, काव्य-मर्मज्ञता, पाठक की प्रबुद्धता, नवीन सिद्धांत-दृष्टियों की उपयोगिता, काव्य तथा शिव-सौंदर्य-दृष्टि, प्रयोग-परंपरा, प्रगति-आधुनिकता शायद ही कोई क्षेत्र हो, जिस पर विस्तार से विचार न किया हो। प्रयोग-प्रगति-परंपरा और आधुनिकता की अवधारणाओं को तो पहली बार अज्ञेय विचार-समीक्षा के केंद्र में लाए और नवीन दृष्टि से चौतरफा विवेचन किया।

अज्ञेय पर मनोविश्लेषण और अस्तित्ववादी चिंतन-सिद्धांतों का प्रभाव है, लेकिन वे मूलतः न मनोविश्लेषणवादी हैं न अस्तित्ववादी। साहित्यिकों में वे पश्चिम के टी.ई. हुल्मे, ब्राउनिंग, टी.एस. एलियट, डी.एच. लॉरेंस, एफ.आर. लीविस, आई.ए. रिचर्ड्स, हेडेगर, नीत्से आदि से प्रभावित हैं, लेकिन प्रभाव ही ग्रहण करते हैं—उनकी नकल नहीं करते। उन पर देशी-विदेशी वादों काव्यांदोलनों, विचार-सिद्धांतों, प्रवृत्तियों की गहरी छाप हैं, किंतु इन सभी पर वे सोचते अपनी भारतीय भूमि पर खड़े होकर ही हैं। उन्हें जो लोग चिंतन में 'बाहरी' व्यक्ति मानते हैं वे उन्हें समझते ही नहीं। पश्चिमी 'न्यू क्रिटिसिज्म' के अनेक सिद्धांत-सूत्र, आधुनिकतावादियों के अनेक विचार अज्ञेय के मानस में उमड़ते-घुमड़ते रहते हैं, किंतु उनके अवचेतन पर भारतीय चिंतन की गहरी धमक है। एक तरह से वे नयी कविता के हिंदी में अभिनवगुप्त है जिनमें हमारी चिंतन-परंपरा के पुरखे बोलते हैं और भारतीय जीवन की कालिदासीय लय, नर-नारायण लय सुनाई देते हैं। जीवन के अंतिम दशकों में भारतीय चिंतन स्रोतों के मूल तक पहुँचने के लिए भागवत यात्राएँ करने लगे थे।

अज्ञेय का यह तर्क निस्सार नहीं है कि जिस प्रकार परंपरागत या प्राचीन उपमान निरंतर प्रयोग के कारण घिसकर निष्प्राण हो जाते हैं उसी प्रकार परंपरागत बिंब भी प्रभावहीन हो जाते हैं, उनका अर्थ चमत्कार मर जाता है। भारतीय साहित्यशास्त्र में यह प्रश्न अनेक कोणों से काव्य-भाषा और काव्य-शिल्प को लेकर उठाया गया है और अकुंठ भाव से कहा गया है कि रूढ़ उपमानों और उनके आश्रित बिंबों को त्यागकर नया सर्जक अपनी नवीन सौंदर्य-चेतना के अनुरूप नए उपमानों-बिंबों के निर्माण में प्रवृत्त होता है। यूरोप के साहित्यशास्त्र में लांजाइनस ने अलंकारों-उपमानों की जड़ता पर प्रहार करते हुए नए प्रयोगों, नए उपमानों पर बल दिया था। मध्ययुग में दांते इसी विचार को सामने लाते हैं और फिर शेक्सपियर ने नवजागरण का काव्य-शिल्प-ग्रहण किया। वर्डसवर्थ ने नवशास्त्रवाद की रूढ़ियों का विरोध करते हुए सजीव काव्य-भाषा के प्रयोग का समर्थन किया। उसके बाद तो नव प्रयोगों के बीसवीं शताब्दी में अनेक आंदोलन ही चले हैं। भारतीय काव्यशास्त्र में कालिदास ने रीति-अलंकार की जड़कबंदी को अस्वीकार करते हुए घोषणा ही कर दी 'पुराणमित्येव न साधु सर्वम्।' हिंदी के रीतिमुक्त कवियों ने 'लोगन कवित्त कीन्हो खेल करि जानो है' कहकर रूढ़ उपमानों की खिल्ली उड़ाई। रीतिवाद-विरोधी अभियान के प्रवर्तक आचार्य महावीर प्रसाद द्विवेदी ने निर्भय होकर कहा—"भारती को नवीन कुछ नवीन आभूषणों से अलंकृत करने में हमें संकोच नहीं करना चाहिए। फिर क्या कारण कि बेचारी भारती के जेवर वही भरत, कालिदास, भोज इत्यादि के जमाने के ज्यों-के-त्यों बने हुए हैं? भारती को क्या नवीनता पसंद नहीं? (भारती-भूषण की प्रस्तावना का पत्र) इसी बात को मैथिलीशरण गुप्त ने गद्य-पद्य दोनों में दुहराया कि कविता को कटक-चटक-मटक से मुक्त कर नवीन पंथों की ओर ले जाना चाहिए। मैथिलीशरण गुप्त ऊपर से सीधे-सपाट दिखने देने पर भी बड़े विद्रोही रचनाकार और चिंतक हैं। वे प्राचीन का नवीन भाष्य करने में प्रवीण हैं। गुप्तजी की राह पंतजी ने *पल्लव* की भूमिका में विस्तृत की और कहा—'वे (अलंकार) वाणी के हास-अश्रु, स्वप्न, पुलक, हाव-भाव हैं। जहाँ भाषा की जाली केवल अलंकारों के चौखटे में फिट करने के लिए बुनी जाती है वहाँ भावों की उदारता शब्दों की कृपण जड़ता में बँधकर सेनापति के दाता और सूम की तरह 'हकसार' हो जाती है।' निरालाजी ने छंद-मुक्ति में काव्य-मुक्ति को पाया। अज्ञेय ने इसी परंपरा को अपने भीतर से गुजारने के बाद कहा कि काव्य में नवीनता नवीन उपमानों-नवीन बिंबों से निष्पत्ति पाती है। प्रतिभा को इसी कामना से 'अपूर्व वस्तु निर्माण क्षमा' कहा गया है। अज्ञेय का बल भी इसी पर है—"ये उपमान मैले हो गए हैं/देवता इन प्रतीकों के कर गए हैं कूच/कभी बासन अधिक घिसने से मुलम्मा छूट जाता है।" यह अज्ञेय का सिद्धांत कथन है।

आज अज्ञेय का पूरा सृजन-चिंतन अपने सचों की लोकतांत्रिक बहुलता-विविधता

के साथ मौजूद है। यह विविधता उनके द्वारा लिखी गई 'भूमिकाओं' से पाठक को अपनी अपूर्वता से चमत्कार देती है। निबंध-संग्रह, काव्य-संग्रह, उपन्यास, कहानी, यात्रा-वृत्त, संपादन कुछ भी हो, वे 'भूमिका' बहुत श्रम से लिखते रहे हैं। उनकी भूमिकाएँ उनकी मनोभूमिका को, तप-साधना को समझने में सहायक हैं। कई बार तो युग का मन उनकी भूमिकाओं में निवास करता मिलता है। हिंदी में शायद ही कोई रचनाकार हो, जिसने अपनी 'भूमिकाओं' से इतनी बड़ी वैचारिक क्रांति उपस्थित की हो जितनी अज्ञेय ने की है। न जाने कितने अंधड़ों को झेलकर वे डटे रहे और युग के चिंतन का नया काव्यशास्त्र गढ़कर ही दम लिया। विरोधियों ने मुँह भर-भरकर गालियाँ दीं, पर वे विचलित नहीं हुए। निर्मल वर्मा ने ठीक ध्यान दिलाया है कि अपने जीवन में चुप रहनेवाले अज्ञेय आज सभी ओर से बोलते हुए सुनाई देते हैं। पाठक का मन छंद में कीलित पवित्र मंत्र गाने को करता है—''मैं सभी ओर से खुला हूँ/वन-सा, वन-सा अपने में बंद हूँ/शब्दों में मेरी समाई नहीं होगी—मैं सन्नाटे का छंद हूँ।''

दरअसल, अज्ञेय हिंदी के बहुआयामी सर्जक-चितंक हैं और रचना-कर्म के संकट से जूझनेवाले चिंतक। उनके रचनाकार का विकास काल भारतीय मुक्ति-संग्राम की युवा-लय का समय है और भारतीय नव जागरण की सर्जनात्मकता का दौर। इस समय में उनके विद्रोही-मानस ने मुक्ति की प्रेरणा से भरकर अपने रचना-समय को नया मोड़ दिया। इसलिए उनके सृजन-चिंतन में जहाँ मुक्ति की बहुलार्थक खोज है और यह खोज ही उनके संपूर्ण सृजन-चिंतन का केंद्रीय सरोकार रही है, वहाँ उनका रचनाकार एक बृहत्तर सामाजिक-स्थिति में नई भाषा-संप्रेषण परिस्थिति की चुनौतियाँ महसूस करता है। इस रचनात्मक-संघर्ष को अज्ञेय ने अपनी 'भूमिकाओं' में हर जोखिम झेलकर प्रतिष्ठित किया है। अज्ञेय यह विचार गाँठ में बाँधकर आगे बढ़ते हैं कि हर समाज और हर भाषा की परंपरा का अपना विशिष्ट चरित्र होता है, मिथक शास्त्र होता है और संस्कृति होती है। यह 'चरित्र' ही परंपरा का सर्जनात्मक भाष्य करता है। इस परंपरा के भीतर से ही आधुनिकता फूटती है। क्योंकि परंपरा अपनी जड़ों की तलाश है और उसकी अर्थवत्ता के साथ आधुनिक दृष्टि का चिंतन-विस्तार। सच तो यह है कि अज्ञेय जैसा बड़ा चिंतक इतिहास के भीतर से नई राहों के खोजने का संकल्प दुहराता है। अज्ञेय का यही संकल्प 'नई राहों का अन्वेषण' संभव कर सका है। अज्ञेय और उनकी समवर्ती पीढ़ी के लेखन में जो प्रयोगशील मन और संस्कारशील मन की रगड़ से रचना-कर्म में बौद्धिक रुझानों से भी आधुनिकता उभरकर निष्पत्ति पाती है, वह 'नई रचना स्थिति के तर्क का पूरी तरह स्वीकार' कही जा सकती है। खोजने पर नई रचना-स्थिति के ये साक्ष्य पाठक को अज्ञेय और उनके समवर्ती रचनाकारों में प्रचुर परिमाण में मिल जाते हैं।

अज्ञेय की वैचारिक 'भूमिकाएँ' इस दृष्टि से विशिष्ट महत्त्व रखती हैं कि उन्होंने

प्रणबद्ध होकर अपने सर्जन-चिंतन में पूरी चेतनता से उन बुनियादी प्रश्नों-शंकाओं-समस्याओं की ओर पाठकों का ध्यान आकृष्ट किया, जिनसे टकराए बिना परवर्ती लेखन की प्रासंगिकता पर प्रश्न-चिह्न लग जाता है। *तारसप्तक* के कवि-वक्तव्यों में अज्ञेय का कवि-वक्तव्य अन्य सभी कवियों के वक्तव्यों से न केवल अलग है, बल्कि नई संप्रेषण स्थिति के तर्क का स्पष्ट बोध कराता है। अज्ञेय ने अपने 'कवि-वक्तव्य' में कहा—"कविता ही कवि का परम वक्तव्य है; अतः यदि कविता के स्पष्टीकरण के लिए स्वयं उसके रचयिता को गद्य का आश्रय लेकर कुछ कहना पड़े तो साधारणतया इसे उसकी पराजय ही मानना चाहिए। किंतु मानव जीवन के विकास के साथ-साथ उसकी जटिलता इतनी बढ़ी है कि इस प्रकार का आत्म-स्पष्टीकरण वांछनीय हो गया है। क्यों? इसका कारण है।" (*तारसप्तक*-'कवि-वक्तव्य') इसके कारण को संकेतित किया कि "कवि का कथ्य उसकी आत्मा का सत्य है। फिर ये सत्य व्यक्ति सत्य न होकर व्यापक सत्य हैं" इन दो पराकाष्ठाओं के बीच में उसके कई स्तरों की उद्‌भावना करते हैं—"और कवि इन स्तरों में से किसी पर भी हो सकता है। और आज इसी की संभावना अधिक है कि कवि इन बीच के स्तरों में से किसी एक पर हो। 'व्यापकता' वैसे भी सापेक्ष्य है; जीवन की बढ़ती हुई जटिलता के परिणाम-रूप 'व्यापकता' का घेरा क्रमशः अधिकाधिक सीमित होना चाहता है।" यह ध्यान भी अज्ञेय ने दिलाया कि पहले काव्य एक सीमित समाज की थाती था। आज ऐसा नहीं है। आज अनेक स्तर के पाठक हैं और अनेक तरह की जीवन-परिपाटियों से जुड़े हुए हैं।

सच बात यह है "यह आज के कवि की सबसे बड़ी समस्या है। यों समस्याएँ अनेक हैं—काव्य-विषय की, सामाजिक उत्तरदायित्व की, संवेदना के पुनः संस्कार की आदि—किंतु उन सबका स्थान इन सबके पीछे है, क्योंकि यह कवि-कर्म की मौलिक समस्या है, साधारणीकरण और Communication (संप्रेषण) की समस्या है। और कवि को प्रयोगशीलता की ओर प्रेरित करनेवाली सबसे बड़ी शक्ति यही है। कवि अनुभव करता है कि भाषा का पुराना व्यापकत्व उसमें नहीं है—शब्दों के साधारण अर्थ से बड़ा अर्थ हम उसमें भरना चाहते हैं, पर उस बड़े अर्थ को पाठक के मन में उतार देने के साधन अपर्याप्त हैं। वह या तो अर्थ कम पाता है या कुछ भिन्न पाता है।"

काव्यों में प्रयोग को लेकर बेझिझक कहा—"प्रयोग सभी कालों के कवियों ने किए हैं, यद्यपि किसी एक काल में किसी विशेष दिशा में प्रयोग करने की प्रवृत्ति होना स्वाभाविक ही है, किंतु कवि क्रमशः अनुभव करता आया है कि जिन क्षेत्रों में प्रयोग हुए हैं, उनसे आगे बढ़कर अब उन क्षेत्रों का अन्वेषण करना चाहिए, जिन्हें अभी नहीं छुआ गया या जिनको अभेद्य मान लिया गया। भाषा को अपर्याप्त पाकर विराम संकेतों से, अंकों और सीधी-तिरछी लकीरों से, छोटे-बड़े टाइप से, सीधे या उलटे अक्षरों से,

लोगों और स्थानों के नामों से, अधूरे वाक्यों से—सभी प्रकार के इतर साधनों से कवि उद्योग करने लगा कि अपनी उलझी हुई संवेदना की सृष्टि को पाठकों तक अक्षुण्ण पहुँचा सके।'' प्रश्न उठता है कि क्या इस कार्य में उसे पूरी सफलता मिल सकी? इसका उत्तर अज्ञेय ने पाठक के विचार-संयोजक-सूत्रों को उठाते हुए दिया—''बहुत से लोग इस बात को भूल गए कि कवि आधुनिक जीवन की एक बहुत बड़ी समस्या का सामना कर रहा है—भाषा की क्रमशः संकुचित होती हुई सार्थकता की केंचुल फाड़कर उसमें नया, अधिक व्यापक, अधिक सारगर्भित अर्थ भरना चाहता है और अहंकार के कारण नहीं, इसलिए कि उसके भीतर इसकी गहरी मांग स्पंदित है। इसलिए वह 'व्यक्ति-सत्य' को व्यापक सत्य बनाने का सनातन उत्तरदायित्व अब भी निबाहना चाहता है, पर देखता है कि साधारणीरकण की पुरानी प्रणालियाँ, जीवन के ज्वालामुखी से बहकर आते लावा से ही भरकर और जमकर रुद्ध हो गई हैं, प्राण-संचार का मार्ग उनमें नहीं है।'' इसके बाद अपने कवि मन को खोलते हुए कहा—''जो व्यक्ति का अनुभूत है, उसे समष्टि तक कैसे संपूर्णता में पहुँचाया जाए, यही पहली समस्या है और जो प्रयोगशीलता को ललकारती है।'' इसके बाद इतर समस्याएँ हैं।

अज्ञेय रचना-कर्म के व्यापक सामाजिक-दायित्व के प्रति बहुत सजग होकर सोचते रहे हैं। उनका पलायनवादी व्यक्तिवाद में कतई विश्वास नहीं है, जो उन्हें समाज-निरपेक्ष व्यक्तिवादी कहकर कोसते हैं, वे जान-बूझकर उन्हें बदनीयती से बदनाम करते हैं। क्योंकि अज्ञेय का 'स्वांत:सुखाय' तुलसी, भारतेंदु, मैथिलीशरण, प्रसाद, निराला से जुड़ा रहा है अर्थात् 'शिवेतरक्षतये' का व्यापक विचार-बीज। इसलिए उनकी आत्माभिव्यक्ति में लोक-चेतना समाविष्ट रही है। अपनी 'भूमिकाओं' में न जाने कितनी नावों कितनी बार बैठकर यह बात उन्होंने पूरी दृढ़ता से कही है। यहाँ ''भाषा उनके व्यवहार का माध्यम है और उसकी माध्यमिकता इसी में है कि वह एक से अधिक को बोधगम्य हो, अन्यथा वह भाषा नहीं है। जीवन की जटिलता को अभिव्यक्त करनेवाले कवि की भाषा का किसी हद तक गूढ़, 'अलौकिक' अथवा दीक्षा द्वारा गम्य (Esoteric) हो जाना अनिवार्य है, किंतु वह उसकी शक्ति नहीं, विवशता है, धर्म नहीं आपद्धर्म है।''

अज्ञेय के प्रश्नाकुल कवि की प्रश्नाकुलताओं का पार नहीं है, जबकि उन्हें ज्ञात है—आधुनिक युग का साधारण-व्यक्ति यौन-वर्जनाओं का पुंज है। उसके जीवन का एक पक्ष है, उसकी सामाजिक रूढ़ि की लंबी परंपरा, जो परिस्थितियों के परिवर्तन के साथ-साथ विकसित नहीं हुई और दूसरा पक्ष है—स्थिति-परिवर्तन की असाधारण तीव्र-गति जिसके साथ रूढ़ि का विकास असंभव है। इस विपर्यास का परिणाम है कि आज के मानव का मन यौन-परिकल्पनाओं से लदा हुआ है और वे कल्पनाएँ सब दमित और कुंठित हैं। उसकी सौंदर्य-चेतना भी इससे आक्रांत हैं। उसके उपमान सब यौन

प्रतिकार्थ रखते हैं। प्रतीक द्वारा कभी-कभी वास्तविक अभिप्राय अनावृत्त हो जाता है, तब वह उस स्पष्ट इंगित से घबराकर भागता है जैसे बिजली के प्रकाश में व्यक्ति चौंक जाए। अज्ञेय डी.एच. लॉरेंस की एक कविता का उदाहरण देकर कहते हैं कि प्रेम-लिप्त व्यक्ति कैसे बिजली चमकने पर प्रेमालाप छोड़कर अलग हो जाता है, क्योंकि बिजली ने उस प्रेम-व्यापार को प्रकाश की चौंध से उघाड़ दिया है।

कवि के लिए परिस्थतिवश और भी कठिनाइयाँ हैं। एक मार्ग स्वप्न-सृष्टि या दिवास्वप्नों का है, जिसे वह नहीं अपनाता। कोरा यथार्थ-दर्शन कुंठा उत्पन्न करता है। वास्तव की वीभत्सता की कसौटी पर चाँदनी खोटी दीखती है। कवि अपनी काव्य-परंपरा का मूल्यांकन करता है और चारण-काल से लेकर छायावाद तक की कविता को तत्कालिक परिस्थिति अथवा जीवन-प्रणाली पर घटित करके समझ लेता है। किंतु फिर भी आज के जीवन के दबाव की अभिव्यंजना का मार्ग उसे नहीं दीखता। क्योंकि आज उसकी अनुभूतियाँ तीव्रतर हैं, वर्जनाएँ (Inhibitions) भी कठिन हैं। परिणाम है—'व्यंजना भीरु नेत्रों का विस्फार', जो 'अश्लील' इसलिए है कि भावनाओं और व्यंजनाओं के संघर्ष को सहसा सामने ले आता है। इसलिए प्रेम थका-माँदा यही है, जो साँझ होती देख आशंका से भर जाता है। इसलिए प्रेम में जीवन की अखंडता गायब है। अत: निवेदन यह है कि कवि पर नहीं, कविता पर विश्वास करो, कवि तो 'इंटेंशनल फेलिसी' में घेरकर धोखा दे सकता है।

अज्ञेय की 'भूमिकाएँ' हिंदी-आलोचना में भारी उपद्रवों को जन्म देती रही हैं, क्योंकि उनमें कट्टरपंथियों को चिढ़ाने-उकसाने के लिए बहुत कुछ रहता है, वे जब से लेखक के रूप में जाने-जाने लगे, तब से ही रूढ़िवादी रचना-आलोचना को बदलने की तैयारी करने लगे। शुरू से ही उन्होंने रचना और आलोचना कर्म के लिए परंपरा के मूल्य और महत्त्व पर विचार किया है और समकालीन साहित्य की संवेदना, उसकी जटिलता पर चौंकन्ने रहे हैं। हिंदी रचना और आलोचना के क्षेत्र में इने-गिने कवि ही इस तरह से साहित्यिक-सांस्कृतिक परंपराओं के प्रति पूरे दायित्व के साथ सजग रहे हों। एक दायित्वपूर्ण रचनाकर्मी व्यक्ति द्वारा किया गया साहित्य का पर्यवेक्षण पाठक के लिए विशेष अर्थ-संदर्भ रखता है। उसकी सभी साहित्यालोचन से संबंधित मान्यताओं पर प्रबुद्ध पाठक सहमत भले ही न हो, किंतु उनसे सोचने-परखने की एक दिशा तो मिलती ही है। फिर यह सच है कि "सर्जक के साहित्य चिंतन का अर्थ और महत्त्व उसकी स्थापनाओं की मान्यता अथवा स्वीकृति पर निर्भर नहीं करता। उसका महत्त्व इस बात में है कि एक साहित्य-सर्जक के नाते वह भी संवेदन की उसी भूमि पर खड़ा होता है, जिस पर उसके समकालीन दूसरे साहित्य-सर्जक होते हैं। उसके चिंतक का प्रभावी अथवा उत्तेजक होने का कारण यही होता है, यह नहीं कि सब उस पर सहमत हो सकते

हैं। संवेदन को समान भूमि पर खड़े होने के कारण उसके चिंतन में एक पहचान होती है, एक बोध होता है, जिसमें दूसरों का भी तत्काल सामना हो सकता है और उसमें एक चुनौती होती है, जिसे दूसरे टाल नहीं सकते, भले उसका सामना वे अपने-अपने ढंग से करें और उसके बाद अलग-अलग परिणामों पर पहुँचें, अलग-अलग दिशाओं में प्रेरित हों। वे पलटकर लोहा लेना भी चाहें तो वह भी प्रेरणा की एक दिशा है, चुनौती का असर है।'' सौभाग्यवश या दुर्भाग्यवश हिंदी-आलोचना की अज्ञेय-पीढ़ी और उसके बाद की पीढ़ी ने उनसे निरंतर वाद-विवाद-संवाद किया है। उनके कथनों के जमकर पाठ-कुपाठ हुए हैं।

प्राय: अज्ञेय ने काव्य, उपन्यास, कहानी आदि की 'भूमिका' के रूप में छोटे-बड़े वैचारिक निबंध ही लिखे हैं और सुविचरित भी। आज का जागरूक पाठक जब कभी उनके रचनाकार-मानस में प्रवेश करना चाहता है, तो ये भूमिकाएँ आलोक-स्तंभों का कार्य करती हैं। उनकी भूमिकाएँ उलझे उपेक्षित किनारे पड़े विचारों को केंद्र में लाकर सुलझाने का प्रयास हैं। पाठक काल-क्रम से उनकी भूमिकाओं का अंत: पाठ करता है, तो उनमें लगातार विकासमान साहित्य-दृष्टि क्रियाशील दिखाई दे जाती है। उनमें विकास हुआ है, उसके कारण कुछ पहले की मान्यताएँ संशोधित होती रही हैं, लेकिन उनके आधारभूत विचार दृढ़ रहे हैं, उनमें अवसरवादिता नहीं है।

दरअसल, इन भूमिकाओं में आधारभूत वैचारिक मान्यताएँ और स्पष्ट दृष्टि परिपुष्ट हुई हैं। अज्ञेय के आलोचक को स्वयं बोध था कि लेखक की इन भूमिकाओं को समानांतर प्रतिपादित विचारों के बराबर रखकर जाँचा जाए तो यही दीखेगा कि इन भूमिकाओं के द्वारा स्थापित की गई विचार-सरणि समकालीन रचनाकारों को प्रभावित भी करती रही है और चुनौती भी देती रही है। बल्कि रचनाकारों को ही नहीं, इन भूमिकाओं ने समकालीन आलोचना की परिपाटी को भी प्रभावित किया है और हिंदी-आलोचना को कई नए शब्द और अवधारणाएँ भी दी हैं, जिनकी समकालीन संदर्भ में अत्यंत आवश्यकता थी। अगर इस शब्दावली और इन अवधारणाओं का प्रयोग स्वयं अज्ञेय की ही आलोचना में भी किया गया तो वह उनके सामर्थ्य और उनकी अर्थवत्ता का ही प्रमाण हैं, उनके भ्रांत होने का नहीं।

इन भूमिकाओं ने अज्ञेय के रचना-कर्म को भी दूर तक प्रभावित किया है। अज्ञेय ने माना है कि भूमिकाओं की संगति यह है कि ''विचारों के इस क्रमिक विकास ने 'अज्ञेय' के भी रचना-कर्म को प्रभावित किया है। मेरी आत्मशोधक प्रवृत्ति का एक पहलू यह भी है कि मुझे इतना काफी नहीं जान पड़ता कि ऐसी आलोचना, सिद्धांत या प्रतिमान सामने रख सकूँ, जिनकी कसौटी पर मेरी रचनाएँ खरी उतरें अर्थात् मेरे आलोचना संबंधी विचार केवल अपनी वकालत के लिए नहीं रहे हैं। विचारों की एक

स्वतंत्र यात्रा भी रही है और उनसे मैं जिन परिणामों पर पहुँचता रहा हूँ, उन्हें मैंने स्वयं अपने रचना-कर्म पर भी लागू किया है, उनका परीक्षण और शोध भी उनके आधार पर किया है।'' इस तरह इन भूमिकाओं के विचार प्रकाश में अज्ञेय के स्वयं के कृतित्व को समझने-परखने की कुंजी मिल सकती है।

अज्ञेय की अवधारणाएँ निरंतर संशोधित होकर भूमिकाओं तथा स्वतंत्र-निबंधों, डायरियों, साक्षात्कारों, आत्म-वक्तव्यों में आती रही हैं। बहुत आरंभ से अज्ञेय और उनके समकालीनों का मत रहा है कि पुराने प्रतिमान नए रचना-कर्म को जाँचने-परखने में अपर्याप्त सिद्ध हुए हैं, अतः नए प्रतिमान रचना-कर्म के भीतर से ही खोजने चाहिए। लक्ष्मीकांत वर्मा ने *नयी कविता के प्रतिमान* और *नए प्रतिमान पुराने निकष* शीर्षक से दो पुस्तकें लिखीं भी थीं, जिनकी पर्याप्त चर्चा हुई। लेकिन नयी कविता के नए सिद्धांतकार विजयदेव नारायण साही ने 'शमशेर की काव्यानुभूति की बनावट' शीर्षक निबंध में यह कर सभी को चौंका दिया कि ''नयी कविता का न सिर्फ ऊपरी कलेवर बदला है, या नए प्रतीकों या बिंबों या शब्दावली की तलाश हुई है, बल्कि गहरे स्तर पर काव्यानुभूति की बनावट में ही फर्क आ गया है। चेतना के जो तत्त्व काव्यानुभूति के आवश्यक तत्त्व दिखते थे, उनमें से कुछ अनुपयोगी या असार्थक दिखने लगे, कुछ अन्य जो पहले अनावश्यक या विरोधी लगते थे, काव्यानुभूति के केंद्र में आ गए। कुल मिलाकर काव्यानुभूति और जीवन की काव्येतर अनुभूतियों में जो रिश्ता दिखता था, वह रिश्ता ही बदल गया।'' (*छठवाँ दशक,* पृ. 195) इसी बात को शमशेर की काव्यानुभूति का विश्लेषण करते हुए सिद्धांत ध्वनि के साथ साही ने कहा ''समूची नयी कविता को ठीक-ठीक देखने के लिए नयी कविता के प्रतिमान की जरूरत नहीं है, बल्कि कविता के नए प्रतिमान की जरूरत है'' (वही, पृ. 218) साही से यह संकेत पाकर *कविता के नए प्रतिमान* जैसी पुस्तक भी लिखी गई और पश्चिम की *न्यू क्रिटिसिज्म* की तमाम अवधारणाओं को आधार बनाया गया। वहाँ भी मुक्तिबोध को बड़ा और अज्ञेय को छोटा करने की राजनीति ही प्रबल रही।

अज्ञेय ने 'कवि-दृष्टि' की 'भूमिकाओं की भूमिका' में स्वीकार किया कि इन भूमिकाओं में पूरी दो पीढ़ियों के रचना-कर्म की क्रियाशीलता की व्यंजना है और ये भूमिकाएँ पूरी तरह निर्दोष भी नहीं हैं। महान् प्रतिभाएँ प्रायः दोष रहित नहीं होतीं, उनमें बेढब छेद होते हैं। इन छेदों के भीतरी अहसास के साथ ही कहा—''लेकिन इन भूमिकाओं को एकत्र देखकर अपनी दृष्टि की कमी मुझे खटकी, जिसका उल्लेख यहाँ कर देना उचित होगा। यह नहीं कि जो कुछ इन भूमिकाओं में कहा गया वह कमी के कारण कट जाता है। यह भी नहीं कि कुछ ऐसा था, जो मुझे नहीं दीखा, पर जिसे दूसरों ने देख लिया था। केवल इतना ही कि परंपरा के मूल्यांकन और उसके नवीनीकरण में और सर्जनात्मक साहित्य में होनेवाले परिवर्तन के मूल में क्रियाशील कुछ कारणों की ओर मेरा ध्यान कुछ

देर से गया और इसलिए उसकी पूरी प्रक्रिया की समझ भी कुछ देर से विकसित हुई। मैं चाहता तो इस बात से संतोष कर लेता कि दूसरों का ध्यान तो उधर और भी बाद में, बल्कि तभी गया, जब मैंने उस प्रक्रिया की ओर उनका ध्यान आकृष्ट किया। लेकिन अपनी कम समझी की यह सफाई देना कि दूसरों ने तो उन बातों को और भी कम समझा था। मेरे स्वभाव के विरुद्ध है। (*कवि-दृष्टि—भूमिकाओं की भूमिका,* सं. रामस्वरूप चतुर्वेदी)।''

रचनाकार-आलोचक अज्ञेय का आत्मालोचन और आत्मसाक्षात्कार इन भूमिकाओं की शक्ति कही जा सकती है। बड़ी ईमानदारी से अज्ञेय कह सकते हैं कि यह प्रक्रिया है वाचिक रचना और श्रुति-परंपरा से लिखित रचना और पठन-परंपरा तक विकास और संप्रेषण की स्थितियों अथवा पद्धतियों के इस आमूल परिवर्तन का रचना पर प्रभाव। इस बात का तो मुझे संतोष है कि संप्रेषण पर मैं आरंभ से ही बल देता रहा और केवल आत्माभिव्यक्ति के तर्क को मैंने कभी स्वीकार नहीं किया—अभिव्यक्ति भी दूसरों पर होती है, इसलिए अभिव्यक्ति को भी संप्रेषण प्रक्रिया से अलग किया ही नहीं जा सकता। लेकिन संप्रेषण के सैद्धांतिक महत्त्व को पहचानते और स्वीकार करते हुए भी *तारसप्तक* की भूमिका लिखी गई। तब मैंने इस बात को नहीं देखा था कि ''कविता के स्वभाव में ही इस कारण कितना परिवर्तन हो जाता है कि वह सुनाई जानेवाली और समाज में सुनी जानेवाली न होकर, अकेले बैठकर पढ़ी जाने के लिए रची जा रही है। संप्रेषण प्रणालियों का यह मौलिक रूपांतर कवि और उसके भावक के संबंध का मौलिक रूपांतर है, जिसके कारण काव्य का स्वरूप बदल जाता है।'' यहाँ भी समझदारों के लिए यह बात स्पष्ट की गई है कि अज्ञेय ने परंपरा का नया भाष्य किया है।

अज्ञेय इन 'भूमिकाओं' में उस युगभूमि की कहानी कहते हैं, जिसे फ्रेंच आलोचक तेन ने 'मिलियू' कहा है। दुर्भाग्य से हिंदी-आलोचना में युग-भूमि 'मिलियू' की यह कहानी अधूरे मन से कही गई है। साहित्य में संवेदनाओं, स्वप्नों, भावनाओं, धारणाओं, प्रणालियों, मंतव्यों, प्रेरणाओं आदि को युगभूमि के मनोविश्लेषण से सशक्त रूप में विवेचित किया जा सकता है और एक ही युगभूमि पर रचनेवाले भवानीप्रसाद मिश्र, रघुवीर सहाय, अज्ञेय और मुक्तिबोध के कवि स्वभाव के पार्थक्य और समान तत्त्वों को समझा जा सकता है। अज्ञेय एक खास अर्थ में नयी कविता के दयानंद हैं कि वे परिष्कृत नैतिक-संवेदना और सुधार-चेतना में चूकते नहीं हैं। उन्होंने कहा है—''यह विचार और इस पर आधारित समकालीन काव्य तथा उसकी परंपरा का नया मूल्यांकन मैंने अन्यत्र अपने निबंधों में प्रस्तुत किया है, लेकिन इन 'भूमिकाओं' में उनका विवेचन नहीं किया है, केवल बाद की दो-एक में उसका संकेत भर है।'' अज्ञेय ने नई दृष्टि और नए काव्य-विवेक से हिंदी-साहित्य के नए परिदृश्य को भारतेंदु और द्विवेदी युग से देखने का मन बनाया। यह भी देखा कि द्विवेदी युग से छायावाद कहाँ अलग हो रहा है। साथ ही 'छायावाद' नाम को अपर्याप्त मानते हुए

पंतजी के *पल्लव* की भूमिका 'प्रवेश' में तथा वर्डसवर्थ की *लिरिकल बैलेड्स* की भूमिका में पर्याप्त गुप्त समानताओं के संकेत दिए। मैथिलीशरण गुप्त, दिनकर, सियारामशरण गुप्त के राष्ट्रीयतावाद, मानवतावाद को प्रस्तुत करने के बाद कहा कि कविता ईश्वरोन्मुख न होकर मानवोन्मुख हुई। उसके केंद्र में मानव आ गया। आरंभ में ही खड़ी बोली कविता ने यह बहुत बड़ा काम किया। छायावाद की विद्रोही चेतना में नए काव्य-प्रयोग हुए। अज्ञेय ने विश्लेषण, विवेचन से पाया कि छायावाद के काव्य से वह काव्य कहाँ और किन कारणों से अलग हुआ जिसे प्रयोगशील, प्रयोगवादी अथवा कुछ बड़े संदर्भ में नयी कविता कहा जाता है, इसका भी विचार इन भूमिकाओं में हुआ है।

इन भूमिकाओं ने नए-से-नए देशी-विदेशी विचारों, सिद्धांतों का प्रतिपादन किया—"जो विश्लेषण हुए हैं तथा जो सिद्धांत प्रतिपादित किए गए हैं, उनमें मतैक्य नहीं है, यह तो ठीक है, पर वहाँ जो मतभेद हैं, उसका कारण यह देने में कुछ प्रश्न स्पष्ट हो जाते हैं कि यह विवेचन और विश्लेषण साधारणतया दो दृष्टियों से हुआ है, जिनकी मूल प्रतिज्ञाएँ अलग-अलग हैं। एक विचारधारा की प्रतिज्ञाएँ मान लेने पर वही दूसरा परिणाम सामने आएगा, जो आता रहा है। इस प्रकार जो मतभेद लक्ष्य होता है, उसका कारण विचार के आरंभ बिंदु में ही मिल जाता है। ऐसे मतभेद का निराकरण तभी संभव है, अगर आरंभ-बिंदु की मूल प्रतिज्ञाओं को एक-दूसरे के निकट लाया जा सके और उसका कोई उपाय नहीं है।" लेकिन अज्ञेय ने वाचिक-परंपरा और श्रुति-परंपरा की ओर ध्यान दिलाकर हिंदी-आलोचना पर कम बड़ा उपकार नहीं किया है, क्योंकि साहित्य के आलोचक, अध्यापक तक आज विस्मरण के शिकार हैं। हिंदी काव्य-रचना की समवर्ती स्थिति पर अज्ञेय का ध्यान बार-बार जाता रहा है। अज्ञेय हर अर्थ में प्रश्नाकुल कवि-चिंतक है, तभी तो ध्यान आकृष्ट करके पाठकों से संवाद करना उनका व्यसन रहा है। वे रूढ़ि पर नहीं मौलिकता पर बल देते हैं। साथ ही रचना-प्रवृत्ति पर एकाग्र होकर सोचना उनका रचना-स्वभाव है। *चौथा सप्तक* की भूमिका में उन्होंने नवीन कथ्य और रूप की बात उठाई है—"उस भूमिका की दो-एक विद्रूपात्मक प्रतिक्रियाएँ तो हुईं, लेकिन जिस विषमता की ओर मैंने इशारा किया था, उसकी ओर अगर दो-एक सहृदय बंधुओं का ध्यान गया भी तो उन्होंने उसके बारे में विशेष कुछ लिखा नहीं।" इसे उपेक्षा कहा जाए या उदासीनता। इसी उदासीनता के कारण उन्होंने पाँचवाँ सप्तक नहीं निकाला, अन्यथा वह निकालने का मन रखते थे। दूसरे, हिंदी-आलोचना की गुटबंदी, घटिया राजनीति के खेल तथा नासमझी के आरोप अज्ञेय को गहरी पीड़ा पहुँचाते रहे।

आलोचना का कुप्रभाव केवल काव्य-सर्जना तक सीमित न रहा नाटक और रंगमंच भी उसकी लपेट में आया। नाटक और रंगमंच के पुनः उदय के साथ कुछ बुनियादी कमजोरियों पर भी अज्ञेय का ध्यान गया। उन्होंने पाया कि नाटक का तो जैसे-तैसे विकास

हो रहा है, लेकिन काव्य-नाटक (पोयटिक ड्रामा) के प्रति गहरी उदासीनता है। उन्होंने कहा—"यह क्यों और कैसे है कि एक तरफ तो पश्चिम के प्रतिरूपण-विरोधी और अयथार्थवादी नाटक के लिए इतना उत्साह हो, और धड़ाधड़ उसके अनुवाद पुस्तकाकार और मंचीय रूप में प्रस्तुत किए जा रहे हों, और दूसरी ओर काव्य-नाटकीय दृष्टि की इतनी कम समझ हो, उस दिशा में विकास बिल्कुल बंद हो?" इस विरोध के मूल में कौन से कारण हैं? क्या हम परकीय विदेशी प्रेरणा के पीछे अंधे होकर भाग रहे हैं? फिर कहा—"काव्य-दृष्टि और काव्य-नाटकीय-दृष्टि जिन बिंदुओं पर मिलती हैं, उनमें एक महत्त्वपूर्ण बिंदु है—मुखौटा अथवा नाटकीय चरित्र। दृश्य काव्य में तो मुखौटे का अथवा आहार्य का उपयोग होता ही है; श्रव्य में मुखौटे पहने नहीं जाते, न पोशाक बदली जाती है, लेकिन उसका रूपकात्मक उपयोग होता है और वह काव्य का बहुत बड़ा बल है।" पुराना और नया कवि सब कुछ अपने मुख से ही नहीं कहता, वह चरित्रों के मुँह से कहलाता है। इस दृष्टि में काव्य में मुखौटा एक धोखा भर नहीं है, बृहत्तर सत्यों का ज्यादा समर्थ रूप से कहने का साधन है। एजरा पाउंड ने अपने एक काव्य-संग्रह का नाम ही रखा है—*पर्सोने* अर्थात् मुखौटे। इसी तरह ब्राउनिंग ने भी अपने काव्य-संग्रह का नाम *ड्रामाटिस पर्सोने* रखा और चरित्रों का उपयोग कथावृत्त के लिए न करके भाव-सत्यों के लिए किया। हिंदी के अनुवादजीवी वातावरण पर व्यंग्य करते हुए उन्होंने कहा कि यह परंपरा हमारे यहाँ भी रही है।

मुखौटा की परंपरा हिंदी जगत् के लिए नई नहीं है, बल्कि हमारी ही परंपरा का अंग है—"रीति-साहित्य इसका उदाहरण है : उसके नायक और नायिकाएँ सभी 'ड्रामाटिस पर्सोने' हैं, चरित्र हैं, मुखौटे हैं, मुखौटों के श्रव्य-प्रतिरूपक हैं और रीतिकाव्य ही नहीं, सारा वृत्त काव्य चरित्रों के माध्यम से बोलने की युक्ति अपनाता है और इसी युक्ति का भरपूर उपयोग छायावाद के कवियों ने भी किया है।" अज्ञेय ने ध्यान दिलाया कि एकाएक यह क्या हुआ कि कवि कविता की इतनी बड़ी शक्ति को भूल गया? कवि अपने जीवन में मुखौटा न पहने, निर्भय होकर सत्य कह सके। इसीलिए वह दृश्य-श्रव्य काव्य में मुखौटों का प्रयोग करता है। इसलिए अगर रंगमंच का उन्मेष होना है तो काव्य-नाटकीय दृष्टि अनिवार्य है। दूसरे शब्दों में कविता से मुखौटे अथवा चरित्र का बहिष्कार एक आत्मघाती प्रवृत्ति है। चरित्र के स्वर नयी कविता के लिए जरूरी है, कवि को स्वयं चुप रहना सीखना होगा, समझना होगा कि कैसे स्वयं चुप रहते हुए दूसरे मुखों से, दूसरे स्वरों के द्वारा बात कहलवाई जा सकती है, वह बात जिसे फिर चुप कराना संभव न हो। कितनी सही मुद्रा थी, शमशेर बहादुर सिंह की कि 'बात बोलेगी हम नहीं'।

कई जगह कई बार अज्ञेय ने भूमिकाओं में कहा है कि "आज कविता बोलती बहुत है; असल में तो मुझे यह कहना चाहिए कि आज कवि इतना बोलता है कि कविता की

बोलती बंद हो जाती है। आज कविता की रचना नहीं होती, बल्कि पद्य का इस्तेमाल होता है कि कवि को बोलने का अवसर मिले। फलतः कवि बोलता है बढ़-चढ़कर बोलता है और उफ, कितना बोलता है, लेकिन कविता मानो चुप हो गई है।'' यह बड़ी ही विचित्र स्थिति है। दूसरे कविता में छंद को लेकर अज्ञेय ने अपनी चिंता कई रूपों में निरंतर व्यक्ति की है। उनके मन में निराला के मुक्त-छंद का आदर है। लेकिन वे मानते हैं कि निराला ने छंद में ऐसे बहुत से प्रयोग किए हैं, जो अनुकरणीय नहीं हैं। प्रश्न उठाया है कि मुक्त-छंद में छंद-मुक्ति क्या है? छंद का अभ्यास तो उठ गया और उसके साथ श्रुति-दीक्षा भी छूट गई। काव्यालोचन के राजनीतिकीकरण के कारण श्रुति-संवेदन-दीक्षा को 'रूपवाद' कहकर उसका उपहास किया गया। इसी तरह बोल-चाल के निकट आने के आग्रह को भी गलत समझा गया और उसका अर्थ यही लगाया गया कि गद्य-पद्य की लय में कोई अंतर नहीं होना चाहिए। आज हालत यह है कि कवि गण यह बता सकने में असमर्थ हो गए हैं कि लय होती क्या है एवं आधुनिक काव्य में वह मिलती कहाँ है? गीत में छंद, तुक, ताल, लय सबकुछ का विचार होता है। और दूसरी मुक्त छंद की कविता होती है, जिसमें इन सबका विचार नहीं होता। इन कवियों को निराला मुक्तिबोध की परंपरा में आप कैसे रखेंगे और क्यों रखेंगे। वे किस मुँह से निराला-मुक्तिबोध की विरासत का दावा करते हैं। गीत आज की कविता की प्रधान धारा न होकर उपधारा है और किसी भी समय कविता का मूल्यांकन उसकी उपधारा को लेकर नहीं हुआ, जबकि गीतों ने तमाम तरह के बंधनों को ढीला किया है। निराला में छंद के बंध की जितनी जानकारी है, उतनी ही कम जानकारी ग.मा. मुक्तिबोध की है। निराला संगीत और लय के विषय में जानते थे जानकारी की यह सुविधा मुक्तिबोध को नहीं थी। फिर निराला छंद के बंधन तोड़कर भी संगीत के आकर्षण में बँधे रहे। नए कवियों में अधिकांश नहीं जानते मुक्त छंद अनुशासनरहित रचना नहीं है।

इधर के कवि आलोचक 'परंपरा' की चिंता में दुबले हुए जा रहे हैं। उन्हें परंपरा की समझ ही नहीं है। परंपरा स्वीकार से ज्यादा अस्वीकार है। फिर आज के रचनाकार का शब्द-संस्कार कम है—दीक्षा अधूरी है, श्रुति-संवेदन मरियल है और भाषा पर अधिकार नहीं है। ''शायद यदि विरासत की चिंता कुछ कम हो जाए और रचना की चिंता अधिक, तो कविता का हित ही होगा। इस समय तो ऐसा दीखता है कि विरासत की चिंता उन्हीं को शायद अधिक है, जिन्हें अपनी वीर्यवत्ता का भरोसा कम है। नहीं तो साहित्य-रचना के क्षेत्र में तो यह बहुत ही स्पष्ट दीखते रहना चाहिए कि परंपरा तो कहीं होती है, जो जीवंत वंशक्रम में स्वयं बोलती है और जीवंतता के कारण पहचानी जाती है।'' लेकिन इस परंपरा को कमाना पड़ता है। कहना चाहिए कि अज्ञेय की इन भूमिकाओं में नए युग का पूरा काव्यशास्त्र मौजूद है। यह काव्य-चिंतन नए आलोचकों

को काव्य-संपत्ति की परख, व्याख्या या भाष्य और मूल्यांकन की प्रेरणा दे सकता है। हम अज्ञेय से असहमत हो सकते हैं, लेकिन यह नहीं कह सकते कि उनके पास अपनी मौलिक दृष्टि नहीं है, तर्क नहीं है, सृजन तप का ताप नहीं है। उनमें निरंतर समकालीन साहित्य सृजन और मूल्यांकन की लगन रही है और इस लगन के भीतर से ही उनकी 'भूमिकाएँ' निकलकर पाठक तक पहुँची हैं। सजग आलोचक और सहृदय-पाठक के लिए उनकी भूमिकाओं की अंतर्यात्रा एक मूल्यवान अनुभव है।

सच्चिदानंद हीरानंद वात्स्यायन ने साहित्य-सदन, चिरगाँव झाँसी से 2010 में *पुष्करिणी* शीर्षक से सर्वश्री मैथिलीशरण गुप्त, माखनलाल चतुर्वेदी, सियाराम शरण गुप्त, दिनकर, प्रसाद निराला, सुमित्रानंदन पंत और महादेवी वर्मा के प्रतिनिधि सृजन का संकलन निकाला। संकलनकर्ता ने 'भूमिका' में कहा कि हिंदी में काव्य-संकलनों की कमी नहीं है, लेकिन *पुष्पकरिणी* इन सभी से अलग है। वह खड़ी बोली कविता का प्रतिनिधि संकलन है। इस विशिष्ट खड़ी बोली काव्य के संकलन के साथ वात्स्यायनजी ने भूमिका के रूप में 'खड़ी बोली की कविता : पृष्ठभूमि' में लंबा वैचारिक-संवाद प्रस्तुत किया है। खड़ी बोली की पृष्ठभूमि में खड़ी बोली कविता की उठान-गति और नवजागरण की चेतना को समझने के लिए ऐसा अद्‌भुत दस्तावेज हिंदी में अभी तक दूसरा नहीं है। यह राष्ट्रीय मुक्ति-संग्राम की पूरी मनोभूमिका का साक्षात्कार करानेवाला दस्तावेज है। "बीसवीं शती के पूर्वाद्ध के काव्य-कृतित्व के विषय में कोई एक साधारण स्थापना करना चाहें तो सबसे अधिक कथनीय बात कदाचित यही होगी कि वह मानव की पुनः प्रतिष्ठा का काव्य है।" अज्ञेयजी इस मानव की पुनः प्रतिष्ठा का ज्यादातर श्रेय अपने गुरु स्थानीय राष्ट्रकवि मैथिलीशरण गुप्त और राष्ट्रीयता की जीवंत आग माखनलाल चतुर्वेदी को देते हैं। भारतेंदु की नई लौकिकता और लोकभूमि चेतना को इन कवियों से एक नई सर्जनात्मक निष्पत्ति मिली है। इनमें देशभक्ति और स्वदेशी स्वभाषा का विशाल काव्य-क्षेत्र खुलता है।

सच्चिदानंद वात्स्यायन के संपादकत्व में भारतीय ज्ञानपीठ, काशी से 1960 में हिंदी प्रकृति-काव्य का प्रतिनिधि संकलन पाठकों के सामने आया— *रूपांबरा।* सहायक संपादक थे सर्वेश्वरदयाल सक्सेना, लेकिन भूमिका 'प्रकृति-काव्य : काव्य-प्रकृति' शीर्षक से वात्स्यायनजी ने लिखी। पहला अवतरण : विभावन—अमीर खुसरो से श्याम नारायण पाण्डेय तक, दूसरा अवतरण : भावन—श्रीधर पाठक से लेकर राजेंद्र प्रसाद सिंह तक, तीसरा अवतरण : अनुभावन—केसरी कुमार से लेकर कीर्ति चौधरी तक तथा चौथा अवतरण : 'रूप-दर्शिका' में चार कवि हैं। इस तरह *रूपांबरा* में खड़ी बोली हिंदी के शताधिक कवियों की प्रकृति-संबंधी श्रेष्ठ कविताएँ एकत्र हैं। एक नया सौंदर्य-लोक हिंदी कविता का इन कविताओं में निवास करता है। यह ग्रंथ श्री सुमित्रानंदन पंत की शष्ठिपूर्ति के उपलक्ष्य में प्रस्तुत किया गया था। इसमें अज्ञेयजी ने 'प्रकृति काव्य : काव्य-प्रकृति'

शीर्षक से अपूर्व भूमिका वरदान रूप में हिंदी को दी। यहाँ कवि के संवेदन पर उसकी दार्शनिक अथवा धार्मिक आस्था के प्रभाव की अनिवार्यता को स्वीकार करके प्रकृति-वर्णन की परंपरा का अध्ययन विवेचन किया गया है। वैदिक कवि के प्रकृति-काव्य में मौजूद विस्मय तत्त्व से लेकर हिंदी की नयी कविता तक प्रकृति-संवेदना की अंतर्यात्रा करने के बाद यह निष्कर्ष पाया कि प्रकृति के साथ निरंतर राग-तत्त्व का कथ्य बदलता रहा है। ''नयी काव्य-प्रवृत्तियों को सामने रखकर एक अर्थ में कहा जा सकता है कि प्रकृति-काव्य अब वास्तव में है ही नहीं। एक विशिष्ट अर्थ में यह भी कहा जा सकता है कि छायावाद का प्रकृति-काव्य अपनी सीमाओं के बावजूद अंतिम प्रकृति काव्य था।' (*रूपांबरा*, भूमिका, पृ. 13) इस तरह पंत और निराला प्रकृति काव्य के अंतिम कवि हैं।

यह अचानक नहीं है कि अज्ञेय की सभी 'भूमिकाओं' पर आधुनिकता, आधुनिकतावाद के चिंतन का दूर तक प्रभाव है। अज्ञेय के लिए 'आधुनिकता' मल्टीडाइमेंशनल—बहुआयामी अवधारणा है जिस पर ज्ञानोदय (एनलाइटमेंट) की चमक-दमक का असर है। धर्म का स्थान तर्क-विज्ञान ने ले लिया है और पुराने मूल्य संदेह के घेरों में आ गए हैं। वैज्ञानिक क्रांतियों ने सोचने के तरीके बदल दिए हैं—एक नया मनुष्य सामने आ रहा है। अज्ञेय के लिए आधुनिकता संस्कार है, अपने को निरंतर नया करने का संस्कार। रूढ़ियों को झाड़ने का संस्कार।

अज्ञेय की भूमिकाओं में *तारसप्तक* (1943) की 'भूमिका' सबसे अधिक विवादास्पद साबित हुई। इस भूमिका से हिंदी क्षेत्र की वैचारिकता में तूफान आ गया। पिछले पचास-साठ वर्षों में इस भूमिका से ही सारे विवाद-संवाद पैदा हुए। आजादी के बाद हिंदी क्षेत्र के चिंतन का यह भूमिका केंद्र रही। साहित्य संबंधी तमाम धारणाएँ नए 'पाठ' के साथ इस भूमिका से वैचारिक महाभारत बन गई। विद्वानों में बड़ा भारी 'महाभारत' प्रयोग, परंपरा, आधुनिकता, अन्वेषण, प्रगति, काव्य-भाषा, काव्य-सत्य आदि को लेकर हुआ, जिसका ऐतिहासिक महत्त्व भुलाने की चीज नहीं है, क्योंकि निरंतर तारसप्तक और 'प्रयोग' को लेकर बहस हुई और आचार्य नंददुलारे वाजपेयी ने 'प्रयोग' की निंदा करते हुए 'प्रयोगवाद' नाम दिया। इस 'प्रयोगवाद' नाम का अज्ञेय ने विरोध किया और कहा प्रयोग का कोई वाद नहीं है, न हो सकता है। लेकिन काव्य के क्षेत्र में प्रयोग निरंतर होते रहे हैं। अपर्याप्त नाम 'प्रयोगवाद' चल पड़ा और प्रगतिवादियों ने कहा कि प्रगतिवाद को गला घोटकर मार डालने के लिए अज्ञेय ने सुनियोजित राजनीति के तहत यह आंदोलन चलाया है। फिर प्रयोगवाद चुपके से नयी कविता में समाहित हो गया। इसे आधुनिकतावाद से प्रभावित 'नयी कविता' कहा गया और अज्ञेय का विरोध बढ़ता ही गया। यह विरोध इसलिए बढ़ता कि अज्ञेय ने छायावाद और प्रगतिवाद का टाट नवीन वैचारिक क्रांति से पलट दिया। कहना होगा कि छायावाद की बौद्धिक परंपरा

को तारसप्तक और दूसरा सप्तक (1951) की भूमिकाओं ने नए भाष्य से पुनर्प्रतिष्ठित किया। पंत के पल्लव के 'प्रवेश' की यह नई मंजिल तारसप्तक से प्राप्त हुई।

अज्ञेय ने तारसप्तक के सात कवियों की रचनाएँ, संग्रहीत होने की चर्चा के बाद कहा कि—"*तारसप्तक* में सात कवि संगृहीत हैं। सातों एक-दूसरे के परिचित हैं—बिना इसके इस ढंग का सहयोग कैसे होता? किंतु इससे यह परिणाम न निकाला जाए कि वे कविता के किसी एक 'स्कूल' के कवि हैं या कि साहित्य-जगत् के किसी एक गुट अथवा दल के सदस्य या समर्थक है। बल्कि उनके तो एकत्र होने का कारण ही यही है कि वे किसी एक स्कूल के नहीं हैं, किसी मंजिल पर पहुँचे हुए नहीं है, सभी विषयों पर उनकी राय अलग-अलग है—जीवन के विषय में, समाज और धर्म और राजनीति के विषय में, काव्यवस्तु और शैली के, छंद और तुक के, कवि के कि हमारे जगत के ऐसे सर्वमान्य और स्वयंसिद्ध मौलिक सत्यों को भी वे स्वीकार नहीं करते जैसे लोकतंत्र की आवश्यकता, उद्योगों का सामाजीकरण, यांत्रिक युद्ध की उपयोगिता, वनस्पति की बुराई अथवा कानन बाला और सहगल के गानों की उत्कृष्टता इत्यादि। वे सब परस्पर एक-दूसरे पर; एक-दूसरे की रुचियों और आशाओं, विश्वासों पर, एक-दूसरे की जीवन-परिपाटी पर और यहाँ तक कि एक-दूसरे के मित्रों और कुत्तों पर भी हँसते हैं।" इस तरह *तारसप्तक* किसी गुट से जुड़ा नहीं है—सात कवियों के सात अलग-अलग गुट हैं—उनके साढ़े सात व्यक्तित्व, साढ़े सात यों कि एक कवि को अपने व्यक्तित्व के ऊपर संकलन कर्ता का आधा छद्म व्यक्तित्व और लादना पड़ा है।

अज्ञेय ने इन कवियों के एक स्थान पर एकत्र होने का कारण बताया "काव्य के प्रति एक अन्वेषी का दृष्टिकोण उन्हें समानता के सूत्र में बाँधता है। इसका अभिप्राय यह नहीं कि प्रस्तुत संग्रह की सब रचनाएँ प्रयोगशीलता के नमूने हैं या कि इन कवियों की रचनाएँ रूढ़ि से अछूती हैं या कि केवल यही कवि प्रयोगशील हैं और बाकी सब घास छीलनेवाले।" दावा यही है कि सातों अन्वेषी हैं। साथ ही "इधर कविता प्रायः चारों ओर बड़े-बड़े हाशिए देखकर सुंदर सजावट के साथ छपती रही है। अगर कविता को शब्दों की मीनाकारी ही मान लिया जाए, तब यह संगत भी है। *तारसप्तक* की कविता वैसी जड़ाऊ कविता नहीं है, वह वैसी हो भी नहीं सकती। यहाँ बात यह भी महत्त्व की है कि जो प्रयोग करता है, उसे अन्वेषित विषय का मोह नहीं करना चाहिए।" कहना न होगा कि अज्ञेय के इन कथनों पर आचार्यों, मठाधीशों-महंतों, वादग्रस्त लठैतों में बड़ा भारी कुहराम मचा। अज्ञेय के 'पाठ' का जमकर 'कुपाठ' किया गया।

तारसप्तक के दूसरे संस्करण की भूमिका—'परिदृष्टि : प्रतिदृष्टि' में अज्ञेय ने ध्यान दिलाया कि *तारसप्तक* का प्रकाशन 1943 में हुआ था और दूसरे संस्करण की भूमिका 1963 में लिखी जा रही है। बीस वर्ष की एक पीढ़ी मानी जाती है। वयमेव

याता: के अनिवार्य नियम के अधीन सप्तक के सहयोगी जो 1943 के प्रयोगी थे सन् 1963 के संदर्भ हो गए हैं। दिक्कालजीवी को इसे नियति मानकर ग्रहण करना चाहिए, पर प्रयोगशील कवि के बुनियादी पैंतरे में ही कुछ ऐसी बात थी कि अपने को इस नए रूप में स्वीकार करना उसके लिए कठिन था। प्रश्न उठता है कि नए रूप में स्वीकार करना कठिन क्यों था। क्योंकि *तारसप्तक* ने जिन नई विविध प्रवृत्तियों को संकेतित किया था, उनमें एक यह भी रही कि कवि का युग-संबंध सदा के लिए बदल गया था। फिर कवि अपने समय को नए ढंग से सर्जनात्मकता में बाँध रहे थे, अत: कोऽपि समानधर्मा वाला भवभूति-विश्वास उन्हें मालूम न था। सभी समानधर्मा का अर्थ कवि-धर्मा और मानव-धर्मा ही ले रहे थे। यहाँ मानव-धर्मा का अर्थ था आधुनिक धर्मा। और आधुनिक धर्मा का अर्थ था—आधुनिकता से जुड़ा रचनाकार व्यक्तित्व। ''सप्तक के कवियों का विकास अपनी-अपनी अलग दिशा में हुआ है। सर्जनशील प्रतिभा का धर्म है कि वह व्यक्तित्व ओढ़ती है। सृष्टियाँ जितनी विशिष्ट होती हैं, सृष्टा उससे कुछ कम विशिष्ट नहीं होते, बल्कि उनके व्यक्तित्व की विशिष्टताएँ ही उनकी रचना में प्रतिबिंबित होती हैं। यह बात उन पर भी लागू होती है, जिनकी रचना प्रबल वैचारिक आग्रह लिये होती है, जब तक कि वह रचना है, निरा वैचारिक आग्रह नहीं है।'' फिर जोर देकर कहा—''जैसे शिल्पाश्रयी काव्य पर रीति हावी हो सकती है, वैसे ही मताग्रही पर भी रीति हावी हो सकती है। सप्तक के कवियों के साथ ऐसा नहीं हुआ, संपादक की दृष्टि में यह उनकी अलग-अलग सफलता (या कि स्वस्थता) का प्रमाण है।'' इस दृष्टि से तब की संभावनाएँ (बीस वर्ष पहले की) अब की उपलब्धियों में परिणत हो गई हैं। ''सभी बोधिसत्व बुद्ध हो गए हैं। पर इन सात नए ध्यानी बुद्धों के संबंध में विशेष अंतर नहीं आया है।'' अब भी उनके बारे में उतनी ही सच्चाई से कहा जा सकता है कि उनमें मतैक्य नहीं है, सभी महत्त्वपूर्ण प्रश्नों पर उनकी राय अलग-अलग है। इन कवियों ने अपनी काव्य-सर्जना-चिंतना की ताकत से समकालीन काव्य-इतिहास में अपना स्थान बनाया है। ''परवर्ती कुछ प्रवृत्तियाँ उसे हीन अथवा आपत्तिजनक भी जान पड़ती हैं, और नि:संदेह इनमें से कुछ का सूत्र *तारसप्तक* से जोड़ा जा सकता है या जोड़ दिया जाएगा, तथापि संपादक की धारणा है कि तारसप्तक ने अपने प्रकाशन का औचित्य प्रमाणित कर लिया। उसका पुनर्मुद्रण केवल एक ऐतिहासिक दस्तावेज को उपलब्ध बनाने के लिए नहीं, बल्कि इसलिए भी संगत है कि परवर्ती काव्य-प्रगति को समझने के लिए इसका पढ़ना आवश्यक है। इन सात कवियों का एकत्रित होना अगर केवल संयोग भी था तो वह ऐसा ऐतिहासिक संयोग हुआ, जिसका प्रभाव परवर्ती काव्य-विकास में दूर तक व्याप्त है।''

इसी समकालीन अर्थवत्ता की पुष्टि के लिए अज्ञेय ने केवल पुनर्मुद्रण तक इसे

सीमित न रखकर नया संवर्द्धित रूप देने का प्रयत्न किया है। *तारसप्तक* के ऐतिहासिक रूप (काव्य और वक्तव्य) की अविकल रूप से रक्षा की है—"वहाँ प्रत्येक कवि से उसकी परवर्ती प्रवृत्तियों पर भी कुछ विचार प्राप्त किए गए हैं।" विरोध तो अज्ञेय को लेकर था और यह भी कि *तारसप्तक* का प्रवर्तक कौन? या *तारसप्तक* नामकरण किसने किया? या *तारसप्तक* की मूल योजना का आइडिया किसका था—नेमिचंद्र जैन का, गिरिजाकुमार माथुर का या प्रभाकर माचवे का? इन प्रश्नों को लेकर भीष्म-संग्राम हुआ। अज्ञेय ने बड़ी शालीनता से यह संकेत दिया "एक पीढ़ी का अंतराल पार करने के लिए प्रत्येक कवि की एक-एक नई रचना भी दे दी गई है। इसी नई सामग्री को प्राप्त करने के प्रयत्न में सप्तक इतने वर्षों तक अनुपलब्ध रहा : जिनके देर करने का डर था, उनसे सहयोग तुरंत मिला; जिनकी अनुकूलता का भरोसा था, उन्होंने ही सबसे देर की—आलस्य या उदासीनता के कारण भी, असमंजस के कारण भी और शायद अनभिव्यक्त आक्रोश के कारण भी : जो पास रहे वे ही तो सबसे दूर रहे। संपादक ने वह हठधर्मिता (बल्कि) बेहियाई ओढ़ी होती, जो पत्रकारिता (और संपादन) धर्म का अंग है तो सप्तक का पुनर्मुद्रण कभी न हो पाता, यह जहाँ अपने परिश्रम का दावा है; वहाँ अपनी हीनतर स्थिति का स्वीकार भी है।" अज्ञेय के कटु अनुभव इस तरह के कथनों में बोलते हैं। इन कथनों की विस्तृत व्याख्या होनी चाहिए कि कैसे *तारसप्तक* निकालने के बाद अज्ञेय को अग्नि पर चलना पड़ा। यहाँ तक कहा गया कि अमेरिकी दलाल (कांग्रेस फॉर कलचरल फ्रीडम) अज्ञेय ने विदेशी पैसे *तारसप्तक* छपवाया और गुमराह किया। बड़े निर्मम प्रहार झेलने पड़े अज्ञेय को और उन्हें नवरीतिवादी कहकर—फ्रायडवादी कहकर कहकर कोसा गया।

यहाँ *दूसरा सप्तक* की भूमिका को याद करना जरूरी है। इस 'भूमिका' में अज्ञेय ने आचार्य नंददुलारे वाजपेयी की 'कुपाठ' भरी आलोचना का प्रत्याख्यान किया। यह विश्वास भी व्यक्त किया कि *तारसप्तक* के कवि पाठक के सामने लाने लायक थे, उनमें बहुत कुछ नया है, मौलिक है, रूढ़ि विरोधी है। अपने *तारसप्तक* के एक मित्र को लेकर लिखा—"इसलिए काव्य-क्षेत्र के अन्वेषी ही। यह तो नहीं कहा जा सकता कि उनमें से सभी अनंतर काव्य-क्षेत्र में बढ़े कम-से-कम एक ने तो न केवल ऐलान करके कविता छोड़ दी, बल्कि क्रमशः कविता के ऐसे आलोचक हो गए कि उसे साहित्य-क्षेत्र से ही खदेड़ देने पर तुल गए और बाकी में से दो-एक और भी कविता से उपराम-से है। फिर भी हम, आज भी समझते हैं कि *तारसप्तक* का प्रकाशन ही नहीं, उसका आयोजन, संकलन, संपादन—न केवल समयोचित और उपयोगी था, बल्कि उसे हिंदी काव्य-जगत् की एक महत्त्वपूर्ण घटना भी कहा जा सकता है। हिंदी के आलोचकों ने *तारसप्तक* की डटकर चर्चा की है, तो महत्त्वपूर्ण घटना तो है ही।

अज्ञेय ने मनोभूमिका में उमड़ते-घुमड़ते प्रश्न को उठाया—"क्या ये रचनाएँ प्रयोगवादी हैं? क्या ये कवि किसी एक दल के हैं, किसी मतवाद—राजनीतिक या साहित्यिक—के पोषक हैं? प्रयोगवाद नाम के नए मतवाद के प्रवर्तन का दायित्व क्योंकि अनचाहे और अकारण ही मेरे मत्थे मढ़ दिया गया है, इसलिए हमारा इन प्रश्नों के उत्तर में कुछ कहना आवश्यक है और नहीं तो इसीलिए कि *दूसरा सप्तक* के संग्रहीत कवि आरंभ से ही किसी पूर्वग्रह के शिकार न बने, अपने कृतित्व के आधार पर ही परखे जाएँ।" (*दूसरा सप्तक* की 'भूमिका') हिंदी की ज्यादातर समीक्षा मतवादी पूर्वग्रहों से पटी रही है—उससे यह माँग कि पूर्वग्रह मुक्त होकर कवि कर्म की परख हो, पता नहीं कैसे संभव है। हाँ, अज्ञेय ने निर्भय-स्वर में कहा—"प्रयोग का कोई वाद नहीं है। हम वादी नहीं रहे, नहीं हैं। न प्रयोग अपने आपमें इष्ट या साध्य है। ठीक इसी तरह कविता का भी कोई वाद नहीं है; कविता भी अपने-आप इष्ट या साध्य नहीं है। अतः हमें प्रयोगवादी कहना उतना ही सार्थक या निरर्थक है, जितना हमें कवितावादी कहना।" वास्तव में, कविता का नयापन प्रयोग पर आधारित होता है। ऐसी स्थिति के कारण आग्रह यह रहा कि कविता रूपी माध्यम को बरतते हुए आत्माभिव्यक्ति चाहनेवाले कवि को अधिकार है कि उस माध्यम का अपनी आवश्यकता के अनुरूप श्रेष्ठ उपयोग करे, उसी प्रकार आत्मतत्त्व के अन्वेषी कवि को, अन्वेषण के प्रयोग रूपी माध्यम का उपयोग करते समय उस माध्यम की विशेषताओं को भी परखने का अधिकार है। इतना ही नहीं, बिना माध्यम की विशेषता, उसकी शक्ति और उसकी सीमा को परखे और आत्मसात किए उस माध्यम का श्रेष्ठ उपयोग हो ही नहीं सकता।

प्रयोग और परंपरा के संबंध को जोड़ते हुए यह कहना भी उन्हें आवश्यक लगा कि "जो लोग प्रयोग की निंदा करने के लिए परंपरा की दुहाई देती हैं, वे यह भूल जाते हैं कि परंपरा कम-से-कम कवि के लिए, कोई ऐसी पोटली बाँधकर अलग से रखी हुई चीज नहीं है, जिसे वह उठाकर सिर पर लाद ले और चल निकले।" (वही) परंपरा के नाम पर एलर्जी रखनेवाले आलोचक आधुनिकता की झोंक में अपनी जमीन अपने स्रोत भूल जाते हैं। इसलिए अज्ञेय को कहना पड़ा—"परंपरा का कवि के लिए कोई अर्थ नहीं है, जब तक वह उसे ठोंक-बजाकर, तोड़-मरोड़कर, देखकर आत्मसात् नहीं कर लेता; जब तक वह एक इतना गहरा संस्कार नहीं बन जाती कि उसका चेष्टापूर्वक ध्यान रखकर उसका निर्वाह करना अनावश्यक न हो जाए। अगर कवि की आत्माभिव्यक्ति एक संस्कार विशेष के वेष्टन में ही सहज सामने आती है, तभी वह संस्कार देनेवाली परंपरा कवि की परंपरा है, नहीं तो वह इतिहास है, शास्त्र है, ज्ञान-भंडार है, जिससे अपरिचित भी रहा जा सकता है।" लेकिन अपरिचय का आग्रह अज्ञेय का कवि नहीं रखता है, न अतिरिक्त बौद्धिकता से। उनका विचार है कि "तो प्रयोग अपने-आप में इष्ट नहीं है,

वह साधन है। और दोहरा साधन है। क्योंकि एक तो वह उस सत्य को जानने का साधन है, जिसे कवि प्रेषित करता है, दूसरे उस प्रेषण की क्रिया को और उसके साधनों को जानने का भी साधन है। अर्थात् प्रयोग द्वारा कवि अपने सत्य को अधिक अच्छी तरह जान सकता है। और अधिक अच्छी तरह अभिव्यक्त कर सकता है। वस्तु और शिल्प दोनों क्षेत्रों में प्रयोग फलप्रद होता है।'' फिर व्यंग्य-प्रहार करते हुए कहने से नहीं चूकते कि ''ऐसे दुराग्रही अनेक हैं और उस वर्ग में हैं, जो साहित्य-शिक्षा का दायित्व लिये हैं, इससे हमें आतंकित न होना चाहिए। जिस वर्ग की घोषित नीति यह है कि उसके द्वारा ग्राह्य होने के लिए कोई रचना तीन सौ वर्ष पुरानी तो होनी ही चाहिए। उस वर्ग से आज की कविता पर बहस करने से क्या लाभ?'' जब उस समय तक आज का प्रयोग परंपरा की शक्ल में आ गया होगा।

प्रयोग-परंपरा की बहस को आगे बढ़ाते हुए कहा—''प्रयोग का हमारा कोई वाद नहीं है, इसको और भी स्पष्ट करने के लिए एक बात हम और कहें। प्रयोग निरंतर होते आए हैं, और प्रयोगों के द्वारा ही कविता या कोई भी कला, कोई भी रचनात्मक कार्य, आगे बढ़ सका है। जो कहता है कि मैंने आज तक जीवन-भर कोई प्रयोग नहीं किया, वह वास्तव में यही कहता है कि मैंने जीवन भर कोई रचनात्मक कार्य नहीं करना चाहा; ऐसा व्यक्ति अगर सच कहता है, तो यही पाया जाएगा कि उसकी कविता कविता नहीं है, उसमें रचनात्मकता नहीं है, वह कला नहीं है, शिल्प है, हस्तलाघव है।'' जो लोग हस्तलाघव के हुनर को ही कविता मानते हैं शीलवश अज्ञेय उनसे कोई झगड़ा नहीं करते। फिर ''केवल प्रयोगशीलता ही किसी रचना को काव्य नहीं बना देती। हमारे प्रयोग का पाठक या सहृदय के लिए कोई महत्त्व नहीं है, महत्त्व उस सत्य का है, जो प्रयोग द्वारा हमें प्राप्त हो।'' कारण, ''पारखी तो मोती परखता है, गोताखोर के असफल उद्योग नहीं।'' इसलिए प्रयोगवादी कहना ''तर्क परिपाटी की अद्‌भुत विकृति'' ही कही जाएगी। ''श्री नंददुलारे वाजपेयी का प्रयोगवादी रचनाएँ शीर्षक निबंध तर्क-विकृति का आश्चर्यजनक उदाहरण है।''

कभी भी कहीं भी संप्रेषण और सर्जनात्मकता के प्रति सावधान अज्ञेय साधारणीकरण के प्रश्न की उपेक्षा नहीं करते। उनका विचार स्पष्ट है कि *तारसप्तक* के कवियों पर यह आक्षेप किया जाता है कि वे साधारणीकरण का सिद्धांत नहीं मानते। यह दोहरा अन्याय है क्योंकि वे न केवल इस सिद्धांत को मानते हैं, बल्कि इसी से प्रयोगों की आवश्यकता भी सिद्ध करते हैं। यह आवश्यकता क्यों है? ''यह मानना होगा कि सभ्यता के विकास के साथ-साथ हमारी अनुभूतियों का क्षेत्र भी विकसित होता गया है और अनुभूतियों को व्यक्त करने के हमारे उपकरण भी विकसित होते गए हैं? यह कहा जा सकता है कि हमारे मूल राग-विराग नहीं बदले—प्रेम अब भी प्रेम है और घृणा अब भी घृणा, यह

साधारणतया स्वीकार किया जा सकता है। पर यह भी ध्यान में रखना होगा कि राग वही रहने पर भी रागात्मक संबंधों की प्रणालियाँ बदल गई हैं; और कवि का क्षेत्र रागात्मक संबंधों का क्षेत्र होने के कारण इस परिवर्तन का कवि कर्म पर बहुत गहरा असर पड़ा है। निरे तथ्य और सत्य में या कह लीजिए वस्तु-सत्य और व्यक्ति सत्य में—यह भेद है कि सत्य वह तथ्य है, जिसके साथ हमारा रागात्मक संबंध है; बिना इस संबंध के वह एक बाह्य वास्तविकता है, जो तद्वत् काव्य में स्थान नहीं पा सकती। लेकिन जैसे-जैसे बाह्य वास्तविकता बदलती है और अगर नहीं बदलती तो उस बाह्य वास्तविकता से हमारा संबंध टूट जाता है।'' जो आलोचक उस बात को नहीं समझते, वे उस वास्तविकता से टूट गए हैं जो आज की वास्तवकिता है। इस तरह आज की वास्तविकता के आंतरिक सत्य से साक्षात्कार के लिए रागात्मक संबंधों के बदलावों को समझना जरूरी है।

आज साधारणीकरण की नई समस्याएँ उठ खड़ी हुईं, क्योंकि विशेष ज्ञानों के इस युग में भाषा एक रहते हुए भी उसके मुहावरे बदल गए हैं। भाषा आज भी प्रेषण का माध्यम है, यह कोई नहीं कहता कि उसने अपनी सार्वजनिकता की प्रवृत्ति छोड़ दी है। लेकिन अब प्रवृत्ति है तथ्य नहीं। ऐसी कोई भाषा नहीं है, जिसे सब बोलते समझते हों। गणितज्ञ की अंग्रेजी दूसरी है, अर्थशास्त्री की दूसरी और रचनाकार की दूसरी। इस तरह वह अपनी भाषा का मुहावरा छोड़ते ही कठिनाई में पड़ जाएगा। इस प्रकार साधारणीकरण से मुक्ति संभव नहीं है।

शब्द-अर्थ के प्रश्न पर भारतीय काव्यशास्त्र ने न जाने कितने कोणों से विचार किया है शब्द को ब्रह्म माननेवाली परंपरा का सच अज्ञेय के सामने आता है, जो वे कहते हैं—''जरा भाषा के मूल प्रश्न पर—शब्द और उसके अर्थ के संबंध पर—ध्यान दीजिए।'' शब्द में अर्थ कहाँ से आता है? क्यों और कैसे बदलता है, अधिक या कम व्याप्ति पाता है? उदाहरण देकर अज्ञेय कहते हैं कभी 'गुलाबी' शब्द में अर्थ-चमत्कार रहा होगा, आज उसका अर्थ चमत्कार मर गया है। अब वह अभिधेय हो गया है।' अपने कवि-अनुभव से कहा—''यह क्रिया भाषा में निरंतर होती रहती है और भाषा के विकास की अनिवार्य क्रिया है। चमत्कार मरता रहता है और चमत्कारिक अर्थ अभिधेय बनता रहता है। यों कहें कि कविता की भाषा निरंतर गद्य की भाषा होती जाती है। इस प्रकार कवि के सामने हमेशा चमत्कार की सृष्टि की समस्या बनी रहती है—वह शब्दों को निरंतर नया संस्कार देता चलता है और वे संस्कार क्रमशः सार्वजनिक मानस में पैठकर फिर ऐसे हो जाते हैं कि उस रूप में कवि के काम के नहीं रहते।''बासन अधिक घिसने से मुलम्मा छूट जाता है।''

वाक् में अर्थ की प्रतिपत्ति को कालिदास ने ''वागर्थाविवसंपृक्तौ वागर्थ प्रतिपत्तये' कहकर उठाया था और इस कथन में संपूर्ण वाक्-चिंतन की प्रतिपत्ति की व्यंजना है।

कालिदास ने 'तब इस बात को समझा था और इसीलिए वाक् में अर्थ की प्रतिपत्ति की प्रार्थना की थी। जो अभिधेय है, जो अर्थवाक् में है ही, उसकी प्रतिपत्ति की प्रार्थना कवि नहीं करता। अभिधेयार्थयुक्त शब्द तो वह मिट्टी, वह कच्चा माल है, जिससे वह रचना करता है, ऐसी रचना जिसके द्वारा वह अपना नया अर्थ उसमें भर सके, उसमें जीवन डाल सके। यही वह अर्थ-प्रतिपत्ति है, जिसके लिए कवि वागर्थाविवसंपृक्त पार्वती-परमेश्वर की वंदना करता है। और इस प्रार्थना को निरा वैचित्र्य या नएपन की खोज कहकर उड़ाना चाहना कवि-कर्म को बिल्कुल न समझते हुए उसकी अवहेलना करना है।'' इस तरह बार-बार अज्ञेय कवि-कर्म के अर्थ संदर्भों पर ध्यान केंद्रित करते हैं।

उनका यह कहना बहुत अर्थपूर्ण है ''जब चमत्कारिक अर्थ मर जाता है और अभिधेय बन जाता है, तब उस शब्द की रागोत्तेजक शक्ति भी क्षण हो जाती है। उस अर्थ से रागात्मक संबंध स्थापित नहीं होता। कवि तब उस अर्थ की प्रतिपत्ति करता है, जिससे पुनः राग का संचार हो, पुनः रागात्मक संबंध स्थापित हो। साधारणीकरण का अर्थ यही है।'' पुराने काव्यशास्त्र में साधारणीकरण का अर्थ था—अपने-पराए की भेद-बुद्धि से मुक्त हो जाना, भाव का निर्वैयक्तिक हो जाना। यही काव्य का भावकत्व-व्यापार है, जिसमें साधारणीकरण आलंबनत्व धर्म को होता है—कवि-कल्पित समस्त व्यापार का होता है। अज्ञेय ने स्मृति जगाने के लिए कहा—''नहीं तो, अगर भाव भी वही जाने-पुराने हैं, रस भी और संचारी-व्यभिचार सबकी तालिकाएँ बन चुकी हैं, तो कवि के लिए नया करने को रह क्या गया है ? क्या है जो कविता को आवृत्ति का नहीं सृष्टि का गौरव दे सकता है ?'' देश-विदेश के काव्यशास्त्र में यह प्रश्न कई बार कई रूपों में उठ चुका है। इन प्रश्नों से परिचित अज्ञेयजी भी रहे हैं इसलिए नई सर्जनात्मकता को ध्यान में रखते हुए कवि-कर्म के नएपन पर सोचते रहे हैं।

यह कहना है कि ''कवि नए तथ्यों को उनके साथ नए रागात्मक संबंध जोड़कर नए सत्यों का रूप दे, उन नए सत्यों को प्रेष्य बनाकर उनका साधारणीकरण करें, यही नई रचना है। इसे नयी कविता का कवि नहीं भूलता। साधारणीकरण का आग्रह भी उसका कम नहीं है; बल्कि यह देखकर कि आज साधारणीकरण अधिक कठिन है, वह अपने कर्तव्य के प्रति अधिक सजग है और उसकी पूर्ति के लिए अधिक बड़ा जोखिम उठाने को तैयार है।'' इसका कारण है समय के दबाव से संवेदनाओं का जटिल हो जाना, उलझी हुई होना और पाठक की चेतना में घटित परिवर्तन की तीव्रता। पूरा ज्ञान-विज्ञान अपनी 'प्रकृति' में विशेषीकरण की ओर उन्मुख है और कवि-कर्म का सभ्यता के विकास के साथ कठिन होता जाता है। ''इस बात को पूरी तरह समझकर ही अनुभव किया जा सकता है कि साधारणीकरण का काम कितना कठिनतर हो गया है—समूचे ज्ञान की विशेषीकरण की प्रवृत्ति को उलाँघकर, उससे ऊपर उठकर, कवि को विभाजित सत्य को

समूचा देखना और दिखाना है। इसलिए उसने संप्रेषण या साधारणीकरण की अवहेलना नहीं की है। वह परंपरा को साथ लेकर आगे बढ़ना चाहता है और यह समझना चाहता है कि कल के सत्य की आज अर्थवत्ता क्या है?''

प्रयोग को लेकर अज्ञेय में गांधीजी के सत्य के प्रयोग जैसा भाव रहा है। इसीलिए अज्ञेय के द्वारा प्रयोग की वकालत में पश्चिमी 'एक्स्पेरीमेंटल पोयट्री' और 'न्यू सिगनेचर्स' वाला नकलची भाव नहीं है। उसका पूरा 'अरमान' कविता के नए रागात्मक सत्यों को, राग-दीप्त सत्यों से पाठक का साक्षात्कार कराना रहा है। उन्होंने कहा है कि ''यद्यपि सभी (*तारसप्तक*) के कवियों में भाषा का परिमार्जन और अभिव्यक्ति की सफाई एक-सी नहीं है और अटपटेपन की झाँकी न्यूनाधिक मात्रा में प्रत्येक में मिलेगी, तथापि सभी को ऐसी उपलब्धि हुई है, जो प्रयोग को सार्थक करती है। प्रयोग के लिए प्रयोग इनमें से किसी ने नहीं किया है, पर नई समस्याओं और नए दायित्वों का तकाजा सबने अनुभव किया है और उससे प्रेरणा सभी को मिली है। *दूसरा सप्तक* नए काव्य को निश्चित रूप से एक कदम आगे ले जाता है।'' *तारसप्तक* तथा *दूसरा सप्तक* के कवि वक्तव्यों में आश्चर्यजनक बात यह है कि भारतीय स्वाधीनता-संग्राम को लेकर एकदम चुप्पी है। जबकि अज्ञेय और उनके कई कविगण इस स्वाधीनता-संग्राम से सीधे जुड़े थे। कवियों ने मार्क्स-फ्रायड, गांधी का जिक्र कवि-वक्तव्यों में किया है, लेकिन यहाँ न अंबेडकर की चर्चा है न जयप्रकाश नारायण और लोहिया की। जबकि कविता में सपाट बयानी, सरलीकरण, अभिधेय अर्थ के विरुद्ध सत्याग्रह-युग का सत्याग्रही तेवर एकदम स्पष्ट दिखाई दे जाता है। सबसे बड़ी बात यह है कि *तारसप्तक* ने अस्वीकार-असहमति-बहुलता को स्थान दिया और अनेकता में एकता या विरोधों के रहते हुए भी विरुद्धों के सामंजस्य के सौंदर्य की झाँकी प्रस्तुत की। रसमयता-भावाकुलता-हृदयवाद के स्थान पर सर्जन में बुद्धि की मुक्तावस्था को स्थान दिया। सच बात तो यह है कि आचार्य शुक्ल की चिंतन-परंपरा को 'हृदय की मुक्तावस्था' से आगे ले जाकर काव्य-समय के अनुकूल उसके बौद्धिक आचरण पर प्रबुद्ध पाठकों का ध्यान केंद्रित कराया। इससे हिंदी के नवीन काव्य-शास्त्र को नया दृढ़ आधार मिला है। जो काम नयी कविता के वैचारिक संग्राम में भीष्म-द्रोण नहीं कर पाए वह काम अज्ञेय ने कृष्ण बनकर किया। उन्होंने ही इतिहास-विधाता के रथ को हाँककर नया पथ सुझाया और हमारी पीढ़ी को पश्चिमाभिमुख आधुनिकता, आत्मनिर्वासन, अमानवीकरण के आगे घुटने टेकने से बचाया। पश्चिम से भारतीय मुठभेड़ की जो परंपरा भारतेंदु, श्रीधर पाठक, मैथिलीशरण गुप्त, जयशंकर प्रसाद ने चलाई थी—उसकी नए संदर्भ में नए भाष्य के साथ अज्ञेय ने पुनर्नवा रूप दिया। अज्ञेय ने संशय और द्वंद्व को भारतीय आधुनिकता के ढंग से पुनर्प्रस्तुत करने का जोखिम उठाया और वामपंथियों के तमाम आक्षेपों, प्रहारों को झेलकर भी वे महादेवी का गीत

गाते रहे—"जाग तुझको दूर जाना।" इस तरह अज्ञेय में हमारा सांस्कृतिक नवजागरण हजार-हजार आँखें खोलता मिलता है। *तारसप्तक* की भूमिका इसी सांस्कृतिक, बौद्धिक, साहित्यिक नवजागरण का ऐतिहासिक दस्तावेज है।

तारसप्तक तथा *दूसरा सप्तक* की भूमिकाओं के भीतर से गुजरने पर ऐसा अहसास होता है जैसे हम भरत, भामह, आनंदवर्द्धन, अभिनवगुप्त, राजशेखर के साथ हृदय-संवाद करते हुए विचार-मंथन कर रहे हों। आचार्य रामचंद्र शुक्ल, आचार्य हज़ारीप्रसाद द्विवेदी और जयशंकर प्रसाद, पंत, निराला की परंपरा को नए विमर्श (डिस्कोर्स) से पुनः लिख रहे हों, रच रहे हों। *तारसप्तक* की भूमिका का यह अंत:पाठ मुक्ति की बढ़ती मानव-चेतना का ही साक्षात्कार है। इस साक्षात्कार में व्यक्ति और समाज के प्रश्न, परंपरा-प्रयोग-प्रगति और आधुनिकता के साथ काव्य-भाषा के तमाम पक्ष नए सिरे से विचार के केंद्र में रखे गए हैं। रचनाकारों की वैचारिक बहुलता का अज्ञेय के मन में बड़ा भारी सम्मान है। यहाँ विचार के असहमतियों से भरे 'सात स्कूल' हैं और साढ़े सात बौद्धिक। फिर भी इनके सौंदर्यशास्त्र में 'प्रयोग' के लिए एकजुटता है, सभी नई-नई राहों के अन्वेषी हैं और इन सभी की ओर से संपादक अज्ञेय बोलते हैं। इस सौंदर्यशास्त्र में मानव-संबंधों की विविधता का आधुनिक संदर्भों में नया भाष्य है। अनेक प्रकार की बहसों की धाराएँ या नर्मदा के कुंड से फूट-फूट पड़ी हैं। यह हिंदी-आलोचना का उज्ज्वल पक्ष है कि अज्ञेय के साथ नेमिचंद्र जैन, रामविलास शर्मा, गिरिजाकुमार माथुर, प्रभाकर माचवे, ग.मा. मुक्तिबोध आदि सभी वाद-विवाद-संवाद में सक्रिय भागीदारी करते रहे। अपनी परंपरा में 'स्मृति' से नया सर्जन-खमीर उठाया। नए अर्थ-चमत्कारों से नया राग दीप्त-सच उजागर किया। *तारसप्तक* का राग-दीप्त सच *दूसरा, तीसरा, चौथा सप्तक* में अधिक निखरकर सामने आया। मत-भेद, असहमतियाँ सभी सप्तकों के कवियों में रहीं, इससे हिंदी-सर्जन और चिंतन का बासीपन टूटा है। प्रसन्नता की बात यह है कि इन सभी का चिंतन आकाश-धर्मा है—मनुष्य को ऊपर उठाता है। यहाँ भी हमें एक आलोक भरी प्रेरणा के दर्शन होते हैं।

तीसरा सप्तक (1959) की भूमिका 'नयी कविता : प्रयोग के आयाम' का नया पाठ रचती है—बहुलार्थी और बहुवचनात्मक पाठ इसकी विशेषता है। अज्ञेय ने शुरू ही इस कथन से किया कि *तारसप्तक* की भूमिका प्रस्तुत करते समय इन पंक्तियों के लेखक में जो उत्साह था, उसमें संवेदना की तीव्रता अब कम हो गई है, ऐसा हम नहीं मानना चाहते, किंतु इसमें संदेह नहीं कि अनुभव ने नए कवियों का संकलन प्रस्तुत करते समय दुविधा में पड़ना सिखा दिया है। यह सच है कि *तीसरा सप्तक* के कवि भी अलग-अलग राहों के अन्वेषण में विश्वासी हैं और इनके रचना-कर्म को भी बने-बनाए मानदंडों से नहीं आँका जा सकता, नहीं आँकना चाहिए। हाँ, दो सप्तकों से परंपरा की

कुछ लीकें बन गई हैं और नयी कविता पाठकों में ग्राह्य हो गई है। धुरंधर आलोचक भी उधर मुड़े हैं। यह सच है कि नयी कविता का पूर्वग्रह रहित अध्ययन नहीं हुआ है और इस बाधा का कारण है—सहानुभूति का अभाव। ''दूसरे शब्दों में परिस्थिति यह है कि कविगण स्वयं एक-दूसरे के आलोचक बनकर आवें। पाठक में विश्वास पैदा करें कि नयी कविता में 'समकालीन वास्तविकता' है। इसके लिए नए कवि को जज और वकील एक साथ बनना होगा। *तार सप्तक* एक नई प्रवृत्ति का पैरवीकार माँगता था, इससे अधिक विशेष कुछ नहीं। *तीसरा सप्तक* तक पहुँचते-न-पहुँचते पैरवी अनावश्यक हो गई और कवियों की पैरवी का तो सवाल ही क्या है? नया पाठक नई सर्जना की संवेदना से जुड़ गया है। और ''नयी कविता की प्रयोगशीलता का पहला आयाम भाषा से संबंध रखता है।'' निःसंदेह जिसे अब नयी कविता कहा जाता है—''वह भाषा संबंधी प्रयोगशीलता को वाद की सीमा तक नहीं ले गई है, बल्कि ऐसा करने को अनुचित भी मानती है। यह मार्ग प्रपद्यवाद ने अपनाया, जिसने घोषणा की कि चीजों का एकमात्र नाम होता है और वह (प्रपद्यवादी कवि) प्रयुक्त प्रत्येक शब्द और छंद का स्वयं निर्माता है।''

सच यह है कि एक शब्द दूसरे शब्द का पर्याय नहीं होता। क्योंकि प्रत्येक शब्द की वाच्यार्थ के अलावा अलग-अलग लक्षणाएँ एवं व्यंजनाएँ होती हैं, अलग संस्कार और अलग ध्वनियाँ। भाषा में प्रायः निन्यानवे का फेर कठिनाइयाँ पैदा करता है—किसी शब्द का कोई स्वयंभूत अर्थ नहीं है। अर्थ उसे दिया गया है, वह संकेत है, जिसमें अर्थ की प्रतिपत्ति की गई है। यह शब्द के प्रति एक प्रकार से मानववादी दृष्टि है—शब्द में मानव होता है, मानव का देवता होता है। शब्द को संस्कार इतिहास की गति से मिलता है—प्रत्येक शब्द का प्रत्येक समर्थ उपभोक्ता उसे नया संस्कार देता है। यही उसका कल्प है। इसी प्रकार शब्द वैयक्तिक प्रयोग भी होता है और प्रेषण का माध्यम भी बना रहता है। दुरुहता न दोष है, न संस्कार। वह स्थिति सापेक्ष्य है। प्रयोक्ता की समस्या संप्रेषण वस्तु की है, फिर काव्य का विषय और काव्य की वस्तु दो अलग-अलग चीजें हैं—जैसे संभव है, विषय पुराना रहे, पर वस्तु नई हो। फिर विषय प्रायः नए हो सकते हैं, मौलिक नहीं—''मौलिकता वस्तु से ही संबंध रखती है। विषय संप्रेष्य नहीं है—वस्तु संप्रेष्य है।'' (*तीसरा सप्तक* -'भूमिका') विषय को संप्रेष्य बनाने में कवि का (चेतन-अवचेतन) योग हो सकता है—मौलिकता की कसौटी का यही क्षेत्र है। यही कवि की शक्ति की प्रतिभा का भी क्षेत्र है। कवि नई परिस्थिति को स्वायत्त कहता है।

अज्ञेय ने यह ध्यान देकर कहा कि नये कवियों में ऐसों की संख्या कम नहीं है, जिन्होंने विषय को वस्तु समझने की भूल की है और इस प्रकार स्वयं भी पथभ्रष्ट हुए हैं और पाठकों में नयी कविता के बारे में अनेक भ्रांतियों के कारण बने हैं। नकली के

प्रति सावधान करना आलोचक का काम है। नकलची हर युग में रहे हैं और प्रगतिवाद ने भी कम नकलची पैदा नहीं किए हैं।

शिल्प-तंत्र या टेकनीक का विषय भी कम रगड़े-झगड़े का क्षेत्र नहीं रहा है। इसलिए इस विषय पर संपादकाचार्य अज्ञेय बोले हैं कि साधना तो ''अभ्यास और मार्जन का ही दूसरा नाम है। बड़ा कवि वाक् सिद्ध होता है और भी बड़ा कवि रससिद्ध होता है। आज वाक्शिल्पी कहलाना अधिक गौरव की बात समझी जा सकती है, क्योंकि शिल्प आज विवाद का विषय है। यह चर्चा उत्तर-छायावाद काल से ही अधिक बढ़ी है, जबकि प्रगति-संप्रदाय ने शिल्प-रूप-तंत्र आदि को गौण कहकर एक ओर ठेल दिया और शिल्पी एक प्रकार की गाली समझा जाने लगा। इसी वर्ग ने नयी काव्य-प्रवृत्ति को यह कहकर उड़ा देना चाहा कि वह केवल शिल्प का, रूप-विधान का आंदोलन है—निरा फार्मलिज्म है।'' रूप-विधान को पश्चिम की न्यू-क्रिटिसिज्म का प्रभाव कहकर इसी वर्ग ने इसे अमेरिकावाद से जोड़ दिया है। एक साँस पर कह डाला कि 'केवल प्रगतिवाद में सामाजिक चेतना है और कहीं नहीं।' समाजाग्रही प्रगतिवाद ने अज्ञेय को घोर व्यक्तिवादी कहकर हर जगह अपमानित करने का मायाजाल रचा है। वे भूल गए हैं कि अज्ञेय और उनके साथी कवि नई वस्तु को ग्रहण और प्रेषित करने में शिल्प के प्रति कभी भी उदासीन नहीं रहे हैं। उनके पास नई वस्तु और नई शिल्प दृष्टि है।

प्रश्न उठाया कि नई दृष्टि क्या है और किधर जाने की प्रेरणा देती है? ''एक बार फिर इतना ही कहना अलम होगा कि ये कवि किसी एक संप्रदाय के नहीं हैं, न सबकी साहित्यिक मान्यताएँ एक हैं, न सामाजिक, न राजनीतिक, न ही उनकी जीवन-दृष्टि में ऐसी एकरूपता है। संपादक ने चुनाव का आधार कभी यह नहीं बनाया कि कौन उनके संप्रदाय का है, कौन नहीं। काव्य में वस्तुसत्य का रागात्मक रूप होता है इसलिए व्यक्ति-वैचित्र्य की गुंजाइश बराबर रहती है। देखना केवल यह होता है कि सत्य के साथ खिलवाड़ या फ्लर्टेशन न हो।'' यहाँ आमंत्रित कवियों में कुछ आए, कुछ ने अज्ञेय के साथ आना नहीं चाहा। यह काव्य में एक विकट राजनीति का हाशिया है। प्रगतिवादी आलोचकों ने अज्ञेय के खिलाफ दसों दिशाओं से हमला किया और यह प्रचार किया कि अज्ञेय व्यक्तिवादी, यौनवादी-कुंठावादी, रहस्यवादी, क्षणवादी, भाववादी, फासिस्टी समाज-विरोधी लेखक है। शठ है और उसकी धूर्तता का न आदि है न अंत। इसलिए ऐसे शिव के साथ—'बर बौराह-बैल असवारा' के साथ—आने से बहुत से कायर दिमाग डर गए। अज्ञेय के साथ आने में हेठी मानी।

चौथा-सप्तक आया तो अज्ञेय का विरोध *तीसरा सप्तक* के कवि बिंब-समर्थक कवि ने किया और यह कहकर किया कि अज्ञेय चुक गए हैं। अज्ञेय ने *चौथा सप्तक* की 'भूमिका' में काव्य-सत्य का गंभीर मसला उखाड़ते हुए कहा कि ''दूसरों की रचनाओं

के लिए भूमिका लिखने का काम मुझे हमेशा कठिन जान पड़ा है। साधारणतया उसका कारण यह होता है कि वह एक औपचारिक काम होता है। प्रस्तुत संकलन की भूमिका औपचारिक काम तो नहीं है; चयन और संकलन स्वयं मैंने अपनी रुचि और योजना के अनुसार किया है।'' जाहिर है कि संकलित कवियों के कवि कर्म से अज्ञेय प्रभावित हुए। उन्हें यह ध्यान भी रहा है कि पहले तीन सप्तकों के बाद यह *चौथा सप्तक* अपेक्षया लंबे अंतराल से प्रकाशित हो रहा है। इस लंबी अवधि में हिंदी में कविता प्रचुर मात्रा में लिखी गई है। सब अच्छी नहीं है यह कहना किसी रहस्य का उद्घाटन करना नहीं है। यह कहना कि अधिकांश घटिया है, गलत नहीं। होगी, लेकिन यहाँ लंबे काल में सैकड़ों कवियों में सात कवियों का चुनना और उनकी रचनाओं का चयन करना, कठिन चुनौती भरा कार्य रहा है।

''*तारसप्तक* का जब प्रकाशन हुआ था, तो उसमें संकलित अन्य कवि सभी प्राय: मेरे समवयसी और साथी थे और उनकी रचनाओं के चयन में एक सहजता थी। उनके बारे में कुछ कहना भी इसी कारण कम कठिन था। जब *दूसरा सप्तक* प्रकाशित हुआ, तब भी परिस्थिति में कुछ परिवर्तन आ गया था और *तीसरा सप्तक* में तो परिस्थिति स्पष्टतया बदली हुई थी।'' इतना ही नहीं, *तीसरा सप्तक* संपादक की काव्य-दृष्टि और काव्य-विवेक का प्रतिफलन था। *चौथा सप्तक* भी घोषित रूप में संपादक की काव्य-रुचि, काव्य-विवेक या साहित्यिक विवेक का प्रतिफलन है। फिर इस समय तक अज्ञेय नयी कविता के व्याख्याता, विश्लेषक के रूप में भी पर्याप्त ख्याति अर्जित कर चुके थे और नयी काव्य प्रकृतियाँ भी पाठकों में भिद चुकी थीं। यह भी अनुभव किया कि ''आज जो लिखा जा रहा है, उसका सच्चा वकील आज का लिखनेवाला ही होना चाहिए।'' सत्काव्य के समर्थक अज्ञेय *चौथा सप्तक* की भूमिका में पता नहीं क्यों भीतर से बेहद शंकालु दिखाई देते हैं। यहाँ अज्ञेय का वह संपादक नहीं है, जो तीन सप्तकों में हनुमान्-भाव से मौजूद था। वे ''एक पक्ष की वकालत'' की बात करते हैं, तो पाठक को अच्छा नहीं लगता। समकालीन आलोचना की एकांगिता ने रचना का बहुत अहित किया है, उसने नए रचनाकार को दिग्भ्रमित किया है और नए पाठक को पथभ्रष्ट। आज की आलोचना की सभी कसौटियाँ झूठी हैं।

अज्ञेय को आज की कविता की वक्तव्यबाजी बहुत खलती है। कविता पर 'मैं' बुरी तरह छा गया है। यह 'मैं' निषिद्ध नहीं है, लेकिन यह तो समझना पड़ेगा कि कहाँ पर यह कविता का शत्रु बन गया है। कवि को एक मुखौटा पर्सोना अवश्य चाहिए, यह पर्सोना दिखावा नहीं है, जरूरी है, भीतर के यथार्थ को प्रकट करने के लिए इसकी अपेक्षा रहती है। इसलिए पर्सोना के महत्त्व को हर युग के कवि ने पहचाना है। यह साधारणीकरण के लिए भी एक जरूरी कवि-हुनर है। फिर ''आज की कविता का बहुत बड़ा और

शायद सबसे बड़ा दोष यह है कि उस पर एक 'मैं' छा गया है, वह भी एक अपरीक्षित और अविसर्जित मैं। आज की कविता बहुत बोलती है, जबकि कविता का काम बोलना है ही नहीं।'' (*चौथा सप्तक*) यह ठीक है कि आज के कवि की जानकारी पहले के कवियों से ज्यादा है, राजनीतिक जागरूकता बढ़ी है, लेकिन राजनीतिक पक्षधरता को कभी कसौटी नहीं बनाया गया।

''आपातकाल ने एक लगभग देशव्यापी आतंक की सृष्टि की तो उसकी परिधि के भीतर विभिन्न प्रकार की असहिष्णुताएँ आतंक के छोटे-छोटे मंडल बनाती रहीं। आपातकाल की समाप्ति से आतंक का तो अंत हो गया, लेकिन मतवादी असहिष्णुताओं के ये वृत्त अभी कायम हैं। *चौथा सप्तक* के सभी कवि इस परिस्थिति से न केवल परिचित रहे हैं, बल्कि उसके दबाव का तीखा अनुभव भी करते रहे हैं और कुछ ने उसके कारण कष्ट सहा है। इसलिए अगर मैं कहूँ कि संकलित कवियों के राजनीतिक विचारों के अलग होते हुए भी एक स्तर पर वे एक सामान्य अनुभव की बिरादरी में आ जाते हैं, तो यह कथन अनुचित न होगा और वह सामान्य अनुभव है कि स्वातंत्र्य का अनुभव।'' कवियों का यह स्वातंत्र्य बोध या मुक्ति का बोध बड़ी चीज है और यह बोध इन रचनाओं में जज्ब कहा जा सकता है। अज्ञेय ने पाठकों से इस भूमिका में विनम्रता के साथ यह निवेदन किया कि वे पूर्वग्रह मुक्त होकर इन कवियों की कविताओं का आस्वादन मूल्यांकन करें। संपादक की संस्तुतियों की प्रतिकूल प्रतिक्रिया का दंड इन कवियों को न मिले।

दरअसल, हिंदी के पाठक समाज में *चौथा सप्तक* की चर्चा ही बहुत कम हुई है और जहाँ हुई भी है, वहाँ बहुत अनमने भाव से। नतीजा यह हुआ कि भूमिका पर ठीक से ध्यान ही नहीं गया है। साथ ही यह समय अज्ञेय की उपेक्षा का दौर भी था और अज्ञेय के खिलाफ हिंदी आलोचना में एक आँधी चल रही थी। ये तो अज्ञेय का ही वज्र कलेजा था कि वे इस अंधड़ में बिना रुके चलते रहे और 'सन्नाटे का छंद' बने रहे। ऐसी स्थिति के कारण अज्ञेय की सप्तकों की भूमिकाओं का महत्त्व और भी बढ़ जाता है। ''उड़ चल हारिल/लिये हाथ में यही/अकेला ओछा तिनका'' अज्ञेय के कवि-विश्वास का, सर्जना की निष्ठा और ईमानदारी का प्रतीक है। इस आस्था के हारिल ने अनथक पंखों की चोटों से हिंदी कविता और हिंदी-आलोचना का इतिहास बदलकर दम लिया है। ठीक ही अज्ञेय कह रहे थे—''मैं वह धनु हूँ/जिसे साधने में प्रत्यंचा टूट गई है।'' उनकी भूमिकाओं की ध्वनियों का दिग्दिगंत में फूट-फट पड़ना आज का प्रकाश है, जो नई पीढ़ी को अंधकार में रास्ता दिखाता रहेगा। उनकी सैद्धांतिक स्थापनाएँ काव्यालोचन के मुकुट की शोभा एवं शक्ति रहेगी। अनेक केंद्रीय भारतीय परंपरा और आधुनिकता का रिश्ता अज्ञेय से आलोचनात्मक होते हुए भी सर्जनात्मक रहा है।

अज्ञेय को भूमिका लिखना हमेशा जरूरी लगता रहा है। राष्ट्रकवि मैथिलीशरण गुप्त की कविताओं के लिए 'स्वस्ति और संकेत' शीर्षक से भूमिका लिखी और कहा कि "गुप्तजी मेरे तो गुरु स्थानीय थे, इसलिए उनके काव्य के प्रति मेरा श्रद्धापूर्ण होना स्वाभाविक है।" साथ ही यह भी कहा कि गुप्तजी ने हमारी करुणा को ऐसा युगीन संस्कार दिया, जिससे वह आज के अत्यंत निष्करुण यंत्र-समाज में भी हमें मनुष्य बनाए रख सकता है।

सर्जना के क्षण की भूमिका में कविता को समझने के लिए 'अभिव्यक्ति' से भी अधिक 'संप्रेषण' की आवश्यकता पर बल दिया। एक समय ऐसा आया कि अज्ञेय ने सर्वेश्वरदयाल सक्सेना के संग्रह *काठ की घंटियाँ* की भूमिका लिखी। सर्वेश्वर और रघुवीर सहाय दोनों कवि अज्ञेय के शिष्य थे, लेकिन उनका सृजन मुहावरा अज्ञेय से हमेशा अलग रहा। नए साहित्य स्रष्टा नाम से आरंभ ग्रंथमाला की व्यापक आस्था का प्रतिबिंब है यह भूमिका। सर्वेश्वर की कविता, कहानी, उपन्यास आदि पर अज्ञेय ने मुग्धभाव से लिखा है। इसी ग्रंथमाला के अंतर्गत कविवर अजित कुमार के संग्रह *अंकित होने दो* की भूमिका लिखी है। कवयित्री शांति मल्होत्रा भी अज्ञेय ने उनके संग्रह की भूमिका लिखी थी, किंतु वह संग्रह मुझे मिल नहीं पाया। क्षमा प्रार्थी हूँ।

रघुवीर सहाय के कहानियों, कविताओं, लेखों से संपन्न संग्रह *सीढ़ियों पर धूप में* की भूमिका अविस्मरणीय है। यह संग्रह 'नए साहित्य-स्रष्टा—दो' का पुष्प है। अज्ञेय ने रघुवीर सहाय को 'एंक्शस यंग मेन' के वर्ग में रखा है और माना है कि नए हिंदी गद्य लेखकों में जिन्हें वास्तव में 'मॉडर्न' कहा जा सकता है, उनमें रघुवीरसाहय अन्यतम हैं। अज्ञेय ने रघुवीर सहाय के काव्य-संग्रह की भूमिका लिखी है और उस भूमिका की नए पाठकों में विशेष चर्चा रही है, क्योंकि अज्ञेय ने यह मंतव्य दुहराया है कि कविता शब्द है।

सहसा पाठक का ध्यान *पूर्वा* (*भग्नदूत, इत्यलम, हरी घास पर क्षण भर*) की 'भूमिका' पर जाता है। जहाँ वे कह रहे हैं कि "अज्ञेय का पहला कविता-संग्रह *भग्नदूत* सन् 1933 में छपा था। लेखक उस समय जेल में था। जेल से ही पत्रों के साथ जब-तब भेजी जाती रही कविताएँ एकत्रित करके छपने दे दी गई थीं। लेखक के जेल में होने के कारण ही पुस्तक छपने पर छपे हुए फरमे पुलिस उठा ले गई थी।×× हरजाने की धमकी देने पर, पुलिस ने छपे हुए फरमे लौटाए और तब पुस्तक प्रकाशित हो सकी।"

"*इत्यलम* 1946 में प्रकाशित हुआ— *भग्नदूत* की कुछ कविताएँ यहाँ ले ली गईं।" सन् 1949 में *हरी घास पर क्षणभर* प्रकाशित हुआ। पहले दोनों संग्रह अप्राप्य होने के कारण, तीसरे को मिलाकर *पूर्वा* नाम से प्रकाशित किया गया। कुछ समय बीत जाने पर अज्ञेय ने श्रेष्ठ रचनाएँ, प्रतिनिधि रचनाएँ आदि के चक्कर से बाहर निकलकर अपना संपूर्ण काव्य *सदानीरा भाग 1-2* नाम से प्रकाशित कराय। *सदानीरा भाग-1-2*

की भूमिकाओं में फिर से *तारसप्तक* मूड में नए विचार प्रस्तुत किए हैं। भाग-2 में कहा कि यों भी सदा कहता आया हूँ कि कवि को नहीं, कविता को ही बोलना चाहिए। साथ ही यह ध्यान भी दिलाया कि किसी भी आलोचक ने मुझे अप्रभावित नहीं माना, अप्रभावित कोई संवेदनशील कवि रह कैसे सकता है? लेकिन प्रभाव और नकल में अंतर करना चाहिए, जिसे प्रायः भुला दिया जाता है। ध्यातव्य है कि कवि की स्मृति में एक जातीय-सांस्कृतिक परंपरा बोलती है।

अज्ञेय ने डॉ. जगदीश गुप्त के साथ *नवधा* शीर्षक से सन् 1983 में भारतीय साहित्य-प्रकाशन, मेरठ से नौ नए कवियों के काव्य का संकलन किया और *नवधा* की भूमिका लिखी। इस भूमिका में साहित्य की आलोचना पर दुःख व्यक्त करते हुए कहा—"समकालीन काव्य-रचना का परीक्षण केवल राजनीतिक-आर्थिक आधार पर ही होता है और अच्छी-बुरी, नई-पुरानी, सही गलत कविता की कसौटी इसी आधार पर होती है कि कवि के राजनीतिक मंतव्य क्या हैं अथवा वह समाज के किस तरह के आर्थिक संगठन का समर्थन करता है। आलोचना के लिए और काव्यालोचन की सही और समग्र दृष्टि के विकास के लिए यह एक दुःखद स्थिति ही है।×× और कविता की अच्छाई-बुराई की कसौटी तो इस तरह का राजनीतिक चिंतन दे ही नहीं सकता।" (*नवधा,* भूमिका) इस संकलन में जो कवि और उनकी रचनाएँ चुनी गई हैं, उनके चुनाव में उनकी राजनीतिक विचारधारा और प्रतिबद्धता को महत्त्व नहीं दिया गया है। *नवधा* नाम में ही संकेत है कि रचनाएँ किसी एक मार्ग, पद्धति या चिंताधारा की नहीं हैं।

अंततः एक ऐसा समय भी आया कि अज्ञेय ने *चुनी हुई कविताएँ* शीर्षक से अपनी कविताओं को छपवाया। साथ ही भूमिका भी लिखी और कहा—"तब फिर इस संकलन की चुनी हुई कविताएँ क्यों कहा गया है, चुनाव किस आधार पर हुआ है? निश्चय ही मेरी अपनी रुचि और विवेक की उपेक्षा उसमें नहीं हुई है। यह तो है ही कि ऐसा कुछ भी उसमें नहीं आने दिया गया है, जो मुझे निर्णय के समय स्तरीय नहीं जान पड़ा।" यह चुनाव इस काव्य-विवेक से किया गया है कि पाठक को तृप्ति मिले। पाठक में यह जिज्ञासा भी जागे कि अज्ञेय के काव्य को पूरा पढ़ना जरूरी है। जो रचनाकार पचास वर्ष तक रचना आलोचना संपादन, संकलन करता रहा हो, विवाद, प्रत्यालोचन, उलटे-सीधे आक्रमण का लक्ष्य बनता रहा हो, उसके रचना-कर्म के भीतर धँसना जरूरी है।

शेखर : एक जीवनी भाग-1-2 हिंदी उपन्यास की अंतर्यात्रा में एक ऐतिहासिक मोड़ है—एकदम 'अपूर्व' कथ्यात्मक संवेदना-शिल्प साक्षात्कार। इस अनुपम उपन्यास की भूमिका का 'पाठ' बहुवचनात्मक है। भूमिका में कहा गया है कि "वेदना में एक शक्ति है। जो यातना में है वह दृष्टा हो सकता है। *शेखर : एक जीवनी,* जो मेरे दस वर्ष के परिश्रम का फल है—दस वर्षों में अभी कुछ देर है, लेकिन 'जीवनी' भी तो अभी पूरी

नहीं हुई। घनीभूत वेदना की केवल एक रात में देखे हुए Vision को शब्दबद्ध करने का प्रयत्न है।'' इसके दो खंडों के बाद तीसरे खंड की प्रतीक्षा, प्रतीक्षा ही बनी रही। फिर *नदी के द्वीप* आया 1951 में। द्वितीय संशोधित संस्करण 1957 में आया। दूसरे संस्करण की भूमिका में कहा—''रचना ऐसी होनी चाहिए कि उसके साथ चलने में पाठक को बिल्कुल परिश्रम न करना पड़े, ऐसा *नदी के द्वीप* का लेखक नहीं मानता फिर भी वह यत्नशील है कि मार्ग बीहड़ होकर भी अनाकर्षक न हो जाए, क्योंकि वह चाहता है पाठक साथ चले। साथ लेखक के नहीं, कृति के। लेखक कृति से जितना अलग है, पाठक लेखक से भी उतना ही अलग रहे, यही तीनों के लिए श्रेय है। और आलोचक? आज हिंदी का आलोचक केवल अपने साथ चलता है और किसी के नहीं।'' आलोचक को लेकर अज्ञेय की भूमिकाओं में बड़े कसकते अनुभव हैं।

सभी कहानी-संग्रहों को लेकर 'अज्ञेय' ने संपूर्ण कहानियाँ शीर्षक से राजपाल एंड संज से संग्रह छपवाया और भूमिका लिखी है। *अज्ञेय की संपूर्ण कहानियाँ* नाम का संग्रह अपने सम्मुख देखकर वे थोड़ा आतंकित भी हुए। विचारोपरांत कहा 'संपूर्ण' क्या होता है? यह ठीक है कि अब तक जितनी कहानियाँ लिखी हैं, वे सभी इस संग्रह में हैं, इसलिए इसे संपूर्ण कहना सही है। फिर कहा कि ''यों तो मैंने स्वीकार कर लिया है कि कहानी लिखना मैंने छोड़ दिया है या कि कहानी मुझसे छूट गई है।'' इस भूमिका में अज्ञेय ने बड़े ही निर्वैयक्तिक भाव से कहानी-कला पर विस्तार से विचार किया है। हिंदी कहानी के इतिहास में यह उनकी अद्‌भुत अविस्मरणीय भूमिकाओं में से एक भूमिका है।

अज्ञेय ने *हिंदी प्रतिनिधि कहानियाँ भवती, अंतरा, शाश्वती, शेषा* की 'पूर्व पीठिका' (भूमिका) *समकालीन कविता और छंद, भारतीय संस्कृति : पुरातात्त्विक आधार, सर्जना और संप्रेषण, भारतीय कला-दृष्टि, साहित्य और समाज : परिवर्तन की प्रक्रिया, सामाजिक यथार्थ और कथा भाषा, भारतीय परंपरा के मूल स्वर, साहित्य और परिवेश, आत्मपरक, साँचि कहउँ, आधुनिक हिंदी-साहित्य, स्मृति लेखा, संवत्सर, अरे यायावर रहेगा याद एक बूँद सहसा उछली, हाँ, भूमिका ही तो है, बोस्नियाई उपन्यास-त्रयी, महायात्रा, विवेकानंद, सबरंग कुछ राग, अपरोक्ष* आदि न जाने कितनी संपादित और अपनी मौलिक पुस्तकों की भूमिकाएँ लिखी हैं। उल्लेखनीय बात यह है कि अज्ञेय से ज्यादा भूमिकाएँ शायद ही किसी रचनाकार ने हिंदी में लिखी हों और शायद ही किसी रचनाकार की भूमिकाओं ने अपने विचारों से इतना भारी कोलाहल पैदा किया हो। नई से नई अवधारणाओं की ये सभी भूमिकाएँ उद्‌गम स्रोत हैं, इन स्रोतों ने हिंदी आलोचना को सींचकर नया रूप-रंग दिया है।

□

मित कथन के संयम से संपन्न सृजन-यात्रा

सच्चिदानंद हीरानंद वात्स्यायन अज्ञेय के गद्य का एक अलग तरह का व्यक्तित्व है। इस रचना-व्यक्तित्व में साहित्य-संस्कृति-परंपरा आधुनिकता, समसामयिक सर्जना और संवेदना, समाज और भाषा की चेतना रूपायित है। वे न सीमित अर्थों में पद्यकार हैं न गद्यकार। उनके साहित्य के लोकतंत्र में मनुष्यता का अथाह-सागर लहराता है। उनके निबंधों की अंतर्वस्तु में एक ऐसा कथ्य विचार के स्तर पर मौजूद रहता है कि जो अपनी ज्ञानात्मक संवेदना से पाठक को चकित करने के साथ समृद्ध बनाता है। वैचारिक निबंध हो, आलोचनात्मक निबंध हो, यात्रापरक निबंध हो, डायरी शैली का निबंध हो या संस्मरणपरक निबंध हो, शैली की विशिष्ट सर्जनात्मक और अर्थ-गर्भित वक्रता जो अज्ञेय में मिलती है वह और किसी अन्य हिंदी लेखक में नहीं। हिंदी में अज्ञेय सिर्फ एक नया गद्य ही नहीं गढ़ते हैं बल्कि वे वस्तुतः एक नई चेतना का निर्माण करते हैं और यह नया गद्य उस नई चेतना का सर्जनात्मक साधन कहा जा सकता है। उन्होंने संस्कृत का अध्ययन प्राचीन पद्धति से किया था, जो बहुत ठोस होता था। अंग्रेजी शिक्षा ने उन्हें वे औजार प्रदान किए थे जिनके जरिए पश्चिमी विद्वान् प्राचीन भाषा को अनुसंधान के लिए इस्तेमाल करते थे। इसी आधुनिक वैज्ञानिक दृष्टि से अज्ञेयजी ने अपनी परंपरा, संस्कृति और आधुनिकता का अनुशीलन किया है।

अज्ञेय के संस्मरणात्मक निबंधों की पुस्तक *स्मृति लेखा* का विशेष महत्त्व इस बात को लेकर है कि उसमें अज्ञेय की जीवन-कथा के साथ प्रेरणा देनेवाले भारतीय व्यक्तित्व एक साथ आ गए हैं। स्मृति में रचा हुआ अनुभव इतना सर्जनात्मक रूप धारण कर सामने आ गया है कि स्मृति आलोक भी बनी है और साक्षात्कार भी। फणीश्वरनाथ रेणु को छोड़कर अपने अग्रज समकालीन रचनाकारों का यह ऐसा एलबम है कि वे सभी पुनर्नवा छवियों में हमारी संवेदना को हरा-भरा कर देते हैं। इन्हें पढ़ना एक ऐसा सदाबहार अनुभव है मानो शीतलजल से स्नान करके हम चैतन्य हो गए हों। इसलिए इन्हें कोरा संस्मरण नहीं कहा जा सकता, इनमें विचारों-भावों की अखंडित अंतर्योजना

के कारण एक मुग्धकारी निबंधात्मकता है। मैंने इन्हें संस्मरण न कहकर संस्मरणात्मक निबंध कहना अधिक उचित समझा है। फिर इनमें संस्मरण विधा के अकाल्पनिक गद्य का ढिल्लड़पन नहीं है, सभी रचनाकार व्यक्तित्वों के रेखाचित्र शब्दों की तराश लिये हैं। रचनाकार व्यक्तियों का लेखा-जोखा बहक में न जाकर संगठित है। व्यक्ति और कृतिकार दोनों में 'परकाय-प्रवेश' की अज्ञेयीय कला ने इन्हें न समीक्षा बनाया है, न आलोचना, न कहानी-रिपोर्ताज जबकि इनमें सभी के फ्यूजन से एक नया गद्य-रसायन निष्पत्ति पा गया है। काव्यकार, कथाकार, चित्रकार और संपादक-पत्रकार ने अद्भुत हुनर से व्यक्तित्व और कृतित्व को संगुंफित कर लिया है। इस बात को यों भी कहा जा सकता है कि उन्होंने व्यक्ति के व्यक्तित्व-रंजित विशेष पक्ष को ही चुना है, शेष पक्षों पर चुप रहे हैं। इस चुप या मौन की अपनी व्यंजना है और अपना पाठ। सर्जनात्मकता की मूल संवेदना और शक्ति के पक्ष को ही स्मृति से आलोकित किया है और इस कार्य में वे रचनाकार व्यक्तित्व को भी भूले नहीं हैं।

स्मृति लेखा में पहला संस्मरणात्मक निबंध भारत कोकिला श्रीमती सरोजिनी नायडू पर है। अज्ञेयजी ने आरंभ ही इस कथन से किया है कि 'भारत-कोकिला' का विरुद श्रीमती सरोजिनी नायडू को दिया गया था, तो अंग्रेजी उपाधि नाइटिंगेल ऑफ इंडिया के प्रभाव से ही। अंग्रेजी में कविता करके उन्होंने विदेश में ख्याति पाई थी और विदेशी ख्याति का इस देश में बड़ा महत्त्व था और आज भी है—"बड़ा दिखानेवाले मुकुर में जैसे बिंब से प्रतिबिंब बड़ा दीखने लगता है, वैसे ही अंग्रेजी में लिखनेवाले भारतीय की प्रतिभासित छवि भी बहुत बड़ी दीखने लगती है।" बहुत कम लोग जानते हैं कि अज्ञेयजी ने भी आरंभ में अंग्रेजी में कविताएँ लिखीं, जिन पर ब्राउनिंग की गहरी छाप थी। फिर निर्णय लिया स्वभाषा-स्वदेश प्रेम में कि वे अपनी भाषा में ही कविता-कहानी लिखेंगे। केवल 'प्रिजन डेज एंड अदर पोयम्स' नाम से एक मौलिक काव्य-संग्रह अंग्रेजी में लिखकर 1946 में बनारस से छपवाया था, जो आज अप्राप्य है या बहुत कम लोगों के पास होगा। अज्ञेयजी की स्मृति में दर्ज था कि श्रीमती सरोजिनी नायडू को नाइटिंगेल अथवा कोकिला केवल कवि होने के नाते ही नहीं कहा गया "उनके स्वर में भी जादू था, जो अंग्रेजी में ही नहीं, हिंदू-उर्दू में सिर चढ़कर बोलता था।"

कांग्रेस के लाहौर अधिवेशन में कांग्रेस का लक्ष्य 'औपनिवेशिक स्वराज' से बदलकर 'पूर्ण स्वराज्य था और उसके बाद रावी के तट पर 26 जनवरी को 'आजादी की शपथ' ली जा चुकी थी, वहीं अज्ञेयजी ने 'ब्रेडलॉ हॉल' में उन्हें देखा और सुना। माइक को हटाकर वे 'हिंदुस्तानी' में बोलीं। श्रीमती नायडू जन्मना बंगाली थीं और विवाह दक्षिण-भारतीय (हैदराबादी व्यक्ति) से किया था, लेकिन उन्होंने अंग्रेजी से हटकर सरल उर्दू में बोलने क़ा अभ्यास किया था। दूसरी बात यह कि रवींद्रनाथ टैगोर लाहौर आए

तो श्रीमती नायडू उनसे मिलने आईं। अज्ञेयजी का परिचय सरोजिनी नायडू की लड़की लीलामणि नायडू से था। इस परिचय का लाभ उठाकर वे भी श्रीमती नायडू के साथ हो लिये। इस तरह परिचय हुआ, तो कांग्रेसी उम्मीदवार ने श्रीमती नायडू से मेरा फिर से परिचय कराते हुए कहा—"ये हिंदी के अच्छे कवि भी हैं।" श्रीमती नायडू ने कुछ आश्चर्य से मेरी ओर देखा (उस आश्चर्य में शायद इस बात का योग भी रहा होगा कि कांग्रेस उम्मीदवार महाशय का कविता से कोई खास वास्ता नहीं था।) और मुसकराकर मेरा कंधा थपथपाते हुए बोली, "हाँ, यह बात हुई न! कवि को कवि दिखना चाहिए।" फिर मुँह बिचकाकर और हाथों से एक विचित्र और हास्यास्पद इशारा करते हुए बोलीं, "वह क्या तुम्हारे मरघिल्ले और बाल बढ़ाए हुए लोग आ जाते हैं और कहते हैं कि मैं कवि हूँ। स्वस्थ और स्वरूप नहीं होगा तो कहाँ का कवि।" फिर थोड़ा रुककर उन्होंने कहा, "अब तक हिंदी का एक कवि मेरा परिचित था—बालकृष्ण शर्मा 'नवीन', आज दूसरा देखा, बाकी सब तो…।" निरालाजी, नवीनजी के बाद अज्ञेयजी जैसा स्वस्थ-स्वरूप और देह से समर्थ कवि हिंदी को नसीब हुआ, यह माँ वाग्देवी की बड़ी कृपा रही है। अज्ञेय के रचनाकार व्यक्तित्व ने अपनी मेधा से छायावादोत्तर हिंदी साहित्य का सभी विधाओं में इतिहास ही बदल दिया। इस वाग्विदग्ध, निर्भीक रचनाकार, सिद्धांतकार ने विद्रोही स्वभाव से भाषा, साहित्य और संस्कृति के संबंध में पारंपरिक अवधारणाओं का मूर्तिभंजन किया और सृजन के श्रेष्ठ बिंदुओं का स्पर्श करते हुए नए प्रयोगों से नए सृजन को पुनः संभव बनाया। जीवन भर अज्ञेय औपनिवेशिक आधुनिकता की मानसिक गुलामी से साहित्य को मुक्त कराने के प्रयत्नों में समर्पित रहे हैं।

स्मृति-लेखा में श्रीमती सरोजिनी नायडू से संबंधित निबंध को छोड़कर सभी संस्मरणात्मक निबंध हिंदी के जाने-माने रचनाकारों पर केंद्रित हैं। राष्ट्रकवि मैथिलीशरण गुप्त, राय कृष्णदास निराला, पंत, नवीन, माखनलाल चतुर्वेदी, दिनकर, प्रेमचंद, हजारीप्रसाद द्विवेदी, होमवती तथा रेणु। यहाँ एक साथ हिंदी के शिखर पुरुष मौजूद हैं। वे शिखर-पुरुष जिन्होंने किसी-न-किसी स्तर पर अज्ञेयजी का निर्माण किया है, उन्हें प्रेरित प्रभावित किया है या जिनकी प्रेरणा से अज्ञेय जैसा साहित्य का क्रांति-नायक आकार पाता रहा है।

दद्दा मैथिलीशरण गुप्त को अज्ञेयजी ने 'राष्ट्रकवि' के विरुद से स्मरण किया है। सच बात तो यह है कि भाषा-संवेदना-शिल्प से कोई समानता न रखनेवाले अज्ञेय ने मैथिलीशरण गुप्तजी को अपना काव्य गुरु, प्रेरणा गुरु घोषित तौर पर कहा है। अज्ञेयजी ने लिखा है—"स्व. श्री मैथिलीशरण गुप्त, दद्दा मेरे गुरु स्थानीय थे। स्वयं उन्हें यह बात आसानी से स्वीकार्य न होती, क्योंकि इस शिष्य की बहुत-सी प्रवृत्तियाँ उन्हें नापसंद थीं। लेकिन मैं तो जानता हूँ कि बचपन से ही, जब से हिंदी बोलना और फिर पढ़ना सीखा,

उन्हीं की कविता पर पलकर किशोर हुआ। "निज मातृभूमि स्वेदश के गोदी भरे हम लाल हैं" अथवा "नीलांबर परिधान हरित पट पर सुंदर है" आदि से हिंदी काव्य से और देश भूमि से परिचित हुआ, फिर *जयद्रथ-वध* अथवा *पंचवटी* के माध्यम से भारतीय वाङ्मय और परंपरा के आकर ग्रंथों से परिचय पाया।" घर पर ही अज्ञेयजी ने पटिया और लेखनी से पढ़ना शुरू किया, वर्षों श्रुति-परंपरा में रहे और पिता के घर होने पर संस्कृत श्लोकों का सस्वर-पाठ करते। बड़ी बहन से हिंदी-ग्रंथों का सस्वर पाठ पाया, लेकिन दद्दा से जब परिचय हुआ, तब तक वे उनकी सभी रचनाएँ पढ़ चुके थे। जेल और नजरबंदी से मुक्त होने के कुछ ही दिनों बाद वे दद्दा के गाँव चिरगाँव गए और दद्दा तथा दद्दा के परिवार में ऐसी आत्मीयता पाई कि हमेशा के लिए दद्दा तथा सियाराम शरण गुप्त दोनों से अभिन्न हो गए—"तब से जो वात्सल्य संबंध बना, वह अंत तक रहा।" दद्दा से अज्ञेय की कोई बुराई कर दे, तो वे उसे फटकार देते थे। दिल्ली तथा ग्वालियर में *शेखर : एक जीवनी* की प्रतियाँ जलाई गईं और भर्त्सना के प्रस्ताव पारित हुए, लेकिन दद्दा ने अज्ञेय का साथ नहीं छोड़ा। दद्दा ने अज्ञेय पर अश्लीलता के प्रचार का जो आरोप था, उसे निराधार माना। यह दद्दा के वैष्णव संस्कारों की आधुनिकता ही थी जिसने देशी आधुनिकता की धार को कुंद नहीं होने दिया। भारतीयता अपने हजार-हजार कंठों से दद्दा में जीवंत रही है—उसने किसी तरह के रीतिवाद का कभी साथ नहीं दिया। वे प्राचीन देश किंतु नए राष्ट्र के प्रसन्न आधुनिक कवि हैं।

अज्ञेयजी ने 'सरकारजी' या स्व. राय कृष्णदास से बहुत कुछ पाया है। राय कृष्णदास को अज्ञेय ने 'स्मरण का स्मृतिकार' कहा है। "व्यक्तित्व और स्मृति का अभिन्न संबंध होता है, व्यक्तित्व के खंडित होने के साथ स्मृति भ्रंश होता है और स्मृति भ्रंश होने से व्यक्तित्व पंगु हो जाता है। राय कृष्णदास भारत के राष्ट्रीयताकामी समाज की मानो सजीव स्मृति थे।" उनके लिए स्वाधीनता की राजनीति सीमा न थी, बल्कि उसके आयाम इतने व्यापक थे कि उसमें इतिहास और कला, दर्शन और साहित्य सब समा जाते थे।

जेल के लंबे एकांतवास के कारण अज्ञेय का यह लगता था, मानो वे नए सिरे से बोलना सीख रहे हों। अज्ञेय ने पाया कि राय कृष्णदास में पुराने आभिजात्य के साथ शालीन संस्कार थे। उनका 'भारत कला भवन' भारतीय चित्रकला के संसार-विख्यात संग्रहों में से एक है। अपनी पूरी साधना में वे समूची भारतीय परंपरा के श्रेष्ठ उदाहरण थे—बहुश्रुत और बहुपठित। "उनकी साधना जीवन की कला-साधना थी और गहरे अर्थ में समाज के निर्माता थे। वे प्रसाद और मैथिलीशरण गुप्त के गहरे मित्र थे। उनकी स्मृति का बड़ा पक्ष यह है कि उन्होंने भारतीय जमीन पर खड़े होकर भारतीय ढंग से सोचकर भारतीय अनुभव को वाणी देनेवाली भाषा हमारे लिए उबारी थी।" उनकी प्रेरणा

ने अज्ञेयजी को भीतर तक खींचकर नवीन सृजन-दृष्टि दी है कि जीर्ण का उद्धार करते हुए उसके भीतर कैसे नवीन अर्थवत्ता पैदा की जा सकती है।

प्रेमचंद्र को 'उपन्यास सम्राट्' कहकर अज्ञेय ने याद भर नहीं किया है, उनकी राह को एक आगे बढ़ाया है। प्रेमचंद का साहित्य लोक-मंगल का, राष्ट्रीयता का और अपनी परिणति में साम्राज्यवाद के विरोध का लक्ष्य साधता रहा। प्रेमचंद के लिए साहित्य-कर्म एक साधना रहा और उद्देश्य रहा—समाज सेवा, समाज-जागरण। वे 'जागरण' नाम से एक पत्र भी निकालते थे। अज्ञेय से उनका परिचय 'पत्राचार' से हुआ। यह बात भूलने की नहीं है अज्ञेय नामकरण जैनेंद्र-प्रेमचंद ने उन्हें दिया था। इस नाम की कहानी स्वयं उनके मुँह से सुनिए।

"दिल्ली षड्यंत्र केस में अभियुक्त के रूप में दिल्ली जेल में रहते हुए कुछ कहानियाँ मैंने लिखी थीं। जेल में अभियुक्तों को कुछ कागज-पत्र रखने की सुविधा तो रहती थी, लेकिन कोई ठिकाना नहीं था कि कब कौन से कागज जब्त कर लिए जाएँ, इसलिए कहानियों की प्रतिलिपि बना लेता था और जब भी कुछ कागजात चोरी-छुपे भेजने का मौका मिलता तो यह प्रतिलिपियाँ भी बाहर भेज देता, जिससे वह सुरक्षित रह सकें। इन्हीं बाहर भेजी गई कुछ कहानियों में से दो कहानियाँ श्री जैनेंद्र कुमार ने प्रेमचंदजी को भेजी थीं, तब प्रेमचंद ने पाक्षिक 'जागरण' आरंभ ही किया था। प्रेमचंदजी को दोनों कहानियाँ बहुत पसंद आईं, लेकिन एक कहानी 'बहुत गरम' और उसे प्रकाशित करना जोखिम का काम होता; दूसरी कहानी की वस्तु उग्र राजनीतिक नहीं थी और उसे छापने का प्रेमचंद्रजी ने निश्चय किया था। कहानी की प्रशंसा के साथ इस निश्चय की सूचना जैनेंद्रजी को देते हुए उन्होंने लिखा था, "लेकिन यह तो तुमने बताया ही नहीं कि लेखक कौन है ?" इसके उत्तर में जैनेंद्रजी ने उन्हें लिखा 'लेखक कौन है, यह तो मैं नहीं बता सकता—वह अज्ञेय हैं।" आशय यही था कि लेखक तो षड्यंत्र केस का बंदी है और कहानियाँ भी अवैध तरीके से बाहर भेजी गई हैं, ऐसी स्थिति में नाम भी कैसे बताया जा सकता है और यह भी कैसे स्वीकार किया जा सकता है कि गैर कानूनी तौर पर भेजी गई सामग्री उन्होंने ग्रहण की। इस पर प्रेमचंद ने लिखा—"कहानी तो मैं छाप रहा हूँ। तब मैं 'अज्ञेय' नाम से ही छाप दूँ?" मुझे तो इस पत्र-व्यवहार का पता काफी समय बाद लगा—कहानी छप गई और उसकी कतरन मेरे पास पहुँची, तो लेखक का नाम देखकर मुझे वितृष्णा हुई : नाम बहुत भारी लगा और मैंने विरोध की सूचना जैनेंद्रजी को भिजवा दी। तभी उन्होंने बताया—"नाम अपने आप चुन गया" उन्होंने नहीं चुना और प्रेमचंद्रजी ने भी चुना ही, यह कैसे कहा जाए।" (*स्मृति लेखा,* पृ. 46)

अज्ञेय का प्रेमचंद से सीधा पत्र-व्यवहार इस प्रतिनिधित्व संपर्क के बाद शुरू हुआ। "'जागरण' जेल में मेरे पास आने लगा। लेकिन मैं तो कविता भी लिखता था और मेरे

सामने कोई आत्मबिंब था, तो कवि का ही था, कहानीकार का नहीं। मैंने दर्जनों कविताएँ दो-दो, तीन-तीन करके प्रेमचंद के पास भेजीं। लेकिन कोई कविता नहीं छपी, न किसी पत्र में उन्होंने किसी कविता की पहुँच ही दी। मिलने पर मैंने उलाहना दिया तो बोले, ''भई असल में कविता की मुझे कोई समझ नहीं है, इसलिए मैं उसके बारे में कोई राय नहीं देता।'' इसके बाद भी अज्ञेय ने प्रेमचंद के बाद कविताएँ भेजीं तो उन्होंने कहा, ''भाई अज्ञेय। मुझे तो कविता ऐसी पसंद है, जैसा इकबाल का यह शेर :

जिस खेत से दहकां को मयस्सर न हो रोटी
उस खेत के हर गोश-ए-गंदुम को जला दी।

तुम्हारा
प्रेमचंद''

इकबाल के प्रशंसक प्रेमचंद भी थे और अज्ञेय भी। क्योंकि दोनों के मानस में देश प्रेम, नवजागरण, साम्राज्यवाद विरोध की चिंतन-धारा सक्रिय थी। प्रेमचंद समाज सुधार, आदर्शवाद के गलियारे से गुजरते हुए राजनीतिक चिंतन में आए, लेकिन प्रेमचंद ने अज्ञेय को नैतिक यथार्थवाद का पाठ पढ़ाया है।

सूर्यकांत त्रिपाठी निराला को 'बसंत का अग्रदूत' मानना अज्ञेयजी को हमेशा नए ढंग से सोचने का अवसर देता रहा है। लेकिन अज्ञेय ने इस संस्मरण लेख का आरंभ बड़े नाटकीय ढंग से किया है—''इलाहाबाद में पंडित वाचस्पति पाठक के घर जा रहा था तो देहरी पर ही एक सीकिया पहलवान के दर्शन हो गए, जिसने मेरा रास्ता रोकते हुए टेढ़ी उँगली मेरी ओर उठाकर पूछा, आपने निरालाजी के बारे में विश्वभारती पत्रिका में बड़ी अनर्गल बातें लिख दी हैं।'' यह सींकिया पहलवान थे—शांतिप्रिय द्विवेदी। इस घटना को लेकर अज्ञेयजी ने लिखा है—''यों 'रिपोर्ट' सही थी। विश्वभारती पत्रिका में मेरा एक लंबा लेख छपा था। आज यह मानने में मुझे कोई संकोच नहीं है कि उसमें निराला के साथ घोर अन्याय किया गया था। यह बात 1936 की है, जब 'विशाल भारत' में पंडित बनारसीदास चतुर्वेदी निराला के विरुद्ध अभियान चला रहे थे।'' (*स्मृति लेखा*, प्र. सं. पृ. 63) इस निराला विरोधी अभियान का असर अज्ञेय ने अपनी 'अपरिपक्व बुद्धि पर भी' स्वीकार किया है। निराला की आलोचना और आलोचना का गहरा पश्चात्ताप अज्ञेयजी ने इस संस्मरणात्मक लेख में व्यक्त किया है। ''निरालाजी के काव्य के विषय में मेरा मन पूरी तरह बदल चुका था। वह परिवर्तन कुछ नाटकीय ढंग से ही हुआ। शायद कुछ पाठकों के लिए यह भी आश्चर्य की बात होगी कि वह उनकी 'जूही की कली', अथवा 'राम की शक्ति पूजा' पढ़कर नहीं हुआ, उनका 'तुलसीदास' पढ़कर हुआ। अब भी उस अनुभव को याद करता हूँ तो एक्र गहराई में खो जाता हूँ।'' (वही,

पृ. 64) इस तरह के अनेक अनुभव-बिंब इस लेख में मौजूद हैं। "इस अशेष छविधर कवि ने दान कभी नहीं माँगा, पर गीत विश्व को दिया—गीत दिया, पर उसके लिए भी रुका नहीं—बाँटते-बाँटते ही तिरोधान हो गया : मैं अलक्षित हूँ यही कवि कह गया है।"

अज्ञेय ने सुमित्रानंदन पंत को 'स्वरसिद्ध' कवि कहा है। पंत की कवि-छवि पर आचार्य शुक्ल तो मुग्ध थे। पंत का सस्वर काव्य-पाठ मधुरता का स्रोत था। अज्ञेयजी अपने मित्र नरेंद्र शर्मा के साथ अल्मोड़े गए। अल्मोड़े की पंत के साथ जुड़ी कई स्मृतियाँ हैं पंत जी की हिंदी कविता में हृदयहीन आलोचनाएँ हुईं, उनसे वे आहत भी थे। जबकि "प्रकृति के साथ और दूसरी ओर भाषा के साथ पंत का संबंध कितना गहरा और संवेदनशील था। सूक्ष्म पर्यवेक्षण और भी कवि करते हैं, लेकिन उसे उतनी समर्थ संवेदनमयी और संप्रेषी भाषा में मूर्त्त करनेवाले कवि विरले ही होते हैं। संस्कृत में

यह कालिदास की विशेषता रही; हिंदी में पंत की।" (वही, पृ. 79) साथ ही यह भी कहा *रूपांबरा* पंत के अभिनंदन में निकली और वे तुनुकमिजाजी से भी बाज नहीं आए। वे अति संवेदनशील होने के कारण अति भावुक भी हो जाते थे। "शब्द-ध्वनियों के प्रति जैसी सजगता सुमित्रानंदन पंत में थी, वैसी मैंने हिंदी के किसी दूसरे कवि में नहीं देखी, निराला में भी नहीं।" कवियों का ध्यान व्यंजन ध्वनियों की ओर रहा। लेकिन पंत ने माना कि काव्य में शब्द-संगीत का आधार व्यंजन ध्वनियाँ नहीं, बल्कि स्वर ध्वनियाँ हैं। आज भी आधुनिक हिंदी कविता को यह उनकी बहुत बड़ी देन है।

अज्ञेयजी ने होमवतीजी को 'कवि-वत्सला' कहकर याद किया है। बहन की स्मृति में स्नेह का पारावार। उनका स्नेह व्यक्ति-निरपेक्ष न था। 'दु:ख सबको माँजता है' का प्रतिमान थी। "हमारी कुल-परंपरा है कि लड़की (चाहे छोटी बच्ची हो) किसी के पैर नहीं छूती, पुरुष ही छूते हैं और होमवतीजी तो हमसे बड़ी थीं। स्वाभिमानी थी, रईस खानदान की थीं, फिर भी वे अपने 'बेघरा', 'निर्मोही' भाई को आत्मीयता देती थी। और हमें निकट लाई परिषद् की हस्तलिखित पत्रिका 'संक्रांति'। होमवतीजी की कहानियाँ नारी की आर्द्र-करुणा से भरी थीं।"

माखनलाल चतुर्वेदी से अज्ञेय का संबंध भावना और विचार का रहा। उन्हें वे 'एक भारतीय आत्मा : एक चुनौती' कहते थे। माखनलाल की कविता से परिचय कारावास में हुआ। दिल्ली षड्यंत्र केस के एक अभियुक्त के रूप में दिल्ली जेल में लंबे दिन काटते हुए उनकी कविताएँ कॉपी पर उतार लीं, फिर एक दिन 'एक पुष्प की अभिलाषा' पढ़कर चकित हो गए—"मातृभूमि पर शीश चढ़ाने जिस पथ जावें वीर अनेक"। इस कविता में मानो उनका 'अरमान' ही व्यक्त हुआ था। जेल की अवधि के दिनों में ही लंबी कविता 'कैदी और कोकिल' पढ़ी—"इस शांत समय में/अंधकार को बेध रो रही क्यों हो? कोकिल बोलो तो/चुपचाप मधुर-विद्रोह बीज/इस भाँति बो रही क्यों हो?

कोकिल बोलो तो।'' यह कविता भी कॉपी पर उतार ली, फिर रात में अकेली कोठरी में कई बार जोर-जोर से पढ़ी जाती रही—''मैं तब काल कोठरी में था और लंबी रातें प्राय: कविता पढ़ते हुए अपने ही स्वर के स्वरूप के सहारे कटती थीं। निस्संदेह इस कविता से तादात्म्य होने का एक मनोवैज्ञानिक कारण भी था, कोकिल के साथ अवचेतन एकात्मा का बोध। क्योंकि उन दिनों बंदी लोग अपने को 'चुपचाप मधुर विद्रोह बीज बोनेवाले' मानते थे। फिर 'एक भारतीय आत्मा' की कविताओं की सहजता, ओज और प्रवाहमयता पर अज्ञेय कम आकृष्ट नहीं थे। 'भारतीयता की समस्या' भारतीय संस्कृति से जुड़ी है और भारतीय संस्कृति 'मिश्र संस्कृति' है, उसमें अनेक धाराओं का संगम है, दूसरी धाराएँ उसमें आकर लय हुई हैं। फिर संस्कृतियाँ प्रभाव ग्रहण करती हैं, उनमें आदान-प्रदान चलता है। माखनलाल चतुर्वेदी कभी भी 'सेक्युलरिज्म' की राजनीति में नहीं पड़े। 'एक भारतीय-आत्मा' केवल कवि नहीं थे, कृति कवि थे, उनकी छाया में अनेक प्रतिभाओं को पनपने का पूरा अवसर मिला। ऐसा प्रभाव या तो भारतेंदु का पड़ा या फिर आचार्य महावीर प्रसाद द्विवेदी का। इसी परंपरा की वे कड़ी रहे हैं।

फणीश्वरनाथ रेणु को अज्ञेयजी का विशेष स्नेह प्राप्त रहा है। वे रेणु को 'धरती का धनी' कहते हैं और रेणु के कुत्ते का नाम 'सिप्पी बाबू'। पहुँचते ही सिप्पी बाबू अज्ञेय के साथ रम गए। अज्ञेय ने 'रेणु' के साथ 'दिनमान' के लिए बिहार सूखाग्रस्त प्रदेशों का दौरा कर एक रिपोर्ट तैयार की। ''सूखाग्रस्त प्रदेश की वह यात्रा सूखे को हृदयदावक दृश्यों और अनुभवों के कारण तो अविस्मरणीय है ही, रेणु का साथ स्वयं एक मार्मिक स्मृति है। सर्जक कलाकार स्थितियों का सामना कैसे करता है, कैसे प्रतिकूल होता है, यह शायद दूसरे हर कलाकार के लिए बड़ा आकर्षक अनुभव होता है। इसलिए रेणु को 'पर्फार्म' करते हुए देखना मेरे लिए एक मूल्यवान और स्मरणीय अनुभव था। शायद मुझे 'पर्फार्म' करते हुए वह भी वैसे ही सूक्ष्म-संग्राहक आलोचक भाव से देख रहे थे।'' (वही, पृ. 109) स्वयं रेणु ने इस यात्रा के अनुभवों का जीवंत वर्णन किया है। *शेखर : एक जीवनी* का विद्रोही कथाकार और 'मैला आँचल' का महान् कथाकार दोनों ही नए मोड़ के सृजन में प्रतीक रहे हैं। उपन्यासों से कहानियों से चकित करनेवाले अलीकी रेणु हम सभी को अवाक् करते हैं। अकेले रेणु के उपन्यासों में गाँवों की समस्त बुराई, कमीनगी और गलाजत वे बीच एक अखंड मानवीय विश्वास की चिनगारी दिखाई देती है। इस संदर्भ में के प्रेमचंद से अलग पथ का निर्माण करते हैं। श्रेष्ठ साहित्य परिचित को नया और पहचाने को अजनबी कर देता है। यह अनुभव हमें रेणु की कथा-सृष्टियों में बराबर होता है।

रामधारी सिंह दिनकर को अज्ञेय ने 'समय-सूर्य' कहकर लिखा है '' *हुंकार* के साथ उसने अपने उदय का उद्घोष किया था। उर्वशी में उसने मानो अपने को 'अपना समय

का सूर्य' पहचाना था। *हारे को हरिनाम* के साथ वह अस्ताचल की ढलान को रक्ताभ करता हुआ ओट हो गया।'' सम्मान देने की प्रथा लगभग उठ जाने पर भी हिंदी जगत् ने राष्ट्रकवि दो कवियों को ही माना है—मैथिलीशरण गुप्त और रामधारी सिंह दिनकर को। दोनों ही विराट् राष्ट्र के विराट् स्वरूप के गायक रहे हैं। गुप्तजी को स्वाधीन राष्ट्र के आदर्श की सतत साधना ने राष्ट्र कवि का पद दिलाया। आज हम 'भारत भारती' के कवि 'हिंदू-संवेदना' का कवि भले कह दें सच यही है कि इस अकेली पुस्तक ने अनेक भारतीयों के मन में ऐतिहासिकता का बोध जागृत किया। आधुनिक चेतना से गुप्तजी ने धर्मनिरपेक्षता को सर्जनात्मक रूप दिया। दिनकर 'मिश्र-संस्कृति' की खोज में *संस्कृति के चार अध्याय* लिखकर लगे रहे। दिनकर जिस राष्ट्र के गायक रहे, वह उनमें प्रत्यक्ष उपस्थित रहा। यथार्थ जगत् में उतरते हुए उन्हें कठिन संघर्ष करना पड़ा और स्वाधीन भारत की राजधानी दिल्ली की भर्त्सना करनी पड़ी। संयोग ऐसा बना कि दिनकर के मन में अज्ञेय के लिए थोड़ा सा विरोध का भाव ही रहा और इस विरोध की अलग राजनीति रही है।

अज्ञेय ने आचार्य हजारीप्रसाद द्विवेदी को 'बीसवीं सदी का बाणभट्ट' कहा है और पंडितजी की स्मृति को कई रूपों में याद किया है—''शांति निकेतन की सोवाई नदी उसके लाल-पीले, ढले-कटे कँकरीले-मटीले आकर्षक कगार, वर्षा ऋतु की घटाएँ, जिन्हें विश्वभारती के कई चित्रकारों ने चित्रित किया है। वर्षा ऋतु की घटाएँ आकर्षण बढ़ा देती हैं और आँधियाँ जब आती हैं, तो पेड़-पौधे मानो उसके जुहार के लिए झुक जाते हैं।'' अज्ञेयजी को प्रकृति से अथाह-प्रेम। उस दिन वे विश्वभारती में ही थे कि आँधी के आसार दिखाई दिए। अरे यायावर घूमने निकल पड़े। पंडितजी ने चौंककर पूछा—''अंधड़ में।'' साथ ही कहा—''अंधड़ में घूमने नहीं जाना है।'' लेकिन बादलों की गड़गड़ाहट और बिजली की चमक ने अज्ञेय को लुभा लिया। बाहर निकलकर ध्यान आया—''सचमुच अंधड़ विचित्र था। मैं थोड़ी ही दूर गया हूँगा कि घटा मानो घुमड़कर नीचे झुक आई, अँधेरा हो गया और जोर की गड़गड़ाहट होने लगी। बजरी की कनिया मेरी पिंडलियों पर चिकोरी काटती हुई मुझे दौड़ाए लिये जा रही थीं। एकाएक दूर पर बिजली की तीखी कौंध हुई और उसके बाद एक दूसरे ढंग की कड़क : मैंने जाना कि कहीं बिजली गिरी है। बिजली बिल्कुल मेरे पास ही गिरी, इतनी निकट कि मुझे लगा मैं हाथ बढ़ाए होता, तो उसे छू लेता। वैसा सुंदर दृश्य जीवन में कदाचित् ही देखा होगा। मैं थोड़ी देर स्तब्ध खड़ा रहा। बढ़ी-बढ़ी बूँदों ने मुझे जगाया, तो मैं घर की ओर बढ़ा।'' निर्भय अज्ञेय के मन में अनिर्वचनीय सौंदर्य की सिहरन थी। लौटकर देखा आचार्य हजारी प्रसाद द्विवेदीजी चिंतित मुद्रा में बरामदे में चक्कर काट रहे थे। अज्ञेयजी को समझ में आ गया अपराध हो गया है—थोड़ी देर बाद पंडितानीजी आईं।

मुझे फटकारनेवाली थीं कि मेरी मुद्रा देखकर पसीज गईं। बोलीं—''पंडितजी सख्त नाराज हैं, लेकिन यहाँ बैठकर क्या होगा? जाओ मनाओ जाकर।'' आचार्य द्विवेदी के साथ अज्ञेय के बड़े आत्मीय संबंध रहे, फिर दोनों की पेड़-पौधों, वनस्पतियों में गहरी रुचि। आचार्यजी संस्कृत साहित्य में आए नामों से शुरू करके देसी नामों तक आते थे। अज्ञेय की दिशा उलटी थी। पहले देशी नामों का पता लगाते, फिर शास्त्रीय नाम और उनका संदर्भ जानना चाहते।

दोनों में बातचीत वनस्पतियों के नामों तक सीमित न रहती। पशु-पक्षियों, रत्नों, जनजातियों के नाम उनसे संबंध किंवदंतियाँ, कवि प्रसिद्धियाँ और लोक विश्वास सभी पड़ताल के घेरे में आ जाते। ''मानो विश्व भर के सांस्कृतिक-नृतत्त्व की पोथियाँ हमारे सामने खुल जातीं।'' फिर आचार्य द्विवेदी शांति निकेतन छोड़कर काशी आ गए। शांति निकेतन के आचार्य खुलकर हँसते। लेकिन काशी के आचार्यों में बड़े सूक्ष्म व्यंग्य की या चुटकियाँ लेने की विदग्ध परंपरा थी। जिसका प्रतीक पुरुष आचार्य रामचंद्र शुक्ल को या पं. केशव प्रसाद मिश्र को माना जा सकता है। आचार्य द्विवेदी के काशी में तनाव भरे वर्ष बीते और उनके शिष्यों में एक भी नहीं, जो उनकी परंपरा को आगे बढ़ा सकता। जिन दिनों आचार्य ने *प्राचीन भारत के कला-विनोद* और *अशोक के फूल* के ललित निबंध लिखे थे, अज्ञेय से बातचीत होती थी। फिर *बाणभट्ट की आत्मकथा* के लेखक के प्रति तो अज्ञेयजी नतमस्तक रहे। आचार्य द्विवेदी की संस्कृति में गहरी पैठ के अज्ञेय शिष्य-भक्त थे। इस तरह आचार्य से अज्ञेय ने बहुत कुछ सीखा है।

कविवर बालकृष्ण शर्मा 'नवीन' के प्रति अज्ञेय का कवि मन गहरा लगाव रखता रहा है। उन्हें 'असीम और ससीम बीच' का कवि कहना नवीनजी की सर्जनात्मक व्यापकता का प्रतीक है। नवीनजी ने आजादी के आंदोलन में अपना पूरा जीवन समर्पित कर दिया। कांग्रेस-आंदोलन की देश भक्ति लय से नवीनजी कविताएँ भरी हुई थीं—स्वयं अज्ञेय को इसी लय ने इन कविताओं की ओर खींचा। ''लेकिन उनकी कुछ कविताएँ पत्र-पत्रिकाओं में पढ़ी थीं और उनमें से कुछ ऐसी भी थीं, जो जेल-जीवन में अंतरंग सहचर हो गई थीं : मेरे कुछ साथी भी जोर-जोर से उन्हें गाकर पढ़ा करते थे और मुझे भी तनाव के क्षणों में उनसे सांत्वना मिलती थी।'' (*स्मृति लेखा,* पृ. 143) नवीनजी का रागी स्वभाव ऐसा कि अज्ञेयजी कवि-सम्मेलन में गए तो मंच पर खींच लिया और गले मिले। ''मुझे मान दिया तो एक क्रांतिकारी के नाते ही। दो-एक कहानियाँ उन्होंने पढ़ी थीं, लेकिन उनकी याद भी उन्हें कहानियों के किसी गुण के कारण नहीं थी, उसमें मुखर विद्रोह के स्वर की ही थी।'' नवीनजी का फक्कड़ मन भाषा की लापरवाही में बदल गया। उनका सहज रूप श्रीमती नायडू के सामने अज्ञेय को लेकर यह कहने से न चूका कि अज्ञेय सुंदर रूपवान कवि हैं। भारत-कोकिला ने कहा ''येस, ही लुक्स लाइक

ऐ पोयट—हैल्दी, स्ट्रांग एंड हैंडसम।'' नवीनजी ने फिर कहा—''यह हमारा क्रांतिकारी है, जेल से आए थोड़े ही दिन हुए हैं।'' श्रीमती नायडू ने अनुमोदन के भाव से देखते हुए कहा—''नैचुरली, ए पोयट मस्ट बी ए रेबेल।'' अज्ञेय की बात नवीनजी से जेल जीवन और समकालीन कवियों के बारे में बराबर होती थी। वे कहते थे—कविता राजनीति का बाइ-प्रोडक्ट नहीं है, असल चीज है जीवन। राजनीति भी तो उसी में से निकलती है।'

अज्ञेयजी 'विशाल भारत' के संपादक होकर कलकत्ता गए, तो नवीनजी की छोटी और लंबी कविताओं को मुख पृष्ठ पर छापा। नवीनजी बड़े मस्त थे। कभी-कभार वह अंग्रेजी में पत्र लिखा करते थे। दद्दा (मैथिलीशरण गुप्त) और नवीनजी जब दिल्ली आए तो वहाँ अखाड़ा जमने लगा। परनिंदा और विदग्ध श्रृंगारिक रचनाओं का रस। इस पूरे परिवेश में नवीनजी अनुपम थे। नवीनजी ने लिखा—''कवि कुछ ऐसी तान सुनाओ, जिससे उथल-पुथल मच जाए'' सचमुच क्रांतिधारा के कवि थे नवीन तथा कहते थे—''हम विषपायी जन्म के''। इस तरह अज्ञेय के ये संस्मरणात्मक निबंध हिंदी साहित्य की निधि हैं और इनमें हिंदी-साहित्य के लिए बहुत बड़ा खजाना मौजूद है।

अज्ञेयजी के व्यक्तित्व-रंजक निबंधों की एक पुस्तक *स्मृति के गलियारों में* (2000) प्रकाशित हुई है। इसमें उनके ग्यारह लेख हैं—'पुच्छल तारे के साथ-साथ', 'बड़ी बुआ', 'पहला नाटक', 'कुड़ी बाबू', 'बिज्जू का शिकार', 'भैया एक-एक-एक', 'संपादक और डाकिया', 'गांधी का बोलबाला', 'बारूद के खेल', 'मसीह की रूह' तथा 'दीन'। इन सभी निबंधों में लोक-स्मृति का रचनात्मक उपयोग किया गया है और अनुभव-विस्तार की कथा। काल-गणना और पुच्छल तारे का समाज बचपन की याद लिये है। 'बड़ी बुआ' में अज्ञेय का अपना जीवन-बिंब है। बड़गाँव में पिता के दिनों में देखा पहला नाटक सत्य हरिश्चंद्र। 'संपादक और डाकिया' में मटकू की याद। मटकू गाता है गांधी का बोलबाला। दुश्मन का मुँह हो काला।

गद्य के नए-से-नए प्रयोग करने में अज्ञेय को उस्तादी हासिल रही है। ये लेख 'दूतकारी', 'आज' और 'हिंदी ट्रिब्यून' में 'स्मृति के गलियारे में' नाम से प्रकाशित हुए थे। अज्ञेय ने इलाजी को मटकू की चाची का मजेदार किस्सा सुनाया था कि मटकू की चाची बड़े कड़े स्वभाव की थी और हर चीज में मीन-मेख निकाल देती थी। बच्चों को घुड़कती थी। उनसे तंग आकर मटकू ने जम्मू के बाजार में, रघुनाथ मंदिर के बाहर की पटरी पर बिक रही छोटी-बड़ी किताबों में से एक किताब छाँटी थी। इस किताब का शीर्षक था 'आदर्श चाची' मटकू ने यह किताब दो पैसे में खरीदकर चाची को भेंट की। इलाजी ने ठीक कहा है कि ''अज्ञेय से लोग कहते थे वे अपनी आत्मकथा लिखें। बार-बार कहे जाने पर वे हँसकर मना करते थे कि आत्मकथा लिखने में झूठ, जीठ और अतिरिक्त आत्म-दर्शन की गुंजाइश बनती है।'' आत्मकथा न लिखकर अज्ञेय ने बचपन

की ऊधमी यादों को लिखा है, लेकिन इस लेखन में न कोई दंभ है न कोई बनावट। एकदम बचपन का टटकापन। वही टटकापन जिसके लिए अज्ञेय का गद्य प्रसिद्ध रहा है।

उन्नीसवीं शताब्दी के भारतीय नवजागरण से एक नई सांस्कृतिक चेतना पैदा हुई थी और उससे हिंदी गद्य ने एक नवीन स्थिति प्राप्त की थी। इस नवजागरण से प्रभावित गद्य की सर्जनात्मकता का उत्कर्ष अज्ञेय के निबंध-साहित्य में मिलता है। भारत में 'रेनासाँ' पंद्रहवीं शताब्दी के भारत के सांस्कृतिक नवजागरण से जुड़कर विकसित हुआ। भारतीय भाषाओं में उन्नीसवीं शताब्दी में नवजागरण के लिए पुनरुत्थान, पुनर्जागरण, समाज-सुधार युग, नवजागरण आदि कई नाम प्रचलित हैं। इन शब्दों के अपने अर्थ संकेत हैं और इनमें पश्चिमी अर्थ की छाया है। इसलिए पंद्रहवीं शताब्दी के सांस्कृतिक नवजागरण को उन्नीसवीं-बीसवीं शताब्दी के सांस्कृतिक नवजागरण से जोड़कर उसका अर्थ पाना एक अलग स्थिति है। यूरोप में रिनेसाँस के बाद का काल 'एनलाइटेनमेंट' का काल कहा जाता है, लेकिन उस नवजागरण से भारत सीधे न जुड़ा था। इसलिए भक्ति-आंदोलन की चेतना को लोक जागरण और उन्नीसवीं-बीसवीं शताब्दी की चेतना को सांस्कृतिक नवजागरण कहना ज्यादा ठीक है। भारतेंदु ने इस सांस्कृतिक नवजागरण में भारतीय अस्मिता की तलाश पर बल दिया। यही तलाश बाद के साहित्यकारों में मैथिलीशरण गुप्त में उत्कर्ष को प्राप्त होती है। अज्ञेय 'राजनीतिक स्वाधीनता' के साथ सांस्कृतिक स्वाधीनता की प्राप्ति पर बल देते हैं, जो हमें आजादी के साथ नहीं मिल सकी। हमें एक नई भाषा-संस्कृति-साहित्य और राजनीति की गुलामी में धकेल दिया गया और भारतीय अस्मिता को, स्मृति को मिटाने का प्रयास किया गया। अज्ञेय का निबंध-साहित्य सांस्कृतिक स्वाधीनता की खोज का कदम है।

साहित्य की सभी विधाओं में प्रयोग से नई राहों के अन्वेषण में भरोसा रखनेवाले स.ही. वात्स्यायन अज्ञेय को 'प्रयोग-नायक' भी कहा जा सकता है। नाटक के क्षेत्र में नया प्रयोग करते हुए उन्होंने एकमात्र नाटक लिखा—'उत्तरप्रियदर्शी' हिंदी के ढर्रेदार नाट्य-समालोचकों ने इस नाटक को पसंद नहीं किया। इसमें कार्य-व्यापार की गति का अभाव तथा कथा-वस्तु की रचना-अन्विति को न समझ पाने के कारण इस नाटक को कमजोर नाटक माना। हिंदी के ज्यादातर निर्देशक समीक्षक और पाठक तो इस नाटक के आधिभौतिक तत्त्व की अर्थ-व्यंजना को ही ग्रहण करने में असमर्थ रहे। इसके प्रतीकों की जटिल अर्थच्छायाओं के कारण भी इसमें एक प्रकार का अमूर्त्तन रहा। अज्ञेयजी ने इसे विधा के स्तर पर 'गीति-नाट्य' (ओपेरा) घोषित किया है। इसकी कथा में 'कलिंग का प्रतापी विजेता शासक सम्राट् अशोक—प्रचंड और क्रूर। कहते हैं कि उसने नगर सीमा के बाहर एक नरक बनवाया था। नरकाधिपति 'घोर' अपने इस नरक का एकच्छत्र स्वामी था। उसकी सीमाओं में आकर स्वयं सम्राट् को भी मुक्ति नहीं थी। भिक्षु का स्वर

उसे बेध रहा था : ''नरक! तुम्हारे भीतर है वह।'' और अपने ही भीतर के नरक को भोगता हुआ अशोक अपने पार जाना चाहता था, इस बाहरी और भीतर नरक से ऊपर उठना चाहता था।

अद्‌भुत बात इस नाटक के विषय में यह है कि इस प्रयोग-नाटक में अज्ञेय यह मानकर चले हैं कि इस आध्यात्मिक काया-कल्प की प्रक्रिया को इतिहासकार की सूचनाओं से नहीं, कलाकार की भावनाओं, संवेदनाओं, जीवनानुभूतियों से ही पाया जा सकता है। इतिहास जहाँ आकर रुक जाता है, रचनाकार, कलाकार या कल्पक इसी जगह से आगे बढ़ता है और अकथित को कथित के सीमा में लाकर सृजित करता है। यही रचनाकार का प्रजापतित्व है। पूरे नाटक में भावान्विति का एक विधान है—''विजय मिलने पर पहले दर्प या अहंकार, फिर अहंकार के विगलित होने या ध्वस्त होने पर नवीन जीवन-दृष्टि या मूल्यचेतना का जीवन-दर्शन में उदय और नवीन मूल्य-दृष्टि के उन्मेष से मुक्ति की ओर यात्रा। यही एक तरह से सहज मनोवैज्ञानिक क्रम है। मानव-मनोभूमिका में यह सिद्धकथन या लोकोक्ति जागृत होती है कि नरक की सही पहचान के बिना नरक-मुक्ति की कोई सार्थकता नहीं है। नरक मुक्ति का अर्थ है अनुभवों की संपन्नता से जीवन-दृष्टि का पुनराविष्कार। इसी अर्थ-दृष्टि से अत्यंत सशक्त प्रतीक कथा से भारतीय इतिहास के संदर्भ को प्रकरण-वक्रता में लपेटकर आधुनिक अर्थ-संदर्भ दे दिया है।

अज्ञेय ने 'प्रेरणा' को अन्वेषण की दिशा में मोड़ दिया—''कलिंग के महाप्रतापी विजेता प्रियदर्शी अशोक को सम्राट् बनने के बाद वैराग्य हुआ और उसने बौद्ध धर्म की दीक्षा ले ली, ऐसा इतिहासकार बताते हैं। क्यों ? कैसे ? इसका कोई उत्तर इतिहासकार नहीं देते।'' लेकिन रचनाकार इस क्यों, कैसे का उत्तर खोजने के लिए तो अपनी प्रकृति से ही मजबूर है, वह स्मृति-मति-प्रज्ञा को संश्लिष्ट करके 'अननोन' या अप्रकट, अपरोक्ष को खोजता है। इस क्षेत्र में बहुपठित-बहुश्रुत या बहुलता उसकी मदद करती है। बहुपठित अज्ञेय ने इतिहास में उतरकर पाँचवीं शताब्दी के चीनी यात्री फाह्यान का यह तथ्य पाया कि ''पाटलिपुत्र की नगर सीमा के बाहर उसने एक दीवार देखी थी, जो अशोक के बनवाए हुए नरक की प्राचीर बताई जाती है।'' इस जानकारी के बाद इतिहास में फिर से गोता खाने पर पाया कि ''अशोक पहले प्रचंड स्वभाव का क्रूर शासक था।'' उसने एक परम नृशंस व्यक्ति को खोजकर एक नरक बनवाया और इस नरकाधिपति को अशोक ने आश्वासन दिया कि नरक-सीमा में उसकी सजा सर्वोपरि होगी, यहाँ तक कि स्वयं राजा भी उसके भीतर आ जाए, तो उसके नियम से अनुशासित होगा। संयोग पक्ष, एक घटना-चक्र में राजा को 'राज मर्यादा' की रक्षा के लिए वहाँ आना पड़ा। सातवीं शती के दूसरे चीनी यात्री ह्युएन त्साङ् ने नरक संबंधी इस कथा की पुष्टि की

है। उसके काफी समय बाद उन्नीसवीं शती के अंतिम दिनों में अंग्रेज सैनिक पुरातत्त्व प्रेमी वैडेलेन ने पाटलिपुत्र में जो खुदाई कराई थी, उसमें उसे ऐसे स्थलीय अवशेष मिले थे, जो फाह्यान और ह्युएन त्साङ् के वर्णन से मेल खाते थे।

इस क्षेत्र में भारी अनुसंधान कार्य के बाद अज्ञेयजी ने अपनी परिचित प्रश्नाकुल कवि-मुद्रा में पूछा है—"क्या नरक के निर्माण, कलिंग-विजय, राजा के दर्प और उसके मोहभंग में कोई संबंध रहा? इतिहासकार जिन प्रश्नों का उत्तर नहीं देते, उन्हें क्या कवि, नाटककार पूछ भी नहीं सकता? विजय लाभ पर पहले अहंकार, फिर अहंकार के ध्वस्त होने पर नए मूल्य का बोध, नई दृष्टि का उन्मेष—क्या यही सही तर्क-पद्धति और सहज मनोवैज्ञानिक क्रम नहीं है।" उसके बाद एक विचार का पाठ फिर दिया, "मृत्यु के साक्षात्कार के बिना अमरत्व नहीं मिलता, नरक की पहचान के बिना नरक-मुक्ति का कोई अर्थ नहीं है—*कठोपनिषद्* के नचिकेता से लेकर *डिवाइना कामेडिया* के दाँते तक इसके अनेक साक्षी हैं।" इस प्रश्नाकुल मन के यक्ष-भाव ने अज्ञेय से *उत्तर-प्रियदर्शी* गीति-नाट्य-1967 में लिखवा लिया। इस *उत्तर प्रियदर्शी* नाटक का प्रथम मंचन नई दिल्ली में त्रिवेणी कला-संगम के खुले रंगमंच पर '6 मई, 1967 में निष्पन्न हुआ। इसके बाद देश भर में अनेक नाट्य-प्रस्तुतियाँ होती रही हैं। इस नाटक की भाव-वस्तु के लिए चार-पाँच संवाद के, प्रियदर्शी अशोक, मंत्री, घोर (यम) तथा भिक्षु थोड़े से पात्रों को ही अज्ञेय जी ने इसमें रखना उचित समझा है तथा 'वेश' और 'मंच-सज्जा' के भी जरूरी संकेत दिए हैं। सन् 1999 में सुप्रसिद्ध नाट्य निर्देशक रतन थियम ने राष्ट्रीय विद्यालय में इसे मणिपुरी में किया। मणिपुरी अनुवाद कृष्ण मोहन शर्मा का था। अज्ञेय का जन्म शताब्दी वर्ष (वर्ष 2011) में और पूरे देश में उल्लास-उत्साह से मनाया गया। यायावर अज्ञेय का एक पाँव विदेश में ही रहता था इस बात को समझते हुए रतन थियम ने 'भारत-महोत्सव' के लिए चीन और फ्रांस में प्रस्तुति के लिए अज्ञेय के नाटक *उत्तर-प्रियदर्शी* को चुना।

पाठक का ध्यान इस तथ्य पर भी जाता है कि अज्ञेय ने इस नाटक के प्रस्तुति के लिए मंच की रूपरेखा सब अपने हाथ से रेखांकित की थी। शायद इस मंच-डिजाइन का ढाँचा जापानी नोह नाटक से ग्रहण किया है। हिंदी के प्रसिद्ध कवि, नाटककार नंदकिशोर आचार्य ने 'उत्तर-प्रियदर्शी' को नोंह नाटक मानते हुए कहा है कि "कविता में जैसे शब्द, अशब्द अथवा मौन की व्यंजना होने पर ही अपनी चरम सार्थकता अर्जित करता है, उसी प्रकार नाटक में दृश्यत्व की वास्तविक सार्थकता अदृश्य अथवा शून्य का माध्यम हो जाने में है। कहा जा सकता है कि उत्तर प्रियदर्शी की दृश्यात्मकता इसी ओर उन्मुख है और शायद इसीलिए उसकी पहचान कुछ मुश्किल है। उत्तर-प्रियदर्शी को जापानी रंगमंच की नोह शैली से प्रेरित माना गया है तो इसीलिए कि दृश्य के माध्यम

से शून्य का साक्षात्कार ही तो नोह की भी तात्त्विक अंतर्दृष्टि है। इस नाटक की सफल प्रस्तुतियाँ प्रमाण हैं कि हिंदी की रंग-प्रतिभा इस चुनौती में निहित रंग-परंपराओं की पहचान में निरंतर सचेष्ट रही है।" (उत्तर-प्रियदर्शी—भूमिका—'दृश्य से शून्य की साधना से'।) सच बात है कि *उत्तर प्रियदर्शी की* आधार-कथा बहुत संक्षिप्त है और गहन-सूक्ष्म नाट्यानुभूति को व्यंजित करने में समर्थ। यह बौद्ध विश्वास है कि अशोक ने अपने किसी पूर्वजन्म में एक बालक के रूप में खेल-खेल में तथागत को एक मुट्ठी धूल दान की थी, जिसके पुष्प प्रतिफल में उसे जन्मांतर में पृथ्वी का साम्राज्य मिला। लेकिन सम्राट् बनने पर उसने अपने विरोधियों को समाप्त करने के लिए एक नरक का निर्माण करवाया और नरकाधिपति घोरं (यम) को नियुक्त किया, इस शर्त के साथ कि नरक की सीमा में प्रवेश करने पर राजा स्वयं भी उससे शासित होगा। संयोगवश राजा को अपने बनवाए नरक में प्रवेश करना पड़ा तथा नरक की घोर-यातना भी झेलनी पड़ी। एक बौद्ध-भिक्षु के कारण वह इस नाटक-यातना से मुक्ति पा सका। नारक में यही वह बिंदु है, जहाँ उसके पूरे व्यक्तित्व का रूपांतरण हो जाता है—"यात्रांत हुआ? खुल गया बंध? करुणा फूटी? आलोक झरा? नर-किंकर गत-शोक हुआ? हो गया मुक्त? घोर ने ही कहा—'प्रियदर्शी अशोक! ओ मुक्ति-स्रोत को वरण करो।" बौद्ध-दर्शन की करुणा के वरण से मानव अपने भीतर के नरक से मुक्त हो सकता है और औरों को मुक्त कर सकता है। समवेत-कोरस में यह ध्वन्यर्थ गूँज रहा है—"नमो बुद्धाय।" भिक्षु का जीवन-संदेश—"पारमिता करुणा को नमन करो/उस परम बुद्ध को शरण करो।' स्मरण में रच-बस गया भिक्षु-वचन—

'जहाँ तुम्हारे अहंकार का।
यम की सत्ता।
स्वयं तुम्हीं ने दी उसको।
तुम हुए प्रतिश्रुत।
एक समान अकरुणा के बंधन में।
नरक तुम्हारे भीतर है वह।
वहीं जहाँ से निःसृज पारमिता करुणा में।
उसका अघ घुलता है—
स्वयं नरक ही गल जाता है।
एक अहंता जहाँ जगी, भव-पाश बिछे, साम्राज्य बने।
प्राचीर नरक के वहीं खिंच गए।
जागी करुणा—मिटा नरक, साम्राज्य ढहे, कट गए बंध।
आप्लावित ज्योति के कमल-कोश में मानव-मुक्त हुआ।'

यहीं-नहीं, मानव-मुक्ति की तलाश अज्ञेय को जीवन भर रही। इस गीति-नाट्य को नोह से प्रेरित मानकर भी जापानी नाटक और रंगमंच की विशेषज्ञ रीतारानी पालीवाल ने इसे जापानी तरह का नोह नाटक मानने से इनकार किया है। *जापानी रंग-परंपरा : नोह, काबुकी और बुनराकु* के संदर्भ में किया गया यह अध्ययन मानता है कि बौद्ध मत के भौतिकीकरण की बजाय इहलौकिकीकरण की प्रवृत्ति के चलते दूसरे लोक का 'मानवीकरण' करने और उन्हें कला-साहित्य में उतारने में नोह-नाटक सक्षम रहे हैं। अज्ञेयजी ने जापान में इस नोह-कला को समझा होगा, जिसका प्रभाव *उत्तर-प्रियदर्शी* के पूरे भाव-विधान पर पड़ना स्वाभाविक ही है। अज्ञेयजी के बौद्ध-वैष्णव संस्कारों का अवचेतन में बसा रंग भी इस नाटक की कथ्यगत-संवेदना में अपनी गहरी अंतर्व्याप्ति रखता है। अत: यह गीतिनाट्य जापानी नोह का अनुकरण नहीं है।

उत्तर प्रियदर्शी शीर्षक गीति-नाट्य के साथ अज्ञेय द्वारा रचित दो एकांकी नाटक तथा एक छाया नाटक पर भी पाठक का ध्यान जाना चाहिए। उनका पहला एकांकी नाटक है—*न्याय: पन्था*। इसमें नोआखाली में गांधी के स्वरों की गूजें हैं। गांधी के द्वारा कहलाए गए सभी वाक्य उनके पत्रों, लेखों तथा भाषणों से लिए गए हैं। दूसरा एकांकी नाटक है—'बसंत' बसंत का समय, एक स्त्री गाती है—''फूल काँचनार के/प्रतीक मेरे प्यार के/ प्रार्थना सी अर्धस्फुट काँपती रहे काली/पत्तियों का संपुट निवेदिता ज्यों अंजली/आए फिर दिन मनुहार के, दुलार के/फूल कँचनार के।'' बसंत नामक युवक की बाँसुरी है—आम्रमंजरी का आह्लाद है, कोकिल की कूक है। इस तरह ये प्रेम-सौंदर्यमय एकांकी नाटक है। तीसरा एक रेडियो संपर्क है—सन् 1965 के अक्तूबर का। इसका शीर्षक है—'राष्ट्र का संकल्प साक्षी है।' यह वही समय है, जब अज्ञेयजी 'दिनमान' साप्ताहिक निकाल रहे थे। इसलिए इस नाटक में महात्मा गांधी और जवाहरलाल नेहरू दोनों के स्वर हैं। अज्ञेय का देश-भक्त मन देश की चेतना से स्वाभिमान के स्वर सुनना चाहता है। देश भर में फैली मोहभंग की पीड़ा से वह व्यथित हैं। सार-संक्षेप यह कि अज्ञेय ने एक नाटक और तीन एकांकी नाटक लिखकर नाट्यकला के क्षेत्र को भी अछूता नहीं रहने दिया है।

अज्ञेय हिंदी के एक ऐसे चिंतक निबंधकार हैं, जिन्होंने निबंध-कला को नए आयाम दिए हैं। उनके निबंधों में कथन का संयम, प्रश्नाकुल जिज्ञासा वृत्ति और शालीन भंगिमाएँ हिंदी गद्य की सर्जनात्मकता में निखार लाती हैं। यायावर थे—घाट-घाट का पानी पिए, इसलिए उनकी अनुभव की ज्ञान-राशि बहुत संपन्न है और इन सरल-जटिल अनुभवों के संप्रेषण में वे निरंतर प्रयत्नशील रहे। उनका मानना है कि ''कृतिकार का उद्देश्य या लक्ष्य केवल अनुभव का संप्रेषण है। सहज बोध द्वारा अपनी अनुभूतियों से व्यापकतर अनुभवों में प्रवेश, उन अनुभवों की पकड़ और उनका संप्रेषण, यही उसका लक्ष्य है।''

इस लक्ष्य के लिए तमाम पत्र-पत्रिकाओं में ऐसे निबंध-प्रयोग करते रहे हैं, जो हिंदी-निबंध परंपरा में 'अपूर्व' हैं। उन्होंने कभी 'कुट्टिचातन' कभी 'वत्सल' के छद्म नामों से निबंध का एक सहज बोध ही पाठक को उपलब्ध कराया। वे निरंतर 'आत्म' के विस्तार, आत्म-उन्नयन और आत्म-साक्षात्कार की ओर प्रवृत्त रहे। बाद में 'आत्म' के संवाद की यही प्रवृत्ति निर्मल वर्मा और रमेशचंद्र शाह के निबंधों में, नंद किशोर आचार्य और मनोहर श्याम जोशी के निबंधों में एक सघन रूप अपनाती मिलती है। सभी विधाओं में चक्रवर्तित्व स्थापित करनेवाले अज्ञेय को परंपरा की आधुनिकता में वह 'अंतर्दृष्टि' मिली है, जिसके लिए उन्होंने पूरा जीवन दाँव पर लगा दिया। दिलचस्प बात यह है कि उनके निबंध कहीं यात्रा-वृत्त में रमे होते हैं, कहीं डायरियों में, कहीं संस्मरणों में, कहीं व्याख्यानों और घटना प्रकरणों की व्याख्याओं में। इतना ही नहीं, कहीं-कहीं तो वे वार्त्ता-प्रसंग के रूप में, कहीं प्रश्नोत्तर रूप में और कहीं 'भूमिका' रूप में विचारार्थ प्रस्तुत होते हैं उनकी मनोभूमिका में मेघों से उमड़ते विचार-खंड नए बिंबों में निष्पत्ति पाते हैं और बौद्धिक, सांस्कृतिक 'विमर्श' पाठक की चेतना को प्रबुद्ध करते हैं।

अज्ञेय के तमाम विषयों पर लिखे गए निबंध पुराने विषयों की रूढ़ सैद्धांतिकता का निषेध करते हैं। वस्तुत: 'कल्पना', 'विशाल भारत', 'नवभारत टाइम्स' तथा अन्य पत्र-पत्रिकाओं में लिखे अज्ञेय के निबंधों की अंतर्यात्रा में आप पाते हैं कि उनमें एक विमुग्धकारी आत्मपरकता है। अपने एक निबंध-संग्रह को उन्होंने नाम ही दिया था 'आत्मपरक'। यह आत्मपरकता मूलत: रागमूलकता है, जिसमें 'निजमोह संकट निवारणता' का खुला संसार है। अपने में यह 'राग' वस्तुओं, व्यापारों, घटनाओं को व्यक्तित्व-रंजक रूप देता है। इससे जुड़ने का अर्थ-संकेत है—नए सौंदर्य बोध से आत्म-साक्षात्कार। यही 'आत्मनेपद' का भाव-लोक है।

अज्ञेय के पास शब्द-संपदा के अनेक स्रोत खुले रहते हैं, वे संस्कृत, उर्दू, अंग्रेजी तथा भारतीय भाषाओं के खजाने को अपनाने में सुख पाते हैं। अंग्रेजी तथा यूरोपीय, यूरेशियन भाषाओं का ज्ञान होने के कारण उनका अन्य-अनुशासनों से जुड़ा ज्ञान सामान्य भारतीय लेखक से ज्यादा है। अस्त्विवाद हो या आधुनिकतावाद, ज्ञानोदयी योजना हो या रेनेसाँ का अर्थ-वृत्त, डी.एच. लॉरेंस हो या ताल्स्तॉय सभी अज्ञेय के चित्त में समाए हुए हैं। इसलिए उनके निबंधों का 'विचार-रसायन' हिंदी-भाषा के स्वास्थ्य को बढ़ानेवाला है। देशी-विदेशों अवधारणाओं के भाष्य में चाहे 'सेकुलर' हो या 'मॉर्डनिटी' की कोई भी अवधारणा हो, उसकी सूक्ष्मातिसूक्ष्म-व्यंजनाओं को स्पष्ट करने में अज्ञेय की उस्तादी का कोई दूसरा जवाब नहीं है। आचार्य रामचंद्र शुक्ल और चंद्रधर शर्मा गुलेरी की तरह वे चौकन्ने रहते हैं और विदेशी शब्दों के भीतर प्रवेश करके उनकी नियत को भाँपते हैं। ज़ेन साधना के साधकों में जैसी चित्त की एकाग्रता और चिंतन-धार होती है, वैसी ही

चित्त की समाधि अज्ञेय के निबंधों में उपलब्ध होती है। ज़ेन बौद्ध चिंतन की संश्लिष्टता अज्ञेय के काव्य और गद्य दोनों में स्थायी निवास करती है। दु:ख है कि अज्ञेय के इस पक्ष पर विद्वानों का बहुत कम ध्यान गया है। यह बात गाँठ में बाँधने की है कि विदेशी चिंतन का प्रभाव ग्रहण करने पर भी अज्ञेय उनका अनुकरण नहीं करते। अपने चिंतन की मौलिकता से नूतन-सृष्टि करते हैं। उनमें बौद्धिक सतर्कता इतनी पैनी है कि वे दिल के दौरे के क्षण में भी शब्दों के सूक्ष्म अर्थ भेद को लेकर डॉक्टर से बहस कर सकते हैं।

भाषा, अस्मिता, परिवेश और काल-चिंतन के प्रति अज्ञेय की सजगता विस्मयकारी है। उन्हें पता है कि भाषा एक सांस्कृतिक रूढ़ि है तो उसमें निरंतर संशोधन, संपादन, संस्कार, मजाव चलना ही चाहिए। शब्द के निरंतर चौकन्नेपन से भरे इन निबंधों के सांस्कृतिक कान हैं। इन कानों में एक स्वर-चिंतन गूँजता रहता है—''यह संवेदन का विस्तार, यह संप्रेषण की संवृद्धि मेरे लेखन कर्म की चुनौती'' भी है। इस संवेदना क्षमता के कारण अज्ञेय के निबंध बोलचाल के लहजे में विषय के बीज-भावों का पल्लवन करते हैं और वर्ण्य-विषय पर सीधे आते हैं। जीवन में घटित होनेवाली घटनाओं, ऐतिहासिक, पौराणिक, प्रसंगों से उनका संबंध जोड़कर एक नया वैचारिक आलोक पैदा कर देते हैं। विषयांतर होते ही कह उठते हैं—'माफी चाहता हूँ' या 'हम प्रसंग से दूर नहीं जाना चाहते' या 'बात मूलत: यह थी' या 'किस्सा कोताह' जैसी विनम्र उक्तियों का सहारा लेकर वर्ण्य विषय में कल्प या गप्प का ठाठ बाँध देते हैं। विषय को दूल्हा बनाकर उसे सजाना अज्ञेय को आता है, कलाएँ उन्हें सिद्ध हैं और चित्रकला, फोटोग्राफी से लेकर पाक कला तक पर पूरा दखल रखते हैं। यहाँ पीपल के पत्तों में गुँथी नसों की तरह विचार अपना खेल खेलते रहते हैं। राजनीतिक विषय का संपादकीय हो या साहित्य तथा साहित्यशास्त्र से जुड़ा कोई प्रश्न वे उस पर 'असाध्य वीणा' के प्रियंवद की तरह समर्पित होकर विचार करते हैं। साहित्य, भाषा-विज्ञान, तुलनात्मक साहित्य, इतिहास, समाजशास्त्र, सौंदर्यशास्त्र, दर्शन, मनोविश्लेषण शास्त्र, विज्ञान, राजनीति शास्त्र कोई विषय हो। वे अपने विस्तृत एवं वैविध्यपूर्ण अध्ययन से उसमें एक नई चमक भर देते हैं। 'खिलौनों का समाजशास्त्र हो' या 'वासुदेव प्याला' या 'पुच्छल तारे के साथ-साथ' या 'हिंदी समाचार-पत्र संभावनाएँ और समस्याएँ' जैसा विषय हो, उसकी आत्मा में पेठकर पाठक से संवाद करते मिलते हैं।

अज्ञेय हमेशा चिंतन के तनाव से भरे विचारपरक गंभीर निबंध ही नहीं लिखते, हल्की मन:स्थितियों के रागमूलक निबंध लिखने में भी ज्यादा रस पाते हैं। 'गिलहरी', 'गाँव का पोखर', 'मार्गदर्शन' 'शारदीया धूप' जैसे निबंध इसी तरह की मनोदशाओं का प्रतिबिंब कहे जा सकते हैं। साथ ही निबंध में विदग्धता, वक्रोतियाँ, हास्य-व्यंग्य की सृष्टि करती रही हैं—'राष्ट्र के प्रतीक' की कला में संस्कृति-सभ्यता की झंकार-टंकार

गूँजती है—नारद और भास में मिथक-दौड़ का साहस पाठक को भाता है। असल में अज्ञेय का अध्ययन-क्षेत्र विस्तृत है, इसलिए उन्हें प्रबुद्ध पाठक चाहिए, केवल सुमनस पाठक से यहाँ काम नहीं चलता है। अज्ञेय के निबंधों की विशेषता है—प्रकरण-वक्रता से नूतन प्रसंगों की उद्भावना। अपने पाठक-वर्ग को लेकर स्वयं उनका मानना रहा है कि "मेरा पाठक वर्ग बहुत बड़ा कभी नहीं होगा। निरी संख्या की मुझे आकांक्षा भी नहीं है, पर जितने भी पाठक हों, वे मूल्यों के उस समूह के साझीदार हो सकें, जिनकी खोज ही मेरी यात्रा का लक्ष्य और प्रेरणा-स्रोत रही है।" इसी दृष्टि से अज्ञेय ने अपने 'समय-समाज-परिवेश' को निबंध बनाया और आत्मकथा की शैली में *लिखि कागज कोरे* और *स्मृति के गलियारे में* टहलते-चलते रहे हैं। 'हौआ प्रकरण', 'कुट्टिचातविनोदेन' के अज्ञेय निबंध में कविता रचते हैं।

मूल विचार यह कि हिंदी-निबंध की परिधि को अज्ञेय ने पत्रकारिता से माखनलाल चतुर्वेदी, ग.मा. मुक्तिबोध और निर्मल वर्मा की तरह अनंत राहों में खोल दिया है। आचार्य हजारी प्रसाद द्विवेदी लोकानुभव, लोक-संस्कृति, धर्म, दर्शन, संस्कृति, परंपरा, पुराण-मिथक के क्षेत्र में उतरकर हमें नवीन निबंध चेतना का वरदान दे गए थे, उसी वरदान की परंपरा में अज्ञेय ने आधुनिक बोध, संस्कृति बोध, इतिहास बोध, मूल्य बोध आदि के नए रंग-राग पाठकों को दिए हैं। साथ ही हिंदी-निबंध की भाव-विचार-परिधि को 'सागर-मुद्रा' से भर दिया है। जीवन की अंतर्यात्रा के अनुभवों-संवेदनों, अभिप्रायों के व्यापक मानवी सत्यों से साक्षात्कार कराने में अज्ञेय के निबंध बेजोड़ हैं। अज्ञेय के निबंधों में समग्रता और संतुलन के साथ औपनिवेशिक आधुनिकता से मुक्ति पाने की पुकार है तथा देशी आधुनिकता को खोजने की तत्परता।

□

अनुवाद और अज्ञेय

सच्चिदानंद हीरानंद वात्स्यायन 'अज्ञेय' ने जीवन भर विपुल अनुवाद कार्य किया है। पाठक को विस्मय यह होता है कि कवि, कथाकार, निबंधकार, आलोचक, डायरी लेखक, यात्रा-संस्मरणात्मक संपादक आदि तमाम सर्जनात्मक विधाओं में निरंतर सक्रिय अज्ञेय ने अनुवाद कार्य को कभी दोयम दर्जे का कार्य नहीं माना। उनकी छवि मौन-मितभाषी, साहित्य-संस्कृति कलाओं के प्रति समर्पित व्यक्ति की रही। फोटोग्राफी से लेकर पलंग बुन लेने तक के कार्य में उन्हें दक्षता हासिल रही और क्रांतिकारी-यात्रा हो या विचार-यात्रा, यायावरी हो या व्याख्यान-मालाओं, लेखन-शिविरों का आयोजन हो—अज्ञेय ने हमेशा अगुआई की। उनका व्यक्तित्व रवींद्रनाथ टैगोर की तरह साहित्य-संस्कृति की सभी विधाओं और दिशाओं में चक्रवर्तित्व स्थापित करता रहा। अज्ञेय जैसा शब्द की आत्मा का साधक जब अनुवाद कर्म में पूरी एकाग्रता से आगे बढ़ता दिखाई दे तो अनुवाद को पाकर पाठक कह उठता है कि उसमें सर्जनात्मक रम्यता को आस्वाद मिलता है।

बँगला से रवींद्रनाथ टैगोर के विश्व प्रसिद्ध उपन्यास *गोरा* तथा नाटक *राजा* का अज्ञेयजी ने अनुवाद किया। साहित्य-अकादमी, दिल्ली के लिए किए गए इन दोनों अनुवादों ने इतनी अधिक लोकप्रियता प्राप्त की है कि उनके अनेक संस्करण हुए। रवींद्रनाथ की काव्यात्मकता को अज्ञेय ने हर कीमत पर अनुवादों में बनाए रखा। नतीजा यह हुआ कि ये अनुवाद उत्कृष्ट अनुवाद कला के प्रतिमान बन गए हैं। दरअसल, अज्ञेय ने इन अनुवादों को तब किया, जब वे हिंदी में एक युग-प्रवर्तक, रचनाकार और संपादक के रूप में प्रतिष्ठित हो चुके थे। इसलिए इन अनुवादों का हिंदी में अविस्मरणीय स्थान है। अज्ञेय ने राखालदास बनर्जी से बचपन में बँगला सीखी थी और उसका रंग भी उनमें पूरी आभा के साथ दमकता मिलता है।

अज्ञेय के जन्म के दो साल बाद *गीतांजलि* को नोबेल पुरस्कार मिला। पूरे विश्व में भारतीय सर्जनात्मकता की धूम मच गई। अज्ञेय का बचपन नवजागरण, स्वाधीनता-

आंदोलन और स्वदेश-प्रेम, स्वभाषा-प्रेम में बलिदान हो जाने की आकांक्षा के दौर में बीता। बंगाल के नवाजागरण ने हिंदी प्रदेशों में एक नवीन चेतना को जाग्रत किया भारतेंदु बाबू के शब्दों में ''स्वत्व निज भारत गहै'' की चेतना थी। यह चेतना महावीर प्रसाद द्विवेदी, मैथिलीशरण गुप्त, प्रसाद, निराला, राय कृष्णदास, हजारीप्रसाद द्विवेदी, मैथिलीशरण गुप्त, प्रसाद, निराला, माखनलाल चतुर्वेदी, नवीनजी आदि से अज्ञेय को दाय में मिली। आचार्य हजारी प्रसाद द्विवेदी, राय कृष्णदास और माखनलाल चतुर्वेदी ने अज्ञेयजी को विशेष रूप से प्रेरणा दी। भारतीय आधुनिकता का प्रभामंडल और प्रताप अज्ञेय को 'सैनिक' अखबार छोड़कर कलकत्ता जाने पर 'विशाल भारत' में कार्य करने पर मिला। जब अज्ञेयजी 'विशाल भारत' के संपादक बने तो भारत का मुक्ति-संग्राम अपनी जवानी के शिखर पर था। अज्ञेयजी फासिस्ट विरोधी, ब्रिटिश साम्राज्यवाद विरोधी आंदोलन से गुजरे थे, इसलिए उनमें स्वाधीनता के लिए एक गहरी तड़प थी। नवजागरण का साम्राज्य विरोधी चेहरा इतना तमतमाया हुआ था कि अज्ञेय ने देश-प्रेम में अपने को पूरी तरह समर्पित कर दिया और तमाम एकाग्रमन से देशी-विदेशी अनुवाद किए। समाज को भीतर तक दिखाने-देखने के अरमान को लेकर जैनेंद्र कुमार के *त्यागपत्र* उपन्यास का अनुवाद *दि रिजिग्नेशन,* धर्मवीर भारती के उपन्यास *सूरज का सातवाँ घोड़ा* का अनुवाद *दि संस सेवंथ हार्स* शीर्षक से अंग्रेजी किया। दिलचस्प बात यह कि अनुवाद के लिए दोनों ही भिन्न दृष्टि एवं दृश्य की कृतियाँ चुनी। अपनी तमाम रचनाओं का अज्ञेय ने अंग्रेजी में अनुवाद किया। अपनी कविताओं का एक संग्रह स्वयं अंग्रेजी में अनूदित करके *नीलांबरी* नाम से छपवाया।

सांस्कृतिक नवजागरण के इस दौर में अज्ञेय का ध्यान स्वामी विवेकानंद के कर्मठ वेदांत पर गए बिना रह नहीं सका। तप से परमहंस रामकृष्ण ने जो अनुभूतियों की दिव्यता प्राप्त की थी, विवेकानंद उन अनुभूतियों के भाष्य थे। यहाँ यह बात भी ध्यान में रखनी चाहिए कि विवेकानंद हर्बर्ट स्पेंसर, जॉन स्टुअर्ट मिल के साथ-साथ शैली-वर्डसवर्थ के बड़े प्रेमी थे। फ्रांसीसी राज्य-क्रांति के तीन बीज शब्दों का यह समय था—स्वतंत्रता, समानता और बंधुता की गूँज-अनुगूँज से विश्व आंदोलित था। इस सपय में सौभाग्यवश रामकृष्ण परमहंस से विवेकानंद का मिलन प्राचीन भारत का नवीन भारत से मिलन था। भारत के हृदयवाद के सामने भारत के प्रचंड बुद्धिवाद का विस्फोट 'विवेकानंद' कहलाया है। राजा राममोहन राय, केशवचंद्र सेन, देवेंद्रनाथ टैगोर, दयानंद, रानाडे, रामकृष्ण परमहंस आदि ने सांस्कृतिक नवजागरण की जो जमीन तैयार की थी—विवेकानंद उसी के भीतर से पनपे और बढ़े थे। अरविंद, रवींद्रनाथ, विवेकानंद तीनों में नया भारत बोला था। भारत में सांस्कृतिक राष्ट्रीयता के पिता थे विवेकानंद। इस सांस्कृतिक राष्ट्रीयता से अभिभूत अज्ञेय ने रोमाँरोलाँ द्वारा लिखी गई पुस्तक *विवेकानंद* का भी रघुवीर सहाय

के साथ हिंदी अनुवाद किया। रोमाँरोलाँ को आध्यात्मिक राष्ट्रीयता से परहेज था और वे अवतारवाद के सिद्धांत से भी घबराते थे। वे ईश्वर को महापुरुष की काया में बाँधने के आकांक्षी व्यक्ति थे। रोमाँरोलाँ ने भारतीय पाठकों के लिए 'विवेकानंद' पुस्तक में कहा है—"इसीलिए मेरे लिए आध्यात्मिक वीर पुरुषों के और प्राचीन अथवा आधुनिक काल के असंख्य साधारण जनों के बीच वैसी खाई बनाना संभव नहीं है, जिससे श्रद्धालु जन इतने प्रसन्न होते हैं। रामकृष्ण अथवा विवेकानंद को मैं उनकी समकालीन आध्यात्मिक सेवा से उतना ही विशिष्ट मानता हूँ, जितना क्राइस्ट या बुद्ध को उनके युग की आध्यात्मिक प्रकृति से—न उससे कम न उससे अधिक।" (रोमाँरोलाँ—*विवेकानंद*, अनुवाद, स.ही. वास्त्स्यायन अज्ञेय तथा रघुवीर सहाय पृ. 7 (1968) रोलाँ के उपन्यास *जां क्रिस्तोफ* का भी अज्ञेय पर असर पड़ा। इस असर ने अज्ञेय को नए सौंदर्य बोध के साथ आगे बढ़ने का मार्ग दिखलाया है।

अनुवाद कार्य में अज्ञेय ने विदेशी उपन्यासों, कविताओं, कहानियों को अंग्रेजी, जापानी, जर्मन आदि से हिंदी में बड़ी निष्ठा से आगे बढ़ाया। नोबेल पुरस्कार विजेता उपन्यासकार पेर लागरक्विस्त रचित तीन लघु उपन्यासों—*अहस्वेरस की मृत्यु, सागर यात्री* तथा *तीर्थ-देश*—का अनुवाद तीनों को जोड़कर *महायात्रा* शीर्षक से किया। पेर लागरक्विस्त अपने देश में बहुत जल्दी प्रसिद्ध हुए, लेकिन अंतरराष्ट्रीय क्षितिज पर वह अपने जीवन के साठवें वर्ष में अपने उपन्यास—*बारब्बास* के साथ चमके। फिर *ड्वार्फ* (बौना) और *सिबिल* जैसे उपन्यास भी लोकप्रियता के शिखर पर पहुँचे। तीनों उपन्यासों पर फिल्में बनीं, जिन्होंने यूरोप-अमेरिका को प्रभावित किया। *बारब्बास* को नोबल पुरस्कार (1951) मिला और इस उपन्यास ने ख्याति भी पाई। लेकिन जिसे जन-मन की मुग्धता लोकप्रियता कहते हैं, वह इसे कभी प्राप्त नहीं हो पाई। ध्यान में रखना होगा कि अज्ञेय द्वारा अनूदित लागरक्विस्त के तीन लघु उपन्यास *महायात्रा* परवर्ती रचनाएँ हैं, जिसमें उन्होंने *बारब्बास* और *सिबिल* में उठाए गए मानव नियति के प्रश्नों का गहराई से 'विमर्श' प्रस्तुत किया है। इस विश्लेषण में सहज-सरल भाषा का जादू है और कहने का हुनर लुभावना। उन्हें जीवनकाल में नोबल पुरस्कार के अलावा अन्य कई सम्मान मिले। वे 1940 में स्वीडेन की अकादमी के सदस्य चुने गए। जीवन भर लेखन व सृजन-चिंतन में निमग्न इस महान् प्रतिभा ने विश्व-साहित्य को चालीस के लगभग कृतियाँ दीं। उपन्यास, कहानी, निबंध, नाटक, कविता लगभग सभी विधाओं में उन्होंने सक्रियता दिखाई है।

पेर लागरक्विस्त (1891-1974) स्टेशन मास्टर एंडर्स जोहान लागरक्विस्त के पुत्र थे और उनका जन्म दक्षिण स्वेडन में हुआ था। अपनी माँ जोहाना ब्लाड को उन्होंने बचपन में ही संकेत दे दिया था कि वे एक रचनाकार का जीवन जीना चाहते हैं। उप्पासाल

विश्वविद्यालय में एक वर्ष रहने के बाद वे पूरे संकल्प के साथ पेरिस (1913) गए। जहाँ उन पर अभिव्यंजनावाद का गहरा प्रभाव पड़ा। एक्स्प्रेशनिज्म (अभिव्यंजनावाद) का प्रभाव विशेष रूप से उनकी पेंटिंग पर चमकता-दमकता दिखाई देने लगा। इसी प्रभाव की रंगत उनकी 'वर्बल आर्ट' तथा 'पिक्टोरियल आर्ट' पर दिखाई देती है। 1930 तक वे फ्रांस और इटली में रहे और उसके पश्चात् स्वीडन के स्थायी निवासी हो गए। उन्होंने अपनी यायावरी वृत्ति से भ्रमण का आनंद लिया। अपने जीवन पर लिखी आत्मकथा के खंडों में *गास्ट होस वर्कली घीटन* (1925) या *गेस्ट ऑफ रियलिटी* में तथा *कान्क्वर्ड लाइफ* से उनके आत्म-वृत्त सामने आए हैं। उनकी कविताओं में चिंताओं तथा युद्धों की त्रासद-स्थितियों का चित्रण है—1916 में उनका कविता-संग्रह *एंगेस्ट* या *एंग्विस* प्रकाशित हुआ, जिसमें मानव-प्रेम की पुकार है। सन् 1926 में उन्होंने *सांग्स फ्रॉम दि हार्ट* शीर्षक से अपनी कविताओं के संग्रह का प्रकाशन किया, जिसकी कथ्यात्मक-संवेदना में करुणा एक स्थायी भाव के रूप में उपस्थित है। एक नाटककार के रूप में उन्होंने बहुत यश पाया। इसका कारण उनका 'एक्स्ट्रीमली वरस्टाईल' होना है। अपने नाटक *दि डिफीकल्ट हावर I, II, III* में उन पर स्ट्रिंड बेग का प्रभाव दिखाई देता है और *दि सीक्रेट ऑफ हवैल* नाटक में भी वे इस प्रभाव से मुक्त नहीं हैं। लेकिन यहाँ उनकी नाटक कला पर गुरुवर रवींद्रनाथ टैगोर की गूँज-अनुगूँज गहराती मिलती है। वे रहस्यपरक नाटकों (मिस्ट्री प्ले) की ओर *ही हू लिब्ड हिज लाइफ ओवर-अगेन* (1928) में झुके हैं। उसके बाद उनमें परिवर्तन आया और वे *दि हैंगमैन, द मैन विद आउट सोल* (1933), (1936) तथा *दि विक्ट्री ऑफ डार्कनेस* (1939) जैसे नाटकों में यथार्थ के समग्रतावादी (टोटेलिटेरियनवाद) की ओर प्रवृत्त हो गए। कहना होगा कि वे जीवन भर निरंतर मानव और ईश्वर के बीच द्वंद्व-संघर्ष में जूझते रहे। यह संघर्ष उनके उपन्यासों में मुखर होकर आया है। एक समय में पूरे विश्व-साहित्य और चिंतन को लिगरक्विस्त ने अपनी कृतियों से आंदोलन किया है और यही प्रेरणा अज्ञेयजी को उनके तीन लघु उपन्यासों के हिंदी अनुवाद की ओर ले गई है। सन् 1984 में प्रभात प्रकाशन, दिल्ली से अज्ञेय का यह अनुवाद उपन्यास-त्रयी, *महायात्रा* शीर्षक से सामने आया। इस अनुवाद का हिंदी जगत् में जोरदार स्वागत हुआ।

अज्ञेयजी ने नोबेल पुरस्कार विजेता इवो आंद्रिच के तीन उपन्यासों और एक कहानी के अनुवाद का संपादन किया है, जिसे 1969 में राजपाल एंड संज, दिल्ली ने प्रकाशित किया था। अनुवाद कार्य में अज्ञेय के साथ सर्वेश्वर दयाल सक्सेना, रघुवीर सहाय, भारत भूषण अग्रवाल का नाम मौजूद है। अज्ञेयजी ने *दि वजीर्स एलीफेंट* नाम उपन्यास का *वजीर का फीला* शीर्षक से अनुवाद किया है।

इवो आंद्रिच का जन्म 1892 में त्राब्निक के पास दोलाच गाँव में एक कारीगर

परिवार में हुआ। बोस्निया में अपना यौवन व्यतीत करने के बाद उन्होंने बाहर जाने का मन बनाया। उन दिनों बोस्निया-ऑस्ट्रिया हंगरी साम्राज्य का एक अंग था। उन्होंने जाग्रेव, विएना और क्राकाड विश्वविद्यालयों में दर्शनशास्त्र का अध्ययन किया। प्रथम विश्वयुद्ध के अचानक फूट पड़ने से उनके अध्ययन में बाधा पड़ी। इस बीच यह भी हुआ कि ऑस्ट्रिया विरोधी गतिविधियों के कारण उन्हें जेल में डाल दिया गया। 1923 में जाग्रेव से पी.एच.डी. की उपाधि प्राप्त करने के बाद उनके समय ने ऐसा पलटा खाया कि वे यूगोस्लावी राजनायिक सेवा में नियुक्त हो गए। सन् 1939 में दूसरा विश्वयुद्ध आरंभ हुआ, तब वे बर्लिन में यूगोस्लाव के मंत्री थे। जब जर्मनी ने यूगोस्लाविया पर 1941 में आक्रमण किया, तब आंद्रिच वापस लौट गए और बेओग्राद में रहने का ठिकाना खोजा। वे वहाँ एकांत में यूगोस्लाव की राजधानी में तब तक रहे जब तक दूसरा युद्ध समाप्त नहीं हुआ।

इवो आंद्रिच ने अपना कवि-जीवन 1914 में शुरू किया। ख्रावात्स्का म्लादा लिरिका (यंग कोऑस्ट्रियन लीरिक्स) में इस काल कविताएँ संकलित हैं। 1919 में डायरी के रूप में युद्ध और जेल जीवन के संस्मरण दो पुस्तकों में प्रस्तुत किए—एक *चिंताएँ* या *एंग्जाइटीज* शीर्षक से, जिसमें आंद्रिच ने युद्ध-विषयक अपने अनुभवों तथा जेल जीवन को कलमबद्ध किया। उसके बाद वे कहानियों के लेखन में जुट गए और 1920, 24, 31, 36 में उनके चार कहानी-संग्रह आए। 1920 में उनका एक लघु उपन्यास प्रकाशित हुआ—*दि ट्रिप ऑफ आहजा डेजर्ज*। बोस्निया के जीवन से कच्चा माल लेकर उसे अपनी सर्जन-प्रक्रिया में ढाला। साथ ही मानव की चिरंतन समस्याओं (दो विश्वयुद्धों के बीच) को वाणी दी है।

द्वितीय विश्वयुद्ध में बर्लिन से लौटकर अवांछित अवकाश की अवधि में तीन बड़े उपन्यासों का सृजन किया। इन तीनों उपन्यासों के आधार पर ही वे नोबेल पुरस्कार के लिए मनोनीत हुए। संयोगवश ये तीनों उपन्यास 1945 में प्रकाशित हुए, जिनमें 'प्रोक्लेता आविलिया' (शैतान का आँगन) बहुत प्रसद्धि हुआ। उनकी सर्जनात्मकता में बोस्निया का इतिहास धड़कता मिलता है तथा उन संघर्षों की स्मृति जो शताब्दियों तक पूर्व और पश्चिम के अपने स्वार्थों के कारण भारी टकराहटों से भरा रहा है। एक ऐसा क्षेत्र जिसकी जनता को विभिन्न धर्मों, राष्ट्रीयताओं के साथ रहना पड़ा। 1948 में एक नया कहानी-संग्रह आया जिसमें उन्होंने जनता की वर्तमान में उपजी समस्याओं की ओर संकेत दिया। उन्होंने युद्ध और युद्धोत्तर समय में धनाढ्य लोगों की मानसिकता पर केंद्रित होकर लिखा है और यह संकेत भी दिया है कि इन समस्याओं के भीतर से कैसे एक नए समाज ने आकार ग्रहण किया है, लेकिन 1954 में आंद्रिच पुनः अपनी मनोभूमिका की युगभूमि (मिलियू) की ओर लौट पड़े। बोस्नियन फ्रांसिसकन, पीटर युग में उन्हें

इस्टानबुल जेल में गलत तरीके से डाल दिया गया था, यह कहकर डाल दिया गया था कि वह आहोमैन शासन के विरुद्ध षड्यंत्र रच रहा था। सन् 1960 में उन्होंने चेहरे (फेसिज) नाम से कहानी-संग्रह प्रकाशित कराया और इस दौर में अनगिनत वैचारिक निबंध लिखे जिनमें *नोट्स आन गोया* बहुचर्चित हुआ है। उनकी लगभग सभी कृतियाँ आज अंग्रेजी में उपलब्ध हैं।

यह महान् रचनाकार 13 मार्च, 1975 में संसार से विदा हो गया। आंद्रिच ने मानव की सच्ची स्वाधीनता के लिए जीवन भर संघर्ष किया। आंद्रिच की इस सच्ची स्वाधीनता के लिए संघर्ष-चेतना का प्रभाव अज्ञेय पर भी जाने-अनजाने पड़ा है और इसी कारण से वे आंद्रिच की ओर आकृष्ट हुए हैं। अज्ञेय और आंद्रिच की जेल-यात्रा की मनोभूमिकाओं में भी काफी निकटता है। दोनों ही द्वितीय-विश्वयुद्ध के भोक्ता हैं और दोनों का ही अपने-अपने देश से गहरा लगाव है। अज्ञेय ने जेल-जीवन पर जेल के भीतर रहकर तमाम तरह के खतरों को निर्भय भाव से झेलकर लगभग अठारह कहानियाँ तथा *शेखर : एक जीवनी* जैसा उपन्यास लिखा है। जेल जीवन के अनुभवों को अज्ञेय ने *पिजन डेज ऐंड अदर पोयम्स* शीर्षक से 1946 में बनारस से प्रकाशित कराया था और मूल-अंग्रेजी में लिखे इस संग्रह की भूमिका पंडित जवाहरलाल नेहरू ने लिखी है।

'अज्ञेय' नाम भी सच्चिदानंद वात्स्यायन को जेल-जीवन के दिनों में ही मिला। जेल से अज्ञेय ने जैनेंद्र कुमार को अपनी दो कहानियाँ छपने के लिए भेजीं। जैनेंद्र कुमार ने दोनों कहानियाँ प्रेमचंद के पास भेद दीं। प्रेमचंद को दोनों कहानियाँ बहुत पसंद आईं। एक कहानी बहुत गरम थी, उसे प्रकाशित करना जोखिम का काम था। दूसरी कहानी की वस्तु उग्र राजनीति नहीं थी और छापने का प्रेमचंद ने निश्चय किया। कहानी की प्रशंसा के साथ छापने का निश्चय सूचित करते हुए जैनेंद्र से पूछा—"लेकिन यह तो तुमने बताया ही नहीं कि लेखक कौन है ?" इसके उत्तर में जैनेंद्र ने उन्हें लिखा—'लेखक कौन है, यह तो मैं नहीं बता सकता—वह अज्ञेय है।' प्रेमचंद ने कहानी 'अज्ञेय' नाम से छाप दी। अज्ञेय को कहानी पर 'अज्ञेय' नाम पाकर बहुत वितृष्णा हुई, नाम बहुत भारी लगा और नाम के विरोध की सूचना जैनेंद्र को देने के बाद विवशता से 'अज्ञेय' नाम स्वीकार कर लिया। प्रेमचंद के पत्र 'जागरण' में कहानी 'अज्ञेय' नाम से छपी थी। आज इस नाम का जेल-यात्रा से जुड़ा इतिहास है।

अज्ञेय जेल में माखनलाल चतुर्वेदी की कविताएँ गाकर रातें काटते रहे। 'एक भारतीय आत्मा' की छोटी कविता 'चाह नहीं मैं सुरबाला के केशों में गूँथा जाऊँ' उनका कंठहार रही और फिर 'कैदी और कोकिल' के 'चुपचाप मधुर विद्रोह बीज' उनकी चेतना में ऐसे जमे कि फिर मुरझा न सके। निःसंदेह इन कविताओं की प्रियता का कारण जेल के दिनों में की उनकी मनोभूमिका रही होगी। मुझे लगता है कि ऐसा ही मनोवैज्ञानिक

कारण अज्ञेय के मन में इवो आंद्रिच की रचनाओं को लेकर रहा होगा। इसी प्रियता के कारण उन्होंने आंद्रिच के एक लघु उपन्यास का अनुवाद किया और तीन रचनाओं का अनुवाद—सर्वेश्वर दयाल सक्सेना, रघुवीर सहाय तथा भारत भूषण अग्रवाल से करवाया तथा अपने संपादन में उन्हें 'अलीका का जमाना' शीर्षक देकर छपवाया। साथ ही उन्होंने 'भूमिका' भी लिखी और कहा "नात्सी-अधिकृत बेओग्राद से हटकर आंद्रिच को देहात में छिपकर रहना पड़ा; लेकिन यह अज्ञातवास ही कदाचित् उनकी कीर्ति का आधार हुआ, क्योंकि इसी में आंद्रिच ने अपनी प्रतिभा के वास्तविक रूप को पहचाना और स्वीकार किया।" (भूमिका) आंद्रिच को जब नोबेल पुरस्कार दिया गया, तब उनके प्रशस्ति पत्र पर यह वाक्य अंकित था—"उस महाकाव्योचित शक्ति के लिए, जिसके साथ आपने अपने देश के इतिहास से घटनाएँ ली हैं और मानव नियतियों का चित्रण किया है।" अज्ञेय ने एक सघन 'भूमिका' के साथ आंद्रिच को पाठकों के लिए सुलभ बनाया। अज्ञेय को अभीष्ट है—'पाठ' को पाठक के पास ले जाना तथा पाठक को पाठ के पास। कोशिश यह रही कि अनुवाद अटपटा या पराया न लगे। उसमें घरेलूपन पैदा हो। अज्ञेय एकाग्रभाव से आंद्रिच को अपनी मनोभूमिका के अनुकूल पाकर उसमें ऐसे रमे कि आंद्रिच भाव-चेतना में रूपांतरित होकर आजीवन उनके लेखन में ही नहीं, उनकी आस्था और उनके मूल्यों में भी गूँज-अनुगूँज के साथ मौजूद रहे हैं।

आज अज्ञेय जैसे युग-प्रवर्तक रचनाकार के द्वारा किए गए अनुवादों के बारे में यह जिज्ञासा सहज ही जागती है कि अज्ञेय ने अंग्रेजी, जापानी, जर्मन आदि भाषाओं के अनुवाद में अपने को इतने समर्पण भाव से क्यों खपाया? इन अनुवादों का उनके सृजन-कर्म पर क्या प्रभाव पड़ा। एक प्रभाव तो यह पड़ा कि उनकी दृष्टि आधुनिक और विश्वोन्मुख हो गई तथा सांस्कृतिक-साहित्यिक दृष्टि से उनका सृजन-चिंतन परिप्रेक्ष्य संकुचित-संकरी सीमाओं के बंधनों से मुक्त होता गया। लेकिन अज्ञेय के विरोधियों ने प्रचार किया कि वे विदेशी कविता के नकलची हैं, डाकिए हैं—उनकी कविता को पढ़ना आधुनिक अंग्रेजी कविता का आनंद लेना है। अपने ऊपर पड़े देशी-विदेशी 'प्रभाव' को लेकर अज्ञेय ने अविचलित भाव से कहा है—"किसी भी प्रभाव को केवल बाहर का होने के नाते मैं अग्राह्य या प्रतिरोध्य नहीं मानता। पर साथ ही मैं यह भी मानता हूँ कि अनेक प्रभावों के प्रति अपने को बंद करना और साथ ही केवल दो सत्ताओं को मिश्रित करने का (या होने देने का) प्रयत्न करना संस्कृति को गलत समझना भी है और गलत मोड़ देना चाहना भी। मिश्रण की अवस्था संस्कृति से पहले की अवस्था है : वह प्रभावों के आदान-प्रदान और परस्पर संघात की अवस्था है। इस संघात के परिणाम में जो स्थिर, आत्मनिर्भर, संकरत्व के बोध की असहजता से मुक्त, गतिमान और सर्जनात्मक सत्ता संपन्न रूप प्रकट होता है, वही संस्कृति है, वही संस्कारवान रूप है। संस्कृतियाँ संकर

भी होती हैं अवश्य, और इससे उन्हें जीवनार्हता भी मिल सकती है, पर संकरता अपने आप में संस्कृति नहीं है।'' (*स्मृति लेखा*, पृ. 94)

पिछले कुछ दशकों से अनुवाद, नकल, अनुकरण और सृजन के प्रश्न को लेकर एक नया आयाम और जुड़ गया है कि साहित्यिक अनुवाद को एक प्रकार का सृजन कहा जाने लगा है। उत्तर आधुनिक विमर्श में साहित्य-संस्कृति की 'शुद्धता' भी अस्वीकृत हुई है और माना जाने लगा है, जैसा कि अज्ञेय ने लिखा है—''संस्कृति का चिंतन करनेवाले किसी भी विद्वान् के सामने यह बात स्पष्ट होनी चाहिए कि संस्कृतियाँ प्रभाव ग्रहण करती हैं, अपने अनुभव को समृद्धतर बनाती हैं, लेकिन यह प्रक्रिया मिश्रण की नहीं है। संस्कार नाम ही इस बात को स्पष्ट कर देता है।'' (वही, पृ. 118) इस तरह अज्ञेय हमेशा सृजन-अनुवाद में मिश्र-संस्कृति की राजनीति से अलग रहे। उन्होंने सामासिक संस्कृति का भी कीर्तन नहीं किया। वे अपने काव्य गुरु मैथिलीशरण गुप्त, माखनलाल चतुर्वेदी, राय कृष्णदास की राह पर चले पर अपने व्यक्तित्व को विखंडित नहीं होने दिया। उन्होंने अपने समकालीनों के सामने अखंडित व्यक्तित्व का एक मॉडल भी प्रस्तुत किया। अज्ञेय ने यह भी कहा—''किसी देश, किसी भी समाज के लिए एक अखंड व्यक्तित्व बड़ी उपलब्धि होता है : साहित्य के लिए तो इस समग्रता का महत्त्व है ही। आजाद आदमी वही होता है, जिसका व्यक्तित्व अखंड होता है : विखंडित व्यक्तित्व का आदमी आजाद नहीं हो सकता।'' (वही) अज्ञेय ने इसी दृष्टि के कारण अनुवाद की महत्ता को पहचाना और पहचनवाया। यह अनुवाद की ही महत्ता है कि विश्व की भाषाओं का साहित्य अब अंतरराष्ट्रीय पाठक वर्ग को सुलभ है। कई बार तो सर्जनात्मक अनुवाद—अनुवाद लगता ही नहीं। मूल का आनंद पाठक को देता है। उत्तर-आधुनिकतावादी चिंतक ज्यांक देरीदा तो यहाँ तक कहते हैं कि मूल तो अनुवाद के बिना अपूर्ण है, क्योंकि वह अनुवाद से ही पूर्णता-पूरकता पाता है तथा इसलिए अनुवाद के पीछे भागता है। कहा जा सकता है कि अज्ञेय के अनुवादों और सृजन में एक गहरा रिश्ता है। दोनों ही विधाओं में भाषा-शैली की सर्जनात्मकता, नूतनता के मौलिक प्रयोग मिलते हैं। भाषा की संस्कृति-संवेदना से जुड़े शब्दों पर अज्ञेय का पूरा ध्यान रहता है, चाहे वे रवींद्रनाथ के उपन्यास *गोरा* का अनुवाद कर रहे हों या इवो आंद्रिच के उपन्यास *दि वजीर्स एलीफैंट* का *वजीर का फीला* शीर्षक से अनुवाद। आंद्रिच की कृतियों में जेल जीवन का जैसा वर्णन-विवरण मिलता है, लगभग वैसा ही अज्ञेय की कृतियों में, चाहे कहानी हो या कविता हो, संस्मरण, डायरी, निबंध, उपन्यास कुछ भी हो।

अज्ञेय 1957-58 में जापान गए। उनका ज़ापान की साहित्य-संस्कृति कला से अंतरंग नाता जुड़ा। उन्होंने जापानी ज़ेन चिंतन की गहराई को भी साधक भाव से पाया, अपनाया। जापान पर द्वितीय-विश्वयुद्ध के दिनों में बमवर्षा की गई—अकथनीय विनाश

हुआ। अज्ञेय ने 'हिरोशिमा' शीर्षक कविता लिखी। जापानी ज़ेन-चिंतन का 'मौन' महामौन उनकी लंबी कविता 'असाध्य वीणा' में समाया। जापान के मंदिरों के दीपाधार, जापान के नोह नाटकों से भी प्रभावित हुए *उत्तर प्रियदर्शी* नाटक में नोह की रंगत है। *अरी ओ करुणा प्रभामय* शीर्षक अपने काव्य-संग्रह में अज्ञेय ने जापानी 'हाइकु' के छायानुवाद दिए हैं। 'सम्राज्ञी के नैवेद्य दान' में जापान की रानी के माध्यम से एक पूरी पूजा-परंपरा और जापानी चिंतन की अंतर्ध्वनियाँ सृजित की हैं। अज्ञेय के काव्य-संग्रह *सुनहले शैवाल* की प्रेरणा पृष्ठभूमि में जापानी प्रकृति का सौंदर्य है। निबंधों, संस्मरणों में अज्ञेय जापान से अंतरंग नाता जोड़े रहे और स्वदेश लौटने पर भी जापान को कभी भूले नहीं। सत्यभूषण वर्मा ने *जापानी कविताएँ* नाम से 1977 में जापानी कविताओं का अनुवाद निकाला, तो अज्ञेयजी उस पर मुग्ध रहे। यह मुग्धता इतनी बढ़ी कि अज्ञेयजी ने 'नया प्रतीक' का जापानी विशेषांक—अक्तूबर 1975 में निकाला और लगभग पूरा अंक (कुछ उपन्यास अंश अन्य लोगों ने किए।) स्वयं ही अनूदित रूप में हिंदी पाठकों को दे दिया। निबंध, कहानी, उपन्यास, कविता, यात्रा-कथा आदि सभी का अनुवाद किया। 'लेख-निबंधों' के अंतर्गत 'जापान का एक प्रतीक-पुरुष', 'एक एशियाई परिदृश्य', 'काकुजो ओकाकुरा','नो नाटक : एक भूमिका', (विलियम बटलर येट्स), 'चिकामात्सु और पुतली रंगमंच' हो-चुमी एकान हो, जापानी काल-गणना में लगे रहे। चार जापानी कहानियों—'गोदना', (जुनइचिरो तानिजाकी), 'झुरमुट में', (यूनोसुके अकुता गावा), 'तैरती हुई चाँदनी', (यासुनारि कावाबाता) 'एक थैली सीमेंट', (योशिकी हायाम) तथा उपन्यास-सार—'बर्मा की सारंगी' (मिचिओ ताकेयामा) किया। कई ज्ञात-अज्ञात जापानी कवियों के छंद-बद्ध अनुवाद अज्ञेय ने किए हैं। हितोमारो के 'चार मुक्तक' अज्ञात कवि का 'बिंब', ओतोमो याकामोचि की 'वासंती कुहरा', राजकुमारी मुरासाकी की 'भ्रम', मिचिलोबु की 'भोर', अज्ञात कवि की 'विधुर गीत', तोशिनारा की 'नहीं है राह', अज्ञात कवि की 'निर्धन जीवन', अज्ञात कवि की 'शिशिर की चाँदनी', राजकुमारी साकानोए क़ी 'चेतावनी', अज्ञात कवि की 'उलाहना', अज्ञात कवि की 'संलाप', अज्ञात कवि की 'संकेत', मात्सुओ बाशो के 'आठ प्रसिद्ध हाइकु', योसा बूसोन के 'चार हाइकु', तायासु मुनेताके की 'सागर स्वर', हितामारो की 'केश' राजकुमार कासा की 'प्यार', योशिमार्योता की 'बरसात का चाँद', राजकुमारी इजुमी की 'धार पर चाँद', कोबायाशी इस्सा 'तीन हाइकु' किनत्सुने की 'मैं वहाँ हूँ', ओकुमा कोतोमिचि की 'हवा' का लयबद्ध काव्यानुवाद किया है। अज्ञेय ने एक यात्रा-कथा 'दो आवारे' (लेखक इक्कु जिप्पेनशा) का सरल-सहज भाषा में अनुवाद करके अपने पाठकों को रिझाया है।

अज्ञेय ने कविता का अनुवाद उसमें भी जापानी-भाषा से अनुवाद किया है, जो चुनौतीपूर्ण कार्य है। जापानी में लिंग, वचन, पुरुष का भेद न होने के कारण हर क़दम

पर मुश्किल और जापानी भाषा में मितकथन की कला का कमाल। भाव-संयम और वाक्- संयम का अनुशासन जापानी में शब्द-तप बना है। सन् 712 में *कोजिकि* से जापानी साहित्य का श्रीगणेश होता है और उसी काल में *निहोनशोकि* में जापानी कविता का पहला रूप मिलता है। *कोजिकि* तथा *निहोनशोकि* के गीत प्राय: लोकगीत हैं। जापानी के पहला कविता संकलन *मन्योशु* में तीसरी शताब्दी से लेकर आठवीं शताब्दी तक के कवियों की कविताएँ संग्रहीत हैं। समाज के सभी वर्गों की कविता मौजूद हैं—राजपरिवार से लेकर किसान तक। इसमें अनेक कविताएँ अनाम कवियों की हैं। प्रो. रीतारानी पालीवाल ने *मन्योशु* की अधिकांश कविताओं का अनुवाद साहित्य-अकादमी दिल्ली से 2006 में हिंदी में प्रस्तुत किया है। सत्यभूषण वर्मा ने 'जापानी कविताएँ' नाम से सीमांत पब्लिकेशंस, इंडिया से 1977 में *मान्योशु* का अनुवाद प्रकाशित कराया था। कविताओं के तीन रूप हैं—योका, सेदोका और तांका। *मान्योशु* का काल जापान में नारा-युग नाम से जाना जाता है। नारा से हटकर आठवीं शताब्दी में राजधानी क्योतो बनी। 800 से 1200 ई. का काल 'हेइयान युग' कहलाता है। इस काल में वैभव प्राप्त क्योतों में (राजदरबार में) एक अलग कविता विभाग स्थापित हुआ, जिसके अंतर्गत प्राय: काव्य-गोष्ठियाँ होती थीं। इस काल में पिछली डेढ़ शताब्दी की श्रेष्ठ कविताओं का संकलन *कोकिनश* (प्राचीन और आधुनिक कविताओं का संकलन) तैयार किया गया। यह भी नारा दिया गया कि कविता वह है, जो योद्धाओं के कठोर हृदयों को कोमल कर दे। जापान में 1200 से 1600 ई का समय कामाकुरा और मुरोमाचि युगों में विभाजित है। यह गृह-कलह का अवसाद का काल है। डॉ. प्रभाकर माचवे ने *भारत और एशिया का साहित्य* में पंद्रहवीं शताब्दी की जापानी कविता 'शृंखलाबद्ध कविता' का उदाहरण प्रस्तुत किया था। अज्ञेय ने *अरी ओ करुणा प्रभामय* में 'रेंगा' का एक प्रयोग किया। 'शिशिर की वर्षा/चाँद मेघ की मुट्ठी में/छिपता नहीं।' इस तरह के रेंगा की तीन पंक्तियाँ होक्कु कही जाती हैं। रेंगा-पद्धति के नियमों को तोड़कर विद्रोही कवियों ने 'हाइकाइनो' रेंगा लिखे। आगे चलकर 'हाइकाइ रेंगा', से भी मुक्ति पाने का अभियान चला। इस अभियान से जापानी कविता का नया रूप 'हाइकु' का प्रस्फुटन हुआ। सोकान और मोरिताके के बाद हाइकु कुछ समय तक उपेक्षित रहा। सत्रहवीं शताब्दी में मात्सुनागा तेइकोई ने उसे पुन: जीवित किया। दरअसल, 'हाइकु' की काव्य-विधा के रूप में मात्सुओ बाशो (1644-1694) ने प्रतिष्ठा प्रदान कराई। पूरा जापानी जीवन-दर्शन 'हाइकु' में समाता गया और आज तो हाइकु जापानी साहित्य की सीमाओं को लाँघकर विश्व-साहित्य की संपत्ति बन चुका है। बाशो का एक 'हाइकु' विश्व भर के कंठ में बैठ गया है—'ताल पुराना/कूदा दादुर/गुडुप्प।' हाइकु में भाव की एकाग्रता ज़ेन-दर्शन की देन है। प्रोफेसर तोषियो तनाका ने 16 अक्तूबर, 1966 के 'धर्मयुग' में लिखा—'हाइकु का जन्म जापानी

संस्कृति की परंपरा, जापानी जनमानस और सौंदर्य-चेतना में हुआ और वहीं पला है। हाइकु में अनेक विचारधाराएँ मिलती हैं, जैसे बौद्ध धर्म (आदि रूप, उसका चीनी और जापानी परिवर्तित रूप, विशेष रूप से ज़ेन संप्रदाय) चीनी दर्शन और प्राच्य संस्कृति। हाइकु इन सबका दर्पण है।'' चीन के ताओवाद का प्रभाव जापानी कविता ने ग्रहण किया। चीनी मानस में ताओवाद और ज़ेन दर्शन का विकास बौद्ध-दर्शन का आधार लेकर एक साथ हुआ। कन्फ्यूशस के दर्शन तथा जापानी शिंतों दर्शन ने मिलकर 'हाइकु' को शब्दों की मितव्ययता तथा गंभीरता प्रदान की है। कवि-गुरु रवींद्रनाथ टैगोर जापान (1919 के आस-पास) गए तो जापानी 'हाइकु' के वाक्-संयम पर मुग्ध हो गए और काबुकी-नोह-नाटकों पर। हाइकु का विशेष गुण है विपरीत गुणवाले पदार्थों को एक साथ रखकर उनसे एक समन्वित प्रभाव की अन्विति। शैली की दृष्टि से हाइकु 5, 7, 5 वर्णक्रम में तीन पंक्तियों की 17 अक्षरोंवाली लघु कविता है। जापान में बाशो के शिष्य किकाकु ने कभी-कभार यह क्रम तोड़ा भी है। स्वयं बुसोन् 17 अक्षरों के क्रम को ध्वस्त करते रहे हैं। लेकिन हाइकु का ऋतु से प्रकृति-चित्रण से जो रिश्ता है, उसकी लगातार वृद्धि की है। इससे हाइकु का रूप 'सेन्यु' विकसित हुआ है। अब तो यूरोप की सभी भाषाओं में हाइकु शैली की गहमागहमी है। रोमाँरोलाँ ने फ्रांसीसी स्कूलों में बच्चों को हाइकु-शैली के अभ्यास की शिक्षा देने तक का प्रयोग किया है। रूस पर जापान (1905) की विजय के बाद जापानी साहित्य कला पर विशेष ध्यान पूरे विश्व का गया। अमरीकी लेखक एजरा पाउंड ने हाइकु कविता में प्रयोग किए और फ्रांस में एलार्ड कवि ने।

भारतीय भाषाओं में रवींद्रनाथ टैगोर ने बँगला में दो हाइकु अनूदित किए। फिर बँगला में बुद्धदेव वसु, अन्नदा शंकर राय ने, गुजराती में निरंजन भगत ने असम में नीलमणि फुकन ने, हिंदी में अज्ञेय ने हाइकु के अनुवाद किए। अज्ञेय ने जापानी साहित्य के निबंधों, कहानियों, उपन्यासों, यात्रा-वृत्तों का हिंदी में अनुवाद किया और करवाया। जापानी अंक में जापानी उपन्यासों के सारांश सत्यभूषण वर्मा ने किए। सार, संक्षेप यह कि अज्ञेय की अपनी सर्जनात्मकता पर (सभी विधाओं पर) जापानी साहित्य और चिंतन का गहरा प्रभाव पड़ा है। अज्ञेय ने अपनी तरह से हाइकु के मौलिक-प्रयोग किए हैं और 'असाध्यवीणा' जैसी अनुपम कविता की सृष्टि जापानी ज़ेन-साधना-पद्धति के प्रभाव से की है। उन्होंने इस चिंतन से यह मंत्र भी पाया कि गद्य भाषा में लिखा जाता है कविता शब्द में। कवि-कर्म शब्द-साधना है, शब्द-शोधन है, शब्द-संस्कार है।

अज्ञेय के जीवन काल में एक दौर ऐसा भी आया कि उनका ध्यान जर्मन साहित्य की ओर गया। इस ध्यान का फल यह हुआ कि वे जर्मन साहित्य के अनुवाद की ओर लपककर गए। उन्होंने इसी जर्मन साहित्य के नशे में अपनी पत्रिका 'नया प्रतीक' का फरवरी 1977 में जर्मन साहित्य विशेषांक निकाला। अज्ञेय ने गिआर्ग त्राक्लू की सात

कविताओं का अनुवाद किया और उनके प्रतीकों को काव्यमय अनुशासन में बरकरार रखने का प्रयास। त्राक्लू (1887–1914) को केवल सत्ताईस वर्ष का जीवन मिला और इस अल्प जीवन में उन्होंने रिल्के को आकृष्ट किया। यूरोपीय एक्प्रेशनिज्म की धारा को त्राक्लू ने आगे बढ़ाया और उनके इस कार्य की तारीफ सभी आलोचकों ने की है। उन पर फ्रांसीसी कवि विवो, बोदलेयर, बर्लेन, रैक्बो, तथा जर्मन कवि, नाटककार हन्योएल्डर्लिन, गिआर्गे, नीत्से, रूसी कथाकार दोस्तोएवस्की का प्रभाव रहा है। लेकिन इन प्रभावों ने उनकी प्रयोगधर्मी मौलिकता को चमकाया, उसे अनुकरणामूलक और मंद नहीं बनाया। इस प्रतीकवादी कवि के सभी बिंबों की रंगत में अपना सौंदर्य है, जबकि वे प्रायः विशृंखलित हैं। जर्मन दार्शनिक हाइडेगर कवि त्राक्लू की द्विअर्थकता से चौंक पड़े थे। पाठकों के लिए अज्ञेय ने विस्तार से गिआर्ग त्राक्लू का परिचय और मूल्यांकन किया है।

राइनर मारीया रिल्के की सात कविताएँ अज्ञेय ने अनूदित की हैं, अपने जीवन में विश्वविख्यात और इतना अधिक पढ़ा जानेवाला जर्मन कवि कदाचित् रिल्के (1875–1926) ही हैं। रिल्के को जर्मनी में तो सम्मान मिला ही वे फ्रांस और इंग्लैंड में बहुत लोकप्रिय हुए। रिल्के की शुरुआती कविताओं की रोमैंटिक भावभूमि लुभावनी है, लेकिन इस भावुकता से उन्हें मुक्ति फ्रांसीसी मूर्तिकार रोदैं की संगति ने दिलाई। वे इससे पहले रूस यात्रा से भी प्रभावित हुए थे। और नए ढंग की वस्तुनिष्ठ कविता की ओर बढ़े। उनकी पेरिसकाल की कविताएँ *चित्र-पोथी* के नाम से प्रसिद्ध हुई। अज्ञेय ने इसी 'पोथी' से नंबर एक और दो कविता ली हैं। 'नए गेडिष्टे' *नयी कविताएँ* में वस्तुनिष्ठता ने आसन जमाया है। उन्होंने 'नवम एलेजी' में उदात्त-स्वर अपनाया और जीवन-जगत् में गहन आस्था का परिचय दिया। अवसर पाते ही अज्ञेय आगुस्ट स्ट्राम (1874–1915) की कविता का 'कुछ तोड़ता' शीर्षक से मुक्त-छंद में मनोरम अनुवाद करते रहे हैं।

स्टेफान गिआर्ग (1868–1933) की 'चार कविताएँ' अज्ञेय ने अपने अनुवाद से पाठकों को सुलभ कराई हैं। स्टेफान दो विश्वयुद्धों के बीच के प्रमुख जर्मन कवि हैं। वे प्रतीकवादी कवि हैं और प्रकृतवाद के विरोधी। उन्होंने फ्रांस के प्रतीकवादियों के अनुवाद भी किए और जर्मन स्वच्छंदतावाद की धारा में हिस्सेदारी की। वे कला के मर्मी और उपासक कवि हैं और उनका अभिजात मनोभाव अज्ञेय की मनोभूमिका के उन्हें निकट लाता है। अज्ञेय की तरह स्टेफान पर भी तमाम झूठे आरोप लगाए जाते रहे। लेकिन दोनों ने शब्द की पवित्रता और महिमा में अपनी आस्था कभी कम नहीं की है।

अज्ञेय ने गॉटफ्रीड बेन (1886–1956) की 'पाँच कविताएँ' हिंदी पाठकों के लिए उपहारस्वरूप में अनूदित की हैं। पिछले विश्वयुद्ध की स्थितियों में जब जर्मनी में बहुत से लोग मानने लगे थे कि अब जर्मन भाषा में कविता नहीं लिखी जा सकती। उस कठिन काल में गॉटफ्रीड बेन ने अपने प्रयोगों से कविता को पुनः संभव बनाया।

मैथुनज रोगों के विशेषज्ञ इस डॉक्टर कवि का प्रथम कविता-संग्रह प्रथम-विश्वयुद्ध के काल में प्रकाशित हुआ। सन् 1948 में महायुद्ध के बाद उनकी कविता का मुहावरा बदल गया। उनके काव्य का प्रभाव पूरे यूरोप पर रहा और उनके कविता-संबंधी विचारों का अलोचकों में बड़ा सम्मान रहा है। अज्ञेय के मानस पर बेन की धाक रही है और वे काफी दूर तक उससे प्रभावित रहे हैं, क्योंकि दोनों कवियों ने द्वितीय विश्वयुद्ध की पीड़ा और त्रासद अनुभवों को अपने-अपने ढंग से झेला है।

स्लावीनी कवि प्रेशरेन की दो कविताओं को अज्ञेय ने चुनकर अनूदित किया है। प्रेशरेन (1880-1849) अपनी नूतन प्रयोग भंगिमा के कारण पूरे यूरोप में बहुचर्चित रहे। प्रेशरेन की इस 'प्रयोग' दृष्टि का अज्ञेय के मन में अपार सम्मान का भाव रहा है।

कितनी अद्‌भुत बात है कि अज्ञेय ने जर्मन नाट्य-साहित्य के प्रसिद्ध नाटककार गॉट होल्ड एफ्राइम लेस्सिंग के नाटक का एक मार्मिक अंश 'चमत्कारी अँगूठी' के नाम से अनूदित किया है। लेस्सिग (1729-1781) के चार महान् नाटक जर्मन नाट्य साहित्य में अविस्मरणीय रहे हैं। उनका पहला नाटक 'घरेलू' कॉमेडी है और मुक्त-छंद के प्रथम प्रयोग का कला-कुसुम। उनका नाटक 'संत नैथाल' दर्शन और धर्म का अद्‌भुत मेल है। एक समय था कि लेस्सिंग के धर्म-दर्शन से जुड़े लेखों से चिढ़कर पादरी बहुत भड़के थे। धर्म की जकड़बंदी से लड़ने का अस्त्र लेस्सिग ने रंगमंच को बनाया और सर्वधर्म समभाव का मार्ग सुझाया। इस नाटक को भारत की स्थिति के लिए आवश्यक मानकर ही अज्ञेयजी ने अनुवाद किया है। साथ ही 'जर्मन मसखरा टिल' से भी हिंदी पाठकों को परिचित कराया, टिल अपने भोलेपन से शासकों को उल्लू बनाया करता था। अज्ञेयजी ने इस लोककथा के चरित्र पर टिप्पणी करते हुए कहा है—"टिल की करतूतें भारत में प्रचलित जाट-चरित्र की कथाओं की याद दिलाती हैं।"

फ्रीड्रिष ह्योएल्डर्लिन (1770-1840) जर्मन रोमांटिक धारा के प्रमुख कवि हैं। इस कवि की प्रसिद्ध 'सात कविताएँ' अज्ञेयजी ने अनूदित की हैं। फ्रीड्रिष धर्मशास्त्र का अध्ययन करने के बाद फ्रांसीसी क्रांति की प्रेरणा से भरे राजनीतिक आदर्शवाद में निमग्न रहे हैं। हीगेल और शेंलिग से उनकी घनिष्ठता रही और यूनानी तथा मसीही आदर्शों को मिलाकर वे आदर्श जर्मनी का स्वप्न देखते रहे। उनके विचारों पर शेलिंग का प्रभाव पड़ा और छनकर यह प्रभाव उनके कवि-कर्म में भी प्रवेश पाता रहा। उनके कवि कर्म से उनके जीवनकाल में ही अधिक कवियों ने प्रेरणा ली। उनकी उत्तर-काल की कविताई में गहरी व्यथा का निवास है। उनके यौवनकालीन उपन्यास *ह्यू पेरिओन* में हेलास के प्रति जो लगाव था, वह उनमें आजीवन रहा। अज्ञेय को उनके 'नियति-गीत' बहुत प्रिय रहे हैं और 'ईश्वर क्या है ?' पर वे इस जर्मन कवि की तरह ही सोचते रहे हैं।

हाइनरिश हाइने (1797-1856) अज्ञेय का प्रिय कवि है और उन्होंने 'नया प्रतीक,

अंक 7, वर्ष 1976 जुलाई' में 'सात कजिताएँ' और अनूदित करके पाठकों को दी हैं। समूचे यूरोप पर हाइने का व्यापक प्रभाव पड़ा। जन्मना यहूदी हाइने धर्म-परिवर्तन कर ईसाई हो गए और स्वेच्छा से फ्रांस चले गए। जर्मन भाषा और संस्कृति से गहरा लगाव रखनेवाले इस कवि ने एक फ्रांसीसी सुंदरी से विवाह किया और कभी राजनीति, कभी पत्रकारिता के भँवर में हिचकोले खाते रहे। अज्ञेय ने यहाँ हाइने के प्रसिद्ध गीतों में से कुछ गीतों का मूल जर्मन से अनुवाद किया है। उन्होंने इन अनुवादों में जर्मन भाषा की मूल प्रकृति, लय, भाषा स्वर वृत्ति का विशेष ध्यान रखा है। जर्मन विद्वान् डॉ. लोठार लुत्से के मित्र अज्ञेय ने जर्मन-भाषा पर इतना अधिकार कर लिया था कि मूल जर्मन भाषा की लय को अनुवाद में बरकरार रख सकें। अज्ञेय ने हाइने की सात कविताओं का फिर कुछ समय बाद अनुवाद किया। इस तरह अज्ञेय ने चौदह कविताओं के मूल जर्मन से अनुवाद हिंदी को दिए हैं और अच्छे काव्यानुवाद का मार्ग प्रशस्त किया है। अचानक समय मिला तो फट से फ्रीड्रिष फन्लोगाड (1904-1955) की प्रसिद्ध कविता 'अनुशासन विशारद' हिंदी-भाषा को दे दी है।

'नया प्रतीक' के मार्च 1978 के अंक में अज्ञेयजी ने बेर्टोल्ट ब्रेष्ट की कविताओं का अनुवाद प्रकाशित किया। ब्रेष्ट (1898-1956) जर्मन कवि थे और प्रसिद्ध नाटककार, थिएटर डायरेक्टर। बीसवीं शताब्दी के प्रसिद्ध थिएटर कर्मियों में उनका नाम सर्वाधिक चर्चित रहा है। विचारों से प्रतिबद्ध मार्क्सवादी ब्रेष्ट 'ड्रामेटरजी' तथा 'थियेट्रिकल प्रोडक्शन' के क्षेत्र में महत्त्वपूर्ण योगदान है। उन्होंने अपने अनुभवों से 'एपिक थिएटर' या महाकाव्यात्मक रंगमंच की 'थियरी' को प्रस्तुत किया। उनमें नाटक को महाकाव्यात्मक फार्म देने की दिशा राजनीतिक रही और राजनीतिक विचारों को जन-मन तक फैलाने में नाटक को अस्त्र बनाया। इस तरह उन्होंने थिएटर को नए रूप में नवजीवन देते हुए नया सामाजिक अस्त्र या समाज का सौंदर्यशास्त्र विकसित किया। 'हाई आर्ट' तथा 'पॉपुलर कल्चर' को संवाद की सौंदर्यकला प्रदान की। इस तरह 'नॉन अरिस्टाटेलियन ड्रामा : एपिक थिएटर—डायलेक्टिकल थिएटर' की महत्त्व-प्रतिष्ठा की। विशेष उल्लेखनीय है—*थ्री पेनी ओपरा,* का विस्तार-संदर्भ। उनके साहित्यिक ग्रंथों में *लाइफ ऑफ गैलीलियो, मदर करेज एंड हर चिल्डरन, दि गुड पर्सन ऑफ स्वेचवान* तथा *काकेशियन चाक सर्कल* आदि। ब्रेष्ट की गहरी अंतरंगता एडोर्नो, लूकाच तथा बेंजामिन से रही और ये सभी आधुनिकतावादी यथार्थवाद का समर्थन और साथ देते रहे। अपने समय के तमाम नामी-गिरामी संगीतज्ञों, नाटककारों, चित्रकारों, अभिनेताओं, चिंतकों, नाट्य-निर्देशकों से उनकी नजदीकियाँ रहीं। अज्ञेयजी ने कवि ब्रेष्ट की कुछ कविताओं का अनुवाद कर हिंदी पाठक को उनकी काव्य-चेतना से साक्षात्कार कराया है।

मैं सन् 1935 दिसंबर माह के 'विशाल भारत' को उलट-पलट रहा था कि अचानक

मेरी निगाह 'श्री अज्ञेय' के एक जर्मन अनुवाद पर पड़ी। अज्ञेयजी ने जर्मन सोशलिस्ट नेता, कवि, नाटककार अर्नेस्ट टॉलर की कविता का अनुवाद *बंदी और अबाबील* शीर्षक से किया है। जब वह जर्मनी के नीडरशोनेन फेल्ड दुर्ग में पाँच वर्ष की सजा काट रहा था, तब उसकी कोठरी में अबाबील के एक जोड़े ने घोंसला बनाया था। उसी को देखकर टॉलर ने *स्वालोबुक* नाम की पुस्तक लिखी थी, जिसमें उसने बंदी जीवन के प्रगाढ़ एकांत मानव-हृदय की भूख और विद्रोह को शब्दबद्ध किया था। टॉलर की यह कविता अज्ञेय को भा गई। *प्रिजन डेज एंड अदर पोयम्स* के कवि अज्ञेय की मानसिकता में यह कविता इतनी अधिक जज्ब हुई है कि आज आश्चर्य होता है। इस तरह टॉलर को अज्ञेय ने 'मित्र-सखा' कवि बनाया और उनकी कविताओं के कुछ अंशों का भावानुवाद किया है। इस भावानुवाद में अज्ञेय का राग-दीप्त मन खिलकर उमड़ पड़ा है। एक अद्‌भुत साधारणीकरण के क्षणों से इस अनुवाद की सर्जनात्मकता का प्राण-रस- निष्पत्ति पाता है। सन् 1930 से लेकर 1940 तक का समय अज्ञेय की सर्जनात्मकता का कविता, कहानी, उपन्यास, निबंध, पत्रकारिता का बहुत उपजाऊ काल रहा है, साथ ही नए प्रयोगों की चाहत की आकांक्षा अरमान भरा काल।

अज्ञेय ने 'नया प्रतीक' के जर्मन-विशेषांक जनवरी 1977 में मार्टिन लूठर 'यहाँ मैं टिका हूँ' से परिचय करते हुए लूठर का कथन अनूदित किया है—''लेकिन मैं क्योंकि ईश्वर नहीं हूँ केवल साधारण मनुष्य हूँ, इसलिए अपने लेखों के समर्थन में उससे आगे नहीं जाऊँगा, जहाँ तक पैगंबर ईसा अपने सिद्धांतों के समर्थन में गए थे।'' एक लंबा वक्तव्य है, लूठर का जिसमें वह अपनी मातृभूमि जर्मनी के प्रति नतमस्तक है। साहसी, परिश्रमी और निष्ठावान धर्म सुधारक मार्टिन लूठर (1483-1546) का जर्मन जीवन और साहित्य में अविस्मरणीय स्थान है। उन्होंने ब्रिटेन बर्ग दुर्ग के गिरजाघर के द्वार पर अपने इतिहास प्रसिद्ध '95 सिद्धांत' टाँगे और सुधार-आंदोलन को बिजली की चमक दी। उन्होंने जर्मन भाषा में बाइबिल का आदर्श अनुवाद किया। गंभीर जोरदार भाषा के प्रतिमान बनकर अज्ञेय की मनोभूमिका में मार्टिन रच-बस गए। अज्ञेय ने मार्टिन के विश्व प्रदेय को देशभक्ति से जोड़कर देखा है।

हिंदी पाठकों के लिए अनथक श्रम से अज्ञेयजी ने 'जर्मन साहित्य : ऐतिहासिक अनुक्रमण' प्रस्तुत की है, जिससे हम जर्मन साहित्य के विविध चरणों का विकास-क्रम पा सकते हैं। यहाँ इस तथ्य को अज्ञेयजी ने विशेष रूप से उजागर किया है कि जर्मनी का रोमांटिक काल (1790-1830) ही वास्तव में जर्मन साहित्य का स्वर्णकाल है। योहानवाल्फगांग फन ग्योएटे (1749-1832) को विश्वकवि माना जाता है—कविवर बायरेन ने उन्हें 'यूरोप के कवियों और बुद्धिजीवियों का शिरोमणि' कहा है। ग्योएटे की स्वच्छंदतावाद और शास्त्रवाद (क्लासिक) संबंध मान्यताओं का विश्व काव्यशास्त्र में

बड़ा आदर रहा है। वे शास्त्रवादी धारा को स्वस्थ और स्वच्छंदतावादी धारा को 'रोगी' मानते रहे हैं। उनका प्रसिद्ध कथन है—स्वच्छंद रचना एक प्रकार का शारीरिक रोग है। जिन अंगों में जरूरत नहीं, वहाँ शक्ति की प्रचुरता हो जाती है और जहाँ जरूरत है, वहाँ रस पहुँच तक नहीं पाता।" विशेष रूप से वे रचना या कला में व्यक्तित्व की प्रधानता मानते हैं। वे यूनानी देवताओं की मूर्तियों को विश्व का उद्धारक मानते हैं और उन्हें समग्र रूप में एक साथ कविता, प्रकृति और कला स्वीकार करते हैं। वैटिकन के 'अपोलो' (400 ई.पू.) की मूर्ति की रम्यता पर वे 'पोएट्री एंड ट्रूथ' शीर्षक से कविता का सृजन करते हैं। वे 'लाओकून' की मूर्ति के प्रति भी बहुत अनुरक्त रहे।

ग्योएटे का विचार था कि समस्त कलाओं में 'पौरुष' प्रमुख है और प्रतिभावान व्यक्ति ही महान्-कला की सृष्टि कर सकता है। कारण 'व्यक्तित्व कला और कविता का सर्वस्व है।' कला अथवा कविता की प्रेरणा और सामग्री यथार्थ से उद्‌भूत होनी चाहिए। कविता हवा से नहीं फूटती। समय, समाज, संस्कृति, परंपरा के तपे यथार्थ से रूपाकार ग्रहण करती है। उनका यह भी विश्वास था कि जर्मन सौंदर्यशास्त्र 'वास्तविकता' पर केंद्रित है। कोई सुंदर कलाकृति नैतिक प्रभाव पैदा कर सकती है और वह करती भी है। लेकिन कलाकार से किसी नैतिक प्रयोजन की अपेक्षा करना उसकी कला का सर्वनाश करना है। अज्ञेय के मानस पर ग्योएटे का प्रभाव कई रूपों में पड़ा है। सबसे पहले उन्होंने 'विचार-बिंदु' के अंतर्गत 'पौरुष' संबंधी ग्योएटे के विचार का अनुवाद किया है—फिर 'लगन', 'सुरक्षा', 'प्रेम', 'जोखिम', 'सहयोग', 'अज्ञान', 'अमरत्व', 'अंधविश्वास', 'स्वतंत्रता' का। इन विचारों से अज्ञेय का गद्य-कर्म, कवि-कर्म आंदोलित रहा है।

फ्रीड्रिश नीत्से (1844-1900) आधुनिक विश्व के क्रांतिकारी चिंतक हैं। नीत्से ने अस्तित्ववादी चिंतन के क्षेत्र में 'सत और असत् से परे' (येन्जाइट्स फ़न गूट उंड व्योएज) सन् 1885 में लिखा था। चिंतन के विकास की दृष्टि से भी यह ग्रंथ 'ज़रदुस्त्र' (ज़रथुस्त्र) और 'नैतिकता की वंशवेलि (त्सूर गेने आलोगी डेर मोराल) के नजदीक पड़ता है। शैली की दृष्टि से जरथुस्त्र की भाँति ही तीखे व्यंग्यों-वक्रोक्तियों से भरी रचना है। नीत्से नैतिकता का खंडन करते रहे हैं और समतावादी दृष्टि पर व्यंग्य-उपहास। यह पुस्तक वे पूरी नहीं कर सके। इसका प्रकाशन उनकी मृत्यु के बाद हुआ। अज्ञेयजी ने 'पाप-पुण्य से परे' कुछ सूक्तियों के 'शक्ति के संकल्प' शीर्षक के 'सत् और असत् के परे' के चौथे खंड से 'सूक्तियाँ और अंतरे' चुनकर प्रस्तुत किए हैं। नीत्से मानते थे कि नैतिकतावाद का अंतिम जाल होता है—ज्ञान के लिए ज्ञान। अज्ञेयजी नीत्से के विचार-मंडल के नजदीक रहे हैं और यह आस्था ही उन्हें नीत्से की सूक्तियों की ओर खींच ले गई है।

एक समय ऐसा भी आया कि अज्ञेयजी ने सन् 1972 के नोबेल साहित्य पुरस्कार

विजेता हाइनरिष व्योएल (1917-) की ओर ध्यान दिया। उन्हें जर्मनी में 'स्वयं नियुक्त नैतिक आत्मा' के नाम से भी जाना जाता है। उन्होंने अपने उपन्यास (1949) में युद्ध की विभीषिका और उसकी मनहूसियत का बिंब प्रस्तुत किया है। यह करुण स्वर कहानियों में और प्रखर हुआ। सन् 1971 में उनका असंतोष उनके विशाल उपन्यास *महिमा-वृंद चित्र (ग्रुप्पेन बिल्ड मिट डामे)* में तीव्र आक्रोश के चित्रों के साथ सामने आया। वे राजनीति में आजीवन सक्रिय रहे और 1974 में उनका हृदय-संवाद रूसी उपन्यासकार सोल्जेनित्सिन से हुआ। इस परम विद्रोही रचनाकार की दो कहानियों—'मेरा उदास चेहरा' और 'मेरा लंबे बालोंवाला साथी' का अज्ञेयजी ने मार्मिक अनुवाद किया है। अज्ञेयजी द्वितीय-विश्वयुद्ध के अनुभवों की भीतरी यात्रा में कभी थके नहीं। जापान-जर्मनी में युद्ध की विभीषिकाओं ने उन्हें भीतर से झकझोर कर एक 'अंतर्दृष्टि' प्रदान की है। यही अंतर्दृष्टि का साक्षात्कार उन्हें बौद्ध-चिंतन की करुणा और चित्त-संज्ञा की ओर ले गया।

बहुश्रुत यायावर अज्ञेय ने आंद्रेअस ग्रुफिउस (1616-1664) को अपनी तरह से खोज निकाला। उनकी धारणा रही है कि किसी कवि के मूल्यांकन के लिए 'युग-संदर्भ' आवश्यक होता है। सत्रहवीं शताब्दी के इस महत्त्वपूर्ण जर्मन कवि आंद्रेअस का संपूर्ण रचनाकाल एक दारुण थकानेवाले युग में बीता था, जिसे यूरोपीय इतिहास में 'तीस वर्षीय युद्ध' कहा जाता है। इस काल में आंद्रेअस ने युद्ध के परिवेश को जाना-भोगा। यह भयानक संकट और तबाही, महामारी, अकाल का समय था। ऐसी मनःस्थिति रही इस कवि, नाटककार की कि इसने स्वीडेन, हाइडेलबर्ग के विश्वविद्यालयों का पद अस्वीकार कर दिया और अपने छोटे नगर के एकांत में ही जिया। यहाँ अज्ञेयजी ने 'पितृभूमि के आँसू', 'दिनांत', 'भूगोल पर', 'स्वर्गोल पर' तथा 'काल-चिंतन' शीर्षक की पाँच कविताओं का अनुवाद किया है।

अज्ञेयजी द्वारा किए गए इन अनुवादों को अनुवाद नहीं कहना चाहिए—सृजन का पुनः सृजन कहना चाहिए। यहाँ एक रचना अनुवाद में आते ही पुनः नई रचना का रूप प्राप्त करती रही है। एक भाषा से दूसरी भाषा में आते ही वह रचना दूसरी भाषा की संस्कृति में धड़कने लगती है और जर्मन, जापानी, अंग्रेजी किसी भी भाषा की रचना हो—उसका हिंदी में पुनःजन्म हो जाता है। इस प्रकार अच्छा अनुवाद सृजन होता है और रचना का नया जन्म। अनुवाद में धर्म, परंपरा, ईश्वर, प्रत्यय की समस्या केवल नाम की समस्या, कहीं रागबंध की समस्या, श्रद्धावान् समाज की समस्या, अनुभव-संप्रेषण की समस्या, परिवेश और मूल्य, संवेदना और शिल्प की समस्या, एक भाषा से नास्तिक-आस्तिक सभ्यता की भाषा में अनुवाद—शब्द के बदले कोश का शब्द रख देने से काम नहीं चल पाता। अनुवाद में हम एक 'तटस्थ' पूर्वग्रहमुक्त शब्द ले लें, पर मूल के श्रद्धाभाव का क्या होगा? श्रद्धा भाव की सत्ता में तर्क सिद्ध होने का आग्रह

कैसे चलेगा? कारण यह है कि कविता शब्द में होती है 'विचार' भाषा में होता है। हमारी सभ्यता का मूल भाव हमारी भाषा के स्वभाव का अंग है। अज्ञेयजी ने *शेषा* में अनुवाद को लेकर यह प्रश्न उठाया है कि 'सेतु' है तो कहाँ? (*शेषा*, पृ. 85) ऐसे ही समझौतों का नतीजा होता है, वैसा अनुवाद जो निरालाजी को रोमांटिक युग में डाल देता है या प्रसाद को मिल्टन के युग में। हमें समकालीन उत्तर ही खोजने होंगे। इधर भी समकालीन, उधर भी समकालीन। इस तरह अनुवाद 'समझौता' नहीं है, हृदय और बुद्धि की मुक्तावस्था से किया गया सृजन है। यह सृजन हमारी अपनी भाषा के बोध को कई स्तरों पर संपन्न बनाता है।

□

भारतीय कला-चिंतन की परंपराओं का सच

भारतीय कला-चिंतन की परंपरा में राय कृष्णदास का नाम शीर्ष पर रहा है। अज्ञेयजी के शब्दों में वे भारत के राष्ट्रीयताकामी पूरी समाज की मानो सजीव स्मृति थे। राय कृष्णदास अहिंसक राष्ट्रीय आंदोलन की प्रेरणाओं के स्मृति-यंत्र थे और स्वाधीनता-प्रेम उनके चिंतन में अनुप्राणित था। उनके स्वाधीनता-प्रेम के आयाम इतने व्यापक थे कि उनमें कला, साहित्य, इतिहास, दर्शन सब समा जाते थे। आज उनकी जैसी न कोई स्मृति इस देश में है, न उनके जैसा कोई दूसरा व्यक्तित्व ही इस देश में मिलेगा। राय कृष्णदास का राष्ट्रीय व्यक्तित्व कला-साहित्य-दर्शन के मार्मिक अनुभवों से निर्मित हुआ था। और उनके व्यक्तित्व की गहरी, बहुत गहरी छाप अज्ञेयजी के चिंतन पर पड़ी है। राय कृष्णदास को आदर से 'सरकारजी' कहा जाता था और उनसे मिलाने के लिए अज्ञेय को पिता पंडित हीरानंद शास्त्री ले गए थे। यह वह समय था, जब अज्ञेयजी जेल से छूटकर आए थे।

अज्ञेयजी ने लिखा है—"मैं जेल से नया-नया छूटकर आया था और देश भ्रमण कर रहा था; पिताजी उन दिनों काशी में होंगे, यह जानकर मैं भी कलकत्ता से वहाँ आ गया। उनके सामने यों भी कम बोलता, पर जेल के लंबे एकांतवास के कारण मेरा तो लगभग यह हाल हो गया था, मानो बोलना ही, नए सिरे से सीखना पड़ रहा हो।" (*स्मृति लेखा*, पृ. 37) अज्ञेय के क्रांतिकारी संस्कार राय कृष्णदास के लिए सरकारजी संबोधन सुनकर असमंजस में पड़ गए। फिर परिचय के बाद सहज हुए और दद्दा मैथिलीशरण गुप्त के कारण उनसे बार-बार मिलना-जुलना होता रहा। सरकारजी में अभिजात्य का मनोभाव था और श्रेष्ठ संस्कारों को उन्होंने सार-तत्त्व के रूप में आत्मसात् कर लिया था। जब उन्होंने काशी में अद्वितीय कला-संग्रह—'भारत कला-भवन' बनाया था, तब परंपरा पुष्ट उनके संस्कारों में अभिनव सौंदर्य का निखार आया। 'आज भारत कला-भवन' भारतीय चित्रकला के संसार-विख्यात संग्रहों में से एक है।

यह ध्यान में रखने की बात है कि सरकारजी को केवल कला-पारखी और 'आर्ट

हिस्टोरियन' आदि कहकर छोड़ देना केवल उनके साथ अन्याय करना नहीं है, बल्कि उस समूची भारतीय परंपरा के साथ अन्याय करना है, क्योंकि वह उस परंपरा के श्रेष्ठ उदाहरण थे। यों उनकी औपचारिक शिक्षा अधिक नहीं हुई थी, लेकिन धर्म और दर्शन,

इतिहास और पुराण, साहित्य और कला, भाषा और लोक-व्यवहार सभी क्षेत्रों में उनका ज्ञान और उनकी सूझ अद्‌भुत थी। प्राचीन परिभाषा में सच्चे ज्ञानवान को 'बहुपठित' और 'बहुश्रुत' कहते थे। बहुश्रुत कैसा हो सकता है—उसके सरकारजी सर्वश्रेष्ठ उदाहरण थे। केवल कला-पारखी, विद्वान् कह देना उनके लिए काफी नहीं है, क्योंकि कला-संवेदना का एक पवित्र गंगा-प्रवाह उनके चिंतन में प्रवाहित था और दृष्टि के विस्तार में केवल 'हम' था, 'अन्य' नहीं। कला-पारखी, कला-व्यसनी, कला-विलासी और साहित्य-मर्मज्ञ होकर भी वे पाठक रूप में सहृदय-चक्रवर्ती कहलाने के योग्य थे। उन्होंने कला को संगीत-कला, चित्रकला, स्थापत्य कला, काव्यकला आदि सीमित अर्थ में ग्रहण नहीं किया और न उपयोगी कला तथा ललित कला के स्थूल विभाजन में पड़े। उन्हें ज्ञान था कि भारतीय चिंतन काल और कला में फर्क करता रहा है। आचार्य रामचंद्र शुक्ल तो काव्य को कला माननेवालों से क्षुब्ध ही रहे और कहते रहे कि हमारे यहाँ सारी गड़बड़ी काव्य को कला मानने के कारण हुई। स्वयं भारतीय संस्कृति के विद्वान् रचनाकार जयंशकर प्रसाद ने काव्य को कला नहीं माना। अपने निबंध-संग्रह का नाम रखा— *काव्य और कला तथा अन्य निबंध*। भारतीय चिंतन में 'काव्य' को विद्या कहा गया और कलाओं को उपविद्या। फिर राय कृष्णदास तो इन क्षेत्रों के मर्मज्ञ थे।

उनके प्रति कृतज्ञ भाव से भरे हुए अज्ञेयजी ने मुक्त-हृदय से स्वीकार किया है कि शायद ही कोई कवि, कहानी, लेखक, उपन्यासकार, आलोचक होगा जो सरकारजी से मिला हो और जिसने अपने ही क्षेत्र में अपने ज्ञान में कुछ-न-कुछ वृद्धि सरकारजी की प्रेरणा से न की हो, जिसने उस ज्ञान को अपने लिए ही अधिक उपयोगी न बनाया हो, जिसकी दृष्टि कुछ अधिक पैनी या विशद् न हुई हो, जिसका संवेदन अधिक ग्रहणशील न हुआ हो। "मेरे ही गुरु स्थानीय स्व. मैथिलीशरण गुप्त थे, जिनकी रचनाओं से काव्य का पहला संस्कार मुझे मिला; लेकिन इसके बावजूद मुझे सरकारजी से जितना प्राप्त हुआ और जितनी तरह का प्राप्त हुआ उसकी कोई नाप मेरे पास नहीं है। क्योंकि सरकारजी अगर 'कला-साधक' थे तो चित्रकला, संगीतकला या काव्य कला तक ही सीमित नहीं थे; उनकी साधना जीवन की कला-साधना थी। सभी कलाओं के लोग उनके अपने थे और सभी कलाओं के लोगों के लिए वह उनके अपने। ऐसा व्यक्ति प्रकट रूप से होता है, अप्रत्यक्ष रूप में उससे कहीं अधिक गहराई तक समाज का निर्माता होता है, क्योंकि वह समाज को नए उदार संस्कार देता है। वह जीर्ण का उद्धार नहीं करता, जीर्ण में से उसकी अर्थवत्ता को निकालकर सामने लाता है और हमें बताता है कि हमारा जीवन

कैसे संपन्नतर हो सकता है। जीवन को विस्तार देता हुआ वह उसके छोरों को मिलता चलता है, जिससे कि विस्तार कहीं भी बिखराव न होने पाए। जो भी उनके पास जाता था, वह एक नया आलोक, नई प्रेरणा, नया जीवन-भाव लेकर लौटता था। उनसे विचारों का मुक्त आदान-प्रदान जीवन को विस्तार देता था और जिज्ञासा को अर्थ।''

राय कृष्णदास अपने युग की प्रमुख प्रतिभाओं के निकट संपर्क में आजीवन रहे। जयशंकर प्रसाद, मैथिलीशरण गुप्त, महादेवी वर्मा, दिनकर, अज्ञेय आदि न जाने कितनी प्रतिभाएँ उनकी आत्मीयता के रस में डूबी रही हैं। प्रसादजी बराबर उनसे विचार-विमर्श करते थे और मैथिलीशरण गुप्त की *भारत भारती* तो सरकारजी के विस्तृत संशोधनों के बाद ही प्रकाशित हुई और तो और क्रांतिकारी कवि निराला के अपूर्व काव्य *तुलसीदास* की भूमिका उन्होंने लिखी थी और पंतजी भी उनसे भूमिका लिखाने के लिए तड़प से भरे रहे। सरकारजी स्वयं कवि और उनकी काव्य-समझ गहराई लिये हुए थी। ''कविता उन्होंने लिखी; और यदि वह प्रसाद और मैथिलीशरण गुप्त दोनों के अंतरंग मित्र और उनके बीच की कड़ी न बने रहते तो कदाचित् उनका अपना कवि-रूप और उभरकर सामने आया होता। कविता तनाव की ऊर्जा माँगती है और राय कृष्णदास कितनी भावनात्मक ऊर्जा दोनों कवियों (और कितने अन्य कलाकारों) के तनाव हल करने में व्यय करते रहे, वही जानते थे।'' फिर भी उन्होंने गद्य-गीत लिखकर नए मानक स्थापित किए। यह बात अज्ञेय तब कह रहे हैं, जब कि वे गद्य गीत को एक काव्य-विधा के रूप में महत्त्व नहीं देते। हाँ, उन्हें ध्यान है कि गद्य-गीत की विधा को रवींद्रनाथ ने 'गीतांजलि' लिखकर अमर किया। सरकारजी ने इस गद्य-गीत विधा से सूक्ष्म अभिव्यक्ति की क्षमता का विकास परिष्कार किया।

वास्तविकता यह है कि उन्होंने कलालोचना को एक समर्थ, अलीकी समर्थ, रचनात्मक भाषा दी है। परंपरा से प्राप्त शब्दावली का संस्कार करते हुए उसे पुनर्नवा रूप प्रदान किया और उसे सजीव बनाया। उनका कला-कर्मज्ञ कहानियों को भी निखारता रहा। फिर उनकी घनिष्ठता डॉ. मोतीचंद, डॉ. वासुदेव शरण अग्रवाल, आनंद कुमार स्वामी, कार्ल खंडालावाला, अवनींद्र नाथ ठाकुर, नंदलाल बोस, अर्द्धेंदु कुमार गांगुली, काशी प्रसाद जायसवाल आदि से भी रही, जिससे उनके कलालोचन-चिंतन में भारी भराव आया। जनवरी 1920 में 'भारतीय कला परिषद्' की स्थापना रवींद्रनाथ ठाकुर के सभापतित्व में की और 1930 में सरकारजी ने इस परिषद् को 'नागरी प्रचारिणी सभा' का दुर्निवार अंग ही बना दिया। सन् 1950 में काशी विश्वविद्यालय के अंग के रूप में 'भारत कला भवन' की स्थापना की थी।'

रचनाकार के रूप में सरकारजी ने कई कृतियाँ की हैं—*ब्रजरज* (1918), *साधना* (1919), *सुधांशु* (1922), *भावुक* (1928), *छायापथ* (1928), *अनाख्या* (1928)

। उन्होंने कला-विषयक दो ग्रंथ दिए हैं— *भारत की चित्रकला, भारत की मूर्तिकला*। कला-विषयक उनकी ये दोनों ही कृतियाँ 1939 में प्रकाशित हुई थीं। इस तरह उनका जीवन साहित्य और कला को समर्पित रहा है। 6 नवंबर, 1992 में जन्मे राय कृष्णदास को बैकुंठवास 20 जुलाई, 1980 में मिला। अज्ञेयजी ने उन्हें 'स्मरण का स्मृतिकार' कहकर उनकी स्मृति को नई पीढ़ी में जीवंत रखने की दृष्टि से ही 'राय कृष्णदास स्मृति व्याख्यानमाला' का आरंभ किया था। अज्ञेयजी को यह भी ध्यान था कि सरकारजी ने कलालोचना के क्षेत्र में पश्चिम की अंधाधुंध शब्दावली लेकर काम नहीं चलाया है। उनके मन में अनुवादजीवी संस्कृति के प्रति हिचक थी। इसलिए उन्होंने जो चिंतन और भाषा संस्कृत कला-दर्शन में उपलब्ध थी, उसकी खोज की और उसे ही आगे बढ़ाया। कहना चाहिए कि भारतीय परंपराओं में उपलब्ध शब्दावली को उबारकर उसका उद्धार किया। साथ ही अरबी, फारसी के शब्दों की प्रचलित शब्दावली को ग्रहण किया। क्योंकि वे मानते थे कि कला की नींव पर्यवेक्षण पर टिकी है तथा प्रत्येक जीवित कला की अपनी जीवंत शब्दावली होती है, उसे उसकी जमीन से समूल उखाड़कर रोपा नहीं जा सकता। "इस दृष्टि से उनकी *भारतीय चित्रकला* और *भारतीय मूर्तिकला* ने इतने महत्त्व का काम किया है कि उसका मोल आँकना कठिन है, उन लोगों के लिए तो असंभव जिनकी शिक्षा-दीक्षा अंग्रेजी में हुई है और जिनके पांडित्य की भित्ति विदेशी संवेदन पर खड़ी है। कला-समीक्षा में भारतीय चिंतन का कुछ विकास आगे हो तो उन्हीं दिशाओं में बढ़कर जिन्हें राय कृष्णदास ने आलोकित किया; नहीं तो नकली चिंतन पर हम भले ही अनंतकाल तक प्रसन्न होते रहें, उसे कोई सम्मान मिलनेवाला नहीं है।" सरकारजी की स्मृति का एक महत्त्वपूर्ण पक्ष है कि भारतीय जड़ों से गहराई तक जुड़कर उन्होंने भारतीय चिंतन, अनुभव की परंपरा को आगे बढ़ाने के लिए भगीरथ प्रयत्न किया और परंपरा को पुनर्जीवित किया। आज का 'भारत कला भवन' उसी जातीय स्मृति का भंडार है और प्रेरणा की स्मृति जिससे आज भी सुगंध आ रही है।

कला सौंदर्य की या मनोज्ञ की अभिव्यक्ति है और हमारा पूरा इंद्रियों का जगत् उसी के भीतर रमता रहा है। कला में चिति और चेतना के संयोग ने न जाने कितने-कितने भाव संवेदनों के फूल खिलाए हैं और एक कला-दृष्टि से कला-लोचन को विकसित किया है। योरोप में अठारहवीं शताब्दी में बामगार्टन जैसे कला-वेत्ता हुए, लेकिन भारत में भोज जैसे कला-मर्मज्ञ हो चुके थे। भोज ने सौंदर्य, कला और काव्यशास्त्र की त्रयी को जोड़कर एक नया सौंदर्यशास्त्र या कलाशास्त्र या कला का सौंदर्य बोध शास्त्र निर्मित किया। प्रो. रमेश कुंतल मेघ ने *अथातो सौंदर्य जिज्ञासा* नामक कला-चिंतन की अपनी प्रसिद्ध पुस्तक में ठीक कहा है कि "यह विषय व्यापक तौर पर साहित्यशास्त्र, काव्यशास्त्र से आगे 'सौंदर्य बोध शास्त्र' (ऐस्थेटिक्स) कहलाया, जिसमें अनेक प्रकार की कलाएँ

और कौशल, विधाएँ और विलास शामिल हो गए। इस संश्लेषण में नेत्रों, कानों, नासिका, जिह्वा, त्वचा की संवेदनाएँ और आवेश भी शामिल हो गए। अत: पंचेंद्रियों के उत्सवों से युक्त नाना कलाओं, विधाओं, साहित्य रूपों का महाशास्त्र ही 'सौंदर्यबोध शास्त्र' की संज्ञा पा गया।'' (प्रस्तावना) इस कलाशास्त्र में सभी कलाओं की अनुभूति-अभिव्यक्ति की सृष्टि-प्रतिसृष्टि पर ध्यान केंद्रित किया गया तथा 'सुंदर' के साथ 'असुंदर' कुरूप को भी नकारा नहीं गया। मूल बात यह कि 'ग्रोटेस्क' (भद्दे) या कुरूप को भी इसमें उदात्त के स्थान मिला है। साथ ही साहित्यालोचन, मनोविज्ञान और दर्शनशास्त्र को इसमें फेंटकर स्थान दिया गया ताकि सामंजस्य की महिमा का विस्तार हो। नतीजा यह हुआ कि कला, कलाकृति, कलावाद, कला दर्शन और कलालोचना सभी का इसमें महिमा-मंडन हुआ और इसमें सीधे-सीधे विचारधाराओं का अड़ंगा भी अल्प ही रहा। मूलाधार यह रहा कि कलानुभूति को कलाशास्त्र में स्वीकृति मिले और इसी दृष्टि से कला-मूल्यांकन के प्रतिमान बनाए जाएँ। कलानुभूति और कलानुभव को केंद्र बनाते हुए उसमें समाज-संस्कृति का विचार भी गृहीत किया और कला-सर्जना में जीवन विधि को प्रवेश मिला। कलाओं का विन्यास कला-दृष्टि के रूप में हुआ। जीवन, कला एवं कलाकृति के त्रिकोण को उभारते हुए सौंदर्य-प्राश्निक या सुमनस ने जिज्ञासा व्यक्त की कि कला में सौंदर्य की प्रकृति क्या है? कलाकृति में विषयवस्तु और रूप का अंतर्संबंध क्या है? और कलाकृति को संस्कृति की अभिव्यंजना कैसे मानें? कला की प्रामाणिक कसौटियाँ कौन-कौन सी हैं। कला के प्रति पहले लगाव रखनेवाला 'नागरिक'—मध्यकाल का 'सहृदय' या कला-संवादी और आज का प्रेक्षक, दर्शक, पाठक, आशंसक कला के दर्शन और मूल्य में कहाँ पर स्थित है। क्योंकि आज का युग 'समाधि' से टूटकर तनाव-संघर्ष, द्वंद्व, आत्म-पीड़न का युग है, उसमें कला का आनंद खतरे में पड़ गया है। इसका आधार था अद्वंद्व, चित्त की समाहिति—वह आधार ही दरक कर टूट गया है।

आज कलाकृति पाठक को रिझाती कम है, खिजाती ज्यादा है। इधर आधुनिकता के 'तर्क' और उत्तर आधुनिकता में 'विचारधाराओं के अंत' की 'विकृत' पाठ-दृष्टि ने पूरा 'विमर्श' ही बदल डाला है। परंपरा चिंतन के ध्वस्त होते ही सभी परंपरागत मूल्य-प्रतिमान निरर्थक हो गए हैं। इसलिए कलाशास्त्र, सौंदर्यशास्त्र के सभी प्रश्न उत्तर-संरचनावादी आलोचना में उलट-पलट गए हैं। इंटरनेट, कंप्यूटर-समाज, मीडिया साम्राज्यवाद की क्रांतियों ने बिंबों, प्रतीकों, संकेतों, अभिप्रायों, निहितार्थों, व्यंजक कोडों के क्षेत्र में भारी उपद्रव खड़े किए हैं। ललित कलाओं के परंपरागत माध्यमों के परखचे उड़ गए हैं और मीडिया क्रांति, सूचना-समाज ने मानव चिंतन का पूरा समाजशास्त्र ही बदल दिया है। केवल गति-ही-गति का खेल नवउदारवाद, वृद्ध पूँजीवाद खेल रहा है। हिंसा और सेक्स मास मीडिया के पुट्ठे पकड़कर व्यंग्य कर रहे हैं कि उपभोक्तावादी संस्कृति

ही 'ग्लोबलाइजेशन' का विश्व-दर्शन है। विज्ञापन, फिल्म, फैशन, बाजार हमें नियंत्रित कर रहे हैं और हम आत्मनिर्वासन के अँधेरे में धकेल दिए गए हैं। आज मानव-अस्मिता के संकट बर्बर व्यक्तिवाद ने खड़े कर दिए हैं। जीभ और जाँघ के भूगोल में 'सबकुछ चलता है' का उत्तर-आधुनिकतावाद मौजूद है।

कला, साहित्य, दर्शन, इतिहास, संस्कृति की सभी पुरानी अवधारणाएँ धूल में ध्वस्त हो चुकी हैं और उत्तर औद्योगिक समाज में उपभोक्तावादी युग का कब्जा है। इस 'ग्लोबल विलेज' के 'ग्लोबल कल्चर' में कलाएँ पिटकर किनारे पर कराह रही हैं। कला में अपोलोनियन तथा डायोनिशियन के द्वंद्व-संघर्ष ने गहरी यातनाओं को जन्म दिया है। कला-चिंतन गहराई-गंभीरता को त्यागकर सतही छिछला हो गया है और कला के प्रत्यय टूटकर बिखर गए हैं। अब कला पावनताजनित सौंदर्य न होकर त्रासजनित कर्म का अंधा कुंडवाद है। विद्वान् कहते हैं कि भारतीय साहित्य में 'कला' शब्द का प्रवेश ऋग्वेद से हुआ है। 'अमर कोष' ने कला में 'कङ्' धातु बताकर इसका अर्थ किया—प्रसन्न करना। संस्कृत में कला शब्द निपुणता, चतुरता के साथ चंद्रमा की कलाओं के अर्थ को भी लेकर आया। धीरे-धीरे 'कला' को 'काव्य' का पर्यायवाची मान लिया गया तथा 'काम-सूत्र' में 'कला' के व्यापकत्व या विशदता की महिमा का वर्णन-बखान भी किया गया। फिर एक अर्थ 'आर्ट' को लेकर 'कौशल', 'शिल्प', 'हुनर', 'क्राफ्ट', भाव-भंगिमा की चतुराई को लेकर सामने आया और समस्त कलाएँ (उपयोगी और ललित दोनों) इसके अंतर्गत मान ली गई हैं। शैव दर्शन ने कला को महामाया-शक्ति की रूपविधायिनी शक्ति माना। शिव-माया के पाँच आवरण हैं—काल, नियति, राग, विद्या तथा कला। जब शिव-माया के इन पाँच कंचुकों से आवृत्त होते हैं, तब अपना चैतन्य भूलकर 'पुरुष' हो जाते हैं। इसके बाद राग-कला की सीमा तोड़कर शिव पुनः परम शिव और आणवों के बंधन काट लेते हैं। यह परम शिव इच्छा, क्रिया, ज्ञान के क्रियात्मक रूप में पूर्णानंद, समरस हो जाते हैं। इस प्रकार भारतीय दर्शन कला, कलाकृति और कलास्वाद पर गहरा चिंतन करता रहा है। काव्य-कला की देवी वाग्देवी, त्रिपुर सुंदरी, आद्या शक्ति, सरस्वती लीलामय, क्रीड़ामय होकर सृष्टि करती है। कला में निर्वैयक्तिकता, निस्संगता को प्रथम शर्त माना गया। हमारा साधारणीकरण सिद्धांत कला-दर्शन की अनुपम व्याख्या है। पश्चिम में कला का देवता अपोलो, म्यूज देवी तथा डायोनिशियन का त्रिकोण है और वह अनुकरण या भ्रम-भ्रांति से जुड़ा हुआ चिंतन है। यही कारण है कि दोनों संस्कृतियों के कला-चिंतन में गहरा फर्क है। पश्चिमी अर्थ में ललित कलाओं से लेकर फिल्म, ओपेरा, बैले, डिजाइन, मुद्रण, फोटोग्राफी, सज्जा-कौशल सभी कला में शामिल हैं। इस तरह कला 'स्किल' या कौशल और क्रिया-व्यापार की दक्षता (मेकिंग-डूइंग) यह सब कला है। यह कला क्रिया-व्यापार की उपज है और 'बाजार' है—पण्य 'वस्तु' है।

सौंदर्य सामाजिक संस्कृति की उपज है और उसमें मिथकों, रूपकों, चरित्रों का अर्थ-संदर्भ निरंतर परिवर्तन-चक्र में बदलता रहता है। रीतिकाल में जो कला कृत्रिम चमत्कारवाद की सृष्टि करती है—छायावाद में वही कला नवजागरण और मुक्ति की आकांक्षा का गान बन जाती है। भारतीय नाट्यशास्त्र, काव्यशास्त्र में रस, अलंकार, ध्वनि, रीति-गुण, वक्रोक्ति, औचित्य को लेकर न जाने कितनी समस्याएँ 'सौंदर्य' शब्द और अर्थ को लेकर उठती रहीं और उनका समाधान नहीं हो सका। 'सहृदयत्व' में 'हृदय-संवाद' और कवि-संवाद में संप्रेषणीयता के न जाने कितने अर्थ-संदर्भ उठते रहे। फिर एक कोण से इतना मान लिया कि हृदय-संवाद ही प्रेषणीयता है। कवि प्रेषणीयता तभी कर सकेगा, जब अभिव्यक्ति सक्षम हो। कुंतक ने 'वाग्वैदग्ध' तथा पंडितराज ने 'रमणीयता' में सौंदर्य को पाया। इस तरह भारतीय दर्शन और कला-चिंतन पर काव्यशास्त्र में बहुत विस्तार से विचार किया गया, लेकिन असहमतियाँ बरकरार रहीं। सुंदरता, चारुता, मंजुता, सुषमता, छाया, रमणीयता, विदग्धता, मनोज्ञता, रसानंदता पर न जाने कितने कोणों से बहस की गई और बहस जारी है। मार्क्सवादी सौंदर्यशास्त्र, मनोविश्लेषणवादी सौंदर्यशास्त्र, क्रोचे का अभिव्यंजनावाद, अस्तित्ववादी सौंदर्यशास्त्र, आधुनिकतावादी सौंदर्यशास्त्र और अब उत्तर-संरचनावादी सौंदर्यवाद आया, तो भी हम कला, कलाकृति, कलाकार और कला-अस्वाद की बहसों को लेकर भन्नाते रहे। भामह और लांजाइनस, आनंद वर्धन और अरस्तू, कुंतक और क्रोचे, क्षेमेंद्र और हीगल, भरत और टाल्स्टॉय, अभिनव गुप्त और रिचड्र्स अज्ञेय और एलियट, मर्ढेकर और देरीदा सभी को लेकर हम सोचते तो रहे, पर 'अंतिम' कुछ नहीं निकला। आचार्य रामचंद्र शुक्ल के *रस-मीमांसा* का चिंतन हो या आचार्य हजारी प्रसाद द्विवेदी के *साहित्य सहचर* का विवेचन, रमेश कुंतल मेघ की *अथातो सौंदर्य जिज्ञासा* हो या *साक्षी है सौंदर्य प्राश्निक* नगेंद्र का *भारतीय सौंदर्यशास्त्र* हो या सुरेंद्र वारलिंगे का *कला और सौंदर्य* ग.मा. मुक्तिबोध का *नयी कविता का सौंदर्यशास्त्र* हो या निर्मल वर्मा का *कला का जोखिम* या फिर अज्ञेय का *त्रिशंकु* और *सर्जना और संदर्भ*—इन सभी में जिज्ञासाओं का विस्तार है—बौद्धिक संवाद है, लेकिन सुलझाने का प्रयास-प्रयास ही बना रहा है।

आज न कलाओं का ललित और उपयोगी कोटि का वर्गीकरण संगत रहा है, न वात्स्यायन के 'कामसूत्र' का चौंसठ कलाओं वाला वर्गीकरण कोई औचित्य सिद्ध कर पाता है। पश्चिम में कलाओं के वर्गीकरण की होड़ रही, लेकिन भारतीय मनीषियों ने ऐसा नहीं किया। *ललितविस्तर, शुक्रनीति सार* तथा *कामसूत्र* की कलासूचियाँ आज अर्थ खो रही हैं। वात्स्यायन के टीकाकार यशोधर ने कहा है कि मूल कलाएँ चौंसठ हैं, लेकिन अवांतर भेदों से पाँच सौ अठारह हो जाती हैं। इसी तरह कला के पारखी, निरीक्षक, सहृदय, आशंसक ही कलालोचन का निर्णय पक्ष हैं। समसामयिक गृहीता,

बौद्धिक पाठक अब 'सहृदय' के आगे का गृहीता है। लेकिन उत्तर आधुनिक चिंतन में 'सौंदर्य' और 'कला' दोनों अस्पष्ट हो गए हैं। पिकासो की 'एविग्नान की कुमारियाँ' का पाठ—अब एक नई पढ़त के फेर में है। हर कोने से पूछा जा रहा है कि सौंदर्यानुभव क्या है ? कलाकृति के पाठ में पाठक प्रवेश करके उसमें सोए हुए अर्थ को कैसे जगाता है ? क्या यह सच नहीं है कि 'पाठ' की बहुलार्थकता पाठक की मनोभूमि से संबद्ध होती है। विशेष बात यह है कि पाठक ही पाठ को नहीं पढ़ता है, पाठ भी पाठक को पढ़ता है। *कामायनी* या 'असाध्यवीणा' का कितने ही लोग 'पाठ' केंद्रित भाष्य करें, लेकिन उनका पूरा अर्थ निचुड़कर बाहर नहीं आ पाता। इस तरह पाठक केंद्रित आलोचना के साथ कलाकृति की चुनौतियाँ कम नहीं हैं।

सच्चिदानंद हीरानंद वात्स्यायन अज्ञेय के मन में था कि स्व. राय कृष्णदास की स्मृति में प्रतिवर्ष एक व्याख्यान-माला हुआ करे, ताकि नई पीढ़ी भारतीय संस्कृति, साहित्य और विभिन्न कलाओं के विषय में अपनी रुचि का परिष्कार कर सके। स्व० राय कृष्णदास की प्रथम पुण्यतिथि पर काशी में आयोजित स्मृति-समारोह (1981) में यह विचार रखा गया। इसी क्रम में 'वत्सलनिधि' द्वारा पहली राय कृष्णदास व्याख्यान-माला पटना में, दूसरी प्रयाग में और तीसरी लखनऊ में आयोजित की गई। इन तीन व्याख्यान-मालाओं से चुने गए सात निबंधों का *भारतीय कला-दृष्टि* नाम से संकलन करते समय अज्ञेयजी को ध्यान था कि सभी निबंध ज्ञान अथवा विज्ञान की उपलब्धियों को विशेष रूप से रेखांकित करते हैं। साथ ही उन्होंने यह भी कहा कि "आज जब देश, संस्कृत, मानस, चेतना, जीवन के हर स्तर पर विभाजन, विखंडन और परमुखापेक्षा का तर्क ही एकमात्र जीवनोपाय के रूप में प्रस्तुत किया जा रहा है, तब ऐसी समग्र, संश्लिष्ट और विशद् दृष्टि हमारी अस्मिता और चैतन्य के लिए कितनी स्वास्थ्यप्रद और प्रेरणा देनेवाली हो सकती है, यह बताना आवश्यक नहीं है।" (*भारतीय कला-दृष्टि*, 'भूमिका') अज्ञेयजी के सामने उत्तर आधुनिकतावाद से उत्पन्न संकटों के मेघ छाने लगे थे और भूमंडलीकरण के प्रेत घूमने लगे थे। उन्हें 'स्मृति-लोप' का खतरा साफ दिखाई दे रहा था। *ग्लोबलाइजेशन* अर्थात् संस्कृति का अमेरिकीकरण होने पर 'भारतीयता' का क्या होगा, यह सोचने पर वे विवश हुए थे। उनके मन में विकलता का कारण था—भारतीय संस्कृति, *भारतीयता* के प्रति एक गहन लगाव। यह लगाव ही व्याख्यान-मालाओं के लिए उन्हें प्रेरित करता था। दुर्भाग्यवश इस लगाव को हिंदी के कुछ प्रपंचबुद्धि आलोचक 'भारत व्याकुलता' का नाम देते रहे हैं।

प्रसिद्ध चिंतक श्री नारायण चतुर्वेदी ने 'कित जैहे उड़ि चातकी' शीर्षक व्याख्यान में कहा है कि राय कृष्णदास बहुमुखी प्रतिभा के महापुरुष थे, लेकिन उनकी कला की साधना और हिंदी भाषा और साहित्य की सेवा का महत्त्व अनुपम है। वे भारतेंदु की पीठ पर उनके निधन के सात-आठ वर्ष बाद पैदा हुए, किंतु इस समय भी भारतेंदु की गरमी

परिवेश में व्याप्त थी। निधन के बाद 'भारतेंदु-स्मृतियाँ' बनी, जिनमें 'स्मृति' की प्रेरणा का अपना आलोक था। राजस्थान-कोटा ने भारतेंदु की प्रेरणा से हिंदी को राजभाषा घोषित किया और इस प्रेरणा में भारतेंदु ही थे। वहाँ गिरधर शर्मा 'नवरत्न', झालरा पाटन और गोपीनाथ पुरोहित, जयपुर आदि नागरी-प्रचारिणी सभा के मंत्रों पर मुग्ध थे। भारतेंदु ने उस युग में वेगवान तूफान के समान हिंदी प्रचार-प्रसार का कार्य किया। आज हम लोग उस समय के संकटों से अपरिचित हैं। राजभाषा फारसी थी और अंग्रेज अधिकारियों को फारसी सीखनी पड़ती थी। जबकि फारसी न जनता की भाषा थी, न शासकों की। इसलिए उन्होंने तय किया कि राजकाज का वह अंश, जिसका संबंध जनता से है, वह जनता की भाषाओं में किया जाए और जो अंश नीतिगत जनता तक नहीं पहुँचता, वह अंग्रेजी में। बँगला-मराठी में उनकी भाषा में काम होने लगा, किंतु उत्तरी-भारत में 'हिंदुस्तानी' चलाई गई। फलतः अंग्रेज अफसर और उनके अमला फारसी-लिपि में अरबी-उर्दू प्रधान भाषा का प्रयोग करते रहे, क्योंकि फारसी में उनका अभ्यास अच्छा था। बाद में मध्य प्रदेश और बिहार में देवनागरी और हिंदी चली, लेकिन उत्तर प्रदेश और दिल्ली में वही फारसी लिपि और उर्दू भाषा चलती रही। समस्या तब गहराई जब यह प्रश्न उठा कि प्राइमरी और मिडिल स्तर पर कौन सी लिपि और भाषा पढ़ाई जाए। उस समय सर सैयद अहमद खाँ का सरकार में बोलबाला था। अतः उस समय भारतेंदु ने हिंदी-भाषा की स्थिति को समझा और उसके लिए जीवन समर्पित कर दिया। शिवप्रसाद सितारे हिंद अपनी चतुर राजनीति में हिंदी की ओर न झुककर उर्दू की ओर झुके थे। इसलिए उनसे भारतेंदु का टकराव होना ही था। भारतेंदु यह कैसे स्वीकार कर सकते थे कि शिक्षा का माध्यम उर्दू हो। मुसलमान समुदाय देवनागरी लिपि तथा हिंदी के विरोध में डट गया, जिसके दूरगामी परिणाम हुए। राजा साहब का यह प्रस्ताव मान लिया गया कि उर्दू माध्यम रहे, लेकिन देवनागरी लिपि में लिखने की छूट दे दी जाए। इस पर भी मुसलमानों ने राजा साहब को गलियाते हुए कहा कि उन्होंने तो उर्दू को मार डाला। इस पर भारतेंदु ने 'हरिश्चंद्र चंद्रिका' के जून 1874 अंक में 'स्यापा' नाम से एक व्यंग्यात्मक टिप्पणी लिखी। लिखा—"हैं हैं उरदू हाय हाय। कहाँ सिधारी हाय हाय।" भारतेंदु के साथ हिंदी के लोग राजा साहब से अप्रसन्न हो गए। अदालतों में हिंदी के प्रयोग के लिए भारतेंदु ने 'धुआँधार प्रचार' किया।

सरकार की नीतियों से हिंदी आंदोलन ने जोर पकड़ा और 1900 में अदालतों में फारसी-अक्षरों के साथ देवनागरी लिपि के उपयोग का आदेश दे दिया गया। किंतु समस्या ज्यों-की-त्यों बनी रही। काशी में भारतेंदु ने हिंदी का झंडा झुकने न दिया, वे ब्रजभाषा के कवि थे। 'भारतेंदु-समिति' पर पं. जगन्नाथ दास रत्नाकर, राधाकृष्णदास, सेवक राम आदि मुग्ध थे। भारतेंदु के बाद 'भारतेंदु समाज' तथा 'रसिक-समाज' समस्या पूर्ति में लगा रहा, जिसमें श्रीधर पाठक, नाथूराम शर्मा, शंकर तथा मथुरा के नवनीत चौबे तक

रहे। चौबेजी सवैया-छंद के उस्ताद कवि। 'रसिक-समाज' से श्रीधर पाठक के साथ 'रसालजी' भी प्रयाग में जुड़े। और कवि के काव्यशास्त्र ज्ञान की थाह लेने की होड़ चल पड़ी। यह ऐसा माहौल बना कि रत्नाकर के साथ आचार्य रामचंद्र शुक्ल ने भी ब्रजभाषा में कविता लिखी। रायकृष्णदास ने ब्रजभाषा प्रेम में 'ब्रज रस' काव्य लिखा। भारतेंदु का स्वदेशी स्वभाषा आंदोलन नवजागरण में रंग लाया। पत्रकारिता में महावीर प्रसाद द्विवेदी, बालमुकुंद गुप्त, माधवराव सप्रे, माधव मिश्र, जगन्नाथ प्रसाद चतुर्वेदी, लज्जाराम मेहता, अमृतलाल चक्रवर्ती ने काया पलट दी। राय कृष्णदास ने प्रसादजी की तरह कहानियाँ लिखीं—गद्यगीत लिखे, जिस राह पर गद्यगीतों में माखनलाल चतुर्वेदी चले। माखनलालजी गद्यगीत लिखते ही नहीं थे, गद्यगीत बोलते थे। राय साहब ने लेख और संस्मरण लिखे तथा कला पर पुस्तकें लिखीं। उन्होंने 'गीता' पर भाष्य लिखा, जबकि वे शुद्धाद्वैत दर्शन के अनुयायी थे। इस तरह श्रीनारायण चतुर्वेदी का पूरा लेख राय कृष्णदास के मूल्यांकन पर केंद्रित है।

अज्ञेयजी के सखा और भाई भाव से भरे पं. विद्यानिवास मिश्र ने 'कुमारस्वामी का भारत-चिंतन' विषय पर व्याख्यान दिया। उन्होंने कहा कि 'कई रातों से कुमार स्वामी को पढ़ रहा हूँ और बहुत भरा हुआ हूँ कुमार स्वामी से'। उन्होंने कुमार स्वामी को लेकर कहा कि वे थे कौन? क्या थे? और उनका संकल्प क्या था? श्रीलंका में जन्मे तमिल मूल के हिंदू थे, जिनकी माँ ब्रिटिश थी। शिक्षा-दीक्षा इंग्लैंड में हुई। पर वे गांधी-रवींद्रनाथ के प्रति बड़े आकृष्ट रहे। पूरे भारत की उन्होंने तीर्थयात्रा की ओर अमूल्य कलाकृतियों का संग्रह किया। बास्टन के कला-संग्रहालय के वे सबकुछ रहे और अनेक शास्त्रों में, परंपराओं में प्रवेश किया। उन्होंने रमकर *हिस्टरी ऑफ इंडियन एंड इंडोनेशियन आर्ट* पुस्तक की रचना की और प्रतीकों, मिथकों में रमकर *यक्ष* पर पुस्तक लिखी। उन्होंने अपने 'उत्तर-कालीन चिंतन में जिस चीज पर चोट की है, वह है आधुनिकता। वह चिंतन प्रतिपादित करता है कि ''यह जो पश्चिमी चिंतन का सूर्यास्तकाल है, ये जो उसके ह्रास के चरम बिंदु हैं, उनको एक महिमा से मंडित करके हम आधुनिक काल कह रहे हैं और उस देशकाल की उपेक्षा कर रहे हैं जहाँ जीवन बचा हुआ है, जहाँ रोशनी बची हुई हैं। हम विनाश के कगार पर बैठे हुए हैं, उस रोशनी को अनदेखा कर रहे हैं। अब भी समय है कि सहज, नैसर्गिक और अनायास जो एक जीवन-पद्धति परंपरा से प्राप्त है, उस पद्धति को, उस पद्धति ने जिनसे मूल्य प्राप्त किए हैं, उन प्रथम सिद्धांतों को उन फर्स्ट प्रिंसिपिल्स को हम पहचानें, पश्चिम के लोग पहचानें, इस रूप से न पहचानें कि पूर्व हमारी ओर झुकेगा, अपनी पहचान कराएगा। इस दृष्टि से पहचानें कि आवश्यकता हमारी है।' (*भारतीय कला-दृष्टि*, पृ. 28) यह बात कुमार स्वामी ने अमेरिका में उनसे कही थी, जो सारे संसार को सभ्य बनाने का अहंकार पाल रहे थे। कुमार स्वामी ने उसी अहंकार पर चोट की। हम

भारतीयों का कुमार स्वामी को याद करना धधकती अग्नि को याद करना है। वे भारत को एक सनातन संस्कृति के रूप में देखते रहे। उन्हें इस बात का कष्ट था कि भारत पश्चिम का पिछलग्गू बनकर अपना मूल्यवान समय नष्ट कर रहा है और उनके संकट को ढोकर अपने यहाँ ला रहा है। यहाँ इतिहास हॉबी नहीं है, परंपरा का प्रवाह है। कुमार स्वामी ने इतिहास और परंपरा के बीच लकीर खींची है। पश्चिम का ज्ञान ऐंद्रिय संवेदन का ज्ञान है, भारत इस ज्ञान को दूसरी श्रेणी में रखता है। क्योंकि मूल ज्ञान तो मन और आत्मा से जुड़ा ज्ञान है। भारत में धर्म, कला-साहित्य से अलग चीज नहीं है। अत: भारतीय 'धर्म' के 'विराट्' चिंतन को समझना होगा। यहाँ सहज की साधना ही परम पुरुषार्थ है—यह मानकर ही उन्होंने चंडीदास और विद्यापति पर भूमिकाएँ लिखी हैं।

पं. विद्यानिवास मिश्र ने कुमार स्वामी के 'भारत चिंतन-2 : कलादृष्टि' पर अलग से तात्त्विक चर्चा की है। यहाँ सहज भक्तिकालीन साहित्य का विशिष्ट रूप है। वही सहज काव्य के साथ चित्रकला-संगीतकला में अंकित हुआ है। यह सहज इराटिसिज्म या रतिवाद नहीं है—रागाकुलता है, प्रेमासक्ति की साधना है। जिस रूप में कुमार स्वामी ने 'कला' को देखा, वह आज 'आर्ट' के रूप में प्रयुक्त अर्थ से भिन्न है। 'आर्ट' शब्द का 'कला' सही अनुवाद नहीं है, कला का अर्थ है कहना और जोड़ना। इसलिए कला के दो या चार विभाजन व्यर्थ हैं। आप कला को पश्चिम के एस्थेटिक्स से मत जोड़िए। वहाँ सौंदर्य-दर्शन पर इंद्रियवाद का कब्जा है।

विद्वान् चिंतक शि. रंगनाथ राव ने 'सिंधु घाटी की समस्या, लिपि और भाषा' पर व्याख्यान में विचार किया है। किसी भी अज्ञात लिपि को पढ़ना विचारों के इतिहास में मूल्यवान योग दे सकता है। ''इस संदर्भ में कहा जा सकता है कि सिंधु-लिपि को पढ़ने, और उसकी भाषा को योरोपीय परिवार की एक भाषा के रूप में पहचानने से अनेक विचारों और अवधारणाओं का इतिहास निर्धारित करने में अमूल्य सहायता मिलती है। उदाहरण के लिए 'ॠत और नीति', 'भगवान् और राजा का धर्म', 'शक्ति के स्रोत' और 'समाज का विकास' कुछ इसी कोटि की अवधारणाएँ हैं।'' (वही पृ. 47) रंगनाथ राव का विश्वास है कि हड़प्पीय जन एक जटिल लेखन पद्धति का विकास इसलिए कर सके कि जीवन के अन्य क्षेत्रों में भी उन्होंने ''उच्च कोटि का अनुशासन'' प्राप्त कर लिया था। ''उनकी विकसित नागरिक दीक्षा, नगर और कस्बे का व्यवस्थित नियोजन, व्यापार की व्यवस्था और माप-तौल का प्रतिमानीकरण सभी इसके साक्षी हैं।'' उन्होंने भौतिक और आध्यात्मिक उन्नति की गतिशीलता का परिचय दिया। उन्होंने परवर्ती पीढ़ियों के लिए मुद्राओं सहित प्राय: तीन हजार कला वस्तुएँ छोड़ी हैं, जिनमें अनेक तो कला के उत्कृष्ट नमूने हैं। जो अभिलेख मिले हैं, उनकी न तो लिपि ज्ञात है, न भाषा ही। यहाँ प्रवाही अक्षर चिह्नों और चित्राभासी चिह्नों के साथ जड़ और जीव के लिए चित्राक्षरों का प्रयोग

है। इसलिए सभी शोधकर्ताओं ने सिंधु लिपि को नामचिह्न लिपि अथवा चित्राक्षर लिपि माना है। प्रत्येक चिह्न को एक विचार का पर्याय मानकर भाषा गढ़ी है। हड़प्पीय लेख न संस्कृत की भाँति हैं, न चीनी लिपि की भाँति हैं। रंगनाथ राव ने चिह्नों को ध्वन्यात्मक वर्ण सिद्ध करते हुए अपनी पुस्तक *द डिसाइफरमेंट ऑफ द इंडस स्क्रिप्ट* (1982) में पूरा संरचनात्मक विश्लेषण किया है तथा हड़प्पीय भाषा के निरूपण का एक मार्ग सुझाया है। डॉ. एस.ए. डांगे यह स्वीकार करते हैं कि सिंधु घाटी-सभ्यता की जातियों के अनुष्ठान और अग्निपूजा की विधि ऋग्वैदिक आर्यों से भिन्न ही रही हो सकती है।

प्रो. आनंद कृष्ण ने 'प्रारंभिक मुगल चित्र शैली' लेख में मुगल राजवंश या चगताई तुर्क वंश को बौद्ध मंगोलों और मुगलों से उनके वैवाहिक संबंधों को जोड़कर विचार किया है। दोनों ही संस्कृतियों के ताने-बाने से इस कुल के संस्थापक तैमूर ने अपनी दरबारी संस्कृति का निर्माण किया। उसकी राजधानी मध्य एशिया के समरकंद में थी। इसी वंश ने क्रमशः ईरान-अफगानिस्तान में साम्राज्य विस्तार किया। इनकी अनेक शाखाएँ हो गईं। उनके अपने-अपने केंद्र बने, इन पर स्थानीय संस्कृति का गहरा प्रभाव था। वस्तुतः अब इनकी संस्कृति और कला ईरानी हो गई और पुरानी चगताई मंगोल परंपराएँ भी चलती रहीं। इन केंद्रों में चित्र, विशेष रूप से चित्रित ग्रंथों का पर्याप्त प्रचार हुआ। (वही, पृ. 74) सोलहवीं सदी में ईरान के इस्फहान में सफवी वंश ने राज्य स्थापित किया। यह वंश बड़ा कला प्रेमी था। इसके राजकीय चित्रकारों में बिहजाद प्रमुख थे। उन्होंने नई शैली से परंपराओं को नया मोड़ दिया। बाबर इसी कला का प्रेमी था, परंतु उसे भारतीय आकृतियों ने भी प्रभावित किया था। प्राक् राजस्थानी शैली और आगरा स्थित 'राम बाग', 'आराम बाग', की वास्तु भी भारतीयता से प्रभावित हुई बाबर की इच्छा के घोर विपरीत। हुमायूँ भी यहाँ सफवी दरबार के चित्रकारों को लाया, जिसमें प्रधान रूप से मीर सैयद अली का नाम लिया जा सकता है। अकबर ने अक्षर-ज्ञान न होने पर भी चित्रकला का अभ्यास किया। उसके सचिव अबुल फजल ने 'आईने-अकबरी' में माना है कि ''हम भारतीय हैं हमें भारतीयता पर गर्व है। भारतीय चित्रकार विश्व के सर्वश्रेठ चित्रकार हैं।'' यही तत्कालीन समाज रहीम के ब्रजभाषा काव्य में दिखाई देता है। अकबर ने चित्रशाला का निर्माण किया और डेढ़ सौ चित्रकारों को आदर से बुलाया। इन परंपरागत चित्रकारों के चित्रों को मीर सैयद अली 'अकबर शैली' में ढालते थे, इसी 'अकबर शैली' से मुगल-शैली का आविर्भाव हुआ। गुजरात में अपभ्रंश में पंद्रहवीं शताब्दी में 'बाल गोपाल स्तुति' से वसंती वातावरण की शैली निकली। उधर मांडू के सुलतान गयास शाह खिलजी ने पाक-कला पर एक स्वतंत्र पुस्तक तैयार कराई 'नियामत नामा'। इसमें सुलतान स्त्रियों से घिरा मिलता है—एक ओर मध्य एशियाई स्त्रियाँ हैं, दूसरी ओर भारतीय। स्त्रियाँ प्राक्-राजस्थानी शैली में हैं। इन दोनों शैलियों का समन्वय

हम्जानामा में मिलता है। इस तरह यह आनंद कृष्ण का बड़ा ही शोधपरक व्याख्यान है। *तूतीनामा, रज्मनामा, नियामतनामा, शाहनामा, अकबरनामा* आदि का विवरण बहुत ही ज्ञान से भरा हुआ है। इस काल में अकबरी शैली का प्रभाव लेकर रहीम के चित्रकार चटक रंग के आलंकारिक चित्र बना रहे थे। इस तरह अकबरकालीन चित्रकला भारतीय चित्रकला की विशिष्ट उपलब्धि है।

संगीत के विशेषज्ञ मुकुंद लाठ का लेख 'संगीत और रस-सिद्धांत : एक समस्या' विशिष्ट ढंग का व्याख्यान है। सवाल यहाँ उठाया गया है कि संगीत में रस को कैसे समझा जाए? यह एक उलझन भरा प्रश्न है। आधुनिक समय में हमारे यहाँ शिल्प और कला की परंपराओं से सभी कलाओं के रूप-विन्यास में एक नया मोड़ आया है। कुछ कलाओं में, जैसे—स्थापत्य, चित्रकला, मूर्तिकला में तो नई परंपरा का जन्म हुआ है—एक ऐसी परंपरा का जिसका हमारी पुरानी परंपरा से संबंध नहीं के बराबर है। साहित्य में भी परिवर्तन आए हैं किंतु अभी भी भाषा की जड़ें परंपरा में गहरी हैं। आज का भारत कई संस्कृतियों का संगम है, किंतु भारत तथा पश्चिम की संस्कृतियों में सहचर होने पर भी संगम नहीं हो पाया है। भारतीय नृत्य और संगीत पर पश्चिम का प्रभाव नहीं के बराबर है। इस अर्थ में संगीत को संस्कृति की पहचान कहा जा सकता है और हमारी वासना का राग का भी अपना छंद है। यह तो संगीत ही है, जो राग-वृत्ति के विभिन्न छंदों को मुखर करता है। शब्द-अर्थ शिव-पार्वती की तरह अभिन्न हैं—शब्द और अर्थ की अभिन्नता में 'साहित्य' है और साहित्य लाठजी की दृष्टि में कला है। चित्र और चित्रित का विश्लेषण संभव है, इस माध्यम में फार्म और कंटेंट का द्वैधी भाव है। कुंतक इसे ही 'निर्मिति' और 'तत्त्व' कहते हैं। निर्मिति और तत्त्व का अभेद संश्लेष कला की एक बड़ी कसौटी है। एक सीमा के बाद लाठजी रस को कला का पर्याय ही मानते हैं। संगीत में 'रस' की भाषा नहीं है, रस की निष्पत्ति है, स्वाद है। *नाट्यशास्त्र* का 'रस-सूत्र' हमारे यहाँ बुद्धि व्यायाम बना रहा। आनंदवर्धन ने माना कि रसानुभव ही काव्यानुभव या सौंदर्यानुभव है। लाठजी रस के स्वरूप की विस्तार से चर्चा करते हैं और अभिनव गुप्त के 'महारस' को लेकर मानते हैं कि सभी रसों के मूल में महारस होता है। भारत के नृत्य और नृत्त की विवेचना के बाद लाठजी कहते हैं कि 'भारतीय एस्थेटिक्स बहुत समृद्ध है।' (वही, पृ. 111)

हिंदी के प्रसिद्ध कवि-पत्रकार और चिंतक रघुवीर सहाय ने यहाँ 'आधुनिक कविता और संगीत' पर विचार किया है। यह मानकर कि कविता की समझ में संगीत भी शामिल है। हमें लोक संगीत की सदाबहार विरासत मिली है। पहले कविता फिर संगीत या कविता और संगीत एक ही साथ पैदा होने के सिद्धांत अपनी तरह से जीवित रहे हैं। संचार-माध्यमों का दुरुपयोग करनेवाले पहले संगीत फिर कविता पर घूमते हैं। संगीत बनाकर कविता लिखवाते हैं। कवि-सम्मेलनों कवि में कविता और संगीत दोनों मरियल रहते हैं।

ये लोग जिस लोक संगीत को उठाते हैं—वह नकल का चूरा होता है। रघुवीर सहाय ने प्रश्नाकुल भाव से पूछा है कि "कविता एक बड़े समुदाय के सामने पढ़कर सुनाई जाए, तो क्या उसका अर्थ बदल जाता है? अवश्य ही कुछ होता है, जिससे वह श्रोताओं तक पहुँचने के रास्ते में लूट ली जाती है। उसका एक अत्यंत मार्मिक धन उससे छिन जाता है।" (वही, पृ. 114) कवि-सम्मेलनों के कवि वह कविता सुनाने लगते हैं, जो उनके अनुमान से श्रोताओं के स्तर की होगी। इस तरह उनका काव्य उन्हें कहीं नहीं ले जाता और कवि-सम्मेलनी कविता कोई नया संगीत भी नहीं दे पाती। "यही नहीं, उसका भाव-जगत् भी जड़ हो जाता है। पीड़ित के प्रति विचलित भाव और अनुचित के प्रति नपुंसक-तिरस्कार ये कवि-सम्मेलन की कविता के स्थायी स्वर हो गए हैं। उसमें कोरे चमत्कार का स्थायी स्वर रहता है। इस तरह कवि-सम्मेलन की कविता संगीत की तुलना में साहित्यालोचना के मानदंड की परवाह नहीं करती। समृद्ध ग्राहक का व्यावसायिक सिद्धांत यही कवि-सम्मेलन का वर्तमान है। यहाँ कविता और संगीत का रिश्ता बिगड़ गया है। गाना और पढ़ना दोनों शिल्प हैं। छापे ने सशक्त शाब्दिक माध्यम को बेस्वाद कर दिया है—पनीला बना दिया है। निराला या अज्ञेय जैसी छंद गति लय-युक्त गति पंत में नहीं है, क्योंकि वहाँ व्यंजन-शिल्प ज्यादा है। निष्कर्ष यह कि पहले स्वर कोई और दे और फिर कवि रचना करे, ऐसा नहीं होना चाहिए। ऐसा इतना अधिक हो रहा है कि उसको कविता की रक्षा के लिए रोकना ही होगा।" (वही, पृ. 123)

प्रसिद्ध चिंतक और निबंधकार कथाकार निर्मल वर्मा गूढ़-से-गूढ़ बारीक-से-बारीक तर्क को साभने लाने के लिए प्रख्यात रहे हैं। यहाँ उन्होंने 'भारतीय परंपरा और समकालीन जीवन' पर व्याख्यान दिया है और प्रश्न उठाया है कि क्या समय का बीतना कोई भ्रम है? क्या यह स्मृति का खिलवाड़ है या इतिहास सचमुच सीधा न चलकर दायरों में घूमता है? निर्मल कहते हैं—"जब मैं बीसवीं शताब्दी के ढलते वर्षों में अपनी दुनिया को देखता हूँ तो मुझे उन्नीसवीं शताब्दी के अंतिम दशक याद आ जाते हैं। दोनों के बीच एक विस्मयकारी समानता सी दिखाई पड़ती है। यूरोप उस समय एक विराट् समृद्धि का वैभव था।" (वही 124) उसे ध्यान ही न था कि उसकी समृद्धि की ऊँचाई के पीछे काला अँधेरा चल रहा है। इस अँधेरे को टॉल्स्टॉय, फ्लाबेयर, नीत्शे देख रहे थे कि यूरोप की सभ्यता-संस्कृति समूची समृद्धि और सफलता के बावजूद घोर-संकट के छोर पर खड़ी थी। (वही 125) उस समय भारत की पुरानी संस्कृति "एक ऐसी संहारी ध्वन्सात्मक लोलुप सभ्यता का सामना कर रही थी, जो प्रगति और पश्चिमीकरण के नाम पर भारत की परंपरागत दृष्टि को नष्ट कर रही थी और इस संकट को भी कितने लोग समझते थे? धर्म और समाज के छद्म आधुनिकीकरण और ईसाई धर्म के एक बचकाने सम्मोहन के आगे सिर्फ थोड़े से दयानंद, रामकृष्ण परमहंस, बंकिम, भारतेंदु

जैसे लोग थे, जो इस संकट को समझते थे। हिंदू-मुसलमानों का एलीट तबका तो पश्चिमी आधुनिकता के पीछे पागल था। ईसाई धर्म की उन्मुक्तता के आगे घुटने टेके भारतीय संस्कृति के सामने सचमुच बड़ी चुनौती थी। तब से सौ साल बीत गए। भारत भी मर-जीकर स्वतंत्र हो गया, लेकिन सर्वव्यापी तबाही ने हमारा पिंड नहीं छोड़ा।''

''बीसवीं सदी के अंतिम दशकों में एक मुझ जैसे भारतीय को कभी-कभी यह लगता है कि मैं एक ऐसे ऐतिहासिक नाटक का गूँगा दर्शक हूँ या उससे भी बदतर उसका दयनीय शिकार हूँ, जिसकी स्क्रिप्ट किसी दूसरे ने लिखी है और उस पर मेरा कोई अधिकार नहीं है। मैं एक ऐसी आधुनिकता से आक्रांत हूँ, जिसकी संकट की भाषा और प्रगति का कर्मकांड दोनों ही मेरे लिए अजनबी हैं।'' (वही, पृ. 126) भारतीय संस्कृति का भाग्य पश्चिमी संस्कृति के साथ बँधा है। लेकिन निर्मल एक भारतीय लेखक होने के कारण भारतीय-संस्कृति पर बार-बार सोचते हैं। वे अपनी परंपरा को टटोलते और परिभाषित करते हैं एवं पाते हैं कि हमारी परंपरा बाहर नहीं, हमारे भीतर है। एक भारतीय का अपनी संस्कृति से यह विघटन तब शुरू हुआ, जब पश्चिमी संस्कृति ने हस्तक्षेप किया। इस हस्तक्षेप से उन्मूलन-बोध पैदा हुआ। आज भारतीय-संस्कृति अकेली संस्कृति है, जिसे तमाम तरह से रौंदने पर भी उसकी जीवन-लय मरी नहीं है। 'प्रगति' और परिवर्तन की आँधी ने भारतीय-संस्कृति में टूटन-बिखराव पैदा किया है और यह बिखराव निर्मल वर्मा को गहरी यातना देता है।

यहाँ सच्चिदानंद हीरानंद वात्स्यायन अज्ञेय ने 'भाषा, कला और औपनिवेशिक मानस' शीर्षक निबंध में कहा कि ''अपनी जिज्ञासाओं का साझा करने का और आपमें स्वतंत्र जिज्ञासा जाग्रत् करने का प्रयत्न मेरा होगा।'' (वही, पृ. 145) अज्ञेय एक विदेशी सम्मेलन में भाग लेने गए तो विचार आया कि ''समुन्नत पश्चिम और तीसरी दुनिया के बीच आदान-प्रदान कैसा होना चाहिए?'' किसी ने पूछा—''आप तो स्वयं उस तीसरी दुनिया के हैं, जिसकी बात हो रही है। आपका क्या विचार है?'' अज्ञेय ने कहा—''मुझे इस नाम 'तीसरी दुनिया' पर ही आपत्ति है। मैं अपने को तीसरी दुनिया का नहीं मानता, बल्कि मैं सोचता हूँ कि तीसरी दुनिया की बात खतरनाक बात भी हो सकती है।'' अज्ञेय ने कहा—''दुनिया तो एक है, जिसे हिस्सों में बाँट दिया गया है।'' किस ने कहा—''यह तो आदर्शवादी अवधारणा है।'' अज्ञेय ने बात काटते हुए कहा—''यह कोरा आदर्शवाद नहीं है, यह रचनाकार को पहचानना चाहिए। नहीं तो साहित्य भी निरा आदर्शवाद है और हमें उसकी बात नहीं करनी चाहिए।'' साथ ही यह भी कहा कि दुनिया एक है, इस विचार पर आपत्ति क्यों? साथ ही यह भी जोड़ दिया कि तीसरी दुनिया ही वह दुनिया है, जो अभी शेष बची है। पश्चिम की दो मशीनी आवाजें तीसरी दुनिया को कह रही हैं कि वह असली दुनिया है? किसी ने कहा, ऐसे बुनियादी सवाल उठेंगे तो आगे विचार

कैसे होगा ? फिर अज्ञेय ने कहा—'विकास' की कसौटी क्या है ? यदि बात सांस्कृतिक विकास की करते हैं, तो भारत और चीन, यूरोप-अमेरिका से बहुत आगे हैं। फिर किसी ने कहा—"तीसरी दुनिया में भारत ही नहीं, अफ्रीका और दक्षिणी अमेरिका के देश भी शामिल हैं।" 'अफ्रोएशियाई' नाम भी वैसा ही है, जैसा—'तीसरी दुनिया'। पश्चिमी दुनिया के लोग तीसरी दुनिया को पिछड़ा मानकर 'विकास' का जो दम भरते हैं, क्या वह उपनिवेशवाद नहीं है ? उपनिवेशवाद जिन देशों पर अपना कब्जा रखना चाहता है, उन्हें पिछड़ा कहता है। उपनिवेशवाद का प्रभुत्ववाला संस्कार घातक है।

पश्चिम आर्थिक मूल्यों को महत्त्व देता है, भारत जैसा देश सांस्कूतिक विकास के पीछे है। उसका आधार है—'नैतिक मूल्यों की चेतना'। दूसरे देश संपत्ति को लेकर मदोन्मत्त हैं। पश्चिम के देश सांस्कृतिक दृष्टि से पिछड़े हुए हैं। पिछड़े नहीं होते तो सदियों तक लूट-पाट और हिंसा के आधार पर अपनी प्रभुता और संपन्नता में इतराते नहीं। पश्चिम के दोनों यंत्र अपने कुकर्मों पर परदा डालना चाहते हैं। कुछ कुकर्म पुराने हैं—कुछ आज के हैं। प्रश्न संबंधों का नहीं, व्यापक समग्रता और सबसे जुड़ाव का है। आर्थिक संतुलन भी प्राकृतिक, जैविक, और सांस्कृतिक संतुलनों के बिना नहीं है।

लेकिन विदेश से लौटकर अज्ञेय भारत आए तो बात जहाँ से समाप्त हुई थी, वहीं से शुरू हुई। हमारे पूर्वजों का चिंतन भाषा को नए साँचे देता है, वह पूर्वग्रहों को छोड़कर नए साँचे गढ़ता है। "आज हम भारतीय कला के और स्थापत्य के जिन गौरव स्थलों का नाम लेते हैं, वे अधिकांश ऐसे हैं, जिन्हें हमने उपेक्षा और विस्मृति के मलबे में दब जाने दिया। और जिनका पिछले डेढ़ सौ वर्षों में पुनरुद्धार हुआ। इस पुनरुद्धार का बहुत कुछ श्रेय विदेशियों को जाता है और अधिकतर उन्हीं को, जो औपनिवेशिक सत्ता के प्रतिनिधि रूप में ही यहाँ आए थे। इतना ही नहीं, खोज और जीर्णोद्धार का बहुत सा महत्त्वपूर्ण काम उसी युग में ही हुआ, जब उपनिवेशवादी मनोवृत्ति भी अपने उत्कर्ष पर थी।" (वही, पृ. 150) यह काम जीर्णोद्धार और संरक्षण की दृष्टि से, भारतीय आत्म-गौरव की दृष्टि से नहीं, बल्कि इसमें उनके हित मौजूद थे। उन्होंने (विदेशियों ने) भग्नावशेषों को खोजकर कला-चेतना को जाग्रत् किया। एलोरा तथा अन्य स्थलों का उद्धार किया। यह भी बताया कि अनेक मंदिर, गुफा मंदिर कैसे ध्वस्त किए गए थे। हिंदू जाति चूँकि 'डिजेनरेट' थी, इसलिए मैकाले की शिक्षा-नीति काम करती रही। कोणार्क, खजुराहो, एलोरा की मूर्तियाँ 'अपरूप' भले लगे—'अश्लील' नहीं थी। इसलिए इन मूर्तियों को डिजेनरेट की डिजेनरेट कृतियाँ मानना गलत है। इसलिए यह तर्क गलत है कि सिनेमा की अश्लीलता उस सीमा से आगे नहीं जाती, जिस सीमा तक 'खजुराहो' की मूर्तियाँ जाती हैं। फिर कला मूल्यों पर विचार धर्म मूल्यों से निरपेक्ष होकर नहीं हो सकता है।

आज भी मैकाले की सत्ता भारतीय मानस पर है। आजादी के बाद मैकाले और

तगड़ा हो गया। हिंदी में साहब बन गया। हिंदू शास्त्र धरे-के-धरे रह गए। क्या यह सच नहीं है कि राष्ट्रीय पुनर्जागरण एक से अधिक पुनरुद्धारों के बावजूद वहाँ भी भारतीयता का लोप ही सिद्ध हुआ। कला-समीक्षा की वह शब्दावली विकसित की गई जिसका भारतीय-कला-समीक्षा से कोई संबंध नहीं है। पश्चिम की कला का भूत सवार हो गया और नकल आधार बन गई। उन्नीसवीं शताब्दी के अंतिम चरण तक भारतीय कला परंपरा लगभग पूरी तरह पिट गई। भारतीय कलाकार भी राजाश्रय से हटकर निराश्रय हो गए और कला लुप्त हो गई। भारतीय कला 'इलस्ट्रेटिव' थी, उसमें कथा अभिप्रायों की प्रधानता थी। चित्रकला, मूर्तिकला, काव्य कला में भी यही था। वह वाक् की प्राथमिकता का प्रतिबिंब थी। आज जो आलोचक रविवर्मा के चित्रों की भर्त्सना करते हैं, उन्हें पुनर्विचार करना चाहिए। उन्नीसवीं शताब्दी के कला आंदोलन में अंग्रेजीदाँ और भारत के मॉडर्न आर्ट के पेशेवर आर्टिस्ट का रवैया विलक्षण था। बंगाल स्कूल का आंदोलन जिलाया नहीं जा सकता। उसकी बड़ी उपेक्षा हुई है। इस उपेक्षा के कारण भारतीय चित्रकला में विकृतियाँ आई हैं। बंगाल का कला आंदोलन हमारी अस्मिता की खोज था। उसे छोड़कर हम वानगौख और गोगे के चक्कर में पड़े। अमृता शेरगिल पर भी हमने भरोसा नहीं किया, जिसमें दो जातियों की परंपराएँ गले मिल रही थीं। परंपरा और आधुनिकता को जोड़ने की ललक दर्द बनकर रह गई। गगनेंद्र नाथ ठाकुर, नंदलाल बोस, क्षितीन मजूमदार, विनोद बिहारी मुखर्जी की घोर उपेक्षा की गई। हमारे आधुनिक कलाकार ने कोई दर्द महसूस नहीं किया। क्यों? आधुनिक कलाकारों के संस्कार पराए हैं और अंग्रेजी शब्दावली की दावेदारी। उनका पूरा इतिहास उपनिवेशवाद के साथ जुड़ा है कि उनके सहारे भारतीय कला को देखना पराई दृष्टि से देखना है। यह स्थिति भारतीय संगीत की नहीं रही। इसलिए उसमें हमारी परंपराएँ जीवित रही हैं।

अज्ञेयजी ने बचपन से ही कला के संस्कार पाए थे और कलाकारों के बीच के बराबर उठते-बैठते रहे। तमाम विषयों पर विचार-विमर्श किया। इसलिए उनकी कला संबंधी चिंताओं का विशेष अर्थ है। उन्हें गंभीरता से लेना चाहिए। हम अपनी वाचिक देशी परंपराओं को छोड़कर औपनिवेशिक शासकों की ओर भागे तो दरिद्रता ही हाथ लगी। आजाद भारत में औपनिवेशिक मानसिकता अभी बनी हुई है। उसने अब भाषा को अपना साधन बनाया है। जब तक हम भारतीय मानस को इस भाषाई उपनिवेशवाद से मुक्त नहीं करते, तब तक हमारी स्वाधीनता फलवती होनेवाली नहीं है। हम ऊसर से बंजर और बंजर से मरुस्थल में परिवर्तित हो रहे हैं।

□

अज्ञेय : यात्रा-साहित्य

अज्ञेय का यात्रा-साहित्य हिंदी साहित्य की अक्षय निधि है—एक ऐसी अक्षय निधि, जिसमें आगे आनेवाली पीढ़ियाँ प्रेरणा की सुगंध पाती रहेंगी। यह अनुभव कितना प्रीतिकर है कि अज्ञेय में यायावर, विद्रोही कवि, मर्मज्ञ दृष्टा, मोहक कथाकार और आधुनिक बौद्धिक निबंधकार एक साथ अद्वैत-एकाकार रहे हैं। जीवन के सुलगते-तपते अनुभवों का संचय अज्ञेय की यायावरी वृत्ति का आंतरिक सत्य रहा है। यायावरी के आंतरिक उत्साह ने अज्ञेय में नए को पाने और जानने की 'हुड़क' पैदा की है। यह हुड़क जीवन और जगत्, सभ्यता और संस्कृति, परंपरा और आधुनिकता, बीज और वृक्ष को मूल से जानने का 'अरमान' बनी है। वहाँ जगत् को राग-दीप्त सच और गति-लय के प्रति लगाव और आकर्षण में विविधता में एकता पाने की, चाहने की ताकत है और प्रकृति-लय से साक्षात्कार करने का साहस। लय और गति के प्रति अज्ञेय जैसा राग शायद ही हिंदी के किसी अन्य यात्रा-वृत्तांत लेखक में मिलता हो। इसलिए कि अज्ञेय पोर-पोर कवि हैं और उनकी आँख-देश हो या विदेश-यात्रा के प्रत्येक डिटेल को गहन संवेदन की सर्जनात्मकता से आँकती है। इसलिए 'अरे यायावर रहेगा याद' हो या 'एक बूँद सहसा उछली' हो देश और विदेश की यात्राओं में वहाँ कवि मानस, कवि दृष्टि सक्रिय है, जिसमें देश और काल दोनों को आत्मीयता से अज्ञेय रचनात्मक अर्थ सौंदर्य देते चलते हैं। अज्ञेय का अलीकी सौंदर्य बोध साहित्यिक यायावरी को बार-बार परखता और निखारता है। इसलिए वे अपने हिल-हारिल की आंतरिक पुकार को अनसुना नहीं करते, उसे शब्द--मूर्त करते हैं।

अज्ञेय यात्रा के लिए यात्रा नहीं करते। यात्रा से अपने को भरने के लिए निकलते हैं और उसके रस से अपने का सींचकर मुक्त करते हैं। इसलिए इन यात्राओं में मात्र-इतिवृतात्मकता नहीं है, न पेशवर किस्सागोई का चमत्कारवाद। साहित्यिक यायावर का यायावरी में रमना कला का एक अद्वितीय अनुभव है। अनुभव का यह टेक्स्ट या पाठ ही मुक्त मनोवृत्ति की निष्पत्ति में पाठक को वह आत्म-दान देता है, जिसे पाकर पाठक

रिक्तता का अनुभव न करके भरे-पूरे होने का भार पाता है। 'अरे यायावर रहेगा याद?' में 'समर्पण' में कहे गए शब्दों की अर्थ-व्यंजना का भाष्य क्या संभव है, जहाँ कहा गया है—"याद कसक बन जाती है और समर्पण के शब्द उत्साह से रीत जाते हैं : पर कुछ साथ चलनेवाले साथ रहते हैं, चाहे उनका नाम नहीं लिया जाता।" इस प्रकार अज्ञेय का रचनाकार अपनी कलाकृतियों में 'अन्य' की अभिव्यक्ति अपने 'आत्म' से तदाकार करते हुए करता है। अज्ञेय को यात्रा का वह युग लौटाने का न समय है, न मन जिसमें फाहियान, ह्वेनसांग, इत्सिंग, इब्नेबतूता, बर्नियर, मार्कोपोलो और ट्रैवनियर यात्रा करते थे। ये घुमक्कड़ लोग थे और जोखिमों को झेलने का साहस रखते थे। अज्ञेय ने इन यात्राकारों से 'जोखिमों को झेलने के साहस' का प्रेरणात्मक अर्थ पाया है। यात्रा-साहित्य की इस परंपरा को अपने में भरते हुए अज्ञेय इस यात्रा साहित्य के क्षेत्र में 'राही नहीं, राहों के अन्वेषी' बनकर निकल पड़ते हैं। अज्ञेय के लिए घूमना भीतरी अंधकार की ग्रंथियों को काटना है।

अज्ञेय के लिए यात्रा का विवरण, वर्णन, निरूपण, इतिवृत्त के कथन, कथा-वाचन, धार्मिक-राजनीतिक दृष्टि की छलाँग यात्रा-साहित्य नहीं है। उनके लिए यात्रा का अर्थ है—मनुष्य की अंतर्यात्रा के बहुवचन को पाना और परोसना। बार-बार यात्रा से भरना और भरकर उलीचना, खाली करना और फिर से नए जीवन जल को भरना। इसलिए अज्ञेय न भटकन-शास्त्र रचते हैं न घुमक्कड़-शास्त्र, न घुमक्कड़ी का पागलपन पालते हैं। इसलिए वे अपने यात्रा साहित्य को न इतिहास का एलबम बनाते हैं, न विवरणों, उल्लेखों की एटलस, न संस्मरणों का, आत्म-वृत्तों का वर्णनात्मक क्रीड़ा-कौतुक। वे देश-विदेश में मानव प्रकृति के सूक्ष्म निरीक्षण के लिए यायावरी मनोवृत्ति से निकलते हैं। अज्ञेय के भीतर संस्कृत का बाण भट्ट बैठा हुआ है, जो इस बार *हर्ष चरित* और *कादंबरी* के स्थान पर *अरे यायावर रहेगा याद?* (1953) स्वदेश में और *एक बूँद सहसा उछली* (1960) विदेश की मानव-प्रकृति, प्रकृति और प्रकृति लय के साथ नाना प्रकार के यात्राओं से रंग और राग उपस्थित करता है। इसलिए पाठक मंत्र-मुग्ध भाव से अज्ञेय की ओर खिंचता चला जाता है। विदेश को लेकर अज्ञेय में जो एक बूँद सहसा उछली है, उसने निर्मल वर्मा में *चीड़ों पर चाँदनी* बनकर, कभी *हर बारिश में* बहार बनकर जीवन के रंगों की इंद्रधनुषी आभा निष्पन्न की है। इन दोनों रचनाकारों ने अपने यात्रा-विजन से हिंदी पाठक को संपन्न बनाया है। कालांतर में यही संपन्नता रमेशचंद्र शाह में *इतनी लंबी छाँह* बनकर सुकून देती है। शाह का यह यात्रा-संस्मरण अद्‌भुत है, जिसमें अज्ञेय और निर्मल एक साथ बतियाते मिलते हैं, वागर्थ प्रतिपत्ति की गरिमा के साथ।

हिंदी में साहित्यिकों का एक अच्छा-खासा तबका यह मानता रहा है कि हिंदी में यात्रा-साहित्य एक विधा के रूप में पाश्चात्य-साहित्य के संपर्क एवं संसर्ग से विकसित हुआ है। यह वर्ग यह भी कहना नहीं चूकता कि हिंदी में ट्रेवल राइटिंग या ट्रेवलॉग हुआ

ही नहीं है और जो हुआ है, वह बेहद ओछा और कमजोर है। उसमें पश्चिमी यात्रा साहित्य वाली न ताकत है, न यायावरी का वह जोखिम भरा कलेजा है। हिंदी का यात्रा-साहित्य उपवनों, वनों, पर्वतों, तीर्थों, धार्मिक मंदिरों की चोटियों पर चढ़कर पस्त हो जाता है। वह हिमालय को गाता है, घूरता है, हिमालय को जीता नहीं है। उसकी नदियों के साथ प्रवाहित नहीं होता। वह बेगड़ जी बनकर नर्मदा की यात्रा नहीं करता, न काका साहेब कालेलकर बनकर सभी नदियों के स्रोतों को छानता-घूमता है। उसके लिए यात्रा एक लुत्फ है, जीवन के आंतरिक सच को गहने-थाहने का टेंपर नहीं है। इसलिए यात्रा-साहित्य लिखने पर भी उसके यात्रा की चेतना के सीमांत ढिल्लड़पन (स्लेगिंशनेस) का शिकार हो गए हैं। पकड़ ढीली होने के कारण उनके यात्रा-संस्मरणों में हलकी सी सर्जनात्मकता का स्पर्श भर आ पाया है। उसमें वह कमाए हुए सत्यों का खमीर नहीं उठ सका है, जो कलावृति को जीवंत बनाता है, ऐसा लुभावना बनाता है, जैसे हीरे का क्रिस्टल हो। मैं यहाँ कहना चाहता हूँ कि इस प्रकार तमाम भ्रांतियों को अज्ञेय ने अपने यात्रा-संस्मरणों से तोड़ा है कि हिंदी में स्तरीय यात्रा साहित्य नहीं रचा गया है या नहीं रचा जा सकता है। कहना न होगा कि अज्ञेय का यात्रा-साहित्य एक प्रतिमान के रूप में मौजूद है, जिसने इस विधा को एक नया 'संदर्भ' दिया है। हमें याद है हिंदी में आधुनिक साहित्य के प्रवर्तक भारतेंदु हरिश्चंद्र ने पुरी और मथुरा यात्राओं के विवरण हँसते-खेलते गद्य में लिखे हैं। उनके गद्य में व्यंग्य की धर एक खास चमक रखती है, जब वे अंग्रेजी साम्राज्यवाद पर टूटते हैं, यात्रा-साहित्य की निबंध-शैली में उन्मुक्तता और आत्मीयता का देसी रंग रहता है। कुछ-कुछ भारतेंदु जैसी स्थिति ही इस युग के अन्य निबंधकारों की विशेष रूप से प्रेमधन, प्रताप नारायण मिश्र, बालकृष्ण भट्ट आदि की रही है। इनकी मनोवृत्ति तीर्थ-व्रत, मेलों ठेलों, नदी-स्नान, ऋतुओं के वर्णन में रही है। रामलीला और कृष्णलीला हमारे साहित्य के वे यात्रावृत्त हैं, जिसमें हमारी सभ्यता-संस्कृति ने अर्थ पाया है। जायसी का *पद्मावत* और सूर की *सूरसागर* है तो काव्यात्मक यात्रा वृत्त ही। पूरा संत-साहित्य यायावरी मनोवृत्ति का अपार भंडार लिये है। इस मनोवृत्ति का उपयोग द्विवेदी युग में भी हुआ चाहे वह श्रीधर पाठक की *कश्मीर सुषमा* हो या रामनरेश त्रिपाठी का *पथिक* जैसा काव्य। संस्कृति-कला-इतिहास को मिलाकर यहाँ यात्रा-साहित्य की दृढ़ पीठिका तैयार होती है। यहाँ यात्री शारीरिक यात्रा से ज्यादा मानसिक यात्रा करता है। वह अपने को प्रमुख नहीं रखता, अपने को 'ओट' में रखता है—'मुखौटा' लगाकर बोलता है। इसी पूरी हिंदी यात्रा-वृत्त की परंपरा से अज्ञेय ने सीखा है, अपने को केंद्र में रखकर भी प्रमुख न होने देना। सबके घट में पैठकर कहना—परकाय-प्रवेश के भावयोगी की तरह रचना में मौजूद रहना। यात्रा-साहित्य के अकाल्पनिक गद्य में काव्यात्मक-कल्पना पर संयम संतुलन बनाए रखना। क्योंकि अज्ञेय को पता है वे न तो 'आत्मचरित' कह रहे हैं न आत्मकथात्मक-संस्मरण रच

रहे हैं। फिर अज्ञेय की 'आत्मकथा' लिखने में कभी दिलचस्पी नहीं रही। 'आत्मकथा' को वे रचनाकार का 'झूठ' और 'पाखंड' मानते थे। अज्ञेय के सामने जयशंकर प्रसाद का आत्मकथा मॉडल था, जो उन्होंने 'मधुप गुनगुनाकर कह जाता' में (*लहर*,काव्य-संग्रह) प्रेमचंद के सामने प्रस्तुत किया था। प्रेमचंद के लाख आग्रह पर भी प्रसादजी ने अपनी आत्मकथा नहीं लिखी। इसलिए वे न बच्चन बने न रामविलास शर्मा। अपनी आत्मकथा न लिखकर अज्ञेय ने गजब की समझदारी का परिचय दिया। फिर वे रचनाकार को नहीं 'रचना' को महत्त्व देते थे। वे कलाकार से ज्यादा 'कलाकृति' को केंद्र में लाकर विचार करने का बराबर आग्रह करते हैं।

अज्ञेय वैसे भी अपने को 'वन का छंद' मानते रहे हैं। उनका मन गाँव-शहर में न रमकर वन-जंगल, पहाड़, सागर में रमता है। अटन, भ्रमण, भटकन-विचरण ये सब 'वन के छंद' हैं। अज्ञेय की कविता हो, कहानी हो, उसमें एक यात्रा या एक अंतर्यात्रा रहती है। इसी कवि-मन ने *अरे यायावर रहेगा याद ?* में अपनी कविता से अटन गति का संकेत दिया है—

पार्श्व गिरि का नम्र, चीड़ों में
डगर चढ़ती उमंगों सी।
बिछी पैरों में नदी, ज्यों दर्द की रेखा।
विहग-शिशु मौन नीड़ों में
मैंने आँख भर देखा।
दिया मन को दिलासा : पुनः आऊँगा
भले ही बरस दिन—अनगिन युगों के बाद।
क्षितिज ने पलक सी खोली
तमककर दामिनी बोली
'अरे, यायावर! रहेगा याद ?'

यायावरीय वृत्ति का यह अनोखा स्मरण अज्ञेय के यायावर को एक यायावर राजशेखरीय अर्थ देता है। संस्कृत में कवि सिद्धांतकार राजशेखर *काव्य-मीमांसा* में अपने को यायावर कहते हैं और हिंदी में अज्ञेय। यह 'रमता जोगी बहता पानी' है, जिसे कोई विलमा नहीं सकता है। अज्ञेय यात्रा-संस्मरणों में स्थानों, मिथकों, लोक-आख्यानों का ब्यौरा देने में 'निपुण' हैं। इस निपुण कला से उनके आत्म-वृत्त से भरे-पूरे यात्रा-संस्मरण बासी नहीं पड़ते। उनमें 'पाठ' करते ही समय का अर्थ और प्रकरण जीवंतता से धड़कने लगता है। *अरे यायावर रहेगा याद ?* में कुछ यात्राएँ 'पिछले महायुद्ध से पहले' की थीं, जिन का प्रकाशन स्वाधीनता प्राप्ति के बाद हुआ। दूसरे संस्करण की 'भूमिका' में अज्ञेय ने लिखा है—"देश के विभाजन से पुस्तक के पहले लेख (परशुराम से तूरखम) में वर्णित

यात्रा-पथ का एक बड़ा भाग देश से कट गया था और देश की मर्यादा रेखा खैबर-पार से सिकुड़कर अमृतसर लाहौर के बीच आ गई थी। एक बड़े भूकंप के कारण वह पहाड़ ही धँस गया था, जो ब्रह्मपुत्र का आवर्त बनाकर परशुराम कुंड को आकार देता था।'' साथ ही यह ध्यान भी दिलाया कि ''पूर्वी अंचल में प्रशासनिक पुन: संगठन से कई नए प्रदेश बन गए हैं—अरुणाचल, मेघालय, नगादेश (नगालैंड) मिजोरम-हिमालय में नई सड़कों का जाल बिछ गया है और किसी जमाने में 'मौत की घाटी' अब पक्की सड़क के कारण साधारण सैरगाह बन गई है।''

अज्ञेय की मनोभूमिका में एक क्रांतिकारी निरंतर सक्रिय रहता है और एक वैज्ञानिक निरंतर-संघर्षरत। उनके इस कथन का 'डिस्कोर्स' करने पर पता चल जाता है कि तब शोध का क्या रूप था ''और वैज्ञानिक शोध के संदर्भ में जब उस अभियान का स्मरण करता हूँ, जिसका मैं एक सदस्य था, तब शोध के तत्कालीन उपकरणों पर हँसने को मन करता है। कहाँ कॉस्मिक किरणों की खोज के लिए हमारा 'तोते का पिंजरा' विद्युद्दर्शक और हमारी किरमिच की नाव, और कहाँ आज के अंतरिक्ष यान और माप ही नहीं, माप का विश्लेषण भी करनेवाले स्वचालित यंत्र! इसी बोध से भरे अज्ञेय ने कहा है—''लेकिन स्पष्ट है अरे यायावर रहेगा याद? जैसी पुस्तकों को उनसे मिलनेवाली भौगोलिक अथवा प्रादेशक जानकारी के लिए नहीं पढ़ा जाएगा। ऐसे यात्रा-संस्मरण 'टूरिस्ट गाइड' का स्थान लेने के लिए नहीं लिखे और पढ़े जाते। ऐसी पुस्तकों में प्रस्तुत ब्यौरा एक व्यक्ति की यात्रा का ब्यौरा होता है, और वह यात्रा जितनी बाहरी होती है, उतनी ही भीतरी भी। यात्रा का विवरण जितना स्थूल भू-विस्तार से संबद्ध होता है, उतना ही सूक्ष्म मानसिक भूगोल से भी।'' ध्यान देने की बात है कि भीतर-से-भीतर अंतर्यात्रा करते अज्ञेय 'सूक्ष्म मानसिक भूगोल' की केंद्रीयता से कभी विमुख नहीं होते। उनकी ज्ञानात्मक संवेदना में मानसिक भूगोल देश और काल के कई अनचीन्हे आयामों को खोजकर चीन्हता है। लेकिन इन खोजों को अपने पाठक की सुधि रहती है। यही वह कवि मन है अज्ञेय का, जो जानता है कि जितनी महत्त्वपूर्ण लेखक की यात्रा रही है, उससे कम महत्त्वपूर्ण पाठक की यात्रा नहीं होती। इसलिए यात्रा-संस्मरण में 'परकाय-प्रवेश' या 'मानस-प्रवेश' का विशिष्ट अर्थ होता है और 'परकाय-प्रवेश' का यह योगी-गुण ही यात्रा-संस्मरण की प्रियता का आधार होता है। संकोचवश अज्ञेय कह नहीं सके कि यात्रा-वृत्त भी एक रचना है, कलाकृति है। यह रचना कभी पुरानी या बासी नहीं पड़ती। हर बार उसका 'पाठ' एक पुनर्नवता की सृष्टि करता है। इसी भाव से लिखा—''और मुझे आशा है कि तथ्यों की दृष्टि से कुछ पुराने पड़ गए इन लेखों की यात्राएँ आज भी रोचक होंगी और उन यात्राओं के निमित्त से पाठक, जो मानस-यात्रा करेगा उनमें लेखक का सहयात्रित्व उसे प्रीतिकर लगेगा।'' इन यात्रा-वृत्तों को और भराव देने के लिए अज्ञेय ने प्रकृति-रस से संपन्न एक

यात्रा-लेख और जोड़ दिया—'सागर सेवित मेघ-मेखलित'। ऐसा इसलिए किया ''जब से स्वतंत्र रूप से यात्रा करना संभव हुआ था, तभी से आकांक्षा थी कि पूरे देश को पूर्व से पश्चिम तक, दक्षिण से उत्तर तक देखूँ। 'परशुराम से तूरखम' की यात्रा से पूरब और पच्छिम के कुलाबे तो मिला दिए थे, पर उत्तर-दक्खिन के छोर मिलाने की आकांक्षा को और प्रेरणा ही मिली थी। अंततः वह यात्रा भी हो गई और फौजी 'कानबाई' के सहारे नहीं, स्वेच्छा से निर्धारित पथ की गति से।'' सरस-सरस यात्रा के संस्मरणों को परोस देने के कारण ऊब से मुक्ति मिलती रही।

इस ऊब-मुक्ति का कारण क्या है? इसलिए कि यात्रा-संस्मरण प्रस्तुत करनेवाले अज्ञेय ब्यौरों को नमकीन बनाकर स्वाद उठाते हैं, उसका फीकापन हटाते हैं, मिर्च का चटपटापन लाते हैं और जरूरत के हिसाब से कसैलापन भी। उनकी तकनीक नई है और कथ्य के प्रति चौकस भाव भी है। इसलिए पुराना पाठक हो या नया पाठक इन यात्रा-संस्मरणों से संवाद स्थापित कर ही लेता है। वह एक साथ नए-पुराने का स्वाद-सौंदर्य पाता है और यात्रा-वृक्ष की मिथक-चेतना 'अन्वेषी-भाव' से जोड़े रहती है। अज्ञेय का कथन साक्षी है—''इन पुरानी यात्राओं को नयी कर ले सकता हूँ—ये पुरानी यात्राएँ मिथक के सहारे दोहराई जाकर भूगोल के आयाम में ही नहीं, इतिहास के आयाम में भी अग्रसर करती हैं। देश को ही नहीं नापतीं, काल को भी नापती चलती हैं।'' इस तरह इन मानस-यात्राओं में ठंडे जल से नहाने की तृप्ति का पवित्र भाव लोक है। यहाँ खोंचड़ खोपड़ी के तर्क-कुतर्क नहीं हैं, शांत-संयत मानस का अंतर्मंथन है और अंतर्मंथन से उपजे माखन का भोग भी है। इसलिए इन मानस-यात्राओं को 'काल' पुराना नहीं बनाता, निरंतर नवल-धवल बनाकर 'क्लासिक' की शक्ल देता चलता है। इस क्लासिक अनुभव में 'वन का छंद' प्रायः मोर-मन बनकर नाचता मिलता है और इस नृत्य का एक अपना ही सुख है। अपने एकाग्र भाव में अज्ञेय के यात्रा-संस्मरण 'पावन गंगा स्नान' के साथ जीवन की जिजीविषा के प्रमाण हैं। इनके छूने में नया संचरण है और जीवन लय का संधान। मूलतः यह यात्रा-संस्मरण अपनी सर्जनात्मकता में 'साहित्य' हैं—यात्रा-साहित्य। क्योंकि इनमें यात्रा के सरस छंद ने 'वागर्थ की प्रतिपत्ति' का नया सर्जन-पाठ पाठक को दिया है।

हमें याद है कि पुराने समय की धार्मिक-यात्राओं का स्थायी भाव-विभाव होता था, देवी-देवताओं, पितरों की अर्चना-पूजा, स्मरण और भक्ति। इसमें यात्री का 'आत्म' निमग्न होकर सुखानंद पाता था और कभी-कभार ब्रह्मानंद भी। वह आज का 'मॉडर्न' और 'कंज्यूमरिज्म कल्चर' का चाटू-पाटू, घुमक्कड़ नहीं था। वह या तो 'पथिक पाहुन' था, जो राम की यात्रा में आता था या बटोही बनकर यात्रानुभव में भीगता-जीता फक्कड़ मस्त जीव। उसके व्रजन-परिव्रजन में कृष्ण-रस था, राधा-भाव था—वैष्णवता का महाभाव जिसमें राधा बनकर, ललिता बनकर, सखी बनकर कृष्ण को खोजने का भाव था। यह

सैर-सपाटा भाव न था। वह गोपी भाव था, जो 'लै लकुटी' निकलता था, प्रिय से अद्वैत होने के लिए। प्रिय के लिए भटकने का विरह भाव, मधुवन में जीने का समर्पित होने का भाव था। नर-नारायण विहार का भाव 'सागर सेवित मेघ मेखलित' वृत्तांत है कन्याकुमारी से नंदा देवी तक की यात्रा—भाव यात्रा। यह अज्ञेय के आस्तिक मन की माया है कि एक विस्मय भाव के साथ कन्याकुमारी से नंदा देवी का भौगोलिक क्षेत्र एक जीवन-कथा में परिवर्तित हो जाता है और अज्ञेय का मानस-यात्री योगी शिव और कुमारी (पार्वती) की कथा में तन्मय तदाकार होकर अपना अलगाव खो देता है—अद्‌भुत साधारणीकरण के साथ। इस साधारणीकरण की व्याख्या भट्टनायक-भाव से ही की जा सकती है—जहाँ अपने-पराए की भेद-बुद्धि नष्ट हो जाती है। तन्मय भाषा के उद्धरण सहज हो जाते हैं और विनोद की झलक प्रकाश बन जाती है। बड़ी बात यह है, जिस स्थान, पहाड़, झरना, शहर में अज्ञेय गए हैं, वहाँ के पूरे प्रकृति-सौंदर्य के डिटेल उनसे छूटने नहीं पाए हैं। प्रकृति और संस्कृति दोनों का आत्म-राग मिलकर जीवन को बड़ा करता है। दृष्टि वही है, जो केसर नाग के नीले पोस्त के फूल को पाना शुभ मानती है। एक-एक फूल न जाने कितनी स्मृतियों को गहे खड़ा है। यह फूल एक टेक्स्ट है, जिसका हर पाठक भीतर घुसकर नया भाष्य करता है और एक समृद्ध सांस्कृतिक पूँजी को पाकर प्रसन्न होता है। वह लोक और शास्त्र दोनों को निचोड़कर जीता है, ताकि परायापन छँट सके। 'अन्य' होने का भाव हर सके। सबका होकर सबके साथ जीने की भाव-सृष्टि हो सके। यहाँ पाठक पाता है कि मानव और प्रकृति न दो हैं, न उनमें कोई कसकता अलगाव है। फलतः इन यात्रा-संस्मरणों को यात्रा-वृत्तांत न कहकर सुविचारित अर्थों में यात्रा-निबंध कहना चाहिए। क्योंकि इनकी व्यक्ति-व्यंजकता में भाव-विचार की गहन अंतर्योजना है और यात्राओं से ध्वनित सत्य की गूँज-अनुगूँज।

अज्ञेय होने का एक अर्थ यह भी है कि बाहर से शांत लेकिन भीतर से बेचैन। इसलिए पद्य-गद्य की अभिव्यक्ति में काफी फर्क आया है। पद्य का अज्ञेय जब गद्य का सच्चिदानंद वात्स्यायन बनकर विचार संकल्प के साथ, यायावरी मुद्रा के साथ आता है, तो उसमें विचार के भीतर विचार चलता है। यह इस गति से चलता है कि गद्य-विधाओं के सभी अनुशासन टूट जाते हैं—यात्रा-वृत्त में संस्मरण, कहानी, निबंध धक्के मारकर खुले मन से घुस आते हैं। एक विधा का दूसरी विधा में प्रवेश-अंतर्प्रवेश अज्ञेय की गद्य-सर्जना में गहरे स्तर पर चलता है। *अरे यायावर रहेगा याद?* या *एक बूँद सहसा उछली* या *जन-जनक जानकी* का यात्रा-संस्मरण इसी बात की पुष्टि करता है। यहाँ कविता या गद्य का अनुशासन एकांगी नहीं है, वह अर्थ का भी है, अभिप्राय और प्रेरणा का भी है और उद्‌देश्य का भी है। यह सब होने पर भी 'कविता का एक अलग-अलग अनुशासन होता है।' कविता शब्द का संस्कार है, गद्य भाषा का परिष्कार—विस्तार।

'परशुराम से तूरखम'—'एक टायर की राम कहानी'। यह कहानी टायर की राम-कहानी क्यों? इसलिए कि अज्ञेय को ट्रक चलाना सीखना पड़ा था, ताकि वे भगत सिंह को जेल से बाहर निकाल सकें। दो-तीन दिन में जान-खपाकर सीखा ट्रक चलाना। फिर उन्हें घुमक्कड़ी, यायावरी तो दूध की घुट्टी में मिली थी, कभी लखनऊ, कभी पटना, कभी बनारस, कभी मद्रास, कभी लाहौर, कभी मेरठ, दिल्ली, पंजाब। अज्ञेय के पाँव में चक्कर। यह पाँव का चक्कर बढ़ता ही गया—पहले देश में फिर विदेश में। 'घाट-घाट का पानी बेटा धन्य है तेरी नानी' के प्रतीक तो अज्ञेय थे ही—मौनी, विद्रोही, घुमंतू। इसी ने ट्रक की कथा डोर पकड़कर एक टायर की राम-कहानी कह डाली। आरंभ में ही कहा—"कहते हैं कि सृष्टि की सर्वोत्तम आकृति चक्र है, क्योंकि उसका आदि अंत कुछ नहीं है। मैंने देश की भिन्न-भिन्न सँकरी-चौड़ी, कच्ची-पक्की, ऊबड़-खाबड़ सड़कों पर लुढ़कते-पुढ़कते अनेकों बार (पाया है) सोचा है कि चक्राकृति के सौंदर्य के लिए बहुत अधिक नंबर चाहे न भी पाऊँ, अपनी आदि अंतहीन गति क्षमता का दावा तो कर ही सकता हूँ" यह आदि-अंतहीन गति क्षमता का दावा ही प्रश्नाकुलता के साथ *अरे यायावर रहेगा याद ?* बनकर उमड़ पड़ा है। चक्र ही कह सकता है—"स्वयं सुंदर न होकर भी मैं संसार के अखिल सौंदर्य की नींव हूँ, क्योंकि मैं संस्कृति की नींव हूँ। संस्कृति और सभ्यता के विकास में अग्नि के अवतरण के बाद जो पीढ़ी मानव-प्राणी चढ़ा, वह मैं हूँ; या यो कह लीजिए देवताओं के समुद्र-मंथन से जैसे सर्वश्रेष्ठ उपलब्धि अग्नि की हुई, उसी प्रकार मानव मन रूपी मंथन, जो श्रेष्ठ नवनीत प्राप्त हुआ, वह है चक्राकार की उद्‌भावना।" अज्ञेय ने चक्र से काल-चक्र, काल का डमरू नाद, कला और काल, भारतीय काल की अवधारणा अँगूठी (इटरनिटी रिंग) से लेकर चक्रधर, चक्रपाणि तक की दौड़ लगाई। घूमना-चलना निरंतर प्रवाह में रहना, गति-लय में व्रजन। अज्ञेय को भाता है, भाता क्या है—यह उनका स्व-भाव है। यह स्व-भाव ही काल-मृगया की अवधारणा को जीता है। और छककर जी लेने के बाद यात्रा-निबंध लिखता है।

"यह मैं कह रहा हूँ, तो एक चक्रमात्र के साधारण प्रतिनिधि की हैसियत से; नहीं तो व्यक्ति रूप में मैं एक अकिंचन यायावर हूँ और अपने ही जैसे यायावर 'श्री इन पंक्तियों के लेखकजी' का सहारा, क्योंकि मैं उनकी गाड़ी का एक टायर हूँ।' (*अरे यायावर रहेगा याद*, पृ. 1) फिर रचनात्मक छल का मुखौटा उतारकर कहा "और मैं जो रामकहानी कहूँगा, वह भी मेरी राम कहानी इसीलिए है कि वह मेरे चालक की कहानी है। अपने अनुभव को दूसरे के—अपने मालिक के—इतिवृत्त के रूप में कहना ही तो मर्यादा संगत है, वैष्णव भक्त जैसे राधा और कृष्ण के जीवन में अपने राग-विराग ढाल देते थे, मैं अपने प्रतीक-पुरुष को ही आधार मानता हूँ।" यह प्रतीक-पुरुष ही यायावर है। इस यायावर को भटकते चार दशक बीते, लेकिन उसने अपने पैरों तले घास नहीं जमने दी लगातार

गतिमय रहा। यह यायावर इतना खाया-खेला यायावर है कि स्वानुभव से जानता है; मंदिर में देवता जमकर बैठा तो पाषाण बनकर रह गया। "देवता भी जहाँ मंदिर में रुके कि शिला हो गए और प्राण-संचार की पहली शर्त है—गति, गति, गति। उसके पास एक चीनी कहावत का गुरू-मंत्र है कि चलो-चलो। इसलिए यात्रा का इतिवृत्त 'पूर्व-असम' से शुरू किया, जहाँ युद्ध के दिनों में जापानी अभियान बढ़ा और पछाड़ खाकर गिर गया। यायावर को पूर्वी प्रांत-सीमा प्रांत के भी पूर्वोतर प्रदेश का दौरा उसके हिस्से आया। यायावर को इस नौकरी के दौरान जो ट्रक मिला, वह बेहद खराब हालत में था—केवल उसमें एक टायर ही ऐसा था, जिस पर भरोसा किया जा सके। यह ट्रक अठारह हजार मील रन कर चुका था—हर जगह से गया बीता। जिस पर भी यायावर को रात में गाड़ी चलाने का व्यसन—दूर की मीटिंग। राह में चौंककर रुके वन्य जंतु की चमकती अंगार सी आँखें, खरहा, लोमड़ी-सियार, वन-बिलार, बघेला। कृष्ण-पक्ष और शुक्ल पक्ष की रातों में ट्रक चलाने का अनुभव। तिनसुकिया के आगे कोई वर्क शाप नहीं है, तो क्या हुआ? यायावर का भ्रमरी योग और सनीचर की छाया। ब्रह्मपुत्र की समतल यात्रा का आरंभ बिंदु, परशुराम का तपोवन और कुंड, कुंडनपुर के महल, जहाँ बैठकर रुक्मिणी ने कृष्ण की प्रतीक्षा की होगी। गैंडे, हाथी, मिठून (अरना भैंसा) द्वारा सेवित कदली वन, आबोर, मिश्मी, खामटी वन्य जातियों के प्रदेश का दुर्भेद्य जंगल। उसे याद है माघ-पूर्णिमा में चार-पाँच दिन बाद परशुराम कुंड का मेला लगेगा।" अज्ञेय परिवेश प्रकृति का सूक्ष्म-से-सूक्ष्म ब्यौरा देते हैं, इस तरह पाठक के सामने स्थान, देश-प्रदेश का पूरा बिंब एकदम स्पष्टता से उभरता है। अर्थ-ग्रहण के साथ यात्रा-निबंधों में बिंब-ग्रहण की कला का जादू है।

यायावर ने असम के भीतर दृष्टि डालकर पाया कि "भारत में ब्रितानी शासन को दृढ़ करने में किस तरह सीमा-प्रांतों या 'पिछड़े' प्रदेशों के पोलिटिकल एजेंटों और ईसाई प्रचारकों का चोली-दामन का साथ रहा, इसके अध्ययन के लिए असम सीमा प्रदेशों का-सा क्षेत्र और न मिलेगा।" इस तरह के कथनों से जाहिर है कि अज्ञेय का यायावर राजनीतिक-सांस्कृतिक इतिहास के प्रति कितना जागरूक है। इस जागरूकता से ही वह असम का 'आंतरिक इतिहास' खोलकर रख सका है। उसे "देश की पराधीनता अखरती है' और अखरती है ब्रिटिश साम्राज्यवादी नीतियों की करतूतें। फिरंगी पोलिटिकल एजेंटों के दफ्तर क्या हैं? पुण्यभूमि भारत को लूटने के सुनियोजित तंत्र। असम का सदिया फ्रंटियर ट्रैक—इसका परमिट, पोलिटिकल एजेंट स्वयं देता है एवं उसे पाना टेड़ी खीर। ब्रह्मपुत्र (संस्कृत नाम लौहित्य—देशी नाम लुहित) से परशुराम घाट की यात्रा कठिन-कठोर। ब्रह्मपुत्र की उपनदी पार करनी होती है—प्रसिद्ध है कि इसी नदी के किनारे (कुंडिनपुर) रुक्मिणी को लेने कृष्ण आए थे। यहाँ अति प्राचीन अभेद्य जंगल। कदली वन के मीलों फैले क्षेत्र में अरने भैंसों की भरमार और ये मिठुन वन्य जाति के लिए पूज्य। मिश्मियों

का साथ-तीर धनुष और कमर में खोंसे खांडे। नद पार करके चार मील का रास्ता चीन और भारत को जोड़नेवाला मार्ग कभी था, अब नहीं है। जंगली सुगंधित प्रदेश—रक्त प्रसूनों की सुलगती अनुभूति। यहाँ अज्ञेय का कवि-मन कल्पना में रंग भरता है, जैसे—"बालुका के पीले उत्तरीय में लिपटा हुआ ब्रह्मपुत्र का पीला गात, मानो वसंतश्री के लाल चुंबनों से मुद्रांकित हो उठेगा।" (पृ. 9) कुंड वास्तव में ब्रह्मपुत्र की धारा का एक आवर्त है और नद हिमालय-दर्शन को आकुल-व्याकुल। यायावर को परशुराम की स्मृति और मातृवध की कथा पाप न धुलने पर भगवान् ने परशुराम को कुंड में स्नान करने का आदेश दिया। परशुराम ने तपस्या की और स्नान से पाप धोए। अब उस कुंड पर सन्नाटा है, लेकिन संक्रांति के अवसर पर अनेक मिश्मी नर-नारी। मुमुक्ष नहाकर निकले, न निकले कि मुक्ति-पथ के ये सहायक उसकी धोती, गमछा, लँगोट, जो कुछ हो खींच लेते हैं और कभी-कभी मुमुक्षु को उस परम निष्पाप अवस्था में सूखे कपड़ों तक जाना पड़ता है। इसका विरोध संभव नहीं, यह रीति चली आई है। अज्ञेय ने इस पर टिप्पणी की है—"और सभ्य मुमुक्षुओं के पाप का बोझा इस प्रतीक के द्वारा ढोने का अधिकार सदा से असभ्य उपत्यकावासी मिश्मियों में रहा है। विकसित नागरिक सभ्यता के पापों का बोझ अविकसित वन्य जातियों द्वारा ढोया जाता है। इस सत्य की वह रीति कितना अर्थपूर्ण प्रतीक है।" (पृ. 10)

अँधेरे जंगल की यात्रा में फटीचर ट्रक का पंक्चर। अचानक क्लीनर को साँप काटने की घटना और दवाई लगाने का देसी तरीका। फिर कामरूप का इतिहास शुरू हुआ। गहन वनों में छिपे स्मारक। सदिया प्रदेश के भीष्मक का वंशधर वीरपाल और उसकी रानी रूपमती। कुबेर ने उसके पति का रूप धारण कर उसे भोगा। वीरपाल को स्वप्न में आदेश दिया कि वृक्ष के नीचे ढाल और सोने की बिल्ली को पूज्य मानकर ग्रहण करे। महाभारतकालीन असमिया कथा का अज्ञेय ने उल्लेख इसलिए किया है, ताकि पाठक उसके इतिहास-रस में निमग्न हो सके।

शिवसागर-असमिया में 'हिब सागर' हो गया। अहोम राजाओं की बस्ती यहाँ बसी। ताल रुद्रसागर जयसागर के किनारे मंदिर-महल बसे हैं। प्रतापी राजा रुद्रसेन का नाम असम में बच्चा-बच्चा जानता है। जोरहाट, गुवाहाटी, कामाख्या देवी के दर्शन के लिए हजारों बंगाली आते हैं।

यायावर ने मध्य असम से पंजाब की यात्रा का मन बनाया। उसे आज्ञा मिली कि पाँच गाड़ियों का 'कानवाई' लेकर असम से पंजाब जाए। एक गीले दिन भोर में चल पड़ा बंजारा। शिलङ के चीड़ की घाटियों को पार कर निकला तो सड़क हरहराने लगी। पलाश बाड़ी पहुँचा, असम की रेशम मंडी और ब्रह्मपुत्र की खसिया पर्वत, गारो पर्वत श्रेणी, ग्वानपाड़ा, जोगी गुफा घाट तांत्रिक-साधना प्रसिद्ध क्षेत्र। कहते हैं कि 12वीं शताब्दी में

तुर्कों ने आक्रमण किया, तो तांत्रिकों ने अपनी साधना-शक्ति से पराजित किया था। जोगी गुफा पार कर रास्ता धुबड़ी से कलकत्ते की ओर मुड़ता है—'कानवाई' अच्छी सड़कों पर ही चलते हैं। दीनहट्टा के पास बाँसों से बना बँगला, बाँस की चटाइयाँ, बागीचा। कोच जाति की राजधानी कूच बिहार और राजा नर नारायण (16वीं शताब्दी) की स्मृति। विद्या प्रेमी नरनारायण राय ने काशी में शिक्षा पाई थी। वहाँ पहुँचे थे बंगाल के स्मार्त आचार्य रघुनंदन भट्टाचार्य। वे बंगाल, बिहार, उड़ीसा के पंडितों को शास्त्रार्थ में पटकी दे चुके थे। कहते हैं कि विधवा ब्राह्मणी ने उन्हें पछाड़ा था। कूच बिहार से सिलीगुड़ी का मार्ग—'द्वार प्रवेश'। इस अंचल में हिमालय के बारह 'द्वार' हैं—भोटिये, नेपाली, तिब्बती और नाना पर्वतीयं जातियाँ हैं। जगह-जगह व्यापारी और लुटेरों की भरमार। चाय के बागान और नागाधिराज हिमालय का सौंदर्य—अनिर्वचनीय सौंदर्य। 'हिरण्यगर्भः समवर्तताग्रे' से 'कस्मै देवाय हविषा विधेय' की अनुभूति।

अलीपुर द्वार से यायावर टँडोरा तिस्ता नदी की ओर बढ़ा और विश्राम किया। यों वह पूर्णिया आया—स्टीमर से गंगा पार की और फौजी सड़क पर हो लिया। पार्श्वनाथ के पास 'ग्रांड ट्रंक रोड' गोरे अमेरिकी और नीग्रो। गोरे के ग्रामोफोनों पर जैज नाचों के तवे चढ़े और नीग्रो ने बैंजो टुनटुनाया। हँसते नीग्रो चेहरों की दूधिया दशन-पंक्ति। उधर मच्छर बोटिया नोंचने लगे और बालों में भरने लगे इंजन के कोयले। अमेरिकियों की देखादेखी एंजिन से तामचीनी के मग में गरम पानी ले चाय बनाकर पी। भाषा की देशी पकड़ अज्ञेय के पास है, उस पकड़ का क्या कहना, जैसे—"दिन भर टाँट सिकती रही। काश कि बदली घिर आती।" (पृ. 23) फिर बैरकपुर पहुँचते ही तगड़ी बारिश—भीगते यायावर को जाट की कहानी याद आई—गाभिन घोड़ी की कहानी। यहाँ यात्रा के अनेक झंझटों का कड़ुआ रस पीया। हुगली पार कर उत्तरपाड़ा और वर्धमान (बर्दवान) होकर आसन सोल पहुँचे। पार्श्वनाथ गिरि—मुगलसराय से बनारस, इलाहाबाद होते हुए कानपुर। कानपुर के पास बिल्हौर—में रात काटी और पाई बैलगाड़ियों की सड़क पर भीड़। फिर पकड़ा भारतीय सैन्य संगठन का मध्यवर्ती कैंप आगरा और कवि नजीर की उपेक्षित कब्र को देखा। कवि-मन का द्वार धड़ाम से खुलकर बोला—"क्योंकि जीवन का स्रोत घटना का स्रोत नहीं है, वह चेतना का स्रोत है। हमारी कविता बानी नहीं रही, लिखतम हो गई है। हृदय-से-हृदय तक नहीं जाती, वरन् एक मस्तिष्क की शिक्षा-दीक्षा के संस्कारों की नली से होकर कागद पर ढाली जाती है, जहाँ से एक दूसरा मस्तिष्क अपने संस्कारों की नली से उसे फिर खींचता है।" (पृ. 29)

मथुरा-वृंदावन होते हुए गोविंद देव मंदिर देखा। फिर देखी "नई दिल्ली सबकी वह भाभी, जो कि गरीब की जोरू नहीं! "जिसकी मुसकान की अपेक्षा हर एक को है, लेकिन जिस से ठिठोली करने की हिम्मत किसी को नहीं होती।" (पृ. 29)

पुरानी दिल्ली किंग्सवे का वह स्थान जहाँ सम्राट् का अभिषेक हुआ था और अब वहाँ तपेदिक, का अस्पताल है। घुमंतु पहुँचे सोनीपत और कानवाई पानीपत कुरुक्षेत्र होता हुआ अंबाला से जालंधर पहुँचा। वहाँ जहाँ अज्ञेय के पूर्वजों का पुराना स्थान। ऐसा भारी परिवर्तन—पंतजी की कविता फूट पड़ी, 'विश्वमय है परिवर्तन!' पश्चिमी खैबर का लोकतंत्रवाद। अमलतासी के बाद अमृतसर और वहाँ के मिठबोले ताँगेवालों की याद। लाहौर हिंदुस्तान के तीन गंदे शहरों में एक, व्यापार और शिक्षा का बड़ा केंद्र—संस्कृतियों का संगम, लफंगों का लाहौर। गुजराँवाला जहाँ रणजीतसिंह जन्मे थे, आगे वजीराबाद और महीवाल का डेरा—सोहनी के घड़े का गीत। लालमूसा से झेलम—चिल्लियाँवाला जहाँ सिखों ने अंग्रेजों से लोहा लिया। सिकंदर और पुरु का युद्ध-क्षेत्र चिल्लियाँवाला और आगे रोहतास का पहाड़ी दुर्ग। रावलपिंडी से आगे तक्षशिला। सांस्कृतिक विरासत पर गर्व का अनुभव हुआ। कुषाण राजा कनिष्क की बसाई नगरी, चीर टोपा का स्तूप—कुणाल-स्तूप। जंडियाल में यवन मंदिर अवशेषों का दर्शन। हसन अब्दाल में सिखों का तीर्थस्थल 'पंजा साहब'। यहाँ बाबा वली का चश्मा है। नानक पंथियों के तीर्थस्थल पंजा साहब और सिंधु नदी के पार व्याकरणकार शालातुरीय पाणिनि के गाँव के दर्शन किए। हसन अब्दाल से पेशावर जाती रोड पर एबटाबाद। कोहाट का दर्रा पार कर यायावर ने तुरंगगति पकड़ी। जंगली नरगिस की गंध का लुत्फ लिया। आगे चीड़ वृक्षों की छाया और पामीर की हिम मंडित गिरि शृंखलाएँ। एबटाबाद की सड़कों पर लारियाँ भर-भर जाते लोग गाते हैं—'ले के रहेंगे पाकिस्तान', 'लड़ के लेंगे पाकिस्तान'। दूर पर सतश्री अकाल के नारे। सामने खड़ा है अटक का भव्य दुर्ग। आगे सिंधु का पुल। नर्मदा के भेड़ा घाट से कम भव्य नहीं है, यहाँ का दृश्य। मदनि के उत्तर-पूर्व शाहबाज गाढ़ी में अशोक का प्रसिद्ध प्रस्तर लेख है।

यायावर की नौशेरा में एक रूसी कलाकार से अंतरंगता। रंगमंच का संगीत-निर्देशक और अभिनेता। भारतीय लोक-नाट्य एवं नृत्यकला का अध्ययन कर रहा है। इसी यात्रा-पथ में दरगही का दुर्ग। फा-हयान के अनुसार वहाँ पाँच सौ संघाराम रहे होंगे।

यायावर का तीसरा अभियान कोहाट। वह उत्साह से पेशावर आया। जोधपुर में रंगों की विविधता ने मोह लिया और श्रीनगर में गंधों की विविधता का कमाल। उसे ध्यान आया "जहाँ घरगिरस्ती आबाद करना ही जीवन की सफलता हो, वहाँ इस भटक-भटककर अनुभव-संचय और जीवन के रस-शोध को कौन महत्त्व देगा।" (पृ. 54) भारत की विविधता में एकता की खोज इस यात्रा-निबंध में पूरे मनोयोग से की गई है। क्योंकि भारत की संस्कृति जड़ धातु-पिंड नहीं है, वह नर्मदा की गति भरी धार है। इसलिए मर्यादा पर्वत का नाम है—तूरखम। प्रज्ञा पारमिता का प्रतीक पर्वत। एक लंबी प्रार्थना का सार सर्वस्व है—प्राणों की निर्भरता, लेकिन क्या यही यात्रांत है ? नहीं यात्रा आगे बढ़ती है अनंत की

ओर। इस यात्रा-निबंध में सांस्कृतिक इतिहास की धड़कन के साथ भारतीय जीवन लय को बहुत भीतर से पाने और महसूस करने का प्रामाणिक संसार है। इस यात्रा-निबंध का अध्ययन भारतीय समाजशास्त्र-सौंदर्यशास्त्र की कई परतों को खोलता है। साथ ही अनुभव का खुलापन जीवन का खरा स्वर्ण है और कला के जादू का प्रभाव। एक जबर्दस्त 'परिवेश' के प्रति जागरूकता के भाव की विद्यमानता वैचारिक सर्जनात्मकता को नए 'संदर्भ' देती है।

'किरणों की खोज में' का आरंभ बचपन में अंग्रेजी लेखक राइडर हैगर्ड के एक रोमांचक उपन्यास के नायक विषयक टिप्पणी से होता है। इस उपन्यास में जल से जुड़े अनेक जीवनानुभव—प्रिय-अप्रिय, किंतु स्मृति में निरंतर धड़कते हैं। कैसे उस जल-अभियान में अज्ञेय ने विश्वविद्यालय के वैज्ञानिक अन्वेषी दल की सदस्यता स्वीकार की थी और तब विद्युद्दर्शक अन्वीक्षक प्रकाश चित्र ग्राहक यंत्रों के मरुस्थल में पानी-पानी की कुल्या की कोई झाईं तक न दीखी थी। कार्यक्रम निर्धारित करके अज्ञेय सैलानी रूप में कश्मीर पहुँचे। नए-नए विज्ञान के विद्यार्थी, घरेलू टंटों से मुक्त। दुमेल के डाक बँगले में न रुककर एक गुरुद्वारे में ठहरे, वहाँ गुरुद्वारे के किरपानधारी खटमलों ने रात काटनी दूभर कर दी। वेगवती कृष्ण गंगा में स्नान करके बस यात्रा। रास्ते में झेलम पार करके, पाटन के मंदिरों के पास पहुँचे और परिहासपुरा के बौद्ध-मंदिरों को पार कर श्रीनगर (कश्मीर) पहुँचे। बचपन में अज्ञेय कश्मीर में बीता और याद रहा कवयित्री बेगम जेबुन्निसा का महल। जलबिहार के लिए बना महल। जेबुन्निसा का अतृप्त जीवन—बेदर्द प्रेम की व्यथा एक मार्मिक कविता का आख्यान है। फिर चले गुलमर्ग और गुरु-पत्नी का प्रकरण और वायदा। गुरुजी भौतिक विज्ञान के अध्यापक और ईसाई धर्म दीक्षा के जानकार। बाइबिल क्लास में राधा कृष्णन के 'हिंदू जीवन-दर्शन' पर बात करते या फिर 'कुङ् फुत्से, लाओत्से, बुद्ध, शंकर, पास्कल, स्पिनोजा के विचार-दर्शन का अध्ययन कराते। इस अध्ययन ने अज्ञेय की रचना-कर्म की मनोभूमिका को दूर तक प्रभावित किया हुआ है। उन्हें इसी अध्ययन से यह विचार मिला कि अपने धर्म का विवेकपूर्ण अध्ययन ही ईसाइयत है, हिंदू धर्म है। सर डॉ. शांतिस्वरूप भटनागर के 'द थर्माडायनैमिक्स ऑफ गॉड' के भाषण ने अज्ञेय को भीतर से हिलाया। गुरुजी की व्याख्याओं ने अहिंसा सिद्धांत को जीवन का मूलाधार माना।

इसी पूरे वैज्ञानिक अभियान में अज्ञेय टंगमर्ग पहुँचे। साथ में धुनी गुरु की कार्य के प्रति निष्ठा ने उत्साह दिया। पत्र में बीस रुपए श्रीनगर भेजने की घटना का ध्वन्यर्थ मानव पर विश्वास करो। टंगमर्ग के आगे का रास्ता बेहद असुविधाजनक। न मोटर, न घोड़े। फिर 'परमिट' लेने का सिरदर्द। अनुमति 'वैज्ञानिक मंडल' के नाम से नहीं मिली, केवल सैलानी दल के नाम पर मिली। चलकर कश्मीरी-दर्शन का मूल मंत्र पाया 'कुछ फिकिर नेई'। अज्ञेय ने श्रीनगर से जम्मू की ओर मोड़ा बचपन का परिचित रास्ता—'पुरानी स्मृतियों के उभार' बाएँ शंकराचार्य पर्वत, शिखर पर पिंजरे सा शिव मंदिर—पाणिनी जैसे

'पीर शालातुरा' हो गए हैं, वैसे ही यह मंदिर 'तख्ते सुलेमान' हो गया है। अद्‌भुत प्रकृति और प्रकृति के दिए आलूचे, आड़ू, सेब, नाशपाती, गिलास, खूबानी। अज्ञेय की स्मृति में बचपन के दिन, जब बगीचों से फल तोड़ने के मौके तलाशते रहते थे। यहाँ पास में पांड्रेथन का शिव मंदिर। पांड्रेथन शब्द की व्युत्पत्ति 'पुराणाधिष्ठान' पर अज्ञेय का ध्यान। शुपिया की कच्ची सड़क के रास्ते में पीर पंजाल, रतनगीर, नौशहरा, भीमबड़ का रमणीय दुर्गम प्रदेश। पहलगाँव से तुलियन झील पर गए, बारह हजार फीट की ऊँचाई—कास्मिक किरणों के अध्ययन के लिए सही जगह। आगे बढ़े तो पानी से ढके गड्ढों के दचके। पेड़ों की डालियाँ काटकर कीचड़ पर बिछाते रहे, ताकि गाड़ी बढ़ सके। लेकिन बात बनी नहीं। आदमी बुलाए और गाड़ी को निकाला रेंबियारा नदी पार कर पैदल चले—दुर्गम पथ, कठिन पथिक यात्रा। रास्ते में अखरोट और मकई के भुट्टों का स्वाद लिया—रोक-रोक चोरी की, परवाह नहीं की। अज्ञेय ने माना "भुट्टे दूधिया थे और बहुत मीठे।" (पृ. 80) दूर जाकर हरिबल के जल-प्रपात में विलय—"घोल सा पानी और फिर जलप्रपात फेन के आवर्त्त और वन-सरस्वती का अप्रतिहात संगीत।" फिर आऊँगा—"घटना की आवृत्ति होती है, अनुभूति ही नहीं, अनुभूति की आवृत्ति, पुनरनुभूति केवल स्मरण में है।" (पृ. 82)

अज्ञेय का जोशी द्वय से संवाद यात्रा-वृत्तांत में चटनी का स्वाद है। फूल की घाटी आने पर गंध-मरकंद। अनेक जातियों के फूल हैं अनेक रंगों के हैं। मटकती हवा वंशी बज रही है। आगे कोंसरनाग की चढ़ाई। पहाड़ियाँ, घोड़े छोड़कर पैदल चल पड़े। यहाँ आसपास खानाबदोश गूजर बसते हैं। प्रकृति की यहाँ न जाने कितनी माया-मरीचिकाएँ। यात्राओं की यही माया-मरीचिकाएँ अज्ञेय के प्रकृति-चित्रों में रूपाकार पाती हैं। कोंसरनाग नदी औः झील और आगे चीड़ों के भुर्ज। गंधौषधियाँ और गाय के दूध का अजवाइन जैसा स्वाद। गुफा के भीतर से मुसकराते पोस्त के फूल। मानव भाग्योदय की प्रतीक हल्के नीले रंग के पोस्ती फूल। रास्ते में मेवे का भोजन और रबड़ाई खीर का आनंद। सभी का वजन बढ़ गया।

अज्ञेय ने यहाँ 1815 में रांटजेन द्वारा—क्ष-किरणों की खोज को भौतिक विज्ञान की महान् घटना मानते हुए उसकी पुनर्रचना की है। इस विज्ञान का पूरा इतिहास दिया है कि कैसे किरणें तरंगों में चलती हैं। सन् 1937 में प्रो. ब्लेकेट ने पाया कि कास्मिक किरणों में अणुधारा होती है। लेकिन यह यात्रा-दल केवल यंत्र के अधीन न था, उसमें अलग जीवनानंद था ज़िसमें न्यूटन की उस नौकरानी का जिक्र था, जिसने उसके पन्ने समेटकर आग के हवाले कर दिए थे।

पहाड़ों पर अतल गहराईवाली झीलों की चर्चा का रस। एक पगगड़धारी व्यक्ति फकीरनुमा उसका रेखाचित्र और विवरण में रिपोर्ताज का मिश्रण। 'लाइलाहाइल्लिल्लाह मुहम्मद रसूल इल्लाह' वाले व्यक्ति के पास 'स्त्रियों के गुप्त रोग और उनकी चिकित्सा'

पर चालीस पृष्ठ की मैली पुस्तक। वही गूजरों का डॉक्टर था, जड़ी-बूटी बेचता था। झील पर अचानक देखा जल पक्षियों का झुंड, मुरगाबियों की कोई जाति। यहाँ कोंसर नाग का चिरंतन जिन्नं—लोकमन का चमत्कार। यहाँ पीछे बाढ़ से भरी उपत्यका। जीवन का नया अनुभव, अनुभव की रचना, पुनर्रचना और उस प्रदेश की संस्कृति-परंपरा के चप्पे-चप्पे का दृश्यांकन। कैमरे की तरह यायावर अज्ञेय की घूमती आँख और कंप्यूटर सा दिमाग।

'देवताओं के अंचल में' 1935 जुलाई का यात्रा-संस्मरण है। पुलिसवाले रक्षा के लिए—मानव के अपमान के लिए जीते हैं। अज्ञेय के मन में इस पुलिस से गहरी घृणा है। अपमान की आग में जले अज्ञेय का आत्म-वृत्त यहाँ आया है—"पुलिस की कृपा से मैंने चार वर्ष जेल में बिताए और उसके बाद भी डेढ़ साल से नजरबंद हूँ" (पृ. 113) यहाँ वह स्मृति है, जब कवींद्र रवींद्र लाहौर में नवाकोट में ठहरे थे, पर पुलिस के प्रति अपमान की आग में जलने के कारण अज्ञेय दर्शन को नहीं जा सके। यहाँ स्वास्थ्य बिगड़ा, तो महीने की पहाड़-समुद्र पर जाने की अनुमति। इससे अज्ञेय को अपनी स्वतंत्रता पर आघात लग गया 'आई एम द कैप्टेन ऑफ माइ सोल'। यह गाते हुए लाहौर से रेल में बैठकर पठान कोट, कांगड़ा—फिर जोगेंद्र नगर पहुँचे। यहाँ मंडी हाइड्रो इलैक्ट्रिक स्कीम का केंद्र है। मंडी जानेवाली मोटर में बैठकर कुल्लू चल पड़े। रास्ते पर प्रकृति-सौंदर्य को आँख भरकर पीया। यह यात्रा क्या है ? प्रकृति राग-लय से संपन्न कविता है।

डाक बँगले में टिके तो खटमलों की फौज से रात भर युद्ध किया। यहाँ बहन को तुकबंदी करते हुए अंग्रेजी में पत्र लिखा—'सच इज़ द वे टु कुल्लू' इसी समय सामने फूलों की डालियाँ भरे दो छोटी-छोटी लड़कियाँ। उन्होंने मोतिये के फूलों का महकता गजरा गले में डाल दिया। दोनों को एक-एक इकन्नी दी। व्यास नदी के तट पर बीसियों देवस्थान। व्यास नदी पर रस्सी का झूलना पुल। कुल्लू प्राचीन हिंदू सभ्यता का गहवारा है—यहाँ प्रत्येक कस्बे और गाँव में अपने-अपने देवता हैं। लोग रघुनाथ मंदिर में प्रतिष्ठित राम की उपासना के लिए आते हैं। सैंकड़ों देवी-देवताओं का मंदिर ये महासम्मेलन। इसलिए कुल्लू को 'देवताओं के अंचल में' नाम दिया है। यहाँ के आदिम निवासी देवी-देवताओं के साथ ऋषियों-मुनियों की पूजा करते हैं। वे आर्य हैं या अनार्य यह झगड़ा नहीं है, वे आर्य संस्कृति के पक्के उपासक हैं। यहाँ अज्ञेय अर्थ-आक्रमण सिद्धांत को मानते हैं—"प्रथम विजयी जाति के आक्रमण के बाद शायद और आक्रमण इधर नहीं हुए। क्योंकि यहाँ पर हिंदू-धर्म का जो रूप मिलता है, वह अन्यत्र नहीं। विजेताओं की राम-पूजा और विजितों की देव-पूजा में एक समन्वय हो गया वही अब तक कायम है। कुल्लू प्रांत में व्यास-कुंड, व्यास मुनि, वशिष्ठ आदि ऋषि-मुनियों के स्थान हैं, पांडवों के मंदिर हैं, भीम-पत्नी हिडिम्बा भी पूजा पाती हैं और सबसे बढ़कर बात यह है कि यहाँ पर 'मनु-लिखि' या मनु भगवान् का भी एक मंदिर है। शायद यह भारत में एकमात्र

स्थान है, जहाँ मानवता का यह स्वयंभू आदिम प्रवर्तक मंदिर में प्रतिष्ठित हो और पूजा पाता हो।'' (पृ. 120) यहाँ का दशहरा मेला विश्वविख्यात है। मेले में व्यापार का मजा है—रंगबिरंगे कंबल, पश्मीना, बाँसुरी, टोपियाँ, सींग की कंघियाँ। तमाशे-नाच, पत्थर के मनके के हार तथा लुगड़ी (देशी शराब) की बहार। आस-पास स्कूल की ध्वनियों का रंग।

व्यास नदी के किनारे तंबू डाले अंग्रेज। महादेव का एक प्राचीन मंदिर और रूसी कलाकार रोयरिच द्वारा स्थापित 'हिमालयन रिसर्च इंस्टिट्यूट'। यह संस्था हिमालय की भाषाओं, जातियों, लोक-साहित्य और वनस्पतियों के संबंध में अनुसंधान करती है। कटाई से मनाली तक का रास्ता। चीड़ की गलियाँ, तराई में लहलहाते धान के खेतों के मखमली आँगन अज्ञेय के कवि मन को बेकाबू कर देने में समर्थ हैं। कलाथ में गरम पानी का कुंड, जिसमें गंधक और अन्य रसायनों की भरमार है। यहाँ के सेब, बब्बूगोश, नाशपाती की अद्भुत बहार है। व्यास नदी पाकर रोहतंग की जोत होकर लाहौल की ओर का मार्ग। कहते हैं, यहाँ व्यास ऋषि तपस्या करते-करते पाषाण हो गए थे। अज्ञेय के इस यात्रा-वृत्त की विशेषता है—लोक संस्कृति, लोक इतिहास, भूगोल, पुरातत्त्व, समाज प्रकृति सभी का एकाग्र-चित्र से बिंबायन।

यहाँ ''मुझे उपन्यास लिखना था।× पर आँखें भटकने लगीं। कभी बाहर दूर भागते हुए बादलों पर शांत भाव से उन्हें देखते हुए गंभीर चीड़ वृक्षों पर, कभी निकट की बाउड़ी में पानी भरती हुई स्वस्थ, बेधड़क राजपुतानियों पर, कभी अपने ही मकान की बाहरी दीवार पर, जिस पर पिछले वर्ष का एक 'शिलालेख' अभी तक बना ही हुआ था—''…एंड स्पेंट सिक्स मेमोरेबल डेज एंड नाइट्स हियर, ''11 टू- 17 जुलाई, 1934'' यही भाव मन 'नदी के द्वीप' में भुवन और रेखा के प्रेम-प्रवाह की प्रेरणा है। स्मरणीय? यहाँ का एक-एक क्षण आत्मा पर अपनी एक अमिट छाप डालता हुआ चला जाता है। अगले दिन प्रातःकाल ही देवताओं के अंचल में बैठे हुए क्षुद्र मानव ने पाया कि वह भी देवता को समकक्षी हो गया है, स्रष्टा हो गया है—वह लिखने लगा…।'' यह पूरा यात्रा-संस्मरण एक लंबी कविता है, सदाबहार कविता इम्मार्टल पोयट्री का अविस्मरणीय राग है। अज्ञेय के कवि मन की बनावट और बुनावट के तमाम 'क्लू' यहाँ मौजूद हैं, और वह प्रकृति राग भी, जिसने उनकी नई बौद्धिक संवेदना को महकती सर्जनात्मकता से कभी विमुख नहीं होने दिया। अज्ञेय के आदिम अवचेतन में देवी-देवताओं का वास है—उनकी आस्था का वशिष्ठ यहाँ तपस्या कर रहा है।

'मौत की घाटी में' उसे अहसास होता है कि ''सृजन के क्षण चिरस्थायी नहीं होते, वे आकर उड़ जाते हैं। संभव है ईश्वर भी अपने रचना-क्षेत्र में ऐसे उत्कर्ष के अवसर पाता हो, उन्हीं में 'सृष्टि' करता हो और बाकी समय में केवल मात्र निर्माण। तभी तो संसार में इतनी ऊँच-नीच और असमानता है, जो वस्तु 'सृजन' की गई 'इनस्पिरेशन' के

क्षण में रची गई है प्रतिभा है, वही सुंदर और शुभ है, बाकी तो सभी 'बनाई' हुई चीजें हैं।'' (पृ. 128)

अज्ञेय को याद है छह स्मरणीय दिन और रातें और दीवार पर लिखा प्रेम लेख। उन्हें ध्यान है कि भोग से ही अनुभूतियों की सार्थकता है। लिखते-लिखते थककर वे निकल पड़े, दिन भर बाद रहे, पर वर्षा नहीं हुई। शोभा संपन्न बादलों से घिरी मनाली। 'अक्षत यौवना' हिम चोटियाँ, विराट् हिमशृंग और व्यास नदी का प्रवाह। कुल्लू का गाँव प्रायः दीया नहीं जलता। संध्या होते ही काम निबटा आग के सामने गप्प मारते लोग। प्रातःकाल चीड़ वन में लकड़ी बीनती स्त्रियाँ, ढोह चराते आदमी।

यहाँ पाया कि गाँव के लोग 'मुझे अपने घरों से' निकलकर देख रहे हैं। पता नहीं बात क्या है? एकाएक समवेत शीत्कार का स्वर घृणावाची। सोचा इस घृणा या डर का कारण क्या है? यह तो लेखक जंतु है। लाहौर की अचानक याद असभ्य आदिम जातियों में अनिष्ट निवारण के लिए भूत-प्रेतों का प्रकोप हटाने के लिए सीत्कार ध्वनि या कराहने का स्वर। अज्ञेय ने ऐसा वर्णन फ्रेजर की पुस्तक *गोल्डन बाउ* में पढ़ा भी था। रात में सो गया, तो किसी ने घर पर पत्थर बरसाए। ये बातें अज्ञेय ने श्री बैननजी से कही। उन्होंने कहा कुछ लोगों ने घरों में घुसकर स्त्रियों से छेड़छाड़ की है। इसलिए गाँव के लोग नाराज हैं। उन्होंने मुखिया से पहचान कराई और संकट टल गया। फिर एक नाटकीय घटना घटी—एक सब्जी लाने के बहाने से आते आदमी ने 'वासनापूर्ति' के साधन पेश करने की आफर दी। क्योंकि ज्यादातर लोग वासना-पूर्ति के लिए ही वहाँ जाते हैं। इस घटना से अज्ञेय का मन जुगुप्सा से भर गया। वहाँ रहना-लिखना संभव नहीं हुआ। मानव की बू-असह्य हो गई। टहलते पुल पर एंग्लो-इंडियन को 'शट अप' कहकर डाँटते अज्ञेय। मुझे लगा यह 'देवताओं का अंचल' सैलानियों ने विकृत-अपवित्र कर दिया है। हमने पहाड़ों का सौंदर्य विकृत कर दिया है, यहाँ तक कि आज भारत के पहाड़ी इलाकों में शायद ही कोई ऐसा स्थल बचा हो, जो दूषित नहीं हो गया है, जिसे दर्पोद्धत, बेवकूफ सभ्य मानव ने यह कहकर कि ''तुम हो? तो लो मैं तुम्हें अपने कलंक से काला कर सकता हूँ।'' भ्रष्ट नहीं कर दिया है।'' (पृ. 136) हर जगह मौजूद है, मानव की यह डायिन। इन्हें समतल भूमि के लोगों ने भ्रष्ट किया है, जबकि कहते यह हैं कि ''पहाड़ों में क्षयी और मैथुनज रोगों का कारण पहाड़ी लोगों का गंदा जीवन और नीति भ्रष्ट आचार है।' (पृ. 137) अज्ञेय ने यहाँ तक कहा है—''अफ्रीका के हब्शियों में भी क्षयरोग नहीं था, जब गोरे लोग उस प्रदेश को क्षय-रोगियों के लिए लाभप्रद समझकर वहाँ गए, तब हब्शियों में क्षय रोग का जीवाणु तीव्र गति से फैला कि आतंक छा गया।'' (पृ. 138) एच.जी. वेल्स ने अपनी एक कहानी में इस सत्य का खुलासा किया है। इसलिए पहाड़ी को सभ्य बनाने का अहंकार समतल भूमिवालों को छोड़ देना चाहिए।

अज्ञेय का यायावर हिंडिंबा देवी के मंदिर की चोटी तक चढ़कर वसिष्ठ-कुंड में स्नान कर बैठा तो रोहतांग की जोत का ध्यान आया। उसी समय दो अतिथि आ गए, प्रबंध बढ़ गया। पहाड़ों पर ठंड के कारण भूख बहुत लगती है—हम सभी ब्रांडी पीकर चल दिए। लेकिन चढ़ाई की ठंड में शरीर ऐंठ गया। यात्रा में मृत्यु का बार-बार सामना और अस्तित्व बनाए रखने की प्रेरणा। जीवन का अनुभूत सत्य कमाया कि "जब सब लालसाएँ झड़ जाती हैं, जब मानव पशुता की और फिर मानवता की भी केंचुल उतार फेंकता है, तब उसके भीतर जो बना रहता है, वह तो नित्यता चाहता है, जो नष्ट होते हुए भी नया सृजन करना चाहता है, जो नश्वर होकर भी ईश्वर है।" (पृ. 144) मौत की घाटी का इससे बढ़कर अनुभूत सत्य और हो भी क्या सकता है?

'एलोरा' यात्रा-संस्मरण में एक नया सांस्कृतिक बिंब। औरंगाबाद से सात-आठ कोस की दूरी पर दौलताबाद के दुर्ग के नीचे से जाती सड़क पर खुल्दाबाद। षड्यंत्र और दुष्चक्रों से खोखले हो गए मनुष्यों की कब्रें। औरंगाबाद औरंगजेब का बसाया शहर। खुल्दा का अर्थ—स्वर्ग की बस्ती। पता नहीं क्या सोचकर औरंगजेब ने यह नाम दिया, जो आज व्यंग्य बन गया। अपने रचे स्वर्ग में वे मिट्‌टी हो गए। हिंसा-प्रतिहिंसा से जर्जर शरीरों की मिट्‌टी। खुल्दाबाद की समतल भूमि की छत पर—पश्चिमी ढाल पर एलोरा की गुफाएँ। सवा मील के प्रासाद में पैंतीस कंदराएँ, बौद्ध, ब्राह्मण और जैन। बीचों बीच में कैलाश। भास्कर्य कला की किरीट मणि और संसार भर के शिल्प में अद्वितीय। विशाल शिलाखंडों को काटकर बनाया गया मंदिर। जीवात्मा के परमात्मा में लीन हो जाने की उत्कंठा का प्रतीक। कैलाश का आलोक-मंडित उभार। उर्ध्व उठने की प्रेरणा, कला की श्रद्धा-साधना। दूर पर अहल्याबाई का मंदिर तीन श्रेणियों में बँटी एलोरा की गुफाएँ—(1) बारह बौद्ध गुफाएँ (2) सत्रह ब्राह्मण गुफाएँ जिनमें—रावण-क्षण, दशावतार, कैलास, रामेश्वर, सीता की नहानी विशेष उल्लेखनीय हैं। शेष गुफाएँ जैन-समूह की हैं। यहाँ मुख्य गुफा 'इंद्र सभा' है। मंदिरों की समस्त कला मानव को मुक्त करने की व्यंजना है।

अज्ञेय के मन की प्रश्नाकुलता—"क्या सोचकर तुमने अपने मरण-स्वर्ग के लिए वह स्थल चुना था—औरंगजेब। प्राकृतिक सौंदर्य के कारण? सौंदर्य वहाँ है निःसंदेह; लेकिन तुम्हारे बुजुर्ग कश्मीर गए थे, कश्मीर जाकर भी उन्होंने अपनी विलासिता के ही साधन रचे, पर प्राकृतिक सौंदर्य तो वहाँ था। क्या जेबुन्निसा की अचूक कवि-दृष्टि जो सौंदर्य देख सकी थी, उसके प्रति तुम बिल्कुल ही अंधे थे? या कि विलासिता का विरोध करने के लिए तुम बुजुर्गों की लीक छोड़कर दक्षिण गए? औरंगजेब की प्रेतच्छाया के पास क्या उत्तर है। यही समाधि बनी—कैलाश की बगल में लेटने की तमन्ना क्या रही? आस्था तुममें थी, श्रम करते थे, लेकिन "साधना का एक अहंकार भी होता है, जो साधना को ले डूबता है, क्योंकि जहाँ अहंकार का विसर्जन नहीं है, वहाँ विनय नहीं है और जहाँ विनय

नहीं है, वहाँ साधना कैसे हो सकती है?'' (पृ. 151) अतः ईश्वर की क्षुद्रतम रचना के सामने विनयी होना ही अहंकार का नाश होना है। कभी भी औरंगजेब का अहंकारी प्रेत-कला की साधना का सच नहीं पा सकता।

'माझुली' का सच नागकेसर के फूलों पर खेलता मिलता है। ऊपर बादल नीचे-नीचे विक्षुब्ध नीला सरोवर। मंदिर-श्रेणी के नीचे खिले फूलों का झरकर गिरना और मधुमक्खियों से बचते हुए दीप्त वर्ण फूलों का एक गुच्छा शुभ्रा के लिए तोड़ना। शुभ्रा को पुष्प-गुच्छ की भेंट और सफेद-स्वच्छ हँसी। असम के बाँसों की ध्वनि-पवन से भरी संगीत रागिनी। तीन बजे तड़के चलकर ब्रह्मपुत्र के तट पर गया। नाव पर सामान लादकर द्वीप की ओर चल पड़ा। नावरिया निश्चिंत और हँसोड़। हर बाधा को अँगूठा दिखाता हुआ। कोई दिक्कत नहीं है। अज्ञेय की स्मृति-द्वार पर नानी के कथन खड़े हैं। साथी गोरखा मनदोज कहीं भी सो सकता है—नौ घंटे चली बैलगाड़ी। गाड़ी रुकी तो मनदोज को जगाया। उसने कहा—साऽब बिस्तर तो गिर गया।

असम की सुंदरता और कोकिला नदी का उच्छल यौवन। ब्रह्मपुत्र के समतल मार्ग के बीच में माझुली नाम का द्वीप। माझुली अपने ढंग का अनोखा टापू—संसार की किसी और नदी में 70 मील लंबा, 10 मील चौड़ा, लगभग 25 हजार की जनसंख्या वाला द्वीप 'मैंने तो सुना नहीं।'? इतना ही नहीं असमिया सांस्कृतिक जीवन में माझुली का गौरवपूर्ण स्थान है वैष्णव संत शंकर देव और उनके शिष्य माधवदेव के संप्रदाय ने यहीं सत्र स्थापित किए और परंपरा को चलानेवाले न जाने कितने सत्र यहाँ हुए। अज्ञेय ने पाया कि एकेश्वरवादी निराकारोपासक असमिया वैष्णवों ने कई सत्र स्थापित किए और माझुली के सत्र प्रेरणा स्रोत बने।

घाट से उतर कमला बाड़ी के मीरीं जाति के गाँव में गए और ताजे पानी का झंझट पाया। कमरे में आई बकरियों में अज्ञेय ने नया प्रेम-दर्शन पाया, उन्हें मानवेतर प्राणी प्रिय हैं। कुत्ते, तीतर, बटेर, चकोर, मोर, तोते, गिलहरी, वन बिलार, लँगड़े कौए, चील के बच्चे तक अज्ञेय ने प्रेम से पाले। पर माझुली का साहचर्य अविस्मरणीय रहा। यहाँ के मानव द्वीपवासियों ने हिंस्र-पशुओं के साथ भी अलिखित समझौता किया है।

अज्ञेय दूसरी बार गए, तो ''बाढ़ के दिन—नदी का अमर्यादित विद्रोह। घर क्या है? बाँस-फूस के बासे हैं, लेकिन अद्‌भुत स्वच्छ होता है असमिया घर। उधर द्वीप पार करते ही ब्रह्मपुत्र की दूसरी धारा सवर्ण श्री से मेल-मिलाप, जहाँ साँप पेड़ों पर चढ़ जाते हैं—बाघ, हाथी और दलदल।××× गाँववासी ज्यादा पानी भरने पर वृक्षों पर मचानों पर रहते हैं। इस प्रकार बाढ़ के दिनों में वह दस एक मील की सड़क की पटरी एक विराट् मेले का रूप ले लेती है—भेड़-बकरी, लोमड़ी, सियार, बाघ, बघेल, बिलार, साँप, बिच्छू सब मानो अपनी-अपनी भीटी पर आ जमते हैं और मचानों पर बैठे मानव-प्राणी धैर्यपूर्वक

मेला देखा करते हैं।'' (पृ. 162) असमी दैव को कोसते नहीं हैं, धैर्य से सहते हैं। पानी उतर जाने पर बाघ अपनी माँद में, पशु अपने बाड़ों में चले जाते हैं। यह ढर्रा चलता रहता है। अज्ञेय ने एक कविता में असम के चित्र गूँथे और लचकीली ग्रीवाओं, तरंगायित नितंब लहरियों, कच-मुकुलों के निर्व्याज-सौंदर्य और निरायास स्वच्छंदता। बाँसुरी का भटकता स्वर कहेगा—कालका प्रवाह एक सूत्र है।

अज्ञेय के लिए आउनियाटी सत्र के सत्राधिकारी ने एक छोटा हाथी भेजा, ताकि उसकी पीठ पर घोड़े की तरह काठी मारकर बैठा जा सके। बहुत फुर्तीला हाथी, पवन-वेग से चला और आउनियाटी सत्र की आधुनिकता—वहाँ तीन सौ व्यक्तियों से दो घंटे संवाद किया। तीसरे पहर चले, तो हाथी पर चढ़ाने चार ब्रह्मचारी द्वार तक आए। महावत ने बताया कि प्रभु! (सत्र के अधिकारी) फिरंगी कमिश्नर से भी ज्यादा परदेशी अज्ञेय से प्रभावित हुए क्योंकि—''आप विद्वान् मानुष हैं।'' डाक बँगले पहुँचने पर हाथी को केले महावत को दो रुपए देकर बैठे थे कि दो ब्रह्मचारी आए, बोले—''प्रभु ने आपके लिए प्रसाद भेजा है।'' दूध की रबड़ी करके जमाया गया मीठा दही—दो मटकी भरकर भेजा।

दक्षिणपाट सत्र का हाथी—भीमकाय और सत्र भी प्राचीन आधुनिकता (पश्चिमी आधुनिकता) से एकदम अछूता। संस्कृत के पंडितों का सत्र। तभी महावत के आदेशानुसार हाथी चला, फिर चौंका, भागा। पता चला, नाग देखकर भागा है। नाग से हाथी बहुत डरता है। सत्रारंभ से पहले अतिथि को विश्राम और फिर काँसे के कामदार पात्रों में दही चिउड़ा, शक्कर आदि परोसे गए। सबकुछ देशी और अद्‌भुत कलात्मक। अज्ञेय ने पाया कि असमिया हिंदी से दूर नहीं है, केवल उच्चारण भेद है। शंकरदेव माधवदेव के भक्ति-गीत ब्रजभाषा के निकट हैं—''यह बड़गीत नागरी में छपे हों तो सब समझ लें''। (पृ. 169) अज्ञेय ने इस यात्रा-संस्मरण में अपने यात्रा स्वभाव का आंतरिक रूप सामने लाते हुए कहा है—''यों भी मैं जहाँ जाता हूँ, वहाँ के जीवन और परिवेश को समझने का यत्न करता हूँ, फिर असम तो सचमुच—'सोनार असम' (सोने का असम—ओ मोर सोनार असम, कई असमिया जातीय गीतों की टेक है) है; भारत के सुंदरतम अंचलों में एक।'' (पृ. 169) अतिथि सेवा का असम में अद्‌भुत भाव है—दान देने में खुलापन। फिरंगी अधिकारियों का सभ्य लूट का तरीका कि जिसे हथियाना चाहा उसकी तारीफ कर दी। इशारा समझकर वह वस्तु असमी ने फिरंगी को दे दी।

अंत में गड़ामूर के सर्वाधिक उदास-सत्र की चर्चा। सन् 1942 के आंदोलन के बाद गोसाईं और फिर उसके युवा पुत्र को नजरबंद कर लिया गया। ''असमिया जो हो, अशिष्ट कभी नहीं होता।'' उसकी चुप्पी अशिष्टता नहीं विरोध है। अज्ञेय ने गोसाईं घर का रास्ता पूछा तो लोग चुप बिखर गए। हठात् सन्नाटा। गोसाईं को जेल हुई है, देखने को गड़ामूर में बचा क्या है? और बड़े आदमियों से गरीबों का क्या मेल? ''मैंने बताया

कि मैं फौज में हूँ, पर जिस विभाग में हूँ, उसका मुख्य उद्देश्य है—लोक संपर्क स्थापित करना। उसने चौंकर कहा, क्यों ? हमसे तो सेना का कोई मतलब नहीं निकलेगा।'' संवाद से आत्मीयता और आत्मीयता से जलपान का निमंत्रण। असम जीवन की आंतरिक लय का भीतरी साक्षात्कार पाठक भीगकर करता है।

नामघर (पंचायत स्थल) में दो घंटे विचार-परिवर्तन का सिलसिला चला। मुख्त्यार बाँग्ला और मामूली अंग्रेजी जानते थे। उन्होंने पूछा आपके पास बंदूक, पिस्तौल तो होगी ? नहीं। मुख्त्यार के घर नारियल के लड्डू-मठरी चायपान कर उठा तो सूना गोसाईं घर दिमाग में घूमने लगा। ''युवकों ने विदाई के साथ आने का निमंत्रण दिया। 1942 के आंदोलन में अंग्रेज डिप्टी कमिश्नर की काली करतूत'' नृंशस दमन। जनता की हर तरह से दुर्दशा—बीमारी और अपमान। अज्ञेय ने रात जोरहाट में काटी और भारी कष्टों के साथ नौगाँव पहुँचे। विभागीय अफसर ने दूसरे दौरा की सूचना दी—मणिपुर। ''मणिपुर रोड से लेकर उत्तरी शिव सागर तक का सारा प्रदेश तुम्हारे जिम्मे है। कुछ खाद्य, एक बोतल रम और जिन एक रिवॉल्वर और 150 कारतूस भेज रहा हूँ।'' (पृ. 177) पत्र पढ़कर स्थिति पर विचार और अखबार उठाया तो सुर्खी चीख रही थी—''भारत का सीमोल्लंघन—जापानियों ने मणिपुर का रास्ता काट दिया—कोहिमा का आसन्न संकट।'' माझुली भूल गया और घनी हरियाली का कालापन झाँकने लगा। पूरे यात्रा-संस्मरण में अज्ञेय का आत्म-वृत्त भिदा हुआ है, इसी अनुभव ने अज्ञेय की बहुत सी कहानियों में अपना रंग दिखाया है— *जयदोल* की कहानियाँ इसी में रची-बसी हैं।

'बहता पानी निर्मला' प्रतीकात्मक यात्रा-संस्मरण है। दुनिया के भ्रमण का बचपन से ही अज्ञेय अरमान नक्शे (मैच) की बात से सामने आया। इस घुमक्कड़ को घूमने से कभी तृप्ति नहीं हुई। इसलिए नक्शे से कल्पना में सैर का आनंद लिया। हिमालय के अगम्य जंगल नक्शे में कहाँ है ? घूमने पर ही उनकी महिमा का ज्ञान होता है। बचपन में अज्ञेय ने सुना एक नाम—'अमरकंटक'। नक्शे पर जाना अमर कंटक पर यात्रा की तरंग—शेष। ब्रह्मपुत्र का तरुण सौंदर्य और असम का वन-सौंदर्य अज्ञेय ने भोगा, देखा। यह जाना कि जीने की कला एक स्थान से दूसरे स्थान पर जाने की कला है—आधुनिक काल में इस कला का विशेष विस्तार हुआ है। यात्रा के अनेक तरीके, अनेक लुत्फ बढ़े हैं। अज्ञेय का यायावर छुट्टा घूमा—असम-अहोम राजा से की राजधानी शिवसागर—सोनार असम। गाँव लीलती नदियाँ, फिर भी आदमी निर्भय रहा। पानी के साथ सड़क पर ड्राइव। कठिनता से डिब्रूगढ़ पहुँचे, कपड़े-कंबल खरीदे। सोनारी के रास्ते बंद होने के कारण बारह दिन पड़े रहे। सोनारी के डाक-बँगले में पानी भर गया। किताबें कपड़े सड़ गए, बचा केवल दाँतों का ब्रश और साबुन का डिब्बा। फिर भी अज्ञेय हारे नहीं, 'रमताराम' बने रहे। जीवन को ठहरने नहीं दिया, उनका जीवन-दर्शन रहा है, ''जो रमता नहीं है, वह राम

नहीं है। टिकना तो मौत है।'' (पृ. 185) मूलतः यह ऋषि-दर्शन है—चलते रहो, यही निर्मल-चेतना का स्रोत है।

'सागर सेवित मेघ मेखलित' कन्याकुमारी से नंदा देवी तक की अंतर्यात्रा है। इस यात्रा में सबसे पहले अज्ञेय को कालिदास और 'कुमार संभव' याद आया और उसके जुड़ा नगाधिराज हिमालय। भारत की भौगोलिक इकाई का मानदंड और भव्य लीला-भक्ति। सुब्रह्मण्यम के आधान का निमित्त बननेवाली वैश्विक संगम-क्रीड़ा। उत्तर में हिमालय दक्षिण में महासागर। दोनों महान् हैं। शिव-सती का महा-मिलन। अज्ञेय इस शिव-संकल्पी महती-प्रक्रिया से जुड़े रहे हैं। जन्म प्राचीन स्थल के पुरावशेष में बुद्ध का परिनिर्वाण स्थल। होश सँभालते ही शिव-पार्वती के अनेक स्थलों से गहरा राग और पौराणिक संदर्भों के प्रति गहरी जिज्ञासा और परम निष्ठा का भाव रहा है। पिता के पुस्तक संग्रह-भंडार में खूब पढ़ा और मिथक की गहनता और अर्थवत्ता का संस्कार पाया। अज्ञेय के कवि-मानस को समझने में यह कथन सहायक है—''भारतीय मानस की सही और अधिक गहरी पहचान शिव-पार्वती के पुराण-मिथक के सहारे होती रहती है। शिव-शक्ति के मिथक के क्षेत्र का कोई भी नया उन्मेष भारत की अधिक गहरी पहचान कराता है, भारत के मानस की कोई झाँकी शिव-शक्ति के मिथक की रहस्य-सत्ता का नया आभास दे जाती है।'' (पृ. 188) इस शिव-पार्वती भाव में पूरा भारत मौजूद है—कश्मीर से कन्याकुमारी तक—पूर्व-पश्चिम के छोरों को एक करता भारत। कच्छ से कमच्छा (कामाख्या) में भी यही सत्य मौजूद है। अज्ञेय कश्मीर से-कन्याकुमारी तक की यात्रा में रमे यायावर हैं। परशुराम से तूरखम की यात्रा के बाद देवतात्मा हिमालय से लेकर कन्याकुमारी तक उत्साह से बढ़े चले। भारत-भाव से भीतर तक भीगे भारतीय बने। इसलिए उन्हें हिंदी में विदेशों का डाकिया कहनेवाले सिरफिरे झूठे हैं, वे अज्ञेय की गहन भारतीय छवि को छिपाकर उनके पाठकों को गुमराह करना चाहते हैं।

यहाँ अज्ञेय के यायावर तर्क का आधार है—शिव-पार्वती की अनंत कथा और कथा से जुड़ा हिमालय। उस कुमारी की ''बरों शंभू न तौ र हौं कुआरी'' की प्रतिज्ञा। 'यौं मेरी यात्रा तपस्विनी कुमारी और समाधिस्थ योगीश्वर के त्रिकाल व्यापी महा-मिलन पथ का अनुधावन करती रही, मैं जो पहाड़ पर निवास और सागर का सामीप्य चाहता रहा हूँ।'' पहाड़-सागर का ऐसा सामीप्य जापान में है, पर वहाँ हिंदी नहीं है, वहाँ अज्ञेय बस नहीं सकते। हिंदी भाषा, साहित्य, संस्कृति को प्राणों से ज्यादा प्यार करनेवाले अज्ञेय बहुत बड़े देशभक्त रहे हैं। अपने स्थानीय गुरु मैथिलीशरण गुप्त और राष्ट्रप्रेमी माखनलाल चतुर्वेदी से अज्ञेय ने यही सीखा है और इस सीख को अपने रचना-कर्म में उतारा है। फिर उनकी देश-यात्रा सीधी नहीं हुई। होती भी कैसे? खंड-खंड से अखंड हुई प्रकृति और पुरुष के सहकार की यात्रा। उनके लिए पथ ही गुरु रहा है। कुमारी से शचींद्रम के मंदिरों की महिमा

कथा। जहाँ शिव के विलंब कर देने पर प्रतीक्षमाना मानिनी कन्या ने पूजा अक्षत, चंदन, केसर, कुंकुम सब बिखेर दिए। आज यहाँ एक ओर कुमारी मंदिर दूसरी ओर मरियम की प्रतिमा खड़ी है। ईसा का नारी-तत्त्वविहीन जीवन। उधर गांधी। सबकुछ बेमेल लगता है। और विवेकानंद शिला? सागर उद्वेलन के बीच संपूर्ण एकांत में विराट् के साक्षात्कार की तलाश है और विवेकानंद-मंदिर उस एकांत को जन-संकुल कोलाहल से भर देने का प्रयास। "इतिहास बोध उसी चीज को मिटाता है जिसकी स्मृति हम इतिहास में सुरक्षित रखते हैं। आत्मा का तेज हमें सहन नहीं होता है।"

मदुरै की मीनाक्षी, तंजाबुर के बृहदीश्वर, चिदंबरम् के नटराज सभी मंदिर अद्वितीय हैं और विराट् को मूर्त्त करते हैं। अपनी परंपरा-संस्कृति का विश्व-दर्शन हम उनमें पाते हैं। संस्कृति की पहचान में अस्मिता की पहचान होती है। और आज उसकी बहुत आवश्यकता है। हमें चोल-कला, पल्लव-कला के पल्लवन कारणों को समझना होगा, ताकि हम मीनाक्षी, नटराज और विष्णु का संस्कृति-संदर्भ थाह सके। अज्ञेय की स्मृति में एलोरा के कैलास और एलिफेंटा की त्रिमूर्ति शिव-तांडव और शिव-पार्वती विवाह की स्मृति; देवी विंध्येश्वरी की अनेकरूपता और तमाम मिथक गाथाएँ। लोक साहित्य और लोक मानस में लोक कलाओं सौंदर्य शिव-पार्वती से जुड़ा है। हिमालय के अंचल से जुड़ा कूर्माचल—नदी स्रोत संगमों का शिव-भाव। एक अनंत शिव-भाव की निरंतरता का नाम है—भारतीयता। अनिकेतवासिनी नंदा-देवी का सौंदर्य अज्ञेय को भूलता नहीं है। उनका रोम-रोम कहता है—"चलाचल डगर पर नंदा को निहारते।" नंदादेवी पर अज्ञेय ने कविताएँ लिखी हैं, नंदा देवी के वन विनाश पर पीड़ा को व्यक्त किया है। पार्वती का सौंदर्य क्षरित होगा, तो भारत कुरूप हो जाएगा और हमारी संस्कृति में बंजरपन पनपेगा। अज्ञेय के कवि-कर्म में इस संस्कृति के पर्यावरण के क्षरण की चिंता अभिव्यक्त हुई है।

इन यात्रा-संस्मरणों में अज्ञेय की भारतीयता का अर्थ पाया जा सकता है। यह भारतीयता भीतर तक धँसी संस्कृति-परंपरा का पावन बोध है। अपने देश को अथाह प्रेम करनेवाले अज्ञेय का मानस-बिंब आज हमारी प्रेरणा बनने की शक्ति रखता है। यहाँ देश प्रेम का गहरा अर्थ संदर्भ संस्कृति और परंपरा की स्मृति से जुड़ा है। देश प्रेम, देश भक्ति रस से परिपूर्ण 'अरे यायावर रहेगा याद?' के यात्रा संस्मरण आधुनिक भारतीय सेकुलर बुद्धिजीवियों के लिए चुनौती हैं, जो 'ग्लोबल कल्चर' के चक्कर में चकरघिन्नी बन रहे हैं। अज्ञेय के लिए देश-प्रेम कोरा शब्द नहीं है, जिसे आधुनिक भारतीय बुद्धिजीवी मुँह पर लाते घबराते हैं। देश के प्रति, देश की प्रकृति के प्रति प्रेम अज्ञेय के यात्रा-निबंधों का स्थायीभाव है, जिसे संस्कृति की नर्मदा सहस्र धाराओं में फूटकर सींचती रही है। यह देश प्रेम पश्चिमी राष्ट्रवाद का कुत्सित-विकृत पूर्वग्रह लेकर कहीं नहीं जन्मा है—इसमें 'अन्य' को अपनाने की जगह है। यह देश प्रेम देश की सांस्कृतिक जड़ों से जुड़ने का संदेश है।

अज्ञेय ने यूरोप यात्राओं पर केंद्रित यात्रा-संस्मरण *एक बूँद सहसा उछली* (1960) शीर्षक से पाठकों को परोसे से हैं। इस यात्रा-संस्मरण की पुस्तक में उस कविता को उद्धृत किया, जिसकी काव्य-पंक्ति के आधार पर इस शीर्षक का चुनाव किया—'एक बूँद सहसा उछली'। अज्ञेय की कविता—

मैंने देखा
एक बूँद सहसा
उछली सागर के झाग से—
रँगी गई—क्षण भर
ढलते सूरज की आग से।
—मुझको दीख गया :
हर आलोक छुआ अपनापन
नश्वरता के दाग से।

यह आलोक हुआ अपनापन ही इन यात्रा-संस्मरणों का 'विजन' भी है और अनुभव-अनुभूति का आत्म-उन्मोचन भी। इसी आत्म-प्रसार और आत्म-विस्तार ने समर्पण में 'गिजेला के लिए' लिखा है—"यद्यपि उतना ही निष्प्रयोजन, जितना एक प्राचीन गिरजाघर से लगे हुए भिक्षु विहार में बैठकर अन्यमनस्क भाव से यह कहना कि मैं जानता हूँ एक दिन मैं फकीर हो जाऊँगा।" घुमक्कड़ी में फकीराना भाव की महिमा कुछ ज्यादा ही है, क्योंकि उसमें आत्म-संकुचन समाप्त हो जाता है और व्यक्ति अपने-पराएपन की भेद-बुद्धि को नष्ट कर सबमें 'रमताराम' बन जाता है।

अज्ञेय के मन में इन यात्रा-वृत्तांतों-संस्मरणों को लेकर काफी द्वंद्व और तनाव रहा है। इस पुस्तक के 'निवेदन' में वे यह कहना नहीं भूले कि यह यूरोप की जानकारी की 'मार्गदर्शिका' नहीं है, न यूरोप-यात्री के लिए यात्रा के फॉर्मूलों का कोई शास्त्र रचती है। वे अपने पाठक को किसी भ्रम में नहीं रखना चाहते। इसीलिए कहा है—"उस मेरे वांछित पाठक वर्ग में समाज के और शिक्षा के सभी स्तरों के लोग हैं। (अशिक्षा शिक्षा का स्तर नहीं है, उसका नकार है।) उसमें ऐसे भी हैं, जो अंग्रेजी या अँगरेजी के अलावा दूसरी विदेशी भाषाएँ जानते हैं (और इसके बावजूद हिंदी में भी पढ़ लेते हैं!) और ऐसे भी हैं, जो विदेशी भाषा नहीं जानते, या हिंदी के अतिरिक्त कोई दूसरी, भाषा नहीं जानते। उनमें अनेक ऐसे लोग हैं, जो अनेक बार पश्चिमी और पूर्व के विभिन्न देशों की सैर कर आए हैं, ऐसे भी हैं, जो शीघ्र विदेशों को जानेवाले हैं…"। लेकिन इस तरह की कोई बात पाठक की कसौटी नहीं है। पाठक की कसौटी है सहृदयता, सुमनता और व्यापक संवेदनशीलता। पाठ को पाठक नया अर्थ देता है और यह अर्थ उसके मनः संस्कार से जुड़ा होता है। इसलिए "जो स्वयं संवेदनशील नहीं है, वह यह नहीं पहचानता कि सबकी

संवेदना अलग-अलग होती है—उसके निकट संवेदना का भी एक बना-बनाया ढाँचा होता है। वह किसी अनुभव को तद्वत् ग्रहण नहीं कर सकता, केवल उसके टुकड़े करके अलग-अलग खाँचों में रख सकता है।'' खाँचा बनाते ही संवेदना के समग्र प्रभाव में दरार पड़ जाती है। पाठार्थ बदल जाता है और चिंतन की अंतर्दृष्टि गलत दिशा में मुड़ जाती है।

साहित्य वैचारिकी एवं संस्कृति के बारे में सोचने के आधार हमेशा बदलते रहते हैं। इसलिए पाठक अर्थ के दर्शन का नया मार्ग खोजता है। इस खोज में भी जरूरी है कि चिंतन-मनन का मार्ग खुला रहे, ताकि हम देश-विदेश की सभ्यता-संस्कृति, परंपरा, कला-साहित्य, दर्शन को सही परिप्रेक्ष्य में ग्रहण कर सकें। इस ग्रहीता समाज की अज्ञेय को सदैव चिंता रही है। उन्होंने कहा है—''पाठक उदारमना हो, यह भी चाहता हूँ। बिना इसके वह दूसरों के विचारों का सम्मान नहीं कर सकता। बल्कि वह शायद अपने भी विचार नहीं रख सकता, क्योंकि अनुदार विचार तो अपनी उपलब्धि के नहीं, रूढ़ि की देन होते हैं।'' ये रूढ़ियाँ ही जल्दी मनोवृत्तियाँ बन जाती हैं और विकास रुक जाता है। इसलिए जरूरी है कि ''पाठक अनुभव के प्रति खुला हो, जीवन से प्रेम करता हो, यह भी मैं चाहता हूँ। जो अनुभव के प्रति खुला नहीं है उसे दूसरे के अनुभव से भी क्या प्रयोजन हो सकता है? और जो जीवन से प्रेम नहीं करता उसके निकट अनुभव का ही क्या मूल्य है? जीवन-प्रेम हो, तभी तो अनुभव को धन की तरह पहचाना जा सकता है; तभी 'संपन्न' और 'दरिद्र' की पहचान के आधार आर्थिक न रहकर मानवीय मूल्य हो जाते हैं, जीवन के मूल्य ही तो मानवीय मूल्य हैं।' यह मानवीय मूल्य ही मानुष भाव का विस्तार करते हैं। जो विद्वान् अज्ञेय को केवल अभिजात वर्ग का लेखक मानते हैं, वे अपनी ही बुद्धि-भ्रम का शिकार हैं। उन्हें अपनी हीनताओं से मुक्त होकर अज्ञेय के लेखन का 'पाठ' करना चाहिए। अज्ञेय ने यहाँ अपने यूरोप-यात्रा-वृत्तांतों, संस्मरणों को बाईस यात्रा-निबंधों में प्रस्तुत किया है, ताकि पाठक सुगमता से उनके 'पाठ' का अवगाहन कर सकें। यहाँ उन यात्रा-निबंधों के नाम देना जरूरी हैं, जिन्हें यहाँ स्थान मिला है यथा—(1) यूरोप की अमरावती : रोमा (2) विद्रोह की परंपरा में (3) यूरोप की पुष्पावती : फिरेंजे (4) खुदा के मसखरे के घर : असीसी (5) एक यूरोपीय चिंतक से भेंट (6) यूरोप की छत पर : स्विट्जर लैंड (7) तो यह पेरिस है!! (8) एक दूसरा फ्रांस (9) बालू की भीत पर (10) संयुक्त राज्य : दो राजधानियाँ (11) ताल-तलहटी, स्रोत और सृष्टा (12) बीस हजार राष्ट्रकवि (13) नीलम का सागर, पन्ने का द्वीप (14) धर्मविश्वासों की गोधूलि (15) बीसवीं शती का गोलोक (16) एक अनमना कवि (17) लोकोत्तर (18) सागर कन्या और खग-शावक (19) राहन के साथ-साथ (20) पतझर का एक पात (21) यूरोप का स्नायु केंद्र : बर्लिन (22) प्राची-प्रतीची। विशेष बात इन सभी यात्रा-निबंधों की यह है कि अज्ञेय ने यूरोप को

यूरोप की निगाह से नहीं देखा है—एक भारतीय ने, एक प्रबुद्ध भारतीय ने अपनी भारतीय निगाह से यूरोप को देखा है। एक भारतीय मानस में यूरोप का क्या पाठ-कुपाठ तैयार होता है, यह अनुभव-विश्व यहाँ अपनी पूरी संपन्नता से उपस्थित है। लेकिन जो लोग अज्ञेय की उजली भारतीयता पर संदेह करते हैं, उनके लिए इन यात्रा-निबंधों का क्या महत्त्व हो सकता है? कहा नहीं जा सकता। भारत की सभ्यता-संस्कृति से भिन्न यूरोप की परंपराओं, साहित्य-दृष्टियों, कलाकृतियों को अज्ञेय का कवि-मानस कैसे समझता रहा है, यह यात्रा-निबंध उसी मानसिकता का वैचारिक खमीर उठाते हैं। अज्ञेय ने स्वयं यूरोप में फोटोग्राफी की है और लगभग उनचास चित्रों को यहाँ प्रस्तुत किया है, ताकि पाठक स्थान की महिमा का अनुमान कर सकें।

'यूरोप की अमरावती : रोमा' शीर्षक प्रथम यात्रा-निबंध में अज्ञेय ने अपने विचार का आरंभ इस ढंग से किया है कि पाठक के साथ 'संवाद' स्थापित हो सके—"ज्ञान-वृद्धि और अनुभव संचय के लिए देशाटन उपयोगी हैं, यह पुरानी बात है। एक समय था जब कि कवि के लिए—और क्योंकि काव्यकार ही एकमात्र कृतिकार था, इसलिए समझ लीजिए कि अपने अर्थ में साहित्यकार मात्र के लिए देशाटन अनिवार्य समझा जाता था, किंतु देशाटन कैसे किया जाए, इसकी कोई विशेष पद्धति शास्त्रकारों ने नहीं बताई, तीर्थाटन की परंपरा थी, लेकिन उसका उद्‌देश्य अनुभव-संचय नहीं, बल्कि पुण्य-संचय था, और वह भी भवानुभव से मुक्ति पाने के लिए।" (पृ. 3) तीर्थ हमारे धर्म-कर्म, संस्कार, पर्व-अनुष्ठान, उपासना-पूजा, आचार से जुड़े थे और धर्म-कर्म का बहुत व्यापक अर्थ था। व्यापक अर्थ क्या? पूरे जीवन का उद्‌देश्य था विराट् से जुड़ना, मुक्ति पाना, निर्वाण पाना, पुण्य-संचय करके जीवन को अर्थ देना आदि।

ततस्तत: दुनिया की जानकारी का अर्थ सामने आया। आज के ज्ञान और अनुभव-संचय के लिए आप घर पर हाथ-पर-हाथ रखकर नहीं बैठ सकते। साहस बटोरकर 'घर' से 'बाहर' निकलना ही महत्त्वपूर्ण जानकारी का मार्ग प्रशस्त करता है। 'कालो ह्रदयं निरवधि:' मानकर 'विपुला पृथ्वी' की परिक्रमा करने निकल जाइए। लौटने की चिंता न कीजिए और न अनुभव को पांडुलिपि बनाने का झंझट 'तुरंता' होकर पालिए। यह भी हो सकता है आज के नए अगस्त्य को अनुभवी विंध्य रास्ता ही न दे। इसलिए सिद्धों-संतों को दुर्गम पथों की यायावरी में लापरवाह फक्कड़ तो होना ही पड़ेगा। पहले अज्ञेय यूरोप को दस माह के लिए निकले और वहाँ का थोड़ा-बहुत जाना। जानना, देखना और देखकर सोचना, समझना आसान नहीं है। विशेषकर भारतीय के लिए जो घर में ही निश्चिंतता पाता है, यूरोप के घुमक्कड़ों की तरह दहाड़ते सागरों को चुनौती देकर 'मौत' का जोखिम नहीं उठाता है। भारतीय व्यापार करने, धन कमाने को निकलता है, संसार को समझने के लिए भी निकलना जरूरी है, यह उसकी 'समझ' में कम आता है। वह खाली झोले

लेकर नहीं लौटना चाहता, अकूत संपत्ति अटैचियों में भरकर लौटना चाहता है। अज्ञेय के सामने विदेश जाने पर आनंद कुमार स्वामी का 'मॉडल' था, जो कहता था—"आप जब विदेश में आए तो वहाँ के लोगों को यह भी अनुभव करने का कारण दीजिए कि आप अपने साथ खर्च करने के लिए पैसों के अलावा भी कुछ देकर आए हैं।" मूल बात यही है—वहाँ लेने ही नहीं, देने का भी भाव हममें होना चाहिए।

विदेशाटन में अज्ञेय का उद्देश्य बाहर से धन बटोरकर लाना कभी नहीं रहा—उद्देश्य रहा 'सहज भाव से यात्रा करना, सीखते चलना' अर्थात् यात्रा करने की तमीज अर्जित करना, अन्य से आत्मीय होकर जुड़ना तथा अन्य साहित्य-संस्कृतियों के भीतर पैठकर उनसे तादात्म्य स्थापित करना। इसी भाव-भूमि के साथ अज्ञेय अप्रैल के उत्तरार्द्ध में निकले—यह गीत गाते—'यह ऊपर आकाश नहीं, है रूपहीन आलोक मात्र

हम अचल पंख
तिरते जाते हैं
भार मुक्त
नीचे यह ताजी धुनी रूई की उजली
बादल सेज बिछी है
स्वप्न मसृण :
या यहाँ हमीं अपना सपना हैं?'

यह स्वप्न-भरा यात्री रोम के चाम्पीनो हवाई-अड्डे पर उतारता है। भारत से रोम (इटालीय-रोमा) तक की थकानेवाली 22 घंटों की यात्रा। बस लेकर रोम शहर में प्रवेश और अपूर्व आकर्षक दृश्यों से साक्षात्कार। अंगूर की कटी-छँटी बेलें, लिलाक की झाड़ियाँ, वकायन फूलों के गुच्छे, मधुर-गंध भरा वायुमंडल, स्वच्छ सड़कें, प्रतिभा मंडित वास्तु-प्रतिभा के उत्कृष्ट नमूने—इटली के फव्वारे। "पौराणिक आख्यानों से इतने गुँथे हुए हैं कि पूरी क्लासिकल परंपरा उनकी फुहार के साथ मानो झरती रहती है।" नगर के मध्य में फौंताना दि त्रेवी मानो कल्प-स्रोत—यात्री जल में सिक्का फेंककर मन्नत करते हैं। (पृ. 5-6) अज्ञेय को दिल्ली का ध्यान आया, जहाँ 'हड़िया पीर' के शक्ति देवी की शक्ति से कम नहीं है। त्रेवी में चिंतित प्रेमी-युगलों की भीड़ और गिद्धों सी निगाह वाले फोटोग्राफरों की भीड़। यूरोप के शहरों की बलखाती गलियों का अद्वितीय सौंदर्य लुभाता है। अज्ञेय फिरेंजे, पेरुजिया, असीसी-मध्य इटली के प्राचीन शहरों की गलियों में पैदल भटककर अनुभव-संचित करते हैं। इसी तरह वे पेरिस की गलियों में, जेनीवा, बीएना, बॉन, एम्स्टर्डम, स्काट होम आदि शहरों में घंटों चले हैं। वहाँ के गतियुक्त, कर्मरत, परंपरा-संपन्न, जीवंत मानव समाज ने उन्हें मोह लिया है। वे अपनी कविता में यह अनुभव-पुंज रचते हैं—'भीड़ों में

जब-जब जिस-जिससे आँखें मिलती हैं
वह सहसा दिख जाता है
मानव : अंगारे सा, भगवान सा
अकेला।' उस मानव का मानस-बिंब कहता है—'खड़ा मिलेगा
वहाँ सामने तुमको
अनपेक्षित प्रतिरूप तुम्हारा
नर जिसकी अनझिप आँखों में नारायण की व्यथा भरी है।'

यह मानव युग-स्थिति, युग-समाज की रूप-रचना का दर्पण है—ब्राउनिंग की 'देयर आर फलेशेज स्ट्रक फ्रॉम मिडनाइट्स' में यूरोप की आत्मा झाँकती है। फिर यहाँ अज्ञेय की दृष्टि कथाकार की न होकर, यायावर की दृष्टि है, जो शहर की आत्मा को झाँककर समझ लेना चाहती है। विदेशी शहर तो भारत में भी पहुँच रहे हैं—पेरिस, लंदन की दुकानों अथवा विज्ञापनों में स्त्रियों के अंडरवियर का अतिरिक्त प्रदर्शन। भारत में पेरिस पट गया है—भद्दी रंग-बिरंगी फिल्में, पत्रिकाएँ, गाने। 'मशीन सबकुछ उघाड़ती चलती हैं, मशीन के आत्मा नहीं है।'' मशीन-युग का क्रीतदास मानव भी निरंतर अपने को उघाड़ता जा रहा है, उसके पास आत्मा नहीं है, मस्त शरीर है। इटली बाग-बगीचे, फूल चमत्कार हैं। इंग्लैंड के वृक्षों में अनाहत शोभा है। भारत में पेड़-पौधों की पूजा है, पर पनपने देने का भाव नहीं है। जीवनातुर संगीत मुखर शृंगारवृत्ति के लोग याद दिलाते हैं—रोम में कि 'कालो न जीर्णो वयमेव जीर्णा:।' मूल बात यह कि पूर्व का जीवन विलंबित लय में चलता है, पश्चिम का द्रुत लय में। भारत तो आलाप भरने में ही समय खो देता है।

पुराने रोमिक लोग पाँच-छह घंटे में व्यालू (रात्रि का भोजन) करते थे और इटली के दफ्तरों में लंच की छुट्टी होती थी। यूरोप सबेरे से रात तक भागता है और औसत आदमी छह घंटे खड़े होकर व्यतीत करता है। यंत्र ने साधन दिए हैं—वहाँ पाने की लपक बहुत है। मशीन हावी है, व्यक्ति को कुचल रही है। इसलिए अस्तित्ववाद के नाम पर जो आ रहा है, वह सब स्वस्थ नहीं है। सात्र का 'मतली का दर्शन' 'न कुछ' के आतंक की छटपटाहट है। पर ग्रेवियल मार्सेल और कार्ल यास्पर्स का दर्शन आधुनिक यूरोपीय चिंतन की मौलिकता और साहस का प्रमाण है। अज्ञेय वहाँ यास्पर्स मिले भी, संवाद भी किया, प्रभावित भी हुए। रोम और इटली के लोगों में रोमी बड़ा बंद पर इटालियन हँसोड़ होता है—अश्लील कहानियों में वह देवी-देवताओं तक को नहीं छोड़ता। फिर रोम में वाटिकान के पोप की नगरी है—सबसे बड़ा साम्राज्य का केंद्र और सा पिएत्रों के गिरजाघर का पिछवाड़ा—मूर्खतापूर्ण संकीर्णता। रोम का संग्रहालय ही सिद्ध करता है कि धर्म की ओट में कला की कैसी मिट्टी पलीत हुई है। इस तरह ''इटालियन लोग यूरोप के हिंदुस्तानी हैं।'' (पृ. 10) परंपरागत सात पहाड़ियों पर बाग, रोम नगर मनोरम दृश्यों

से भरा पड़ा है। युवा कीट्स की समाधि है, जिन पर शैली की स्मृतियाँ धूप सेंकती हैं। पास में सुंदर नदियाँ हैं, किंतु बनारस के घाटों का अपना अद्वितीय सौंदर्य है। भारत में 'नदी' का संदर्भ अलग है।

स्थापत्य की परंपरा का ध्यान आते ही वे कह उठते हैं—''परंपरा के नाम पर जो सहस्र वर्ष या उससे अधिक पुराना है, उसी को इंगित करने के हम इतने अभ्यस्त हो गए हैं कि इस बात को भूल जाते हैं कि परंपरा में जो पूर्वापरत्व निहित है, वह तभी सार्थक हो सकता है, जबकि 'पूर्व' के साथ 'ऊपर' भी हो। रोम की परंपरा प्रथम विश्वयुद्ध तक अखंड चली है—फिर मुसोलिनी की शैली का गर्द उड़ा। केवल बड़प्पन का नशा उमड़ा है। इटली को 'यूरोप की माता' मानने के कारण हमारा ध्यान नए से ज्यादा पुराने पर जाता है। यहाँ पुराने गिरजाघर हैं—मिकेल एंजेलो द्वारा मंडित सिस्टीन पूजागार, जिसके विशाल भित्ति-चित्र मानव-मात्र की अपूर्व निधि हैं। क्विरिनाले और बार्वेरीनी महल, रोमिक काल के कलाभावन (सभा भवन), (जलियना अगास्टस और ट्रायान के सभा-भवन या व्यापार केंद्र) रंगशाला (कोलोसियम) स्नानघर (काराकाल्ला) मंदिर (वीनस और रोमा) और इन्हें एक-दूसरे से मिलाने और पृथक् करनेवाले शिखर बायरन का गीत गा रहे हैं—''रोम, मेरा देश, आत्मा की नगरी/सभी अनाथ हृदय से तेरी ओर मुड़ते हैं।'' इन्हीं में परंपरा सोती है, जागती है, जीवंत है।

'विद्रोह की परंपरा में' मुसोलिन का इटली है। फासिस्ट सत्ता का आतंक और प्रगति-समृद्धि, साम्राज्य-प्रसार की हलचल के नीचे कुंठित मानव। सन् 1931 की अक्तूबरी संध्या में एक विमान उड़कर चक्कर काटता है, कभी शेली ने मानव-मात्र की स्वतंत्रता का स्वप्न देखा था। उड़ते विमान से पर्चियाँ बरसती हैं, जो दासता की श्रृंखला में जकड़ी जनता को स्वाधीनता का संदेश दे रही हैं। अंधकार में विद्रोह के बीज बोए जा रहे हैं। युवा विमान चालक कवि लाडरो डबोसिस हैं, जो अपनी मृत्यु से प्रकाश फैलाना चाहता है। लाडरों के पिता शेली-काव्य के प्रेमी तथा अनुवादक थे। लाडरो ने दाय में लातीनी-परंपरा को पाया है और एंग्लो सैक्शन परंपरा को भी। एक ओर शेली का आदर्श स्वतंत्रता-प्रेम था, तो दूसरी ओर इटली के पुनर्जागरण काल की आदर्श राष्ट्रीयता। लाडरो ने एस्काइल्स के प्रोमैथियुस तथा जेम्स फ्रेजर का 'गोल्डन ब्रोओ' अनूदित किया। किंतु उसकी प्रमुख रचना 'इकारो' शीर्षक गीतिनाट्य थी। लाडरो से अज्ञेय ने रोम सामने ला दिया है।

'यूरोप की पुष्पावती : फिरेंजे' में फिरेंजे तो फ्लॉरेंस फूलों की नगरी का या पुष्पावती का पर्याय है। अज्ञेय जैसा दिशा खोजी, दिशा सूँघू प्रवीण यायावर 'अनुकूल पर्यावरण खोज' लेता है। फलतः वह वियासांता कैटेरीना से आगे बढ़ा और सिपाही से पुराने नगर का मार्ग पूछा। सिपाही ने कहा—'महाशय, सारा इटली ही बहुत पुराना है।' सिपाही

इटालियन बोलता है और यायावर इस भाषा को नहीं जानता। पुस्तकों की ऐसी भाषा अपर्याप्त होती है, पराई भाषा का उच्चारण ठीक-ठीक कर पाना असाधारण बात है। फिरेंजे को अपनी भाषा, परंपरा, संस्कृति पर बहुत गर्व है। वहाँ ही बताया गया कि "मध्य इटली तो ठीक है, किंतु रोम के लोग बहुत धूर्त होते हैं।" (पृ. 19) रोम में कहा गया कि यहाँ तक तो ठीक है, दक्षिण में नेपोली (अंग्रेजी नेयत्स) लोग सभी ठग हैं। राह चलते लोगों के कपड़े उतार सकते हैं। बंदरगाहों पर उचक्कों का कब्जा है। फिरेंजी नगरी आर्नो नदी के तट पर बसी है और विशिष्ट प्रवालों, रत्नों, सोने-चाँदी की मीनाकारी से भरी नगरी। महाकवि दांते की याद का नगर। इटली की सांस्कृतिक परंपरा का चरम उत्कर्ष नगर की काव्य-कलाओं में मिलता है। क्लासिकल परंपरा के मुख्य प्रेरणा-स्रोतों में फिरेंजे का स्थान अद्वितीय है। यहाँ माइकेल एंजिलो और गैलीलियो की समाधि है। यहीं गैलीलियो ने प्राणों का जोखिम उठाकर घोषित किया कि पृथ्वी और अन्य ग्रह सूर्य के आस-पास परिक्रमा करते हैं। कला और विज्ञान का यही फलन दांते और लियोनार्दो दा विंची के कृतित्व में हुआ। अज्ञेय ने माइकेल एंजिलो तथा गैलीलियो के घर देखे और वह स्थान भी जहाँ ब्राउनिंग दंपत्ति रहते थे। अतः एथेंस और फिरेंजे का एक साथ नाम ऐतिहासिक अभिप्राय रखता है। दोनों में स्वाधीन चिंतन पनपा।

भारत के शिल्पी दस्तकार होते थे—फिरेंजे के शिल्पी सच्ची अर्थों में कलाकार। कला के प्रति पूरी तरह समर्पित फलतः फिरेंजे की हर गली एक चित्र वीथी है। भारतीय नगारिक कैसे रहता था, इसके लिए 'मृच्छकटिक' और 'कादंबरी' में संदर्भ खोजने पड़ते हैं, किंतु फिरेंजे में हर जगह कला-के जीवन-संदर्भ सघन रूप में हैं। असीसी जैसा छोटा कस्बा संत फ्रांसिस के कारण विश्व विख्यात है और यात्रियों के आकर्षण का केंद्र। महलों से ज्यादा प्रभावशाली गिरजाघर हैं। इटली का सबसे बड़ा गिरजाघर रोम का 'सान पिएगो' है। अद्भुत संग्रहालयों, महलों, गिरजाघरों का स्वर्ग है—फिरेंजी। तभी तो ब्राउनिंग की कविताओं में फलोरेंस के पुराने चित्र घूमते हैं। संत-फ्रांसिस का मंत्र पूत मौन नीरव लय में गाता है। इसलिए असीसी में जो है, वह मध्य इटली में कहीं नहीं है। ठीक बात है—विचार कभी नहीं मरते, वे युगों को नया संस्कार दे जाते हैं।

असीसी की समतल भूमि के नीचे बना है—'फरिश्तोंवाली माता मरियम' का गिरिजाघर। संत-फ्रांसिस और उनके संतों ने यही कोढ़ियों, अपाहिजों, गरीबी बहिष्कृतों की सेवा में जीवन होम दिया। इसलिए संत फ्रांसिस को 'दूसरा ईसा' माना जाता है और असीसी को समूचे इटली का संरक्षक संत का नगर कहते हैं। "यूनान यूरोपीय सभ्यता का पिता है, तो इटली उसकी माता है, असीसी उस मातृ रूप के चेहरे का स्मित-भाव है—मुदित, करुणामय और सर्वदा एक सा वात्सल्य भरा" (पृ. 32)। कहना होगा इस यात्रा-निबंध में कवि अज्ञेय की आत्मा निवास करती है, वे इटली को सराहते नहीं थकते

हैं और आँखें कैमरा बनकर सभी कुछ का चित्र खींचती हैं। पूरा वर्णन काव्यात्मक है और रस-रंग से संपन्न।

'यूरोप की छत पर स्विट्जरलैंड' शीर्षक यात्रा-निबंध में कहा गया है—''दुनिया की नहीं तो यूरोप की छत, पर्वतीय प्रदेश के कारण नाम मिला स्विट्जर लैंड''। किंतु हम हिमालय के घरवाले इस नाम की धौंस नहीं खाते। हिमालय के सामने उनके पहाड़, फोड़ा-फुंसी जैसे लगते हैं। यह भी नहीं कह सकते स्विट्जरलैंड भारत का कश्मीर है। लेकिन साफ-सुथरा देश यूरोप के जीवन-स्तर की ऊँचाई का प्रतीक है। देश में स्विस पर्वत श्रेणी यूरोप की छत है, वहाँ से बहा पानी नदियों के रूप में यूरोप के विभिन्न भागों में से गुजरता है—राइन, रोन, पो और इन्न नदियाँ इसी श्रेणी से प्रसूत होती हैं। इन्न तो शीघ्र ही डैन्यूब में जा मिलती है। बाकी तीनों ऑस्ट्रिया, जर्मनी, फ्रांस और इटली के प्रदेशों को सींचती हैं। यहाँ राजधानी बेर्न एक कला-कमल है, अनुपम सौंदर्य से झूमती है। यहाँ के अंतरराष्ट्रीय हवाई अड्डे और उद्योगों के कारण और जेनीवा अंतरराष्ट्रीय सम्मेलनों के कारण अधिक प्रसिद्ध हैं। किंतु यह नदियों के रहने पर भी 'झीलों' की सुंदरता का देश है। झीलों पर सूर्यास्त का सौंदर्य और शियो की पुरानी गढ़ी, बायरन की कविता—'द फिजनर ऑफ शियो' की याद ताजा करती है। लूसर्न के कोने-कोने का सौंदर्य और आधुनिक जीवन का जुकाम—टूरिस्ट जो कभी भी कहीं भी हो सकता और जिसका कोई इलाज नहीं। संसार में यहाँ का व्यापार छाया हुआ है और यहाँ की प्रकृति का क्या कहना। बहुभाषा-भाषी देश-जर्मन, फ्रांसीसी, इटली तीन स्पष्ट क्षेत्र हैं। भाषा अलग चीज नहीं है—'उसके साथ संस्कृति विचारधाराएँ और प्रकृतियाँ और जातिगत सहानुभूतियाँ भी बनी होती हैं।' (पृ. 35) यह बहुभाषा भाषी देश यह सिखाता है कि बिना एक भाषा में पूरी तरह डूबे रचनात्मक साहित्यिक कार्य नहीं हो सकता क्योंकि भाषा-संस्कृति का जीवन रस है और रस जमीन से जड़ों से जुड़ने से बनता है। इसलिए यहाँ रंग-बिरंगे फूल खोंस देने से बड़े रचनाकार अधिक नहीं हुए। जो हुए वे उसकी त्रिभाषिकता के उदाहरण नहीं हैं।

यह सच है कि स्विस लोग लोकतंत्र की प्रवृत्ति और स्वाधीनता प्रेम पर गर्व करते हैं। उन्होंने महान् रचनाकार नहीं दिया, लेकिन आधुनिक जीवन-परंपरा को सभ्य-प्रवाह दिया है। 'सत्य, दया और स्वतंत्रता' का मानव संस्कृति में महत्त्व कम नहीं है।

'एक यूरोपीय चिंतक से भेंट' यात्रा-वृत्तांत में कार्ल यास्पर्स मिलने गए अज्ञेय की संस्कृति कथा है। वे जेनीवा से बाज़ल गए। क्यों गए, मिलने गए इस अस्तित्ववादी चिंतक से? इसका ठीक उत्तर पाने के लिए अज्ञेय के कथन के लंबे उद्धरण दूँगा ताकि बात ठीक से समझी जा सके और उनको लेकर फैली गलतफहमी दूर हो। अज्ञेय ने लिखा है—''अस्त्विवाद में मेरी दिलचस्पी क्यों रही, इसके कारणों में जाना आवश्यक नहीं है। हिंदी के जो परिश्रम-विरोधी सहजवादी आलोचक मुझको ही अस्तित्ववादी और सार्त्र का

अनुयायी कह देते हैं। उनके सम्मुख तो यह निवेदन करना भी निष्प्रयोजन है कि सात्र का साहित्यिक अस्तित्ववाद मेरे लिए विशेष आकर्षण कभी नहीं रहा है, यद्यपि मैंने पढ़ना और समझना उसे भी चाहा है, जैसे कि अन्य साहित्यिक सिद्धांतों को समझना चाहता रहा हूँ। लेकिन उन दो प्रवृत्तियों में, जिन्हें 'ईसाई अस्तित्ववाद' और 'वैज्ञानिक अस्तित्ववाद' कहा जाता है, मेरी विशेष रुचि रही, क्योंकि मैं समझता था और अब भी मानता हूँ, ये यूरोप की वर्तमान मन:स्थिति और उसके संकट को समझने के लिए इन प्रवृत्तियों का अध्ययन आवश्यक है।" (*एक बूँद सहसा उछली*, पृ. 37) इसलिए यूनेस्को के निमित्त से यूरोप जाने का संयोग बना तो मन में दो व्यक्तियों से मिलने का संकल्प सा लिया, गेब्रियल मार्सेल और कार्ल यास्पर्स। दोनों ही प्रसिद्ध चिंतक। एक के पीछे कैथोलिक ईसाई नैतिक-चिंतन और दूसरे के पीछे विज्ञान और मनस्तत्व का गहरा अध्ययन। भारत से प्रस्थान से पहले दोनों की कृतियों को मथ डाला और यास्पर्स से बहुत भीगे। उनकी सतर्क विचार-पद्धति ने मोह लिया। फलत: अज्ञेय विशेष गाड़ी से बाज़ल जाते समय वहाँ यास्पर्स के पास गए। उनके साथ दुभाषिये के रूप में फाडलीन क्रिस्टेल स्टेफलर थीं। यास्पर्स अंग्रेजी जानते थे, पर बोलने में संकोच था। कुमारी स्टेफलर जर्मन, इंग्लिश दुभाषिया थीं, हिंदी भी जानती थीं। उनके मन में भारतीय चिंता-धारा का आकर्षण था और था यास्पर्स के प्रति सम्मान का भाव। दोनों ही ट्राम में बैठकर बाज़ल में चले। फिर खोजते हुए यास्पर्स के पास पहुँचे। अज्ञेय ने उस व्यवस्थित अध्ययन कक्ष में पाया—"चेहरे के भाव के अलावा हर एक व्यक्तित्व का अपना एक पर्यावरण रहता है, जो मानो एक अदृश्य प्रभामंडल की तरह व्यक्ति को घेरे रहता है और उसके साथ-साथ चलता है।" उनसे मिलकर पूछा कि संघर्ष यूरोपीय चरित्र का अनिवार्य अंग है। प्रश्न उठता है—कौन सा भीतरी संघर्ष इन्हें खाए जा रहा है? सब लोग इतने संत्रस्त क्यों हैं? इनकी विभाजित चित्त की समस्या का कारण क्या है? आपस में खंड-खंड होकर तने क्यों रहते हैं? लेकिन यास्पर्स का चेहरा देखकर लगा—यह व्यक्तित्व विभाजित नहीं है। बातचीत में यास्पर्स ने पूछा, यूरोप क्यों आए हो? उत्तर मिला—"यूरोप के और हमारे सांस्कृतिक दाय में बहुत सी चीजों का साझा है।··· इस दाय से निरंतर नया संबंध जोड़ते रहना चाहिए। तब यह आवश्यकता और बढ़ी, जब यंत्रीकरण दोनों के बाहरी रूप को प्रभावित कर रहा है और उसके आंतरिक आधारों से उसे अलग करता जा रहा है। साथ ही यूरोप की और हमारी असमानता।" यास्पर्स ने पूछा यह असमानता क्या है? अज्ञेय ने कहा संसार में तीन सांस्कृतिक प्रणालियाँ जीवित हैं—(1) पश्चिम की धर्म-विश्वास प्रणाली (2) चीनी सांस्कृतिक परंपरा, जिसमें धर्म-विश्वास का कोई महत्त्व नहीं और चर्चा ही मुख्य है यानी लौकिक (3) दोनों के बीच में भारत की सस्कृति की प्रणाली जो धर्म-विश्वासमूलक भी है और लौकिक भी। भारतीय परंपरा में आचरण की एकता अपेक्षित है। अज्ञेय को सुनकर यास्पर्स ने कहा—"तो भारत

के दार्शनिक पश्चिम की नकल क्यों करते हैं?'' उन्होंने राधाकृष्णन और आनंद कुमार स्वामी में भी बहुत सी बातों पश्चिमी चिंतन की बात उठाई। अज्ञेय का क्षेत्र दर्शन नहीं है कि वे दार्शनिकों का मूल्यांकन कर सकें। अज्ञेय ने कहा—राधाकृष्णन पश्चिम के लिए पूर्व के भाष्यकार हैं। यास्पर्स ने भारत में कम्यूनिज्म की बात उठाईं। अज्ञेय ने कहा—मैं लेखक हूँ, दार्शनिक नहीं हूँ। लेखक के नाते दार्शनिक जिज्ञासाएँ रखता हूँ।

यास्पर्स ने नपे-तुले शब्दों में कहा—''पश्चिमी जीवन ईसाइयत से कट गया है, यही उसके आंतरिक तनाव और संघर्ष का कारण है। अंत:संघर्ष और अनिश्चयजन्य आशंका से वह मुक्त हो सके, ऐसी अवस्था से वह संबंध तोड़ बैठा है। चर्च ने कलाओं-कलाकारों को अपदस्थ किया, तो धार्मिक प्रेरणाओं से कलाकार कट चुके हैं। ईसाई मध्यकाल आस्था पर टिका था, अंतर्दाह नहीं था। लेकिन अब अंतर्दाह और अंत:संघर्ष में छटपटाता व्यक्ति ही रचनाकार, कलाकार हो सकता है।'' ''यूरोप के मध्यकाल के बाद जो नई प्रवृत्तियाँ दीखीं, उनका कारण बहुत कुछ कला धारा और ईसाई चिंताधारा की बढ़ती हुई दूरी ही था। रेनेसो का बौद्धिक उन्मेष भी और रोमांटिक आंदोलन भी, उस दूरी के ही पहलू हैं।'' (पृ. 42) अज्ञेय से यास्पर्स ने पूछा—क्या भारतीय लेखक आप जैसे ही अनासक्त होते हैं? अज्ञेय ने उत्तर दिया—'नहीं' उन्हें पश्चिमी चिंतन के रोगाणुओं ने घेर लिया है। यास्पर्स ने फिर पूछा—''भारत संघर्ष का सिद्धांत नहीं मानता तो वहाँ का रंगमंच कैसा है? नाटक कैसे होते हैं?'' अज्ञेय ने समकालीन लेखन और नाटक पश्चिम से बहुत प्रभावित हैं। यास्पर्स ने अस्तित्ववाद पर टिप्पणी की कि मानव अनुभव करता है, उसे नगण्य बना दिया गया है, यही सर्वाधिक कसकनेवाला अनुभव है। वह अनुभव करता है कि वरण की स्वतंत्रता उसे नहीं है, यही नगण्यता को बोध का कारण है। लेकिन अज्ञेय ने कहा ठीक है, बहुत यातनाएँ हैं, जिनमें वरण का प्रश्न अर्थहीन है। मानव दु:ख वरण नहीं करना चाहता, लेकिन दु:ख उसे दबोच लेता है। प्रश्न है दु:ख का विकल्प क्या है? उत्तर क्या है? बाज़ल में नदी के साथ बोधिवृक्ष नहीं है, प्रश्नों के साथ अज्ञेय लौट आए। यह यात्रा निबंध अज्ञेय की पूरी मानसिकता का एक मानचित्र कहा जा सकता है।

'तो यह पेरिस है!' यात्रा-वृत्त में बात शुरू होती है कि जैसे आगरे का प्रतीक ताजमहल है और दिल्ली की कुतुब की लाट उसी प्रकार पेरिस का विश्वविज्ञापित प्रतीक है—नोत्रदाम के भव्य गिरजाघर के ऊपर से झाँकता एक शैतान का चेहरा, अपरूप-विकृत। पेरिस घातक विष, जिसके बिना कोई जी न सके। पेरिस, यूरोप के सुंदरतम नगरों में से एक। सजे बाजार, सुंदर वस्त्र, बाग-बगीचे, रंग-बिरंगे चंदोवे, वारुणी की धार, सुंदर स्थापत्य, कुंजों, चौराहों पर खड़ी भव्यकला मूर्तियाँ, विराट् नाट्य और नृत्यशालाएँ, दर्जनों कला-संग्रहालय, बीसियों पुस्तकालय, पचासों रंगशालाएँ, सैकड़ों प्रमोद-गृह, आवरणहीन अश्लीलता का आलम। हर मौसम में पेरिस का यौवन खिला रहता है। हर समय सड़क

सैलानियों से खचाखच और रात आग्रह और उद्दंडता का अभिवादन। इसलिए वहाँ जीवन साँझ से शुरू होता है। आपेरा, सिनेमा, नाटक आदि के टिकट स्वयं खरीद पाना पेरिस में आसान नहीं है—इसके लिए कमीशन लेनेवाली एजेंसियाँ हैं। गाइड स्त्री होती है और उसका सभी तरह का व्यय यात्री को उठाना पड़ता है। यहाँ मुरगे पर आपका नंबर डालकर पकाया जाता है और मेढक की टाँगें खा सकते हैं। कोई व्यसन या विकृति ऐसी नहीं है, जो पेरिस में नहीं है। हर वासना की तृप्ति के उपाय लभ्य हैं—पर बहुत महँगे। कृशांगी नदी सेन पेरिस को दो भागों में बाँटती है। यहाँ बदनाम शराबघर और कलाकारों के तमाम अड्डे हैं। जिप्सी कन्याओं का आनंद लेते मनचले लोग सभी तरह की लंबी, कंजी, भूरी गोल आँखें। वर्ण-भेद जाति-भेद नदारद हैं। स्वतंत्रता-प्रेमी कलाकारों का प्यारा शहर है—पेरिस। जो भी पेरिस से लौटता है, उसकी स्मृति में टीस रह जाती है। वे अपने में रुके-ठहरे उदासीनता में डूबे लोग मारते हैं, मरते हैं, क्योंकि जीवन से डरते हैं जबकि तमाम कला-साहित्य के आधुनिक आंदोलनों का केंद्र पेरिस रहा है। यूरोप के सांस्कृतिक जीवन पर फ्रांस का प्रभाव गहरा है। यहाँ मतली ऊबकाई का दर्शन पनपा है। साहित्यिक अस्तित्ववाद का यही केंद्र है। यह पूरा यात्रा-वृत्त रेखाचित्र-रिपोर्ताज, कहानी की मिश्रण। कला का सचित्र दस्तावेज है।

'एक दूसरा फ्रांस' नहीं, दूसरा पेरिस होना चाहिए। जैसे एक भारत-दूसरा गोपन भारत। ऐसे ही एक फ्रांस, दूसरा गोपन फ्रांस जिसमें जुगुप्साजनक स्थिति है। वहाँ एक भारतीय दूसरे भारतीय से कतराकर निकल जाता है। उसके मन में 'परंपरा' के अर्थ नहीं हैं—सभी 'मॉडर्न' कहलानेवाले अर्थ हैं—उसका आग्रह मॉडर्न कला की ओर है। "भारत से कितने चित्रकार ऐसे गए हैं जो जब गए तब अच्छे-खासे चित्रकार थे, किंतु जब लौटे तो केवल 'मॉडर्न' रह गए। अज्ञेय भूमध्य सागर की ठंडी हवाओं में प्रवेश करके मारसेल्स गए कटखनी हवा और शीत का प्रकोप। मैसीना के जलडमरू के दोनों ओर इटली और सिसली की तट-रेखाएँ और हिमाच्छादित शिखर हैं। मारसेल्स की संरक्षिका देवी मरियम की प्रतिमा का दर्शन किया और पाया तेज गाड़ियाँ पेरिस की ओर दौड़ रही हैं। वहाँ रोन नदी सुंदर प्रदेश की मेखला। रोन-तट अंगूर के बगीचों के लिए और अपनी शराबों के लिए प्रसिद्ध इंप्रेशनिस्ट चित्रकारों ने इस प्रदेश को और प्रसिद्ध कर दिया है। आर्ल प्रदेश के खेतों और आविन्यो के पास फलों के बगीचों की बहार है। रोन और साओन नदी का संगम—अद्भुत प्रकृति-वैभव है। अज्ञेय ट्राम में बैठकर योन नदी के किनारे-किनारे एवीलोन गए, फिर एक छोटी सी देहाती बस्ती में। फिर गए 'पेयर मुआर की कुटिया' पर। एकांत-साधक इसी कुटिया में निवास करता था। वहाँ बेनेडिक्टी-संप्रदाय के संन्यासी रहने लगे हैं। ईसाई संन्यासियों के अनेक संप्रदाय-प्रार्थना घर हैं, जिनसे भारत का पुराना परिचय रहा है। यहाँ के मठ का नाम 'पीएर-क्वि-वीर'

हैं, जिसका अर्थ है—'घूमनेवाला पत्थर'। यहाँ ऊपरी शिला पर मरियम की मूर्ति। पवित्र क्षेत्र। आज भी उस वन प्रदेश में विस्मयजनक शांति और परिवेश में देवोन्मुख भावों की गूँज। यांत्रिक सभ्यता के चंगुल से निकलकर प्रकृति की गोद में जाने का मुक्ति-बोध। यूरोप में बैनेडिक्टी संप्रदाय का इतिहास इसी संप्रदाय से जुड़ा है। संत ग्रेगोरी और संत आंगस्टीन इसी संप्रदाय के थे।

पिएर-क्वि-वीर। चक्रमित शिला। चक्रांत शिला। चक्रांत : जो संक्रमण करके फिर लौट-लौटकर आता है : वह काल के अतिरिक्त क्या है ? समय की शिला, युगों के आवर्तन का क्रम। मठ का प्रतीकार्थ—अकेले में साधना। बौद्ध स्थविर साधुओं की तपस्या का नया रूप है। पिएर-क्वि-वीर से अज्ञेय ने मौन की दीक्षा ली और उसे चक्रांत-शिला कविताओं में सर्जनात्मक निष्पत्ति दी है—"पर सबसे अधिक मैं वन के सन्नाटे के साथ मौन हूँ। क्योंकि वही मुझे बतलाता है कि मैं कौन हूँ। जोड़ता है मुझको विराट् से। जो मौन, अपरिवर्त है, अपौरुषेय है। जो सबको समोता है।" अज्ञेय उसके बाद पाल मासिंदो से मिले। एक सूफी ईसाई संत, गेही संन्यासी। सत्याग्रह-सिद्धांत में दृढ़ विश्वासी। लौटते हुए अज्ञेय ने पाया 'पेरिस दुनिया का सबसे अकेला शहर है।' लेकिन इस शहर की धड़कन को एकाग्रभाव से अज्ञेय ने इस यात्रा-निबंध में 'उपस्थित' बनाया है।

'बालू की भीत पर' एक नई रोन का यात्रा-संस्मरण है। इसमें हॉलैंड या नीदरलैंड्स (नीचा देश) समुद्री मिट्टी, नदी की मिट्टी, बालू इन्हीं पदार्थों से बनाया गया देश है। अब यह डच जाति के अपार परिश्रम का प्रतीक देश है—डच समाज संगठन, जाति व्यापी उद्योग और व्यापार के आधार को दृढ़ करता देश। एक भारतीय जनपद के बराबर छोटा देश, लेकिन यूरोप के इतिहास में अपना विशिष्टता रखता हुआ देश, जिसका 99 प्रतिशत भाग समुद्र तल की ऊँचाई से 5 मीटर कम है—"बालू की भीत", लकड़ी के खंभों की बुनियाद। लेकिन इसने आक्रमण झेले और आक्रमण किए, उपनिवेश जीते, साम्राज्य बसाए। लेकिन जातीय चरित्र में स्वातंत्र्य-प्रेम का स्थायी निवास है। तमाम धैर्य की परंपराओं का गढ़ा है और इंग्लैंड की तरह ही उनकी संस्कृति-इतिहास को "समझा जा सकता है। अज्ञेय पेरिस से हॉलैंड गए थे—वीजा की अवधि पूरी होने का वृत्तांत और अनुमति। हॉलैंड की शिष्टता का अज्ञेय पर गहरा प्रभाव पड़ा। अज्ञेय एमस्टर्डाम से ख्रोनिडेन गए, जहाँ विश्वविद्यालय में 'तंत्रयुग और आधुनिक सभ्यता की प्रवृत्तियाँ' विषय पर एक विचार गोष्ठी में भाग लेना था। यहाँ प्रतिवर्ष एक अंतरराष्ट्रीय गोष्ठी का आयोजन होता है।"

यूरोप में सभी देश 'यात्रियों का व्यवसाय' करते हैं। कुछ देशों की तो अर्थ-व्यवस्था ही टूरिस्टों पर टिकी है। लेकिन हॉलैंड के लिए ऐसी बात नहीं कहा जा सकती। क्योंकि उसका दूध, मक्खन, पनीर का व्यवसाय विश्वविख्यात है। राइन का तट यहाँ विश्व भर

को खींचता है। यहाँ 'डच-आतिथ्य' का अर्थ है—होटल में अपना-अपना बिल चुकाना। यहाँ 'क्रोलर-मूलर म्यूजियम' नाम का आधुनिक कला का संग्रहालय अपनी 'अपूर्वता' में स्मरणीय हैं। यहाँ राष्ट्रीय उद्यान की अपनी महिमा है और मूर्ति कला प्रदर्शनी का अनोखा संसार। अज्ञेय ने वहाँ वान गोख के चित्रों की सुंदर प्रति कृतियाँ देखीं और पाया कि यंत्र कौशल कभी भी कला-शिल्प को नहीं पा सकता। परंपरागत डच-कला का संग्रहालय एमस्र्डाम के राजकीय संग्रहालय में है। पर संग्रहालय देखनेवाले टूरिस्ट कम होते हैं। फिर यहाँ लोक संस्कृतियों की छाती पर नागर और औद्योगिक संस्कृतियाँ सवार हो गई हैं। हालाँकि गाँव अभी भी बहुत सुंदर हैं और परंपरा को बेच खाने की प्रवृत्ति पूरे पश्चिम में बढ़ी है। भारत की तरह वहाँ भी लोक संस्कृति का शोषण हो रहा है।

यह डच जाति की दुर्दम जिजीविषा ही है, जिसे कलात्मक-दृष्टि से राटर्डाम का पुनर्निर्माण कर लिया है और विश्व-व्यापार केंद्र बनाकर प्रगति की है। स्थापत्य के क्षेत्र में यह देश एक मॉडल है और अदम्य साहस, अथक उद्यम तथा स्वातंत्र्य प्रेम की दृष्टि से नीदरलैंड रमणीय है और मानव-प्रेरणा का स्रोत। अज्ञेय ने सजग नयनों से यहाँ का 'वर्णन-वैविध्य' प्रस्तुत किया है।

अब 'संयुक्त राज्य : दो राजधानियाँ' जैसा यात्रा-संस्मरण है, जिसमें वहाँ पहले है लंदन। जहाँ का अलग स्वाद है—किंतु लंदन तो भारत के लिए कहानी-उपन्यास जैसा है, जिसे हम बचपन से ही जानना चाहते हैं। एक लंदन वह है, जो जिसे डिकेंस ने देखा—एक 18वीं शती के नाटककार गाल्स वर्दी का लंदन है—धन सेठों का नगर लंदन। टेम्स नदी के पुल पर खड़े होकर वड्र्सवर्थ की आँखों से देखा गया लंदन। कीट्स की कल्पना का रंग भरा लंदन, जिसमें एडीसन और स्टील घूमते हैं, जॉनसन और पीप्स गहन उक्तियों क़ी सामग्री खोजते हैं और कॉलरिज तथा डक्विन्सी नशा करके पिनकचियों की तरह घूमते हैं।

अज्ञेय रोम, पेरिस, इटली, फ्रांस होते हुए लंदन गए। इटली फ्रांस के वसंत के बाद लंदन श्रीहीन लगा। यह लातीनी और अँगरेजी स्वभाव का अंतर है। रोम, पेरिस की तुलना में लंदन कुरूप है और स्टॉक होम तथा कोपेन हागेन की तुलना में गंदा, बर्लिन की तुलना में निकम्मा। लेकिन फिर उसकी अलग लय है। अज्ञेय तीन-चार बार लंदन गए और हर बार अलग अनुभव पाया। लंदन का सांस्कृतिक जीवन सजग और समर्थ। वहाँ एक 'हिंदुस्तानी लंदन' जहाँ भारी संख्या में भारतीय हैं ज्यादातर वंश- परंपरा से भारतीय—मॉरीशस-फीजी के लोग। एक भारतीय-संस्कृति अध्येताओं का तीसरा लंदन है, जिसमें भारतीय कला-संस्कृति की सामग्री भरी पड़ी है। भारत का औपनिवेशिक इतिहास जागता मिलता है। ब्रिटिश म्यूजियम, विक्टोरिया ऐंड आल्बर्ट म्यूजियम के भारतीय कला-संग्रह और ब्रिटिश म्यूजियम तथा इंडिया लाइब्रेरी के ग्रंथ-संग्रह विश्वप्रसिद्ध हैं। यहाँ

ऑक्सफोर्ड और कैम्ब्रिज के संग्रहालय तथा लंदन शहर से बाहर के छोटे संग्रहालय भी कम मूल्यवान नहीं हैं। बर्मिंगहम संग्रहालय की बुद्ध की कांस्य-प्रतिमा तो अद्‌भुत है। लंदन के दृश्यों का उल्लेख अज्ञेय ने पूरे मनोयोग से किया है।

एडिनबरा की सुंदरता का आख्यान क्या है ? रोमा-पेरिस, वेनिस स्टॉक होम, प्राग से आगे का कथाख्यान। एडिनबरा का सौंदर्य अज्ञेय को खींचता रहा है। इसके मूल में वहाँ की जलवायु—सागर और पर्वत की निकटता—नगर का विशिष्ट चरित्र—राष्ट्रीयता, जातीयता की भावना। अंग्रेजों द्वारा दमन करने पर भी स्काटी जाति की लय टूटी नहीं है। इसी स्काटी जाति की विशिष्टताओं का प्रतीक है—एडिनबरा। ब्रिटेन की औद्योगिक क्रांति के दुष्परिणाम स्टाकलैंड ने भुगते, आयरलैंड ने भी। अठारहवीं शती में चार्ल्स एडवर्ड स्टुअर्ट के नेतृत्व में जो विद्रोह हुआ, उसे अँगरेजों ने कठोरता से कुचला—बर्बरता का हृदय-विदारक इतिहास। फिर भी एडिनवरा फेस्टेबल संसार भर की नृत्य-नाट्‌यकलाओं को अपने देश में खींचता है, चाहे वह ज़ापानी नाटक हो या भारतीय नृत्य-नाट्‌य या चीनी ओपेरा। सांस्कृतिक प्रगति की पुष्ट प्रेरणा का नाम है एडिन बरा।

'ताल-तलहटी, स्रोत और स्रष्टा' तीन-पत्र एक नया यात्रा-वृत्तांत प्रयोग। पहला पत्र इस सूचना के साथ है कि रात बारह बजे से रेल हड़ताल हो जाएगी। बर्मिंगहम से स्ट्रेटफोर्ड, शेक्सपियर की जन्मभूमि, शेक्सपियर स्मारक थिएटर। उसके बाद झीलों का वह प्रदेश जो वर्डस्वर्थ आदि कवियों को प्रेरणा देता रहा। अज्ञेय की संग्रहालयों में रुचि ज्यादा रही है, इसलिए संग्रहालय में कांस्य की गांधार-शैली की बुद्ध-प्रतिमा देखकर गद्‌गद हो गए। देखकर कहा—"गांधार शैली की काँसे की मानवाकार बुद्ध-प्रतिमा मैंने दूसरी नहीं देखी और भारत के संग्रहालयों में कहीं इससे तुलनीय कोई मूर्ति नहीं है।" (पृ. 86)

अज्ञेय ने प्री-राफेलाइट संप्रदाय के चित्रों का बड़ा संग्रह देखा। लंदन के राष्ट्रीय संग्रहालय में बर्न जोन्स और मिलै और रोजेरी के चित्र देखे। इन चित्रों में अंग्रेजी रोमांटिक कविता के साथ अमित-भाव का अभिन्न सौंदर्य अज्ञेय पाते हैं। उधर शेक्सपियर थिएटर का रंग—महीने पहले टिकट लेना पड़ता है। नाटक देखकर अज्ञेय बाहर आए और नदी के पुल पर बैठकर चाँदनी रात का आनंद लेते रहे। लेकिन सैलानी, सुंदर के प्रति छिछली-सतही समझ रखता है। सैंडविच और शराब को छकते पागल से लोग। केवल ठेलमठेल। हर तरफ खाने-पीने की मारामारी। अज्ञेयजी से एक तुतली अमेरिकी महिला की भेंट। वहाँ रेपर्टरी थिएटर, लेक्चर से लेकर शेक्सपियर के परिवार को छाना जाना है।

रेल-हड़ताल के कारण घंटों कतार में प्रतीक्षा के बाद बस के द्वारा बर्मिंघहम पहुँचे। कैंडल एंबल साइट में झीलों की सुंदर झाँकियाँ। ग्रासमेयर रुके और राइडाल झील के पास पहाड़ी ताल देखा। वड्‌र्सवर्थ कभी भी अज्ञेय का प्रिय कवि नहीं रहा, फिर भी

उस प्रदेश में दिलचस्पी ली। ग्रासमेयर झील, जैसे मल्लीताल के पास शाकाहारी होटल में टिके स्वादिष्ट भारतीय भोजन पाया। नहीं अंगरेजी खाना यों भी अनाकर्षक होता है। केवल वड्र्सवर्थ और कॉलरिज की स्मृति का सुकून रहा। अमलतास (लैबर्नम) के प्रति राग और सुंदर पहाड़ियों का सौंदर्य। यहीं वड्र्सवर्थ-कॉलरिज की कब्रें हैं। पास में थुलाथिल की मध्य वय टूरिस्ट नारियों की बहुलता और उपहारों की भाग-दौड़ है। झीलों का अद्‌भुत रस अज्ञेय ने साहित्यिक स्मृतियों के साथ लिया।

'तीसरा पत्र' लंदन से आयरलैंड और आगे स्कॉटलैंड की यात्रा का है। बाथ गए, स्नानोपचार का प्रसिद्ध स्थान है। रूपसी कन्याओं के लोभी आते हैं और जीवन बेहद भड़कीला है। फील्डिंग, डिकेंस, गोल्डस्मिथ, जेन ऑस्टिन आदि ने अपनी रचनाओं में यह जीवन चित्रित किया है। 'बाथ' के रोमिक स्नानागार अद्‌भुत हैं तथा अद्‌भुत है वहाँ कोर्शम कोर्ट की 'बाथ एकेडेमी ऑफ आर्ट'। संगीत, नृत्य के विद्यालय यहाँ बहुत हैं। इस यात्रा-संस्मरण की विशेषता यह है कि अज्ञेय का यायावर मन यात्रा में भारत की प्रकृति को बहुत याद करता है।

'बीस हजार राष्ट्र कवि' यानी क्या? अद्‌भुत प्रकृति वैभव और लय-स्वर संगीत भरी बोली का प्रदेश। यह वेल्स है और अंग्रेज जाति से ज्यादा आकर्षक जाति। अंग्रेज से आयरलैंड के विरोध और आयरी स्वातंत्र आंदोलन ने भारतीय विद्रोह-भावना को प्रेरणा दी। भारतीय क्रांतिकारी इन विद्रोहों से प्रभावित हुए। वहाँ की धार्मिक परंपराओं (एंग्लिकन और कैथोलिक संप्रदायों का) का द्वंद्व अज्ञेय को वहाँ रहकर ही समझ में आया। वेल्श जाति के लोग अंग्रेज के कमीनेपन को थूकते रहते हैं—'द इंगलिश आर वेरी मीन'। इंगलिश और वेल्श, आयरिश और स्काट, एंग्लो सेक्शन और केल्टिक या गेलिक, इनके जातिगत संस्कार कितने गहरे और कितने भिन्न हैं। यूरोप के लोग सारे पूर्व को 'ओरिएंट' कहकर एक मान लेते हैं और अलग प्रवृत्तियों को अनुभव से ही पहचान पाते हैं कि पहाड़ी, द्रविड़, तमिल में संवेदनागत फर्क है।

वेल्स ग्राम अथवा लोक-सभ्यता का उत्तम उदाहरण है। वेल्स की परंपराएँ ग्राम-परंपराएँ हैं और उनमें सुगठित एकता है। यहाँ की सांस्कृतिक परंपराएँ उल्लेखनीय हैं। 'सारे यूरोप' में कदाचित् यही प्रदेश ऐसा है, जहाँ काव्य-गायन की परंपरा अक्षुण्ण बनी है, जहाँ किसान-कमकर स्वयं वर्णवृत्तों में कविता करते हैं और वाद्यों के साथ गाते हैं, जहाँ गाँव-गाँव में और जिले-जिले का अपना काव्योत्सव और काव्य-प्रतियोगिताएँ होती हैं और राष्ट्रीय काव्योत्सव में सैकड़ों प्रतियोगी भाग लेते हैं और हजारों लोग सप्ताह भर कविता, गाना, सामूहिक मनोरंजन किसी भी संस्कृति की भीतरी अस्मिता की पहचान कराते हैं। अज्ञेय को वेल्स की यह संस्कृति भारतीय संस्कृति की भाँति आल्हा-चौपाई में रमनेवाली लगती है। घर-घर काव्य-गाथा, कला का संस्कार ऐसा कि अज्ञेय को

एक वेल्स कवि जिसे राष्ट्रीय काव्योत्सव में राष्ट्रीयकवि का आसन दिया गया था, उसकी कविता एवं लोक-गीत रिकॉर्ड करना पड़ा और साथ में कवि ने अर्थ भी प्रस्तुत किया। जहाँ ऐसे भी तमाम लोग हैं, जो प्रतियोगिता से बाहर काव्य-गायन करते रहते हैं। काव्य-पाठ उनका जातीय उत्सव है। प्राचीन पद्धति के कवि को विजेता होने पर 'आसन' और नए को 'मुकुट' पहनाया जाता है। समिति का निर्णायक निर्णय सुनाते समय कविताओं की विशद् समीक्षा करता है। अज्ञेय ने अपने इस अनुभव को काव्य जीवन का अपने लिए 'अपूर्व अनुभव' माना है। हॉपकिंस का वेल्स संस्कार अंग्रेजी में या डायलन टामस का प्रभाव हमारी पीढ़ी में बोलता है। मूल बात यह कि लोक संस्कृति के मूल स्रोत से नागर सभ्यता संबंध टूटना नहीं चाहिए। यही है वेल्स के बीस हजार कवियों का संदेश।

'नीलम का सागर, पन्ने का द्वीप' अर्थात् ग्रेट ब्रिटेन के संयुक्त राज्य के तीसरे देश और दूसरे मुख्य द्वीप आयरलैंड के विषय में अज्ञेय का मन 'बचपन से ही था'। वहाँ लोककथाएँ पढ़ रखी थीं और अंग्रेजी काव्य के साथ आयरी काव्य से भी परिचय था। ''अंग्रेजी' कवियों में जो दो सबसे अधिक 'कवि' थे, दोनों आयरी थे।'' (पृ. 111) अज्ञेय ने अपने क्रांतिकारी जीवन में आयरी विद्रोहियों की जीवनियाँ पढ़ी थीं और उनकी अमिट छाप उनके कवि-मानस पर थी। डैन ब्रीन की आत्मकथा एक रोचक वृत्तांत भर न थी प्रेरणा-स्रोत थी। अज्ञेय के तमाम क्रांतिकारी साथी उसे बाइबिल की तरह प्रमाण मानते थे—यहाँ तक कि ''हमसे पहले खेवे के षड्यंत्रकारियों में भगतसिंह और उनके साथियों में—उसका स्थान बहुत ऊँचा था। स्वयं मुझे रूसी आर्तवादियों के वृत्तांत अधिक उपादेय जान पड़ते थे और उनकी अनुप्राणित करनेवाली नैतिक भावनाएँ अधिक उपादेय मूल्यवान।'' (पृ. 111) अज्ञेय मानते रहे हैं कि रूसी निहिलिस्ट संप्रदाय में हास्य की बहुत कमी थी और प्रेम की बौद्धिक अतिशयता उन्हें अमानुषिक बना देती थी। इसके विपरीत आयरी स्वभाव में हास्य विनोद रहता है और यही बात आयरी क्रांतिकारी आंदोलन में प्रतिबिंबित होती है।

अज्ञेय का ब्रिटेन जाने पर राष्ट्रीयता के भीतर विभिन्न जातीयताओं का अनुभव करके आयरलैंड के विषय में कुतूहल और बढ़ गया। वेल्स से बेलफास्ट फिर आयरलैंड पहुँचे तो अज्ञेय ने पाया आयरी बड़े बातूनी होते हैं और 'वाद-विवाद' ही वह वायुमंडल है, जिसमें वे जीते हैं। उत्तरी आयरलैंड प्राकृतिक एवं आर्थिक दृष्टि से संपन्न है और दूर ब्रिटेन के पार्लियामेंट के अधीन हैं। आयरलैंड का परंपरागत नाम है—'मरकत द्वीप'। बेलफास्ट की झीलें-नदियाँ, सागर तट देखने के बाद अज्ञेय ने आयरलैंड को 'मरकत द्वीप' तो माना ही 'पन्ना नीलम का थाल' और जोड़ दिया। क्योंकि आयरलैंड के उत्तर-पूर्वी सागर-तट का सौंदर्य अद्वितीय है और विशिष्ट प्रकाश में रहस्यमय। 'आयरलैंड

के समुद्र-तट' कविता में बच्चन ने ठीक लिखा है—'सिंधु का छिछला तीर। अकंपित नील मुकुट सा नीर।'

पौराणिक आयरी कवि श्रेष्ठ ओसियन की कब्र के दर्शन करने के बाद अज्ञेय उत्तरी सागर तट का स्पर्श करने पोर्ट स्टुअर्ट गए। यह स्थान चार्ल्स लीवर नामक हास्य लेखक का है। फिर 'ह्वाइट राक्स' और आगे 'जायंट्स काजवे' का अचरज पाया। अज्ञेय को चट्टानी तट से टकराता महासागर भा गया। कई घंटे वहाँ व्यतीत किए। ध्यान आया आयरी क्रांतिकारी बहुधा अमेरिका में शिक्षा पाए हुए हैं। अज्ञेय बेलफास्ट से डब्लिन गए। डब्लिन बेहद गंदा शहर, पश्चिमी शहरों में सबसे ज्यादा कुरूप। हावड़ा जैसी कुरूप बस्ती। वहाँ घूम-घामकर, थोड़ा-बहुत खा-पीकर राष्ट्रीय संग्रहालय पहुँचे। वहाँ आयरलैंड के राष्ट्रीय आंदोलन के तमाम चित्र हैं। साथ में मकई, आलू और तमाम सब्जियों की खेती, गोशाला, मुरगीघर। वहाँ के नागरिक अज्ञेय का बाँका डील-डौल देखकर प्रसन्न हुए। आयरी बड़े वाचाल और व्यवहार कुशल होते हैं। ज्यादातर किसान लोग धनी और प्रतिभावान। वहाँ लोक कथाएँ हैं, जिनमें अनेक प्रेतनियाँ रोती घूमती हैं, परियाँ, जादूगरनी हैं। निरंतर रंग बदलती प्रकृति है। कई साहित्यकारों के साथ की बातचीत से अज्ञेय ने अपने को भरा-पूरा पाया। नाटककार लार्ड डनसैनी के पुत्र रैंडल से अज्ञेय का असम से परिचय था, उनके साथ घूमे-फिरे। और लंदन आ गए।

'धर्म-विश्वासों की गोधूलि' का यात्रा-निबंध रामलोटन के भुतहे पीपल तल के डर से शुरू हुआ। उसका विश्वास है—लोहा छूते ही डर गायब हो जाता है। पूरी मानव जाति का एक सा अंध-विश्वास। आज के बुद्धिवादी इस पर हँसते हैं। आयरी उपकथाओं के परियों के जादू से बचने के लिए लोहे के उपयोग का लोक विश्वास है। लोहे की घोड़ेवाली नाल और गर्भवती स्त्रियों का चाकू रखना ऐसा ही विश्वास है। आयरलैंड के हर जिले में परियों से जुड़ा लोक साहित्य का भंडार। बंदिनी स्त्रियों की अनेक कहानियाँ हैं सागर-तट पर घूमती युवती लापता हो जाती है और झुरमुट के पास पति या प्रेमी को बैठी हुई मिल जाती है। यहाँ जिन्न लोग रात को किसानों के घोड़े चुरा ले जाते हैं। इस तरह यहाँ के लोक मन को समझने के लिए अज्ञेय ने तमाम लोक विश्वासों की चर्चा की है।

'बीसवीं शती का गोलोक' क्या है? नया देश—बहुत सा समय रेल की खिड़की के पास बैठकर व्यतीत होगा। मध्य जून के मौसम में ध्रुव मंडल में चौबीसों घंटे दिन रहता है। स्टाकहोम में प्राय: दो घंटे की रात बाईस घंटे का दिन। स्वीडन का परिचय क्या है? 54.5 प्रतिशत भूमि वन-भूमि है—आबादी का घनत्व प्रति वर्ग मील 43 जन है। दूध-मक्खन की खपत प्रति व्यक्ति क्रमश: 210 सेर वार्षिक। इसलिए यह आधुनिक गोलोक कहा गया है। असंख्य कामधेनुएँ मुक्त भाव से वन-प्रदेश की हरियाली में पलती

हैं। होटल में पानी, दूध, दही पिओ। दक्षिण-स्वीडन की यात्रा में बनारस के छुट्टा साँडों की चर्चा हुई। कहा गया, गाएँ सड़क का कचरा खाती हैं, लेकिन यह कैसे है ? भारत में तो गाय की पूजा होती है। लेकिन जिज्ञासा का उत्तर प्रश्नों से नहीं मिला। स्टाक होम में तीस हजार गोपालक हैं, बिक्री के लिए दूध बाहर भेजा जाता है।

स्वीडी जीवन का एक अंग है—स्वातंत्र्य का पूजन। दखल न देने का दर्शन पेरिस में भी है। लेकिन स्वीडी शिष्टता अत्यंत संस्कृति-संपन्न है। औद्योगिक उन्नति, आर्थिक उन्नति के साथ विनय का विकास हुआ है। व्यापक सामाजिक सहयोग और व्यक्ति-स्वातंत्र्य पर आस्था का भाव है। जबकि सभ्य मानव को मानव की बू असह्य हो गई है। स्वीडन की समस्या क्या है ? एकांत में अत्यधिक मदिरापान। भौतिक समृद्धि का अनिवार्य दंड। जबकि स्वीडन के पुराने विश्वविद्यालयों में धर्म का पाठ्यक्रम चलता है—स्वातंत्र्य-चिंतन के लिए आंदोलन उठते हैं। उनका दावा है कि स्वतंत्रता को सुरक्षित रखने का सबसे प्राचीन विधान स्वीडन का है। मध्यकाल से धर्म और कला का संबंध-विच्छेद हो गया है, जबकि आज दुनिया में स्वीडन सर्वाधिक समाजवादी देश है। लौटते समय अज्ञेय ने गायों के दर्शन किए और कहा कि समता उसी समाज में होती है, जो स्वतंत्र हो और समाज वही स्वतंत्र होता है, जिसका अंग व्यक्ति स्वतंत्र हो और अपने स्वातंत्र्य के उपभोग के लिए ही सामाजिकता का वरण करता हो। सब सामाजिक संपर्कों और संबंधों की मूल प्रेरणा है—"व्यक्ति की आध्यात्मिक स्वतंत्रता की खोज।" (पृ. 144) कहना न होगा कि अज्ञेय के इस यात्रा-निबंध में उनके जीवन-दर्शन के आधार सिद्धांत निहित हैं। इन्हीं सिद्धांतों का विस्तार उनके समस्त रचना-कर्म में हुआ है। यहाँ जगह-जगह अज्ञेय को कालिदास के 'रघुवंश' की नंदिनी गाय याद आती है—'प्रभापतगस्य मुनेश्च धेनुः।'

'एक अनमना कवि' लेख या निबंध नहीं है, संस्मरण है। प्रश्न उठता है कि क्या संस्मरण नाटकीय हो सकता है। क्या नाटकीय घटनाओं का दर्शक तटस्थ रह सकता है ? क्योंकि पहले तो नाटकीय मंच की स्थिति के लिए सबसे पहले देश-काल निर्देश होना चाहिए। यहाँ प्रधान-पात्र है—स्वीडी कवि एरिक लिंडग्रेन। वही 'अनमना कवि' है—यह कवि बड़ा 'डायनैमिक पर्सनैलिटी' का है और भारतीय परिभाषा में राजसी वृत्ति का है। अन्य पात्र है कवयित्री काउंटेस आनेली पोस, श्रीमती जेन लुंड ब्लाड, कवि लज्लो हामोरी, रागनार ओल्डस्वर्ग, लार्स फोर्शेल, श्रीमती फोर्शेल, बैंग्ट नीर्ये—लेखक, समीक्षक, संपादक पत्रकार सभी तरह के व्यक्ति। तो स्वीकारोक्ति के साथ सूत्रधार का बयान कि प्रश्नाकुल मन के प्रश्न। प्रश्नों के बने बनाए उत्तर नहीं। बने-बनाए उत्तर झूठ बोलते हैं। नैतिक प्रश्न, अनैतिक प्रश्न, नैतिकता से परे प्रश्न—कोरे आदर्शवादी प्रश्न। इंग्लैंड, फ्रांस से ज्यादा अज्ञेय को स्वीडन में अपने प्रश्नों को प्रोत्साहन मिला। उत्तर तो शायद नहीं मिले। भविष्य के प्रति असुखी भाव—अनाश्वस्त भाव।

उत्तर मध्यकाल में साहित्यकार और चर्च का नाता टूट गया। चर्च ने साहित्यकार को उपेक्षणीय घोषित कर दिया। इससे साहित्य का तो कल्याण हुआ, चर्च की शक्ति का ह्रास हुआ। "क्योंकि धर्म और कला दोनों की शक्ति इनकी परंपरा से पुष्ट होती है और उसके एक-दूसरे से अलग जाने पर क्षीण। कला विहीन अथवा सौंदर्य बोध विहीन धर्म नीरस हो जाता है और श्रद्धाहीन कला निष्प्राण।" (पृ. 148) इन चर्चाओं से नए क्षितिज खोलने का साहस बढ़ा और 'एक कवि-गोष्ठी' की याद। कहा गया, कविता का अनुवाद नहीं हो सकता। हर भाषा की अलग ध्वनि, लय, संस्कार के कारण ही ऐसा है। स्वीडी में हर एक दशक के कवियों को इधर बाँट दिया गया है—तीसी के कवि, चालीसी के कवि आदि। चर्चा के बाद 'एक आपानक' गृह में पीने पहुँचे। वहाँ से फोर्शेल का घर और गहरा विचार-विनिमय किया। वातावरण का बौद्धिक चौकन्नापन नए प्रश्नों को पैना बनाता रहा। कोई पुनर्जन्म या परलोक नहीं है, इसी जीवन में अर्थ और जीवन का संदर्भ खोजना चाहिए। सोचना चाहिए महायुद्ध में स्वीडन तटस्थ क्यों रहा। ऐसे समाता हुआ यह विचार में मग्न नाटक।

'लोकोत्तर' क्या अंतहीन वन-प्रदेश है या अंतहीन उज्ज्वल आकाश जैसा अनंत प्रकाश। लहरों की अंतहीन वर्षा नैसर्गिक शक्तियों का ताल-छंद। स्वीडन का ग्रीष्म लय में अनिश्चित है। स्टाक होम के स्टेशन का नाम है—'ध्रुव-वृत्त'। गोलोक—गाय-पूजा और गाय की आँखों की वत्सल्ता। अंतहीन जीवन-धूप ही 'लोकोत्तर' अनुभव है। आधी रात का सूर्य गणित या रेखाचित्रों से समझाया जा सकता है। चित्रकार वान गौख का अशांत जीवन और जंगली बारहसिंगा या लोक जीवन की रंगत लिये 'मध्य रात्रि का सूर्य' है। अज्ञेय ने झील या खिड़की के पास बैठकर घंटों इस सूरज को देखा है। यहाँ अत्यधिक हिमपात और चट्टानों के बीच हँसती जवान नदियाँ हैं। उद्दाम गतिमय जीवनानंद के अनेक रूप हैं और वन प्रदेश में झिल्ली की झनकार। यह एक निर्वैयक्तिक आनंद में निमग्न यात्रा-निबंध है।

अज्ञेय के यायावर मन को नुओल्या शिखर की चढ़ाई का 'लोकोत्तर' आनंद भी मिला। वे जमी हुई बर्फ की पपड़ी के टूटने पर ठंडे जल में गोते खा चुके हैं, लेकिन ध्रुव देशीय झीलों, ध्रुव सागर की लालसा शेष है। तोने त्रास्क का अनुभव जहाँ बदली फटकर तीतर पंखी का रूप ले लेती है। किंतु न पक्षी है, न वनस्पति, न नव मंजरी। कैसे पता चले वसंतागम? कविता फूट पड़ी—

चट चट चट सहसा तड़क गए हिमखंड
जमे सरसी के तल पर।
लुढ़क-पुढ़ककर स्थिर
वसंत का आना

यद्यपि पहले नहीं किसी ने जाना
होता रहा अलक्षित
नई किरन ने छुए श्रृंग हो गए सुनहले
बहरे सारे हिम-द्वीप।
ये हेम-मुकुट हैं केवल
दूर सूर्य के लीला-स्मित से शोभन
कौतुक पुतले। (पृ. 163)

हिम-शिखर पिघला नहीं। कौतुक पुतलों की कल्पना करते अज्ञेय लौटे और गाया—

नीचे की हिम-शिला पिघलकर
जिस दिन स्वयं मिलेगी सरसी जल में।
नव वसंत को उस दिन
मेरा शीश झुकेगा
क्योंकि तपस्या चमक नहीं है
वह है गलना।' (वही)

अज्ञेय फालून होते हुए रात्विक गए—सिलियान झील के तट पर। यह स्वीडन के जीवन—लोक जीवन का एक केंद्र। जंगलों में बस्तियाँ और लोक समाज है। यहाँ अनेक लोक-शिल्प जीवित हैं। रात्विक मेले में देहातीपन है—सबकुछ परंपरागत। स्वीडन अथवा समूचे स्कैंडिनेविया की सांस्कृतिक परंपराएँ भारत जितनी लंबी नहीं है। इसलिए उनमें आदिम, प्राचीन और आधुनिक की दूरी नहीं है। वहाँ के काल व्यास में 'परंपरागत' ही 'आधुनिक' का विपर्यय हो सकता है। यह है लोक-संस्कृति का 'लोकोत्तर' प्रवेश।

अस्तित्ववादी कहता है—मृत्यु साक्षात् का क्षण ही चरम जीवन-बोध का क्षण है। हमें क्षण को नहीं काल-व्यापी उपस्थिति को सोचना है। एक कैंसर पीड़ित लेखिका मिली। वह लापोनिया के एक पहाड़ी झोंपड़े में जाड़ों भर के लिए बंदी हो गई थी—सभी मार्ग हिमपात से बंद हो गए। मृत्यु की प्रतीक्षा करता एक व्यक्ति, उसे देखता दूसरा व्यक्ति। यह अनुभव भी लोकोत्तर है। "इस समस्या के साथ कृतिकार की यात्रा भी एक लोकोत्तर और वर्णनातीत यात्रा है। युधिष्ठिर की अंतिम हिमालय यात्रा का वर्णन व्यास ने किया है; उनके लिए यह बताना संभव था कि कैसे पत्नी और भाई एक-एक करके परिग्रह से झरते गए, किंतु अगर युधिष्ठिर इसका काव्य लिखने बैठते तो दूसरा होता। न केवल दूसरा होता, बल्कि वह यात्रांत का ही काव्य होता, यात्रा का नहीं।" (पृ. 164) वहाँ अद्वितीय अनुभव की अनुभूति का सर्जनात्मक विस्तार होता।

'सागर कन्या और खग शावक' के आरंभ में अज्ञेय को यह भाव कौंध गया है कि अवनींद्रनाथ ठाकुर ने भारत की कल्पना गैरिक वसना तपस्विनी के रूप में की है। एक भारतवासी के मन में भारतमाता का रूप सिंहवाहिनी दुर्गा का ही प्रक्षेपण है। क्या अद्भुत बात है कि ब्रिटेन की देश-माता ब्रितोनिया भी सिंहवाहिनी है। अधिकतर देशों में देश-माता की कल्पना शक्ति-रूप है। किंतु डेनमार्क की प्रतीक कन्या सागर के किनारे एक चट्टान पर बैठी हुई स्वप्न देखनेवाली किशोरिका सागर कन्या अथवा जलपरी है। हम वाल्मीकि पर गर्व करते हैं—यूनान होमर पर। दोनों महायुद्ध की गाथाएँ हैं। डेनमार्क अपनी परियों की कथा लिखते हैं और लोग मनचले तथा मिलनसार हैं। उनके पड़ोसी स्वीडी भाई ईर्ष्या के बावजूद डेनी लोगों की प्रशंसा करते हैं। इनकी पशु-पक्षियों में दिलचस्पी है और यहाँ पचास-साठ मील दूर बच्चों को बगुले का घोंसला देखने ले जाया जाता है। बगुले ऋतु प्रवासी जीव हैं—नियत समय पर इनकी डारें उत्तर और दक्षिण की ओर उड़ती हैं।

अज्ञेय जलपरी के पास बसे कोपनहागन गए। डेनमार्क के प्रासाद, उद्यान बहुत सुंदर हैं, लेकिन कोपन भी पीछे नहीं है। दर्शनीय है, सीलैंड का सागर-तट। क्रोनबर्ग हेमलेट का दुर्ग है और डेनी राष्ट्रीयता से गहरा संबंध रखता है। मान्यता है कि इसके तल पर पौराणिक डेनी महारथी 'होलगर-डेन' सोता है जो संकट के समय जागकर डेनमार्क की रक्षा करेगा।

फ्रांकफर्त से रेलपटरी राइन नदी के साथ-साथ मुड़ती है। प्रकृति वैभव पर अज्ञेय की निगाह केंद्रित होती है और पाती है कि राइन स्वयंवरा युवती है और डैन्यूब पृथुलचारिणी राजमहिषी। अज्ञेय के मन में इस तरह अनंत उत्प्रेक्षाओं का कोई अंत नहीं है।

पश्चिमी जर्मनी की राजधानी बॉन। लेकिन बर्लिन की चमक अलग है। बान का प्रभाव राजधानी का सा नहीं पड़ता। पुराने ढंग के शिष्टाचार की परंपराएँ हैं। बॉन को अपनी क्लासिकल संगीत परंपरा पर गर्व है। बेटहोवेन का जन्म यहीं हुआ—यूरोपीय संगीत से जुड़ा सबसे बड़ा नाम बॉन से जुड़ा है। अज्ञेय ने यहाँ का इतिहास जानकर म्यूनिख की ओर मुँह किया। लेखक हैं चल पड़े। अनुभव-संचय कर रहे हैं। 'गो' की तरह इंद्रियाँ अनुभव बीन रही हैं। यायावर अकेला और स्पंदनशील चेतना का निर्वैयक्तिक स्पर्श। इन यात्राओं में नया ज्ञान नहीं मिला नई चेतना मिली है।

"पतझर का एक पात क्या है ? बर्लिन की डायरी से एक पृष्ठ। जंगल के जलते रंगों का बड़ा पुंज। वनखंडी की लाल-पीली पोशाक है। पत्तों पर पड़ती धूप बचपन की स्मृति जगाती है। भारतीय विद्यार्थी की वाग्दत्ता लड़की अज्ञेय के साथ है। वह लड़की भारत आने के लिए तड़प लिये हैं, चाहे वहाँ कोई भी काम करना पड़े। उसने कहा—बर्लिन अब रहने लायक नहीं रह गया है, मैं शांति के वातावरण में रहना चाहती हूँ।"

यह सुनकर अज्ञेय के मन में प्रश्न उठा, कौन सा अच्छा है—अपने देश में दासवत् रहना या दूसरों के बीच अनाथवत्? उसे लगता है भारतीय भोले होते हैं।

'यूरोप का स्नायु केंद्र : बर्लिन' आधुनिक नगर। नानाविध दीप्तियों का माया जाल। सामने युद्ध से ध्वस्त गिरजाघर खड़ा है। युद्ध की ध्वन्सात्मकता का प्रतीक। बर्लिन भी भीतर से टूटा हुआ, चेहरे संघर्ष-विकृत हैं। यही बर्लिन का असली चेहरा है। गहरी हताशा से भरा अवचेतन। यूरोप का चेहरा दो शक्तियों के संघर्ष से विकृत है। यूरोप की आधार-भूमि विभाजित है—अंतर्विरोधों से फटी हुई है। और यह बर्लिन यूरोप का स्नायु केंद्र है—वह रुग्ण है, असहिष्णु और अतिसंवेदनशील। निरंतर क्लांत और संवेदना में विकृत हो गया है। दो भागों में बँटा जर्मनी पीड़ादायक है। अज्ञेय के डायरी के उद्धरणों की यही अंतर्ध्वनि है। यूरोप के संघर्षों का केंद्र जर्मनी रहा है और बर्लिन अब भी जर्मनी का केंद्र है। अज्ञेय का हृदय अंतर्यात्रा में कहता है—"एक क्षण भर और रहने दो अभिभूत"।

अंतिम यात्रा-निबंध है 'प्राची-प्रतीची'—यात्रा-अनुभवों का निचोड़ है जहाँ भाव-बोध के स्तर पर पूर्व और पश्चिम का अंतर दिखाया गया है—चेहरे। कहाँ गए सहजता भरे चेहरे। दूसरे नए चेहरे बढ़ रहे हैं। व्यक्तित्व खोकर कारखानों का मानव 'प्रतिमा' नहीं ठप्पा, बन गया है। कहाँ गए बाइबिल के ऋषि जो कहते थे—ईश्वर ने स्वयं अपनी प्रतिमा से मानव को गढ़ा है। यहाँ 'वरण की स्वतंत्रता' क्या नैतिकता के हाथों गिरवी रख दी है और 'यंत्र और आत्मदान' ने मानव को और अकेला कर दिया है। यांत्रिक उन्नति ने आत्मा की हत्या कर दी है और 'शिक्षा : विचार और भावना' का अर्थ खो चुकी है वह सर्वसत्तावाद का पोषण कर रही है। मानव की देव-प्रतिमा टूटकर यंत्र प्रतिमा में बदल गई है। 'संस्कृति : व्यक्तित्व का विस्तार' नहीं रही, संकोच बन रही है। 'अलंकरण और पंगुकरण' ने आधुनिकता का पागलपन बो दिया है। 'भय का रूप' आत्महत्या की प्रेरणा दे रहा है। 'काम और मृत्यु' में, पहला सेक्स की भूख है—दमन का क्या प्रयोजन? काम का दमन ही मृत्यु है। मानव की अद्वितीयता को प्रतियोगिता निगल रही है। इसलिए 'संस्कृति' का अर्थ संस्कार से कट गया है। बुद्धिजीवी, वास्तव में, भौतिक को अस्वीकार नहीं करता, वह केवल झल्लाता है। इसलिए प्रभावहीन है। पाश्चात्य-चिंतक 'चेतना के दूसरे छोर पर' अनस्तित्व के अतल गर्त में झाँककर लौट आए। लेकिन पूर्वी चिंतक 'अनस्तित्व को मानकर नहीं चला।' उसे विश्वास था कि चेतना के दूसरे छोर के बाहर जो विशद् अंधकार है, उसमें भी कहीं-न-कहीं करुणा अवश्य है। वह निर्भय रहा है।

पाश्चात्य नाटक में त्रासदी की स्थिति रही है। प्रश्न उठता है, उसका मूल्य क्या है? क्या ही अच्छा होता नाटककार स्वतंत्र चरित्र प्रस्तुत करता, फिर उनकी ट्रेजेडी प्रस्तुत

करता। 'विशिष्ट ज्ञान' क्या विचार और तर्क की व्यापकता है तो कला के क्षेत्र में इसका अर्थ होगा, कला भी ज्ञान की विशिष्टता का साधन है। पश्चिमी आदमी असहिष्णुता से शुरू होकर अनास्था तक पहुँचता है, पूर्वी जन तटस्थता से शुरू होकर ज्ञान तक जाता है।

पाश्चात्य-संस्कृति का केंद्र है—'मैं'। उसकी मूल स्थिति शेष जगत् से विरोध की है। चीनी संस्कृति के मूल में 'हम' का भाव है—शेष जगत् से सामंजस्य की खोज है। भारतीय संस्कृति के मूल में 'मैं' और 'हम' की एकात्मकता का बोध है। इसलिए किसी संबंध की खोज का प्रश्न नहीं है। पश्चिमी सभ्यता संघर्ष को आदर्श मानती है। ईसाइयत के बावजूद वह अधर्मी सभ्यता है। पूर्व की सभ्यता-संघर्ष का निराकरण करके समरसता को आदर्श मानती है। पश्चिम का काल-बोध एकांगी है, वह काल के एक बिंदु पर जीता है, भारतीय काल के अनेक विस्तार में जीता है। इसलिए पूर्व और पश्चिम का काल-बोध एकदम अलग है। यूरोपीय व्यक्ति क्षण में जीता है, अनंत लिये वर्तमान काल एक असुविधाजनक धारा है, जो भूत और भविष्यत को मिलानेवाले उसके बनाए हुए पुल के नीचे से बहती है।

अज्ञेय ने सार-सार निकालकर 'पूर्व और पश्चिम : संक्षिप्त इतिहास' प्रस्तुत करते हुए कहा है—''पश्चिम का एक संक्षिप्त इतिहास : ईसा को किसने मारा? ईसाई जाति ने। ईसाइयत को किसने मारा? ईसाई राष्ट्रों ने। पूर्व का संक्षिप्त इतिहास : करुणा आदर्श थी, किंतु दुःख जब एक भ्रम है तो करुणा देना क्या भ्रांति फैलाना न होता? स्वाधीन तो आत्मा है और वह अनश्वर है। ईसाइयत ईश्वर-सुत को सलीब पर चढ़ा सकती है, लेकिन भारतीय चिंतन ईश्वर सुत को मानव-सुत बनाकर दुलराता है। फिर 'यात्रान्तः यात्रारंभ' क्या है? पश्चिम की प्रतिभा कल्पना में है, उसकी प्रत्येक परिभाषा परिधि का निर्माण करती है। पूर्व की प्रतिभा विस्तार में है—अनुभव से इतर भी और कुछ हो सकता है, यह उसकी यात्रा का आरंभ है।'' (पृ. 206)

अज्ञेय ने इसी विस्मय और जिज्ञासा को रखते हुए यात्रांत नहीं किया, यात्रारंभ किया, अंतर्यात्रा का चक्र घुमाया और अनुभव-अनुभूति के बल पर पूर्व और पश्चिमी संस्कृतियों के चिंतन का बुनियादी भेद ठोक-बजाकर प्रस्तुत किया। इसलिए यहाँ यूरोप-यात्राओं से एक पोढ़ा सौंदर्यशास्त्रीय और समाजशास्त्रीय साहित्य-चिंतन परोस दिया है। चिंतन का यह मथा हुआ मक्खन ही *एक बूँद सहसा उछली* की शक्ति है, जिसमें अनासक्त भाव से अज्ञेय बहुत कुछ कहते हैं।

अरे यायावर रहेगा याद? स्वदेश का प्रेम-राग है और *एक बूँद सहसा उछली* विदेशी भूमि की संस्कृति, सभ्यता, इतिहास, साहित्य, कला-दर्शन का विस्तृत चिंतन। इन दोनों यात्रा-निबंधों का विस्तार से यहाँ सार दिया गया है, ताकि पाठक, पाठ तक पहुँच सकें। यायावर तो यात्रा की प्रतिक्रिया व्यक्त करता है, लेकिन पाठक उसके कई

अर्थ निकालता है। यहाँ अज्ञेय के यात्रा-पाठ से पाठक संवाद करता है, टकराता है और उसकी अपनी व्याख्या करता है। इस तरह पाठ की पढ़त की जड़ें पाठक की अर्थ-मीमांसा में हैं, उसके मानसिक पैराडाइम में हैं और सबके ज्ञान के पैराडाइम न एक से हैं न हो सकते हैं। इसलिए पुस्तक के पाठ में यह चीज निहित है कि उसे कई प्रकार से पढ़ा जा सकता है। *अरे यायावर रहेगा याद ?* में सर्जनात्मकता की पतली धार है—वर्णन ज्यादा है। किंतु *एक बूँद सहसा उठली* एक कलाकृति है—ठोस, चमकदार मानो हीरे का क्रिस्टल हो। यहाँ सर्जनात्मकता में चिंतन का पैनापन है और गजब की तराश है। एक प्रबुद्ध रचनाकार का मानस यहाँ चिंतन करता है, अपने को मथता है, फिर संवेदन भरे मन से क्रिया-प्रतिक्रिया करता है।

दरअसल, काव्य जैसी गहन अनुभूति और अभिव्यक्ति की निष्पत्ति यात्रा-संस्मरणों में हो भी नहीं सकती। क्योंकि कविता प्रकृत समग्र-विराट की वाणी है, जिसमें आदिम अवचेतन में बैठे पुरखे बोलते हैं। परंपरा और संस्कृति बोलती है। इसलिए सर्जना की जैसी निष्पत्ति कविता, कहानी, उपन्यास, नाटक में होती है, वैसी जिसे रामस्वरूप चतुर्वेदी ने 'अकाल्पनिक गद्य-वृत्त' नाम दिया है—उसमें हो भी नहीं सकती। क्योंकि सर्जनात्मक-कल्पना का अभाव भाषा को सतही कर देता है। इसलिए उसमें अर्थ-दीप्ति का गहन प्रकाश में 'कच्चा माल' कहा है—"जो कच्चा माल मुझे मिला उससे कुछ निर्माण करने में मुझे वर्षों भी लग सकते हैं, लेकिन यह तो मेरी आभ्यंतर यात्रा की बात है।" इन यात्रा-संस्मरणों में कहानी, डायरी, पत्र, रेखाचित्र, रिपोर्ताज, निबंध के तत्त्व रिले-मिले हुए हैं और चौकन्नी आँख की देखनेवाली फोटोग्राफी है, जो हर स्थिति, घटना, प्रसंग, प्रकरण, स्थान, व्यक्ति, इतिहास, भूगोल, पुरातत्त्व-कला का सूक्ष्मावलोकन से अंकन करती है। अज्ञेय की विशेषता है कि वे जितना अच्छा सूँघते, सुनते, परखते हैं, उतना ही अच्छा देखते हैं। यह देखना-सुनना 'भीतर' तक देखना-सुनना है। जैसे शिकारी कुत्ते दूर की आहट सुनते हैं, ऐसे ही अज्ञेय भी चौकन्ने होकर चलते हैं। उनके यात्री को उनका रचनाकार परिचालित, नियंत्रित करता है, इसलिए प्रतीक-सृजन और बिंब-ग्रहण की क्षमता उनमें विस्मय पैदा करती चलती है। वे 'मीडियाकार' नहीं रहे, हमेशा हर क्षेत्र में 'जीनियस' रहे और वही जीनियसनेस इन यात्रा-संस्मरणों को नया कथ्य और रूप देती है। हिंदी में यात्रा-वृत्त तो शिव प्रसाद गुप्त से लेकर राहुलजी तक खूब रचे गए। लेकिन अज्ञेय जैसी यात्रा निबंधों की ऊँचाई का स्पर्श कोई हिंदी का लेखक नहीं कर सका। अज्ञेय के बाद निर्मल वर्मा, मोहन राकेश, धर्मवीर भारती आदि ने यात्रा-वृत्त लिखे हैं। लेकिन कोई भी अज्ञेय को नहीं पा सका। क्योंकि अज्ञेय जैसी पोर-पोर डूबी कवि-दृष्टि किसी के पास नहीं है। अपनी कवि-दृष्टि से अज्ञेय ने प्रकृति-सौंदर्य के न जाने कितने रूपों, रंगों को प्रस्तुत किया है। अज्ञेय 'वन कार छंद' हैं, 'सन्नाटे का छंद'

हैं और सागर, पर्वत, वन से एकात्म्य मानव। प्रकृति के साथ अद्वैत स्थापित करने का उनमें वाल्मीकि, कालिदास, प्रसाद वाला गहरा संस्कार है।

अज्ञेय में प्रकट के भीतर से अप्रकट, प्रत्यक्ष भीतर से अप्रत्यक्ष, बीज के भीतर से वृक्ष, शून्य के भीतर से शक्ति पाने की क्षमता है, बहुज्ञता है और इस 'व्युत्पत्ति' या बहुज्ञता को प्रतिभा ने निरंतर-अभ्यास से नया संस्कार दिया है, परिष्कृत किया है। उनके लिए निरंतर संस्कारवान होने की क्रिया ही परंपरा के भीतर से फूटती आधुनिकता है। यायावर अज्ञेय ने भारतीय सभ्यता, संस्कृति, पुरातत्त्व मिथकों को समझने के लिए अपने जीवन-काल में पाँच-छह यात्रा-शिविरों का कभी वृंदावन में कभी नर्मदा तट पर आयोजन किया। राम-सीता को 'जन-जनक-जानकी' यात्रा के रूप में पाया और यात्रा-वृत्तों को छपवाया भी। यात्राओं को लेखकों के साथ 'खोज' में बदला और उनके अर्थ-संदर्भों की तलाश की। इस तरह अज्ञेय का पूरा जीवन व्रजन-परिव्रजन अटन-भ्रमण में खोजते हुए बीता। फिर वे कृष्ण को खोजने निकले, कृष्ण की द्वारका खोजने निकले। पुस्तक आई 'कहाँ है द्वारका?' समुद्र के भीतर की द्वारका को खोजकर दम लिया। इस अंतर्यात्रा में उन्हें नर और नारायण दोनों मिले। यहाँ आस्था में डूबे यात्रा-निबंध हैं।

भारतीय स्वाधीनता-संग्राम के अपराजेय योद्धा इस रचनाकार में देश प्रेम, देश भक्ति के कारण देश भक्ति रस की त्रिवेणी प्रवाहित है। अज्ञेय जहाँ भी गए उनके साथ भारतीयता का गहरा संस्कार गया और इसी संस्कार से उन्होंने यूरोप को देखा-समझा। इस अटन-भ्रमण से उनकी भारतीयता और पुष्ट हुई और इस भारतीयता ने हिंदी को नया साहित्य-चिंतन दिया। साहित्य का पूरा काव्यशास्त्र इन यात्रा-संस्मरणों में वे रचते, निर्मित करते चलते हैं। अज्ञेय के रचनाकार मानस की बनावट के ज्यादातर 'क्लू' इन यात्रा-संस्मरणों में मौजूद हैं। हिंदी-आलोचना ने अज्ञेय के इस यात्रा-पक्ष पर बहुत कम ध्यान दिया है, जबकि ध्यान देना चाहिए। इन पर ध्यान देने पर इनमें एक नया अज्ञेय मिलता है, इतिहास, भूगोल, पुरातत्त्व, कला-दर्शन से संपन्न अज्ञेय। यह अज्ञेय झाँक-झाँककर नए दृश्य देखता है और पाठक को सहयात्री, सहचर, सगोतिया बनाकर दिखाता है। जो विदेश नहीं गए उनसे विदेश के 'अंतरंग' का परिचय कराता है। यह बहुत बड़ा काम है।

यात्रा और यात्रा-कथन की जैसी 'निर्वैयक्तिकता' अज्ञेय के यात्रा-संस्मरणों में नसीब होती है, वह अन्यत्र दुर्लभ है। यह अज्ञेय का भारतीय-संस्कार ही है, जिसमें नर और नरेतर सभी से पूरी सृष्टि से जुड़ने का भाव है। इसलिए उनके लेखन में विशेषकर यात्रा-निबंधों में पशु-पक्षी जगत् बहुत है—गाय और गोलोक, बगुला और बगुला डोर बहुत आत्मीयता से मौजूद है और तो और कमरे में चहलकदमी करती बकरियाँ भी उनसे प्रेम पाती हैं और सागर, वन, पर्वत, सूरज, आकाश घंटों बतियाते हैं और चलने पर पुनः अनेक निमंत्रण देते हैं। यहाँ यायावरी चिंतन की प्रौढ़ता और कलात्मकता का

ही हम पर प्रभाव नहीं पड़ता, उस व्यापक संवेदना का भी प्रभाव पड़ता है, जो किसी को 'अन्य' या 'अदर' या पराया नहीं रहने देती। जिस तर्क और विज्ञान, औद्योगिकीकरण और आधुनिकीकरण से पश्चिम की जीवन लय टूटकर संकट में पड़ गई है, उस पश्चिमी आधुनिकता और आधुनिकीकरण को अज्ञेय कभी (आनंद कुमारस्वामी की तरह) अपनाना नहीं चाहते।

अज्ञेय का पाठक इन यात्रा-संस्मरणों में गहरा जीवन-रस पाता है। यहाँ सर्जनात्मकता में कविता वाली जटिलता, दुर्बोधता नहीं है—चटपटी हल्की सर्जनात्मक व्यंजकता है, जिसमें 'अध उघरे सुख देत' वाली अनुभूति है। इसलिए इनका प्रमाता हर क्षण को जीता है और अज्ञेय की भाषा की सर्जनात्मकता का आनंद लेता है। वही शालीन-भाषा की देशी ठसक जिसमें रात्रि-भोजन के लिए राजस्थानी शब्द 'व्यालू' रेशमी कुरते पर पैबंद खद्दर का नहीं लगता है। अज्ञेय लोक से शब्द बीनते हैं और तद्भवता उनकी शक्ति के स्रोतों का विस्तार करती रहती है। विदेशी यात्राओं में विदेशी शब्दावली का धकापेल नहीं है—अपनी हिंदी का सर्जनात्मक ठाठ है। अज्ञेय मानते हैं कि कई विदेशी भाषाएँ सीखी जा सकती हैं, सीखनी चाहिए, लेकिन सृजन 'वैसा अधिकार एक ही भाषा में मिल सकता है और अधिकतर अपनी ही भाषा में मिल सकता है।' इसी संदर्भ में कहा है कि त्रिभाषा के झंझट में पड़ा स्विटजरलैंड जैसा सभ्य और संपन्न देश एक भी बड़ा रचनाकार नहीं दे पाया है। अज्ञेय हिंदी में रमे हैं और इसी हिंदी-प्रेम ने उनकी सर्जनात्मकता को संपन्न समर्थ बनाया है। यह हिंदी भाषा अज्ञेय के लिए 'कल्पवृक्ष' है—'कामधेनु' है व उससे जो माँगते हैं, पाते हैं।

यात्राओं से ही अज्ञेय ने स्वतंत्रता, स्वाधीन-चिंतन का सच कमाया है। वे कहते हैं—"समता उसी समाज में होती है, जो स्वतंत्र हो और समाज वही स्वतंत्र होता है, जिसका अंग व्यक्ति स्वतंत्र हो।" इसी दृष्टि के कारण अज्ञेय का पूरा चिंतन मनुष्य को स्वाधीन बनाने का चिंतन है—मानव को मुक्ति देनेवाला चिंतन है, जो हर तरह की पराधीनता का विरोध करता है। वे चिंतन और दर्शन की समस्याओं को 'प्राची-प्रतीची' में गहराई से उठाते हैं, दोनों संस्कृतियों के काल-चिंतन की तुलना करते हैं। शायद पूर्व और पश्चिम के काल-चिंतन पर विचार करनेवाले अज्ञेय हिंदी में पहले चिंतक हैं, जिन्होंने सोचने की पाठक को एक नई दिशा और दृष्टि प्रदान की है।

□

अलीकी का आत्मदान

शुक्लोत्तर हिंदी-निबंध परंपरा को नए चिंतन से नया रूप देनेवाले निबंधकारों में अज्ञेय एक अविस्मरणीय नाम है। उनके निबंध-संग्रह *त्रिशंकु* को पढ़ते ही यह ध्यान में बरबस आ जाता है कि यदि गद्य कवियों या लेखकों की कसौटी है, तो निबंध गद्य की कसौटी। आचार्य रामचंद्र शुक्ल ने निबंध के विषय में बड़ी सटीक विचारोक्ति की है कि भाषा की पूर्ण शक्ति का विकास निबंधों में ही सबसे अधिक संभव होता है। अज्ञेय जैसा बहुश्रुत प्रवीण लेखक निबंध के क्राफ्ट की तमाम जड़ताओं को ध्वस्त करते हुए उसका एक नया प्रयोगशील साँचा और ढाँचा निर्मित करता है। नए रचना-कर्म के जटिल संकट उसकी बौद्धिकता को चुनौती देते हैं और वे निबंध की धारा-तरंग-प्रलाप-विक्षेप की रीति से बचते हुए निबंध बुद्धि की मुक्तावस्था की ओर प्रवृत्त हो जाते हैं। इस विचारपरक निबंध-विधान में हृदय पक्ष की उपेक्षा नहीं है, बल्कि हृदय-बुद्धि का सामंजस्य एक नए सौंदर्य की सृष्टि करता है और निबंधकार अज्ञेय के व्यक्तित्व की मौलिकता पाठक का ध्यान बरबस आकृष्ट करती है। विचारों की शृंखला का तेजोदीप्त प्रकाश लेकर जब *त्रिशंकु* (1945) के निबंध सामने आए थे, तो प्रबुद्ध पाठक वर्ग विस्मय-विमुग्ध हो गया था। हिंदी निबंध परंपरा में *त्रिशंकु* के निबंधों का ऐतिहासिक सांस्कृतिक महत्त्व भुलाने के विरुद्ध है। अज्ञेय विरोधी *त्रिशंकु* के निबंधों की जितनी उपेक्षा करते रहे हैं, उतना ही समय-साहित्य-चिंतन ने ऐसा पलटा खाया कि इन निबंधों का महत्त्व और अधिक बढ़ गया है।

यहाँ अद्‌भुत बात यह है कि अज्ञेय कवि-कर्म के क्षेत्र में ही नई राहों के अन्वेषी नहीं हैं, वे निबंध के क्षेत्र में भी नए राहों के अन्वेषी हैं। विद्रोही ऐसे रचनात्मक हैं कि अपने अलीकी गहन चिंतन-विश्लेषण के संबंध-सूत्रों की अंतर्योजना में रूढ़ि या परंपरा को, परंपरा की ऐतिहासिक चेतना को नव अर्थ-संदर्भ देने में समर्थ है। उनकी विद्रोही मनोभूमिका (टैंपर) ऐसी है कि उनका रचना मानस नए-नए अंत:सूत्रों का अंत:पाठ करता रहता है। आचार्य शुक्ल के निबंधों का यह गुण अज्ञेय के निबंध-चिंतन के

अवचेतन में नई-नई छवियों, स्थितियों, प्रकरणों, घटनाओं की स्मृतियों से रचनात्मक रूप धारण करता रहता है। अज्ञेय को पढ़ते, गुनते हुए अचानक पाठक को यह आचार्य शुक्ल का कथन कौंध जाता है कि "ये संबंध-सूत्र एक-दूसरे से नथे हुए, पत्तों के भीतर की नसों के समान, चारों ओर एक जाल के रूप में फैले हैं। तत्त्वचिंतक या दार्शनिक केवल अपने व्यापक सिद्धांतों के प्रतिपादन के लिए उपयोगी कुछ संबंध-सूत्रों को पकड़कर किसी ओर सीधा चलता है और बीच के ब्यौरों में कहीं फँसता। पर निबंध लेखक अपने मन की प्रवृत्ति के अनुसार स्वच्छंद गति से इधर-उधर फूटी हुई सूत्र शाखाओं पर विचरता चलता है। यही उसकी अर्थ संबंधी व्यक्तिगत विशेषता है। अर्थ संबंध-सूत्रों को पकड़कर किसी ओर सीधा चलता है और बीच के ब्यौरों में कहीं फँसता। पर निबंध लेखक अपने मन की प्रवृत्ति के अनुसार स्वच्छंद गति से इधर-उधर फूटी हुई सूत्र शाखाओं पर विचरता चलता है। यही उसकी अर्थ संबंधी व्यक्तिगत विशेषता है। अर्थ-संबंध सूत्रों की टेढ़ी-मेढ़ी रेखाएँ ही भिन्न-भिन्न लेखकों का दृष्टिपथ निर्दिष्ट करती हैं। एक ही बात को लेकर किसी का मन किसी संबंध सूत्र पर दौड़ता है, किसी का किसी पर। इसी का नाम है एक ही बात को भिन्न-भिन्न दृष्टियों से देखना।" दृष्टियों की इसी भिन्नता के कारण पाठ या टेक्स्ट का हर पाठक अलग अर्थ निष्पन्न करता है। इस तरह पाठक ही लेखक के 'पाठ' में नया निजी अर्थ सृजित करता है—पाठ में सोए अर्थ को जगाकर उससे संवाद करता है और कभी-कभार उन अर्थों को खोलता है, जो शक्ति-सत्ता की आकांक्षा वालों ने दबा दिए थे। इस तरह कविता या निबंध में व्यक्तित्व या व्यक्तिगत विशेषता का मूल आधार यही है। दूसरे यह देखना जरूरी है कि अज्ञेय के निबंधों में वैचारिक तनाव इतना ज्यादा रहता है कि झोल नहीं पड़ने पाता। *त्रिशंकु* के निबंध हों या अन्य निबंध-संग्रहों के निबंध अज्ञेय अपनी संपूर्ण मानसिक सत्ता के साथ उन्हें अनेक शैलियों में लिखने पर भी अपनी 'उपस्थिति' दर्ज कराते रहते हैं।

छोटे-से-छोटे विचार को गंभीर विषय बनाना और हर कोने से विशद् विचार, विश्लेषण, फिर संश्लेषण करना अज्ञेय की निबंध-कला का अंग है। नाना अर्थ संबंधों के वैविध्य, वैचित्र्य, ध्वनिगत वक्रताओं की भंगिमाओं से भाषा में अर्थ का ऐसा खेल शुरू होता है कि गतिशील अर्थ की परंपरा खिलखिलाने लगती है। प्रत्येक विचार, वस्तु, प्रतीक, मिथक, बिंब, रूपक, आख्यान, इतिवृत्त, पुराण के अनेक प्रकार के विवरणों, वर्णनों, कथनों, उक्तियों पर दृष्टि गड़ानेवाला अज्ञेय का निबंधकार निजता की सनातनता में विश्राम पाता है, यही उसके वैचित्र्यपूर्ण आनंद का अमृत कलश है, जिसे अपनी अनुभूति की भट्टी पर चढ़ाकर तपाकर पाता है। सामयिक चिंताओं, चुनौतियों, समस्याओं, देश और काल की स्थितियों पर अज्ञेय एकाग्र होकर सोचते हैं और उनका 'उड़ चल हारिल' मन का अपराजेय संकल्प अनथक पंखों की चोटों से विचारों के

नभ में हलचल मचा देता है। फिर अज्ञेय कथाकार, कवि, यात्री, संस्मरणकार, पत्रकार, संयोजक, संपादक अनेक तरह से बहुवचन रहे। अनेक विधाओं में प्रवीण अज्ञेय ने अपने रचना-कर्म, संपादन कर्म, यायावर अनुभवों के 'फ्यूजन' से निबंधों में एक नए तरह का रासायनिक घोल प्रस्तुत किया है। अंत:संघर्ष की अपनी कमाई को अज्ञेय ने जीवन भर निबंध लिखने में लगाया। प्रयोगवाद, प्रगतिवाद, छायावाद, नयी कविता के किसी निबंधकार ने चाहे मुक्तिबोध हों या विजयदेव नारायण साही, इतने निबंध नहीं लिखे, जितने अकेले अज्ञेय ने लिखे हैं। यह सच है कि उनके ज्यादातर निबंध कवि-कर्म के आधुनिक संकट की चुनौतियों प्रश्नों पर केंद्रित रहे हैं।

अज्ञेय के निबंधों में टी.एस. एलियट के निबंधों की तरह काव्य और आलोचना का ऐसा सम्मिश्रण और सामंजस्य है कि रक्त और त्वचा की तरह एक को दूसरे से अलग नहीं किया जा सकता है। अज्ञेय की आलोचना को एलियट की तरह निजी काव्य-कर्मशाला (पोयट्री वर्कशॉप) का उपजात (बाई प्रोडक्ट) या काव्य-सृजन के संदर्भ में अपने चिंतन का विस्तार और निखार मानना चाहिए। अज्ञेय अपने साहित्यिक कर्तृत्व में अपने को मूलत: कवि ही मानते हैं और हर कोण और मोड़ से कवि-कर्म को ही प्राथमिकता देते हैं। *त्रिशंकु* के सभी निबंध साक्षी हैं कि उन्होंने काव्य-सृजन प्रक्रिया, प्रेरणा, प्रयोजन, उपादान आदि के विषय में जो चिंतन-मनन किया है, उसी से उनकी आलोचना-दृष्टि और थियरी की उत्पत्ति हुई है। हाँ, यह बड़ी बात है कि अज्ञेय की काव्य-कर्मशाला में काव्य के उपजात-आलोचना कर्म में कारयित्री और भावयित्री प्रतिभाएँ परस्पर पूरक रही हैं। फलत: उनके कवि में आलोचक और आलोचक में कवि 'हरमाफ्रोडाइट' की तरह जुड़े हुए हैं। निबंधों में नए विचारों का परिष्कृत होकर आना इसी प्रक्रिया की उपज है। न अज्ञेय की कविता में उत्तेजना का उच्छ्वास है, न निबंधों में। वही धैर्य-संचय, संतुलन, शब्द की तलाश, शब्द-संस्कार, शब्द का सही प्रयोग उनकी एक क्लासिक मूर्ति निर्मित करता है। उनका 'सच्चा' नाम उनके चुप्पा मौन-मंथन में 'मनहूस' नहीं है, जैसा कि हिंदी के एक सिरफिरे आलोचक को दिखाई दिया है। अज्ञेय का सर्जक और अज्ञेय का आलोचक एक-दूसरे से दूरी रखने पर भी अपनी अनंतता में अभिन्न हैं। हाँ, अज्ञेय का कवि अच्छा आलोचक हो, यह जरूरी नहीं है, किंतु हो भी सकता है। अज्ञेय ने सर्जक और पाठक दोनों की दृष्टि से अपने चिंतन प्रधान निबंधों की सृष्टि की है। मूल बात यह है कि अज्ञेय के निबंधों का चिंतनपरक, अनुसंधानात्मक पक्ष केवल पाठक के लिए नहीं है, वह सर्जक और पाठक दोनों के लिए हैं। अज्ञेय के चिंतन की मौलिकता इस बात में है कि टी.एस. एलियट की सिद्धांत-दृष्टि से प्रभावित होने पर भी वे एलियटीय दृष्टि के नकलची नहीं हैं। वे भारतीय दृष्टि से एलियट और पश्चिम को परखते हैं स्वाधीन दृष्टि से। दृष्टि की इस स्वाधीनता ने ही अज्ञेय को मौलिक अलीकी चिंतक के पद से

कभी स्खलित नहीं होने दिया है। इसलिए अज्ञेय की सर्जन-चिंतन दृष्टि पर प्रभाव तो बहुतों का है, लेकिन अनुगमन किसी का नहीं है। बार-बार वैयक्तिकता की बात करने पर भी वे निर्वैयक्तिकता के साधारणीकरण के गहरे अर्थों में समर्थक हैं।

त्रिशंकु हो या कोई अज्ञेय का अन्य निबंध-संग्रह उनके निबंधों का उद्‌देश्य है—पाठकों को नए के प्रति जागृत करना, रुचि-परिष्कार करना, जड़ीभूत सौंदर्याभिरुचियों को तोड़कर नया पाठक समाज तैयार करना, ताकि कठिन कवि कर्म की जटिल संवेदना को वह ग्रहण करने में समर्थ हो सके। उनकी दृष्टि में अभिनव गुप्त का 'सहृदय' नहीं है आचार्य हजारी प्रसाद द्विवेदी वाला साहित्य का सहचर, साहित्य का साथी, साहित्य का सगोतिया है। गहरे बहुत गहरे में अज्ञेय पर जयशंकर प्रसाद और आचार्य हजारी प्रसाद द्विवेदी के चिंतन का बहुत दूर तक प्रभाव है। अज्ञेय के इस पक्ष पर बहुत कम सोचा गया है, जबकि सोचने की अपेक्षा है। नए कवि-कर्म को नई दृष्टि से देखने की क्षमता, बौद्धिक विवेक वयस्कता का अज्ञेय के यहाँ बहुत आदर है। इसलिए वे आलोचना-कर्म के नए मानदंडों की तलाश में जूझते-खपते रहते हैं और फॉर्मूलाबद्ध प्रगतिवादी मानदंडों का विरोध करते हैं। इस प्रगतिवाद विरोध के कारण ही हिंदी के मार्क्सवादी आलोचक अपनी प्रतिबद्धताओं को लुटता-पिटता देखकर अज्ञेय के प्राणों के पीछे पड़े रहे हैं। घाट-घाट का पानी पीनेवाले अज्ञेय ने अपने विरोधियों से शक्ति पाई है और कहा है कि 'मैं वह धनु हूँ, जिसे साधने में प्रत्यंचा टूट गई है।' सन् 1943 में *तारसप्तक* प्रकाशित हो चुका था, अज्ञेय पर चौतरफा प्रहार हो रहे थे और अज्ञेय बिना रुके, बिना झुके 1945 में सरस्वती प्रेस बनारस से *त्रिशंकु* निकालते हैं। *त्रिशंकु* के भीतरी पृष्ठ के साथ लिखा है—'संघर्ष-युग में साहित्य'। श्रीपतराय और अज्ञेय में मित्र संवाद रहा है—दोनों के तमाम पत्र इसका प्रमाण हैं।

त्रिशंकु की 'भूमिका' अज्ञेय की मनोभूमि का सच्चा परिचय देती है—यहाँ अज्ञेय के कवि का अवचेतन भाषा में बोलता मिलता है। वे लिखते हैं—"आलोचना में नया कम होता है, जितनी कुछ मौलिकता उसमें हो सकती है, इस पुस्तक के निबंधों में उतनी भी नहीं है। कई वर्षों के अध्ययन का जो पहले साध्य होकर भी सुलभ था और अब साधन होकर भी क्रमशः दुर्लभ होता जाता है—सहारा लेकर साहित्य के बारे में जो कुछ धारणाएँ बना पाया हूँ और उनके सहारे हिंदी-साहित्य को जैसा समझा हूँ, वही बताने का प्रयत्न इन लेखों में किया गया है।" इस कथन की व्यंजना यह है कि साहित्य की अवधारणाओं पर अज्ञेय की दृष्टि रही है।

अज्ञेय ने संकेत से कह दिया कि इन निबंधों में नए सिद्धांतों का प्रतिपादन किया गया है—"ये निबंध आधुनिक हिंदी लेखक, पाठक और आलोचक के काम के सिद्ध होंगे। और नहीं तो इसीलिए कि इनमें प्रस्तुत किए गए सिद्धांतों का प्रतिपादन हिंदी में

प्रायः नहीं किया गया है, और न उनके सहारे आधुनिक हिंदी-साहित्य की प्रवृत्तियों का मूल्यांकन करने का कोई प्रयत्न हुआ है। हिंदी में आलोचना क्रमशः उन्नति कर रही है, पर आलोचना के नाम से निरे 'उच्छ्‌वास' से बढ़कर भी हम अभी प्रायः व्याख्यात्मक आलोचना तक ही आते हैं, मूल्यांकन के प्रयत्न हमारी आलोचना में नहीं के बराबर होते हैं।'' अर्थात् आलोचना का दायित्व है कि वह कृतियों का पाठ-विमर्श या भाष्य-व्याख्या के साथ मूल्यांकन करे। मूल्यांकन के लिए नई मूल्य-दृष्टि के प्रतिमान चाहिए। पुराने प्रतिमानों से नई कृतियों का मूल्यांकन नहीं किया जा सकता।

उन्हें इन निबंधों को लिखने की प्रेरणा के पीछे नई दृष्टि के नए प्रतिमानों की अवधारणाओं पर नए सिरे से विचार करना है। 'स्थापित' को विस्थापित करने का अर्थ है पाठ की नई पढ़त। इसी संकल्प के साथ अज्ञेय ने अपने युग की सैद्धांतिकी का बदले संदर्भों में नया भाष्य किया। प्रगतिशीलों ने अपनी 'थियरी' को खूँटों से बाँध दिया और आधुनिकतावादियों ने थियरी पर ध्यान कम दिया। आधुनिकतावादी अमेरिकी 'न्यू क्रिटिसिज्म' की ओर झुकते गए, जिसमें मूल्य- दृष्टि को स्थान लगभग नहीं था। इस दृष्टि से अज्ञेय का व्यक्तिवाद-पश्चिमी ढंग का व्यक्तिवाद नहीं है, जिसमें 'अन्य' या 'अदर' को स्थान नहीं है। अज्ञेय के 'मैं' में 'अन्य' की अनिवार्यता अंतर्भुक्त है। हिंदी की जीवंत साहित्यिक परंपराओं में 'शिवेतरक्षतये' का आदर रहा है और यह आदर अज्ञेय की दृष्टि में सदैव विद्यमान रहा है। भारतीय शब्दार्थ दर्शन को अज्ञेय ने श्रम से पाया है और वे औपनिवेशिक प्रतिमानों को पास नहीं फटकने देते। हाँ, वैज्ञानिक चिंतन और मानवीय चिंतन की ताजा उपलब्धियों को उन्होंने खुले मन से ग्रहण किया है। वे मानते रहे कि अभिनव गुप्त, कुंतक, मम्मट, जगन्नाथ, रामचंद्र शुक्ल से या फिर अरस्तू, लांजाइनस, वर्ड्सवर्थ, कॉलरिज, एलियट, लॉरेंस, मार्क्स, फ्रायड, नीत्से, हाइडेगर से हम लाख असहमत हों, मानवीय चिंतन-यात्रा में उनके प्रदेय के महत्त्व को अस्वीकार नहीं कर सकते। इसके साथ ही मानवीय चिंतन का कोई भी पड़ाव अंतिम नहीं है। सच्चाई के भाष्य बदलते रहते हैं। इसलिए सिद्धांत-धारा नदी के प्रवाह की तरह होती है, जो पुराने तटों को तोड़ती रहती है और नए तटों का निर्माण। इसी दृष्टि के साथ अज्ञेय ने 'त्रिशंकु' के निबंध लिखे हैं।

यह निबंध-संग्रह दो विदेशी अध्यापकों को—फ्रेडरिक विलियम हेंडरसन, जेम्स मार्टिन बनेड तथा दो स्वदेशीय सहयोगी—हजारी प्रसाद द्विवेदी और वत्सराज भणोत को समर्पित हैं। इनमें से वत्सराज भणोत अज्ञेय के सगे भाई हैं और शेष तीन विद्वान् नायक। हेंडरसन और बनेड दोनों अज्ञेय के लाहौर में फोरमन कॉलेज में अध्यापक रहे और क्रांतिकारिता का पाठ इन्हीं अध्यापकों ने अज्ञेय को पढ़ाया। अज्ञेय के लेखन के प्रेरणा-स्रोतों में भी ये दोनों विद्वान् अध्यापक रहे हैं। अब रहे आचार्य हजारी प्रसाद

द्विवेदी। हीरानंद शास्त्री के पुत्र सच्चिदानंद हीरानंद में आचार्य हजारी प्रसाद द्विवेदी के अगाध पांडित्य के प्रति अपार श्रद्धा का भाव है। आचार्य द्विवेदी शास्त्रजड़ता से मुक्त आधुनिक—प्रसन्न सहृदय चक्रवर्ती। आचार्य के प्रति अज्ञेय का इतना लगाव बढ़ा कि अज्ञेय एक समय ऐसा आया कि आचार्य द्विवेदी के मित्र शिष्य हो गए। अज्ञेय ने सन् 1939-40 के आस-पास आचार्य हजारी प्रसाद द्विवेदी के प्रधान संपादकत्व में ग्रंथमाला संपादन का कार्य शुरू करवाया। 'हिंदी-साहित्य परिषद् मेरठ' के सौजन्यपूर्ण सहयोग से *आधुनिक हिंदी-साहित्य* (1940) प्रकाशक—गिरिजाशंकर कर्मा, अभिनव भारती ग्रंथमाला, कलकत्ता से प्रकाशित हुआ। इस तरह अज्ञेय लगातार आचार्य द्विवेदी की छत्रच्छाया का लाभ उठाते रहे और *स्मृति लेखा* में अज्ञेय ने आचार्य को 'बीसवीं शताब्दी का बाणभट्ट' कहते हुए लिखा—"यह न मेरी यात्रा थी, न हजारी प्रसादजी से पहली भेंट। उनसे पहली बार मिलना इससे तीन वर्ष पूर्व हो चुका था; शांतिनिकेतन भी पहली बार जा चुका था और पंडितजी के साथ कभी-कभी चाय-चक्रम में बैठकर विश्व भारती के संकाय से परिचित हो चुका था। हजारी प्रसादजी के साथ एक ऐसी आत्मीयता का संबंध बन गया था कि हम लोग बहुधा संकेत से ही बातचीत का लक्ष्य पूरा कर लेते थे : कभी-कभी जोर से हँस उठते थे और दूसरों को वह हँसी अकारण या अबूझ जान पड़ती थी। एक चुप्पा व्यक्ति और एक आचार्य—दोनों बिना प्रत्यक्ष कारण के ठठाकर हँस पड़े, यह बहुत से लोगों की समझ में न आनेवाली बात तो थी ही।" (*स्मृति लेखा* 131) दोनों की वनस्पतियों में गहरी रुचि और वृक्षों-लताओं के शास्त्रीय-देशज नामों के संदर्भ मित्र भाव से जुड़े रहे हैं।

अज्ञेय ने आगे लिखा—"ऐसा नहीं है कि बात वनस्पतियों के नामों तक ही सीमित रह जाती हो, या संस्कृत तक ही सीमित रहती हो। पशु-पक्षियों, रत्नों, जनजातियों के नाम और उनसे संबद्ध किंवदंतियाँ, कवि-प्रसिद्धियाँ और लोकविश्वास सभी हमारी पड़ताल के घेरे में आ जाते थे। मानो विश्वभर के सांस्कृतिक नेतृत्व की पोथियाँ हमारे सामने खुल जाती थीं।" (वही, पृ. 132) बातचीत में साहित्यिक संदर्भों का पिटारा खुला रहता था। अज्ञेय को याद है कि काशी के पंडितों में, आचार्यों में बड़े सूक्ष्म व्यंग्य की या चुटकियाँ लेने की विदग्ध परंपरा थी, जिसका प्रतीक पुरुष आचार्य रामचंद्र शुक्ल को या पं. केशव प्रसाद मिश्र को माना जा सकता है। लेकिन काशी में आचार्य हजारी प्रसाद द्विवेदी के तनाव भरे वर्ष बीते और उनके सबसे रचनाशील वर्ष इस काशी विश्वविद्यालय ने ले लिये। लेकिन आचार्य द्विवेदी ने पूरे हिंदी समाज को संस्कृति की दीक्षा देने का संकल्प कभी कम नहीं होने दिया। आचार्य का यह संकल्प एक खास अर्थ में अज्ञेय के निबंधों की विशेषकर *त्रिशंकु* के निबंधों की रचना में प्रेरणा रहा है। क्योंकि अज्ञेय की निगाह में साहित्य गुरु आचार्य हजारी प्रसाद द्विवेदी और रवींद्रनाथ ठाकुर

पूरे भारतीय समाज को सांस्कृतिक दीक्षा देनेवाले दीक्षा-गुरु थे। दोनों ने शास्त्र-ज्ञान को लोक संदर्भों से जोड़कर उनकी मान्यताओं को नए संदर्भों में प्रस्तुत करना आवश्यक समझा है। *अशोक के फूल* और *प्राचीन भारत के कलात्मक विनोद* के विचारों का अज्ञेय के मन पर गहरा संस्कार रहा है कि ऐसी व्यवस्था करते रहो कि पांडित्य कभी बोझ न बने। यह भी समझ में आया कि परंपरा के मूल-चिंतन केंद्रों से जुड़े बगैर संस्कृति के ऊपर विचार करना बेमानी है।

त्रिशंकु के निबंधों में यह बात साफ दिखाई देती है कि आलोचना एक बौद्धिक रचना है और बुद्धि की मुक्तावस्था को साधनेवाली है मानव-वृत्ति। लेकिन अज्ञेय को परंपरा-संस्कार-आधुनिकता की अवधारणाओं पर बात करते समय हमेशा ध्यान रहता है कि हम वाचन और श्रवण परंपरा के लोग हैं। आधुनिक पश्चिमी देशों में छापे के आविष्कार ने यह सब बदल दिया अर्थात् वाचिक-परंपरा को धूल में ध्वस्त करके दम लिया। प्रत्यक्ष प्रमाता का स्थान अप्रत्यक्ष पाठक, लेखक ने ले लिया—''मेरा बाल्यकाल इसी संक्रमण का काल था। मेरे गुरु स्थानीय स्व. मैथिलीशरण गुप्त वाचिक परंपरा के अंतिम महाकवि थे : उनका शिष्य मैं जब लिखने लगा, तो नई रचना-स्थिति के तर्क को पूरी तरह स्वीकार करके; और यह जान-मान करके कि नई रचना-स्थिति के तर्क, नई संप्रेषण स्थिति के नियामक प्रभाव को पूरी तरह स्वीकार करके ही 'आधुनिक' कवि हुआ जा सकता है, फिर वह आधुनिकता चाहे जितनी कठिनाइयाँ अपने साथ लाए।'' (*सर्जना के क्षण,* भूमिका अज्ञेय) फिर पूरी रचना-स्थिति पर दृष्टि को दौड़ाते हुए कहा, हमारे साहित्य में न तो हमें अपनी अनास्था दीखती है, न अपनी चिंता दीखती है। उनकी चिंता, उनकी अनास्था, उनका त्रास हमको दीखता है और उस आधार पर हम अपने को आधुनिक मानते हैं, हमारी क्या चिंता होनी चाहिए, इसकी कोई चिंता हमें नहीं है।

त्रिशंकु का लेखन काल सत्याग्रह-युग है और चारों ओर गांधी के अंतर्ध्वनित सत्य गूँज रहे हैं। लेकिन इस समय तक अज्ञेय विद्रोही हैं, क्रांतिकारी हैं, उनकी कोई आस्था गांधी-चिंतन में नहीं है। हो सकता है, राम मनोहर लोहिया, आचार्य नरेंद्र देव, जय प्रकाश नारायण, बाबा साहब अंबेडकर उस समय उनके विचारों को झनझनाते हों, किंतु अज्ञेय इस विषय में मौन हैं। केवल इतना कहते हैं—''मैं यह भी नहीं जानता कि इस प्रश्न का कोई राजनीतिक उत्तर भी हो सकता है।×× इस प्रश्न का राजनीतिक उत्तर इसलिए नहीं हो सकता कि यह प्रश्न राजनीति से बड़ा है। हमें राजनीति में इस प्रश्न का उत्तर नहीं खोजना है; बल्कि इस प्रश्न के उत्तर में सही राजनीति खोजती है। हमारी आज की जो असल चुनौती है, वह यहीं से आरंभ होती है कि हमें मानव जीवन के संपूर्ण राजनीतिकरण का विष-व्यूह तोड़ना है। महात्मा गांधी के जीवनकाल में उनके राजनीतिक-आंदोलन की कई प्रवृत्तियों का मैं कटु आलोचक रहा, लेकिन मैं समझता हूँ

कि जीवन के संपूर्ण राजनीतिकीकरण के संभाव्य दुष्परिणामों को गांधीजी अच्छी तरह समझते थे। इसीलिए उनका राजनीतिक चिंतन सदैव राजनीति को व्यापकतर धार्मिक और आध्यात्मिक संदर्भों से भी जोड़ता रहा।'' गांधी का तर्क अज्ञेय ने अपने लिए ग्रहण किया तो यह मानकर चले कि बौद्धिक स्वातंत्र्य का दावा शुद्ध राजनीति का दावा नहीं है, यह दावा राजनीतिक-संदर्भ से बड़ा दावा है, क्योंकि स्वाधीनता राजनीतिक स्वातंत्र्य से बड़ी है। इस दृष्टि से अज्ञेय की भारतीय आधुनिकता के अनेकार्थी पाठ हैं और उनकी रचना की समस्या में निर्वैयक्तिकता का बड़ा हाथ रहता है। अज्ञेय परंपरा को टी.एस. एलियट से व्यापक और भिन्न अर्थ में ग्रहण करते हैं और परंपरा को दाय-संस्कार मानते हैं। उनके यहाँ संस्कारवान होने की क्रिया ही आधुनिकता है। फिर हिंदी सदैव विद्रोह की भाषा होने के साथ-साथ आधुनिक संस्कारों से संपन्न रही है। हिंदी का देश ही भाषाओं और संस्कृतियों के संगमों का देश है। इस भाषा ने भारतीय संस्कृति और भारतीयता के बोध को जीवित रखा है। संस्कार और संवेदना दोनों के बीच सेतु बनते रहे हैं अज्ञेय और कहते रहे हैं, ''बढ़े चाहे बोझ जितना/शास्त्र का, इतिहास का, रूढ़ि के विन्यास का या सूक्त का/कम नहीं ललकार होती जिंदगी की।'' इसलिए अज्ञेय आधुनिक होते हुए भी पश्चिमी अर्थ में आधुनिकतावादी नहीं हैं जैसा कि कम अंग्रेजी पढ़े लोग उन्हें सिद्ध करते रहे हैं।

स्वयं अज्ञेय ने प्रश्नाकुल भाव से यह विचार व्यक्त किया है कि ''जिन बहुसंख्य लोगों से मेरा सांस्कृतिक परंपरा का साझा है, क्योंकि मैं मूलत: भारतीय हूँ और एक प्रकार का हिंदू भी, उन लोगों से मेरी संवेदना भिन्न है किंतु दूसरी ओर जिन अल्पसंख्यक लोगों की संवेदना मुझ सी है, उनसे संस्कार परंपरा के विषय में मेरा कोई मेल नहीं है। तब मैं किसके लिए लिखता हूँ?'' मूल बात यह है कि अज्ञेय की आधुनिक संवेदना डी.एच. लॉरेंस, टी.एस. एलियट से भिन्न है। अज्ञेय ने *त्रिशंकु* के पहले ही निबंध 'संस्कृति और परिस्थिति' में डी.एच. लॉरेंस को विस्तार से उद्धृत किया है, ताकि औद्योगिक सभ्यता के विस्तार-प्रसार से उत्पन्न सांस्कृतिक संकट की ओर भारतीय पाठकों, बुद्धिजीवियों का ध्यान आकृष्ट किया जा सके। अज्ञेय ने कहा—''इसीलिए साहित्य के प्रश्न या साहित्यालोचन के संकुचित घेरे से निकालकर मैं उसे एक सांस्कृतिक विभूति के रूप में दिखाना चाहता हूँ। यह रूप उसे प्राप्त होता है। यह सब जानने के लिए आपको समाज के संगठन की ओर ध्यान देना होगा।'' (*त्रिशंकु*-संस्कृति और परिस्थिति) इस बात पर भी यहाँ ध्यान दिलाया कि पुराने सामाजिक-संगठन के टूटने से उसकी सजीव संस्कृति और परंपरा मिट गई है—हमारे जीवन में से लोकगीत, लोकनृत्य फूस के छप्पर और दस्तकारियाँ क्रमश: निकल गई हैं और निकलती जा रही हैं। बात केवल इतनी नहीं है कि जीवन देहाती न रहकर शहरी हो गया है—जीवन का ढंग ही नहीं बदला, जीवन ही

बदला है। अब जीवन देहाती रहा है, न शहरी। उसे उस संगठन के सूत्र में बाँधनेवाले अंत:सूत्र टूट गए हैं। यंत्र युग की निर्मम मार भारत पर पड़ी है—प्रगति भारी पड़ी है। कलकत्ते के 'गार्डनरीच' बंबई के 'वरलो चाल्स' का उदाहरण देकर कहा कि विनाशक क्रिया का खेल प्रकृत जीवन को निगल गया है। ''यह विनाशक-क्रिया, मानव जीवन की स्वाभाविकता का यह ध्वंस, समाज संगठन के ह्रास का ही बाह्य लक्षण है। इसी क्रिया को इंग्लैंड में देखकर वहाँ का दिव्य कलाकार डी.एच. लॉरेंस फूट उठा था।'' इसलिए फूट पड़ा था कि पुराने इंग्लैंड को नए इंग्लैंड ने ध्वस्त कर दिया और यह दर्दनाक इतिहास सामने था। यही बात कष्टदायक रही है कि जो नैरंतर्य है वह आर्गेनिक नहीं है, यांत्रिक है।

यहाँ अज्ञेय का बौद्धिक बड़ी पीड़ा से बयान दे रहा है कि पुरानी संस्कृति मर रही है और संस्कृति का प्रश्न हमारे जीवन-मरण का प्रश्न है। यह दुहराने की आवश्यकता नहीं कि पुरानी व्यवस्था के टूटने का कारण मशीन है। पुराने लुहार को अनुभव की लंबी-परंपरा बहुत कुछ देती थी, उसका अपना अनुभव संचित ज्ञान था। वह सब अब नहीं रहा, आज के श्रमिक के लिए जीवन का अर्थ है—'एक निरर्थक यांत्रिक क्रिया की बुद्धिहीन अनवरत आवृत्ति।' पुराना दस्तकार निरक्षर होकर भी संस्कृत था, आज का मजदूर जासूसी किस्से और सिनेमा, पत्र पढ़कर भी घोर अशिक्षित है। उसकी जीवन की शिक्षा एक अकेली अर्थहीन यांत्रिक क्रिया तक सीमित है। यहाँ प्रश्न यंत्र युग के आर्थिक आधार तक सीमित नहीं है—प्रश्न आर्थिक से बढ़कर सांस्कृतिक है। मशीन से केवल रोजगार नहीं मरा, मशीन से मानव का एक अंग मर जाता है, उसकी संस्कृति नष्ट होती है और 'प्रगति' के नाम पर उसकी संस्कृति की जीवन लय मटियामेट हो जाती है। मशीन-युग का मानव दो अवस्थाओं की यंत्रणा भोगता है—एक, जिसमें मेहनत है पर जीवन स्थगित है—दूसरा, जिसमें जीवन को पाने की उत्कट प्यास है। यह 'द प्रॉब्लम ऑफ लैजर' की समस्या यंत्र-युग की देन है। ऐसा नहीं कि पहले किसान श्रम के साथ सुस्ताते नहीं थे, यह सुस्ताना जीवन का 'बाई प्रोडक्ट' था, उसका ध्येय नहीं था। किंतु आज के श्रमिक के लिए रोजगार एक पदार्थ है, उसके दाम लगते हैं, बस आज जो बाजारवाद उपभोक्तावाद की संस्कृति भारत में आ रही है, उसके कदमों को अज्ञेय 1940-1945 में सुन रहे थे। आधुनिक यंत्र युग के जीवन में संस्कृति के केंद्र साहित्य को जगह नहीं है और मनोरंजन के नाम पर घटिया सेक्स और हिंसा का प्रदर्शन, नारी देह पर धावा धरपटक का खेल। सभ्यता में बँधे लोग गल्प साहित्य में तृप्ति खोजते हैं, पर वहाँ अतृप्ति-ही-अतृप्ति है। अनुभूति की गहराई, सूक्ष्मता, विशालता, व्यापकता के नाम पर छाया जीवन का कच्चापन, सतही छिछलापन। अज्ञेय मनोविश्लेषण शास्त्र के क्षतिपूर्ति-सिद्धांत से नए संकटों का संकेत देते हैं, क्योंकि यह क्षतिपूर्ति पुष्ट जीवन

का मनोरंजन नहीं है। आधुनिक पत्र-पत्रिकाएँ, सिनेमा, थिएटर, अखबार, रेडियो सभी अप्राकृतिक मनोरंजन जीवन से पलायन कर जीवन को सस्ता बना रहे हैं, उसका अर्थ और महत्त्व नष्ट कर रहे हैं।

पश्चिमी आधुनिकता में 'प्रगति' का अर्थ है गंभीर सतहों को तोड़कर जीवन में सस्ता छिछलापन परोसने की तैयारी। आज का युग 'मासेज' का युग है और मास कल्चर की मास अपील का बोलबाला है। मास अपील के लिए हिंदी की कुछ पत्रिकाएँ खोटी धातु मिलाकर जीवन को सस्ता बना रही हैं। प्रेम-नदी, प्रेम-छत, प्रेम-नगर, प्रेम-द्वार बन गए तो 'प्रेम' वासना बन गया। बाजार में बिकने लगा, खोटा हो गया—'मैं तुमसे प्रेम करता हूँ' का सिक्का खोटा हो गया। प्रॉमिस को सच्चा करनेवाला गोल्ड रिजर्व नहीं रहा है। शब्द ही सस्ता नहीं हुआ, मानसिक जीवन भी सस्ता हुआ। इतना सस्ता हुआ कि आज नामी हिंदी पत्रिकाएँ 'महाप्रेम विशेषांक' निकालकर धोखा दे रही हैं, जबकि उन्हें पता है प्रेम का गहरा अर्थ सदा के लिए विदा हो चुका है, पूरी प्रेम-परिस्थिति बदल गई है।

आज उत्तर आधुनिकतावाद की संस्कृति ने जिस मीडिया क्रांति के नाम पर सांस्कृतिक मीडिया साम्राज्यवाद का जाल फैलाया है, जिसकी चर्चा बाल्टर बेंजामिन, थियोडोर एडोर्नो, जुरगेन हैबरमास, लुईस आलथूसे, फ्रेडिक जेमेसन करते हैं और जिसे लेकर टेरी ईगल्टन उत्तर आधुनिकता का शोकगान गाता है, जिसमें वैश्विक पूँजी का सांस्कृतिक तर्क उपभोग के लंपट समय से जुड़ा हुआ है और बाजारवाद का वर्चस्ववाद इजारेदारी व्यवस्था में हर चीज को बेच रहा है—औरत, आदमी की देह हो या विचार। मिशेल फूको, एड्वर्ड सईद, सूसन सौटैंग, जूलिया क्रिस्टीवा, देरीदा, मिखाइल बाख्तिन, ज्याँ बोद्रिला कह रहे हैं—आदमखोर संस्कृति आ रही है। उच्च टेक्नोलॉजी पर आधारित संचार-सूचना क्रांति, हाई माडर्निज्म का राक्षस और बर्बर व्यक्तिवाद के साथ अंधी उपभोक्ता संस्कृति उत्तर आधुनिक समय के नए पाठ रच रही है। सभी मूल्य ध्वस्त होकर अवधारणाएँ मर रही हैं और बाजार नियामक शक्ति है। प्रथम विश्वयुद्ध के बाद और दूसरे विश्वयुद्ध के बीच जो मूल्यांधता यूरोप में पैदा हुई, उसका सच्चा यथार्थ अज्ञेय ने प्रस्तुत करते हुए कहा है—"इस परिस्थिति का परिणाम यह है कि आधुनिक जीवन विज्ञापन की नींव पर खड़ा है—बिना विज्ञापन के आधुनिक सभ्यता चल नहीं सकती।" आधुनिक युग में किसी कला ने उन्नति की है, तो विज्ञापन कला ने की है। आज आधुनिक पत्र साहित्य का मुख्यांश विज्ञापनों पर जीता है। इस तरह विज्ञापन ही आज के युग का ब्रह्म है और ब्रह्मास्त्र भी। इस परिस्थिति में संपादक विराट् व्यापारिक उद्योग का एजेंट बनकर रह गया है। प्रकाशन व्यवसाय है, तो संपादक की स्वतंत्रता मालिक के यहाँ गिरवी रखी है। संपादक का काम जनता को प्रबुद्ध बनाना नहीं रहा, धन कमाना रह गया है। मशीन युग का व्यवसायी संपादक शब्द को भ्रष्ट कर रहा है और साहित्य को घटिया बना रहा

है—विज्ञापन बाजी से ठगशास्त्र में दक्ष हो रहा है—"संस्कृति का मूल आधार भाषा है और भाषा का चरम-उत्कर्ष साहित्य में प्रकट होता है। अत: साहित्य का पतन संस्कृति का और अंततः जीवन का पतन है—मशीन युग हमारे जीवन को सस्ता, घटिया औ- अर्थहीन बना रहा है।" (*त्रिशंकु*, 'संस्कृति और परिस्थिति')

प्रश्न है कि यंत्र युग में गतिशील संस्कृति को कायम कैसे रखें? इस प्रश्न का उत्तर सरल नहीं है, क्योंकि विश्व-संस्कृति, का सपना दिखाया जा रहा है। साहित्य की कला गर्वीली गरीबी में मुक्त थी, आज बंधक है। तब त्राण कैसे मिलेगा? हमें समझना होगा कि हमारी सभ्यता, संस्कृति, साहित्य का उद्धार न विज्ञापन से होगा न मशीन से। गांधी ने *हिंद-स्वराज* में जिस पश्चिमी सभ्यता को 'चांडाल सभ्यता' कहा था, उसका पूरा इतिहास, भूगोल अज्ञेय ने यहाँ पाठक के सामने रख दिया है। अज्ञेय ने कहा हमें ऐसी शिक्षा की आवश्यकता है, जो व्यक्ति की प्रसुप्त मानसिक शक्तियों का स्फुरण करे।

अज्ञेय ने यहाँ आलोचक राष्ट्र के निर्माण का जोरदार विचार प्रस्तुत किया है—"यदि शिक्षण आधुनिक जगत् के प्रति अपना दायित्व पूरा करना चाहता है, तो उसे यह दुहरी जागरूकता पैदा करनी होगी। एक तो ऊपर वर्णित सांस्कृतिक विकास की क्रियाओं के प्रति और दूसरे तात्कालिक भौगोलिक और मानसिक परिस्थिति के प्रति और हमारी रुचियों, आदतों, विचारधाराओं और जीवन-प्रणालियों पर इस परिस्थिति के असर के प्रति। स्वस्थ संस्कृति में हम नागरिक को स्वतंत्र छोड़कर आशा कर सकते हैं कि उसकी परिस्थिति से ही उसकी संस्कृति उत्पन्न और नियमित होगी; किंतु आज यदि हम जीवन के गौरव की रक्षा करना चाहते हैं, तो हमें परखने और मुकाबला करने की शक्ति को संगठित करना होगा, हमें एक आलोचक राष्ट्र का निर्माण करना होगा। यह अतिरिक्त जागरूकता ही बचने का एकमात्र उपाय है।" (वही) यह प्रचेतन जीवनी शक्ति ही हमारी कला-संस्कृति को बचा सकती है, अन्यथा हम अपनी भाषा और संस्कृति को नष्ट करके पश्चिम के पिछलगू बनकर रह जाएँगे। इस तरह आधुनिक आलोचक राष्ट्र के निर्माण की संकल्पना ही अज्ञेय की उजली भारतीयता है—भारतीय आधुनिकता है। इसी में यह ध्वन्यर्थ निहित है कि बिना गहरी विस्तृत अनुभूति के संस्कृति नहीं है।

त्रिशंकु में अज्ञेय का दूसरा लेख है—'कला का स्वभाव और उद्देश्य' यहाँ बात इस प्रश्न से शुरू की गई है 'कला क्या है?' इस प्रश्न पर अज्ञेय ने पहले सूत्र फिर व्याख्या की भारतीय प्रणाली को अपनाया—"कला सामाजिक अनुपयोगिता की अनुभूति के विरुद्ध अपने को प्रमाणित करने का प्रयत्न-अपर्याप्त के विरुद्ध विद्रोह है।" *(त्रिशंकु)* उनका ध्यान काव्य-कला को लेकर वाल्मीकि रामायण में क्रौंच-वध की कथा पर गया, जिसकी ध्वनि है कि कविता मानव की आत्मा के आर्त्त चीत्कार का रूप है। इस क्रौंच्र वध घटना की कई व्याख्याएँ विद्वानों ने की हैं। अज्ञेय ने कहा कि यह खेतिहर सभ्यता

या चरवाहा सभ्यता की अवस्था होनी चाहिए जब मानव आखेट करके मांस खाता था। कम विकसित समाज की कल्पना में मूक करुणा का भाव, अपर्याप्तता का बोध। प्रश्न उठता है कि अपर्याप्तता की चीत्कार से जरूरी नहीं है कि कलावस्तु ही उत्पन्न हो, उसकी अपर्याप्तता या हीनता उसे ग्रस भी सकती है। कलाकार समुदाय में एक प्रकार की अहम्मन्यता, दुर्विनीत श्रेष्ठता की भावना दीखा करती है, वह भी एक आत्म-रक्षा का कवच है। आधुनिक मनोविज्ञान की भी स्थापना है कि इस प्रकार की क्षतिपूरक क्रियाएँ मानव जीवन में बड़ा महत्त्व रखती हैं। 'कला कैसे उत्पन्न होती है' विचार में यह विचार भी मौजूद है कि कला किसलिए? कला एक अपर्याप्तता की भावना के प्रति व्यक्ति का विद्रोह है और संपूर्णता की ओर जाने का प्रयास। और व्यक्ति की सिद्ध प्रमाणित करने की चेष्टा। अर्थात् एक प्रकार का आत्मदान है। इसलिए सच्ची कला कभी अनैतिक नहीं हो सकती। कलाकार का आत्मदान नैतिक अर्थ में 'स्वतः सुखाय' भी होता है। अतः 'कला कला के लिए' झूठ नहीं है, वह अत्यंत सत्य है—लेकिन एक विशेष अर्थ में। अज्ञेय की कला संबंधी इस अवधारणा को लेकर वामपंथियों ने बड़ा हो-हल्ला किया है तथा उन्हें समाज विरोधी व्यक्तिवादी रचनाकार कहने में कोई कोर कसर नहीं छोड़ी है।

अज्ञेय ने टी.एस. एलियट के विश्व प्रसिद्ध लेख 'ट्रेडीशन एंड इंडिविजुअल टेलेंट' का भावानुवाद 'रूढ़ि एवं मौलिकता' शीर्षक से किया है। जगह-जगह अज्ञेय ने अपनी व्याख्या उसके भावानुवाद में जोड़ दी है। इस तरह अज्ञेय एलियट में प्रवेश कर गए हैं और एलियट अज्ञेय में। अज्ञेय की वैज्ञानिक दृष्टिकोण में आस्था उन्हें एलियटीय आधुनिकता और परंपरा से अलग करती है। फिर एलियट केवल यूरोपीय आधुनिकता और परंपरा की ओर से बोलते हैं। यह दृष्टिकोण ईसाइयत की धर्म भावना को गहने के कारण संकीर्णता का शिकार हो गया हैं। इसीलिए सावधान होकर अज्ञेय एलियटीय दृष्टिकोण को भावानुवाद में बदल देते हैं। यहाँ वे 'ट्रेडीशन' के लिए 'रूढ़ि' शब्द को प्रयोग करते हैं। लेकिन बाद के निबंध- लेखन में 'परंपरा' शब्द को उपयोग में लाते हैं और परंपरा में सातत्य और परिवर्तन दोनों की महत्त्व प्रतिष्ठा करते हैं।

यहाँ 'रूढ़ि और मौलिकता' में कहा है कि कलाकार जितना ही संपूर्ण होगा, उतना ही उसके भीतर भोगनेवाले प्राणी और रचनेवाले प्राणी की मनीषा का पृथकत्व स्पष्ट होगा। अक्सर लोग कहते हैं 'भारतवासी रूढ़िवादी होते हैं' कभी इस कथन में सराहना का भाव था आज इसमें खलनायक भाव भर गया है। हर तरफ 'प्रगति' की चर्चा रूढ़ि की निंदा। ''साहित्य में भी, विशेषतया आलोचना के प्रसंग में यह फैशन सा हो गया है कि रूढ़ि का तिरस्कार किया जाए। जब यह तिरस्कार इतना स्पष्ट नहीं भी होता, तब भी हम किसी आधुनिक लेखक की समकालीनता अथवा आधुनिकता का मूल्यांकन इसी कसौटी पर करते हैं कि वह किस हद तक रूढ़ियों को मानता अथवा तोड़ता है।

उदाहरणतया हम प्राय: कहते हैं कि 'हरिऔध' रूढ़िवादी हैं तथा पंत और 'निराला' आधुनिक हैं यानी रूढ़ियों के प्रति विद्रोही है।'' *(त्रिशंकु)* आगे कहा कि आलोचना के वर्तमान फैशन पर ध्यान न दें, तब भी पाठक पाता है कि आजकल कवि की रचनाओं में 'मौलिकता' पर जोर देने की परिपाटी चल पड़ी है। फलत: ''आजकल का साहित्यकार अपनी 'भिन्नता' के लिए ही प्रशंसा पाता है। 'मौलिकता' 'भिन्नता' का ही पर्यायवाची बन गया है। कवि को हम उसके पूर्ववर्तियों से, विशेषकर निकट पूर्ववर्तियों से, उच्छिन्न करके देख सकें, तभी हमें संतोष होता है।'' (वही) पाठक खोजता है कि रचना में पूर्ववर्तियों की लंबी परंपरा, उसके साहित्य की रूढ़ि, पुन: जी रही या मुखर हो रही है। इस अर्थ में रूढ़ि का पर्याय है परंपरा। प्रश्न उठता है कि क्या 'रूढ़ि' की परिभाषा 'पुराने साहित्य की अग्राह्य और खंडनीय परिपाटियाँ' ही हैं? क्या परंपरा का निर्वाह बीत गई पीढ़ियों का अंधानुकरण है? रूढ़ि क्या है? परंपरा का साहित्य में क्या स्थान है और साहित्यकार के लिए क्या मोल? फिर निवेदन किया कि रूढ़ि की रूढ़िग्रस्त परिभाषा छोड़नी होगी और उदार दृष्टिकोण से नया और विशालतर अर्थ लेना होगा। परंपरा कोई बनी बनाई चीज नहीं है, उसे परिश्रम से लेखक चाहे तो प्राप्त कर सकता है, कमा सकता है। रूढ़ि की साधना से ही वह मिलती है। अत: रूढ़ि की साधना साहित्यिक प्रौढ़ता प्राप्त करने के लिए अनिवार्य है।

''रूढ़ि की साधना, परंपरा के प्रति जागरूकता, कैसे प्राप्त हो सकती है और किस प्रकार साहित्यकार के मानस को, उसके कार्य के मूल्य को प्रभावित करती है? इस जागरूकता का मुख्य उपकरण है—एक ऐतिहासिक चेतना। अर्थात् जो कालानुक्रम में बीत गया है, उसकी वर्तमानता की अनुभूति। यह चिर जागृत अनुभूति रचनाकार के लिए अनिवार्य है। आधुनिक हिंदी लेखक में यदि यह ऐतिहासिक चेतना होगी, तो उसकी रचना में न केवल अपने युग, अपनी पीढ़ी से उसका संबंध बोल रहा होगा, बल्कि उससे पहले की अनगिनत पीढ़ियों की और उनके साथ अपनी पीढ़ी की संलग्नता और एकसूत्रता की भी तीव्र अनुभूति स्पंदित हो रही होगी।'' अतीत 'था' नहीं 'है' अर्थात् जो पहले से वर्तमान है। ''अतीत और वर्तमान के इस दुहरे अस्तित्व की, उनकी पृथक वर्तमानता और उनकी एकसूत्रता की निरंतर अनुभूति ही ऐतिहासिक चेतना है और इस चेतना का निरंतर स्पंदनशील विकास ही परंपरा का ज्ञान।'' उदाहरण 'नूतन' और 'विद्रोही' कवि निराला का देकर कहा कि उनका मूल्यांकन परंपरा के अंत:सूत्रों को समझकर ही किया जा सकता है। इस तरह की खोज ऐतिहासिक विवेचन के लिए ही नहीं कलात्मक विवेचन के लिए भी जरूरी होती है। पहले का सामंजस्य नए के आविर्भाव से डाँवाडोल हो जाता है। इस तरह एक तारतम्यता परंपरा में रहती है। रचनाकार रूढ़ और मौलिक में प्रतिभा से नया तारतम्य स्थापित करता है। परंपरा में अतीत और वर्तमान दोनों का योग

घटित होता है। यहाँ अतीत का अंधानुकरण भी घातक होगा, क्योंकि केवल आवृत्ति नूतनता नहीं है। नूतनता के चमत्कार के बिना वह कला नहीं है और उसमें परंपरा की प्रवाहमानता स्पंदित हो।

सामूहिक मन परिवर्तनशील होता है, तभी तो 'वाल्मीकि के लिए वेदों को, कालिदास के लिए वाल्मीकि को, तुलसीदास के लिए कालिदास को या मैथिलीशरण गुप्त के लिए तुलसीदास को, वह छोड़ नहीं देता, वह इन सबको अपनी प्रवहमानता के लंबे सूत्र में पिरोता चलता है। उसके मन में 'अतीत' कुछ नहीं होता, केवल पहले से वर्तमान की परंपरा प्रवहमान रहती है। रचनाकार के लिए माला में गुँथना ही रूढ़ि या परंपरा का वरदान है—शापमय वरदान। मूल बात यह कि कला की सामग्री निरंतर बदलती रहती है—कला शायद नहीं बदलती। सामूहिक मन को अज्ञेय ने जुंग की धारणाओं से व्याख्यायित किया है। सामूहिक मन का अनुभव परिश्रम का फल है। ''भारत के ग्राम्य मन की जो अनुभूति गांधी में है या हिंदी साहित्य में प्रेमचंद में थी, वह पांडित्य के सहारे नहीं आई। जो सांस्कृतिक चेतना प्रसाद में गूढ़ अध्ययन के सहारे जागी जान पड़ती है वह अधिक स्वाभाविक और स्वच्छ रूप में सियाराम शरण गुप्त में लक्षित होती है।'' आग्रह पांडित्य पर नहीं, रचनाकार में अतीत की चेतना पर है। आत्मदान द्वारा रचनाकार निर्माण के लिए मिटाता चलता है और उस परंपरा को भी परिवर्धित कर रहा होता है, जिसके प्रति वह समर्पित है। लघु से महत् की ओर बढ़ते जाना कलाकार की प्रगति है।

अज्ञेय ने टी.एस. एलियट की इस काव्य परिभाषा की व्याख्या पर विशेष ध्यान दिया है कि ''कविता भावों का उन्मोचन नहीं है, बल्कि भावों से मुक्ति है, वह व्यक्तित्व की अभिव्यक्ति या अभिव्यंजना नहीं, बल्कि व्यक्तित्व से मोक्ष है।'' साहित्य के निर्माण को समझने के लिए रूढ़ि से आगे व्यक्ति के आत्मोत्सर्ग की क्रिया का विशेष महत्त्व है। यह समझना भी जरूरी है कि आलोचना का विषय साहित्य है, साहित्यकार नहीं, कविता है कवि नहीं। इसलिए कविता को जाँचने-परखने में हमें निरंतर मन की धातु (क्वालिटी) को 'परखना' होगा, जिससे साहित्य उद्‌भूत हुआ है। ध्यान रहे कि 'मन की परख' व्यक्तिगत इतिहास से भिन्न चीज है। क्योंकि 'अनुभव करनेवाला मन' और 'रचना करनेवाला मन' अलग-अलग हैं। इस प्रकार किसी साहित्यिक कृति का मूल्यांकन करते समय हमें अन्य साहित्यिक कृतियों के साथ उसके संबंध पर ध्यान देना होगा—साथ ही यह ध्यान भी देना होगा कि 'रचना' का उसके निर्माता रचनाकार मन से क्या संबंध है। यह जानना होगा कि कौन सा कवि-मानस 'परस्पर भिन्न', 'उड़ती हुई', 'अनुभूतियों के मिश्रण और संयोग' तथा 'चिर नूतन संगम' के लिए अधिक परिष्कृत और 'ग्रहणशील माध्यम' है। कवि आलोचक टी.एस. एलियट ने इस क्रिया की तुलना एक 'रासायनिक क्रिया' से की है—''सल्फर डाइक्साइड और ऑक्सीजन के भरे हुए पात्र में

यदि प्लाटिनम का चूर्ण प्रविष्ट किया जाए, तो वे दोनों गैसें मिलकर सल्फ्यूरिक एसिड में परिवर्तित हो जाती हैं। यह क्रिया प्लाटिनम की उपस्थिति के बिना नहीं होती, तथापि बननेवाले अम्ल में प्लाटिनम का कोई अंश नहीं होता, न प्लाटिनम में किसी प्रकार का कोई परिवर्तन ही दीखता है, वह ज्यों-का-त्यों पड़ा रह जाता है। एलियट कवि-मानस की तुलना इस प्लाटिनम के चूर्ण से करता है।'' *(त्रिशंकु)* कहना चाहिए कि कवि-मानस किन्हीं विभिन्न काव्यानुभूतियों पर असर डालकर उनके 'मिश्रण' और 'संगम' का माध्यम बनता है। उस संगम से कलाकृति निर्मित होती है। कवि-मानस के संयोग से कलाकृति बनती कैसे है? एक उदाहरण लें—''कवि का मन एक भट्टी है, जिसके ताप में विभिन्न धातुएँ पिघलकर एक रस हो जाती हैं। ढली हुई धातु विभिन्न तत्त्वों से बनी है, उनमें से कुछ धातुएँ भट्टी के स्वामी की संपत्ति भी हो सकती हैं तथापि भट्टी के स्वामी से भट्टी का और भट्टी से धातु का अलगाव और स्वतंत्र अस्तित्व अक्षुण्ण बना रहता है। कलाकार जितना ही बड़ा होगा, उतना ही व्यक्ति जीवन और रचनाशील मन का अलगाव आत्यंतिक होगा। उतना ही रचना करनेवाला मानस, अनुभव करनेवाले मानस से पृथक होगा।''

अज्ञेय ने इस बात को लेकर प्रश्न उठाया है कि जिस मिट्टी से काव्य रूपी प्रतिमा बनती है, जिन तत्त्वों द्वारा कवि-मानस का असर एक चमत्कारिक योग उत्पन्न करता है वे तत्त्व क्या हैं? अज्ञेय उन्हें दो श्रेणियों में बाँटने की बात कहते हैं—(1) स्थायी भाव (इमोशंस) (2) संचारी भाव। कला का रस 'बाहर' से नहीं 'भीतर' से ही उत्पन्न होता है—हाँ, इस रस में अनेक अनुभूतियों का मिश्रण रहता है। ''वास्तव में कलाकार का मन एक भंडार है, जिसमें अनेक प्रकार की अनुभूतियाँ, शब्द, विचार, चित्र इकट्ठे होते रहते हैं, उस क्षण की प्रतीक्षा में जब तक कि कवि-प्रतिभा के ताप से एक नया रसायन, एक चमत्कारिक योग नहीं उत्पन्न होता।'' कलावस्तु की 'भव्यता' उस रासायनिक क्रिया की तीव्रता में है, जिसके द्वारा विभिन्न भाव एक होते हैं और अर्थ-चमत्कार की सृष्टि करते हैं। वास्तव में, काव्य में कवि का व्यक्तित्व नहीं, वह माध्यम प्रकाशित होता है, जिसमें विभिन्न अनुभूतियाँ, विभिन्न भावनाएँ एक चमत्कारिक योग में युक्त होती हैं। अत: काव्य एक व्यक्तित्व की नहीं, माध्यम की अभिव्यक्ति है। कवि का काम नए भावों की खोज नहीं है, बल्कि पुराने और परिचित भावों के उपकरण से ही नूतन अनुभूतियों की सृष्टि करना है। विश्व भर का साहित्य उठाकर देख लीजिए परिचित भाव ही नूतनता की सृष्टि करते मिलेंगे। 'नूतनता' 'योग प्रकार' की विभिन्नता में है।

बड़े-से-बड़े रचनाकार में बहुत सा अंश चेष्टित, अभ्यास सिद्ध होता है। छोटे कवि में दोष यही होता है, जहाँ 'परिश्रम' आवश्यक है, वहाँ वह 'प्रतिभा' पर निर्भर करता है और जहाँ 'प्रतिभा' का क्षेत्र है वहाँ वह आयासपूर्वक तीव्रता लाना चाहता है।

ये दोनों बातें रचना को वैयक्तिक बनाती हैं और निर्वैयक्तता की दृष्टि से काव्य-दोष हैं। टी.एस. एलियट मानते हैं कि कविता निजी अनुभूति की मुक्ति है। काव्य या कला के भाव निजी न होकर 'सबके लिए' होते हैं—निर्वैयक्तिक होते हैं। फलतः कविता का जीवन आज में बँधा न होकर 'अनंत' होता है, निर्वैयक्तिक होता है। इस दृष्टि से आलोचना और आधुनिकता फैशन भर नहीं है, वह परंपरा के भीतर से उपजी चरम चेतनापरक उपलब्धि का नाम है।

अज्ञेय का दृढ़विश्वास है कि "कवि के लिए अपनी परंपरा से गहरा परिचय आवश्यक है, फिर आपत्ति चाहे परंपरा के नाम पर हो या 'प्रगति' के नाम पर। क्योंकि ये स्थापनाएँ ऐसी नहीं हैं, हमारे ही शास्त्र का विकास हैं, कुप्पी नई है, लेकिन आसव पुराना है।" हमारे आचार्यों ने रूढ़ियों के अध्ययन पर जोर दिया है। काव्य का सरोकार साधारण-असाधारण भावों से है। काव्यानुभूति की नूतनता विभिन्न भावों के योग में है। काव्य का 'रस' कवि में नहीं है, चमत्कारिक रासायनिक योग में है। 'प्रगति' वालों की आपत्ति हो सकती है, परंपरा की निकटता 'अंधानुकरण' है, जब कि परंपरा नूतन-विकास का द्वार है। अतः "हम अतीत के प्रति नए-नए दृष्टिकोण की माँग करते हैं, वर्तमान में उसके स्थान की एक नई परिकल्पना करते हैं, हमारे लिए वयस्कता, शैशवावस्था का खंडन नहीं है। उससे संबद्ध और प्रस्फुटित विकास का बोध है। हम परंपरा की एक विकसित परिभाषा करते हैं कि वह वर्तमान के साथ अतीत की संबद्धता और तारतम्य का नाम है।" यह तारतम्यता ही सातत्य एवं परिवर्तन को जन्म देती है और बाँधकर खोल देती है, तभी तो परंपरा बंधन नहीं है, मुक्ति की नूतन चेतना है। यहाँ कहना होगा कि अज्ञेय ने एलियट के निबंध के भावानुवाद में मक्खी पर मक्खी न मारकर—कोरा शब्दानुवाद न कर अपनी अनुवाद-कला की सर्जनात्मकता को रक्षित रखा है। अनुवाद-कर्म में प्रवृत्त होनेवाले चतुर सुजान इसे 'अनुवाद-प्रतिमान' के रूप में लेकर इससे बहुत कुछ सीख सकते हैं—सिखा सकते हैं कि कैसे अज्ञेय ने भारतीय उदाहरणों से अनुवाद का विदेशीय परायापन खत्म किया है। सर्जनात्मक अनुवाद एक अलग रचना है, एक अलग दृष्टि।

यहाँ एकदम एक नए विषय पर लेख है—'पुराण और संस्कृति'। आरंभ में कहा है कि संसार के अन्य देशों की भाँति जब भी परंपरागत सांस्कृतिक वातावरण में किसी बाहरी शक्ति के प्रवेश के कारण हलचल उत्पन्न हुई है, तब-तब देश के जीवन में एक नई सांस्कृतिक जागृति देखने को मिली है। भारत में तो अनेक दर्पोन्माद में, विजयोल्लास में गर्क विदेशी आक्रमणों के अनुभव मौजूद हैं। हमारा मध्ययुग भी इन अनुभवों से अछूता नहीं है, जिसमें कम विकसित सांस्कृतिक जीवन-परिपाटी भारत में प्रविष्ट होती रही हैं, लेकिन सांस्कृतिक पूँजी के नाम पर हमने उनका स्वागत किया है। केवल सांस्कृतिक-नवचेतन के नाम पर हम रक्षामूलक प्रयत्नों में ही व्यस्त नहीं हैं। अकबरकालीन भारत में

हिंदू-मुसलमान विद्वानों में आदान-प्रदान बहुत हुआ, इससे दोनों को विशाल सांस्कृतिक निधि प्राप्त हुई। यूरोप जब भारत आया तो भारत कम संस्कृत न था और भी सच है कि अंग्रेज और फ्रांसीसी भी सभ्यता-संस्कृति के कई उत्कर्ष देख चुके थे। अज्ञेयजी को मैक्समूलर और रवींद्रनाथ ठाकुर याद आए और उनके विचार दिमाग में घूम गए। प्रश्न उठता है, तब इस नवचेतन या नव जागरण का कारण क्या है ? हिंदू-मुसलमान संघर्ष के बाद जो सामरस्य उत्पन्न किया, उसमें टोडरमल और रहीम खानखाना का घनिष्ठ संबंध भुलाया नहीं जा सकता। फिर ब्रिटिश भारत का नया इतिहास निर्मित हुआ। यहाँ अंग्रेजी पारिवारिक जीवन की रीतियाँ भी आईं और पार्थक्य की भावना ने भी बल पकड़ा। जो इतिहास-चक्र घूमा, उसमें सभी समाजों की पीठ पर रूढ़ियों का बोझ है।

अज्ञेयजी ने बहुत महत्त्वपूर्ण प्रश्न उठाया है कि किसी देश के सांस्कृतिक जीवन में देव गाथाओं अथवा पुराण गाथाओं का क्या स्थान होता है ? इस बात में बहुत मतभेद रहा हैं। हमारे देश में उन्नीसवीं शताब्दी में धार्मिक सुधारवाद की जोरदार हवा चली, उस हवा में पुराणों का महत्त्व खो गया और कोई-कोई तो पुराण शब्द से बिदकने लगा। तमाम हिंदू अज्ञानतावश अपनी संतानों को पुराणों से बचने का उपदेश देते रहे और ऐसे मूल्य मूढ़ कि रामायण-महाभारत का महत्त्व भी भूल गए। क्या विडंबना है कि वेदव्यास के 'महाभारत' को गर्हित माननेवाले लोग अंग्रेजीदाँ बनने के चक्कर में होमर-वर्जिल पर टूट पड़े। यह तो भला हो मैक्समूलर का कि उसने कह दिया कि होमर का काव्य जिन अति विकसित अथवा जर्जरित पुराण गाथाओं पर आश्रित है, उन्हीं का शुद्ध रूप, मूल रूप में वैदिक गाथाओं में मिलता है। वैदिक गाथाओं में आर्यों के उस सांस्कृतिक प्राग्जीवन का चित्र मिलता है, जिसका एक बिगड़ा हुआ रूप पुराणों में पाया जाता है। पता नहीं अज्ञेय ने इस रूप को 'विकृत रूप' कैसे कहा और क्यों कहा ? शायद पुराणों के प्रति शिक्षित व्यक्तियों की जुगुप्सा के कारण कहा होगा।

अज्ञेय का यह कथन बेहद सारगर्भित है कि ''मानो वे उस पृष्ठभूमि के लिए लज्जित हैं, जिस पर उनका जीवन पनपा और विकसित हुआ है। यह दृष्टिकोण मेरी समझ में न केवल अवांछनीय है, बल्कि अहितकर भी है। इसलिए नहीं कि मैं पुराणों को धर्म का अंग मानता हूँ, बल्कि इसलिए कि बिना पुराणों के अध्ययन के किसी भी देश की सांस्कृतिक भित्ति तक नहीं पहुँचा जा सकता और इसलिए उस जीवन के प्रति अपना दायित्व भी नहीं निबाहा जा सकता। ग्रीक दार्शनिकों ने पुराणों का नया मूल्यांकन किया और नैतिक-भौतिक ऐतिहासिक व्याख्या की है।'' इस व्याख्या से यह स्पष्ट किया कि पुराणों के चरित्र 'बहुधा प्राकृतिक क्रियाओं के काव्यमय मानवीकृत प्रतिचित्र' हैं। वे देख सके कि देवता, महान् योद्धाओं, राजाओं, ऋषियों के अतिमानवी रूप हैं। इन सभी अवधारणाओं में मानव सत्यनिहित है। ''ग्रीक युग का अनेकीश्वरवाद लुप्त हो गया

है, परंतु ग्रीक पुराण की देन को यूरोप का प्रत्येक साहित्यिक आज भी कृतज्ञतापूर्वक स्वीकार करता है।'' *(त्रिशंकु)*

आज के भारतीय को भी पुराणों का औचित्य समझना चाहिए। जीवन के गहनतम रहस्यों को समझने के लिए पुराण साहित्य सबसे बड़ी कुंजी है। पुराण ही वह सांस्कृतिक इकाई हैं, जिसमें जीवन की बहुरचना प्रस्फुटित हुई है। यहाँ 'परिस्थिति और साहित्यकार' शीर्षक से ऐसा अद्‌भुत लेख है, जिसमें आरंभ व्यंग्य से हुआ है। पूर्व परंपरा और भौगोलिक स्थिति में हिंदी का सितारा उठता हुआ दिखाई दे रहा है—इस बात को यंत्रवत् दुहाराने का कोई अर्थ नहीं है। आलंकारिक भाषा की अतिरंजना भ्रम भरा स्वप्न है, क्योंकि हमारी सारी प्रगति की रुझान यांत्रिकता की ओर है। यह यांत्रिकता हमारे जीवन को सस्ता-छिछला बाजार बनाकर संस्कृति पर कुठाराघात कर रही है। हमारी तृप्ति के साधन घटिया और दूषित हो रहे हैं। स्त्री का आदर्शीकरण, स्त्री को पाने-भोगने की इच्छा हमारी मानसिक प्रवृत्तियों को बदल रही है। फलतः फ्रांसीसी मित्र का पर्सोना न भी लगाएँ तो भी कहजा होगा—''आज का हिंदी-साहित्य अधिकांश में अतृप्ति का या कह लीजिए लालसा का, इच्छित विश्वास (विशफुल थिंकिंग) का साहित्य है।'' यह संकेत हिंदी-साहित्य की आंतरिक स्थिति की छानबीन की आहट लिये है और उसे टोहने का अरमान।

जो मनुष्य औसत से ज्यादा प्रतिभाशाली है, जीनियस है वह परिस्थितियों को जीतकर 'अनाहत' निकल जाता है, लेकिन जीनियस के बारे में कोई स्थापना नहीं की जा सकती। दुर्भाग्य यह है कि औसत व्यक्ति साहित्य की ओर प्रेरित नहीं होता। ऐसा प्राणी 'सामूहिक प्राणी' नहीं हैं, वह केवल सचेतन व्यक्ति है। 'घर' एक बड़ी सामाजिक सांस्कृतिक अवधारणा से जुड़ी अवधारणा है, जहाँ व्यक्तित्व बनता है। आधुनिक औद्योगिक समाज में व्यक्ति को लेकर अनेक तरह का विचार-मंथन है। व्यक्ति की कृतियाँ समाज द्वारा स्वीकृत होकर ही समाज को गति देती हैं। इसलिए उसके व्यक्ति में समाज बोलता है और वह व्यक्ति जीनियस हुआ तो समाज में भूचाल ला देता है, वह निर्ममता से राहों का अन्वेषण करेगा, नई राह निकालेगा। उस नए की स्वीकृति न पाने पर कुंठित होगा। फिर हम तो संक्रांति-युग में जी रहे हैं, जहाँ परिवर्तन की गति बहुत तेज है—राजनीति-साहित्य में भारी परिवर्तन उपस्थित है और पुरानी मान्यताओं का अस्वीकार है। व्यक्ति के मन पर जीवन-परिवर्तन की स्थितियों का दबाव बढ़ गया है। फलतः ''भारतीय साहित्यिक पाता है कि उसके आस-पास सबकुछ बदल रहा है, जो मान्यताएँ ध्रुव सी अटल मानी जा रही थीं, वे सब सहसा संदिग्ध हो उठी हैं।'' वे किसी घर किसी आश्रम की तलाश में है। जीवानानुभवों के दबाव ने गति दी है, पर आस-पास का समाज गतिहीन है। इस अवस्था ने एक क्लांत अतीत पैदा किया है, हमारा पूरा साहित्य इससे प्रेरित प्रभावित है।

स्वीकृति पाने के लिए व्यक्ति समाज का मुँह जोहता है। व्यक्ति की मौलिकता का घनीभूत रस है—व्यक्तित्व की प्राणवायु। इस स्थान पर व्यक्ति परंपरा को नहीं गढ़ता-परंपरा उसे गढ़ती है, काढ़ती है, चाल खोलती है, संस्कृति का ज्ञान देती है। स्वीकृति के लिए लॉरेंस या एलियट को कम नहीं रगड़ना पड़ा। परंपरा से रगड़ इसलिए कि रचनाकार स्वयं अग्निधर्मा होता है—"बुद्ध के बोधिसत्व होते हैं, तो महान् लेखकों को भी अनिवार्य रूप से विद्रोहसत्त्व होना चाहिए।" प्रत्येक अच्छा लेखक अतृप्तियों का अनुभव करता है और उन्हीं अतृप्तियों से सर्जना फूटती है। आज का आधुनिक लेखक तो अतृप्तियों का पुंज है—यह विचार अज्ञेय ने *तारसप्तक* (1943) के 'कवि वक्तव्य' में भी रेखांकित किया है। यह भी माना कि समर्थ व्यक्ति और रचनाकार ही रूढ़ि-परंपरा समाज से विद्रोह करने का हौसला दिखाता है। प्रेमचंद बड़े लेखक हैं तो उनके उपन्यासों में समाज की त्रुटिपूर्णता, अपर्याप्तता की भावना तीव्र है और मनोनुकूल समाज की माँग उतनी ही प्रबल। *गोदान* में होरी यथार्थ है, मेहता नहीं। जैनेंद्र के *परख* का भावाक्रांत आदर्शोन्मुख यथार्थवाद के बाद *सुनीता* की समस्या कल्पित है—एक बढ़िया बौद्धिक व्यायाम। हाँ, *त्यागपत्र* में जैनेंद्र का नारी-दर्शन है, उनके विचार का फल है, मनोविश्लेषण की कुंठाएँ हैं। महादेवी में निरापद रहस्यवाद नहीं है रोमांटिक झलक है। सियाराम शरण गुप्त में कवि का आहत-मर्म बोलता है, लेकिन प्रसादजी में निश्छल प्रेम-व्यथा का कोलाहल। प्रसाद के अतीत में वर्तमान की ध्वनियाँ हैं। प्रश्न उठता है कि अज्ञेय की व्याख्या-विमर्श से प्राप्त स्थापनाओं का क्या महत्त्व है? आलोचना गुण-दोष से आगे बढ़कर कवि मानस की परख है। सियाराम शरण और टी.एस. एलियट की कविताओं के उद्धरण देकर अज्ञेय ने कहा कि आलोचना में रचना की मानसिक प्रौढ़ता की परख का महत्त्व है—झूठे सिद्धांतों के आरोपण का नहीं है।

'संक्रांति काल की कुछ साहित्यिक समस्याएँ' शीर्षक लेख में अज्ञेय ने कहा कि प्रत्येक नई पीढ़ी अपनी पूर्ववर्ती पीढ़ी की माँगों को पूरा करने में अपने को असमर्थ पाती है। तब प्रश्न उठता है कि क्या आधुनिक युग की परिवर्तनशीलता नई और पुरानी पीढ़ी के संघर्ष के अलावा कुछ नहीं है? इस प्रश्न के उत्तर में विज्ञान के विद्यार्थी रहे अज्ञेय भूगर्भ-वेत्ताओं की धारणाओं को कालगति समझाने के लिए सामने लाते हैं। मानव-जीवन जड़ नहीं है—सुधारों की परंपरा की आड़ में अंतर्विरोध पनपते है, रूढ़ियाँ कड़ी पड़ती हैं और छोटे-छोटे 'सेफ्टी वाल्व' खुलते हैं। फिर कभी अत्यधिक ताप के कारण जीवन के इंजन का बायलर फट जाता है, सामाजिक राजनीतिक, धार्मिक क्रांतियाँ होती हैं। जो लोग केवल 'संक्रांति' की दुहाई देते हैं उनका मजाक उड़ाया जाता है। क्रांति की ओर उन्मुखता और क्रांति की ओर से विमुखता इन दोनों से अलग एक तीसरी अवस्था भी होती है और वास्तविक परिवर्तन उसी में होता है। रूस में क्रांति हो चुकी, लेकिन भारत

अंतर्विरोधों में फँसा हुआ है। फिर साहित्य के अध्ययन के लिए एक सांस्कृतिक इकाई को चुनना होगा अर्थात् भाषा समूह से संबद्ध मानव-समुदाय को क्योंकि भाषा अथवा शब्द ही संस्कृति की धुरी होती है।

आधुनिक काल लगातार बढ़ते तनाव का युग है। अतएव संक्रांति काल को वास्तविक संघर्ष का युग कहना चाहिए। यह संघर्ष युग एक बड़ी क्रांति की तैयारी करता रहता है, उसमें पीढ़ियों का संघर्ष उभरता है। यह संघर्ष मनुष्य का नहीं, परिस्थिति का संघर्ष होता है और रचनाकार के आगे यह संघर्ष नई-नई समस्याएँ उत्पन्न करता है। रचनाकार औसत आदमी से ज्यादा विकसित मानव होता है, अतः समस्याओं का सामना अधिक सजगता से करता है। 'प्रगति की समस्या' को वह उठाता है और उससे जूझता है। इस प्रकार अज्ञेय सतर्क मन से तीन तरह की समस्याओं के समूह का सामना करने पर विचार करते हैं—(1) साहित्य और प्रगति (2) साहित्य और राजनीति (3) साहित्य किसके लिए। अपनी सुविधा के लिए इस क्रम को उलटकर 'साहित्य किसके लिए' का विवेचन करते हैं।

साहित्य किसके लिए? यह कठिन प्रश्न साहित्य के भीतर के तनाव से पैदा होता है। आधुनिक युग का रचनाकार यह मानने का आदी है कि कला स्वतंत्र है—कलाकार भी स्वतंत्र है। लेकिन स्वतंत्र होने का यह अर्थ नहीं कि रचनाकार का कोई सामाजिक दायित्व नहीं है। रचनाकार समाज राजनीति से संघर्ष करता है और समाज की चिंता करता है। भारतीय चिंतन-परंपरा मानती है कि यह तो रचनाकार का दायित्व है। लेकिन यह चिंतन-परंपरा विदेशी आक्रांताओं के काल में कमजोर पड़ी है। "यूरोप से 'आर्टिस्ट' का जो आदर्श हमारे बीच आया वह उन्नीसवीं शताब्दी के व्यक्तिवादी इंग्लैंड से आया और अपने साथ 'व्यक्ति-स्वातंत्र्य' की कुछ उग्र और विकृत भावना लेकर आया। हमने कलाकार को 'बोहेमियन' के रूप में देखा। ऐसे व्यक्ति के रूप में जो किसी के प्रति कोई उत्तरदायित्व नहीं मानता और जिसका एकमात्र इष्टदेव उसकी अपनी भीतरी वासना या प्रेरणा है।" *(त्रिशंकु)* इस प्रकार व्यक्ति और परिस्थिति की पीठ पर दो परस्पर विरोधी संघर्षों का आदर्श लद गया। आज भारतीय रचनाकार के सामने 'कलाकार' और 'सुधारक' का संघर्ष दो दृष्टिकोणों का विरोध बनकर अड़ा खड़ा है। भारत के चिंतन ने इस प्रश्न के उत्तर के लिए भावपूर्ण वैदिक उक्ति चुनी थी, 'कस्मै देवाय?' कला किसके लिए, किसलिए? आज के पाठक के लिए भी यह ध्यान देने पर यह प्रश्न महत्त्वपूर्ण नहीं है, क्योंकि आधुनिक जीवन का दबाव पाठक पर बढ़ गया है।

कला को दो दृष्टियों से देखा जा सकता है—कलाकार के और पाठक (रसिक) के। पाठक के लिए कला का उद्देश्य है जीवन को सहनीय बनाना, जीवन के 'विजन' का विस्तार करना। लेकिन कलाकार कला में धर्म, नीति, शिक्षा, विज्ञान, मनोरंजन

और प्रोपेगंडा सभी से जूझता है। कलाकार यदि सचमुच कलाकार है, प्रचारक नहीं है, तो उसकी प्रेरणा समाज के सत्य को चित्रित करने की है। संसार की नाना अनुभूतियाँ कलाकार के लिए वह मिट्टी है, जिससे वह प्रतिमा बनाता है, वह सामग्री है—उपकरण है। कलाकार इस सामग्री का मनमाना उपयोग कर सकता है, करता है। कलाकार को अमीर-गरीब दोनों पर लिखने का समान अधिकार है, आप उसे विवश नहीं कर सकते कि वह गरीबों पर ही लिखे। कलाकार सुख-दुःख से ऊपर उठकर मानवता के गान गाता है। कलाकार की अनुभूति कितनी ही व्यापक हो आब्जेक्टिव, तटस्थ, अनासक्त नहीं हो सकती। वह सब्जेक्टिव होने को विवश है। यदि हम 'सुधारक' का पक्ष मान लें तो यह जनता का सिद्धांत है। यथार्थ-वर्णन की निष्पक्षता में घोर विनाशकारी ताकत छिपी रहती है। अत: कला की सामग्री को सीमित नहीं किया जा सकता—नहीं करना चाहिए। क्योंकि कलाकार का स्वभाव है कि वह ढाँचों को, लीकों को, सड़ी परिपाटियों को, झूठी नैतिक शिक्षाओं के मॉडलों को ध्वस्त करता है। इसी अर्थ में कला न उच्छ्वास है, न उद्‌गार, न फैशन है, न रीति—वह अग्नि-धर्मा शक्ति है। कलाकार समाज को विद्रोह की, क्रांति की, सहभाव की, समाज को आगे बढ़ाने की प्रेरणा दे सकता है। इस तरह निष्कर्ष निकला—(1) कला की सामग्री को सीमित करना अनधिकार चेष्टा है (2) परिस्थितियों को ध्यान में रखकर हम जैसी प्रेरणा चाहते हैं वह यदि साहित्यकार में स्वभावतः नहीं है तो हम बलात् उसे पैदा नहीं कर सकते। (3) साहित्य में प्रेरक शक्ति हो सकती है, किंतु वह साहित्यकार की आंतरिक क्षमता का स्वयंभूत फल है।

आज ये स्थापनाएँ 'सुधारक' का प्रतिवाद करती हैं। जनता के लिए वही लिखेगा, जिसकी मूल जड़ें विशाल जन-समुदाय में हों। अत: 'सुधारक' को साहित्य का मोह त्यागकर जनकल्याण के कार्यों में लगना चाहिए। टॉमस मान ने सांस्कृतिक सजगता का पाठ साहित्यकार को पढ़ाया है सुधारक को नहीं। उलटे रास्ते का संघर्ष तो साहित्य को खतरे में डालता है। साहित्य मंदिर में उस देवता की मूर्ति स्थापित करो जो मानसिक, सांस्कृतिक स्वाधीनता का पाठ पढ़ाता हो।

आधुनिक जीवन में साहित्य और राजनीति का संबंध क्या हो, कितना हो, यह बहुत ही जटिल और उलझा हुआ प्रश्न है। साहित्यकार और राजनीतिज्ञ दो अलग-अलग वर्ग हैं। रचनाकार शिकायत करता रहा है कि साहित्य पर राजनीति का कब्जा घातक है। फिर जिसके पास शक्ति है या साहित्यिक भाषा की प्रतिभा है, वह कभी भी अभिव्यंजना के एक ढंग से तृप्त नहीं हो सकता। वह नई राहें खोजता है। चित्रकार माइकेल एंजेलो ने गीतों की पुस्तक रच डाली और कवि दांते ने एक बार चित्र बनाया। कविवर रवींद्रनाथ टैगोर ने उत्तर-जीवन में तूलिका और रंगों को अपनाया। स्पष्ट है कि प्रतिभा अलग-अलग मार्ग खोजना चाहती है, कोई एक मार्ग नहीं। अज्ञेय शक्ति

या प्रतिभा को 'लिविडो' या दैवी प्रेरणा से जोड़कर उसे कई रूपों में प्रकट पाते हैं। इतिहास में ऐसे भी युग आए हैं, जब साहित्य ने गौरवपूर्ण स्थान पाया है और राजनीति उसके सामने गौण रही है। कभी-कभार साहित्य और राजनीति को तीसरी शक्ति 'धर्म' ने ग्रस लिया है। लेकिन आजकल भारत में राजनीतिक जागरण का प्रकाश फैला हुआ है, आज राजनीतिक समस्याएँ ही हमारी प्रमुख समस्याएँ हैं। जब रोम जल रहा था—नीरो संगीत में मस्त था। नीत्से, लेनिन राजनीतिज्ञ थे, लेकिन साहित्य पर उनका प्रभाव पड़ा। साहित्यकार हो या राजनीतिज्ञ दोनों के लिए मानसिक स्वाधीनता अपेक्षित होती है। राजनीतिक दल बंदियाँ क्षणस्थायी हैं जबकि साहित्य ऊँची चीज है। सृजन-शक्ति विलास नहीं है—मूल्य चेतना की शक्ति है।

हमारे यहाँ मार्क्सवाद के आने पर साहित्य और प्रगति को लेकर कई प्रश्न उठे हैं। 'प्रगति की समस्या' के कई पहलू हैं, जो प्रगतिवाद से जुड़े हैं। अज्ञेय ने लिखा है कि ''साहित्य में प्रगतिशीलता की माँग करनेवाले प्राय: एक मौलिक सत्य को भूल जाते हैं। प्रगतिशीलता कहाँ से उत्पन्न होती है, इसकी परीक्षा करने से पहले एक और बात जरूरी है कि साहित्य—कोई भी कला—कहाँ से उत्पन्न होती है? कला के मूल उद्भव की जाँच करे, तो स्पष्ट हो जाएगा कि प्रगतिवाद का सिद्धांत राजनीतिक और आर्थिक क्षेत्र में भले ही स्वीकार हो सके, साहित्य, साहित्य-सृष्टि के क्षेत्र में अस्वीकार्य ही रहेगा।'' *(त्रिशंकु)* क्यों अस्वीकार्य रहेगा? इसलिए कि साहित्यिक—कोई भी कलाकार, अनिवार्य रूप से अपनी परिस्थितियों का परिणाम होता है। वह अपने आस-पास व्याप रहे संघर्ष का फल है। कला संघर्ष का फल है, तो कलाकार बलवती प्रेरणा से चालित। उसकी गति-प्र-गति है या प्रति-गति है या अधोगति। इसका निर्णय कला के भीतर से नहीं हो सकता। निर्णय के आधार जब बाह्य हो जाते हैं, तो आलोचक की बन आती है, उसकी कसौटी राजनीति, समाजशास्त्र, सौंदर्यशास्त्र कुछ भी हो सकती है। ''ठीक यहीं पर प्रगति के 'वाद' की पराजय है। यहीं पर साहित्य अपने को उसके बंधन से मुक्त करता है। नीतियाँ सापेक्ष्य हैं। रूढ़ियाँ निरंतर बदलती रहती हैं। आज जो प्रगति है, कल वह प्रति-गति और अधोगति भी हो सकती है। नियंत्रण से कला को राजनीति मिल सकती है, साहित्य नहीं मिल सकता। 'प्रगतिवाद' के पास जो रटा-रटाया उत्तर है, वह यह है कि वह तूफान ला सकता है। वह भूल जाता है 'प्रगति' तो 'वाद' बनते ही 'रूढ़ि' बन जाती है। रचनाकार में प्रगतिशीलता का अर्थ हो सकता है, तो यही कि वह अनुभूति और परिस्थिति में कार्य-कारण परंपरा की वृत्ति को बढ़ावा दे।''

प्रश्न उठता है कि क्या लेखक बिकाऊ है? रचनाकार के लिए पारिश्रमिक की समस्या अंततः साहित्यिक समस्या नहीं है—वह आर्थिक समस्या है। 'लेखक संगठन का प्रश्न' आर्थिक अधिकारों की रक्षा का प्रश्न है। रचनाकार है, तो चाहे भूखा मरे,

जेल काटे अपने को बेचता नहीं है। वह सत्ता की गुलामी नहीं कर सकता है—वह सत्ता के कुकर्मों को खोलने की निर्भयता से संपन्न होता है। प्रेमचंद अपने संपूर्ण साहित्य में धन से दुश्मनी करते हैं, तो उसका एक बड़ा अर्थ है। रचनाकार किसान, मजदूर, गरीब, यातनाग्रस्त की ओर से बोलता है, प्रतिपक्ष में रहता है। रचनाकार समझौतावादी नहीं होता, वह खतरों से खेलता है। यही उसकी शक्ति है।

'चेतना का संस्कार' लेख में अज्ञेय ने माना है कि हम सत्ता-युग में जीवित हैं। सत्ता पैसे की है, यंत्र की है, धातु की है, आर्थिक संगठन की है। कुछ लोग कहते हैं यह जनतंत्र के विकास की चरम अवस्था है। आज जनतंत्रवाद और अधिनायकवाद में सीधा संघर्ष है। तत्त्वत: यह संघर्ष दो का नहीं, एक ही का संघर्ष है। इसलिए समस्याओं को बुद्धि के प्रकाश में देखना चाहिए। यांत्रिक शक्ति से हमने गति और बल को असंख्य गुना बढ़ा लिया है। विराट् उत्पादन की कलें सामने आ रही हैं और अनेक प्रकार के गणक यंत्र। इस सत्ता-युग में हमारी शक्ति रचना और विनाश की कई गुना बढ़ी है, लेकिन उस अनुपात में विवेक वृद्धि नहीं हुई। आज की मौलिक विसंगति हैं—सत्ता और विवेक का वैषम्य। हम प्रकृति पर नियंत्रण करने के लिए हर जगह कूद रहे हैं। भौतिक विकास तो है—वहीं आत्मिक विकास अवरुद्ध हो गया है। हमारा आध्यात्मिक ह्रास हुआ है और भोगवाद मानव मन पर छा गया है, उसकी नैतिकता की आँखों की ज्योति मंद हो गई है। तात्कालिक सुख अब हमारी हर क्षेत्र में कसौटी है। आधुनिक हिंदी काव्य में वेग के साथ भोगवाद की लहर आई है, मूल्यांधता बढ़ी है। वेल्स ने कहा कि आधुनिक सभ्यता की त्रासदी है कि उसने नई पीढ़ी की प्रतिभा को सही दिशा नहीं दी है। 'विकास' की दौड़ में दिशाहीनता आज के युग की सबसे बड़ी 'विसंगति' है। मानव की चेतना कम विकसित होगी तो वह सतह पर आ जाएगा। इसलिए चेतना का परिष्कार आवश्यक है। अमीवा और डाइनासोर से निकलकर जीव-विज्ञान ने न जाने कितनी मंजिलें पार की हैं। डार्विन की खोजों ने पुराना इतिहास बदल दिया है। फ्रायड, एडलर, युंग ने मनोविश्लेषण में नई विचार-यात्राएँ की हैं और उन्होंने विकासवाद के सिद्धांत से पाया है कि जड़ से जीवन का विकास हुआ है, चेतना आगे बढ़ी है। चेतना का विकास मूलत: संस्कृति का विकास है।

त्रिशंकु संग्रह के परिशिष्ट में 'केशव की कविताई' पर वार्त्तालाप है और देव-बिहारी की कविता की गहराई पर चर्चा है। केशव ने स्वयं ट्रेडीशन बनाया—बिहारी को ट्रेडीशन बना-बनाया मिला। केशव रीति में भटक गए— *रामचंद्रिका* लिखी, जबकि वे अच्छा व्यंग्य लिख सकते थे। यहाँ चार नाटकों की चर्चा है—उग्र का नाटक— *महात्मा ईसा,* प्रसाद का नाटक *स्कंदगुप्त* चंद्रगुप्त विद्यालंकार का नाटक— *खो* और हरिकृष्ण प्रेमी का नाटक— *स्वप्नभंग*। अज्ञेय ने यहाँ एकाग्र मन से पड़ताल की है कि कैसे सिनेमा ने

हिंदी स्टेज को चौपट किया है। फिर एक 'भूमिका' शीर्षक से कहा गया है कि रचना को सिद्धांतों के बोझ से नहीं मारना चाहिए। *दो फूल* सत्यवती मलिक के कहानी-संग्रह की व्याख्या है। यहाँ *आधुनिक महादेवी वर्मा* पुस्तक पर विचार किया है और कहा गया कि महादेवी में मीरा जैसी तन्मय आत्म-विस्मृति नहीं है। और अंत में 'वागर्थ प्रतिपत्तये' में कहा गया है कि कविता ही कवि का परम वक्तव्य है। *तारसप्तक* परंपरा की गठन से निकला काव्य तर्क इस लेख में अपनी अपूर्व विचार-दीप्ति से विद्यमान है।

त्रिशंकु के सैद्धांतिक चिंतन ने हिंदी के मौलिक काव्यशास्त्र को दृढ़ भूमि दी है और आचार्य रामचंद्र शुक्ल और आचार्य हजारी प्रसाद की सैद्धांतिकी को आगे बढ़ाया है। इस दृष्टि से हिंदी आलोचना के सैद्धांतिक आधार को दृढ़ करने के लिए छायावाद में जो कार्य जयशंकर प्रसाद ने *काव्य और कला तथा अन्य निबंध* लिखकर किया था, वही कार्य अज्ञेय ने प्रगति-प्रयोग, नयी कविता या उत्तर-छायावाद में *त्रिशंकु* के निबंधों से किया है। ये निबंध-चिंतन हिंदी आलोचना की मौलिक उपलब्धि कहे जा सकते हैं।

□

स्वाधीन-चिंतन से जुड़े प्रश्न

हिंदी निबंध लेखन के क्षेत्र में अज्ञेय ने भारतेंदु बालकृष्ण भट्ट, प्रताप नारायण मिश्र, बाल मुकुंद गुप्त, आचार्य रामचंद्र शुक्ल, प्रसाद-निराला, आचार्य हजारी प्रसाद द्विवेदी की परंपरा को नया अर्थ-संदर्भ दिया है। अज्ञेय के रचनाकार जीवन में ऐसे पड़ाव और मोड़ आते रहे हैं, जहाँ उन्होंने निबंध विधा का नए रूप में आविष्कार किया है। कविता की तरह अज्ञेय ने निबंध विधा में भी कम प्रयोग नहीं किए हैं और नई-नई शैलियों में इस विधा को माँजा-चमकाया और निखारा है। अज्ञेयजी में यह 'पड़ाव', *चिंता* काव्य-संग्रह के प्रकाशन के साथ ही आया। उन्होंने चिंतन की छायावादी, उत्तर-छायावादी लीकों को तोड़ा और नई सर्जनात्मक चिंताओं, प्रश्नाकुलताओं और जटिल संवेदना की समस्याओं को *त्रिशंकु* के निबंधों में स्थान दिया। पहले कहा जा चुका है कि इस निबंध-संग्रह का हिंदी निबंध की विकास-यात्रा में वही स्थान है, जो जयशंकर प्रसाद के निबंध-संग्रह *काव्य और कला तथा अन्य निबंध* का है। अज्ञेय ने साहित्य-संस्कृति के प्रश्नों को साहित्यालोचन के बँधे घेरे से निकालकर मुक्त चिंतन किया। उन्होंने निर्भयभाव से 'रूढ़ियों' का निषेध करते हुए समाज-संस्कृति-राजनीति के संगठनों की ओर ध्यान केंद्रित किया और स्वीकार किया कि नई सर्जनात्मकता पर आधुनिक जीवन का दबाव बढ़ गया है।

अज्ञेय जहाँ-जहाँ भ्रमण के लिए गए, वहाँ-वहाँ से कुछ-न-कुछ मूल्यवान चिंतन का खजाना कमाकर लाए। इसलिए उनकी यायावरी वृत्ति का उनके निबंधों की कला-कवि-दृष्टि पर प्रभाव पड़ा। उन्होंने सीप, घोंघे, पत्थर और चित्र सभी के 'कोलाज' से एक नया निबंध में प्रयोग किया। इन प्रयोगों ने उनके आत्माभिव्यंजक निबंधों की सर्जनात्मकता में एक छवि-चित्रों का लोक ही खोल दिया। 'सच्चा' और 'चुप्पा', 'मौन' और आत्ममंथन के अभ्यासी उनके रचनाकार ने हिंदी गद्य की सूरत ही बदल डाली। एक नए तरह का गद्य नई वैचारिकता के साथ सामने आया। गद्य की बेहद सर्जनात्मकता ने सिद्ध किया कि ''कलाकार हूँ नहीं शिष्य साधक हूँ'' का अर्थ प्रियंवद अज्ञेय पर सटीक

बैठता है। हिंदी कविता की ही नहीं, हिंदी गद्य की (निबंध, उपन्यास, कहानी, यात्रा-संस्मरण, डायरी, पत्रकारिता) असाध्यवीणा भी अज्ञेय हाथों ही बजी है। अज्ञेय का ही यह कलेजा है कि हिंदी गद्य में विशेषकर निबंध, यात्रा-वृत्त, डायरी में परंपरा-संस्कृति की पोटली को खोलकर सभी को परोस दिया। आँखें देखी कबीर शैली में जीवन के राग-दीप्त सच को नई रचना-स्थिति के साथ संबद्ध कर दिया और इस कला ने निबंध को पुनर्जीवित करने का अरमान बुलंद किया। आँखों देखी इस अज्ञेय शैली का ही हुनर है कि यात्रा-संस्मरण हो, कहानी हो, डायरी, पत्रकारिता हो, निबंध विधा में वैचारिक रसायन प्रक्रिया से वे काया-कल्प कर देते हैं। फिर भी अगर कुछ बचा रहता है तो उसे वे किसी-न-किसी विधा में बदलकर 'रिसाइकलिंग' करके उसे नया प्रयोग रूप दे देते हैं। अपने को बदलने के लिए हर समय खुला रखने के कारण अज्ञेय में 'अपूर्वता' की शक्ति बढ़ जाती है। सर्जनात्मकता की आधुनिक समस्याओं को बौद्धिक स्तर पर झेलने के कारण उनके निबंधों में हलकी भावुकता, छिछली भावमयता का उच्छलन या उफान नहीं है। अनुभव-चिंतन की चुनौती से दुहा गया वागर्थ है, जिसमें पानी मिलाया ही नहीं गया है। अज्ञेय के निबंधों के अनुभव चाहे वे 'संस्कृति और परिस्थिति' या फिर 'संक्रांति काल की कुछ साहित्यिक समस्याएँ' जैसे निबंध हों हमारे अंतर्मन में धँस जाते हैं और हम भीतर-ही-भीतर स्वीकार-अस्वीकार के झूले में झूलते रहते हैं। भारत और पश्चिम से अज्ञेय का साक्षात्कार प्रश्नाकुल अनुभव होने के कारण उनकी भारतीयता का नया संस्कार करता है—आप चाहें तो इस निबंध-चिंतन को 'भारतीय आधुनिकता' कह सकते हैं। देशी-विदेशी अनुभव, जैसे 'रूढ़ि और मौलिकता' जैसे भावानुवादपरक निबंध में, नए चिंतन को आत्मसात् करने की प्रक्रिया में जिस मौन आत्ममंथन की शुरुआत हुई, उसमें सांस्कृतिक अस्मिता के प्रश्नों ने पहली बार हिंदी-निबंध की विकास-यात्रा में इतनी एकाग्रता और समग्रता से रूपाकार ग्रहण किया है।

अज्ञेय के निबंध निर्मल वर्मा के निबंधों की तरह यह साक्ष्य जुटाते हैं कि आत्ममंथन की यह मौन सर्जनात्मक प्रक्रिया, उनमें तब तक श्रीगणेश नहीं बनती, जब तक कि वे 'अन्य' के संपर्क में नहीं आते हैं। *अरे यायावर रहेगा याद* तथा *एक बूँद सहसा उछली* में जो अनुभव संसार निवास करता है, जिसके पीछे भारतीय और पश्चिमी संस्कृति की गहरी समझ है, वह समझ आरंभिक वर्षों के निबंधों में उतनी नहीं है, जितनी कि बाद के वर्षों के निबंधों में 'अन्य' को लेकर मिलती है। 'उड़ चल हारिल' के संकल्प का रचनाकार आखिरकार निबंधों में विचार का एक नया सवेरा प्रस्तुत कर देता है। पौ फटती है और नई-नई विचार-किरणें प्रकाश से निबंधों को भर देती हैं। एक औपनिवेशिक नागरिक होने के नाते अज्ञेय ने अन्य शीलवान शिक्षित भारतीयों की तरह निबंधों में नई दृष्टि की 'सभ्यता-समीक्षा' में सृष्टि कर डाली। लेकिन उनके विरोधियों ने सबकुछ को

नकल माना और उन्हें पश्चिमी नकल का मक्कार बुद्धिजीवी, बर्बर व्यक्तिवादी घोषित किया। फलत: अज्ञेय के निबंधों की मौलिकता और सर्जनात्मकता पर विचार ही नहीं हुआ। दो सौ वर्षों की गुलामी ने जिस गुलाम मानसिकता का पोरूषण किया था—वह एक असहज स्थिति थी और उससे बाहर निकलकर सोच पाना, यूरोप की 'अन्यता' से मुक्त हो पाना तो वामपंथियों तक के लिए संभव न था, वे खुद मार्क्स-लेनिन के मानसिक गुलाम थे। लेकिन तमाम जोखिम उठाकर अज्ञेय ने मार्क्स-लेनिन की वैचारिक गुलामी को अस्वीकार किया। इसलिए अज्ञेय के निबंधों में भारतीय-परंपरा का नचिकेता-भाव निरंतर विद्यमान रहा है। उन्होंने साहित्य और साहित्यालोचन पर शंकाकुल होकर संदेह उठाए हैं, उनकी बारीक बौद्धिक छान-बीन की है और पांडित्य को कभी भी कहीं भी बोझ नहीं बनने दिया है। इस प्रश्नाकुल प्रेरणा शक्ति के कारण ही वे आचार्य हजारी प्रसाद द्विवेदी की निबंध-परंपरा को आगे बढ़ा सके हैं और हिंदी-निबंध का एक नया साँचा और ढाँचा निर्मित करने में समर्थ हुए हैं।

अज्ञेय ने चिंतन की प्रकृत भावभूमि पर विचरण करने के कारण साहित्य-कला-संस्कृति, साहित्यालोचन से जुड़े निबंधों में अपना कुँवारा-सतर्क मौन नहीं खोया, अपितु हमेशा कहा कि 'शब्द और सत्य' का संघर्ष जारी है और इस संघर्ष में अरमान यह है कि वे शब्द और अर्थ से नया रचनात्मक रिश्ता कायम करें। इस नए रिश्ते में 'हाय-हाय, झाँय-झाँय' नहीं है—आत्मनिर्वासन नहीं है, अकेलापन है, जिसकी सामाजिकता में विष्णु पग धर रहे हैं। यह 'वामन' का तप-बल है, जिसमें सजग बौद्धिक आत्म-बोध मौजूद रहा है। आज भी अज्ञेय के निबंधों की वामन-चरण-कला का प्रताप सजग पाठक को चकित करता है। मैथिलीशरण गुप्त के शिष्य अज्ञेय साहित्यिक परंपराओं में मौजूद रीतिवाद को विद्रोही तेवर से ध्वस्त करते हैं। इसी तेवर में *तारसप्तक, दूसरा सप्तक, तीसरा सप्तक, रूपांबरा, पुष्करिणी* की भूमिकाओं के निबंधपरक विचारों के कोणों को देखा जा सकता है। पंत के *पल्लव,* मैथिलीशरण गुप्त के *मेघनाथ वध की भूमिका,* निराला *अनामिका* की भूमिका, महादेवी की *दीपशिखा* की भूमिका देखा जा सकता है। *तारसप्तक* की भूमिका ने इतना वैचारिक कोलाहल किया था कि छायावाद के नामी-गरामी आलोचकों को समझ में नहीं आ रहा था कि यह सब क्या है और क्यों है? कहना होगा कि यह एक ऐसी चिंतन प्रधान निबंध-यात्रा है जो विदेशी भूमि से होती हुई हमें अपने भारतीय आत्म-बोध तक लाती है। इस लंबी अंतर्यात्रा में कोलंबस का सा साहस है, जो *त्रिशंकु* के निबंधों में दहाड़ता मिलता है।

अज्ञेय जब कभी 'परिस्थिति और साहित्यकार' जैसे निबंध लिखते हैं, तो स्पष्ट कहते हैं कि परिस्थितिवश हमारा रुझान यांत्रिकता की ओर है। हमारी सारी प्रगति—हमारे आस्तित्व का रुझान यांत्रिकता की ओर हो रहा है। यह यांत्रिकता हमारे जीवन को लीक

पर डाल रही है और जीवन सस्ता, छिछला, घटिया और संस्कृति बेजान हो रही है। साथ ही 'आज के अधिकांश हिंदी साहित्य में अतृप्ति-लालसा, दिवास्वप्न, यौन प्रतीकों, इच्छित विश्वासों का साम्राज्य है। इस स्थिति में मौजूद अज्ञेय ऐसा 'जीनियस' है कि वह शृंखलाओं को तोड़कर अनाहत निकल जाता है, वह निरा व्यक्ति नहीं है, सामूहिक प्राणी है और समष्टि का अंग बनकर बोलता, विचार करता है। *त्रिशंकु, हिंदी-साहित्य : एक आधुनिक परिदृश्य, आलवाल, अद्यतन, जोगलिखी* और *धार के किनारे* जैसा कोई निबंध-संग्रह हो वह पूरे मनोयोग से सर्जना और संदर्भ पर गहन विचार-विश्लेषण-मंथन करता है और विचार को एक 'पाठ' या टेक्स्ट में बदलकर उसका बासीपन छाँट देता है। वह पूरी हिम्मत से कह सकता है—"प्रगतिवाद का सिद्धांत राजनीतिक और आर्थिक क्षेत्र में भले ही स्वीकार हो सके, साहित्य सृष्टि के क्षेत्र में अस्वीकार ही रहेगा।" (*सर्जना और संदर्भ*, पृ. 63) वह यह भी मानता है कि नीतियाँ सापेक्ष्य हैं—रूढ़ियाँ निरंतर बदलती रहती हैं। अत: नैतिक कसौटियाँ सापेक्ष्य हैं, प्रगति भी सापेक्ष्य है। फलत: आज जो प्रगति है, कल वह प्रति-गति हो सकती है। और यदि ऐसा है, तो प्रगतिवादी आलोचक की कसौटियाँ साहित्यिक कसौटियाँ नहीं हैं; क्योंकि साहित्य आत्मचिंतक होने का दावा करता है। कला पर ऐच्छिक नियंत्रण लगाने से, उसे किसी निर्दिष्ट दिशा में चलाने के प्रयत्न से, विज्ञान मिल सकता है, अर्थशास्त्र, राजनीति, समाजशास्त्र आदि मिल सकता है, साहित्य नहीं मिल सकता।

दरअसल, विरले ही निबंधकार, चिंतक, आलोचक, कवि, कथाकार होते हैं, जो अज्ञेय की तरह या रवींद्रनाथ टैगोर की तरह या टाल्स्टॉय की तरह आधी शताब्दी तक अपने समय के समग्र साहित्य-जगत् को निरंतर प्रेरित-प्रभावित करते रह सकें। बल्कि उस पर ऐसी अमिट, प्रेरणार्थक छाप छोड़ सकें, जो सर्जन-परंपरा, आधुनिकता, प्रयोग-प्रगति का दुर्निवार हिस्सा हो जाए। अज्ञेय के ये निबंध उनकी सुदीर्घ चुनौती भरे अंतर्यात्रा के ऐतिहासिक दस्तावेज तो हैं ही, वे साहित्य-चिंतन के प्रतिमान भी हैं। ये निबंध हमारी उन सभी समस्याओं, चिंताओं, बहसों, वैचारिक मुठभेड़ों से हमारा साक्षात्कार कराते हैं जो एक आधुनिक भारतीय रचना-कर्म से जुड़े हैं। इन लेखों ने अपने प्रकाशन काल में न जाने कितनी तरह की साहित्यिक बहसों, वाद-विवादों को प्रेरित एवं प्रभावित किया है कि आज भी उन्हें पढ़ना-गुनना, उनके भीतर से गुजरना एवं सार्थक वैचारिक उत्तेजना को जीना है। सच बात तो यह है कि इनकी अर्थवान बहुवचनात्मकता केवल अज्ञेय के सृजन और चिंतन को समझने तक ही सीमित नहीं है, बल्कि वे अपनी परंपरा के मूल सर्जनात्मक विकास की समझ के लिए भी अपेक्षित हैं। ऐसी स्थिति के कारण इन निबंधों का भारतीय चिंतन-परंपरा में ही नहीं, 'तीसरी दुनिया' के साहित्यालोचन और साहित्य-चिंतन में एक दुर्निवार स्थान है। क्योंकि ये निबंध आज भी भारतीय रचनाकार

की चुनौतियों, चिंताओं, खतरों और झंझटों को नए कोणों से स्पष्ट करते हैं। और जिनका सामना हर हालत में संक्रमणशील समाज की सर्जनात्मक प्रतिभा को करना है। उत्तर आधुनिकतावाद, वृद्ध पूँजीवाद, उदारवाद, बाजार-व्यवस्था, भूमंडलीकरण का हमला इस देश की सभ्यता-संस्कृति पर निरंतर हो रहा है। विचार के इस अँधेरे समय में अज्ञेय का निबंध-चिंतन ही हमें नई दिशा और दृष्टि दे सकता है।

परंपरा-आधुनिकता, व्यक्ति-स्वातंत्र्य, काव्य-प्रयोग, काव्यानुभूति, प्रतीक-बिंब, लय-नाद-संगीत, शब्द-अर्थ, काव्य-भाषा, संप्रेषण-व्यापार से जुड़े प्रश्नों पर अज्ञेय ने न जाने कितने निबंधों में 'कितनी नावों में कितनी बार' बैठकर तन्मय-चित्त से विचार-विमर्श किया है। विस्तार के कारण उन सभी की चर्चा यहाँ कर पाना संभव नहीं है, लेकिन उनके विचारों की गूँज, अनुगूँज, प्रतिध्वनि इन निबंधों की आत्मा में मिलेगी। अज्ञेय ने समय-समय पर उठनेवाली समस्याओं पर चिंतन किया और उस चिंतन को निबंधों में पूरी व्यक्तित्व व्यंजकता से प्रस्तुत किया है। निबंध में खुलापन उसकी विधागत विशेषता है और इस विधा की स्वतंत्रता का अज्ञेय ने पूरा उपयोग किया है। समाज, संस्कृति और धर्म संबंधित निबंधों की यहाँ एक कोटि है तो दूसरी कोटि साहित्यिक-आलोचनात्मक निबंधों की है। कुछ ऐसे भी निबंध हैं, जो अवनींद्र नाथ ठाकुर जैसे चित्रकारों, कलाकारों पर केंद्रित हैं—कुछ निबंध साहित्यालोचन की समस्याओं पर केंद्रित हैं और रचनाकारों की सृजन-प्रक्रिया पर भी विचार करते हैं। ये निबंध और लेख जो निबंध के कठघरे में फिट नहीं होते उन पर यात्रा-वृत्त, संस्मरण, डायरी, आत्मकथात्मक अंश आदि पर अलग से विचार किया गया है।

अज्ञेय ने ललित-निबंध या व्यक्तिव्यंजक निबंध 'कुट्टिचातन' नाम से लिखे हैं और *सबरंग कुछ राग* इसी तरह के ललित-निबंधों का उनका संग्रह है। वैसे भी निबंध बड़ा व्यापक नाम है और लघु निबंध से लेकर शोध-निबंध तक अपने पैर फैलाए हुए हैं। इसलिए संस्मरण, डायरी, यात्रा-वृत्त से लेकर व्यक्तिव्यंजक निबंध सब इसी कोटि में समाहित हो जाते हैं। निबंध एक ऐसा माध्यम है, जिसमें किसी भी क्षेत्र के चिंतन को मुखर भाव से प्रस्तुत किया जा सकता है। इसलिए यह मानना आज गलत सिद्ध हो गया है कि निबंध अलोकप्रिय विधा या कठिन विधा है और उपन्यास, कविता उसकी तुलना में ज्यादा लोकप्रिय विधाएँ हैं। गद्य को कवियों का निकष माननेवाले आज भी घोषित तौर पर कहते हैं कि कवि-कर्म की कसौटी तो निबंध है। कवि को काव्यानुभूति और लय का सहारा रहता है, लेकिन निबंधकार को ऐसा कोई सहारा नहीं रहता है। निबंध विचार-प्रधान हो या व्यक्तिव्यंजक ललित निबंध हो, उसमें विचार की क्रमबद्धता, रचना की रम्यता रहती है तो वह ललित या 'रम्य रचना' का दरजा पा जाता है। हालाँकि विद्यानिवास मिश्र जैसे ललित निबंधकार दबे स्वर में कहते रहे हैं कि संस्कृत वाङ्मय

में ललित शब्द का प्रयोग मनुष्य द्वारा सजाने-सँवारने का भाव रखता है। इसीलिए लालित्य निबंध में विशेष प्रयोजन से ही सटीक बैठता है। लालित्य का प्रयोजन निबंध में अलंकरण या कृत्रिम शोभा बढ़ाना नहीं है, अपितु भावक या पाठक के चित्त की विशद्ता या विस्तार ही है।

भाव या विचार की गहराई से निबंध कभी प्रतीकों की ओर बढ़ता है, कभी उक्ति वैचित्र्य की विदग्धता से भाव-घनता की ओर। अपने चरम पर ललित-निबंध काव्यात्मक ऊँचाई पाकर कविता हो जाता है। उसमें व्यक्ति के व्यक्तित्व की व्यंजकता रहती है, तो कुछ लोग उसे ललित न कहकर व्यक्ति-व्यंजक-निबंध कहना अधिक समीचीन मानते हैं। कुछ का कहना है कि 'आत्म' की अभिव्यक्ति को प्रधानता देने के कारण उसे आत्म-व्यंजक निबंध कहना अधिक उपयुक्त माना जा सकता है। क्योंकि 'आत्म' में 'आत्मा' की पुकार रहती है, इसलिए सुमनस लोग सहज ही ग्रहण कर लेने में समर्थ हो जाते हैं, लेकिन यह आत्म-व्यंजक या व्यक्ति-व्यंजक निबंध कोरे व्यक्ति का वाचक नहीं है उसमें प्रायः व्यक्ति 'अनुपस्थित' रहता है और नीचे तल से बोलता है। इसलिए उसका 'मैं' प्रायः 'हम' का पर्याय होकर आता है और पाठक का उससे साधारणीकरण होना सहज संभव होता है। पश्चिम के 'पर्सनल ऐसे' में 'मैं' की कोर ज्यादा नुकीली है, लेकिन भारत का 'मैं' प्रायः 'हम' होकर आता है।

भारतीय निबंध का मुक्त फक्कड़पन भी 'सबका होकर', 'सबके घट में बैठकर दुनिया को देखता है'। उसके भीतर से उसके मिथक देवता बोलते, बतियाते मिलते हैं। इसलिए निबंध में बतकही या बतरस का अपना मजा है। वैचारिक आधार को भूलकर केवल 'गप्प' को निबंध नहीं माना जा सकता। वह किस्सागोई की कला है, आख्यान है। फिर निबंध की दो मोटी कोटियाँ हैं—विचार प्रधान निबंध और ललित व्यक्ति व्यंजक निबंध। किंतु दोनों में ही विचार का धागा ज्यादा या कम होकर अवश्य रहता है। सर्जनात्मकता का यह स्वभाव है कि विचार और भाव-भाषा में एकता स्थापित करती है। यही कारण है कि आचार्य रामचंद्र शुक्ल के निबंध बौद्धिक गरमाहट की ऊँचाई छूने पर भी सर्जनात्मक हैं—"यात्रा के लिए निकलती रही है बुद्धि, किंतु हृदय को साथ लेकर" अर्थात् उनके विचार-प्रधान निबंधों में हृदय-बुद्धि का सामंजस्य है। भारतीय दर्शन में तो प्रमाण-वार्तिक हो, शांकर-भाष्य हो, उसे सर्जनात्मक गद्य कहा गया है। ऐसा इसलिए कहा गया है कि विचार प्रधान निबंध में भावना तिरोहित नहीं होती, उसका एक भिन्न प्रकार का बौद्धिक-संस्कार हो जाता है। विचार प्रधान निबंध अपने तर्क से शक्ति पाता है और यह शक्ति ही लोक में आलोक भर देती है।

बौद्धिक रुझानों के इस युग में तर्क-कर्कशता बढ़ती है और निबंध में हृदय की बहक को आदर नहीं दिया जाता है। निबंधकार एक विचार से, एक प्रतीक से, एक मिथक

से, एक प्रकरण प्रसंग, घटना से महीनों जूझता है और न जाने कितने संकटों से उबरकर एक विचार प्रधान निबंध लिख पाता है। इसलिए ललित-निबंध और विचार-प्रधान निबंध की धातु एक सी नहीं होती। विचार की घनता विचार की ठोस भूमि तलाशती है और विचार प्रधान निबंध 'बौद्धिक-संवाद' बन जाता है। अज्ञेय के निबंध प्राय: बौद्धिक-संवाद का स्थान ग्रहण कर लेते हैं। जैसे अज्ञेय का एक विचार-प्रधान निबंध है—''साहित्य बोध : आधुनिकता के तत्त्व' अज्ञेय यहाँ सुझाते हैं और सजग सूझ-बूझ से सुझाते हैं कि समकालीन संदर्भ में 'साहित्य बोध' की अपेक्षा 'संवेदना-बोध' ही अधिक सारमय संज्ञा है।' फिर प्रश्नाकुल भाव से पूछते हैं, क्या संवेदना के साथ 'नई' या 'पुरानी' जैसा कोई विशेषण लगाना उचित है? क्या संवेदना ऐसे बदलती है? क्या मानव मात्र एक नहीं हैं? क्या यह एकता देश और काल दोनों के आयाम में एक सी अखंडित नहीं रहती? स्थिति के बदलते ही संवेदना बदलती है और संवेदना-विस्तार के साथ जगत् के नए-नए क्षेत्र खुलते हैं और उन क्षेत्रों की विकसित विवेक-वयस्कता का संवेदनात्मक ज्ञान, ज्ञानात्मक संवेदना बनकर नैतिक बोध से जुड़ जाता है। नैतिक-अनैतिक, पाप-पुण्य के प्रश्न मानव की संवेदना को नियंत्रित करने लगते हैं और तब विज्ञान आता है, जो मानव की नैतिकता को ईश्वरपरक न मानकर मानव सापेक्ष्य मान लेता है। ध्यान में रखने की बात है कि अज्ञेयजी विज्ञान के विद्यार्थी रहे हैं और विज्ञान के अध्ययन-चिंतन ने उनके निबंधों की भाषा, तर्क एवं व्यंजना-व्यापार को दूर तक प्रभावित किया है। निबंध में वे विषय के हर कोने पर विचार करते हैं और गबदी अतार्किकता, झूठी धार्मिकता को स्थान देना उनके निबंधकार का रचना-धर्म नहीं है। वे सोच-समझकर यह तय कर लेते हैं कि संवेदना का संबंध जैविक परिस्थिति से नहीं; सांस्कृतिक परिस्थिति से है और प्रत्येक संस्कृति के मूल में एक जीवन-दर्शन होता है—जैसे-जैसे जीवन-दर्शन बदलता है, वैसे ही संवेदना भी बदलती जाती है। नैतिकता की भावना बदलने का कारण है—धार्मिक या धर्म-भावना का रूप-परिवर्तन। यही कारण है कि आज ईश्वर-धर्म के किनारे जाने से मनुष्य केंद्र में आ गया है। दूसरा परिवर्तन का कारण है प्रकृति की नई परिकल्पना। इस नई परिकल्पना में वैज्ञानिक चिंतन यांत्रिक चिंतन में बदल गया है और कोई मूल्य आत्यंतिक या स्वयंसिद्ध मूल्य नहीं रहा। मम और ममेतर का संबंध बदल गया और एक नई आधुनिक संवेदना का जन्म हुआ। आधुनिक संवेदना में जीवन की प्रक्रिया का यह बढ़ता ज्ञान, जीवन-यंत्र की यांत्रिक गति का बढ़ता हुआ परिचय अपने आपमें समस्या हो गया। जितना ही हमारा जीवन सतह पर आता जाता है, उतनी ही सतह बढ़ती जाती है और आभ्यंतर जीवन उतना ही सिकुड़कर छोटा होता जाता है—'छिछली, उथली, घनी चौंध से अंध घूमते हैं हम अपने रचे हुए मायावी उजियाले में।' फलत: संवेदना में द्विभाजन हो गया। इधर आधुनिकता जो परिवर्तन लाई है, उसके कारण संप्रेषण की

अनेक समस्याएँ उत्पन्न हुई हैं, आज आधुनिक लेखक और पाठक के बीच समस्या गहराई है। साथ ही संस्कृति को लेकर जो भ्रांत धारणाएँ फैली हैं, उन्होंने इस समस्या को और जटिल बना दिया है। हमें ध्यान रखना होगा कि अन्य संस्कृतियों की भाँति भारतीय संस्कृति भी एक मिश्र संस्कृति है, संग्राहक संस्कृति है। संस्कृति की भाँति हमारी भाषा भी मिश्र भाषा है।

अज्ञेय के निबंधों के इतने प्रकार और रूप हैं कि उनका वर्गीकरण पाठकों को अनुचित प्रतीत होगा। फिर सभ्यता-समीक्षा के वैचारिक स्तर पर यह कोरी गड़बड़ी होगी। अन्य विधाओं में निबंध जितना खुलापन नहीं होता। निबंध की व्यापकता यह है कि वह नितांत आत्मीय, अनौपचारिक और आत्माभिव्यंजक विधा है। उसका पूरा मिज़ाज विनोदी, मनमौजी और बतरसी होता है। उसकी गहराई नर्मदा की धार होती है और चौड़ाई ब्रह्मपुत्र का फाट। निबंध में विचारों की ताकत सभी पुराने घाटों के बँधे-ठाठ को तोड़ देती है—उसे बाँध में बँधना भाता ही नहीं। स्वभाव से निबंध बिगड़ैल घोड़ा होता है, जिस पर ठीक से सवारी ज्ञानी-ध्यानी ही कर पाता है। विचार-प्रवाह का अर्थ है कि उसमें नई-से-नई धार फूटती रहती है। भारतेंदु युग के निबंधकारों का खुला-खिला गद्य, द्विवेदी युग के निबंधकारों की अल्हड़ता, रीति विरोधी अभियान की मुद्रा, छायावादी निबंधकारों की क्लासिक संवेदना, प्रगतिवादी निबंधकारों की निर्भय मुक्तता और नयी कविता युग के निबंधकारों की विपुल अलमस्त उन्मुक्तता निबंधों का सौंदर्य कही जा सकती है। अज्ञेय को 'अभिजात' कहकर चाहे कितना ही कोसा जाए, लेकिन यह सच है कि वे निबंधों में अभिजात चिंतन से ऊपर उठकर उसका अतिक्रमण करते हैं जैसे उनका निबंध है—'हिंदी-साहित्य : चौपाई'। उनके विचार से तुलसी की रामभक्ति सिर्फ भक्ति नहीं थी, उसमें लोक-धर्म का सौंदर्य भी था। तुलसीदास बाहर की संस्कृति से द्वेष किए बगैर अपनी संस्कृति में जान फूँकना चाहते थे। इस तरह के निबंध-प्रयोग अज्ञेय को निबंध की लोकतांत्रिक विधा में बहुत सम्मान से देखने का हौसला देते हैं।

वास्तविकता यह है कि बीसवीं शताब्दी में नए-नए विचार-क्षेत्रों, सिद्धांतों, साहित्य-मठों की प्रतिष्ठा बढ़ी। स्वाधीनता आंदोलन की सर्जनात्मक हवा में मनुष्य की मुक्ति की आकांक्षा का उद्दाम शक्ति प्रवाह फूट-फट पड़ा। साहित्य-चिंतन और साहित्यालोचन ने ऐसे क्षेत्रों में प्रवेश किया जो अकादमिक आलोचना से कहीं अधिक व्यापक थे और समय, समाज, संस्कृति को लेकर आगे बढ़ते थे। साहित्यालोचन और दर्शन के बीच निबंध ने नया मार्ग खोज निकाला। ग.मा. मुक्तिबोध ने *नयी कविता का आत्मसंघर्ष तथा अन्य निबंध* पुस्तक के निबंधों से चिंतन का पूरा इतिहास और समाजशास्त्र बदलकर साहित्य का एक नया सौंदर्यशास्त्र विकसित करने का महत्त्वपूर्ण प्रयत्न किया। इसी प्रयत्न की पूरकता में अज्ञेय आए। अज्ञेय और मुक्तिबोध की पूरकता

पर ध्यान कम दिया गया। एक-दूसरे को एक-दूसरे का विरोधी सिद्ध करने में आकाश-पाताल के कुलावे मिलाए गए। जबकि अज्ञेय और मुक्तिबोध दोनों ने अपने चिंतन की विशिष्ट शैली से हिंदी निबंध का विकास किया इन दोनों रचनाकारों ने समय के बहुमुखी और संश्लिष्ट दबावों के नीचे नवीन चिंतन-संभावनाओं को उजागर किया, जिसके एक छोर पर पत्रकारिता और दूसरे छोर पर विचारधाराओं की सिद्धांत-दृष्टि का दबदबा रहा। अपने समय की सच्चाई को लेकर अज्ञेय ने 'नयी कविता' जैसा अद्‌भुत संवाद-शैली में निबंध लिखा और कहा—"मैं अकिंचन। केवल रुचि के कारण साहित्य पढ़नेवाला एक साधारण व्यक्ति। मैं नयी कविता पढ़ता हूँ।" यह भी कि नयी कविता पढ़ने के लिए ही लिखी जाती हैं। और नयी कविता कुछ है अवश्य। छायावाद काल के प्रोफेसर गण नयी कविता पर हमला करते हुए अपनी तर्क-विकृति का नमूना पेश कर रहे थे। उनकी निगाह में प्रगतिवाद एक राजनीतिक बिल्ला और प्रयोगवाद एक गाली था। अज्ञेय ने अध्येता बनकर छायावादी प्रोफेसर से कहा—नयी कविता सबसे पहले एक नई मन:स्थिति का प्रतिबिंब है, एक नए मूड का—एक नए राग-संबंध का। अज्ञेय ने भवानीप्रसाद मिश्र, रघुवीर सहाय की कविताओं के उदाहरण देकर नई संवेदना, नए रूपों, नए प्रयोगों को स्पष्ट किया। इस तरह निबंध विधा—नए विचारों के रक्त से तगड़ी हो गई। यह निबंध विधा की शक्ति का प्रमाण ही है कि उसने अज्ञेय को तमाम प्रहारों को झेलने की जीवट प्रदान की। अपने मन की बात अज्ञेय अपने पाठक समाज तक इन निबंधों के माध्यम से ही पहुँचा सके। अज्ञेय को 'चिंपाजी' और 'मनहूस' कहनेवालों को इन निबंधों ने ही करारा उत्तर दिया। इन निबंधों ने ही कई आलोचकों का वह चेहरा उजागर किया, जिनकी आलोचना द्वेष के नरक के सिवा और कुछ नहीं है। इस तरह अज्ञेय के निबंधों ने उनके स्वाधीन व्यक्तित्व और स्वाधीन चिंतन की चेतना को वाणी दी और वे अपने समय के संकट को अधिक घनता, अधिक गहराई और साहसपूर्ण निर्भयता से अभिव्यक्त कर सके। उन्होंने नए विचारों की सर्जनात्मक ऊर्जा से हिंदी-निबंध साहित्य को वह गौरव प्रदान किया, जो उसे पहले कभी प्राप्त नहीं था।

आज कितने आश्चर्य की बात लगती है कि अज्ञेय के लिए निबंध कभी भी छौयावादियों की तरह आत्माभिव्यति का माध्यम नहीं रहा, जबकि उनका 'आत्म' उसमें खुलकर व्यंजित हुआ है। रवींद्रनाथ और आचार्य हजारी प्रसाद द्विवेदी के निबंधों की तरह अज्ञेय के निबंध एक गहन क्लासिकल विचार-यात्रा के दस्तावेज हैं—जिनकी अलग टोन है और अलग टेंपर। अज्ञेय के निबंधों को पढ़ने वाले प्रबुद्ध पाठक को उनके आलोचनात्मक विवेक, विचार की सूक्ष्म-से-सूक्ष्म पकड़, नीर-क्षीर शैली, व्यंग्य-वक्रोक्ति, हास-कटाक्ष की ताजगी चकित करती है। कई बार मैं सोचता हूँ कि अज्ञेय ने अगर निबंध-विधा के अलावा किसी अन्य विधा में लिखा ही न होता, तो क्या वे

अपने टटके, प्रखर, मौलिक, तेजस्वी और एकदम क्रांतिकारी चिंतन के लिए याद न किए जाते? चिंतन की गहराई में गोता लगाकर मोती लानेवाले को क्या पाठक का अपनापन प्राप्त न होता। निश्चय ही इस पनडुब्बा निबंधकार को उनके अलीकी चिंतन की मूल्यवत्ता के लिए अमर स्थान मिलता। अज्ञेय के कई आलेख, वक्तव्य, टिप्पणियाँ समय के तात्कालिक दबावों और सरोकारों को लेकर लिखे गए हैं। उनकी चिंताओं के केंद्र में समय-संदर्भ रहे हैं और काल-चिंतन का अभिनव नयापन। हिंदी में पहली बार काल-चिंतन पर किसी निबंधकार ने इतनी मौलिक सूझ से विचार-मंथन प्रस्तुत किया है। कहना होगा कि अज्ञेय के लिए निबंध लिखना—समस्याओं, चिंताओं को सुलझाना उतना नहीं है, जितना कि निरंतर बदलते हुए परिप्रेक्ष्य में उन पर नए सिरे से विचार करना—नए विचारों की जटिलता का छाती तानकर सामना करना है। 'त्रिशंकु' के निबंधों में संशय के विचार-कण थे, लेकिन आगे के निबंध-संग्रहों में पके हुए चिंतन का विश्वास है।

यह बात भी भूलने के विरुद्ध है कि निबंध विधा में नए विचारों की लपट झुलसा देनेवाली होती है और योगी भाव से उनका मुकाबला करना होता है। बड़े-बड़ों के पैर उखड़ जाते हैं चिंतन-प्रवाह में। संदेह और आस्था का अंधकार निबंधकार को घेरकर खड़ा हो जाता है—वह हर नए मोड़ पर अपने को लहू-लुहान करता है और अंधकार से जूझते हुए सवेरे तक चलता है। फिर अज्ञेय तो कभी भी जानी-पहचानी पगडंडी पर नहीं चले। हर बार नई दिशा की ओर निकल पड़े। उन्हें न कभी पाने का गर्व हुआ, न खो जाने की पीड़ा। भारतीय चिंतन में परंपरा, संस्कृति, इतिहास के पद-चिह्न जहाँ खो गए थे, उन्हें अपने पिता हीरानंद शास्त्री की तरह उन्होंने खुदाई करके पुनः पाने की कोशिश की। चिंतन में वे वेदांत के ऋषि की तरह कभी थके नहीं—अनथक यायावर रहे। अरविंद, विवेकानंद, तिलक, गांधी, लोहिया, जयप्रकाश नारायण, मानवेंद्र राय, फ्रायड, हेडेगर, नीत्से आदि न जाने कितने मनीषियों के प्रभाव-प्रवाह में आए, लेकिन अपने चिंतन की मौलिकता पर कभी आँच नहीं आने दी। उनका समग्र निबंध-चिंतन एक पावनताजनिक विवेक में रमता गया और अंतिम दिनों में जन-जनक-जानकी यात्रा, ब्रजभाव की यात्राओं पर उन्होंने अनुपम विचार के निबंध लिखे। भारतीय-सभ्यता-संस्कृति के खोए हुए रास्तों की तलाश में वे निरंतर अन्वेषी भाव से निकलते रहे। उन्होंने पश्चिमी-सभ्यता-संस्कृति-साहित्य-धर्म के भीतरी रहस्यों को समझकर पश्चिमी आधुनिकता के सत्यानाशी पक्षों को अपने निबंधों में उजागर किया। नई राहों के इस अन्वेषी ने गाली खाकर भी अपने चेहरे पर, सोच पर झुर्रियाँ नहीं पड़ने दीं और सच के दरवाजों को हर जोखिम झेलकर खटखटाया और मानव-केंद्रित पश्चिमी-चिंतन के सामने भारतीय-चिंतन के विकल्प को प्रस्तुत किया। अपनी सांस्कृतिक अस्मिता की भूली हुई पहचान के साथ जातीय स्मृति का, प्रतीकों-मिथकों, पुराणों, रूपकों के

नए अर्थ-संदर्भों का जादुई पिटारा खोल दिया। भाई लोग अज्ञेय के चिंतन को विदेशी नकल, विदेशी जूठन, टी.एस. एलियट, डी.एच. लॉरेंस, प्रूस्त, टामस मान, नीत्से, सार्त्र, हेडेगर का छायानुवाद कहकर ठुकराते रहे। लेकिन अज्ञेय न रुके, न झुके एकाग्र-चिंतन समाधि में अपने 'आत्म' की पहचान को समर्पित रहे।

स्वतंत्रता पाने से पूर्व और स्वतंत्रता-प्राप्ति के बाद जिस सांस्कृतिक नवजागरण का श्रीगणेश नए संकल्प के साथ हुआ था, उसकी अमिट छाप अज्ञेय के निबंध साहित्य में मिलती है। हमारे पुरखों ने पुराणों, वेदों, उपनिषदों, रामायण, महाभारत के चिंतन में जिस सजग आत्मबोध की आग को हमें सौंपा था, उसे पश्चिमी झंझावातों में भी अज्ञेय ने नष्ट नहीं होने दिया। हाँ, यह प्रश्न बार-बार उठाया है कि हमने, पश्चिमी नकल के चक्कर में अपने को कैसा बना लिया? क्या है वह 'छवि' जिसे हमने बीसवीं शताब्दी के आरंभ में अपनी परंपरा संस्कृति की स्मृति को जगाकर पाया था और आज स्वतंत्रता प्राप्ति के बाद भुला दिया। ऐसी स्थिति में हमारी जीवंत सभ्यता संस्कृति का होगा क्या? हम क्यों फिर से पश्चिम के 'उपनिवेश' बनने की तैयारी कर रहे हैं। अपना स्वाभिमान खोकर हम उनके पीछे दौड़ रहे हैं। भाषा, धर्म, दर्शन, परंपरा, देश-प्रेम जैसी तमाम अवधारणाओं को सिर्फ बौद्धिक विलास समझकर हम 'भारतीय आधुनिकता' के उज्ज्वल पक्षों को मलिन कर रहे हैं। अज्ञेय अपने निबंधों में—'काल का डमरू नाद' हो या 'उन्मेष शालिनी प्रतिभा' जैसा निबंध—निरंतर संस्कृति के प्रतीकों, मिथकों पर पुनर्विचार करते हैं और पुर्नभाष्य करते हुए हमें भाषा और अस्मिता की ओर लौटने की प्रेरणा देते हैं। अज्ञेय के निबंधों का केंद्रीय विचार है—अपनी जड़ों की तलाश।

अज्ञेय के साहित्य, संस्कृति और समाज-परिवर्तन की प्रक्रिया से गहरे जुड़े-निबंधों में भाषा के सरोकार इसलिए भी ज्यादा हैं कि उनकी बुनियादी चिंता भाषा-संस्कृति से जुड़ी चिंता है। पचास वर्षों से अधिक की अवधि में निरंतर रचना-कर्म के सरोकारों से जुड़े रहने के कारण 'कवि हूँ, आधुनिक हूँ, नया हूँ' का चिंतन तनाव भी रहा और खूब रहा। अध्ययन, अध्यापन, आलोचना और संपादन में अविराम प्रवृत्त रहने पर भी उनमें काव्य-त्रिवेक के प्रवक्ता का दंभ नहीं जागा। पिछले पचास वर्षों में उनके ऊपर बार-बार शत्रु भाव से आक्रमण होते रहे और इस आलोचना-प्रत्यालोचना से भी उन्होंने लाभ उठाया। वे अपने निबंधों में इस विचार पर अडिग रहे कि कविता भाषा में नहीं, बल्कि शब्द में होती है। काव्य-सर्जना और काव्यात्मक उक्ति का आधार शब्द होता है। भाषा को काव्य-सर्जना का आधार मान लेने पर कविता पर उसका अनिष्टकारी प्रभाव पड़ता है। कुछ लोगों ने अज्ञेय के विचारों को ठुकराने के लिए 'सपाट बयानी के सिद्धांत' भी गढ़े और उन्हें कविता के प्रतिमान के नाम से चलाना चाहा। ग्रेशम के नियम के अनुसार इन काव्य-प्रतिमानों के खोटे सिक्कों ने हिंदी आलोचना से असली सिक्कों को गायब

कर दिया। लेकिन अज्ञेय डटे रहे और लय, संगीत, नाद, छंद के बोध को पाठक के सामने बार-बार-व्यंजित करते रहे। अज्ञेय के निबंधों का बहुत ही रचनात्मक असर पाठकों पर हुआ। बोलचाल की लय की चुनौतियों ने छंद और लय पर गहरा प्रभाव डाला। छंद-लय के क्षेत्र में पंत-निराला के ठोस उदाहरण देने के बाद अज्ञेय ने बेझिझक भाव से कहा—''स्वयं मेरी कविता में छंद और लय की दृष्टि से जो परिवर्तन आए और जो विकास लक्षित होगा, उन पर विचार तीन आरंभ-बिंदुओं से किया जा सकता है। कुछ परिवर्तनों की मूल प्रेरणा ही लय और छंद के प्रयोग अथवा तत्संबंधी कुतूहल से है। संस्कृत, हिंदी, प्राकृत, अपभ्रंश के छंदों से जुड़े हुए प्रयोग तो इसमें शामिल हैं ही, लोकगीतों की धुन, उर्दू की बहर और अंग्रेजी के स्वर-मात्रा विचार का भी असर उसमें देखा जा सकता है। छंद और लय संबंधी प्रयोगों की दूसरी कोटि का आधार सामान्य भाषा-व्यवहार है और उससे जुड़ा हुआ काव्य पंक्ति की यति के साथ व्याकरण-सम्मत वाक्य का संबंध, दोनों का मेल अथवा उनकी टकराहट, उससे उत्पन्न तनाव और लय में इस तनाव की उपयोगिता।'' एक नाटकीय तत्त्व अज्ञेय के रचना-कर्म में बराबर मौजूद रहा है, जो एक ओर उन्हें ब्राउनिंग से जोड़ता है, दूसरी ओर भर्तृहरि से।

अज्ञेय के निबंधों में वाक् देवी की चैतन्य शक्ति का प्रसार है। उनका निबंध 'शब्द, मौन, अस्तित्व' साक्षी है कि इच्छा-क्रिया-ज्ञान के सामंजस्य का सौंदर्य ही उन्हें प्रिय है—यह प्रियता चिंतन की ईमानदारी से जुड़ी है। वे कहते हैं—''क्योंकि लेखक पागल होता ही है। यह कोई बड़ी मौलिक बात नहीं है। लेकिन मौलिकता शायद इस चिरंतन आविष्कार का ही नाम है कि कला के क्षेत्र में वास्तव में नया कुछ नहीं होता। यहाँ तक कि जो नएपन का आभास देता है, वह नए के रूप में तब तक प्रतिष्ठित नहीं होता, जब तक कि हम उसमें अथवा उसके द्वारा जो कुछ उससे पहले था, उसके नए मूल्यांकन का आधार न पा लें और उससे एक अर्थवान संबंध न स्थापित कर लें।'' दूसरे शब्दों में जब तक कि हम उसमें यह न पहचान लें, जो कि 'नया नहीं' है।' रचनाकार को तनाव शक्ति देता है, वही लिखने की प्रेरणा देता है। शायद कला मात्र में जो शक्ति सृजन की प्रेरणा बनती है, वह यही तनाव है। अगर कलाकार 'चिरयात्री' का प्रतीक है इसका अर्थ हुआ कि कलाकार दूरी को निरंतर मिटाता रहता है और सही शब्द को तलाशता रहता है। सही शब्द की खोज ही असली समस्या है।

एक प्रकार से अज्ञेय के निबंध उनके रचना-कर्म की 'पोयट्री वर्कशाप' कहे जा सकते हैं, वे 'बाई प्रोडक्ट' हैं और अज्ञेय का पूरा कवि-संघर्ष शब्द-संघर्ष का पर्यायवाची है। वे साफ कहते हैं—''केवल सही शब्द मिल जाएँ तो'' सर्जनात्मकता में भराव आ जाएँ। ''मेरी खोज भाषा की खोज नहीं है, केवल शब्दों की खोज है। भाषा का उपयोग मैं करता हूँ निस्संदेह, लेकिन कवि के नाते जो मैं कहता हूँ, वह भाषा के

द्वारा नहीं, केवल शब्दों के द्वारा। मेरे लिए यह भेद गहरा महत्त्व रखता है।'' इस प्रकार वे लेखक के नाते कला-सृजन के माध्यमों में सबसे अधिक वेध्य माध्यम का उपयोग करते हैं। ऐसे माध्यम का जिसको निरंतर दूषित और संस्कारच्युत किया जाता रहता है। निस्संदेह अन्य कलाएँ भी वेध्य हैं। इन सभी को व्यापारिक, लौकिक, पॉपुलर बनाया जा सकता है और निरंतर बनाया जाता है। लेकिन चित्रकारी के बिना, गाए बिना, पत्थर या लकड़ी उकेरे बिना भी सामाजिक हुआ जा सकता है, बोले बिना सामाजिक नहीं हुआ जा सकता। भाषा में अनंत क्षमता है, उसका हीनतर उपयोग उसे 'संस्कार च्युत' करना है, उसका 'बल्गराइजेशन' है। कवि का उद्देश्य केवल शब्द की निहित सत्ता का पूरा उपयोग करना नहीं है, बल्कि उसकी जानी हुई संभावनाओं के परे तक उसका विस्तार करना है। ध्यान रखना होगा कि ये निबंध एक विद्रोही कवि के द्वारा लिखे गए निबंध हैं। इसलिए इनमें भाव-विचार की बारीकी ज्यादा है। फिर ये निबंध व्यक्ति व्यंजकता की शक्ति से संपन्न हैं और इनमें कवि का अनुभव रचा-बसा हुआ है। कवि मन की उमड़न-घुमड़न ने इन व्यक्ति-व्यंजक निबंधों का आंतरिक संसार निर्मित किया है। घुमड़न होती रहे, मन उन्मथित होता रहे और लिखने की लाचारी बनी रहे, यही अज्ञेय का अरमान है, कवि टेंपर है। सामान्य-जीवन की छोटी-से-छोटी घटना को व्यापक सामाजिक संदर्भ में वे झंकृत करते रहते हैं। इसलिए उनका निबंध केवल रिपोर्ट नहीं है, वह रचनानुभव का संदर्भ लिये रहता है। अज्ञेय का कवि-मन उसमें काट-छाँट तराश करता रहा है, इसलिए एक-एक शब्द नपा-तुला रहता है। अज्ञेय का कथाकार, संस्मरणकार भी उनके कवि के पीछे चलता है, वे मूलत: कवि हैं—बाद में कुछ और। भीतर से जुड़े बाहर के संदर्भ प्रस्तुत विषय को अप्रस्तुत से जोड़कर गहराई व्यापकता और बृहत्तर सामाजिकता की निष्पत्ति करते हैं। अज्ञेय की कवि-संवेदना में विराजमान शिव-प्रतिमा का सौंदर्य है, उनकी बहुलता-बहुश्रुतता। यहाँ बहुश्रुत का अर्थ किताबी कीड़ा नहीं है, बहुश्रुत का अर्थ है कि वह अनेक ज्ञान-विज्ञान के स्रोतों से रस-ग्रहण करता है और उन रसों को एक चिंतन-प्रवाह में बदल देता है। अज्ञेय जानते हैं कि पांडित्य के बोझ से न कविता लिखी जा सकती है, न अच्छा सर्जनात्मक निबंध। भावुक कवि अच्छा गीतपरक प्रबंध तो लिख सकता है, एक संयम से भरा विचारों से निथरा निबंध नहीं लिख सकता।

यह तो अज्ञेय की शक्ति ही है कि वे लोक और शास्त्र दोनों की संस्कृति को छानकर निबंध में लाते हैं। इसलिए उनके गंभीर चिंतन से पाठक ऊबता नहीं है, वह जिज्ञासुपाठक बनता है। वे संदर्भों को जोड़ने में माहिर हैं और समसामयिक घटनाओं के भाष्य में चौकन्ने। उनके निबंधों का प्राणतत्त्व है—बिखरे सूत्रों को जोड़ना, सुलझाना और सूत्रों को संश्लिष्ट करके कौशल से प्रत्यक्ष कर देना। संदर्भों का दुरुपयोग न हो, इसलिए

वे पांडित्य-प्रदर्शन से बचते हैं। उन्हें ध्यान रहता है कि उनका भावबोध केवल उनका 'निजी' भाव-बोध नहीं है। इसलिए भावबोध की 'निजता' सनातनता की ओर बढ़ जाती है और समूची संस्कृति की बन जाती है। इसमें पाठक पाता है कि व्यास, वाल्मीकि, कालिदास, भवभूति, कबीर, तुलसीदास, सूरदास, घनानंद, भारतेंदु, मैथिलीशरण गुप्त की पूरी परंपरा बोलती बजती हैं।

अज्ञेय धुनी निबंधकार हैं, पागलपन की हद तक धुनी। उनके भीतर का बहुश्रुत विद्वान् समग्र जीवन पर, देश-विदेश पर ध्यान लगाता है और वे विडंबनाओं, यातनाओं को संभावना बना लेते हैं, यही उनकी चिंतन-कला का मायावी-चमत्कार है। यह चमत्कार पाठक को संदर्भ तक ले जाता है, लेकिन ये संदर्भ बोझ नहीं बनते हैं, भीतर के राग-दीप्त सच का साक्षात्कार कराते हैं। वे बराबर चौकसी बरतते हैं कि विचार के सूक्ष्म ताने-बाने न टूटने पाएँ और उसमें परिवेश की चेतना भी उजागर हो। पाठक परिवेश की स्मृति से जुड़कर एक नए अनुभव के भीतर से 'आत्मदर्शन' कर सके। उदाहरण के लिए अज्ञेय का निबंध 'कविता : श्रव्य से पठ्य तक' देखा जा सकता है।

अज्ञेय का एक निबंध है 'मार्गदर्शन' जिसमें आदमी रास्ता पूछ रहा है और कोई भी ठीक से बता नहीं पा रहा है। आचार्य हजारी प्रसाद द्विवेदी के निबंधों में कुछ शब्द ऐसे गढ़ जाते हैं कि गढ़ने की प्रक्रिया में ही शब्द का गहरा संस्कार हो ज़ाता है। अज्ञेय शब्दों को गढ़ने में आचार्य द्विवेदी जितने प्रवीण नहीं हैं, लेकिन शब्द-चयन में संयमी और सावधान हैं, इसलिए स्मृति को जागृत करने में दक्षता बरतते हैं। निबंध की बनावट और बुनावट में भारतीय संस्कृति का मजबूत टाँका लगाते हैं, ताकि संस्कृति की संपूर्णता में पहचान हो सके। उनमें शब्दों की नई संभावनाओं की खोज के साथ शब्दों का नया अर्थ-संदर्भ देने की कला है। वे एक खास ढंग से आचार्य हजारी प्रसाद द्विवेदी, विद्यानिवास मिश्र, मुक्तिबोध और विजयदेव नारायण साही की तरह जीवन के बहुमुखी अनुभवों के निबंधकार हैं। ये सभी निबंधकार अपने समूचे लेखन में एक युगांतर उपस्थित करते हैं। बौद्धिक संवेदना और स्वाधीनता पर अज्ञेय का बल ज्यादा है, इसलिए *अद्यतन* और *धार और किनारे* जैसे निबंध-संग्रहों में *भवंती, अंतरा, शेषा* जैसी डायरियों का यह विचार-सूत्र बार-बार सामने लाते हैं कि मनुष्य के लिए सबसे बड़ा मूल्य है—स्वाधीनता। स्वाधीन मनुष्य ही स्वाधीन चिंतन कर सकता है और एक आलोचक राष्ट्र के निर्माण का सपना देख सकता है। *त्रिशंकु* अज्ञेय के आलोचनात्मक निबंधों का पहला संग्रह है, उसके विचारों की नवीनता ने हिंदी चिंतन के ठहराव को तोड़ा था। आज भी उस निबंध-संग्रह का चिंतन अर्थवान है और उसका एक गौरवपूर्ण ऐतिहासिक स्थान हिंदी निबंध की विकास-यात्रा में है।

निस्संदेह अज्ञेय ने हिंदी-निबंध को एक एक नया मोड़ दिया है और एक नया

रचनात्मक संस्कार भी। अपने व्यक्तित्व के अन्यतम स्पर्श से वे रागमूलकता के साथ व्यंग्य वक्रता पैदा करने में चतुर सुजान हैं। अहं का विसर्जन कविता और निबंध दोनों में हम पाते हैं और पाते यह भी हैं कि मुक्ति की आकांक्षा पूरे चिंतन को आलोक से भर रही है। अज्ञेय के निबंधों की संवादधर्मी विश्लेषणात्मकता निरंतर नए बौद्धिक प्रश्न उठाती है और कभी-कभार यह कहने का साहस भी रखती है कि आजादी के बाद के राजनीतिक माहौल ने भारतीय-समाज को गुमराह किया है। साहित्य-क्षेत्र का दुर्भाग्य यह कि परख के लिए पश्चिम की कसौटी को लेकर पूछा जाता है कि भारत के लेखक में मौलिक क्या है ? अगर भारतीय लेखक पश्चिम की कसौटियों पर खरा उतरता है, तो उसे 'नकलची' कहकर अपमानित किया जाता है और जो अच्छा है उसका श्रेय रचनाकार-निबंधकार को न देकर पश्चिम को दिया जाता है। इस गुलाम औपनिवेशिक मानसिकता को लेकर वे भारतीय कृतिकार की मौलिकता को आँकते हैं। इसी दृष्टि के कारण हम न अज्ञेय के कवि-कर्म का मूल्यांकन ठीक से कर सके हैं, न उनके निबंधकार, पत्रकार, संस्मरणकार का। यह ठीक है कि अज्ञेय ने विदेश का साहित्य डटकर पढ़ा है और जो अच्छा है, उससे प्रभावित भी हुए हैं। इन प्रभावों ने उन्हें विचलित किया है, लेकिन उन प्रभावों ने ही उन्हें कवि, कथाकार, जनर्लिस्ट, डायरी लेखक, निबंधकार बनाया हो ऐसा नहीं है। उनमें प्रबल भारतीय संस्कार ही क्रियाशील हैं।

अज्ञेय के निबंध विचारों की नई आग से पाठक को सुख देते हैं। वे कहते हैं—"मिट्टी: ताव: साधना: उँगलियाँ। रूपाकार: प्रभाव: मन। सब मैं हूँ। सबको स्वीकार करता हूँ। फिर भी मैं मैं ही हूँ। मैं रचना हूँ, मुझमें रचा जाता है। नया होता है।" इसलिए अज्ञेय के साथ 'परायापन' खटका पैदा करता है। क्योंकि मूल्य तभी हैं, जब मनुष्य है। यदि मनुष्य एक यंत्र भर है, तो मूल्य कुछ नहीं है, केवल यांत्रिक दक्षता के नियम हैं। आज कठिनाई यह है कि हम अच्छी यंत्र-प्रणालियों के सहारे पक्की मूल्य-व्यवस्था भी चाहते हैं। कविता हो या निबंध वे मिथकों में कतर-व्यौंत नहीं करते। कतर-व्यौंत करनेवाली मूल्यमूढ़ आधुनिकता के समर्थक नहीं हैं, क्योंकि मिथक फैशन की पोशाक की तरह नहीं होते कि बदलती रुचि के साथ-साथ इधर-उधर से काटकर या खोलकर उसे नई रुचि के अनुकूल बना लिया जाए। यदि आप आधुनिक होना चाहते हैं, तो भी आप उस शक्ति-स्रोत को घोंटने का प्रयत्न मत कीजिए। क्योंकि मिथक एक कहानी भर नहीं, एक चुनौती होता है। हर मिथक के भीतर एक गुठली होती है, गुठली के भीतर एक शक्ति-बीज। जैसे कर्ण के कवच-कुंडल सहजन्मा ही हो सकते हैं, वैसे ही गुठली भी मिथक की सहजन्मा होती है, उससे अलग नहीं की जा सकती। मिथक में परंपरा जीती है और परंपरा सातत्य और परिवर्तन की सनातनता का नाम है। इस अर्थ में कविता और निबंध दोनों विराट् रूप का दर्शन कराते हैं। यहाँ विराट् रूप मानो आत्मकथन है, एक

तर्क है, एक विचार है, विचार-बीज और पल्लव। अपनी मिथक-चेतना के कारण ही अज्ञेय नए अमरीकी साहित्यालोचकों—जो हमारे देश में पॉप-संस्कृति बेचने आते हैं, विज्ञापनी भड़ैती करते हैं, भौतिक संस्कृति का छिछोरापन परोसते हैं—का समर्थन नहीं करते। अज्ञेय के निबंध नई पीढ़ी को जगानेवाले निबंध हैं, बहलानेवाले नहीं। अज्ञेय का निबंधकार समाज-संस्कृति को भीतर से देखता है, भीतर घुसता है, वह यथार्थ का आभ्यंतरीकरण करता है, जिससे कि वह उसकी पकड़ में आ सके और सच्चाई से आ सके। भीतर से देखकर ही वे कहते हैं कि हमारे राजनीतिज्ञ भाषा के कबाड़िए हैं। वे न लोकतंत्र का अर्थ समझते हैं, न धर्म का, न धर्मनिरपेक्षता का। भारतीय संस्कृति उनके लिए अर्थहीन है, क्योंकि इस संस्कृति से उनका लगाव नहीं है।

अज्ञेय के निबंधों की ध्वन्यर्थ व्यंजना का सार यह है कि आधुनिक जीवन की सबसे असहनीय देन है—'आत्म-उन्मूलन' का बोध। एक ऐसा मरुथल, जहाँ आत्म, ईश्वर, प्रकृति, परंपरा, जीवन लय सब छूटते जाते हैं, जिनसे यह जीवन गठित हुआ था या आत्म निर्मित हुआ था। यही वह कीड़ा है, जो हमारे आस्तित्व की जड़ से चिपका है और आत्म बोध को, स्वाधीनता को लीले जा रहा है। यही केंद्रीय 'थीम' इन निबंधों में है, जो 'आधुनिक', 'बुद्धिजीवी' और 'आधुनिकता' को लेकर चिंतित है। हमारे समय के मूर्धन्य चिंतक अज्ञेय इन निबंधों में हमारे समय, समाज, रचना, स्थिति की सामाजिक-सांस्कृतिक चिंताओं का ऐतिहासिक दस्तावेज प्रस्तुत करते हैं। इन निबंधों के गद्य की सर्जनात्मकता और विचारों की उन्मुक्तता ने हिंदी निबंध के वैचारिक स्तर को ऊँचा उठाने में ऐतिहासिक भूमिका अदा की है।

अज्ञेय के निबंधों में मूल्य बोध की पावन गंगाधारा का प्रवाह है, उन्हें प्रवाहधर्मी भारतीय संस्कृति की चिंताएँ घेरे रहते हैं। उनका कथन इसी मनोभूमिका में व्यंजित है कि ''मैं स्वांत: सुखाय नहीं लिखता। कोई भी कवि केवल मात्र 'स्वांत:सुखाय' लिखता है या लिख सकता है, या स्वीकार करने में मैंने अपने को सदा असमर्थ पाया है। इसीलिए 'अभिव्यक्ति' में एक ग्राहक या पाठक या श्रोता मैं अनिवार्य मानता हूँ, और इसके परिणामस्वरूप जो दायित्व लेखक या कवि या कलाकार पर आता है, उससे कोई निस्तार मुझे नहीं दीखा।'' यह उन लोगों को सतर्क-सटीक उत्तर है, जो अज्ञेय पर अहं केंद्रित व्यक्तिवादी होने का आरोप लगाते रहे हैं। अपने पूरे साहित्य-चिंतन का सार अज्ञेय के सृजन कर्म में स्वाधीनता को माना जा सकता है और यह 'स्वाधीनता' अनेक अर्थों को व्यंजित करती है और इसमें व्यक्ति दृष्टि का विपुल विस्तार निहित है। अपने लेखन के आरंभ काल से ही अज्ञेय रचना, संप्रेषण और पाठक की समस्याओं को लेकर बेहद सजग रहे। जटिल संवेदना को लेकर नए मार्गों की तलाश में सक्रिय रहे और नई जिंदगी की ललकार को रचना में स्थान देने का संकल्प किया। एक खास अर्थ में

जयशंकर प्रसाद की तरह अज्ञेय के लिए काव्य या सर्जनात्मकता संकल्पात्मक अनुभूति है, लेकिन व्यक्तित्व की अभिव्यक्ति नहीं, व्यक्तित्व से पलायन। कला निर्वैयक्तिक भाव-स्थिति का स्पर्श। आधुनिकता का अर्थ—निरंतर संस्कारवान होने की प्रक्रिया के साथ परंपरा के सामने इतिहास द्वारा प्रस्तुत चुनौतियों की पड़ताल और पहचान। इसके साथ आधुनिकता संप्रेषण-व्यापार के संकटों को पार करने की दृष्टि का आविष्कार करती है। वह सर्जनात्मक प्रयोगशीलता की वृद्धि करती और काल के चिरंतन, सनातन आवर्तीकाल के रहस्य को खोलती है। इस तरह लेखक और पाठक दोनों नए होते रहते हैं और उनका बासीपन पीले पत्तों की तरह झड़ता रहता है।

नवीन प्रयोगशीलता में सर्जनात्मकता का ताजापन निहित रहता है, इसलिए परंपरा के भीतर की परंपराओं का सच और गहरे अर्थों में पाठक को प्राप्त होता रहता है, जैसे वैष्णव-परंपरा में—शैव, शाक्त, श्रवण, आभीत सभी भीतर-ही-भीतर मेल-मेलकर के एक नया संसार कबीर-तुलसी में रचते हैं, वैसे ही वह अज्ञेय को नई प्रयोगशीलता की आधारभूमि देती हैं। नई रचना-स्थिति के इस तर्क को अज्ञेय कभी भी निबंधों में अस्वीकार नहीं करते। यह ठीक है कि संप्रेषण के साधनों के बदलाव, यंत्र और विज्ञापन, छपाई और कला के नए हुनर—करतब मिलकर नई रचना स्थिति का तर्क निर्मित करते हैं, क्योंकि रचना के साथ पाठक भी बदल रहा है, इसलिए रचना से उसका संबंध पुराने ढंग का रहा ही नहीं है। रचनाकार और पाठक भी मनोभूमिका और मानसिकता में आ रहा यह बदलाव आधुनिक या नई संवेदना के लिए संप्रेषण के नए मार्गों को खोज रहा है। अज्ञेय ने बार-बार निबंधों में इस विचार को रेखांकित किया है कि नया रचनाकार, नई रचना-स्थिति के तर्क के कारण ही बौद्धिक रुझानों की सजगता से भरा हुआ है। अनेक आधुनिक दबावों से उसकी रचनाशीलता बदल गई है। अज्ञेय एक रचनाकार चिंतक के रूप में समकालीन चुनौतियों के साथ नए सृजन की संभावनाओं का भी ध्यान दिलाते हैं। उनका यह कथन साक्षी है कि "जैसे-जैसे बाह्य वास्तविकता बदलती है, वैसे-वैसे हमारे उससे रागात्मक संबंध जोड़ने की प्रणालियाँ भी बदलती हैं और अगर नहीं बदलती हैं तो उस बाह्य वास्तविकता से हमारा संबंध टूट जाता है।" प्रश्न उठता है कि यह संबंध क्यों टूटकर क्या रूप ले लेता है ? इसका उत्तर है कि बांह्य वास्तविकता से रागात्मक-संबंध जोड़ने के लिए पाठक को नवीन जीवनानुभूतियों से जोड़कर 'अपटुडेट' करता है और जटिल संवेदना को संप्रेषण प्रणाली से अनुभव की नई संप्रेषण प्रणाली में बदलकर रचना से तादात्म्य स्थापित कराता है—यही नई रचना-स्थिति में साधारणीकरण है। इसीलिए नए रचनाकार का आग्रह साधारणीकरण, संप्रेषण व्यापार पर कम नहीं है, बल्कि पहले से ज्यादा ही है।

सोच-समझकर अज्ञेय इस विचार पर पहुँचे हैं कि मौलिकता रचना को परखने की

कसौटी नहीं है, न हो सकती है। क्योंकि जिसे हम रचना की मौलिकता का नाम देते हैं, वह मौलिकता न होकर 'भिन्नता' होती हैं—एक खास अर्थ में 'भिन्नता' ही मौलिकता है, वह चमत्कारवादी नवीनता नहीं है। देश और काल का दबाव रचनाकार की संवेदना को रचना-प्रक्रिया को, रचना के बोध को, प्रतीक-मिथक-बिंब के सौंदर्य बोध को प्रभावित करता है। बड़ी बात अज्ञेय यह भी कहते हैं कि साहित्य की वस्तु मानवीय ही हो सकती है—वह विषय के साथ कवि के रागात्मक संबंध का पूरा 'रिफ्लेक्शन' या प्रतिबिंब या प्रतिच्छाया होगी। रचनाकार संवेदन में आ रहे 'द्विभाजन' की समस्या से जूझता है। कारण, जितना ही अधिक हमारा जीवन सतह पर आता जाता है, उतनी ही सतह बढ़ती जाती है; अर्थात् उसके अनुपात में आभ्यंतर जीवन छोटा होता जाता है। इसका नतीजा क्या होता है कि इस प्रकार संवेदना में द्विभाजन होता जाता है। इस स्थिति के आने पर समर्थ रचनाकार इस द्विभाजन को दूर करने के लिए हृदय की भीतरी गहराई में जूझता है। जूझने पर उसे यह सच पकड़ में आ जाता है कि वस्तु को रूप से अलग नहीं किया जा सकता है। रचना में विचार और भाषा का संबंध रक्त और त्वचा का संबंध है, जिसे अलग करने पर केवल पश्चात्ताप बचता है, रचना क्षत-विक्षत होकर बिखर जाती है। इसलिए हिंदी आलोचना में जो आलोचक अज्ञेय को 'फार्मलिस्ट' या रूपवादी कहकर 'रिड्यूस' करते रहे हैं, उन पर आज तरस आता है। वे इतनी छोटी बात न जान सके कि वस्तु अपने साथ विधा और रूप स्वयं चुनकर लाती है। इसी अर्थ में अज्ञेय का पूरा निबंध-चिंतन 'व्यक्ति-व्यंजक' न होकर 'व्यक्तित्व व्यंजक' है।

अज्ञेय ने ही हिंदी आलोचना और आलोचक को पहली बार ध्यान दिलाया, कि आधुनिक स्थिति, परिस्थिति का संकट इकहरे काल-बोध से उत्पन्न संकट है। छपाई-नपाई, संचार और संप्रेषण के यांत्रिक साधनों ने मानव के काल बोध को इकहरा कर दिया है—रियलिटी की जगह 'हाइपर रियलिटी' ने ले ली है और धमकाया जा रहा है कि अब तो कंप्यूटर कविता लिखेगा कवि की क्या जरूरत है। इस संबंध में अज्ञेय का उत्तर है—कंप्यूटर के हर निर्णय का आधार ऐसे-ऐसे निर्णयों की एक लंबी कड़ी है, जो पहले से किए जा चुके हैं। कवि की रचना एक द्रष्टा की सृष्टि है : विकल्प और वरण वहाँ सृजन-प्रक्रिया का ही अंश है।

काव्याकृति पहले से किए जा चुके निर्णयों पर आधारित निर्मित नहीं है। और यह कंप्यूटरों के सामर्थ्य से परे की बात है। भूलना न होगा कि सृजन एक अनन्य संस्कृति की अनन्य अभिव्यक्ति है और उसमें सृजन-तनाव कई स्तरों पर क्रियाशील रहता है। 'आइडेंटिडी' बनाम 'माडर्निटी' का विवाद रचनाकार ही सृजन-कर्म छेड़ सकता है—कंप्यूटर उस ओर बढ़ने में असमर्थ है, फिर अज्ञेय मानते हैं कि भारतीय रचनाकार इकहरा हो ही नहीं सकता। क्योंकि वह आवर्ती निरवधि-सनातन काल और

ऐतिहासिक काल दोनों में एक साथ जीता है। भारतीय काल-बोध पश्चिम के काल-बोध एकदम भिन्न हैं। हमारी वाचिक परंपरा का कालबोध हमारी संस्कृति के मूल्यबोध का केंद्रीय आधार है। अज्ञेय ने 'कविता : श्रव्य से पठ्य तक', 'आज के भारतीय समाज में लेखक', 'काल का डमरूनाद', 'सर्जनात्मक अनवधान', 'उन्मेषशालिनी प्रतिभा', 'सावन किस रुत आएगा', 'रचनात्मक भाषा और संप्रेषण की समस्याएँ' जैसे गंभीर-गहन विचार-प्रधान निबंधों ने काल-बोध और रचना पर उसके प्रभाव की समस्या को कई कोणों से उठाया है। कहना है कि अज्ञेय के इन निबंधों का साहित्य-चिंतन हमारी मूल्यवान उपलब्धि हैं। एक भारतीय लेखक के समक्ष उपस्थित साहित्यक-सांस्कृतिक प्रश्नों, चिंताओं के बारे में अज्ञेय ने रचना-कर्म के साथ साहित्य-चिंतन किया है। इस अमृत-मंथन ने नए-से-नए विचारों की पहल या अगुआई की है और देश-विदेश की तमाम सैद्धांतिक जड़ताओं को तोड़कर यह इच्छा व्यक्ति की कि हमें पश्चिम के प्रतिमानों से नहीं अपने भारतीय प्रतिमानों से भारतीय साहित्य और पश्चिमी साहित्य की परख करनी चाहिए, क्योंकि हमारी ज्ञान-मीमांसा, अर्थ-मीमांसा दुर्बल नहीं है, उसकी एक मूल्यवान परंपरा हमारे साथ है और उसका हमें देश और काल के अनुसार बदलते हुए विकास, परिष्कार करना चाहिए। तमाम तरह के आक्षेप, असहमतियाँ झेलकर अज्ञेय ने कभी रुकना-झुकना, समझौता, दाँत निकालू अवसरवादिता का परिचय नहीं दिया। वे उन प्रश्नों पर एकाग्रचित्त से विचार करते रहे जो आधुनिक रचना-कर्म के लिए अर्थवान हैं। यही कारण है कि अज्ञेय के निबंधों में 'कवि मनीषी चिंतक' अपनी परंपरा का पुनराख्यान, पुनर्भाष्य और पुनर्पाठ करनेवाला नया अभिनवगुप्त तेज और राजशेखर प्रताप दोनों दिखाई देते हैं। आचार्य रामचंद्र शुक्ल और आचार्य हजारी प्रसाद द्विवेदी की निबंध-परंपरा का चिंतन अज्ञेय में चिंतन की बहुमुखी सर्जनात्मकता के साथ नई-नई छबियाँ धारण करते हुए मिलता है। इस चिंतन ने अपनी परवर्ती पीढ़ी को प्रेरित प्रभावित किया है और रमेशचंद्र शाह, विद्यानिवास मिश्र अशोक वाजपेयी, मलयज, नंदकिशोर आचार्य जैसे अनेक निबंधकारों में अपनी गहरी छाप छोड़ी है।

□

भागवत भूमि यात्रा

भागवत भूमि यात्रा एक अपूर्व अनुभव का साकार रूप है। इस रूप की कल्पना सच्चिदानंद हीरानंद वात्स्यायन 'अज्ञेय' ने की थी। उन्होंने 1985 में इस यात्रा के लिए साहित्यकार मित्रों को लेकर कदम उठाया। अज्ञेयजी यायावरी के लिए प्रसिद्ध थे और उनका एक अन्वेषी भाव इन यात्राओं में सक्रिय रहता था। इन यात्राओं में घटिया 'पिकनिक' भाव न रहकर, भारतीय संस्कृति के मूल स्रोतों को खोजने और समझने का गंभीर भाव प्रयास था। भारतीय-संस्कृति के मूल प्रवाह को समझने के लिए भारतीय आख्यानों, तीर्थों, मिथकों, प्रतीकों और वाचिक-परंपरा के अभिप्रायों के भीतर पैठना जरूरी था। *अरे यायावर रहेगा याद* और *एक बूँद सहसा उछली* जैसी देशी-विदेशी यात्राओं के अनुभव से यह सत्य अज्ञेय कमा चुके थे। उन्हें इस सच से साक्षात्कार हो गया था कि यात्रा में अंतर्यात्रा का गूढ रहस्य समाहित रहता है और उसे 'आउटसाइडर' बनकर नहीं 'इनसाइडर' बनकर ही पाया जा सकता है। क्या विडंबना है कि जिस रचनाकार अज्ञेय को 'आउटसाइडर' कहकर हिंदी-संस्कृति के लिए पराया, विदेशी दलाल कहकर बदनाम किया जाता रहा, वही सबसे ज्यादा अपनी परंपरा संस्कृति में 'इनसाइड' रहा, संस्कृति के स्रोतों की खोज के लिए उन्होंने देश भर में शिविरों में व्याख्यान-मालाओं का आयोजन किया।

अज्ञेय ने इन सांस्कृतिक-यात्राओं के आयोजन से यह भी प्रमाण उपस्थित किया कि भारतीय रहकर भी 'आधुनिक' और 'बौद्धिक' दोनों एक साथ हुआ जा सकता है। उनके पैर अपनी मूल सांस्कृतिक भूमि पर इतनी दृढ़ता से जमे रहे कि पश्चिमी आधुनिता और आधुनिकतावाद उन्हें उखाड़ नहीं सका। मैथिलीशरण गुप्त के मानस-शिष्य अज्ञेय भारतीय-संस्कृति परंपरा साहित्य के नए भाष्यकार बनकर सामने आए। उन्होंने भीतर से अनुभव किया भारत की आत्मा सनातन है और भारतीयता कोरा भौगोलिक परिवृत्ति की छाप नहीं है। जो बात एक भारतीय को सारे संसार से पृथक् करती है, वह यह है कि भारतीयता मानवीयता का निचोड़ है, उसकी हृदयमणि है।

आप कहते रहिए इस आदमी ने भारतीयता से मुख मोड़ा है—बेचारा, अभागा, अज्ञान, मोहांधकार ग्रस्त, सिरफिरा है। देखिए उसे हिकारत की दृष्टि से और कहिए परंपरा द्वेषी, परमुखापेक्षी, सदियों की गुलामी से इसकी आत्मा गुलाम हो गई है।

अज्ञेय से आप पूछिए भारतीयता आखिर है क्या? भारत की आत्मा का अपना वैशिष्ट्य क्या है? तो वे अचकचाएँगे नहीं, कहेंगे आप एक बार भारत की भागवत-यात्रा पर निकल पड़िए—राम, कृष्ण, शिव, सीता, राधा, रुक्मिणी, पार्वती के मिथक लोक में भाव-यात्रा कीजिए। आप स्वयं जान जाएँगे कि भारतीयता सबसे जुड़ने का भाव है, सबको अपनापन देने का भाव है, सबका हो जाने का भाव है, सदियों से यह देश इसी व्यापक मानुष-भाव के साथ जीवित रहा है। सदियों से यह भारतीय जाति की समूहगत प्रवृत्तियों के सामंज़स्य से उत्पन्न गति है, इस गति को नया जीवन देने के लिए जरूरी है कि हम अपना संस्कार करते चलें। हमें गत्यात्मक प्रेरणा तभी मिल सकती है, जब उसे आत्मसात् करें। क्योंकि परंपरा या ऐतिहासिक परंपरा कोई पोटली बाँधकर रखा हुआ पाथेय नहीं है, जिसे उठाकर हम चल निकलें। वह रस है, जिसे हम बूँद-बूँद अपने में संचय करते हैं। भारतीय मानस का अर्थ केवल पढ़े-लिखे, शिक्षितों का मानस नहीं है, उसका मूल अभिप्राय है—लोक मानस। इस लोक मानस की भारतीयता का प्रधान लक्षण है—काल के आदिहीन, अंतहीन प्रवाह की भावना। तभी तो हमारे ऋषि साठ हजार वर्ष तपस्या कर लेते हैं और उसे झूठ नहीं मानते। झूठा बाबावाद कहकर गालियाँ नहीं बकते हैं। क्योंकि हमारे पास सनातन आवर्तीकाल का चिंतन है।

पश्चिम की युवा-संस्कृतियों में पले लोग प्रायः पूर्व की प्राचीन संस्कृतियों की चर्चा करते हुए 'परंपरा के भार', 'संस्कृति के भार' की चर्चा किया करते हैं, उन्हें हमारी लंबी और अखंड सांस्कृतिक परंपरा एक बोझ दिखाई देती है। क्योंकि उनके पास कोई अखंड परंपरा नहीं है, जो है वह टूटी-फूटी खपच्चियों पर खड़ी है। हमारी परंपरा पुरातत्त्व संग्रहालय की वस्तु नहीं रही है, वह प्रवहमान जीवंत धारा है। इसलिए भारतीय संस्कृति जड़ तत्त्वों की भारतीयता नहीं है—सातत्य और परिवर्तन उसके सनातन गुण हैं। वह भौतिकता में रमकर भी भौतिक नहीं है आध्यात्मिकता में रमकर भी आध्यात्मिक नहीं है, क्योंकि उसमें इन दोनों का उदात्त-मिश्रण है। इस संस्कृति में तीर्थों, पर्वों, यात्राओं का विशेष महत्त्व है, क्योंकि हमारी संस्कृति का प्रश्न राम और कृष्ण, शिव और गणेश की यायावरी से जुड़ा है। भागवत भाव-यात्रा इस पुस्तक में कृष्ण-कथा से संबंध रखती है और इस भाव-यात्रा का पूरा मर्म श्रीकृष्ण-रस, राधा-रस से जुड़ा हुआ है। सच पूछो तो हमारी आज की समस्या लंबी गुलामी के कारण अपनी सांस्कृतिक जड़ों से विच्छिन्न हो जाने की है। हजारों विदेशी आघातों को सहकर भी हमारी संस्कृति जीवित है, तो इसलिए कि हजारों घाव लेकर वह क्षत-विक्षत हुई

है, घायल हुई है, वह मरी नहीं है। वह अभी भी मिथकों, आख्यानों, रूपकों, कथाओं, इतिवृत्तों, प्रकरणों, अभिप्रायों, प्रसंग-संदर्भों में धड़क रही है इसे खोजने, पाने, मथने और नए रूपों में माँजकर आत्मसात् करने की जरूरत है।

भारतीय संस्कृति की आधुनिकता के लोगों ने अलग-अलग अर्थ लिये हैं। लेकिन अज्ञेय की दृष्टि में आधुनिकता मूल्य नहीं, प्रक्रिया है, एक अनगढ़ चीज है, वह सिद्ध स्थिति नहीं है। संस्कारवान होने की क्रिया को ही अज्ञेय आधुनिकता मानते हैं। जो संस्कारी हो चुका है और स्थिर है, वह आधुनिक नहीं है। यह देश न जाने कब से भाषाओं और संस्कृतियों के संगमों का देश है। हिंदी इन सभी संस्कृतियों के संगम से विकसित भाषा है, विद्रोहों की भाषा है, सत्ता, प्रतिष्ठानों को चुनौती देनेवाली भाषा है। हमारी संस्कृति पर बाहरी प्रभाव हमेशा रहे हैं, प्रभाव ग्रहण करना संस्कृति की जीवंतता का लक्षण है। आज हम पश्चिम से प्रभावित हैं, क्योंकि पश्चिम हमारे साथ रहा है। हमने पश्चिम से प्रभाव ग्रहण ही नहीं किए हैं, उसे प्रभावित भी किया है। यह प्रभाव कहीं भी नकल नहीं है जैसा कि सिद्ध किया जाता है। हमारे आधुनिक होने का अर्थ यह नहीं है कि हम पश्चिम की कोरी नकल करें। हम बदली हुई परिस्थितियों में भारत और कालिदास को पहचानें, उनका नया अर्थ नए संदर्भों से जोड़कर करें। यह आधुनिकता ही भारतीयता है।

अज्ञेयजी ने ही कृष्ण कथा-यात्रा को 'भागवत-भाव यात्रा' नाम दिया है और राम-कथा को 'जन जनक जानकी' यात्रा। दोनों यात्राएँ एक-दूसरे की पूरक हैं। दोनों में भागवत का वैष्णव रस, राम-रस, कृष्ण-रस प्रवाहित हैं, दोनों ही भाव नायक हैं, लीला-नायक हैं, अवतार नायक हैं, संस्कृति नायक हैं। इन दोनों भाव नायकों की यात्रा की परंपरा भारत में प्राचीन काल से रही है और यायावरी को भाव-शिक्षा, कवि-शिक्षा का अंग भी माना गया है। यहाँ मेरा निवेदन इतना भर है कि इन भावा-यात्राओं को कोरा पर्यटन, देशाटन नहीं कहा जा सकता। क्योंकि इनमें समाज के सबसे ज्यादा संवेदनशील रचनाकार, चिंतक सम्मिलित हुए हैं। साहित्यकारों और कलाकारों की उसमें भागेदारी का एक खास अर्थ संदर्भ है। उनकी यात्रा सांस्कृतिक भाव-प्रवाहों को समझने, उनमें अवगाहन करने की अंतर्यात्रा है। हम अंतर्यात्राओं से संस्कृति के भीतर पैठ-पा जाते हैं और यदि कवि-कर्म में सक्रिय लोग यात्रा पर निकलते हैं, तो लक्ष्य बदल जाता है। कवि की दृष्टि जीवन-सौंदर्य की समग्रता और अखंडता पर रहती है, वह तमाम सीमाओं का अतिक्रमण करता है। इसीलिए कवि-कर्म को दर्शन से श्रेष्ठ माना गया है। कवि को ज्ञात है कि भाव और संवेदना की प्रभावी अभिव्यक्ति जनसाधारण की भाषा में ही हो सकती है और यात्रा कर्म पर जन सामान्य का वर्चस्व होता है। रचना-कर्म में बोध और विजन दोनों का योग रहने पर संवेदन क्षमता बढ़

जाती है। महान् रचना-कर्म में भाव और विचार, परंपरा और वैयक्तिकता, भावुकता और बौद्धिकता का सामंजस्य रहता है, फिर अगर अज्ञेय और रमेशचंद्र शाह जैसे बड़े रचनाकार भागवत तीर्थ-यात्रा पर निकले हों तो पूरे विजन की व्यापकता का विस्तार हो जाता है। ये रचनाकार विरोधों में सामंजस्य स्थापित करते चलते हैं। धर्म और दर्शन इनकी संवेदनशीलता में घुलकर नया खमीर उठाते हैं। अज्ञेय के रचना-कर्म के उत्कर्ष का कारण है—भाव और बुद्धि का मणि-कांचन-योग। इसलिए उनके भाव और विचार में परंपरा आधुनिकता की क्लासिकल ठसक का ठाठ मिलता है। टी.एस. एलियट का संवेदनशीलता के असाहचर्य (डिसोशिएशन ऑफ सेंसिबिलिटी) का सिद्धांत नयी कविता में अज्ञेय में अपना खरापन सिद्ध करता है। अज्ञेय की निगाह में कविता न धर्म है, न दर्शन है, न राजनीति है, न नैतिकता का उपदेश है, वह मानव को स्वाधीनता प्रदान करनेवाली शक्ति है।

अज्ञेय अपने साथियों के साथ 'भागवत भूमि यात्रा' पर निकले तो उनके रचना-कर्म का अनुभव काम आया। इस अर्थ में 'भागवत भूमि यात्रा' की असाधारण अर्थ-व्यंजना है—यात्रा की खोज में जीवन को फिर से पाना, जानना, रचना, पुनर्नवा करना है। अपने पूरे निहितार्थों में भागवत भाव की यात्रा—आत्म-दर्शन, आत्म-साक्षात्कार और विराट् के समक्ष समर्पण है—अहंकार का त्याग है। इसलिए भागवत, भाव यात्रा का उद्‌देश्य 'पुण्य-लाभ' न होकर जीवन के अर्थ को, संस्कृति की भीतरी लय को सुनना-समझना है। तीर्थाटन भी समूह-यात्रा थी और भागवत भूमि यात्रा भी समूह-यात्रा का नया जीवन-संदर्भ। यहाँ अकेला भटकना नहीं है, सभी के साथ सभी का होकर चलना है—सभी के साथ आत्म-शोध और आत्म-दर्शन। इस आत्म-दर्शन का सुख समूह से साधारणीकरण है, अपने-पराए की भेद-बुद्धि से मुक्त होकर निर्वैयक्तिकता का सुख, संविद विश्रांति का सुख, रसेश्वरी राधा-भाव में डूबने-तिरने का सुख। हम सबमें होकर फिर अकेलेपन का सुख। यह सुख हमें 'समाज' बनाता है—सर्जक बनाता है, अन्वेषी बनाता है। कवि के लिए शब्द से, शब्द की आत्मा से साक्षात्कार एक तरह की तीर्थयात्रा है, इस तीर्थयात्रा में 'सहृदय' से जुड़ना बड़ी उपलब्धि है।

'भागवत भूमि यात्रा' मथुरा से शुरू हुई और द्वारका के आसपास रमकर विराम पाती है। इस यात्रा की समाप्ति से पहले अज्ञेयजी ने 'अहमदपुर, मांडवी : शिविर' का आयोजन किया। अहमदाबाद से प्रस्थान किया, तो उमाशंकर जोशी के निवास से। ततस्तत: पोरबंदर में रचनाकारों के साथ सभा की और सुदामा मंदिर गए। मित्र संवाद का सुदामा भाव समझने की चीज है। अज्ञेय योजना-विश्वासी थे और उनकी इस रूप में ख्याति भी कम नहीं थी। 31 जनवरी, 1985 को दिल्ली से मथुरा-वृंदावन की ओर सुदामा भाव से निकल पड़े। 1 फरवरी, 1985 को वृंदावन-गोकुल में कृष्ण-

राधा-भाव से स्नान किया। 2 फरवरी, 85 को बरसाना-वृंदावन से दिल्ली आए। 8 फरवरी को दिल्ली से अहमदाबाद को प्रस्थान किया। 9 फरवरी बड़ौदा होते हुए अहमदाबाद 10 फरवरी को अहमदाबाद से जामनगर, 11 फरवरी को जामनगर-पिंडारक होते हुए द्वारका पहुँचे। 12 और 13 फरवरी को द्वारका की परिक्रमा की और कृष्ण-रुक्मिणी भाव में डूबे रहे। 14 फरवरी को द्वारका से पोरबंदर और 15 फरवरी को पोरबंदर से चोरवाड़ में अटन-भ्रमण किया। 16 फरवरी को सोमनाथ मंदिर गए। महाशिवरात्रि का दिन—पूजा-अर्चना की और प्राची में वृक्षारोपण किया। भालका, देहोत्सर्ग, हिरण्यानदी—सागर-संगम होते हुए चोरवाड़ पहुँचे। 17 फरवरी का दिन अद्‌भुत रहा—चोरवाड़ से जूनागढ़, स्कंदगुप्त, चंद्रगुप्त के शिलालेख देखे और अशोक के शिलालेख को देखकर इतिहास-स्मृति को ताजा किया। भक्ति-आंदोलन की लय पाने नरसी मेहता कुंड गए और फिर देखा गिरनार-शिवरात्रि का मेला। नरसी मेहता का चौरा अखंड-कीर्तन के भक्ति-रस में मग्न रहे सभी यात्री। शाम को जूनागढ़ में एक लंबोतरे कमरे में स्थानीय साहित्यकारों से मुलाकात की और रात्रि व्यतीत की चोरवाड़ में। 18 फरवरी को चोरवाड़ से अहमदपुर-मांडवी जाते हुए कोडिनार से मूल द्वारका गए। 19 फरवरी को हीरानंद शास्त्री की स्मृति में अहमद पुर मांडवी में विचार-गोष्ठी का आयोजन किया और समुद्र-तट भ्रमण का सुख पाया। 20 फरवरी को फिर साहित्यकारों की विचार-गोष्ठी और अहमदपुर-मांडवी को वापसी की। 21 फरवरी को अहमदाबाद की ओर-पलाश के सघन खिले जंगलों के सौंदर्य में रमे रहे और तुलसी-श्याम गरम पानी का सोता, ठाकुर की नयनाभिराम मूर्ति, मनभावन मंदिर-अमरेली—साँझ होते लोथल से अहमदाबाद। 22 फरवरी की शाम 'नक्षत्र' की मीटिंग की। इस तरह यात्रा का अंत नहीं किया, उसे विराम दिया।

यह विराम टूटा 20 अगस्त, 1985 को जब जोधपुर राजस्थान की ओर चल पड़े। जोधपुर से लगभग सौ किलोमीटर पर भद्राजून-सुभद्रा और अर्जुन का विवाह-स्थल देखा और जालोर में रैन बसेरा किया। 21 अगस्त को जालोर, भीतमाल, पुष्यमाल, श्रीमाल से भीनमाल—बाराह-श्याम मंदिर, चंडीश्वर महादेव या चंडीनाथ मंदिर के दर्शन किए। यहीं पर माघकवि का चौराहा स्थान पर स्वामी करपात्रीजी द्वारा उद्‌घाटित हुआ। 22 अगस्त को मीरा-भाव को पाने जोधपुर से मेड़ता गए, वहीं रैन बसेरा किया और जोधपुर आए। इस यात्रा को अंतर्यात्रा—एक महाभाव की भाव-यात्रा मानना चाहिए क्योंकि इसका उद्‌देश्य केवल कृष्ण-कथा से जुड़े स्थलों को देखना भर नहीं था, न कृष्ण कथा के ऐतिहासिक भौगोलिक आधारों को खोजना था। कृष्ण-कथा के लोक-चित्त, लोक-मन को समझने का प्रयत्न था और आकांक्षा थी कि अपनी सांस्कृतिक अस्मिता को पहचानने की। इस पहचान के लिए लोक-मानस में प्रवेश

करना जरूरी था कि कैसे कृष्ण-कथा ने कठिन-से-कठिन समय में भी जीवन को जीने की चाह बनी रहने दी है। इस कथा का रहस्य क्या यह नहीं है कि निराशा भारतीय मानस का स्वभाव नहीं है। आज भी हम कृष्ण-कथा के माध्यम से लोक-चित्त से जुड़ सकते हैं, जिस लोक-चित्त को पश्चिमवाद ने अपने प्रहारों से घायल कर दिया है। आज भी हम अनास्था से छूटकर कृष्ण कथा-रस के माध्यम से जीवन के आस्थावादी-स्रोत तक पहुँच सकते हैं। लोक-मानस में पैठना जरूरी है, क्योंकि वहीं सर्जन, चिंतन और दर्शन की शक्ति का मूल स्रोत है, उसमें पैठना और पैठकर उस भाव को पाना जीवन की नई निष्पत्ति है। राधा-भाव, राधा-रस, राधा-चिंतन का अर्थ है—जीवन के रहस्यों को समझकर मुक्त होना। इस महान् अर्थ-संदर्भ से जुड़ना कि प्रेम ही परम पुरुषार्थ है और बाकी सभी पुरुषार्थ छोटे हैं, तुच्छ हैं।

कृष्ण-कथा के स्थानों को खोजना भारतीय जीवन के शक्ति-स्रोतों को खोजना है। 'भागवत भूमि यात्रा' उन्हीं शक्ति-स्रोतों की एकाग्र-चित्त से खोज है। इस यात्रा में अज्ञेय के साथ रचनाकार, विचारक, अध्यापक सम्मिलित हुए, जिसमें पं. विद्या निवास मिश्र, विष्णुकांत शास्त्री, जड़ावलाल मेहता जैसे साहित्य कला के मर्मज्ञ थे। इसलिए इनके विचार-संवाद की परिधि व्यापक रही है। इनके चिंतन में पूरा 'समाज' बोला है। कृष्ण- कथा अनिर्वचनीय यात्रा है। जीवन का राग-दीप्त उन कथा-मिथकों में सागर की तरह लहराता मिलता है। इसलिए 'भागवत भूमि यात्रा' को धर्म, इतिहास, भूगोल से जोड़कर समझना मूढ़ता होगी, क्योंकि अपने पावनताजनित विवेक में यह न समाजशास्त्रीय यात्रा है, न साहित्यिक। यह पूरे देश की आंतरिक लय से गहरे जुड़ने की यात्रा है। इसी आंतरिक लय ने पूरे भारतीय मानस को जन-जन से जोड़कर नई अर्थवत्ता दी है, नए जीवन-मूल्य दिए हैं और जीवन को एक बड़ा अर्थ दिया है। इस व्यापक अर्थ की पहली पुस्तक *जन जनक जानकी* थी, जिसे उस सांस्कृतिक यात्रा की बड़ी उपलब्धि माना जा सकता है। यह दूसरी पुस्तक *भागवत भूमि यात्रा* उसी मनोभूमिका के सांस्कृतिक, कलात्मक प्रवाह को सामने जाने का प्रयास है। इस यात्रा में अज्ञेय के मन का 'बिंब' स्पष्ट झलकता है और वह भाव जो भारतीय संस्कृति की मनोभूमि का निर्माण करती रही है। डॉ. राममनोहर लोहिया जैसे चिंतक इस निष्कर्ष पर पहुँचे थे कि कृष्ण उसी तत्त्व और महान् प्रेम का नाम है, जो मन को प्रदत्त सीमाओं से उलाँघता-उलाँघना सबमें मिला देता है। किसी से भी अलग नहीं रखता। क्योंकि कृष्ण तो घटनाक्रमों वाली मनुष्य लीला है, केवल सिद्धांतों और तत्त्वों का विवेचन नहीं, इसलिए उसकी सभी चीजें अपनी और एक ही सीमा में न रहकर निरापनी हो गई हैं। वे 'परायी' को बढ़ाकर अपनापन खत्म करते हैं। मथुरा का एकाधिपत्य द्वारका खत्म करती है। इस तरह कृष्ण की सभी चीजें दो हैं—दो माँ, दो बाप, दो नगर, दो प्रेमिकाएँ

या कहिए अनेक। भूगोल-इतिहास ने मथुरा का साथ दिया है, लेकिन कृष्ण ने द्वारका को ठुकराया नहीं है। वहाँ मथुराधिपति से प्रिय रहे—द्वारकाधीश। मथुरा छूट गया, बाल-लीला और यौवन-क्रीड़ा से वृंदावन और गोकुल, बरसाना अधिक महत्त्वपूर्ण हैं। राधा और रुक्मिणी का प्रश्न पेंचदार है। प्रेमिकाओं का प्रेम-प्रकरण सुलझाना कठिन है। प्रेम ने राधा-रुक्मिणी, द्रौपदी और मीरा में सखा-सखी का खेल खेला है, लेकिन कोई राधा-भाव को नहीं पा सकता। राधा-भाव महाभाव है—सभी रस राधा के आस-पास घूम रहे हैं। इसे 'श्री राधा-माधव रस' कहा भी गया है। यह भाव-रस स्वकीया-परकीया की सभी दीवारें ढहा देता है—सभी को अपने विस्तार में समाहित कर लेता है।

भारतीय मन हमेशा प्रश्न पूछता रहा है कि कृष्ण है कौन? आभीर जाति का देवता, गिरधारी, गोपाल, गोपीवल्लभ, ब्रज बिहारी, राधिका रमण, यशोदानंदन और चक्रधर। अपनी शक्ति से यह नायक महिमाशाली इंद्र को पराजित करता है। गोपालों का रक्षक है। कृष्ण एक ऐसा पूर्णावतार देवता है, जो निरंतर मनुष्य बनने का प्रयत्न करता रहता है। इस प्रयत्न में कृष्ण सफल भी हुए हैं। उनमें योगी और भोगी, नट और नटवर दोनों मिले हुए हैं। "मतलब की बात तो यह है कि कृष्ण देव होते हुए निरंतर मनुष्य बनता रहा। देव और निःस्व और असीमित होने के नाते कृष्ण में जो असंभव मनुष्यताएँ हैं, जैसे झूठ, धोखा और हत्या, उनकी नकल करनेवाले लोग मूर्ख हैं। उसमें कृष्ण का क्या दोष। कृष्ण की संभव और पूर्ण मनुष्यताओं पर ध्यान देना ही उचित है और एकाग्र ध्यान। कृष्ण ने इंद्र को हराया, वास लेनेवाले देवों को भगाया, खानेवाले देवों को प्रतिष्ठित किया, हाड़, खून, मांस वाले मनुष्य को देव बनाया, जनगण में भावना जागृत की कि देव को आसमान में मत खोजो, यहीं अपने बीच, पृथ्वी पर। पृथ्वीवाला देव खाता है, प्यार करता है, फिर रक्षा करता है।" (लोहियाजी का लेख—श्रीकृष्ण) इस कृष्ण के प्रति अज्ञेय और विद्यानिवास मिश्र, रमेशचंद्र शाह और विष्णुकांत शास्त्री, इलाजी और जड़ावलाल मेहता, साथ ही मानिक लाल चतुर्वेदी का आकर्षण कम नहीं है, क्योंकि कृष्ण जो भी करते हैं, पूरे मन से करते हैं, प्रेम हो या युद्ध, भोग हो या योग। उनके सभी कार्य उनकी पूरी शक्ति से युक्त हैं, उनमें अधूरापन नहीं है। स्वयं कृष्ण अनासक्त स्थितिप्रज्ञ का गीत गाते हैं—'कूर्मागानीव' अपनी इंद्रियों पर संपूर्ण प्रभुत्व। अपना सबकुछ लोक को दे देते हैं—कुछ भी अपने लिए नहीं रखते। सभी को सुखी बनाते हैं। माखन, मिसरी, दूध, दही खानेवाला कृष्ण ही गाय और ग्वाला दोनों है। उसकी हर लीला अनेकार्थी है, बहुवचन है। लोहियाजी खूब अपनी संस्कृति-परंपरा, इतिहास, धर्म-दर्शन को मथकर इस विचार पर दृढ़ हो जाते हैं कि "कृष्ण बहुत अधिक हिंदुस्तान के साथ जुड़ा हुआ है। हिंदुस्तान के ज्यादातर देव अवतार अपनी मिट्टी के साथ सने हुए हैं। मिट्टी से अलग करके वे बहुत कुछ निष्प्राण हो जाते हैं। त्रेता का

राम हिंदुस्तान की उत्तर-दक्षिण-एकता का देव है। द्वापर का कृष्ण देश की पूर्व-पश्चिम एकता का देव है। राम उत्तर-दक्षिण और कृष्ण पूर्व-पश्चिम धुरी पर घूमे। कभी-कभी तो ऐसा लगता है कि देश के उत्तर-दक्षिण और पूर्व-पश्चिम एक करना ही राम और कृष्ण का धर्म था। यों सभी धर्मों की उत्पत्ति राजनीति से है, बिखरे हुए स्वजनों को इकट्ठा करना, कलह मिटाना, सुलह कराना और हो सके तो अपने और सबकी सीमा को ढहाना।'' राम और कृष्ण की गाथाएँ इस पूरे देश को सांस्कृतिक एकता में बाँधती हैं। यह सांस्कृतिक एकता इतनी दृढ़बंधन में बँधी है कि अंग्रेज इस देश की सांस्कृतिक एकता को भीतर से खंडित नहीं कर सके। कृष्ण और राम—इतिहास-पुरुष कम, भाव-पुरुष ज्यादा हैं—इसलिए भारतीय संस्कृति के सभी भाव उनसे जुड़े हैं, उनसे ही बढ़े हैं। उत्तर-दक्षिण यात्रा का भाव-नायक राम है, तो पूर्व-पश्चिम यात्रा का भाव-नायक कृष्ण। स.ही. वात्स्यायन 'अज्ञेय' के मन में इन दोनों भाव-नायकों की अंतर्यात्रा का संकल्प था, जिसे उन्होंने अपने जीवन काल में पूरी निष्ठा से किया-जिया और उसके श्रेय-प्रेय को हम तक पहुँचाया। *जन जनक जानकी* के राम का काम अपेक्षाकृत सहज था, वे भील, कोल, किरात, किन्नर, राक्षस, वानर की सभ्यता को लेकर चले और पार लगाया। कृष्ण का पथ दुर्गम था—एक ही सभ्यता-संस्कृति के दो अंगों में से एक को लेकर भारत की पूर्व-पश्चिम-एकता स्थापित करनी पड़ी। हर तरह के चक्र-कुचक्र रचने पड़े। राजनीति के खेल खेलने पड़े, जटिल राजनीति की धुरियों पर घूमना पड़ा। *महाभारत* का नायक बनना पड़ा और मुरली बजाकर रिझाना भी पड़ा। मगध धुरी को तोड़कर कुरु धुरी का निर्माण करना पड़ा। इस कुरु-धुरी में मणिपुर से लेकर द्वारका तक का समावेश करना पड़ा। अद्भुत अंतर्दृष्टि के भाव-नायक हैं श्रीकृष्ण। उनके पास नई-नई सूझें हैं, लीलाएँ हैं, पराक्रम हैं, अपूर्व आश्चर्य हैं, विचित्र कथाएँ हैं, असमाप्त प्रसंग हैं। मथुरा में मगधराज के दामाद को युद्ध में ललकारकर मिट्टी कर दिया। फिर मगध धुरी को कुरु वंश की एक धुरी अन्यायी धुरी से जोड़कर रगड़ा खत्म कर दिया। फिर वह द्वारका चले गए, नाम पड़ा—'रणछोड़दास'।

अज्ञेयजी और उनके साथियों ने 'भागवत भूमि यात्रा' में जमकर समय और ध्यान लगाया। मथुरा से द्वारका करीब सात सौ मील की दूरी पर है, लेकिन इस भागवत यात्रा दल ने तो हजारों मील की यात्रा की। अज्ञेयजी और जीवन पाते तो पांडवों के वनवास स्थानों पर भी जाते। अर्जुन की चित्रांगदा और भीम की हिडिंबा से नया संवाद स्थापित करते। इंफाल जाते। उस समय की राजनीति को समझने के लिए यह यात्रा-वृत्त जरूरी था। क्या हो, अज्ञेयजी कई आकांक्षाओं को लिये यह संसार छोड़ गए। कुरु धुरी की यात्रा अधूरी रह गई। अज्ञेयजी के लिए कृष्ण और कुरु धुरी इसलिए भी भाव और ज्ञान लोक रही है कि वे कृष्ण की त्रिकालज्ञा पर चकित थे। पूर्व-पश्चिम की इसी धुरी से